마르키 드 사드(1740~1814) '샤를 아메데 필리프 반 후'가 그린 19세 때의 사드 초상화. 1760.

▲리세 루이 르 그랑 외관(파리)
루이 14세가 후원하여 설립한 '루이대왕학교'로 불리는 중등학교이다. 귀족 가문의 자제인 사드는 큰아버지 에브뢰유의 사드 신부에게서 초기 교육을 받은 뒤 이 학교에서 공부하게 된다.

◀리세 루이 르 그랑 정문

▼리세 루이 르 그랑 교정

라코스트 성 유적　프랑스 남부 프로방스 지방에 있는 사드 집안의 영지에 있는 성. 1767년 새 영주가 된 사드는 이곳을 중심으로 난잡한 행위를 벌이게 된다.

마장의 호스피스 병원(보클뤼즈)　복원된 옛 사드 영지의 성

▲아르쾨유의 '작은 집'
1768년 4월 3일 부활절, 사드는 광장에서 만난 로즈 켈러(창녀)를 이 집으로 데려와 가두고 성적 학대를 했다. 로즈는 탈출하여 이 사실을 폭로했다. 이 사건으로 사드는 리용의 피에르앙시즈 요새에 투옥된다.─'아르쾨유 창녀(거지 여자) 구타사건'

◀《쥐스틴과 쥘리에트》의 판화 부분. 네덜란드. 1797.
요새에서 풀려난 사드는 1772년 마르세유에서 하인 라투르와 함께 네 명의 창녀들에게 최음제가 든 사탕을 먹게 하고 성도착행위를 한다. 그런데 그중 한 명에게 먹인 최음제가 부작용을 일으키면서 독살미수 혐의로 고소당했다.─'마르세유 봉봉사건'

뱅센 감옥 1775년 사드 부부와 함께 난교를 벌인 소년 소녀 부모들의 고발로 사드는 1777년 체포되어 뱅센 지하감옥에 투옥되어 1784년 파리 바스티유로 옮겨지기 전까지 갇혀 지냈다.

〈바스티유 감옥의 함락〉   1789년 7월 루이 16세의 폭정에 분노한 민중들이 봉기하여 전제 권력의 상징이었던 바스티유 감옥을 습격했다. 그림의 오른쪽 감옥으로 통하는 도개교 앞에 감옥 총책임자 로네가 체포되어 나오는 모습이 그려져 있다. 1784년 이 감옥으로 이송된 사드는 그 뒤 5년 동안 《소돔 120일》을 비롯하여 많은 작품을 집필한다.

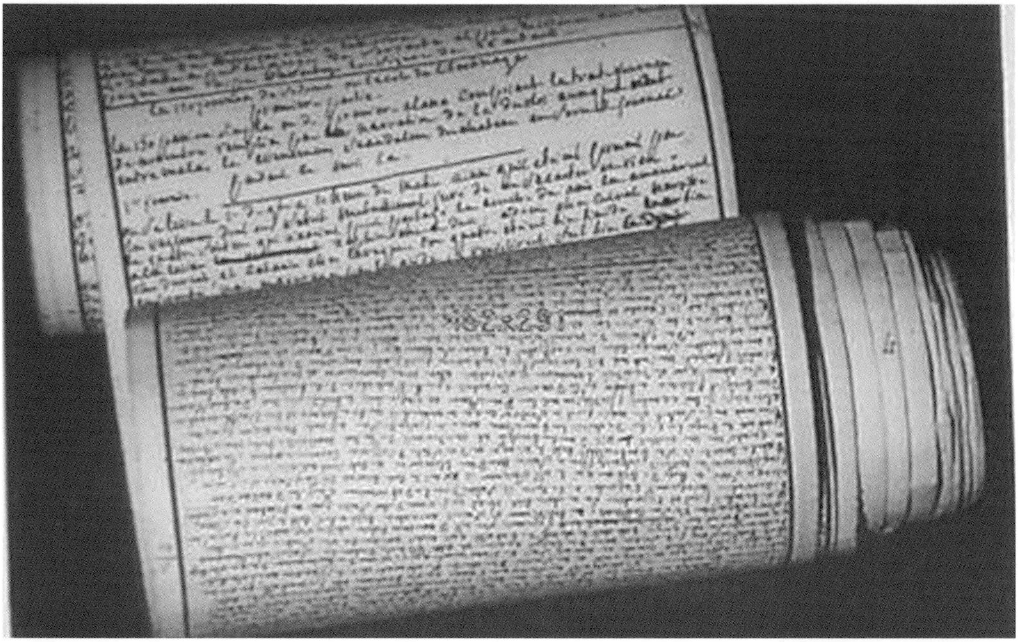

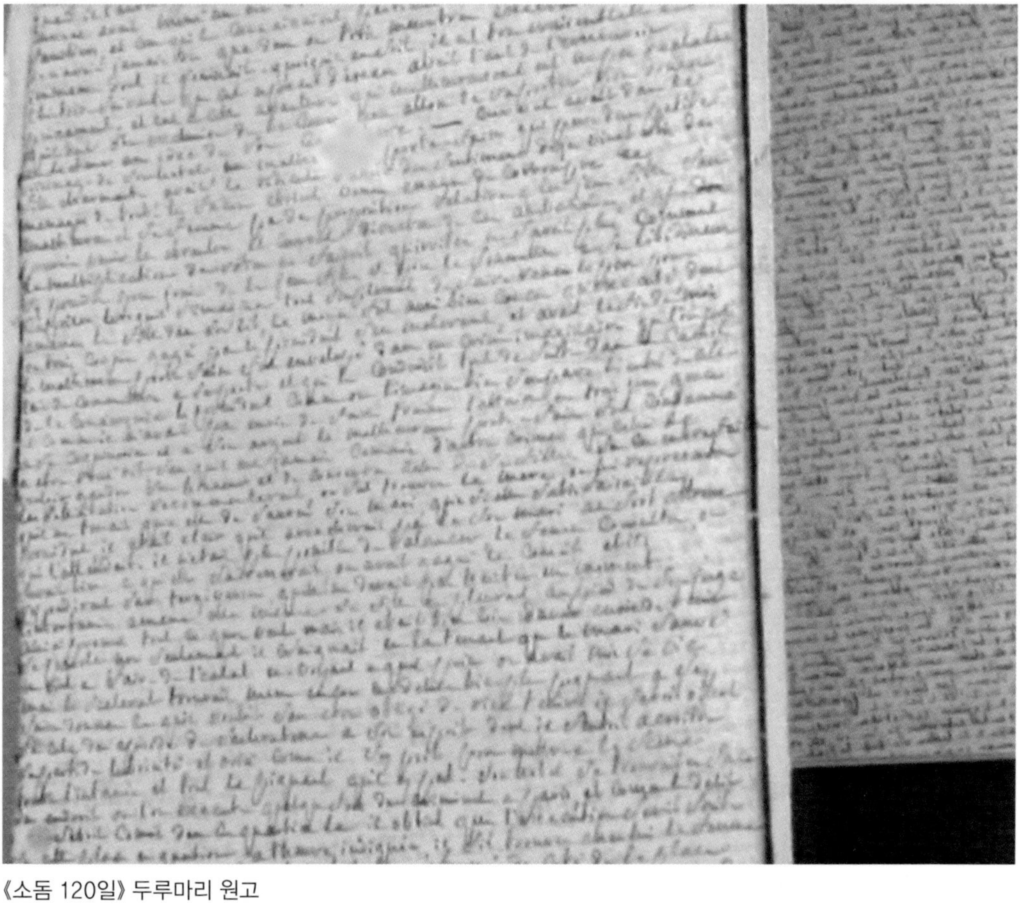

《소돔 120일》 두루마리 원고

우유를 배급받는 생 라자르 감옥 수감자들   위베르 로베르. 1794. 사드는 공포정치 시대인 1793년 말에 체포되어 마드로네트·생 라자르 감옥, 픽푸스 수도원을 전전한다. 사드는 《소돔 120일》에서 극악한 자들이 말했던 "공포는 욕망을 자극한다"는 공리를 이곳에서 직접 확인하게 된다.

나폴레옹 보나파르트(1769~1821)　장 오귀스트 도미니크 앵그르. 1804.
1801년 나폴레옹은 《쥐스틴과 쥘리에트》를 지은 익명의 저자를 체포하라는 명령을 내렸다. 사드는 그의 발행인 사무실에서 체포되어 투옥되었다.

▲샤랑통 정신병원
1801년 또다시 체
포되어 감옥생활
을 하던 사드는 가
족들의 탄원으로
샤랑통 정신병원
으로 옮겨져 1814
년 생을 마친다.
이 병원은 19세기
중반 장 에스퀴롤
이 인수해 '에스
퀴롤 병원'으로
이름이 바뀌었다.
사드는 병원장 쿨
미에의 권유로
1805년부터 죽기
전해까지 정신병
치유 프로그램으
로서 극단을 지도
하게 된다.

◀감옥에 있는 사
드 판화. 18세기

피에르 위젠 비베르(1875~1937, 스위스 화가)가 그린 사드 초상　판화. 1920.

라코스트 성 유적에 있는 사드 기념 동상

영화 〈살로, 소돔 120일〉 파졸리니 감독. 이탈리아 영화. 1975. 원작은 사드가 1785년에 쓴 《소돔 120일》. 영화에서는 파시즘 정권이 들어선 이탈리아로 배경이 바뀌었다. 고립된 성관에서 극악무도한 파시스트들이 십대 청소년 18명을 납치하여 '광적인 성과 죄의 향연'을 벌인다.

《소돔 120일》(초판 1935) 표지

Marquis de Sade

LES 120 JOURNÉES DE SODOME OU L'ÉCOLE DU LIBERTINAGE

소돔의 120일

마르키 드 사드/김문운 옮김

동서문화사

소돔의 120일
차례

주요등장인물

4명의 권력자
블랑지스 공작(50)
주교(공작의 동생, 45)
법원장 퀴르발(60)
징세청부인 뒤르세(53)

4명의 딸·아내
콩스탕스(22)
뒤르세의 딸, 공작의 아내
아델라이드(20)
법원장의 딸, 뒤르세의 아내
쥘리(24)
공작의 큰딸, 법원장의 아내
알린(18)
공작의 둘째딸, 실제로는 주교의 딸,
4명의 권력자가 공유하는 아내

4명의 여자 이야기꾼
뒤클로(48)
샹빌(50)
마르텐(52)
데그랑주(56)

4명의 하녀
마리(58)
루이종(60)
테레즈(62)

팡숑(69)

4명의 마장
에르퀼(26)
안티노우스(30)
브리즈퀼(28)
방드오시엘(25)

8명의 소녀
오귀스틴(15)
파니(14)
젤미르(15)
소피(14)
콜롱브(13)
에베(12)
로제트(13)
미셰트(12)

8명의 소년
젤라미르(13)
퀴피동(13)
나르시스(12)
제피르(15)
세라동(14)
아도니스(15)
이아생트(14)
지통(13)

머리글

　루이 14세는 비할 데 없는 전쟁광으로, 70년에 걸친 재위 기간 동안 열강을 상대로 수없이 싸움을 벌이느라 국고도 국민의 주머니도 완전히 빈털터리가 되고 말았다. 그런데 세상에는 그와 같은 재앙을 기다리는 거머리 같은 인간들이 있게 마련이다. 그 가운데 으뜸인 자가 징세청부인들인데, 그들은 국가의 어려움을 해결해나갈 의무가 있음에도 그 혼란을 틈타 거둬들일 수 있는 것은 최대한 거둬들일 생각만 하고 있었다. 즉 계속되는 전쟁 덕에 어이없게 그런 자들만 사리사욕을 채우게 되는 것이다. 따라서 루이 14세 시대 끝무렵에는, 프랑스 왕정의 역사를 통틀어 숨은 부자들이 번영을 이루어 은밀하게 터무니없는 사치를 즐기면서 마음껏 방탕한 세월을 보냈던 가장 끔찍한 시대이기도 했다. 그 뒤 동생인 오를레앙 공(公) 필리프가 그 유명한 징세청부인 사문재판소를 설치하여 악덕이 극에 달한 징세청부인들이 부정소득을 토해내게 하려 했는데, 4명의 도락자가 이제부터 내가 이야기하려는, 참으로 기괴한 음락(淫樂)의 향연을 계획하는 것도 바로 그 무렵의 일이었다.

　징세 업무를 맡은 건 평민뿐이라고 생각하는 것은 커다란 잘못으로, 상류계급 사람들도 징세를 통해 사리사욕을 채우는 것을 마다하지 않았다. 오히려 신분이 높은 사람들이 그 주범이었다. 무엇보다 블랑지스 공작과 동생인 주교가 징세청부에 관여하여 막대한 재산을 축적한 것이 가장 확실한 증거이다. 이 두 명사가 앞으로 내가 이야기할 방탕한 계획을 생각해낸 장본인으로, 그들은 일찍부터 도락과 소송사건으로 유명한 징세청부인인 뒤르세, 법원장인 퀴르발과 절친한 사이여서 곧바로 그 친구들에게 계획을 털어놓음으로써, 결국 이 네 사람이 터무니없는 향연의 주역을 맡게 되었다.

　돈이 많고 취미가 같다는 인연으로 가까워진 이 네 도락자[1]는 6년 전부터 관계를 더욱 공고히 하기 위해 서로 인척관계를 맺고 싶어 했다. 그런 관계를 맺을 때는 보통 다양한 목적이 있게 마련인데, 이 네 사람의 경우에는 음락 말고는 어떠한 동기도 없었다. 그러면 그들은 도대체 어떤 계약을 맺었을까.

　공작은 세 아내를 잇달아 잃었다. 그는 그중 한 아내와의 사이에 두 딸을 두었는데 공작은 그 맏딸과 그렇고 그런 관계를 유지해오고 있었다. 그런데 법원장이 그런 사정을 잘 알면서도 이 공작의 맏딸과 결혼하고 싶어 한 것이다. 그의 그러한 마음을 눈치채고 있었던 공작은 어느 날 기괴한 삼중 결혼을 생각해냈다. 공작이 말했다. "퀴르발, 당신이 내 딸 쥘리를 신붓감으로 탐내고 있는 것 같은데, 내 기꺼이 주도록 하겠소. 단 거기에는 조건이 있어요. 그 하나는 쥘리가 당신 아내가 되어도 나는 지금까지 그래왔던 것처럼 그녀와의 관계를 지속할 것이니 당신은 결코 질투심 따위는 가져서는 안 될 것이오. 또 하나는 우리의 친구 뒤르세가 자기 딸 콩스탕스를 나에게 주도록 힘써주기 바라오. 사실은 나도 당신이 쥘리에 대해 품고 있는 마음과 똑같은 마음을 콩스탕스에게 느끼고 있으니까." "하지만 자네도 그자가 자네와 똑같은 도락자이고 무슨 일을 하고 있는지 정도는 이미 알고 있겠지?" 퀴르발이 이렇게 묻자 공작이 대답했다. "물론 알고 있소. 하지만 이만한 나이에 이만한 사고방식을 가진 사람은 그런 정도 가지고 자기 생각을 포기하지는 않지요. 당신은 설마 내가 콩스탕스를 정부로 삼을 생각인 줄 알고 있는 건 아니겠지요. 내가 그녀를 원하는 건 그녀를 나의 재미있는 놀이에 봉사하게 함으로써 비밀스러운 소소한 놀이를 숨기기 위해서요. 그러기 위해서는 결혼이라는 멋진 망토로 덮어씌워버리는 것이 제일이지. 한마디로 말해 당신이 내 딸을 원하는 마음과 같은 것이오. 난 당신의 목적이나 욕망쯤은 잘 알고 있소. 우리 같은 도락자들은 노예를 얻기 위해 결혼하는 것 아니오? 여자란 정부라는 신분보다는 아내라는 신분을 주어야 순종하게 되니까. 당신도 알고 있겠지만 우리가 쾌락을 즐길 때 가장 중요한 것은 절대적인 권력을 갖는 것이 아니겠소?"

---

[1] 원어인 리베르탱(libertin)은 자유사상을 품은 무신론자라는 뜻으로, 단순히 방탕자를 의미하는 언어는 아니지만 편의상 도락자로 번역하기로 한다.

그때 징세청부인 뒤르세가 들어왔다. 두 사람한테서 지금까지 한 이야기를 들은 그는 그 방탕극의 개막에 솔깃하여 자기도 딸 콩스탕스하고 단순한 사이가 아니며, 전부터 법원장의 딸인 아델라이드에게도 마음이 있었음을 털어놓았다. 그런 일에 있어서는 두 친구에 못지않은 법원장도 자기 딸 아델라이드와의 은밀한 관계를 고백했는데, 그런 일로 기분이 상할 뒤르세는 아니므로 법원장의 사위가 되게 해준다면 공작을 자기 사위로 삼아도 좋다고 약속했다. 그리하여 순식간에 세 쌍의 혼담이 성사되어 서로 막대한 지참금을 가지고 와 저마다 자기의 딸을 신부로 주는 대신 자기 딸에 대한 지금까지의 권리도 계속 유지한다는 대등한 계약조항을 교환했다. 그리고 이참에 서로의 권리를 더욱 확장하기로 하고 다음과 같이 의견의 일치를 보았다. 세 젊은 딸의 신분과 재산은 제각기 남편 소유가 되지만, 딸들의 신체는 남편뿐만 아니라 친구들 공동소유가 된다는 것, 그리고 만일 딸들이 이 계약조항에 따르는 것을 거부하면 엄벌을 부과한다는 것이었다.

세 사람이 그런 계약을 맺고 있을 때, 전부터 형(공작)의 두 친구와 함께 쾌락을 즐기고 있던 주교가 나타났다. 그리고 별 지장이 없다면 나도 끼워줄 수 없는지, 당신들이 맺은 결연에 네 번째 딸을 참여시키려 하는데 어떻겠느냐고 제안했다. 그 네 번째 딸이란 바로 공작의 둘째딸이자 따라서 주교의 조카인 알린이었다. 그러나 사실 주교는 형수와 오랫동안 관계를 맺고 있었기 때문에 두 형제는 알린은 공작의 아이가 아니라 주교의 아이라는 것을 서로 은연중에 양해하고 있었다. 도락자인 주교는 갓난아기 때부터 알린을 맡고 있었으므로 그녀가 처녀티를 드러낼 나이가 되기를 기다릴 새도 없이 그 매력을 맛보고 있었다는 것쯤은 독자들도 쉽게 상상할 수 있을 것이다. 그렇기 때문에 그는 그 점에서는 세 친구와 대등했고, 스스로 제안한 거래도 그 손득(損得)이나 타락도에서 모두와 똑같은 셈이었다. 그러나 아무래도 앳되고 순진한 그녀의 매력은 다른 처녀들에 비해 월등하게 뛰어났으므로 세 친구는 그 자리에서 주교의 제의를 받아들이기로 했다. 그래서 주교는 알린의 남편이 되는 동시에 그녀를 세 친구와 공유하는 아내로 하는 조건에 동의하고 말았다. 그리하여 네 사람은 제각기 네 처녀의 남편이 되어 서로 굳게 맺어지게 된 것이다.

독자의 편의를 고려해 이 네 인물의 결정을 요약해보면,
쥘리의 아버지인 공작은 뒤르세의 딸인 콩스탕스의 남편이 된다.
콩스탕스의 아버지인 뒤르세는 법원장의 딸 아델라이드의 남편이 된다.
아델라이드의 아버지인 법원장은 공작의 맏딸 쥘리의 남편이 된다.

알린의 작은아버지이자 친아버지이기도 한 주교는 알린을 세 사람에게 양보하고, 그녀에 대한 자신의 권리를 유지하면서 다른 세 처녀의 남편이 된다는 것이었다.

이들은 이 대단한 결혼식을 축하하기 위해 부르보네 지방에 있는 공작의 영지로 떠났는데, 그곳에서의 여러 가지 향연에 대해서는 독자의 상상에 맡기기로 한다. 앞으로도 그와 같은 종류의 연회에 대해 질릴 정도로 기술해야 하므로 여기서 미리 즐거움에 빠져 있을 필요는 없기 때문이다. 파리로 돌아간 네 남자는 그 결합을 더욱더 공고히 다져갔다. 그들에 대해 독자들이 상세하게 알아두어야 할 필요가 있으므로 뒤에 한 사람 한 사람 차례로 묘사할 생각이지만, 우선 도락자들의 성격을 분명히 하기 위해 그들의 추잡한 결정에 대해 잠시 언급해두는 것도 독자들의 이해에 도움이 될 것이다.

그들은 제각기 자금을 나누어 내서 쾌락을 위해서만 사용할 수 있는 공동기금을 만들고 6개월마다 교대로 관리하기로 했다. 불법으로 막대한 재산을 손에 넣고 있었던 그들은 온갖 기괴한 난행을 할 수 있었으니, 독자들은 미식과 패륜 행위를 즐기기 위해 연간 200만 프랑이나 되는 엄청난 돈이 낭비되었다 해도 놀라지 말기 바란다.

그들은 일주일에 네 번, 파리의 네 곳에 있는 별장에서 정기적으로 연회를 열었다. 그들의 욕정을 충분히 채워주기 위해, 여자를 모으는 데 유능한 4명의 사창가 포주와 4명의 남창 알선업자가 파리뿐만 아니라 시골까지 샅샅이 뒤져 온갖 부류의 남녀를 찾아냈다. 그 주의 첫 번째 연회는 오로지 남색을 즐기는 것이었기 때문에 사내들만 출입이 허용되었다. 언제나 스무 살에서 서른 살까지 16명의 젊은이들이 모였고, 그 젊은이들의 헤아릴 수 없는 성능(性能) 덕분에 여자 역할을 하는 네 사람은 더할 나위 없는 관능적 쾌락을 맛보았다. 채용 요건은 그 물건의 크기가 기준이었던 만큼, 모두들 어느 여자의 옥

문에도 들어가지 않는 대단한 것이었다. 그들은 그런 젊은이들을 모으기 위해서는 돈을 아끼지 않았기 때문에 요건이 충족되지 않은 일은 거의 없었다. 또 그들은 온갖 쾌락을 동시에 맛보기 위해 16명의 젊은이 말고도 열두 살에서 열여덟 살까지, 16명의 소년을 참가시켜 소년들에게 여자 역할을 맡기기도 했다. 그곳에 불려오는 소년들의 조건은 나의 필치로는 도저히 묘사할 수 없을 정도로 활기에 넘치고, 미모는 물론 행동거지에 기품이 있으며 천진난만하고 순결해야 했다. 여자는 일체 낄 수 없는 대향연에서 소돔과 고모라[2] 이래 아무도 생각지 못한 온갖 음란한 향연이 펼쳐진 것이다.

두 번째 연회는 상류계급 소녀들만 모은 것이었다. 그곳에 끌려온 소녀들은 평소의 도도한 태도나 거만한 언동은 가차 없이 버려야 했고, 받은 금액에 따라 도락자들이 명령하는 대로 몸을 맡기고, 때로는 아무리 심한 굴욕도 견디지 않으면 안 되었다. 소녀들은 12명으로 되어 있었는데 파리에서만 그런 소녀들을 필요한 수만큼 번갈아 조달하는 것은 지극히 어려운 일이기 때문에, 때로는 관리나 군인가정의 젊은 여자들을 마찬가지로 12명씩 골라서 연회를 열 때도 있었다. 파리에는 그런 계급에 속한 젊은 여자들이 수천 명이나 있었고, 개중에는 생활비를 벌거나 즐기기 위해 그런 연회에 드나드는 여자들도 있었다. 적당한 여자들을 찾는 데는 나름대로 돈이 들었지만, 그 점에서는 빈틈이 없었던 그들은 언제나 놀랄 정도의 보물을 발견할 수 있었다. 여자들은 일단 연회에 불려갔다 하면 아무리 정숙하게 행동하려고 해도 헛된 저항일 뿐, 온갖 요구에 따르지 않으면 안 되었다. 일당의 신앙을 무시한 방탕한 정신에는 한계가 없어서, 신이나 사회의 도덕에 의해 고난으로부터 지켜져야 할 미덕이 공포와 오욕에 유린되면 유린될수록 더욱더 기묘하게 불타올랐다. 연회에 온 여자들은 그들이 시키는 대로 뭐든지 해야 했고, 완전히 방탕 그 자체인 극악한 자들의 욕망에 몸을 맡기는 것은 정말이지 보통 일이 아니었다.

세 번째 연회는 대체로 이 세상에서 볼 수 있는 가장 추악하고 가장 비천

---

2) 구약성서에 나오는 지명으로, 주민의 무신앙과 풍기문란이 극심했기 때문에 신의 분노를 사 천상에서 떨어진 불로 멸망한 것으로 알려져 있다. 남색, 수간(獸姦)을 소도미(sodomy)라고 한다.

한 여자들을 상대로 한 향연이었다. 방탕의 극을 달리는 인간에게는 온갖 기교를 다한 놀이일수록 오히려 단순하고 명쾌하게 보이는 건지도 모른다. 그러므로 그들에게는 그런 부류의 여자들과 외설스러운 정사에 빠지는 것도 뭐라 표현할 수 없는 관능적인 쾌락이었다. 그 연회는 완전히 타락 그 자체로, 지극히 추악한 방탕과 만취상태의 연속이었다. 그 쾌락은 두 번째 연회에서 상류계급 여자들한테서 맛보는 쾌락과는 전혀 달라서, 그들에게는 극단에서 극단을 오가는 것이 더할 나위 없는 자극이 되었다. 그들은 철저한 난행을 즐기기 위해, 그 즐거움을 더욱 복잡하고 더욱 재미있게 할 수 있다면 그 어떤 것도 소홀히 하지 않았다. 여섯 시간 동안 100명의 음란한 여자들이 나타나 마지막까지 한 사람도 나가지 않을 때도 가끔 있었다. 그러나 이야기를 서두를 필요는 없으니, 그와 같은 철저한 방탕에 대해서는 뒤에 가서 상세하게 다루기로 하자.

네 번째 연회는 어린 소녀들만 모아서 이루어졌다. 참가가 인정되는 것은 일곱 살부터 열다섯 살까지의 소녀로 미모는 물론이고 틀림없는 숫처녀라는 증거가 필요했다. 그런데 믿기지 않을 정도로 세련된 도락이라고 해야 할까, 네 동료는 무슨 일이 있어도 장미꽃을 따려는 의욕은 보이지 않았고 또 그럴 수도 없었다. 언제나 20명 정도의 숫처녀가 준비되었지만, 도락자들 가운데 그것을 할 수 있는 사람은 공작과 법원장뿐이었고, 뒤르세는 그것을 발기시키는 것부터 불가능했으며, 주교는 소녀의 순결을 더럽혔다면 더럽혔다고 할 수 있을지 모르지만 뒷문을 더럽힐 뿐, 앞문은 그대로 두는 방법밖에 즐길 수 없었다. 어쨌든 20명의 소녀가 반드시 필요했다. 왜냐하면 네 인물은 자기 손으로는 소녀들의 몸에 흠집을 내지 않았지만, 그 대신 자신들이 보는 앞에서 소녀들을 주인과 똑같이 방탕한 하인들에게 먹잇감으로 주어 즐기고 싶었기 때문이다. 또 그들 네 사람이 하인을 곁에 둔 것은 단지 그것 때문만이 아니고 그들과 남색을 즐기고 싶었기 때문이다.

매주 네 번의 정기적인 연회 외에 금요일마다 특별한 연회가 은밀하게 열렸다. 거기에 초대되는 사람은 매우 적었지만 엄청난 비용이 들었고, 책략과 돈의 힘으로 부모에게서 유괴해온 상류계급 아가씨 4명뿐이었다. 가끔 참석이 허용되는 네 아내의 감탄할 만한 순종과 세심한 배려가 연회를 더욱 흥겹게 해주었다. 식탁의 성찬은 다채로운 데다 최고의 미각이었음은 말할 것도 없다. 2천 프랑 이하의 요리는 눈 씻고 찾아도 볼 수 없었고, 프랑스는 물론이고 외국에서 들여온 온갖 진귀한 요리가 가득하고 포도주와 양주도 요리와 마찬가지로 고급이고 풍부한 데다 한겨울에도 테이블은 사계절의 온갖 과일로 장식되었다. 한마디로 지상 제일의 왕국에서도 그보다 더 사치스럽고 호화로운 식사를 준비하지는 못할 거라고 단언할 수 있을 정도였다.

그러면 이야기를 되돌려 독자를 위해 네 주인공의 초상화를 가능한 한 상세히 묘사해보자. 물론 고의로 과장하거나 독자의 마음을 끌거나 마음을 부추기지 않도록 자연계와 마찬가지 필치로 그려낼 생각이다. 자연계란 아무리 흐트러지고 부패해도 결코 숭고함을 잃지 않는다. 굳이 말하자면 자연계가 낳은 악덕은 미덕에서 볼 수 있는 기품이 결여되어 있을지 모르지만 그래도 미덕의 단조롭고 연약한 매력을 압도할 만한 위대함과 숭고함을 갖추고 있다. 독자는 과연 나에게 악덕과 미덕의 효용을 가르쳐줄까. 자연계가 정한 법칙을 찾는 것은 작가의 의무가 아닐까. 자연계에 있어서 악덕은 미덕과 마찬가지로 필요하기 때문에 자연계는 우리 개개인에게 악덕으로 향하는 기질과 미덕으로 향하는 기질을 같은 분량만큼 부여해 필요에 따라 어느 한쪽으로 기울어지게 하는 것이 아닐까. 이 점을 살피는 것도 작가가 할 일이 아닐까 한다. 그러나 어쨌든 이야기를 계속하기로 하자.

4명의 권력자

아버지가 일찍 죽어 열여덟 살 때 이미 막대한 유산을 물려받은 블랑지스 공작은 그 뒤 징세에 관여해 더욱더 재산을 늘려나갔다. 그러나 젊고 부자인 데다 행세깨나 하고 인내심이 부족한 그 나이의 젊은이들이 흔히 그렇듯이, 공작은 메뚜기 떼처럼 밀어닥치는 여러 가지 재정난에 허덕이게 되어 손에 들어오는 것은 일체 거부하지 않는 인간이 되고 말았다. 그런 경우 특권의 범위는 반드시 악덕의 범위와 합치하게 되어 무엇이든 손쉽게 손에 넣을 수 있게 되면 될수록 자제심을 잃어버리게 마련이다. 만일 공작에게 자연계로부터 미덕으로 향하는 기질이 조금이라도 주어져 있었다면, 공작의 처지에서 일어날 수 있는 위험을 상당히 피할 수 있었을 텐데, 자연계라는 기묘한 어머니는 자칫하면 부와 의기투합하는 듯, 어떤 인간에게는 온갖 악덕을 자행하는 데 도움이 되는 부와 기회를 줄 뿐만 아니라, 미덕으로 향하는 기질이 주어진 사람들과는 전혀 다른 정신 활동을 기대한다. 까닭인즉 자연계에는 미덕과 마찬가지로 악덕도 필요하기 때문인데, 자연계가 공작에게 막대한 부를 예정해주고, 그 부를 남용하는 데 없어서는 안 되는 온갖 충동과 영감은 물론, 기괴하고 심술궂은 심보와 사악하고 무정한 영혼, 변덕스러운 충동, 지극히 무책임한 취미를 부여했으므로 공작의 가공할 방탕벽은 모두 거기서 나온 것이었다. 따라서 공작은 나면서부터 교활하고 냉혹하며 위압적이고 난폭하며 이기적이어서, 자신의 쾌락을 위해서라면 아무리 재물을 뿌려도 아까워하지 않으면서 세상에 도움이 되는 일에 대해서는 철저히 인색하며, 거짓말쟁이에 욕심쟁이, 주정뱅이, 남색에 근친상간자, 살인자, 방화자, 도적일 뿐만 아니라, 그러한 수많은 악덕을 보상할 수 있는 미덕은 하나도 지니지 않은 채 어떠한 미덕도 존경하기는커녕 혐오하고 있었다.

　공작은 늘 이렇게 말하곤 했다. "인간이 이 세상에서 행복하기를 원한다면 모든 악덕에 몸을 맡기고, 자기에 대해서 단 하나의 미덕도 허용해서는 안 돼. 언제나 나쁜 일만 하려고 힘쓸 뿐만 아니라 절대로 선을 베풀지 않는 것이 중요하지. 세상에는 평소에 미덕을 실천하려고 힘쓰면서 때로는 정욕에 사로잡혀 악의 길로 끌려들어가는 인간들이 있는데, 그런 인간의 영혼은 과오에서 깨어나면 순식간에 평안으로 되돌아가서 다시 무사태평하게 미덕의 길을 걷기 시작하네. 그러므로 그들은 선과 악의 싸움에서 과오로, 과오에서 후회로 방황하다가, 마지막에는 자신이 이 세상에서 어떤 역할을 했는지 확신도 가지지 못한 채 죽고 말지. 그런 인간은 불행해지지 않을 수 없어. 언제나 흔들리고 방황하다가 아침이 되면 간밤의 일을 혐오하면서 일생을 마칠 뿐이야. 그런 자들은 설사 쾌락을 맛보아도 반드시 후회하게 마련이라서 쾌락에 몸을 맡기면서도 끊임없이 떨고 있지. 마치 나쁜 짓을 하면서 선인이 되어버리고 선을 실천하면서 악인이 되어버리는 것처럼 말이야. 내 성격은 더욱 강하기 때문에 결코 판에 박은 일은 하지 않는다네. 무엇을 선택할 것인지 절대로 헷갈리지 않지. 내가 하는 일에는 반드시 쾌락이 뒤따른다고 확신하기 때문에 후회하느라 쾌락의 맛을 떨어뜨리는 어리석은 짓은 하지 않아. 내가 몸에 익혀온 철학은 건전할 뿐만 아니라, 나 자신의 도덕원리에 확신을 가지고 그 원리에 따라 행동하고 있거든. 나는 나 자신의 원리에 따라 도덕의 공허함과 하찮음을 알게 되었어. 난 미덕을 매우 싫어하기 때문에 미덕으로 되돌아가는 건 있을 수 없는 일이야. 나는 악덕이야말로 인간에게 정신적으로 육체적으로 떨림을 느끼게 하는 유일한 것, 가장 감미로운 쾌락의 원천이라고 확신하고 그 악덕에 몸을 맡기고 있는 거라네. 또한 어릴 때부터 종교 같은 망상에 대해서는 한 번도 생각한 적이 없으므로 창조주의 존재에 대해서는 어린아이도 믿지 않는 터무니없는 이야기로 여기고 있지. 그렇기 때문에 나는 창조주의 비위를 맞추기 위해 나의 기질을 억제할 필요가 없다네. 나의 기질은 자연계로부터 받은 것이므로 만일 그것을 거슬렀다간 도리어 자연계를 분노하게 할지도 모르지 않나. 자연계가 세상에서 말하는 나쁜 기질을 나에게 부여한 건 그 나쁜 기질도 자연계의 목적에 필요하기 때문이 아닐까? 자연계의 손안에 있는 나는 자연계가 제멋대로 움직이는 하나의 기계에 지나지 않아. 그렇기 때문에 내가 저지르는 죄악은 어느 것이나 자연계에 도움이 되고 있을 거라네. 그뿐만이 아니라 자연계가 나에게 죄악을 권하는 건 자연계가 죄악을 상당히 필요로 하기 때문이 아니겠어? 그런 자연계에 저항하면 나는 가당치도 않은 바보가 되어버리는 거지. 그래서 내 앞을 가로막는 상대는 법률밖에 없는 셈인데, 난 법률 따위는 하찮다는 생각밖에 들지 않아. 그런 형편없는 억압의 도구는 나의 돈과 특권 앞에서는 찍소리도 못하는 거지. 법률 같은 건 하층민들을 응징하기 위해 존재할 뿐이라고.”

만일 공작의 이론에 대해 “정의와 부정의 관념은 문명화된 모든 국민뿐만 아니라 문명화되지 않은 사람들 사이에도 인정되고 있지 않은가? 그러니 모든 인간의 마음에 정의와 부정의 관념이 깃들어 있는 것은 자연계의 작용에 따른 것이 아니고 무엇인가?” 하고 반론하면 공작은 거기에 대해 단호하게 반대하면서 이렇게 단언한다. “정의와 부정이라는 관념은 상대적인 것이라네.

이를테면 약자가 부정으로 간주하는 것을 강자는 정의로 보고, 서로의 처지
가 달라지면 양쪽의 사고방식도 달라지게 마련이야. 그렇기 때문에 나에게는
쾌락을 주는 것이 올바른 것이고 고통을 주는 것은 부정이라네. 난 그렇게 결
론을 내렸어. 어떤 사람이 남의 호주머니에서 100루이 은화를 훔쳤다고 하세.
그 사람은 자기에게 필요한, 지극히 올바른 일을 했을 뿐인데, 도둑질을 당한
사람은 그것을 다른 눈으로 보는 거지. 그래서 정의와 부정이라는 관념은 모
두 제멋대로 해석한 것일 뿐이고, 그런 고정된 관념에 묶여 있는 인간이야말
로 멍청한 것이 아닐까?"

　공작은 그런 논리로 온갖 악폐를 교묘하게 합리화했는데 어쨌든 머리 회전
이 빠른 사나이였으므로 그의 이론은 사뭇 그럴듯한 어조를 띠고 있는 것처
럼 들렸다. 아무튼 공작이 젊었을 때부터 가장 파렴치하고 비정상적인 착란
행위에 빠져 도무지 자제하는 면을 볼 수 없었던 것은 자신의 그런 철학에 따
라 행동하고 있었기 때문이다. 이미 말한 대로 일찍 세상을 떠난 아버지는 그
에게 막대한 재산을 남겼는데, 어머니가 살아 있는 동안은 어머니가 유산을
자유롭게 쓸 수 있도록 하라는 유언도 함께 남겼다. 그러한 유언 조건은 그에
게는 결코 받아들일 수 없는 것이었기에 아버지의 유언을 무효화하기 위해서
는 어머니에게 독약을 먹이는 수밖에 없다고 생각했다. 그때부터 악의 일생을
걷기 시작한 이 간교한 사나이는 그런 행동을 굳이 자기 손으로 하지는 않았
다. 그는 자기 여동생에게 "네가 성공해서 어머니가 죽으면 재산은 모두 내 것
이 될 테니 너에게도 반을 떼어주마" 하고 부추겨 여동생에게 나쁜 일을 떠맡
겼다. 그러나 어린 여동생이 겁을 먹고 있어서 비밀이 새나가면 큰일이라고 생
각한 그는, 공범자로 내세우려 했던 여동생을 희생자와 함께 없애기로 결심
하고, 핑계를 붙여서 어머니와 여동생을 시골의 영지로 데리고 갔다. 불행한
두 여인은 그곳에서 살아 돌아오지 못했다. 처벌받지 않고 무사히 넘어간 최
초의 범죄만큼 악인에게 용기를 주는 것은 없다. 그 시련을 이겨낸 공작은 그
뒤 온갖 장애를 모조리 제거해나갔다. 자신의 욕망에 조금이라도 방해가 되
는 인간이 있으면 곧바로 독약을 이용했다. 필요에 따라 저지른 살인은 점차
쾌락을 위한 살인으로 바뀌어갔다. 타인의 고통과 불행에서 기쁨을 발견하는,

우리가 자칫하면 빠지기 쉬운 그 슬픈 일탈을 알게 된 것이다. 그는 상대에게 주는 격렬한 충격에 의해 신경 전체가 진동하면, 그 진동이 신경 속을 흐르고 있는 동물적인 정기(精氣)를 자극하여 발기 신경을 압박하고, 더 나아가 발기 신경의 진동과 함께 이른바 음정감각(淫情感覺)이 생기는 것을 이해하게 되었다. 그 때문에 음정을 만족시키기 위해 창녀를 사러 가는 것과 마찬가지로, 음정감각의 충족이라는 단 하나의 행동원리에 따라 강도와 살인을 저지르기 시작한 것이다.

스물세 살 때, 그는 자신의 철학을 가르친 두 사람의 악의 친구와 짜고 도당을 꾸며 큰길로 나가서 승합마차를 세운 다음 여행 중인 남녀를 범하고 필요치도 않은 돈을 빼앗은 뒤 몰살하고 말았다. 그 잔인한 범행으로 아름다운 두 소녀는 어머니들의 팔에 안긴 채 능욕당하고 살해되었다. 그 뒤에도 온갖 잔혹 행위가 꼬리에 꼬리를 물고 자행되었다. 공작과 그 하수인인 악한들은 범행을 저지른 뒤 알리바이를 조작하기 위해 즉시 시내로 돌아가 그날 밤 시치미를 떼고 오페라 극장의 무도회에 나갔기 때문에 누구 한 사람 공작을 의심하는 자는 없었다. 그는 또 아버지가 죽기 전에 찾아준 매력적인 아내에게 싫증이 나자 어느 부잣집 딸과 결혼을 하기 위해 아내를 곧 어머니와 여동생, 그 밖의 많은 희생자의 영혼 가운데 넣고 말았다. 두 번째 아내는 세간에 품행이 나쁘기로 소문난 처녀였는데 그녀는 공작의 아내가 되자 대담하게 시동생인 주교의 정부가 되고 말았다. 물론 공작은 그것을 눈치채고 있었다. 이 여자가 앞에 이야기한 알린의 어머니이다. 이윽고 두 번째 아내도 첫 번째 아내와 마찬가지로 그에게 희생되어 세 번째 아내에게 자리를 내주게 되는데 이 세 번째 아내도 같은 운명을 걷게 되었다. 잇달아 아내가 죽는 것은 공작의 신체가 모든 면에서 지나치게 크기 때문이라는 소문이 항간에 나돌았는데, 그는 바로 그 소문 덕분에 사건의 진상을 숨길 수 있었다.

이 무서운 사나이는 그리스 신화 최고의 용사(勇士) 헤라클레스나 반인반마(半人半馬) 켄타우로스 같은 인상을 주었다. 키는 2미터 남짓, 힘과 에너지로 넘치는 팔다리와 강한 관절, 탄력 있는 근육의 소유자였다. 게다가 사나이다운 당당한 용모, 크고 검은 눈, 아름다운 갈색 눈썹, 매부리코, 하얀 치아, 넓은 어깨, 다부진 가슴, 아름다운 허리, 단단한 엉덩이, 그리고 쭉 뻗은 두 다리, 무쇠 같은 기질과 말과 같은 힘, 건강하고 씩씩한 모습, 더욱이 놀랄 정도로 털이 많은 노새의 것과 같은 그 물건은 젊었을 때는 하루에 열여덟 번이나 내뿜을 수 있었고 처음부터 끝까지 피로를 느끼지 않았는데, 길이 30센티미터에 둘레가 20센티미터나 되고 쉰 살인 지금도 거의 끊임없이 발기하고 있어 같은 간격을 두고 하루에 7, 8회 사정해도 끄떡없는 능력을 갖추고 있었다. 이상이 블랑지스 공작의 초상화인데 독자는 그의 모습을 눈앞에 떠올릴 수가 있을까. 이 자연계의 걸작이라고 할 수 있는 사나이는 한번 격렬한 욕망에 사로잡혀 정욕이 고조되면 인간이라기보다 미쳐 날뛰는 호랑이가 되어버리기 때문에, 그런 때 그의 정욕에 봉사해야 하는 상대에게는 그야말로 재난이었다. 가슴을 부풀리면서 무서운 외침과 신을 모독하는 언어를 토해내고, 두 눈은 불길처럼 빛나며, 입에서는 연거푸 거품을 뿜어내고, 종마(種馬) 같은 소리를 질러 마치 음욕의 신 그 자체처럼 보였다. 쾌락을 탐닉하는 방법이 아무리 달라도 그때마다 반드시 두 손이 저절로 움직이기 시작하여 화산처럼 방출되는 순간 여자의 목을 졸라 죽이고 만 적도 한두 번이 아니었다. 혼란 상태에서 정신이 돌아오면 방금 온몸을 맡겼던 무서운 행위는 조금도 개의치 않게 되어, 그러한 무심함과 무감각한 상태에서 순식간에 새로운 정욕의 불길이 다시 타오르는 것이었다. 앞에서도 말했지만, 이상한 체력이 넘치고 있었기 때문에 한 손으로 처녀를 제압하고 범하는 것도 쉬웠고, 실제로 그것을 여러 번 증명해 보여주었다. 또 어느 날에는 다리 사이에 암말을 끼워 넣고 남근으로 죽여 보겠다고 자랑하고, 장담한 시간 안에 정말로 암말의 숨통을 끊어놓은 적도 있었다.

스물다섯 살쯤부터 수동적인 남색 습관을 몸에 익히게 되었는데, 몇 번을 공격받아도 같은 힘으로 막아낼 수 있었고, 마음이 바뀌어 역할을 바꾸어도 같은 힘으로 공격할 수 있었으므로 언젠가는 내기를 하여 하루에 다섯 차례나 견딘 적도 있었다. 식탁에서의 욕망도 침대 위의 욕망에 뒤지지 않을 정도로 왕성하여, 그 많은 음식과 음료가 도대체 어디로 들어가는 건지 상상도 할 수 없을 정도였다. 식사는 규칙적으로 세 번 했지만 그 시간이 지극히 길고 무엇보다 양이 많았다. 식사 중에 마시는 것은 부르고뉴산(産) 포도주 10병으로 정해져 있었는데, 어느 때는 30병이나 마시고도 내기로 50병에 도전해보겠다고 장담하기도 했다. 그러나 알코올 때문에 머리가 뜨거워질수록 취기가 올라 착란의 기미를 띠면서 광포해지기 시작하여 손을 쓸 수 없게 되면, 사람들이 그의 몸을 묶어서 가까스로 진정시키기도 했다. 그런데 모든 것이 그런 식인데도, 독자 여러분은 믿어지지 않을지 모르지만 기질은 체질과 반드시 합치하지 않는 것이 아무래도 진실인 듯, 설사 어린아이라도 그에게 단호한 태도를 보이면 이 거한(巨漢)은 당황하고 말았다. 그는 상대를 물리치기 위해 책략이나 배신의 수단을 쓸 수 없다는 걸 알면, 이내 겁을 먹고 무기력해지고 말았다. 그리고 비록 가장 위험이 적은, 동등한 힘을 지닌 상대와의 싸움이라도, 싸움이라는 말만 들어도 지구 끝까지 도망갈 사람이었다. 그래도 상류계급의 관습에 따라 한두 번 싸움터에 나간 적은 있었지만, 몹시 체면을 구기는 사건을 일으켜 그 자리에서 퇴역하고 말았다. 그리고 변명과 뻔뻔함으로 자신의 비겁한 행위를 변호하며, "겁을 내는 건 자기보존의 본능이므로 그것을 결점으로 비난하는 것은 분별 있는 인간이 할 짓이 아니다"라고 당당하게 주장할 정도였다.

   똑같은 정신적 특성을 고스란히 가져와서 그것을 지금까지 묘사한 인물보다 육체적으로 훨씬 못 미치는 인물에 적용하면 바로 공작의 동생인 주교의 초상화가 된다. 주교는 형과 똑같이, 사악한 마음과 죄악에 대한 경향, 종교에 대한 경멸과 무신론과 간교함을 지니고 있으면서, 형보다 유연하고 빈틈이 없으며, 희생자를 밀어버리는 기교가 뛰어난 정신을 갖추고 있었다. 그러나 체격은 가냘프고 몸은 작고 말라서 병치레가 많고 극히 신경질적이며, 쾌락을 추구하는 데는 한 단계 더 치밀하지만 정력은 그다지 없고 그 물건은 보통보다 오히려 작은 편이었다. 하지만 주의해서 몸을 돌보아 언제나 소량밖에 방출하지 않도록 힘쓰고 있었기 때문에 상상력만은 끊이지 않고 불타올라, 그 덕분에 형과 비슷한 횟수만큼은 쾌락을 맛볼 수 있었다. 그리고 감각이 특별히 예민하고 신경이 놀랄 정도로 날카로워서, 방출하자마자 정신이 몽롱해져 거의 의식을 잃는 상태가 되었다. 마흔다섯 살로, 섬세한 용모에 눈이 상당히 아름다웠지만 입매는 천박해 보이고, 치열은 추하고, 새하얀 피부에는 털이 한 오라기도 없고, 작은 엉덩이는 모양이 좋고, 그리고 그것은 길이 15센티미터, 둘레 13센티미터의 물건이었다. 남자 역할이건 여자 역할이건, 어떤 종류의 남색에도 열광했지만, 특히 여자 역할을 좋아하여 이 주교의 일생은 뒷문이 패이면서 지나갔다고 해도 무방하리라. 뒷문의 쾌락은 정력을 다량으로 소모시키는 일이 없기 때문에 작은 물건의 소유자에게는 안성맞춤이었다. 식사에 관해서는 형제가 똑같이 대식가였는데 형에 비하면 감각에 무게를 두는 편이었다. 그리고 형과 똑같은 악덕귀족이었으므로 형의 악명 높은 행위에 견줄 만한 일을 해치울 수 있는 특성을 갖추고 있었다. 이쯤에서 독자 여러분에게 한 가지 예를 들어두겠는데, 그것만으로도 이 사나이가 어떤 짓을 해치울 수 있는지, 어떤 방법으로 어떤 짓을 하는지 알 수 있으리라고 생각한다.

전에 그의 친구 가운데 세상천지에 의지할 사람 하나 없이 막대한 재산을 소유한 사나이가 있었다. 그 친구는 신분 높은 어느 아가씨와 밀통하여 두 사람 사이에 남자아이와 여자아이가 태어났는데, 어떤 사정이 있어서 결혼할 수 없었던 여자는 아이들을 먼 기숙학교에 맡기고 다른 남자에게 시집가고 말았다. 그 불행한 연인은 죽음을 앞두고 전 재산을 지난날의 정사에서 낳은 사생아들에게 남기기 위해 두 아이에게 똑같이 유산을 분배한다는 것을 기록한 두 장의 서류를 주교에게 맡기고 자신의 계획을 밝혔다. "주교님, 저의 간절한 바람인데, 두 고아의 교육을 맡아주지 않으시겠습니까? 법률로 정해진 나이가 되면 이 재산을 그 아이들에게 전해주십시오. 그때까지 이 재산을 잘 운용하여 두 아이를 위해 늘려주실 수 없을까요? 저는 두 아이를 위해 한 일을 아이어머니에게는 영원히 알릴 생각이 없으니 그 여자에게는 비밀을 지켜주시기를 바랍니다……." 두 사람 사이에 굳은 약속이 교환되자 병자는 숨을 거두었다. 그 결과 주교는 100만 프랑에 가까운 은행권과 마음대로 할 수 있는 두 아이를 갖게 되었다. 그러자 이 악한은 아무런 거리낌도 없이 자신이 취할 태도를 정하고 말았다. 죽은 친구가 털어놓은 이야기를 들은 것은 나밖에 없다, 아이어머니는 아무것도 모르고 있고, 아이들은 이제 겨우 너덧 살이 되었을 뿐이다, 이 사기꾼은 그렇게 생각하자 그날 안으로 친구의 재산을 고스란히 가로채고 사람들에게는 친구가 죽음을 앞두고 가난한 사람을 위해 전재산을 기부했다고 퍼뜨렸다. 한 가지 범죄를 저지르면 곧바로 다음의 새로운 범죄를 생각해내지 않고는 못 견디는 인간이었던 이 주교는, 두 아이를 파산시키는 것만으로는 부족하여, 친구로부터 권한이 위임된 것을 이용해 곧바로 기숙학교에서 아이들을 데려와 자기 고용인의 집에 맡겨놓고 자신의 음험한 욕망에 봉사할 수 있는 나이가 될 때까지 기다리기로 했다. 남자아이가 성장하여 열세 살이 되자, 매우 귀엽게 자란 소년이 완전히 마음에 들어 온갖 음란한 행위를 가르치고는, 처음에는 소년을 상대로 계속해서 일주일이나 즐겼다. 그러나 여자아이 쪽은 그다지 일이 잘 풀리지 않았다. 여자아이도 곧 열세 살이 되었지만 아무래도 못생겼던 것 같다. 그래도 악인의 음란한 광기는 그치지 않았다. 그렇게 자신의 욕망을 채우고 나자 아이들을 살려두면 머지않아 두 사람이 자신들과 관계가 있는 비밀을 알게 되지 않을까 불안한 데다, 한편으로는 새로운 죄를 범함으로써 향락 끝에 꺼져버린 음욕의 불길에 다시 불이 붙을 것을 기대하고, 아이들을 형의 영지로 데리고 가서 광포한 정욕에 희생시킨 뒤, 자극적이고 잔혹한 장면을 잇달아 전개하여 두 사람을 죽이고 말았다. 아니나 다를까, 그 고문의 와중에 욕정의 불길이 다시 타올랐다. 참으로 어이없는 일이지만, 악덕에 조금이나마 발을 들여놓은 도락자라면 살인 행위가 관능에 얼마나 큰 힘을 미치는지, 얼마나 기분 좋게 사정을 촉진하는지 너무나 잘 알고 있을 것이다. 이것은 진리이며, 이 이론에 관한 논의에 대해서는 이 책 속에서 상세하게 설명하겠지만, 독자 여러분은 이 책을 읽기 전에 미리 이 진리에 대해 알아두는 것이 좋을 거라고 생각한다.

주교는 앞으로 무슨 일이 발생해도 아무것도 걱정할 필요가 없게 되자, 파리로 돌아가 악행의 성취를 은밀하게 즐겼다. 그는 이제 기쁨도 고통도 느낄 수 없는 상태에 있는 고인의 뜻을 배반한 것에 대해 양심의 가책 따위는 눈곱만큼도 느끼지 않았다.

법원장 퀴르발은 일당 4명 가운데 가장 연장자로 예순에 가까운 나이였다.

오랜 방탕의 결과 지칠 대로 지쳐서 해골이나 다름없는 몰골을 한 그는, 키가 크고 바짝 마른 데다 눈은 움푹 들어가고 입술은 병적인 납빛에 턱이 튀어나오고 코가 길쭉했다. 사티로스처럼 온몸에 털이 뒤덮여 있고 등은 납작한데, 아래로 축 처진 헐렁한 엉덩이 살은 마치 허벅지 위에서 너풀거리는 두 장의 걸레처럼 보였다. 게다가 채찍에 맞는 것을 좋아하여 엉덩이의 살이 완전히 늘어졌기 때문에 손가락으로 비틀어도 아무 감각이 없었다. 엉덩이를 벌릴 것도 없이 그 구멍이 바로 보여, 그 크기로나, 냄새로나, 색깔로나, 엉덩이의 구멍이라기보다 변기 구멍 같았다. 그처럼 더러운 용모에다 엉덩이를 언제나 불결한 채로 두는 남색 취향을 가진 돼지들의 특이한 습관을 지니고 있었으므로, 구멍 주위에는 오물이 둑처럼 덕지덕지 달라붙어 있었다. 그리고 납빛 주름이 가득한 말랑말랑한 아랫배에 있는 털의 숲에서 발기하면 길이가 20센티미터, 둘레가 18센티미터나 되는 그 물건이 보일락 말락 했다. 그러나 그런 상태가 되는 일은 극히 드물어서, 그것을 발기시키려면 미치광이 같은 다양한 행위가 필요했다. 그래도 여전히 일주일에 두세 번은 쓸모가 있어서, 그때는 구멍만 있으면 어떤 구멍이건 가리지 않고 시도해보는 것이다. 물론 법원장에게 가장 소중한 것은 누가 뭐래도 소년의 뒷문이었다. 그는 귀두를 언제나 드러내놓기 위해 할례[3]를 받았다. 이 의례의 목적은 그 부분을 청결하게 유지하여 쾌락을 맛보기 쉽게 하는 데 있으므로 호색가라면 받아두는 것이 좋다. 그러나 그의 경우, 귀두도 신체의 다른 부분과 마찬가지로 불결했기 때문에 할례의 목적을 완전히 달성했다고 할 수 없었다. 그리고 원래 큰 데다 모자를 씌우지 않은 귀두는 그 둘레가 적어도 3센티는 부풀어 있었다. 온몸이 불결한 법원장은 취미 또한 신체에 걸맞게 비열했기 때문에 곁에 다가가면 뭐라 표현할 수 없는 고약한 냄새가 나서 누구나 혐오하고 있었지만, 이들은 그런 사소한 일에 눈살을 찌푸리는 자들이 아니어서 화제로 삼지도 않았다.

아마도 그처럼 천박하고 흘게 늦은 인간도 드물었으리라. 오랫동안 방탕한 생활을 한 결과, 지금은 완전히 무감각한 마비상태가 되어 머리는 전혀 기능

---

3) 음경의 표피를 절개하는 종교적 수술.

을 발휘하지 못하고 남아 있는 것은 변태적인 기호(嗜好)와 무분별한 방탕행위뿐으로, 파렴치하기 짝이 없는 행위를 세 시간 이상 계속해야 겨우 쾌락을 맛보는 것이 고작이었다. 그러나 법원장의 경우, 발기하지 않아도 거의 매일 한 번은 사정할 수 있었다. 하지만 거기까지 가는 것이 참으로 어려운 일이어서, 지극히 기묘하고 잔인하며 불결한 수단에 의지하지 않으면 안 되었다. 그래서 그의 쾌락 상대는 질려서 포기해버릴 때가 가끔 있었고, 자기 자신도 어떤 음란한 분노가 치밀어 올랐다. 그런데 야릇하게도 헛되이 몸부림치는 것보다는 그와 같은 분노의 감정이 치밀었을 때가 발기에는 더욱 효과적이었다. 악덕과 음락의 수렁 속에 완전히 빠져 있어서 악덕과 음락 이외의 언어를 생각하거나 말하는 것이 불가능해진 법원장은, 가장 불결한 표현을 끊임없이 마음에 떠올리면서 다른 세 사람과 마찬가지로 종교적인 것에 대한 혐오에서 나오는 신에 대한 모독과 저주의 언어를 외설적인 언어 속에 섞어서 마음껏 내뱉고 있었다. 그렇게 일탈한 정신은 상습적인 도취상태의 부추김으로 더욱더 심해져서 몇 년 전부터 치매와 쇠약상태를 드러내고 있었는데, 그는 그런 상태야말로 뭐라 표현할 수 없는 기쁨이라고 강변했다. 타고난 주정뱅이에 대식가여서 그런 점에서 공작과 자주 대적할 수 있는 사람은 그뿐이었다. 독자는 이 이야기 속에서 법원장의 그런 종류의 공로와 여러 번 마주치게 될 텐데, 아무리 유명한 대식가도 깜짝 놀라지 않을 수 없을 것이다. 그는 10년 전부터 직책을 수행하지 않고 있었다. 그것을 감당할 수 있는 상태가 아니었을 뿐만 아니라, 설령 직무에 임한다 해도 주위 사람들은 앞으로 모든 일에서 손을 떼라고 부탁할 것이 분명하기 때문이었다.

　법원장은 지극히 방탕한 생활을 보내며 온갖 일탈행위에 익숙해져 있었기 때문에, 특별히 그를 잘 알고 있는 사람들은 그가 막대한 재산을 갖게 된 것은 혐오스러운 살인사건을 두세 번은 저질렀기 때문이 틀림없다고 의심의 눈초리로 보고 있었다. 그건 그렇다 치고 잔학행위가 그의 정서를 심하게 자극하는 것은 다음의 이야기를 들으면 분명한데, 그가 법원에서 쫓겨나게 된 것도 운 나쁘게 세상에 소문이 나돌게 된 어떤 수상한 사건 때문이었다. 독자 여러분이 법원장의 성격이 어떤지 상상할 수 있도록 그 사건에 대해 얘기해보기로 하자.

　법원장의 집 근처에 귀여운 딸아이하고 살고 있는 가난한 부부가 있었는데 그 부부는 어리석게도 인간적인 감정의 소유자였다. 그 딸을 손에 넣고 싶었던 법원장은 이미 스무 차례나 온갖 방법을 이용하여 이 가난한 부부에게 사람을 보내 딸에 대해 응분의 대가를 제시하면서 유혹의 손길을 뻗쳤지만 부부는 전혀 마음이 흔들리지 않았다. 그는 거절당할수록 더욱 애가 타서, 소녀를 손에 넣어 호색을 즐기려면 어떻게 해야 할지 궁리하다가, 차라리 그 아버지를 없애버리면 그의 딸을 자기 침대에 끌어들일 수 있을 거라고 간단하게 생각하고 말았다. 그는 나름대로 그 묘안을 즉시 실행에 옮겼다. 법원장은 질 나쁜 자 두엇에게 돈을 듬뿍 주고 그들의 협조를 얻어 근거도 없는 사건을 날조했다. 그 때문에 한 달도 되기 전에 가엾은 그 아버지는 자기 집 앞에서 발생한 기묘한 사건에 연루되어 콩시에르주리 감옥으로 송치되고 말았다. 독자 여러분도 미루어 짐작하겠지만, 이 법원장은 자신이 직접 그 사건의 담당관이 되었다. 물론 그는 가능한 한 빨리 사건 심리를 마칠 생각이었기 때문에 악랄한 수단과 돈을 써서 단 사흘 만에 판결을 언도했다. 그 불운한 사람은 자기들 부부와 딸의 명예를 지키는 것 외에는 아무 짓도 하지 않았건만 산 채로 거열형(車裂刑)[4]에 처해지고 말았다.

　그러는 동안 법원장의 비밀공작이 다시 시작되었다. 그는 은밀하게 관계자를 움직여 어머니에게 "당신 남편을 구할 수 있는 사람은 당신뿐이다. 당신이 법원이 원하는 대답만 해주면 법원은 당신 남편에게 닥쳐올 무서운 운명에서 반드시 구해줄 것"이라고 충고 비슷하게 암시했다. 그녀는 우물쭈물하고 있을 수 없어서 몇 사람의 변호인에게 의견을 구했다. 그러나 그녀를 반드시 자기에게 오도록 할 생각이었던 법원장은 변호인들에게 미리 손을 써두었기 때문에 그녀로부터 상담을 받은 변호인들은 조금도 주저하지 않고 단 한마디로 법원장에게 가보라고 대답했다. 불행한 어머니는 울면서 법원장 앞으로 딸을 데리고 갔다. 그는 기뻐하면서 소원을 들어주겠다고 약속했지만 물론 약속을

---

4) 매달은 쇠바퀴를 누워 있는 죄인 위에 떨어뜨려 팔다리를 망가뜨리고 몸을 바퀴에 매달고 달리는 형벌.

지킬 생각은 털끝만치도 없었다. 만일 약속을 지키면 목숨을 구하게 된 사람이 자기의 생명을 구하기 위해 아내와 딸이 어떤 대가를 치렀는지 알고 세상에 한바탕 소동을 일으킬 우려가 있었기 때문이다. 그러나 악한은 그런 걱정보다도, 약속 따위는 무시하고 자기가 원하는 것을 해치우면 틀림없이 더욱 짜릿한 기쁨을 맛볼 수 있을 거라고 상상하고, 다양한 배신행위와 악행 장면을 머릿속에 떠올리면서 음욕이 더욱 고조되는 것을 느꼈다. 수치를 전혀 모르는 가장 자극적인 장면을 만들어내기 위해 법원장은 도대체 어떤 일을 꾸몄던 것일까.

파리에는 지구마다 형장(刑場)이 있었는데 그의 집은 어느 형장의 맞은편에 있었다. 이번 범죄는 그 지구에서 일어난 것으로 되어 있었기 때문에 그는 그 형장에서 사형이 집행되도록 인가를 얻어냈다. 그는 저택에서 형장이 마주 보이는 방의 창문을 모두 닫아 앞으로 진행될 일이 일체 보이지 않도록 해두고, 지정한 시간에 불행한 사나이의 아내와 딸을 불러들여 두 희생자를 가두어버렸다. 모든 일이 교묘하고 정확하게 연출되어, 법원장은 형이 집행되는 바로 그 시간에 어머니에게 안긴 딸의 뒷문을 범하고 처형된 아버지의 숨이 끊어진 순간에 사정을 한 것이다. 그리고 그 행위가 끝나자 창문을 열면서 "이쪽으로 와서 보아라, 확실하게 약속을 지켰으니" 하고 말했다. 불쌍한 모녀는 거열형으로 죽은 남편과 아버지의 모습을 보자 정신을 잃고 쓰러지고 말았다. 더욱 끔찍하게도 그는 모든 것을 예측하고 한층 악랄한 수단을 강구해두었다. 법원장은 두 사람에게 몰래 독약을 넣은 음식을 먹여, 그녀들이 그 실신을 마지막 고통으로 다시는 눈을 뜨지 못하게 한 것이다. 그러나 그와 같은 악업은 아무리 치밀하고 짙은 비밀의 그림자로 은폐하려고 해도 언젠가는 자연히 드러나게 마련이다. 모녀 죽음의 진실에 대해서는 다행히 들키지 않고 끝났지만 사람들은 그 사건에 대해 직무를 이용한 음모가 숨어 있음을 의심했다. 게다가 동기도 반쯤 알려져 있었으므로 법원장은 결국 자리에서 물러나지 않을 수 없었다. 그때부터 그는 더 이상 체면을 가릴 필요가 없어져서 새로운 과오와 죄의 바다에 몸을 던지게 되었다.

복잡하게 얽힌, 그러면서도 단순하고 무서운 잔혹함 가운데 그가 가장 선호한 것은 역경에 허덕이는 사람들에게 격렬한 욕망을 모조리 털어내는 것이 었으므로, 그는 모든 곳에서 자신의 부도덕한 취향에 필요한 산 제물을 찾아 나섰다. 가깝게 지내고 있던 사창가의 포주들은 법원장을 위해 밤낮을 가리지 않고 옥탑방이나 쓰러져가는 누추한 집에서 비참한 가난 속에 버려져 있는 사람들을 찾아냈다. 그는 경제적인 지원을 얻을 수 있다는 달콤한 꾐에 끌려온 사람들을 자신이 가장 즐기는 기분전환의 하나인 독살 실험에 이용하거나 패륜적인 취미로 유인해 그 희생양으로 삼았다. 자신의 음흉한 욕망을 채우기 위해 남자건 여자건 어린아이건 가리지 않고 닥치는 대로 마음껏 만행을 부린 것이다. 그는 세상에서 조금이나마 신용을 얻고 아낌없이 돈을 뿌렸기 때문에 살아올 수 있었지, 그렇지 않았다면 단두대 위에서 몇 번이나 목이 날아가는 처지에 빠졌을지도 모른다. 법원장은 그런 인물이었기에 나머지 일당과 마찬가지로 신앙심 따위는 전혀 없었는데, 일찍이 사람들의 마음속에 들어 있는 신앙심을 떨어뜨려 부정을 저지르는 데 상당히 공헌한 적이 있었다. 반종교적인 책을 쓸 수 있을 정도로 두뇌가 아직 건강했던 시절에 상당한 영향력을 지닌 책을 몇 권 남겼던 것이다. 그는 지금도 끊임없이 그 성공을 상기하면서 둘도 없는 쾌락으로 삼고 있었다.

징세청부인 뒤르세는 53세, 듣기 좋은 감미로운 목소리의 소유자로, 키가 작은 데다 살이 쪄서 땅딸막한 체격에 호감을 주는 젊은 용모를 지니고 있었다. 살결이 매우 희고 몸 전체, 특히 허리와 엉덩이와 가슴은 여자처럼 보였다. 엉덩이는 지방이 있어 통통했는데 여러 해의 비역 경험으로 엉덩이의 구멍이 완전히 열려 있었다. 그 물건은 매우 작아서 길이 10센티미터, 둘레는 5센티미터 정도인 데다 거의 발기하는 일이 없었고, 드물게 사정할 때가 있지만 심한 어려움이 뒤따라 사정하기 전에는 반드시 경련을 일으켜 어떤 착란상태에 빠져서 뭔가 죄악을 저지르지 않고는 견딜 수 없는 상태가 되었다. 그 정신은 다른 동료들과 마찬가지로 병적이었는데 교제에 있어서만은 지극히 성실했다. 공작의 학교친구로, 두 사람은 어릴 때부터 서로 남색 취미를 즐기고 있었으며, 그가 즐기는 가장 큰 쾌락 가운데 하나는 공작의 거대한 물건으로 자기 뒷문을 간질이는 것이었다.

　독자 여러분, 이상이 네 악인의 초상화이다. 앞으로 나는 몇 달 동안 이 이야기 속에서 독자와 행동을 함께하게 될 텐데, 독자가 미리 그들의 기질을 충분히 알고 그들이 범하는 다양한 일탈행위를 보아도 놀라지 않도록 최선을 다해 그들의 초상화를 그렸다고 생각한다. 그러나 지금으로서는 그들의 취향에 대해 그 세부까지 파고들 수는 없다. 여기서 전부 들추어내면 이 작품의 재미있는 줄거리와 흥미가 반감할지도 모르기 때문이다. 이야기가 진행됨에 따라 주인공들에게 주의 깊게 시선을 집중하면, 독자는 그들이 습관적으로 일삼았던 일탈행위가 어떤 것인지, 그들 개개인이 즐거움으로 삼았던 색다른 음락이 어떤 것인지 쉽게 간파할 수 있을 것이다. 지금 대략적으로 말할 수 있는 것은 네 사람 모두 남색 취향이 있어서 남녀의 엉덩이와 뒷문에 열중했다는 점이다. 단, 공작은 옥문을 공격하는 것에 커다란 쾌감을 느끼고 있었는데, 그 물건이 지나치게 커서 호색 때문이라기보다는 잔혹 취향 때문이었다. 법원장도 마찬가지로 옥문에 대한 취향을 지니고 있었지만 공작에 비하면 그 실행은 극히 드물었다. 주교는 옥문을 극도로 싫어하여 옥문을 한 번 보기만 해도 반년이나 발기가 불가능할 정도였다. 그런 그가 형수의 옥문을 찌른 것은 딸을 낳게 해 언젠가 뒷문에 의한 근친상간의 기쁨을 맛보고 싶었기 때문이다. 뒤르세는 주교와 마찬가지로 엉덩이에 열중했으나, 사실 그것은 두 번째이고 그가 좋아하는 것은 제3의 신전을 공격하는 일이었다. 그 수수께끼는 앞으로 밝혀질 것이다.

　이 이야기를 이해하기 위해 네 도락자 외에 몇 사람의 초상화를 그려두어야 하므로 우선 그것을 완성시켜두기로 한다. 그것을 통해 독자에게 존경할 만한 남편들의 네 아내에 대한 대략적인 이해를 얻고 싶다.

4명의 딸·아내

뒤르세의 딸이자 공작의 아내가 된 콩스탕스는 그야말로 아버지와는 완전히 대조적인 여자였다. 키가 크고 호리호리하여 그림 같았고, 미의 여신들이 즐기면서 만들어낸 것처럼 아름다웠다. 극히 우아한 몸매는 기름살이 올라 앳되고 포동포동했다. 백합보다 하얀 피부의 매력적인 윤곽은 사랑의 여신들이 심혈을 기울여 빚은 것만 같았다. 기름한 얼굴의 모양은 뛰어나게 기품이 있으며, 상냥하다기보다 고상한 풍격이 있고 섬세하다기보다 고귀하다고 하는 편이 더 어울렸다. 크고 검은 눈은 정열적이고 조그마한 입은 상상도 할 수 없는 아름다운 치열로 장식되어 있었다. 얇고 가는 혀는 어여쁜 연분홍빛을 띠고 내뿜는 입김은 장미향보다 감미로웠다. 봉긋하게 솟아오른 젖가슴은 석고로 빚은 조각품처럼 하얗고 팽팽했다. 가늘고 잘록한 허리는 자연계가 지금까지 한 번도 만들어낸 적이 없는 멋진 엉덩이로 이어져 있었다. 크지도 작지도 않은 엉덩이는 완벽할 정도로 동그랗고, 팽팽하게 죄어져 가늘게 벌어진 그 중앙에 한 번도 더럽혀진 적이 없는 귀엽고 미묘한 구멍이 살짝 엿보였다. 핑크빛으로 물든 그곳은 황홀하리만치 달콤한 음락의 은신처 같았다. 그런데 어찌 된 일일까? 엉덩이 구멍의 그러한 매력도 잠시, 공작과 결혼한 뒤 서너 번 공격당하는 사이에 어느새 빛이 바래버려 폭풍에 찢겨나간 아름다운 백합꽃 같은 모습으로 바뀌고 말았다. 둥글고 살집이 좋은 두 허벅지 사이에 또 하나의 신전이 있어, 네 도락자들에게는 뒷문만큼 감미로운 장소는 아니었지만, 애호가에게는 나의 펜으로는 도저히 묘사해낼 수 없는 매력을 갖추고 있었다. 그녀는 공작과 결혼을 했을 때 완전한 숫처녀였다. 앞에서 말했듯이 그녀가 지금까지 안 유일한 남자였던 아버지 뒤르세가 앞쪽은 전혀 흠이 없는 상태로 보존해두었기 때문이다. 자연스럽게 두 어깨 위에 늘어뜨린 길고 아름다운 검은 머리카락은 작은 옥문을 뒤덮고 있는 같은 색의 아름다운 털에까지 닿을 정도로 자라, 그것이 또 새로운 장식이 되어 자연계가 여자에게 줄 수 있는 최고의 매력을 스물두 살의 천사 같은 콩스탕스에게 부여한 것이다. 그녀는 운명의 장난으로 비참한 처지에 떨어지고 말았지만, 육체의 온갖 장식과 아울러 느낌이 좋은, 올바르고 기품 있는 정신의 소유자였다. 오히려 그렇게 섬세한 감정을 아울러 지니고 있었던 것이 그녀의 불행이었으니, 그녀는 자신의 가련한 상태에 대한 두려움을 뼈저리게 느끼고 있었다.

뒤르세는 그녀를 자기 딸이라기보다 고급 창녀로 키울 생각에 도덕보다는 재능을 연마하게 했지만, 자연계가 그녀의 마음속에 장난삼아 새겨 넣은 정숙함과 미덕을 파괴할 수는 없었다. 그녀는 정식으로 종교 교육을 받은 적이 없고, 누구도 그녀에게 종교 이야기를 들려준 적이 없으며, 신앙의 의무를 다하지 않는다고 나무란 것도 아닌데, 종교적인 망상과는 아무런 관계가 없어도 그녀처럼 선량하고 감수성이 예민한 영혼의 소유자에게서 볼 수 있는 천성인 조신함이 사라지는 일은 없었다. 그녀는 아버지의 집을 떠난 적이 없었고 열두 살 때부터 악인인 아버지의 비열한 쾌락의 대상이 되었는데, 공작과 잠자리를 함께하게 된 뒤부터 전혀 다른 세계를 발견하고 너무나도 큰 그것에 의해 신체에 변화가 일어나 처음으로 뒷문이 침범당한 이튿날부터 건강을 해치고 말았다. 주변사람들 사이에는 직장까지 파열된 것이 아닌가 하는 소문이 나돌 정도였지만, 젊고 건강했던 그녀는 국소약 덕분에 회복해 공작은 금지되어 있던 뒷문을 가까스로 사용할 수 있게 되었다. 완전히 건강을 되찾은 콩스탕스는 매일처럼 무리하게 강요되는 고통에 익숙해져서(물론 그것만은 아니지만) 마침내 어떤 일에도 아무렇지도 않게 견딜 수 있게 되고 말았다.

　법원장의 딸이자 뒤르세의 아내가 된 아델라이드는 어쩌면 콩스탕스를 뛰어넘는 미모의 소유자였지만 전혀 다른 부류의 여자였다. 스무 살인 그녀는 몸집이 작고 호리호리했으며 그림처럼 아름답고 세상에 둘도 없이 멋진 금발이었다. 몸 전체, 특히 그 용모에 타인을 배려하지 않고는 견디지 못하는 마음씨와 감수성이 넘치고 있어, 이야기의 주인공으로 걸맞은 매력을 갖추고 있었다. 크고 푸른 눈은 우아함과 조신함을 나타내고, 기품 있고 매력적인 길고 가는 눈썹이 마치 정절의 신전 같은 이마를 장식하고 있었다. 가느다란 코는 위쪽이 약간 좁아서 매부리코처럼 보였다. 얇은 입술은 생기 있는 분홍색으로 물들어 있고, 오묘한 용모의 유일한 결점이라고 할 수 있는 큰 입을 벌리면 자연계가 장미 꽃잎 사이에 뿌려둔 서른두 개의 진주알 같은 치아가 드러났다. 약간 긴 목이 미묘한 각도로 어깨에 이어지고, 타고난 습관 때문이겠지만 특히 남의 이야기를 듣고 있을 때 머리가 약간 오른쪽 어깨로 기울어, 그 인상적인 몸짓이 뭐라 형용할 수 없는 매력이었다. 손바닥 하나 가득한 크기의 탄력 있는 젖가슴은 동그랗게 부풀어 쾌활한 사랑의 신 큐피드가 어머니인 베누스의 정원에서 따온 두 개의 사과 같았다. 약간 폭이 좁은 가슴은 매우 우아하고, 완만한 배는 공단처럼 보드라우며, 엷은 털이 듬성듬성 자라고 있는 조그마한 금빛 언덕은 미와 사랑의 신 베누스가 그녀에게 경의를 표하기 위해 만든 신전의 회랑 역할을 수행하고 있었다. 그 신전의 어귀는 매우 좁아서 손가락 한 개가 들어가도 비명을 지르지 않을 수 없을 정도였는데, 가련한 그녀는 아버지 덕분에 그 신전도, 이제부터 묘사하려는 미묘한 부분도, 이미 처녀가 아니었다. 그렇긴 해도 제2의 신전과 그 언저리는 뭐라 말할 수 없는 매력을 띠고 있었다. 멋진 허리의 곡선과 엉덩이의 형태, 거기에 흰색과 분홍색이 뒤섞인 피부빛, 엉덩이 전체는 약간 작은 편이지만 모든 부분이 이루 말할 수 없는 걸작이어서, 아델라이드의 엉덩이는 미의 모델 그 자체라기보다 소묘(素描)여서 자연계는 콩스탕스 안에서 화려하게 강조한 것을 아델라이드 안에서는 간단하게 선으로 묘사하는 데 그친 것 같았다. 그 우아한 엉덩이를 벌리면 눈앞에 장미 꽃봉오리가 나타나는데, 자연계가 보여주는 그 구멍은 더할 나위 없는 상서로움과 연분홍빛을 띠고 있었다. 그러나 극히 좁고 작아서 아버지도 가까스로 꽃봉오리를 헤쳐놓았을 뿐, 그 뒤에는 두세 번 공격하다가 그만두고 말았다. 남편인 뒤르세는 아버지만큼 까다롭지는 않았기 때문에, 그녀는 뒷문 공격에 대해서는 불행한 꼴을 당하지 않아도 되었는데, 그와 같은 사소한 호의를 받는 대신 온갖 흉악하고 잔혹한 처사를 당하면서 남편의 비위를 맞추거나 복종하지 않으면 안 되었다. 더욱이 일당이 정한 약속에 따라 다른 세 사람의 도락자에게도 몸을 맡겨야 했기 때문에, 남편이 면제해준 공격은 말할 것도 없고 그 밖에 온갖 잔혹한 공격을 견디지 않으면 안 되었다. 그 용모에서 추측할 수 있듯이 극단적으로 공상적인 마음의 소유자였던 그녀는 가끔씩 일부러 호젓한 곳을 찾아가서 눈물을 흘리곤 했다. 그 눈물은 저절로 흘러나와 자연계가 어떤 전조를 보여주고 있는 듯한 눈물이었다. 그녀는 얼마 전에 친한 여자친구를 잃어버렸는데, 그 역겨운 이별이 마음에 떠올라 견딜 수가 없었다. 그녀는 아버지인 법원장을 훤히 알고 그 일탈행위에 대해서도 잘 알고 있었기 때문에 그 여자친구는 어떤 일에서 막무가내로 법원장의 말을 듣지 않다가 그의 사악한 행위에 희생되고 만 것이라고 확신했다. 그리고 그것은 십중팔구 사실인 것 같았다. 그녀는 아버지가 언젠가 자신에게도 똑같은 짓을 하지 않을까 각오하고 있었는데, 그것은 충분히 있을 수 있는 일이었다. 법원장은 아델라이드의 종교문제에 대해 그다지 주의를 기울이지 않고, 종교 같은 하찮은 편견은 이야기를 들려주거나 자신의 책을 읽게 하면 간단히 사라질 거라고 대수롭지 않게 여기고 있었다. 그것은 법원장의 오산이었을 뿐, 그녀의 마음속에는 어느새 그 편견이 뿌리내리고 있었다. 아델라이드와 같은 기질의 영혼에게는 종교야말로 삶의 양식이었다. 그 뒤 법원장이 아무리 설교를 하고 무신론에 관한 책을 읽게 해도 젊은 딸의 신심은 외곬으로 굳어지기만 할 뿐이었다. 그녀는 모든 일탈행위에 가담하는 것을 혐오하며 거부했다. 뿐만 아니라 스스로 그 희생자가 되려고 하는 기색이어서, 종교적인 망상의 잘못을 깨닫게 하는 것은 도저히 불가능했고 오히려 망상은 그녀 행복의 원천이 되어갔다.

그녀는 남몰래 신께 기도하며 사람들 눈을 피해 가톨릭교도로서의 의무를 다하려 했고, 아버지인 법원장과 남편 뒤르세는 그것을 발견하는 대로 그녀에게 엄벌을 가했다. 그러나 그녀는 언젠가는 신이 천국에서 보상해줄 것으로 굳게 믿고 모든 일을 꾹 참고 견뎌내고 있었다. 그녀의 성품은 그 영혼과 마찬가지로 마음씨가 곱고 누구에게나 친절하면서 자애심이 많았는데 그것은 아버지가 가장 싫어하는 미덕의 하나였다. 법원장은 미천한 빈곤계급을 가장 싫어하여 그런 사람들을 욕보이고 슬프게 해 자신의 희생으로 삼는 일에만 힘쓰고 있었고, 반대로 마음씨 착한 딸은 가난한 사람들의 생계를 돕기 위해 남몰래 자신의 생활비까지 줄이면서 자기 즐거움을 채워줄 금품까지 사람들에게 베풀곤 했다. 분노한 아버지와 남편은 그녀를 꾸짖고 그럴듯하게 설교한 다음 낭비를 못하도록 모든 금품을 빼앗아버렸다. 불행한 사람들에게 줄 것이 눈물밖에 없게 된 그녀는 그래도 사람들의 어려움을 보고는 눈물을 흘리는 것이었다. 무력할망정 다감한 그녀의 마음은 여전히 미덕을 버리지 못하고 있었다. 어느 날 그녀는 한 가난한 여자가 돈이 필요해 아버지에게 자기 딸을 팔려고 하는 것을 알게 되었다. 호색한인 법원장은 흐뭇해하며 자신이 가장 좋아하는 즐거움을 위해 이미 만반의 준비를 갖추고 있었는데, 그녀는

자기가 입고 있던 옷 한 벌을 은밀하게 팔아서 그 돈을 어머니의 손에 쥐어주
며 약간의 지원과 몇 마디 말을 보태 그 어머니를 죄악에서 벗어나게 해주었
다. 그 일을 알게 된 법원장은 그녀에게 잔인한 체벌을 가하여 그녀는 2주일
이나 자리에 눕고 말았다. 그러나 그렇게까지 했어도 그녀의 감수성 강한 영
혼의 다정한 배려를 멈추게 하는 것은 불가능했다.

　공작의 큰딸이자 법원장의 아내가 된 쥘리는 어떤 버릇만 없었다면, 많은
신사들에게 방금 이야기한 두 여자의 미색도 잊게 할 정도의 존재가 되었을
지도 모른다. 그러나 법원장은 그녀의 그러한 결점 때문에 매력을 느껴 그녀
에게 욕정을 느꼈으니, 정욕의 작용이란 참으로 이해할 수 없는 것이고, 혐
오와 방만의 결과라고 할 수 있는 이상한 정욕은 그 별난 일탈의 모습과 조
화를 이루고 있다 하겠다. 쥘리는 살이 쪄서 포동포동했지만 체격이 크고 몸
매가 좋았다. 아름다운 밤색 눈, 매력적인 코, 우아한 얼굴, 아름다운 밤색 머
리, 하얀 살결, 보기 좋게 발달한 다리, 귀여운 발, 헤라 신전의 여신 헤르메스
의 상을 빚은 프락시텔레스가 모델로 삼을 것 같은 멋진 엉덩이를 지니고 있
었다. 그리고 따뜻하고 조그마한 옥문은 옥문으로서 가장 기분 좋은 기쁨을
가져다줄 구조를 이루고 있었다. 그러나 어찌 된 일인지 귀찮다고 입을 잘 닦
지 않아 냄새가 심하고, 몸은 언제나 더러웠으며, 특히 두 음락의 신전은 몹
시 불결했다. 그래서 그녀가 아무리 멋진 매력을 달리 갖추고 있다 해도, 똑
같은 결점을 지니고 있고, 더구나 그런 결점을 좋아하는 법원장 말고는 그녀
를 좋아할 상대가 없었다. 법원장은 그런 쥘리에게 홀딱 반해 그 끔찍한 냄새
가 나는 입에서 커다란 쾌락을 느껴 그녀와 키스를 나누면 황홀해지는 것이
었다. 그리고 그녀의 타고난 불결함을 힐책하기는커녕 오히려 강한 자극을 받
아 무슨 일이 있어도 물을 사용하지 못하게 하여 온몸을 불결하게 유지하도
록 했다. 그녀는 그런 결점 외에도 그다지 불쾌한 것은 아니지만 몇 가지 결점
을 지니고 있었다. 식탐이 많고 술주정을 부렸으며 미덕이 부족했다. 따라서
그녀는 생각만 있었다면 창녀생활도 틀림없이 아무렇지도 않게 했을 것이다.
공작으로부터 절제와 도덕을 완전히 포기하도록 키워져 공작의 철학을 충분
히 몸에 익힌 그녀는 어디로 보나 공작에게 걸맞은 학생이었다. 그러나 방탕

이란 실로 기묘한 작용을 갖추고 있어서, 도락자는 자기를 닮은 여자를 보면 눈살을 찌푸리면서도, 자기 앞에서 겁을 먹고 있는 미덕 그 자체인 여자 안에서 한층 더 확실한 매력을 발견하는 법이다. 공작은 딸 쥘리와 관계를 맺으려고 했지만, 그 물건이 너무 커서 딸이 열다섯 살이 될 때까지 참다가 이제야 가까스로 그녀를 즐길 수 있었다. 하지만 그 때문에 그녀에게 심한 상처를 주고 말았다. 그런 일도 있고, 게다가 미덕을 갖춘 다른 처녀와 맞바꾸어 그녀를 신부로 내주기로 결심했으므로 쥘리와 깊어지는 것을 중단하고 그다지 위험하지 않는 범위 안에서 쾌락을 즐기고 있었다. 그리하여 그녀는 공작의 동생뻘인 법원장과 결혼을 하게 된 것인데 그게 조금도 즐겁지 않았다. 까닭인즉 그녀의 불결함은 게으른 천성과 교육을 받지 못한 탓이었지만, 남편의 불결함은 타고난 음탕함에 의한 것이어서 그녀는 아무래도 장단을 맞출 수가 없었기 때문이다.

공작의 둘째딸이자 실제로는 주교의 딸인 알린은 습관, 성격, 결점이 모두 맏딸하고는 전혀 달랐다. 네 처녀 가운데 가장 어려서 이제 겨우 열여덟 살이었다. 자극적이고 신선하며, 개구쟁이 같은 작은 얼굴, 위로 살짝 들린 예쁜 코, 생기 있고 표정이 풍부한 밤색 눈, 매력적인 입, 약간 살집이 있는 균형 잡힌 몸매, 살짝 보리빛을 띤 감촉 좋은 피부, 방탕자의 눈을 끌어들이는 더할 나위 없이 관능적인 엉덩이, 큰 편이지만 모양이 잘 갖추어진 뒷문, 그리고 밤색 털로 뒤덮인 작은 언덕, 세간에서는 영국형으로 부르고 있는 약간 아래로 붙은 극히 좁은 옥문의 소유자였다. 지금 내가 이 이야기를 쓰고 있을 때, 즉 도락자들의 집회에 몸을 드러내게 될 때까지 그녀의 옥문은 완전히 숫처녀 상태였다. 그 처녀막이 어떻게 찢어졌는지는 나중에 알게 될 것이다.[5] 뒷문 쪽은 어떤가 하면 주교는 그녀가 열 살이었을 때 처음 손을 댄 뒤, 매일 그것을 조용히 즐기고 있었는데, 그녀는 아무리 장난기가 있어 까불거려도 억지로 강요하지 않는 한 그런 취미에 동조하지 않았고, 날마다 주교의 파렴치한 행위에 희생당하면서도 조금도 기쁨을 함께 나누는 기색을 보이지 않았다. 또 주

---

5) 사드는 후기에서 알린의 처녀막은 이미 주교에 의해서 찢어져 있었다고 정정할 필요가 있다고 썼다.

교는 그녀를 전혀 배우지 못한 문맹 상태로 내버려두었기 때문에 거의 글을 몰랐고 종교가 무엇인지도 전혀 이해하지 못했다. 자연 그대로인 마음은 어린 아이 그 자체였고 언어 구사도 우스꽝스러운 데다 잘 놀며 언니를 몹시 그리 워했다. 그리고 아버지인 주교를 극도로 싫어하고 공작을 몹시 두려워했다. 결혼식 당일 네 사람 앞에서 발가벗겨져 울음을 터뜨리고 말았지만, 그래도 기분 나빠하지 않고 기뻐하지도 않은 채 사나이들이 시키는 대로 모든 일을 해치웠다. 그녀는 말수가 적고 예쁜 것을 무척 좋아했는데 결점이라면 게으른 것이었다. 밝은 눈은 발랄하게 생기를 띠고 있지만 몸짓이나 몸가짐은 모두 무관심 그 자체였다. 이미 말한 대로 그녀는 공작과 아버지를 몹시 싫어했지만, 뒤르세에게만은 조금도 싫어하는 기색을 보이지 않았다. 뒤르세가 그녀에게 각별히 친절했던 것도 아닌데 말이다.

이상이 앞으로 독자가 마주치게 될 주요인물 8명의 초상화이다. 그리고 이제는 4명의 도락자가 계획한 기묘한 쾌락의 목적을 독자에게 밝힐 차례가 된 것 같다.

진정한 도락자들 사이에서는, 청각기관이 전하는 감각은 어떤 감각보다 커다란 쾌감을 주며, 그 인상은 가장 강렬한 것으로 알려져 있다. 네 사람도 그 쾌락의 기쁨을 가능한 한 영혼 깊숙이 느껴보고 싶어서 그 교묘한 방법을 생각해낸 것이다. 우선 청각 이외의 모든 감각을 최대한으로 만족시킬 수 있는 배덕(背德)의 무대를 준비하고, 그러한 상황 속에서 걸맞은 인물을 등장시켜 방탕에 뒤따르는 다양한 일탈행위와 그 섬세한 세부와 부산물, 즉 도락자의 언어로 욕정이라 불리는 모든 것을 남김없이 말하게 하는 것이었다. 요컨대 그들은, 상상력이 불타오르면 인간의 욕정은 한없이 변화할 것임에 틀림없다, 인간에게는 제각각 다양한 버릇과 취미가 있고 그 사이에 두드러진 차이를 볼 수 있지만, 욕정만큼 그 차이가 두드러진 것은 없지 않을까, 이때 그러한 배덕과 일탈행위를 하나하나 확실하게 분리하여 상세히 살필 수 있다면, 풍속 연구에 관한 지극히 뛰어난, 어쩌면 틀림없이 가장 흥미로운 일이 될 것이다, 그러기 위해서는 갖은 방탕을 다하고, 그것을 분석하고 확대하여 단계를 붙여서 이야기하고, 더 나아가 거기에 재미라는 맛을 곁들일 수 있는 인물을 찾아내는 것이 필요하다고 생각했다.

방침은 정해졌다. 그들은 수많은 정보를 수집하고 탐색을 거듭한 끝에, 많은 여자들 가운데 이미 인생의 내리막길로 접어들고 있는 네 여자를 찾아냈다. 이때 가장 중요한 것은 경험이라는 자격인데, 네 여자는 인생의 대부분을 도를 벗어난 방탕생활 속에서 지낸 자들로, 어떤 변설과 재능을 갖춰 자신들이 경험한 온갖 이상한 일탈행위를 인생의 다양한 사건을 빌려 이야기할 자격을 지니고 있었다. 그리하여 일의 순서로서 첫 번째 여자에게는 자신의 신상에 대해 이야기하면서 그 속에 150종류의 가장 단순한 욕정과 가장 평범한 일탈행위를 삽입시키기로 했다. 두 번째 여자에게는 신상이야기 속에 한 남자와 한 여자, 많은 남자와 많은 여자와의 별난 욕정에 대한 150종류의 이야기를 섞도록 했다. 세 번째 여자에게는 자신의 경력을 이야기하면서 150종류의 가장 범죄적인, 법률과 자연계와 종교를 헐뜯는 편집적(偏執的)인 행위를 넣도록 했다. 도에 지나친 행위의 극한은 당연히 살인에까지 이르게 되어, 방탕이 원인인 살인은 그 종류와 횟수에 한정이 없기 때문에 동료들은 더욱더 상상력을 자극받아 다양한 고문을 떠올릴 수 있다. 네 번째 여자에게는 자신의 일생에서 사건과 함께 150종류의 다양한 고통을 이야기하도록 결정했다. 그리고 일당 4명은 그 이야기를 들으면서 흥분하여 화자에 의해 불이 당겨진 욕정을 아내들이나 그 밖에 온갖 남녀를 이용해 풀게 된다. 호색스럽기 짝이 없게 이루어진 이 계획은 그야말로 음탕의 극치라고 해도 좋을 것이다. 이 작품은 그러한 계획과 다양한 이야기로 구성된다. 그렇기 때문에 신앙심이 굳은 사람에게 미리 충고해두는데 만일 신앙심을 해치는 일이 있어서는 큰일이라고 생각하는 사람은 즉시 이 책을 읽는 것을 중단하기 바란다. 왜냐하면 이미 알고 있는 바와 같이 이 이야기의 줄거리는 그다지 신중한 것이라고는 할 수 없고, 미리 대답해두지만 이야기가 전개될수록 더욱더 심해지기 때문이다.

문제의 네 여인은 이 책 속에서 중대한 역할을 할 것이므로 그녀들의 모습도 묘사해두지 않으면 안 된다. 그녀들은 이야기도 할 것이고 행동도 할 것이므로 모호하게 해둘 수는 없기 때문이다. 그녀들은 이 계획 속에서 정신적 육체적으로 이용당하게 되지만, 미인의 초상화를 기대하지는 말기 바란다. 아무튼 중요한 것은 그녀들의 재능과 경험이고, 일당 4명에게 그녀들만큼 도움이 되는 인물은 없었던 것이다.

4명의 여자 이야기꾼

150종류의 단순한 욕정을 이야기하도록 명령을 받은 것은 뒤클로라는 마흔여덟 살의 여성이었다. 아직은 충분히 젊고 왕년의 미모가 남아 있어 눈이 매우 아름답고, 피부는 아주 희며, 통통한 엉덩이는 매우 멋지고, 예쁜 입매는 촉촉하고, 유방은 굉장히 크고, 머리는 아름다운 밤색이었다. 또 키가 크고 약간 통통하며, 몸짓이나 언어구사에는 세상풍파를 모르고 자란 아가씨 같은 기품이 남아 있었다. 독자 여러분도 나중에 알게 되겠지만 그녀는 다양한 곳에서 인생을 보내며 많은 것을 보고 들었기 때문에, 뛰어난 재치를 보여주면서 교묘하고 재미있게 그 역할을 수행할 것임에 틀림없을 것이다.

샹빌은 쉰 정도의 몸매가 매우 늘씬한 여자였는데 그 눈매나 자태는 지극히 음탕한 기미를 나타내고 있었다. 레스포스섬의 여자 시인이자 동성애자였던 사포의 충실한 신봉자로, 사소한 몸짓과 언어구사 속에도 그 증거가 생생하게 나타나 있었다. 그래서 그녀는 계집질 때문에 가산을 탕진하고 말았다. 그런 취미만 없었다면 오랜 창녀생활에서 번 돈을 마구 써버리지 않고 지금쯤 충분히 안락하게 살고 있었을 것이다. 그녀는 몇 년 전부터 사창가 포주로 역할을 바꾸어 뚜쟁이 노릇도 어느 범위로 한정하고 행실도 어느 범위에 한정하여, 젊은이는 결코 상대하지 않고 나이가 든 확실한 호색가만 손님으로 맞는 등, 돈벌이를 고려해 신중하게 행동했기 때문에 신변 사정도 원래대로 돌아가고 있었다. 그녀의 금발도 이제는 흰 머리카락이 눈에 띄게 늘어났다. 아름다운 푸른 눈은 좋은 인상을 주었고 예쁜 입매는 아직도 젊어 보이고 치열은 가지런했다. 배는 예쁘고 모양이 좋았지만 젖가슴은 납작해서 마음을 자극하지 못했다. 작은 언덕은 봉긋하게 솟아 있고 클리토리스는 흥분하면 5센티미터나 삐져나왔다. 그리고 그 부분을 간질이면 거의 기절할 정도가 되고 특히 여자가 간질이면 완전히 정신을 잃고 말았다. 엉덩이는 처져서 탄력이 전혀 없고 오랜 음탕한 습관으로 굳어 있었기 때문에 무슨 짓을 해도 아무런 느낌이 없었다. 파리 같은 도시에서는 극히 드문 일이지만, 기묘하게도 그녀의 뒷문은 수도원에서 갓 나온 처녀처럼 순결했다. 만일 그녀가 일당의 저주받은 향연에 참가하지 않고, 이상한 짓만 하려는 자들과 어울리는 일도 없이, 그들의 마음에 드는 일도 없었더라면 틀림없이 순결한 뒷문으로 일생을 마쳤을 것이다.

쉰두 살인 뚱뚱한 마르텐은 매우 건강하고, 생기 있고, 유난히 크고 멋진 엉덩이의 소유자로, 정사(情事)하고는 전혀 무관할 것 같은 느낌이었다. 그러나 그녀는 뒷문의 방탕을 위해 인생을 보냈으므로 뒷문 사용에 익숙해져서 오로지 그곳에서만 쾌락을 느꼈다. 나면서부터 기형인 옥문으로는 교접할 수 없었기 때문에 뒷문의 쾌락에만 몸을 맡기고 있는 사이에 자연히 그와 같은 음욕만으로 만족할 수밖에 없었던 것이다. 소문에 의하면 그 점에 있어서는 아직도 뭐라 표현할 수 없는 묘미가 있어, 어떤 것에도 태연하게, 괴물 같은 물건이라도 꺼리기는커녕 최상의 물건으로 여길 정도였다. 이 이야기가 진행됨에 따라, 독자 여러분은 그녀가 철저한 분녀(糞女)의 한 사람으로서 소돔의 깃발 아래 싸우는 모습을 보게 될 것이다. 그녀는 상당한 미모였는데 무기력과 쇠약 때문에 매력이 시들기 시작했지만, 그녀를 지탱하고 있는 풍만한 육체 덕분에 그나마 늙은이 취급을 받지 않고 있었다.

쉰여섯 살인 데그랑주는 그야말로 악덕과 음란의 화신이었다. 몸집이 큰 데다 마르고 눈은 초점을 잃어 멍했으며, 입술은 죽은 사람처럼 생기가 없고, 힘이 다해 죽어가는 죄악 그 자체 같은 인상을 주었다. 일찍이 베누스가 태어난 키티라섬의 여자들 같은 밤색 머리에 아름다운 육체의 소유자였다고 하지만, 지금은 혐오감만 느끼게 하는 해골이나 다름없는 모습이었다. 엉덩이는 오래 사용해 쪼그라들고 찢어진 상처가 있어, 인간의 피부가 아니라 대리석 무늬의 종이 같았다. 주름투성이인 뒷문은 크게 벌어져 있어 촉촉하지도 않고 아무리 거대한 것도 쉽게 침입할 수가 있었으며, 본인도 아프거나 가렵지도 않았다. 이 정욕의 용감한 전사는 거듭되는 음욕의 싸움으로 상처투성이가 되어 젖가슴은 한쪽밖에 없고 손가락은 세 개가 잘리고, 치아는 여섯 개가 부러졌으며, 외눈박이인 데다 절름발이였다. 독자는 그녀가 어떤 공격으로 그러한 학대를 받게 되었는지 어차피 알게 되겠지만, 그녀는 무슨 일이 있어도 그 나쁜 버릇을 고치지 않아, 그녀의 육체가 추악의 화신이라면 그 영혼은 온갖 악덕과 일찍이 한 번도 들은 적이 없는 대죄의 용기(容器)였다. 절도, 방화, 강간, 독살, 존속살해, 남색, 동성애, 근친상간, 낙태, 독신행위(瀆神行爲) 등, 이 닳고 닳은 여자는 이 세상의 온갖 죄악을 스스로 저질렀을 뿐만 아니라 타인을 부추겨 범하게 해왔다. 현재의 영업은 악질적인 매음 알선업으로, 공작 일당이 좋아하는 어용상인의 한 사람이었다. 풍부한 경험과 아울러 재치 있는 농담도 잘했기 때문에 가장 무섭고 가장 파렴치한 사건에 대해 이야기하는 네 번째 이야기꾼으로 특별히 선발되었다. 온갖 일을 해온 여자이기에 그런 큰 역할을 맡는 데 가장 적합하다고 할 수 있으리라.

모든 점에서 네 사나이의 요구를 채워주는 이야기꾼들을 조달한 그들은, 다음으로 소도구 수집에 착수했다. 그들은 처음에는 많은 남녀를 음락 상대로 삼고 싶어 했는데, 그런 음탕한 향연을 여는 데 가장 편리한 장소는 스위스에 있는 뒤르세의 저택밖에 없었다. 그런데 그 저택은 많은 사람이 지낼 수 있을 정도로 크지가 않고, 너무 많은 인원을 데리고 가면 비밀을 지킬 수 없어 위험하다고 판단하여 총인원을 38명으로 제한하기로 했다. 즉 4명의 여자 이야기꾼, 8명의 소녀, 8명의 소년, 그들의 남색 쾌락용인 거대한 물건을 가진 8명의 남자, 4명의 하녀, 그리고 6명의 여자요리사였다. 그들은 모든 것에 세심한 주의를 기울였기 때문에 세부까지 검토하는 데 꼬박 1년이 걸렸고 막대한 돈이 들었다. 8명의 소녀는 열두 살에서 열다섯 살 사이, 중류계급 이상의 몸가짐이 단정한 숫처녀로, 프랑스에서 발견할 수 있는 뛰어나게 아름답고 가장 매력적인 소녀가 아니면 안 되었기에, 그런 소녀들을 손에 넣기 위해 다음과 같은 방법이 고려되었다. 관록 있는 16명의 포주들에게 각각 2명의 조수를 붙여서 프랑스의 주요 16주에 파견하여 한 사람의 포주에게 오로지 파리만 맡게 한 것이다. 그리고 조건은 한 사람이 9명의 소녀를 찾아서 데려올 것, 소녀를 찾는 기간은 열흘로, 열흘째에 모두 파리 근처에 있는 공작의 영지 지정된 장소로 모일 것, 또한 원하는 대로 소녀를 발견해 왔을 때는 모든 비용을 포함하여 소녀 하나당 3만 프랑이라는 믿을 수 없는 금액이 지불된다는 것이었다. 모두 144명의 소녀를 데려오게 되는데 그 가운데서 불과 8명을 뽑는 것이다. 포주들은 소녀들의 나이, 태생, 그리고 미덕과 미모와 처녀인 것에 주안점을 두어야 하기 때문에 오로지 좋은 집안을 노렸다. 그러나 그런 집안의 딸이 선뜻 사창가 포주의 손에 넘어올 리가 만무하니, 결국 명문가(家)나 상류 계급의 딸을 맡고 있는 수도원 기숙사 같은 데서 닥치는 대로 납치하게 되었다. 이 포주들의 행동을 몇 사람의 밀정이 감시하여 일당 네 사람에게 하나하나 보고했다. 소녀 사냥과 때를 같이하여 16명의 남색 알선업자가 파리와 여러 주를 돌아 같은 상황, 같은 경비로 나이도 똑같이 열두 살에서 열다섯 살 사이의 소년들을 모았다. 소녀들의 집합 시기는 소녀들을 선정한 한 달 뒤로 정해졌다. 남색용 사나이들(마장(馬藏)으로 이름 붙임)도 필요했는데 그 물건의 크기가 유일한 요건이었다. 길이 25센티미터, 둘레 18센티미터가 최저 기준이었고 그 이하의 물건은 모두 거절당했다. 마장들의 집합은 소년들의 집합에서 한 달 뒤로 지정되었기 때문에 8명의 알선업자가 그런 물건의 소유자를 찾기 위해 온 나라를 샅샅이 뒤지고 다녔다. 소녀들, 소년들, 마장들의 선정과 심사에 대해 상세하게 기술하는 것은 주제에서 벗어난 일일지도 모르지만, 독자들이 네 주인공의 진수를 알아두기 위해 잠시 살펴보는 것도 헛된 일은 아닐 것이다. 또 나에게도 주인공들의 천성을 밝혀 이제부터 얘기하려는 향연을 비춰보는 것은 결코 무의미한 일은 아니리라.

8명의 소녀

지정한 날이 다가오자 많은 소녀들이 공작의 영지에 모여들었다. 몇몇 포주들은 9명의 할당 수를 확보하지 못했고 몇몇 포주들은 도중에 소녀들이 병에 걸리거나 도망가는 바람에 집합장소에 도착한 자는 모두 130명이었다. 그렇긴해도 매우 아름다운 소녀들이 모여들었으니 그만한 소녀들이 한자리에 모인 모습은 두 번 다시 볼 수 없는 장관이었으리라. 심사에는 13일이 할당되어 일당 4명은 매일 10명씩의 소녀들을 음미했다. 일당이 빙 둘러 앉으면 그 한복판에 유괴된 당시 그대로의 복장을 한 소녀가 한 사람씩 불려나오고 그녀를 유괴한 포주가 그때의 상황을 이야기하는데, 그 전에 가문과 미덕과 미모의 조건에 조금이라도 결격 사유가 발견되면 그 이상 심사를 진행하지 않고, 그런 소녀에게는 돈을 주지 않는 것은 물론, 적당한 인수자를 가르쳐주지도 않고 그 자리에서 무자비하게 내쫓고 말았다. 포주도 그 소녀한테 들어간 경비는 일체 돌려받지 못했다. 상세하게 말을 마친 포주가 물러가면 그들은 그 이야기의 진위를 확인하기 위해 소녀를 한 사람씩 심문했다. 그리고 모두가 사실이면 다시 포주를 부르고, 포주는 소녀의 페티코트를 걷어 올려 그들에게 엉덩이를 보여주었다. 말할 나위도 없이 엉덩이는 그들이 가장 먼저 음미하고 싶어 하는 장소이기 때문이다. 그들은 소녀의 엉덩이에 조금이라도 흠이 있는 것을 알면 즉시 내쫓아버리고 반대로 엉덩이에 아무런 결점도 없으면 발가벗겨 소녀의 몸을 앞으로 향하게 하거나 뒤로 돌려, 만지작거리고 주무르면서 냄새를 맡거나, 다리를 벌리고 숫처녀인지 살피기도 했다. 그러나 그들은 냉정함을 잃거나 착각을 일으켜 기만을 당하지는 않았기 때문에 검사 결과가 어긋나는 일은 없었다. 검사가 끝나면 소녀를 물러가게 하고 제각기 자신의 견해에 따라 소녀의 이름을 적은 용지에 '합격' '불합격'으로 써넣어 서명하고 용지를 상자에 넣었다. 그날의 검사가 끝나면 상자를 개봉하여 네 장의 용지에 전원의 호의적인 평가가 기입되어 있는 소녀만 합격으로 결정되었다. 그리고 한 장이라도 불합격 판정이 내려진 소녀는 앞서 말한 바와 같이 즉시 내쫓기고 말았다.

최초의 검사에서 50명이 제외되고 80명을 다시 한번 음미하는데 두 번째 검사는 매우 엄격하여 아무리 사소한 결점도 지나치는 법이 없었다. 이를테면 태양처럼 아름다웠던 어느 소녀는 치아 한 개가 약간 젖혀졌다는 이유만으로 내쫓겼고 20명 남짓한 소녀는 중류계급 이상 출신 여부가 의심되어 쫓겨났다. 그 결과 30명이 불합격 판정을 받았다. 세 번째 심사에 착수한 그들은 심사 전에 소녀들의 손을 빌려 정수를 방출해두는 편이 냉정한 감각으로 차분하고 확실하게 선별할 수 있다 하여, 소녀들을 12명 내지 13명의 4조로 나누어 각자에게 할당하고 때때로 조를 교체했다. 각 조의 소녀들은 한 사람 한 사람 저마다 다른 동작을 포주에게 배운 뒤 가르친 대로 교묘하게 연기했으므로, 한마디로 말해서 음란 그 자체였기 때문에 네 주인공은 마음껏 사정하여 기분을 가라앉혔다. 그리하여 세 번째 심사가 끝나자 30명이 다시 자취를 감췄다. 결국 20명이 남았는데 그래도 12명이 많았기 때문에 그들은 새로운 심사방법을 연구해, 보기에도 염증이 날 것 같은 온갖 난잡한 짓을 하면서 아직 마지막 8명을 결정하지 않고 있었다. 모두가 자연계의 걸작이라고 할 수 있는 절묘한 피조물 중에서 일정한 수를 줄이는 것은 참으로 어려운 일이었다. 그러나 똑같은 아름다움 가운데 적어도 8명이 다른 12명보다 뛰어나다고 단언할 수 있는 우위를 찾아야 했기에, 법원장은 그 방종한 정신에 어울리는 제안을 했다. 결국 어떠한 방책도 상관없다는 결론이 내려져 나머지 세 사람은 그 제안에 동의했다. 그것은 소녀들이 앞으로 일당을 위해 해야 할 일을 누가 가장 잘 흉내낼 수 있는지 시험해서 결정하자는 것이었다. 그리고 이 문제에 대한 답을 내기 위해 나흘의 시간이 필요했는데, 마지막 심사 결과 8명이 선발되고 12명의 소녀들은 쫓겨났다. 그러나 그녀들은 그때까지 쫓겨난 소녀들과 달리 일주일 동안 일당에게 온갖 방법으로 실컷 농락당한 뒤 사창가 포주들에게 넘어갔고, 포주들은 그런 최상의 여자들을 창녀로 만들어 크게 수입을 올렸다. 마지막으로 남은 8명은 출발할 때까지 어느 수도원에 맡겨졌고 네 사람은 정해진 기일이 올 때까지 아껴두기 위해 그녀들에게는 손을 대지 않았다.

나는 이 아름다운 소녀들의 초상화는 굳이 그리고 싶지 않다. 그것은 그녀들이 우열을 가릴 수 없을 정도로 뛰어나게 아름다워서 나의 펜으로 그리면 아무래도 단조로운 그림이 되고 말기 때문이다. 그러므로 그녀들의 이름만 기록해두기로 한다. 아무튼 나는 다음과 같이 단언한다. 이러한 아름다움과 매력과 완벽함이 일체가 된 것을 표현하는 일은 도저히 불가능하며, 자연계가 스스로 가장 교묘하게 창조할 수 있는 것이 무엇인지 인간에게 보여주고자 할 때 이보다 더 좋은 본보기는 없을 거라고.

첫 번째 소녀는 오귀스틴, 열다섯 살, 랑그도크 지방의 어느 남작의 딸로 몽펠리에 수도원에서 납치되었다.

두 번째 소녀는 파니, 열네 살, 브르타뉴 고등법원 의원의 딸로 집에서 납치해 왔다.

세 번째는 젤미르, 열다섯 살, 테르빌 백작의 외동딸로, 백작은 딸을 몹시 사랑했다. 그날 백작은 딸을 데리고 보스에 있는 영지에 사냥을 하러 갔다가 숲속에 딸을 혼자 둔 틈에 납치당하고 말았다. 그녀는 이듬해에 400만 프랑의 지참금과 함께 어느 대귀족에게 시집가기로 되어 있었다. 자신의 가혹한 운명에 눈물을 흘리며 가장 슬퍼한 것은 이 소녀였다.

네 번째는 소피, 열네 살, 베리의 영지에서 안락하게 살던 귀족의 딸이었다. 그녀는 어머니와 함께 산책을 하다가 납치되었는데, 딸을 지키려고 했던 어머니는 악당들에 의해 강물에 던져졌고 소피는 자기 눈앞에서 어머니가 숨을 거두는 모습을 보았다.

다섯 번째는 콜롱브, 열세 살, 파리 출신으로 고등법원 의원의 딸이었다. 어느 날 밤 가정교사와 함께 무도회에서 수도원으로 돌아가던 길에 납치되었다. 가정교사인 여자는 단도로 살해되었다.

여섯 번째는 에베, 열두 살, 오를레앙에 살고 있는 신분이 높은 기병대위의 딸이었다. 그녀를 양육하고 있는 수도원에서 악당들에게 매수된 2명의 수녀에게 속아 납치되었다. 이토록 매력적이고 귀여운 소녀를 만나는 것은 아마 불가능할 것이다.

일곱 번째는 로제트, 열세 살, 샬롱쉬르손의 국왕대리관의 딸이었다. 아버지가 죽은 지 얼마 안 되어 교외의 어머니 집에 있었는데, 도둑을 가장하고 침입한 자들에게 가족이 보는 앞에서 납치당하고 말았다.

여덟 번째는 미세트, 열두 살, 세낭주 후작의 딸. 그녀는 하인 두셋을 데리고 저택에서 나와 부르보네에 있는 아버지의 영지를 사륜마차를 타고 산책하다가 납치되었다. 하인들은 그때 살해되고 말았다.

이런 소녀들의 예로도 알 수 있듯이 쾌락을 준비하는 데는 막대한 돈과 다양한 죄악이 뒤따랐는데, 4명의 악인에게는 금전 따위는 문제도 아니었고, 범죄도 오늘날과 달리 전혀 추궁을 당하거나 처벌되지 않았던 완전한 무법천지였기 때문에 모든 일이 탈 없이 진행되었다. 그들은 계획의 진행에 대해 아무것도 걱정할 것도 없고 수색을 당하는 일도 없었다.

8명의 소년

이제 소년들을 음미할 때가 왔다. 소녀들보다 모으기 쉬웠으므로 알선업자들은 150명의 소년들을 데리고 왔다. 결코 과장이 아닌데, 그들은 그 사랑스런 용모와 풋풋한 매력, 순진무구함, 기품 등, 모든 면에서 결코 소녀들 못지않았다. 일당에게는 소년이 소녀보다 훨씬 더 구미가 당기고 취향에 맞았기 때문에 그들은 데리고 온 소년이 마음에 들지 않아 내쫓는 경우에도 채용한 경우와 같은 금액(소녀의 값과 같은 3만 프랑)을 지불하기로 합의가 되어 있었고, 그래서 알선업자는 소녀의 경우와 달리 돈을 받지 못할 걱정은 없었다. 심사는 소녀들과 같은 순서로 매우 신중하게 열흘 동안 매일 15명씩 이루어졌다. 소녀들의 경우에는 다소 등한히 한 면도 있었지만, 소년들에 대해서는 더욱 철저를 기하기 위해 심사를 시작하기 전에는 소년들의 도움을 빌려 반드시 미리 정액을 사정해두어 평정한 감각을 유지했다. 그런데 법원장은 너무나 변태적인 취향의 소유자여서 무슨 짓을 할지 도무지 믿을 수가 없었기 때문에, 다른 세 사람은 그를 심사에서 제외할 생각까지 했을 정도였다. 소녀들의 검사 때도 세 사람은 법원장의 역겹고 도착적인 짐승 같은 취향 때문에 속아서 심사를 망치는 게 아닌가 하는 의심이 들었었다. 법원장은 두 번 다시 정신 나간 짓은 하지 않겠다고 약속했지만, 아무리 약속을 했어도 그가 그 약속을 지키는 것은 아마 무척 어려운 일이었을 것이다. 변질되어 병적인 상태가되어 있는 그의 상상력은 양식과 자연계의 법칙에 반하는 행위에 익숙해져있어서, 위반행위를 하면 기분 좋은 환상을 느낄 수 있었으므로, 한번 그런상태가 되어버린 그를 다시 정상적인 길로 되돌리는 것은 지극히 어렵기 때문이다. 자신의 취향을 만족시키는 것만 원하고 있는 그의 욕망이, 이성을 대신하여 판단을 통제하는 능력을 망치고 만 것이다. 그의 경우, 아름다운 것을 경멸하고 추악한 것을 귀엽게 여기려는 욕망이 판단을 내리거나 말을 하고 있었다. 그에게는, 자신이 진실한 감정으로 되돌아가는 것은 자기 이념에 어긋나는 불쾌한 죄악으로 생각되었다.

아무튼 최초의 심사가 끝나 전원일치로 100명을 합격시켰다. 그 뒤, 세 번 연달아 심사회를 열어 50명이 남았다. 그러나 어느 소년이나 모두 너무나 매력적이어서 거기서 극소수의 합격자를 가려내기 위해서는 계속해서 수십 번 되풀이하여 재음미를 해도 소용없을 것 같았다. 하지만 어떻게 해서든 정말 채용하고 싶은 소년만 손에 넣어야 하므로, 일당은 불가사의한 매력으로 빛나는, 열애하는 우상들의 아름다움을 어떻게든 감점할 수 있는 수단을 연구할 수밖에 없었다. 그래서 생각해낸 것이 소년들에게 여자옷을 입히는 것이었다. 자신들이 사랑하는 성(남자)에 자신들에게 있어서 흥미가 덜한 성(여자)의 옷을 입혀, 소년들을 난처하게 해서 우상에서 온갖 환상을 지워버린다는 계획이었다. 그 결과 가까스로 25명을 탈락시킬 수 있었다. 그러나 남은 25명에 대해서는 아무리 심사해도 투표결과는 그대로였다. 몇 번이나 용지에 이름을 써보고, 미리 사정도 해두고, 소녀들에게 시험한 방법을 채용해보아도 25명은 언제까지나 25명 그대로여서 난감해진 그들은 소년들에게 제비를 뽑도록 하여 가까스로 8명을 뽑았다.

불합격된 소년은 142명인데, 그들은 그 소년들에 대해서도 미련이 많아 내보내기 전에 소년들을 상대로 충분히 즐기기로 했다. 그들은 공작의 저택에서 한 달 동안 소년들과 지내면서 여행을 떠나기 전에 마음껏 즐긴 뒤, 볼일이 끝난 소년들을 내쫓는 대신 터키(튀르키예)의 어느 해적선에 팔아넘기는 묘안을 생각해냈다. 그렇게 하면 모든 흔적이 사라질 뿐만 아니라 그동안 쓴 경비의 일부를 되찾을 수도 있었다. 소년들을 소그룹으로 나누어 악한들에게 의뢰해 모나코 근처까지 데리고 가자, 터키인이 그곳에서 소년들을 인수해 노예로 데려간 것이다. 소년들의 그런 무서운 운명도 그들에게는 재밌거리일 뿐이었다.

그러면 여기서 그들이 음락을 위해 준비한 여덟 신들의 이름, 나이, 가문, 그들의 신상에 일어난 사건의 개요만 기술해둔다. 왜냐하면 사랑의 신 큐피드도 이 소년들만큼 우아하지 않고, 이탈리아의 종교화가 알바니가 천사의 용모를 표현하기 위해 선택한 모델도 그들에 비하면 열등하므로, 나는 소년들의 초상화를 그리는 것을 단념하지 않을 수 없기 때문이다.

열세 살 젤라미르는 푸아투 귀족의 외아들로 아버지의 영지에서 귀하게 키워졌다. 어느 날 아버지는 아들에게 하인을 붙여 푸아티에의 어머니에게 보냈는데, 매복하고 있던 악당들이 하인을 살해하고 소년을 납치했다.

같은 나이인 퀴피동은 라플레슈 교외에 살고 있는 귀족의 아들로 중학생이었다. 학교에서 가장 아름다운 학생이었던 소년은 일요일에 하는 학생 산책 중에 숨어 있던 일당에게 납치되었다.

열두 살인 나르시스는 몰타기사단의 일원으로, 아버지는 루앙에서 귀족 버금가는 명예직에 있었다. 부모는 소년을 파리의 루이르그랑 중학교에 보내려다가 그 도중에 납치당하고 말았다.

열다섯 살 제피르는 파리 출신으로 여덟 소년 가운데 굳이 한 사람을 뽑는다면 이 소년이 특별히 아름다웠을지도 모른다. 소년은 어느 유명한 기숙학교에서 공부하던 중에 갑자기 행방불명되었다. 장군인 아버지는 아들을 찾기 위해 여러 방면으로 손을 썼지만 헛수고였다. 까닭인즉 기숙학교 사감이 일당에게 매수되었기 때문으로, 이미 7명의 학생들이 그들에게 넘어갔고 그 가운데 6명은 쫓겨났다. "제피르의 엉덩이를 알선해주면 현금으로 10만 프랑을 지불하겠다"는 공작의 제안에 사감이 넘어가고 만 것이다. 공작은 소년들의 동정에는 손을 대지 않았지만, 대체로 그의 것이 되기로 정해져 있었다. 이 사랑스럽고 고귀한 소년에게는 신상에 걸맞지 않은 소름 끼치는 운명이 기다리고 있었다.

열네 살 세라동은 낭시의 사법관 아들로 뤼네빌에 있는 숙모를 만나러 왔다가 납치당했다. 일당이 같은 또래 소녀를 이용하여 유혹한 것은 이 소년뿐이었다. 장난기가 있는 소녀는 소년을 연모하는 척하여 그를 감쪽같이 덫에 걸리게 했다. 부모의 감독이 소홀했기 때문에 그들의 흉계가 성공한 것이다.

열다섯 살 아도니스는 다니고 있던 프레시스의 중학교에서 납치되었다. 최고법원의 대심부장인 아버지는 제정신을 잃고 슬퍼했지만 헛일이었다. 범행은 주도면밀한 계획하에 이루어졌기 때문에 누구 한 사람 진상을 파악할 수 없었다. 2년 전에 그 아버지의 집에서 첫눈에 소년에게 반한 퀴르발이 계속해서 열을 올리고 있다가 악당들에게 필요한 정보와 방법을 제공해 소년을 유괴하도록 한 것이다. 퀴르발로부터 자초지종을 들은 세 사람은 그의 비정상 적인 머릿속에 그토록 재치있는 궁리가 있었던 것을 알고 놀랐는데, 퀴르발도 그 사건을 통해 일당에게 자신의 좋은 취향을 보여줄 수 있어서 크게 만족했 다. 검사장에 끌려온 소년은 법원장 퀴르발의 얼굴을 알고 있었기 때문에 그 를 보자마자 울면서 호소했지만, 그는 너의 뒷문은 반드시 내가 받아줄 것이 니 걱정하지 말라고 사뭇 눈물겨운 위로의 말을 건네면서, 자신의 거대한 물 건을 소년의 엉덩이에 올려놓고 흔들어댔다. 그리고 일당들에게 소년을 요구 하여 어려움 없이 손에 넣었다.

열네 살 이아생트는 샹파뉴 지방의 작은 도시에 살고 있는 퇴역장교의 아 들이었다. 사냥에 열중해 있는 소년을 아버지가 무심코 혼자 숲에 보내는 바 람에 납치되고 말았다.

열세 살 지통은 베르사유 궁전의 국왕 마구간 부속 근시(近侍)의 하나였다. 아버지는 니베르네의 신분이 높은 사람으로, 소년은 궁정에 봉사한 지 채 6개 월도 지나지 않아 혼자서 생클루 거리에 산책을 나갔다가 느닷없이 납치되었 다. 주교는 소년을 보고 한눈에 반하여 소년의 동정은 주교를 위해 놔두게 되 었다.

도락자들이 음락을 위해 준비한 8명의 신과 같은 이 소년들을 어떻게 이용 했는지는 언젠가 적당한 시기와 장소를 택해 이야기하게 될 것이다.

4명의 마장(馬藏)

이제 마장을 고를 때가 되었다. 8명의 알선업자들은 마장을 찾는 데는 별 어려움이 없었다. 물건의 크기에 대한 기준이 정해져 있었고 그 밖에 특별한 조건은 없었기 때문이다. 그래서 50명의 뛰어난 물건의 소유자들이 끌려왔다. 일당은 그 가운데 가장 먼저 그것이 큰 20명을 고르고, 또 그 가운데서 젊고 잘생긴 8명을 골라냈다. 심사에서 빠진 자들의 처리도 별로 어려움은 없었다. 마장들은 분별 있는 성인이므로 적절한 여비와 수고비를 지불하자 말없이 돌 아갔기 때문에, 그들은 채용하지 않은 42명을 상대로 2주일 동안 마장들이 녹 초가 되도록 충분히 즐긴 뒤에 풀어주었다. 이 이야기 속에서 상세하게 기술

되는 것은 특히 4명뿐이므로 그 네 마장의 이름의 유래에 대해 간단히 기술해두자.

에르퀼 스물여섯 살, 이름 그대로 힘의 신인 헤라클레스와 같은 체격으로 그 물건은 길이 32센티미터, 둘레 20센티미터나 되었다. 난생처음 보는 그 당당한 도구는 언제나 하늘을 향해 있었고, 시험삼아 시켜보면 여덟 번의 사정으로 0.5리터 컵이 가득 찰 정도였다. 그래도 마음씨가 착하고 표정이 있는 용모를 지니고 있었다.

안티노우스는 로마 황제 하드리아누스가 총애한 청년의 이름을 따 붙여진 것으로, 가장 관능적인 엉덩이와 길이 30센티미터, 둘레 20센티미터의 엄청난 물건을 지니고 있었다. 나이는 서른 살, 매우 아름다운 용모를 지녔다.

브리즈퀼('엉덩이 찢기'라는 뜻)의 물건의 귀두는 소의 심장 같은 모양에 둘레가 20센티미터가 넘고 길이는 20센티미터밖에 안 되지만 활처럼 휘어져 있어서, 상대의 뒷문을 찌르면 어김없이 열상(裂傷)을 입혀 못쓰게 만들었다. 그의 이름은 거기서 유래한 것이다. 온갖 쾌락에 싫증이 나 있던 도락자들에게는 참으로 귀중한 특성이어서 특별히 그가 선발되었다.

방드오시엘('하늘로 향한 부분'이라는 뜻)의 물건은 길이 27센티미터, 둘레 18센티미터로 언제나 꼿꼿하게 발기해 있어서 그런 이름이 붙여졌다. 그는 어떤 물건의 소유자도 그에게 자리를 양보할 수밖에 없는 특징을 가지고 있었다. 그것은 다른 자들이 항복한 경우에도 그만은 비록 그날에 아무리 여러 번 사정을 해도, 슬쩍 닿기만 해도 다시 그 물건을 하늘로 향하게 할 수 있었기 때문이다.

4명의 하녀

이제 남은 것은 4명의 하녀를 뽑는 일뿐이었는데 이거야말로 가장 색다른 것이었다. 변질적인 취향을 가지고 있었던 것은 법원장뿐만 아니라 다른 세 사람, 특히 뒤르세는 저주받은 방탕의 기호에 깊이 물들어 있었기 때문에 자연계가 고상하고 정결하게 만든 것보다 낡고 더러운 것에서 더욱 자극적인 매력을 찾고 있었다. 그렇게 특이한 정욕에 대해 설명하는 것은 매우 어려운 일이지만, 실은 많은 사람들 속에도 존재하고 있다. 틀림없이 자연계에 존재하는 추악한 것은 어떤 묘미를 지니고 있어서, 평범하고 확실한 미보다 훨씬 큰 힘으로 신경섬유를 자극하기 때문일 것이다. 게다가 추한 것, 천한 것, 소름 끼치는 것은 이따금 음란한 기분을 이끌어 발기를 촉진한다는 사실은 이미 증명되어 있으므로, 가장 더러운 상대만큼 음란한 기분을 일으키게 하는 것은 없다. 음탕한 행위에서 불결한 것일수록 기쁨을 얻는다면, 더러운 상대일수록 더 좋아할 테고 완전히 깨끗한 상대보다는 결함이 있는 상대에게서 틀림없이 더 많은 불결함을 보게 될 것이다. 게다가 미라는 것은 단순하고, 추악함은 비정상적인 것이지만, 음탕에 있어서는 불타오르는 공상과 상상력은 단순한 것보다 비정상적인 것을 선호한다. 미라든가 신선함이라는 것은 단순한 방법으로 강한 인상을 줄 뿐이지만, 추악이나 타락은 복잡한 방법으로 강렬한 인상을 주므로 자극이 더욱 강하고 흥분이 한층 더 격렬해진다. 그러므로 젊고 아름다운 소녀보다는 나이 든 추한 여성을 좋아하는 인간이 제법 많은 것은, 우리가 산책을 할 때 변화 없는 평지보다 불모의 울퉁불퉁한 산길을 좋아하는 것과 같은 이치이니 그렇게 놀랄 일이 아니다. 그런 일은 모두 우리의 신체 구조와 기관, 그리고 그 작용에 따른 것이며, 우리가 자기 신체의 모양을 바꿀 수 없는 것과 마찬가지로 음탕에서의 추악한 기호도 뜻대로 바꿀 수가 없다. 어쨌든 법원장도 다른 세 사람도 이상한 기호를 지니고 있었기 때문에 하녀들을 선택함에 있어서는 완전히 의견이 일치했다. 나중에 알게 되겠지만, 그러한 선택이야말로 그들의 체질적인 장애와 변질을 똑똑히 보여주는 것이었다. 그리하여 그들은 신중한 배려 속에, 색다른 목적을 이루는 데 필요한 4명의 여자들을 파리에서 찾아내게 했다. 독자 여러분에게 미리 양해를 구하고 싶은데, 내가 이제부터 그리려고 하는 그녀들의 초상화는 여러분에게 구역질을 일으키게 할지도 모르지만, 그것은 풍속연구의 중요한 일면이고, 이 책의 중요한 목적의 하나는 그러한 풍속을 상세하게 펼쳐 보이는 데 있다.

첫 번째 여자는 마리라는 이름이었다. 극히 최근에 거열형을 당한 유명한 강도의 하녀로, 그녀 자신도 태형을 받고 낙인도 찍힌 적이 있다. 쉰여덟 살이 되자 머리카락은 거의 다 빠지고, 코는 비뚤어지고, 눈은 퀭하니 언제나 눈곱이 끼어 있고, 큰 입에 치아는 갖추어져 있을망정 하나도 남김없이 유황처럼 진한 황색이었다. 몸집은 큰데 앙상하게 몹시 말랐고, 배는 바다의 파도처럼 기복이 있으며 엉덩이는 종기로 벌레 먹은 것처럼 되어 있었다. 그녀 자신의 이야기에 따르면 14명이나 되는 아이를 낳고도 아이들이 악당으로 자라는 것이 두려워 모두 질식사시키고 말았다고 한다.

두 번째 여자는 루이종이라는 이름이었다. 예순 살의 몸집이 작은 여자로 등은 굽고 애꾸눈에 한쪽 다리를 절었는데 나이치고는 아름다운 엉덩이를 지니고 있고 살결은 아직 예뻤다. 극히 사악한 정신의 소유자로 명령만 내리면 아무리 터무니없고 무서운 일도 해치울 각오가 되어 있었다.

세 번째 여자는 예순두 살로 테레즈라는 이름이었다. 몸집이 크고 해골처럼 말라 머리카락은 하나도 없고 이가 몽땅 빠져버린 입에서 사람을 졸도시킬 것 같은 악취를 풍기고 있었다. 상처투성이인 엉덩이는 문적문적하게 느슨해져서 엉덩이 가죽을 막대기에 감을 수도 있을 것 같았다. 엉덩이의 구멍은 마치 화산 분화구 같고 그 역한 냄새는 변기 구멍 그 자체였다. 그녀의 말에 따르면 태어나서 한 번도 엉덩이를 씻은 기억이 없다고 하니 어릴 적의 응가가 아직도 들러붙어 있을 것 같았다. 옥문은 온갖 오물과 추악한 것의 그릇으로, 그야말로 사람을 기절하게 할지도 모르는 악취를 뿜어내는 무덤 그 자체였다. 게다가 한쪽 팔은 휘었고 한쪽 다리를 절었다.

네 번째 여자는 예순아홉 살 팡숑이라는 이름이었다. 악행을 거듭하고 행방을 감췄기 때문에 결석재판에서 여섯 번이나 교수형이 선고된 적이 있어, 그녀가 범하지 않은 범죄는 세상에 하나도 없을 정도였다. 사자코에 키가 작고, 뚱뚱하고, 사팔뜨기이고, 이마가 납작하고, 입내를 풍기는 입에는 곧 빠질 것 같은 치아 두 개가 남아 있었다. 엉덩이 가득 단독(丹毒)이 퍼져 있고, 나면서부터 거대한 엉덩이의 구멍에는 커다란 치핵이 늘어져 느슨해진 구멍은 언제나 크고 작은 소리를 내고 있었는데 자신은 잘 모르고 있는 것 같았다. 옥문은 역겨운 하감(下疳)으로 엉망이 되고 한쪽 허벅지에는 심한 화상자국이 있었다. 그리고 위가 매우 약한데도 항상 술에 취해 있어서 아무데나 토해놓곤 했다.

이 네 하녀는 이윽고 많은 사람들이 묵게 되는 뒤르세 저택을 다양하게 돌보는 것 말고도 온갖 연회에 참여해 주인공들이 요구하는 음락의 흥을 돋우기 위해 모든 배려와 봉사를 하기로 되어 있었다.

검은 숲의 저택

모든 준비가 갖추어졌을 무렵에는 이미 여름이 시작되고 있었다. 그들은 앞으로 넉 달 동안 머물게 될 뒤르세의 저택에서 편리하게 지낼 수 있도록, 인부들을 투입해 다양한 짐의 포장과 수송을 지휘했다. 가구, 거울, 식료품, 각종 포도주와 양주가 잇달아 반입되었다. 즐거움의 상대가 되는 사람들은 소인원으로 나누어 끌고 가서 먼저 도착해 있던 뒤르세와 그의 아내 아델라이드가 맞아들여 차례로 각 방에 몸을 풀게 했다. 여기서 독자에게 앞으로 넉 달 동안 다양한 음행의 제물을 바치게 되는 신전에 대해 기술해둔다. 일당이 굳이 인적이 완전히 끊긴 한적한 은신처를 택한 까닭은, 격리와 침묵과 정적은 방탕극을 연출하는 데 안성맞춤의 무대이고 그런 분위기와 무대를 한껏 돋보이게 하기 위한 다양한 소도구는 사람들의 감각에 경건한 공포심을 심어주어 음락에 더한층 매력을 주었기 때문이다.

그 저택에 가기 위해서는 우선 스위스의 바젤로 가지 않으면 안 된다. 라인 강을 건너면 이윽고 길이 좁아져서 마지막에는 마차마저 버려야 한다. 한참 지나면 라 포레 누아르(검은 숲)로 접어든다. 안내인 없이는 절대로 지나갈 수 없는 힘든 오르막길을 2킬로미터 정도 나아가서, 다 오르면 숯가마 인부와 숲을 지키는 사람들이 살고 있는 허름한 작은 마을이 보이게 된다. 그곳에서부터는 뒤르세의 영지이므로 그 마을도 그의 소유였다. 주민의 대부분은 도적이나 밀수꾼들이기 때문에 뒤르세는 그들과 쉽게 친구가 되었다. 뒤르세는 마을 사람들에게 11월 1일(전원이 모이는 날) 이후에는 낯모르는 사람을 일체 접근하지 못하게 하라고 엄명을 내리고 마을의 심복 부하들에게 그들이 전부터 원했던 특권을 부여해 무기를 휴대하게 하고 저택으로 통하는 울타리를 폐쇄시키고 말았다. 마을을 통과하면 알프스산의 생베르나르 고개만 한 높이의 산을 넘게 되는데 도보로만 정상에 오를 수 있다. 노새를 타고 올라갈 수도 있지만, 거치는 길의 곳곳마다 벼랑이 입을 벌리고 있어서 노새를 이용하는 것은 더할 나위 없는 위험에 몸을 맡기는 것이나 다름없었다. 실제로 식량과 도구를 나르던 6마리의 노새와 노새를 타고 가던 2명의 인부가 목숨을 잃었다. 넉넉히 다섯 시간 걸려 정상에 오르면 그곳에 또 새로운 기묘한 지형이 나타나는데 새가 아니면 건너갈 수 없는 장애물이 있다. 이 자연계의 장난은 산꼭대기를 남과 북으로 가르고 있는 너비 60미터쯤 갈라진 곳으로, 그 갈라진 곳 때문에 꼭대기에 다다라도 무슨 기술을 빌리지 않는 한 맞은편으로 건너는 것은 불가능했는데, 뒤르세는 깊이가 얼마나 되는지도 모르는 이 골짜기에 훌륭한 나무다리를 걸쳐두었던 것이다. 다리를 건너 남쪽으로 내려가면 4에이커 정도의 평지가 나오고, 그곳은 사방이 구름에 닿을 것처럼 깎아지른, 작은 틈새기 하나 없는 병풍 같은 바위산으로 둘러싸여 있다. 지금까지 지나온 '다리의 길'이 이 평지의 유일한 통로이기 때문에 다리가 한번 끊어지면 지상의 어떤 인간도 더 이상 이 평지에 접근할 수 없다. 이 요새 같은 견고한 평지 한가운데 서 있는 뒤르세의 저택을 다시 높이 10미터의 바깥벽이 에워싸고, 바깥벽 안쪽에는 회랑식 내벽이 있어서, 그 사이에 물이 가득한 수로가 저택을 방어하고 있다. 내벽을 뚫은 낮고 작은 출입구를 지나면 넓은 안뜰로 나가는데 안뜰 주위에 저택과 부속건물이 세워져 있다.

　저택 1층에는 부엌과 그곳에서 일하는 여자 6명의 작은 방이 있다. 그 가운데 세 사람은 솜씨가 뛰어난 요리사이고 젊고 튼튼한 세 사람은 요리 보조와 많은 가축을 돌보는 일을 하고 있었다. 일당이 남자보다 여자를 택한 데는 이유가 있었다. 그들은 6명 모두 쾌락의 자리에는 절대로 나타나서는 안 되며 그런 일에는 일체 관여하지 않는다는 규칙을 정했는데, 그것은 자신들의 방탕한 놀이에 제동을 걸기 위한 것이었다. 그들은 굳이 욕망을 제한하려는 의지를 갖는 것이 오히려 욕정을 부추겨 배가하기 위한 좋은 방법으로 생각한 것이다. 2층 중앙은 넓고 긴 복도로 되어 있고 한쪽 끝에 식당, 그 옆에 응접실과 특별실, 집회실이 나란히 있다. 반대쪽 끝에는 교회와 감옥, 그리고 네 사람의 동료와 아내들의 주거가 있다. 3층 중앙도 넓고 긴 복도로 되어 있고 한쪽 끝에는 8명의 소녀들을 위한 하렘, 그 옆에 두 하녀의 작은 방, 또 그 옆에 두 여자 이야기꾼의 작은 방이 있고 그 밖에 8명의 마장 방이 있다. 식당은 매우 깔끔했으며, 깔개와 스토브, 소파와 안락의자, 그 밖에 쾌적하고 편리한 설비와 세간이 모두 갖춰져 있고, 부엌으로 직접 통하는 회전식 선반이 있어서 일을 거드는 여자가 일부러 부엌에서 날라 오지 않아도 따뜻한 요리를 간단하게 제공할 수 있도록 되어 있다. 응접실은 장식이 없고 무엇 하나 공들인 것은 없는데 최상급 가구가 즐비하다. 응접실에 부속된 특별실은 일당 4명 가운데 누군가가 사람을 피해 머물 수 있는 방으로, 쥐 죽은 듯이 조용하고 푹푹 찔 정도로 따뜻하며 대낮에도 어두워서 둘만이 마주보고 싸우거나 나중에 기술하듯이 은밀한 쾌락을 위해 사용된다.

집회실은 여자 이야기꾼의 이야기를 듣는 방으로, 말하자면 계획된 음락의 싸움터, 음락 모임의 중추이다. 그렇기 때문에 참으로 보기 좋게 장식된 그 방은 특별히 상세하게 기술할 만한 가치가 있을 것이다. 집회실은 반원형으로 되어 있어 그 반원형을 따라 아치를 이루는 부분에는 일당이 쉬는 네 개의 벽감이 만들어져 있고, 호화로운 짙은 남색 깔개가 깔려 있으며, 커다란 거울과 소파가 갖춰져 있다. 반원형의 지름에 해당하는 벽 쪽에는 벽을 등지고 상단은 여자 이야기꾼의 좌석인데, 그녀가 앉을, 한 단 높은 당당한 의자가 놓여 있다. 여자 이야기꾼은 마치 무대 위의 배우 같은 자리를 차지하고, 벽감 안의 네 청취자는 원형극장 좌석에 있는 것과 같은 방식이다. 여자 이야기꾼의 의자 밑에는 당번 이외의 여자 이야기꾼들의 좌석이 있으며 그 하단에는 소년소녀들, 하녀들 등, 일당의 상대역들이 앉는 계단식 좌석으로 되어 있고, 모든 좌석은 금테를 두른 검은 벨벳으로 덮여 있다. 여자 이야기꾼 좌석 양쪽에는 천장까지 닿는 높은 기둥이 한 개씩 세워져 있고, 기둥에는 징벌에 필요한 온갖 도구가 걸려 있었는데, 일당의 음락 상대가 뭔가 과오를 범했을 때 기둥에 묶어 징벌을 가하기 위한 것이다. 그러한 공포심을 자아내는 광경은 쾌락의 상대에게 복종하는 마음을 불러일으키고, 그것이 또 박해자인 도락자 4명에게 온갖 욕정을 자극하는 매력이 되었다. 일당이 제각기 쉬는 각 벽감에는 작은 방으로 통하는 문이 있는데, 그것은 그들 모두의 눈앞에서 즐거움을 연출하고 싶지 않을 때 쾌락의 상대를 불러들이기 위한 방으로, 그곳에는 온갖 종류의 음란한 행위를 연출하는 데 필요한 긴 의자와 그 밖의 여러 가지 도구가 갖춰져 있다. 안뜰에 우뚝 솟아 있는 매우 아름다운 탑을 갖춘 교회에 대해서는 뒤에 상세하게 말하기로 한다. 교회 대기실에서 일당 4명과 그 아내들의 넓은 방과 의상실이 딸린 주거로 통하고 있다. 각 주거는 무척 따뜻하여 환경은 최상이고, 세 가지 색의 다마스크 천으로 뒤덮인 터키식 침대 같은 형식의 가구와 세간으로 장식되어 가장 관능적인 음행을 즐기기 위해 바랄 수 있는 최대한의 설비가 갖춰져 있다.

　타락, 잔혹, 혐오, 파렴치의 정서를 기대하고 있었던 일당은 무서운 장소를 만들어두었다. 이야기의 흥미를 반감시키지 않는 법칙은, 세밀한 점은 묘사하지 않고 남겨두는 것이므로 그 모습도 간단하게 그리는 데 그치기로 한다. 일당 세 사람이 공작에게 감옥의 계획을 흘리자 그는 흥분해서 연달아 세 번이나 사정을 했을 정도였다. 교회 제단의 계단 밑에 지옥으로 통하는 커다란 돌 하나가 교묘하게 숨겨져 있어서, 그 큰 돌을 들어올리면 좁고 가파른 나선계단이 나오는데 300단 정도 땅속 깊이 내려가면 둥근 천장의 감옥과 마주친다. 감옥은 삼중의 철문으로 닫혀 있고, 그 안에는 희생자의 감각을 될 수 있는 한 겁먹게 하고 공포에 떨게 하기 위해 가장 잔인한 기술과 가장 치밀한 영혼의 소유자가 아니면 도저히 고안할 수 없는 온갖 잔인한 고문기구가 놓여 있다. 이토록 조용하고 안정된 장소가 또 있을까. 죄악에 빠진 악인이 희생자를 데리고 이곳에 오면 틀림없이 안심할 수 있는 곳이었다. 악인은 아무 불안도 느끼지 않는 자기 집에 있는 것이고, 프랑스 영토 밖에 있는 것과 다름없다. 안전한 자신의 영지에 있는 것이다. 만반의 대책을 세워 하늘을 나는 새가 아니면 접근하지 못하는 숲의 한구석, 사람이 살지 않는 숲의 깊숙한 땅속에 있는 것이다. 그리고 그와 같은 감옥 안에서 무법자에 무신론자이고, 죄악에서 기쁨을 느끼고, 변덕스럽고 방종한 욕정 말고는 아무런 흥미도 없고, 음험한 정욕이 명령하는 법칙 외에는 아무런 절도도 없는 악인들에게 제멋대로 농락당하는, 버림받은 불행한 인간이야말로 불행 중의 불행한 인간이라고 하지 않을 수 없다. 실은 나도 그곳에서 무슨 일이 일어날지 모른다.

　여기서 이야기를 되돌리면, 모든 준비가 갖춰지고 모든 일처리가 완전히 끝나 선발대가 모두 출발해버리자, 뒤에 남은 공작과 그가 특별히 총애하는 제 피르, 주교와 그가 총애하는 지통, 세 사람의 아내, 네 사람의 마장이 여행길에 올랐다. 그들은 여러 가지 어려움을 겪으면서 10월 29일 저녁에 저택에 당도했다. 그러자 마중을 나온 뒤르세는 즉시 산 사이의 다리를 끊어버리고 말았다. 그뿐만이 아니다. 공작은 "저택에는 필요한 것은 모두 준비되어 있으니 이제 밖으로 나갈 필요가 없다. 게다가 그다지 무섭지는 않지만 밖으로부터의 공격을 방어해야 하고 더욱 골치 아픈 도주를 막을 필요도 있으니, 차라리 외적이나 도망자가 이용할 수 없도록 저택 출입구를 일체 막아버리자"고 주장했다. 공작의 의견은 곧장 실행에 옮겨져 저택의 모든 출입구는 벽으로 칠해져버렸기 때문에 어디에 출구가 있었는지 분간이 되지 않을 정도였다. 전원은 이미 만반의 준비가 갖춰진 저택에 자리를 잡았는데, 11월 1일까지는 아직 이틀이 남아 있었으므로 일당은 방탕의 무대가 시작되었을 때 쾌락의 상대들이 건강하게 등장할 수 있도록 휴식시간을 갖기로 했다. 그동안 일당은 저택 안의 규칙을 정하는 데 전념하여 규칙이 정해지자 거기에 서명하여 전원에게 공포했다. 본제로 들어가기 전에 독자에게 규칙에 대해 알려두어야만 한다. 이제까지 모든 일에 대해 명확하게 이야기해왔으므로 이제 독자는 어깨에 힘을 빼고 관능의 기대를 잔뜩 부풀려 이야기의 줄거리를 쫓아가면 된다. 독자의 이해력을 헷갈리게 하거나 기억을 방해하는 것은 이제 아무것도 없을 것이다.

규칙

매일 아침 10시에 전원 기상. 전날 밤 비번이었던 마장들은 제각기 소년 한 사람을 데리고 우리가 사는 주거를 차례로 방문해 우리의 요구대로 행동한다. 단, 당분간 우리는 소년 소녀들에 대해서는 상황 확인과 예비 행동에 그칠 것. 왜냐하면 소녀 8명의 옥문은 12월에 처음으로 열고, 소녀들과 소년들의 뒷문은 1월에 열기로 결정했기 때문이다(이것은 욕정을 끊임없이 불타게 하면서 억제해두면 욕정이 더욱더 불타올라 틀림없이 음란한 열광상태에 빠져들게 된다는 그들 나름의 계산에 따른 것이다. 그들은 가장 감미로운 음락적(淫樂的)인 상황

을 만들어내려고 혈안이 되어 있었다). 우리는 앞으로 어떤 쾌락의 경우에도 소
년 소녀들을 음미하는 기일과 순서에 관한 약속을 엄수한다. 그러나 일단 처
음으로 범한 소년 소녀들에 대해서는, 그 뒤 언제 어떤 방법으로든 그들을 마
음대로 즐길 수 있다.

11시에 우리는 소녀들의 하렘으로 가서 아침식사를 한다. 메뉴는 코코아,
스페인산 포도주에 담근 토스트, 그 밖의 강정요리로 한다. 소녀들은 알몸으
로 시중을 들고 소녀들의 하렘 담당인 마리와 루이종이 돕는다. 다른 두 사람
인 테레즈와 팡숑은 소년들의 하렘을 담당한다. 우리가 식사 중, 또는 그 전후
에 소녀들과 음란한 짓을 시작하고 싶을 때는, 소녀들은 우리의 명령에 복종
해 달게 몸을 맡겨야 한다. 그렇지 않으면 엄벌이 부과된다. 그러나 우리는 아
침식사 때는 특수한 개인적인 은밀한 쾌락을 일체 즐기지 않기로 결정했으므
로 일시적인 음욕이 생긴 경우에는 전원이 있는 앞에서 즐겨야 한다.

소녀들, 아내들, 하녀들에 한해 우리의 모습을 본 경우, 또는 우리와 얼굴
이 마주친 경우에는 그 자리에 무릎을 꿇고 명령이 있을 때까지 그 자세를 유
지할 것. 단, 전원이 우리에 대해서 '몽세뇌르'[6] 이외의 호칭을 사용해서는 안
된다.

우리 가운데 그달의 당번이 된 자는 소녀들의 하렘을 나오기 전에 그녀들
이 명령한 대로의 상태에 있는지 확인하기 위해 전원을 일일이 점검할 것(4명
가운데 1명이 교대로 모든 잡일을 떠맡게 되므로 뒤르세는 11월, 주교는 12월, 법원
장은 1월, 공작은 2월의 당번으로 정해졌다). 이 점에 관해서는 하렘의 하녀들에
게도 그 감독책임을 철저하게 주지시킬 것. 소녀들은 원칙적으로 교회 이외
의 장소에서는 용변이 금지된다. 교회의 화장실을 이용할 경우에도 특별히 허
가를 요하고 때로는 허가가 안 될 수도 있다. 따라서 당번은 아침식사 후 즉시
소녀들의 개인 변기를 점검하고, 위반이 인정될 때는 징벌 명부에 그 성명을
기입할 것.

다음으로 소년들의 하렘으로 가서 당번은 똑같은 점검을 하고 위반자가 있

---

6) monseigneur는 각하, 전하이지만 지나치게 과장인 것 같아 주인님으로 해둔다.

으면 그 이름을 징벌 명부에 기재한다. 이른 아침에 마장과 함께 우리의 주거로 오지 않은 4명의 소년은 우리를 맞아들여 바지를 벗는다. 우리는 소년들에게 음란 행위를 할 때도 있고, 그렇지 않을 때도 있지만, 그때의 음락은 모두 공개하고 1대 1이어서는 안 된다. 다른 4명의 소년은 우리의 명령이 있을 때까지 아무것도 하지 않고 서 있는다.

오후 1시, 소녀와 소년들, 그 밖의 사람들 가운데 절박함을 호소하는 자에게는 용변이 인정되는데, 단 그 허가는 대체로 3분의 1로 한정된다. 허가를 얻은 자는 교회의 화장실로 갈 것. 우리는 그자들을 교회에서 2시까지 기다린다(일당은 어떤 쾌락을 맛보기 위해 교회 안에 특별한 화장실을 마련해 적절하고도 걸맞은 방법으로 자신들의 음락을 만족시키려고 한 것이다).

2시에서 3시까지, 요리사들은 소년 소녀들에게 최초의 식사를 제공한다. 식사는 같은 시간에 준비하고, 소녀들이 하렘에서 식사할 때는 하녀들도 자리에 앉는다. 소년들이 하렘에서 식사할 때는 아내들과 여자 이야기꾼들이 자리를 함께한다. 우리는 그동안 응접실에서 잡담을 나눈다. 3시 조금 전에 8명의 마장은 옷차림을 갖추고 치장을 한 뒤 우리를 맞이하기 위해 응접실로 온다.

3시, 우리에게 식사를 제공한다. 우리와 함께 테이블에 앉는 영광을 누릴 수 있는 자는 마장들뿐이다. 식사 시중은 알몸의 아내들과 마법의 옷으로 갈아입은 하녀들이 맡는다. 하녀들이 회전식 선반으로 운반된 요리를 받아오면 아내들이 그것을 식탁에 차린다. 마장들은 아내들의 나체를 마음대로 애무하고 온갖 욕설과 잡소리를 퍼부어 모욕을 주며 학대할 수 있다. 그녀들이 그것을 거부하거나 몸을 지키는 일은 허용되지 않는다.

5시, 우리는 테이블을 떠나 응접실로 간다. 마장들은 집회 때까지 자기 방에 물러간다. 응접실에는 2명의 소년과 2명의 소녀가 알몸으로 대기하며 매일 교대로 우리에게 커피와 리큐어를 제공한다. 우리는 정력의 소모를 가져오는 쾌락에 몸을 맡기는 일 없이 가벼운 농담만으로 만족한다. 6시 조금 전에 심부름꾼인 소년 소녀들은 응접실에서 물러가 재빨리 옷을 입고 다음에 대비한다.

6시, 우리는 집회실로 가 각자의 벽감에 자리를 잡는다. 그 밖의 사람들 위치는 다음과 같이 한다. 월 당번인 여자 이야기꾼은 높은 좌석에 앉을 것. 비번인 세 여자 이야기꾼은 높은 좌석 아래에 있는 의자에 앉고 할당된 일이 없어도 모두에게 봉사한다. 4명의 여자 이야기꾼의 옷은 모두 순수한 창녀 차림이어야 한다. 16명의 소년과 소녀는 두 소년과 두 소녀가 한 조가 되어 계단식 좌석에 앉되 제각기 우리 4명의 벽감을 향해 자리를 차지할 것. 우리는 각자의 정면을 향해 앉은 4명 1조의 소년과 소녀에 대해서만 권리를 가질 수 있다. 늘 같은 조의 소년과 소녀를 상대하게 되는 것을 막기 위해 매일 소년과 소녀의 조를 교체할 것. 소년 소녀들 한 사람 한 사람의 팔에 조화로 엮은 끈을 묶어, 그 끝을 각자의 긴 의자 다리에 연결해둔다(그렇게 해두면 도락자들이 자신에게 할당된 4인조 가운데 좋아하는 자를 불러들이고 싶을 때 줄을 당기기만 하면 점찍은 상대가 달려와 자신에게 몸을 던지게 되는 것이다). 소년 소녀들은 조마다, 이를테면 어떤 조는 아시아식, 어떤 조는 스페인식, 어떤 조는 터키식, 어떤 조는 그리스식으로 치장하고, 이튿날에는 제각기 또 다른 치장을 하는 식으로 언제나 색다르게 우아한 복장을 하도록 힘쓴다. 단 옷감은 얇은 호박단으로 하고 핀을 하나 빼면 즉시 하반신이 드러나게 해둘 것. 하녀들은 저마다 4인조 소년 소녀 뒤에 자리잡아 그들의 시중을 드는 동시에 우리 각자의 명령에 따른다. 하녀들은 차례로, 이를테면 수녀식, 요정식, 마법사식, 과부식 등의 옷을 입을 것. 그날 밤 우리와 하룻밤을 보내게 될 마장은 집회에 결석하는 것이 인정되며, 자기 방에서 그날 밤을 위한 준비에 전념한다. 다른 마장은 각자 우리의 긴 의자 옆에서 대기한다. 마장은 분홍색 조끼와 분홍색 호박단 바지 차림일 것. 아내들은 언제나 옷을 걸치지 않고 우리의 요구에 따라 적절하게 그날 밤의 정해진 남편 곁에 대기한다. 벽감 뒤의 작은 방은 난방을 해 언제나 고온을 유지하며, 음락에 필요한 온갖 도구를 갖추고 네 개의 촛불을 켜둘 것. 정각 6시에 여자 이야기꾼은 이야기를 시작하여 10시까지 계속한다. 우리 각자는 욕정을 느끼면 언제라도 이야기를 중단시킬 수 있고 쾌락이 끝나면 즉시 이야기는 재개된다. 이야기의 목적은 상상력을 불러일으키는 데 있으므로 우리는 소년 소녀들의 동정에 관해 정해진 약속을 지켜야 하지만, 그 밖의 것이라면 그때의 상황에 따라 모든 장소에서 마장, 아내, 소년과 소녀, 여자 이야기꾼, 하녀 등, 모든 자를 상대로 원하는 만큼 쾌락을 즐길 수 있다.

10시, 야식을 제공한다. 아내들, 여자 이야기꾼들, 소녀들은 여자들끼리 식사를 하고, 우리는 마장들, 소년들과 함께 식사한다. 식사를 마친 소녀들과 하녀들은 우리의 식사 시중을 든다. 그날 밤 우리와 함께 자지 않는 다른 4명의 소년은 하녀와 함께 식사한다.

식사가 끝나는 대로 전원(그날 밤 우리와 함께 자게 되는 4명의 마장은 별도로 치고) 향연을 진행하기 위해 집회실로 모인다. 집회실은 특별히 난방을 하고 천장에서 늘어뜨린 쉰 개의 촛대로 조명한다. 동물을 본떠 전원이 뒤섞여 바닥에 엎드려 뒹굴면서 상대를 교환하고, 구별 없이 서로 접촉하고, 근친상간과 남색을 즐기고, 머리에 피가 오르는 온갖 음행과 난행에 몸을 맡긴다. 단 소년 소녀들의 동정을 범하는 것에 대해서는 정해진 약속을 엄수할 것.

오전 2시, 향연이 끝나고 밤 근무를 하는 4명의 마장은 알몸이 되어 함께 잠을 자게 될 우리를 맞으러 온다. 우리 각자는 아내들, 소년들, 소녀들, 여자 이야기꾼들, 하녀들 가운데서 한 사람을 골라 마장과 셋이서 함께 밤을 지낸다. 소년 소녀들을 처음 범하는 데 대한 약속을 지키는 한, 우리는 모두 마음대로 행동할 수 있다.

매일의 일과와 그 순서는 이상과 같이 한다. 그 밖에 저택에 머무는 17주 동안 매주 한 번 축제를 연다. 축제의 첫 번째는 결혼식. 그 기일과 장소는 추후에 통고한다(4명의 도락자는 소년 소녀들과의 결혼식을 생각해낸 것이다. 처음에는 어린 소년과 소녀를 골라 식을 올리기 때문에 아마 동침할 수는 없을 터이므로, 동정을 범하는 것에 관한 규정위반은 되지 않을 것이다. 다음으로 동료들이 이미 범한 소년과 소녀와의 식을 올리는 것이므로, 소년도 소녀도 동료가 이미 맛본 쾌락의 뒤를 즐기는 것뿐이기 때문에 그 동침도 협정위반이 되지는 않을 거라고 생각한 것이다).

4명의 하녀는 제각기 두 소년과 두 소녀의 몸가짐에 대해 책임을 지고, 그들이 과오를 범했을 때는 당번에 알린다. 해당자에 대한 징벌은 매주 토요일의 향연 때 이루어지고, 당번은 그때까지 해당자의 정확한 명부를 작성해둔다. 여자 이야기꾼들의 과오에 대한 징벌은 소년 소녀들에 대한 징벌의 절반 정도로 한다. 왜냐하면 그녀들의 재능은 유익하고, 뛰어난 재능은 언제나 존중되어야 하기 때문이다. 아내들과 하녀들의 과오는 소년과 소녀들의 과오의 두 배로 평가한다. 아내들은 다른 여자들과 소녀들에 대해 어떠한 특권도 가지지 않으며, 언제나 엄격하고 무자비하게 다루어 가장 비천하고 가장 가혹한 일에 빈번하게 사역당한다. 교회의 화장실은 주 1회 퍼내게 되는데, 그 일은 4명의 아내에게 할당되며, 그 일을 거부하거나 일이 서투를 때는 엄벌에 처한다. 이 저택에서 우리에게 사역당하는 자는 모든 일을 예상하고 언제나 용의주도하게 해야 하며, 비록 불가능한 명령이라도 우리에게 뭔가 거부적인 태도를 보인 자는 모두 엄벌에 처한다. 방탕의 와중에 우리에게 조금이라도 웃거나 조금이라도 주의를 게을리하고, 조금이라도 경의를 잃거나 조금이라도 복종심을 보이지 않는 자는, 가장 중대한 과오를 범한 것으로 간주하고 가장 잔인한 징벌에 처한다. 여자와 즐기는 허가를 받지 않았을 때 여자와의 음행 현장이 발각된 마장은 그 물건을 잘라버린다. 우리의 상대가 되는 자가 신앙상의 행위를 했을 때는 그 행위가 어떤 것이건 사형에 처해진다. 우리의 쾌락 상대가 되는 자는 남녀를 불문하고 멋대로 몸을 청결히 해서는 안 된다. 특히 배변 뒤에는 당번의 허가 없이 국소를 청결하게 해서는 안 된다. 이 규칙을 위반하면 가장 가혹한 징벌에 처해진다.

우리가 배변의 필요를 느꼈을 때는 적당한 여자를 한 사람 데리고 가서 배변을 하는 동안 다양한 지시를 하여 각자를 돌보게 할 것. 우리는 언제나 가장 음탕하고 가장 상스러운 언어, 가장 불결하고 가장 신을 모독하는 표현만 사용하고, 신의 이름을 입에 올릴 때는 반드시 욕설과 저주의 말을 곁들이며, 그것을 가능한 한 빈번하게 되풀이한다. 우리는 여자들이나 소녀들, 소년들을 상대할 때는 가장 거칠고, 가장 비정하며, 가장 거만한 어조로 말해야 하지만, 마장들을 상대할 때는 그들을 자신의 남편으로 간주하여 여자 역할을 하기 위해 순종적이고 비열하며 창녀 같은 방종한 어조로 말해야 한다. 우리 가운데 이상의 규정을 게을리하거나 조금이라도 이성의 빛을 보여 하룻밤이라도 술에 취하지 않고 잠든 자는 1만 프랑의 벌금을 낸다.

우리의 쾌락 상대가 저택에서 도주를 꾀하는 일이 있으면 누구든 구별 없이 사형에 처한다.

여자 요리사와 그를 돕는 여자들은 특히 좋은 대접을 해주어야 한다. 우리가 이 규칙에 위반했을 때는 금화로 2만 프랑의 벌금을 낸다. 이 벌금은 우리가 프랑스로 돌아가 이 같은, 또는 색다른 방탕을 시작할 때 비용의 일부로 보존한다.

규칙은 치밀하게 짜여져 10월 30일 낮에 공포되었다. 공작은 이튿날 오전 중에 모든 절차를 확인하고, 특히 저택이 외부로부터 공격을 당하거나 안에서 쉽게 도망을 가는 일이 없도록 새삼 주의를 기울여 살펴보았다. 그리고 새나 악마가 아닌 한 인간이 저택을 드나드는 것은 불가능하다는 점을 확인한 공작은, 그것을 세 동료에게 보고하고 그날 밤 집회실에 여자들 전원을 모아 여자 이야기꾼용 의자에 앉아서 유창하게 훈시를 내렸다.

훈시

나는 동료들을 대신하여 너희들에게 다음 사항을 말해둔다. 너희들은 오로지 우리의 쾌락을 채워주기 위해 쇠사슬에 묶여 있는 약한 존재이다. 여자인 너희들은 세상에서는 터무니없이 절대적인 힘이 주어져 왔는지 모르지만 여기서도 그런 것이 주어질 거라고 생각했다면 당치도 않은 착각이니 자만은 금물이다. 노예의 천배나 온순하게 온갖 치욕을 당할 각오를 해야 한다. 충고해두는데, 너희들은 복종이라는 미덕만 몸에 익히면 된다. 복종만이 너희들이 놓여 있는 지금의 처지에 걸맞은 것이다. 특히 자신의 육체적인 매력 따위에는 의존하지 않는 편이 좋다. 우리는 그런 올가미에는 진작부터 싫증 난 사람들이니, 우리가 그런 먹이에 걸려들 거라고는 생각하지 않는 것이 현명할 것이다. 잠시도 잊어서는 안 될 점은, 너희들은 우리의 도구이고 너희들 가운데 단 한 사람도 우리에게 연민의 감정을 일으키게 할 수 있을 거라는 하찮은 기대는 갖지 말아야 하는 것이다. 우리는 일찍이 아름다움과 신성함에 대해서 조금은 추종의 말을 한 적이 있었을지 모르지만, 그런 것은 원래 몹시 싫어하므로 환상이 관능을 만족시켜버리면 자존심과 신을 두려워하지 않는 도락 정신이 고개를 쳐들어 그런 하찮은 것은 깨부수고 만다. 마음속에 경멸과 증오가 끓어올라 상상에 의해 만들어진 매력 따위는 쫓아버리고 마는 것이다. 그래도 너희들은 우리가 지겨울 정도로 다 알고 있는 것을 보여줄 생각인가. 그런 건 흥분하면 발로 짓밟아버릴지도 모른다. 숨겨두어도 소용없으니까 말하는데, 너희들의 임무는 엄격하고 힘들며 용서가 없다. 아무리 사소한 잘못이라도 그 자리에서 징벌을 각오해야 한다. 따라서 부디 충고해두는데, 주의 깊게 순종과 헌신의 미덕을 몸에 익혀 우리의 욕망에 봉사하면 그것으로 충분하다. 우리의 욕망이 유일한 규범이다. 우리의 욕망을 키워주고, 알아차리고, 자진해서 거들어주는 것이다. 물론 그렇게 했다고 해서 너희들이 이득을 보게 되는 것은 아니지만, 지시를 따르지 않으면 손해를 보는 것만은 확실하다. 너희들은 자신의 처지와 우리의 위치에 대해 잘 생각해보는 것이 좋다. 그러면 저절로 온몸이 떨려올 것이다. 이곳은 프랑스 영토 밖의 인적이 끊긴 깊은 숲속, 깎아지른 산들을 넘은 곳이 아니더냐. 이곳으로 오는 길은 너희들이 다리를 건넌 순간 파괴되어, 이제 너희들은 아무도 침입할 수 없는 저택 안에 갇혀 있다. 이 세상에 누구도 너희들이 이곳에 있다는 것을 알지 못하며, 너희들은 부모와 친구들로부터 멀리 떨어져 이 세상에서는 죽은 몸이나 다름없다. 너희들은 우리가 욕망을 즐길 수 있도록 하기 위해서만 숨 쉬고 있을 뿐이다.

너희는 이곳에서 봉사하고 있는 주인들을 과연 어떤 인간으로 생각하고 있는가? 신앙심 따위는 눈곱만큼도 없고, 지조가 없는 타락을 법도로 여기며, 음탕이야말로 절제라고 생각하는, 거열형을 당해 마땅한 인간들, 철두철미한 도락자들, 세상에 널리 알려진 악당들이다. 우리 가운데 아무리 죄가 가벼운 인간도 너희들은 도저히 상상도 할 수 없는 파렴치한 행위로 더럽혀져 있다. 그렇기 때문에 그런 인간에게 있어서 한 여자의 생명쯤은 아무것도 아니다. 그렇다, 지구상에 사는 모든 여자의 생명쯤은 아무래도 좋은 것이다. 파리 한 마리를 죽이는 것처럼 하찮은 일이다. 우리는 어떤 극단으로 치달을지 모르는 인간이기 때문에 너희들은 무슨 일을 당해도 눈 하나 깜짝하지 않은 채 몸을 맡기고, 인내와 순종과 용기의 미덕을 보여주며, 모든 것과 마주해야 한다. 너희들 가운데 한 사람이 불행하게도 우리의 지나친 욕정에 희생되어 죽게 된다 하더라도 마음을 굳게 먹고 자신의 운명을 용감하게 받아들여야 한다. 우리 인간은 이 세상에서 영원히 살 수는 없고, 더구나 여자의 행복은 젊었을 때 죽는 것이 아닐까? 앞서 들려준 간단한 규칙은 너희들의 안전에 있어서나 우리의 쾌락에 있어 극히 적절하고 현명하게 만들어졌기 때문에 아무것도 생각할 것 없이 규칙대로 실행만 하면 된다. 만일 너희들이 괘씸한 짓을 하여 우리를 노하게 하면 어떤 꼴을 당할지 이제부터 각오해두는 것이 좋다. 게다가 너희들 가운데는 우리와의 인간적인 유대를 내세워 너그러이 봐줄 것으로 기대하고 있는 여자가 있을지도 모르지만, 그런 것을 기대하고 있으면 당치도 않은 잘못을 저지르게 된다. 우리 같은 인간에게 인간적인 유대 따위는 조금도 신성하지 않다. 너희들에게 신성하면 신성한 것일수록 더욱더 그 유대를 끊는 것이 우리의 패덕(悖德) 취향을 더욱 기쁘게 해주는 일이다.

특히 아내들에게 말해두지만, 우리에게 그 어떤 특권도 기대하지 말기 바란다. 기대는커녕 경고해두는데 우리는 너희들을 다른 여자들보다 더욱 엄격하게 다룰 것이다. 이런 말을 하는 것은 우리가 인간적인 유대를 얼마나 경멸하고 있는지 너희들에게 충분히 가르쳐주고 싶기 때문이다. 또 소녀들과 아내들에게 말해두는데 우리는 너희들에게 바라는 것이 있어도 반드시 명확하게 명령을 내리는 것이 아니라, 몸짓이나 눈빛, 사소한 마음의 움직임으로 의사를 전할지도 모르므로, 너희들은 우리 감정의 움직임, 눈초리, 얼굴빛, 몸짓을 잘 간파해 우리가 어떤 욕망을 품고 있는지 판단하고 이해해야 한다. 우리가 신호를 보내고 있는데도 짐작하지 못하거나 알아차리지 못하면, 그때는 가차없이 순종하지 않은 죄목으로 처벌한다. 이를테면 우리가 너희들 몸의 일부를 보고 싶어 하는데 너희들이 착각하여 다른 부분을 보이거나 하면 우리의 상상력은 여지없이 깨지고 만다. 사정을 하기 위해 엉덩이를 기대하고 있는데 바보같이 옥문을 내민다면 우리의 흥분은 그 순간 우습게 되고 말지 않을까. 대체로 너희들은 좀처럼 앞을 보이지 않는 것이 좋을 것이다. 우리에게는 자연계가 실수로 만들어버린 불쾌한 그곳은 아무래도 마음에 들지 않는다. 그러나 엉덩이에 대해서도 주의해주기 바란다. 엉덩이를 보여줄 때는 그것과 함께 보이게 되는 이상한 둥지를 숨겨두어야 하고, 어느 시기, 어떤 상태의 엉덩이는 세상 사람들이라면 기꺼이 보고 싶어 하겠지만, 우리에게는 보이지 않도록 하는 것이 중요하다. 어차피 하녀들이 가르쳐줄 터이니 곧 모르는 것도 알게 될 것이다.

요컨대 너희들은 언제나 떨면서 우리의 의향을 알아차리고, 무슨 일에나 복종하며, 앞을 내다보고 행동하면 된다. 그렇게만 하면 행복하지는 않더라도 불행해지는 일은 없을 것이다. 그리고 너희들 사이에서 서로 책동하거나 연락하고 여자끼리 우정을 맺는 것은 금지한다. 우정은 마음을 나약하게 하는 한편, 고집이 세고 다루기 힘든 인간이 되게 하기 때문에 너희들을 단순하고 겸허한 인간으로 만들고 싶은 우리는 별로 좋아하지 않는다. 우리는 너희들을 인간으로 보는 것이 아니라 동물로 보고 있다. 원하는 대로 봉사를 시키고 반항할 때에는 가차 없이 응징하는 것이 동물을 다루는 방법이다. 앞에서도 말했지만, 종교적인 것으로 생각되는 행위는 어떠한 것도 일체 금지한다. 미리 경고해두는데 종교적인 행위는 온갖 죄 가운데 가장 엄하게 처벌될 것이다. 어떤 어리석은 여자들은 신이라는 부끄러워해야 할 관념을 과감하게 버리지 못하고 있지만, 나는 잘 알고 있다. 분명하게 말해두는데, 그런 여자는 엄중하게 다루겠다. 만일 운 나쁘게 현장이 발각되면 사형보다 무서운 어떤 형벌이 기다리고 있을지 모른다. 그런 어리석은 여자는 일찌감치 마음을 고쳐먹는 것이 좋다. 신의 존재니 하는 바보 같은 관념에 매달려 있는 것은 오늘날 이 세상에 스무 개 남짓한 종파에 속해 있는 자들밖에 없다. 그들이 의지하고 있는 종교란 위선자들이 발명한 옛날이야기에 지나지 않고 우리를 속이려는 의도가 너무나 뻔하지 않은가. 스스로 잘 판단해보면 알 수 있을 것이다. 만일 신이 존재한다면, 그리고 신이 전능하다면 신은, 신의 영광이고 너희들이 자랑하는 미덕이 제물로 바쳐지려는 것을 왜 막지 않고 내버려둘까? 전능하다고 일컬어지는 신은 나처럼 미약한 피조물, 신이 보면 코끼리 눈 속에 있는 진드기와 같은 가련한 존재가 온종일 신을 모독하고, 도전하고, 무시하고, 반항하는 것을 왜 가만히 보고만 있을까. 어떠냐, 너희들은? 그런 일이 있을 리가 없지 않은가.

　공작은 그와 같은 약간의 연설을 마치자 높은 좌석에서 내려왔는데, 4명의 이야기꾼과 4명의 하녀는 자신들의 역할은 희생자라기보다 음탕한 공물을 바치는 무녀라는 것을 알고 있었기 때문에 특별히 슬퍼하지도 않았다. 그 밖의 여자들은 하염없이 눈물을 흘리며 슬퍼하고, 서로 이야기를 나누면서 운명을 탄식했고, 이야기꾼과 하녀들은 그 모습을 똑똑히 관찰하고 있었다. 그러나 공작은 전혀 신경 쓰지 않고 마치 연인처럼 반해 있는 에르퀼과 그의 마음속에 변함없이 첫 번째 자리를 차지하고 있는 정부 같은 제피르를 데리고 하룻밤을 지내기 위해 밖으로 나갔다. 한편 드디어 내일부터 계획된 일과가 시작된다고 하여 모두들 준비를 서둘렀다. 이튿날 오전 10시를 알리는 종이 울리자, 음탕의 무대막이 오르고 극은 모두 계획한 대로 아무런 차질 없이 2월 28일까지 계속되었다.

　자, 독자 여러분은 이제부터 역사상 가장 음탕한 이야기가 시작되는 것에 대비해 마음과 머리를 정리해두기 바란다. 이런 이야기는 고대에도 근대에도 거의 유례를 찾아볼 수 없는 것이다. 독자가 그 실체도 잘 모른 채 끊임없이 입에 올리고 있는 그 조화로운 신으로 불리는 어리석은 존재가 우리에게 강권하고 있는 존경해야 할 미덕은, 이 이야기에서 여지없이 추방되고 있다. 독자는 때로 이 이야기의 뜻밖의 사건에서 그와 같은 미덕과 마주치게 될지도 모르지만, 거기에는 반드시 뭔가의 죄악이 뒤따르거나, 어쩌면 음란한 빛이 감돌고 있을 수도 있다. 독자가 앞으로 이 이야기 속에서 보게 되는 많은 일탈행위 가운데에는 아마 마음에 들지 않는 것도 많겠지만, 또한 자기도 모르게 사정하지 않을 수 없을 만큼 흥분시키는 행위도 많이 있다. 저자는 그래야만 한다. 내가 모든 것을 다 기술하고 모든 것을 분석하지 않으면, 독자는 "뭐야, 넌 내 취향도 모르잖아" 하면서 틀림없이 따질 것이기 때문이다. 그러므로 이야기 속에서 어떤 것을 고르고 어떤 것을 버릴 것인지는 모두 독자의 몫으로 남기고 싶다. 그러면 모든 이야기가 제자리를 찾을 것이다. 아무튼 이것은 독자의 식욕을 자극하는 600접시의 다양한 요리가 제공되는 굉장한 연회에 대한 이야기이다. 독자가 그 전부를 맛보려고 하는 것은 무리이다. 가짓수가 풍부하므로 선택 범위는 넓지만, 그렇다고 정신없이 온갖 요리에 손을 대다가 끝내 나에게 불만을 토로하면 곤란하다. 독자는 어느 것은 택하고 어느 것은 버리겠지만 버린 것은 요리사의 솜씨가 마음에 들지 않아서라는 둥, 말하지 말고 달리 마음에 드는 사람도 있을 것이라고 철학자처럼 달관해버리라는 것이다. 그러나 요리의 다양성에 대해서는 확실히 보장한다. 독자에게 아무런 차이도 없는 것처럼 보이는 정욕이라도 잘 연구하면 비록 사소한 것이라도 반드시 차이가 있고 제각기 독특하며 세련된 취향을 지니고 있다. 그러한 미묘한 손놀림이야말로 이 이야기 속에서 펼쳐지는 다양한 종류의 방탕을 식별하고 특징짓는 것이다.

또, 이 극에는 수많은 인물이 등장한다. 나는 이 머리말에서 그들을 빠짐없이 묘사하려고 했지만, 다시 한번 각 배우의 이름과 나이를 포함한 일람표를 만들어 그들의 초상화를 가볍게 그려둔다. 독자는 이야기 속에서 잊어버린 이름과 마주치면 그 일람표와 대조해보기 바란다. 만일 그래도 생각이 나지 않을 때는 앞에서 상세하게 묘사한 초상화를 다시 보면 될 것이다.

또 미리 독자에게 알려두어야 하는 일인데, 나는 600종류의 정욕에 대한 이야기를 여자 이야기꾼들의 이야기 속에 포함시켜버렸다. 정욕 이야기를 이야기 전체에 포함하지 않고 하나하나 따로 기술해서 세밀하게 묘사하면 따분한 서술이 될 것이 두려워서다. 그러나 그런 소재에 정통하지 않은 독자도 있을 터이니, 그런 독자는 정욕에 대한 이야기와 이야기꾼들의 인생의 사건이나 정사와 혼동할 우려도 있어서, 특별히 유의하여 정욕에 대한 이야기는 하나하나 작은따옴표 안에 넣어두었다. 이 작은따옴표가 정욕에 대한 이야기가 시작되는 곳이고 이야기가 끝나면 반드시 행을 바꿨다.[7]

---

7) 사드는 그렇게 말은 했지만, 정욕에 대한 이야기와 여자 이야기꾼들의 인생의 사건이나 정사에 대한 이야기를 확실하게 구별하지는 않았다. 본문을 읽으면 알 수 있지만 구별할 수가 없기 때문이다. 따라서 본 번역에서 여자 이야기꾼들의 이야기는 모두 작은따옴표로 묶기로 한다.

음탕학교의 등장인물

블랑지스 공작은 쉰 살, 그리스 신화 속 반인반양의 호색신과 같은 육체를 지니고 괴력과 거대한 물건의 소유자이다. 그는 어머니와 여동생과 세 아내를 살해했는데 온갖 악덕과 죄악의 저장소 같은 인물로 보아도 무방하다.

주교는 공작의 동생으로 마흔다섯 살, 형보다 몸이 마르고 홀쭉한데 입매는 천박해 보이고, 성질은 간교하며, 남자 역할과 여자 역할을 하는 남색의 충실한 신도이고, 그 밖의 모든 쾌락을 경멸한다. 그의 친구가 자신의 두 아이를 위해 막대한 재산을 그에게 맡겼는데 그 재산을 가로채기 위해 아이들을 잔인하게 죽이고 말았다. 감각과 신경이 극도로 과민하여 사정을 하는 순간 정신이 아찔해진다.

퀴르발 법원장은 예순 가까운 나이에 키가 크고 비쩍 말랐으며, 눈은 움푹 들어가고 입술은 병적인 납빛인, 야비한 방탕의 표본 같은 인물이다. 모두가 놀랄 정도로 온몸이 불결하고 취미도 야비하다. 할례를 받은 그것은 공작과 비슷한 크기지만 거의 발기하는 일은 없고, 그래도 매일 한 번은 사정이 가능하다. 사정을 할 때는 어떤 음란한 분노를 느끼는데 그 때문에 지극히 잔학한 행위를 자행한다. 남색을 선호하지만 그렇다고 숫처녀를 싫어하는 것은 아니다. 또 추하게 늙거나 자신과 비슷한 불결한 상대를 선호하는 기괴한 취향이 있다. 방탕한 결과 몇 년 전부터 치매나 다름없는 상태에 있으며 게다가 폭주가이다. 수많은 살인사건으로 재산을 축적했으며, 앞에서도 말한 바와 같이 무서운 살인을 한 적이 있다.

징세청부인 뒤르세는 쉰세 살, 공작의 학교친구로 절친이다. 체격이 작고 통통한데 몸매가 젊고 피부는 매우 희며 여자 같은 몸매로 취향도 여자를 꼭 닮았다. 그 물건은 이상하게 작고 거의 발기를 하지 않아 여성에게 즐거움을 줄 수가 없어 매일같이 수동적인 쾌락을 즐기고 있다. 구음(口淫)에 의한 쾌락을 몹시 좋아해 그가 주인공이 되어 즐길 수 있는 것은 그것뿐이다. 사정은 극히 드문데 절정에 달하기 전에 반드시 경련을 일으켜 그 때문에 분노의 발작을 일으키므로 그의 쾌락 상대는 매우 위험한 꼴을 당하게 된다. 쾌락만을 신으로 떠받들고 쾌락을 위해서는 모든 것을 희생해도 좋다고 생각하는 교활한 늙은 너구리로, 많은 범죄를 저지르고, 재산을 손에 넣기 위해 어머니와 아내와 조카를 독살했다. 고집이 세서 흔들림이 없고 연민의 감정에는 완전히 무감각하다.

콩스탕스는 뒤르세의 딸, 공작의 아내로 스물두 살. 섬세하기보다는 위엄으로 충만한 느낌을 주는 로마형 미인으로, 살집이 좋은 균형 잡힌 몸매에 눈빛도 머리카락도 새까맣고, 조각가의 모델로 어울릴 것 같은 선이 선명한 엉덩이를 지니고 있다. 재기가 있어서 자기 운명의 두려움을 절실하게 느끼고 있다. 또 타고난 미덕의 소유자로 어느 누구도 그녀에게서 미덕을 빼앗아갈 수는 없었다.

아델라이드는 법원장의 딸, 뒤르세의 아내. 귀여운 인형 같은 여자로 스무 살이다. 금발에 생기 있는 푸른 눈이 매우 아름답고, 보기 좋은 약간 긴 목에 작은 유방, 작은 엉덩이가 뭐라 형용할 수 없이 희고 균형이 잡혀 있어 전체가 이야기의 주인공 같은 느낌이다. 유일한 결점이라면 입이 약간 큰 편이다. 현실을 벗어난 정신과, 상냥하고 도덕적이며 깊은 신심의 소유자인데, 무슨 일을 하든 종교상의 의무를 지키지 않으면 마음이 놓이지 않는다.

쥘리는 공작의 큰딸, 법원장의 아내로 스물네 살. 몸매는 통통하고 밤색 눈이 아름다우며, 코는 예쁘고 호감을 주는 인상이지만 입모양이 천하다. 미덕이 부족하고, 불결하며, 폭음 폭식하는 버릇이 있는데 창녀 같은 생활도 싫어하지 않는다. 불결하고 야비한 법원장은 그녀의 입매가 자신의 취향에 맞아 그녀를 사랑한다. 그녀는 도덕교육이나 종교교육 같은 것은 받지 않았다.

알린은 쥘리의 여동생이고 공작의 둘째딸인데 사실은 주교와 공작의 아내 사이에서 태어난 딸이다. 열여덟 살로 접어들며 활기차고 기분 좋은 매력이 있는 용모로, 갈색 눈과 살짝 들린 코가 참으로 귀엽고 장난기가 있는 아이처럼 보이지만, 조신하고, 예쁜 것을 좋아하며, 어린애 같은 묘한 말대답을 하는 버릇이 있다. 결점이라면 게으르고 무관심한 것이다. 아주 매력적인 엉덩이의 소유자로 열 살 때 주교에게 뒷문을 침범당한 이후, 자신의 몸에 가해진 외설스러운 행위를 마음속 깊이 증오하고 있다. 교육을 전혀 받지 못해 거의 글을 읽을 줄 모른다. 언니를 매우 따르고 주교를 몹시 싫어하며 공작을 무척 두려워한다.

이야기꾼 여자들은 모두 사창가 포주들이다.

첫 번째 이야기꾼인 뒤클로는 마흔여덟 살로, 그 젊음은 지난날의 모습을 그대로 간직하고 있다. 머리카락은 갈색이고 살집이 좋은 몸매에 엉덩이가 참으로 멋지다.

두 번째 이야기꾼 샹빌은 쉰 살에 접어들었지만 몸매가 날씬하고 아름다운 푸른 눈은 매우 음탕해 보인다. 동성애자로 모든 행동에 그것이 나타나 있다. 클리토리스는 길고 지극히 민감하며, 엉덩이는 혹사당해 시들었지만 뒷문은 아직 처녀의 것 그대로이다.

세 번째 이야기꾼 마르텐은 쉰두 살인데도 아직 아름답고 건강하며 활기차지만 서서히 빛이 바래고 있다. 태어날 때부터 옥문이 막혀 있어 뒷문으로만 쾌락을 맛보아 뒷문의 즐거움을 위해 태어난 것 같은 여자이다. 그렇기 때문에 상당히 나이가 들어서도 엉덩이가 참으로 멋지고 엉덩이의 구멍도 매우 커서 그것이 드나드는 데 익숙해졌으므로, 어떤 것에도 눈썹 하나 까닥하지 않고 견딜 수 있다.

네 번째 이야기꾼 데그랑주는 쉰여섯 살. 옛날에는 갈색 피부의 키가 큰 미인이었는데 지금은 창백하고 생기가 전혀 없다. 이 세상의 온갖 범죄를 저질러온 악의 화신 같은 여자이다. 손가락은 세 개가 모자라고, 치아도 여섯 개밖에 없으며, 젖가슴은 한쪽뿐이고 주름투성이 엉덩이는 대리석 무늬의 종이 같고, 그 구멍은 매우 크지만, 세상에는 그런 여자에게 흥미를 갖는 색다른 호사가도 있는 법이다. 재치 있고 잡담을 잘해 4명의 도락자들이 마음에 들어하는 사람 가운데 하나이다.

하녀 마리는 쉰여덟 살. 일찍부터 강도 일당 밑에서 일하면서 채찍질을 당하거나 낙인이 찍히는 고초를 당했다. 눈은 퀭하고 언제나 눈곱이 끼어 있으며, 코는 휘었고, 치아는 누렇고, 엉덩이는 종기로 썩어가고 있다. 14명의 아이를 낳았지만 모두 죽었다.

하녀 루이종은 예순 살로 몸집이 작고, 등이 굽었으며, 애꾸눈인 데다 한쪽 다리를 절지만 엉덩이만은 멋지다. 극히 심술궂은 성질로, 부탁받은 일은 어떤 죄악이라도 태연하게 저지른다.

이 두 사람이 소녀들의 시중을 들고, 다음 두 사람은 소년들의 시중을 든다.

하녀 테레즈는 예순두 살, 몸은 해골 같고, 팔 하나가 휘어져 있으며, 한쪽 다리를 절고, 한 올의 머리카락도 한 개의 치아도 없으며, 입에서는 냄새가 나고, 엉덩이는 상처투성이이며, 그 구멍도 무섭게 벌어져 있고, 몸 전체가 불결해 고약한 냄새를 풍기고 있다.

하녀인 팡숑은 예순아홉 살로 온갖 죄악을 거듭하다가 여섯 번이나 결석재판에 회부되어 교수형을 언도받았다. 키가 작고 뚱뚱하며 사팔뜨기에 사자코이며, 납작한 이마에다 치아는 두 개밖에 없고, 엉덩이 가득 단독(丹毒)이 퍼졌으며, 구멍에서는 치핵(痔核)이 늘어져 있고, 옥문은 하감(下疳)으로 망가졌으며, 한쪽 허벅지는 심한 화상, 한쪽 가슴은 암으로 더럽혀졌다. 늘 술에 취하고는 토하고, 장소를 가리지 않고 방귀를 뀌며 배변을 하지만 자신은 그것을 깨닫지 못한다.

소녀들의 하렘

오귀스틴은 랑그도크 지방의 어느 남작의 외동딸로 열다섯 살. 화사한 몸매에 밝고 귀여운 용모를 지니고 있다.

파니는 브르타뉴 고등법원 의원의 딸로 열네 살. 온순하고 태도가 우아하다.

젤미르는 테르빌 백작의 딸로 열다섯 살. 기품 있는 용모에 극히 예민한 마음의 소유자.

소피는 베리의 어느 귀족의 딸로 열네 살. 매력적인 용모를 지니고 있다.

콜롱브는 어느 고등법원 의원의 딸로 열세 살. 그야말로 신선함 그 자체.

에베는 오를레앙의 어느 사관의 딸로 열두 살. 약간 제멋대로 행동하는 면이 있으며 극히 매력적인 눈을 지니고 있다.

로제트는 열세 살. 샬롱쉬르손의 국왕대리관의 딸이다.

미셰트는 세낭주 후작의 딸로 열두 살.

모두가 130명 가운데 선발된 소녀들로 얼굴과 자태, 매력적인 그 밖의 부분, 특히 엉덩이의 매력은 말로 다할 수 없을 정도이다.

소년들의 하렘

젤라미르는 푸아투의 어느 귀족의 외아들로 열세 살.

퀴피동은 라플레슈 교외의 어느 귀족의 아들로 젤라미르와 같은 나이.

나르시스는 열두 살, 루앙의 어느 명예직의 아들로, 몰타기사단의 일원이다.

제피르는 파리의 어느 장성의 아들, 열다섯 살. 공작이 차지할 예정이다.

세라동은 낭시의 어느 사법관 아들로 열네 살.

아도니스는 최고법원 대심부장의 아들로 열다섯 살. 법원장이 차지할 예정이다.

이아생트는 열네 살, 샹파뉴 퇴역장교의 아들.

지통은 열세 살, 국왕의 마구간 근시의 한 사람으로 니베르네의 신분 높은 집안의 아들이다. 주교가 차지하기로 되어 있다.

이 8명의 소년은 아는 바와 같이 많은 소년들 가운데서 선발되었는데, 그 미모와 엉덩이의 매력은 말로도 펜으로도 도저히 표현할 수 없을 정도이다.

8명의 마장(馬藏)

에르퀼은 스물여섯 살로 공작이 총애하는 미모의 소유자이다. 마음은 착한데 가끔 화를 잘 낸다. 그 물건의 길이는 32센티미터, 둘레는 20센티미터로, 사정량이 대단하다.

안티노우스는 서른 살의 미남자. 그 물건은 길이 30센티미터, 둘레 20센티미터나 된다.

브리즈퀼은 스물여덟 살, 그 물건은 활처럼 휘어져 있고 귀두의 둘레가 20센티미터나 되지만 길이는 20센티미터밖에 안 된다.

방드오시엘은 스물다섯 살, 대단한 추남이지만 튼튼하고 정력이 뛰어나다.

법원장이 매우 좋아하며, 길이 27센티미터, 둘레 18센티미터의 그 물건은 항상
발기되어 있다.

그 밖의 4명의 마장은 스물다섯 살부터 서른 살로, 평균 길이 25.6센티미터,
둘레 18.9센티미터 물건의 소유자들이다.

제1부

11월 1일

결코 위반하지 않기로 서로 맹세한 규칙에 따라, 그들은 10시에 일어났다. 간밤에 주인과 함께 잠을 자지 않았던 4명의 마장들은 주인들이 일어나는 데 맞춰서, 4명의 소년들, 즉 제피르는 공작의 침실로, 아도니스는 법원장의 방으로, 나르시스는 뒤르세의 주거로, 젤라미르는 주교의 침상으로 데려 갔다. 소년들은 벌벌 떨면서 어색해했는데, 그래도 마장들로부터 '확실하게 잘해야 한다'는 격려에 제각기 멋진 엉덩이를 보여주면서 주인들의 음욕을 자극했기 때문에 공작은 사정을 많이 하고 말았다. 다른 세 사람도 공작과 마찬가지로 만족은 했지만, 뒷일이 있어서 자제하여 정액을 낭비하지는 않았다. 11시가 되자 일당은 소녀들의 하렘으로 가서 알몸의 소녀들로부터 식사를 제공받았다. 마리와 루이종이 소녀들을 지휘하여, 일당은 소녀들의 몸을 껴안거나 주무르면서 다양한 행위를 펼쳤기 때문에 놀라운 음란에 희생된 가련한 소녀들은 얼굴이 새빨개져서 두 손으로 그 매력을 가리려고 했지만, 자신들의 수줍음이 주인들을 화나게 하고 비위를 거스르고 있다는 것을 알아차리고는 체념한 채 완전히 몸을 드러내고 말았다. 그것을 발기시킨 공작은 시험삼아 미셰트의 우아하고 작은 엉덩이에 대보았는데, 그의 물건의 둘레와 소녀의 뒷문의 크기는 7, 8센티미터나 차이가 있었다. 월 당번인 뒤르세가 규칙대로 그녀들을 점검한 결과, 에베와 콜롱브에게 위반이 발견되어 즉시 두 사람에게 징계가 내려졌고, 징벌은 토요일의 향연 때 시행하게 되었다. 두 사람은 울음을 터뜨렸으나 일당은 털끝만 한 동정심도 보이지 않았다.

다음으로 그들은 소년들의 하렘으로 갔는데 아침에는 모습을 보이지 않았던 퀴피동, 세라동, 이아생트, 지통, 이 네 소년이 명령에 따라 바지를 벗자, 그들은 크게 눈요기를 하게 되어 법원장은 그들의 입에 잇따라 키스를 했고, 주교는 그들의 것을 비비댔고, 공작과 뒤르세도 여러 가지 음란한 짓을 즐겼다. 검사가 이루어졌지만 누구에게서도 위반은 발견되지 않았다.

1시가 되자 일당은 특별한 화장실을 설치한 교회로 갔다. 그들은 밤의 향연의 즐거움에 비해 극히 적은 인원에게만 용변을 허가했기 때문에 교회에 와 있었던 것은 7명뿐이었다. 용변을 간청한 그 밖의 사람들은 일당으로부터 밤까지 참으라는 엄명을 받았다. 그들은 7명을 관상용으로 만든, 특별히 제작한 변기에 앉게 해 희생자의 용변 광경을 마음껏 즐겼다. 그런 다음 그들은 2시에 응접실로 내려가 식사 준비가 될 때까지 잡담을 나눴다.

식당에서 여자는 식탁에 앉히지 않는다는 규정대로 일당은 4명의 마장들과 자리에 앉았다. 알몸의 네 아내가 잿빛 수녀복을 입은 네 하녀의 도움을 받으면서 식탁 위에 진수성찬을 늘어놓았다. 저택으로 데리고 온 여자 요리사들은 솜씨가 뛰어난 데다, 최상의 보수를 주고 재료도 매우 풍부했기 때문에 모든 식사는 완벽했다. 이 시간의 식사는 저녁식사보다는 가벼운 것이어서 그들은 열두 접시로 이루어진 한 코스의 요리를 네 코스 맛보는 것만으로 참았다. 양식의 전채로는 부르고뉴산 포도주, 고기는 샹파뉴, 그 뒤의 요리에는 에르미타주산 포도주, 후식에는 헝가리산 토카이 포도주와 포르투갈산 마디라 포도주가 곁들여졌다. 포도주 덕분에 모두의 머리가 점점 뜨거워졌다. 규칙에 따라 이 식사시간에 마장들은 아내들에게 무슨 짓을 해도 상관없었기 때문에, 그들은 일당의 아내들을 약간 거칠게 다루었다. 공작이 자기를 마음에 들어하는 것을 알고 있는 에르퀼이 요리를 약간 늦게 날라 온 콩스탕스를 때리기 시작하자, 공작은 그저 웃으면서 보고만 있었다. 후식이 나올 때쯤, 법원장은 몹시 취해서 쥘리의 얼굴을 향해 갑자기 접시를 던졌지만 그녀는 살짝 피한 덕분에 다치지는 않았다. 옆에 앉아 있는 마장의 그것이 발기하고 있는 것을 힐끗 본 뒤르세는 식사 중인데도 거리낌 없이 바지를 내리고 엉덩이를 내밀었다. 그러자 그 마장은 눈 깜짝할 사이에 뒤르세의 뒷문을 침범하고 말았다. 이번에는 공작이 동료의 음란행위를 따라 방드오시엘을 상대로 행동하기 시작했는데, 도락자들이 하는 짓은 초연한 것이어서 "아무리 큰 것이라도 상관없다. 박히고 있는 동안 포도주를 3병 비우겠다" 말하고 동료들과 내기를 했다. 공작은 내기에는 이겼지만, 폭음을 한 뒤였기 때문에 그 3병은 15병에 상당하는 정도여서 비틀거리면서 가까스로 일어났다. 그리고 에르퀼에게 호되게 당해 울고 있는 콩스탕스의 모습에 마음이 끌려 그녀를 쾌락 상대로 택하여 곧바로 폭행하기 시작했다. 그것은 참으로 끔찍한 것이어서 나의 펜으로는 도저히 묘사할 수가 없다. 독자는 그러한 사건에 대해 내가 처음부터 개운치 않은 기술을 하고 있는 점을 깨달았으리라고 생각하지만, 상세한 것에 대해서는 언젠가 이야기할 생각이므로 지금은 베일로 가려두는 것을 허락해 주기 바란다.

식사가 끝나고 일당은 새로운 관능의 즐거움이 기다리고 있는 응접실로 자리를 옮겼다. 아도니스와 이아생트, 젤미르와 파니가 그들에게 세 가지 커피와 여섯 가지 리큐어를 제공했다. 소년 소녀가 둘 이상 있을 때는 반드시 하녀가 곁에 있기로 되어 있어서, 테레즈가 4명을 감독하고 있었다. 일당은 반쯤 취해 있었다. 그러나 자기들 사이에서 정한 약속만은 지킬 생각이어서 키스와 손에 의한 애무만으로 참고 있었다. 그러나 호색이 극도에 이른 마음의 소유자들이기 때문에, 그러한 평범한 일에서도 다양하고 세련된 음락을 음미하고 있었다. 젤미르에게 그것을 만지작거리게 하면서 이아생트에게 이상한 행위를 요구한 주교는 온 신경이 곤두서서 사정의 위기가 온몸을 엄습한 것처럼 보였지만, 그날 끝까지 아직 할 일이 남아 있는 것을 깨닫고 자신의 감각을 항복시키려는 두 유혹자를 억지로 밀어내고 가까스로 자제할 수 있었다. 그런 가운데 시간이 흘러 4명의 소년 소녀는 다음의 준비를 위해 물러갔다.

일당은 응접실에서 한숨 자고 이야기꾼의 이야기를 듣기 위해 집회실에 가서, 제각기 주위를 꽃으로 장식한 벽감 안에 놓인 긴 의자에 자리를 잡았다. 공작은 좌우에 아델라이드와 에르퀼을 거느리고, 맞은편 계단식 좌석에는 시골 부인 같은 복장을 한 루이종을 거느린 제피르와 오귀스틴, 소피 4인조가 양치기 모습으로 앉았다. 법원장은 좌우에 콩스탕스와 방드오시엘을 거느리고, 그 정면에는 우아한 스페인식 옷을 걸친 아도니스와 세라동, 파니와 젤미르의 4인조가 감독 같은 복장을 한 팡숑을 거느리고 앉았다. 주교는 좌우에 쥘리와 안티노우스를 거느리고 그 맞은편에는 알몸에 가까운 야만인 같은 옷을 입은 퀴피동과 나르시스, 에베와 로제트 4인조가 앉고, 흑해에 살았던 것으로 알려진 용맹한 여인족 아마존으로 변장한 테레즈가 4명의 여자 감독 이었다. 징세청부인인 뒤르세는 좌우에 알린과 브리즈쥘을 거느리고 그 정면 에 똑같이 터키 왕비 의상을 걸친 젤라미르와 이아생트, 콜롱브와 미셰트가 아랍의 여자 노예 모습을 한 마리를 거느리고 앉았다. 8명의 소년 소녀의 옷 차림은 그 매력적인 용모에 잘 어울렸다.

첫 번째 이야기꾼인 뒤클로는 다이아몬드로 아로새긴 속이 비치는 다홍빛 의상으로 몸을 감싸고 한 단 높은 좌석에 앉고, 그 아래에 세 명의 이야기꾼 이 파리의 고급창녀 차림으로 나란히 앉았다. 뒤클로는 자신이 지금까지 인생 에서 겪은 여러 가지 사건 속에 150종류의 단순한 정욕의 장면을 섞어서 이 야기하기 시작했다.

'주인님과 같은 분들 앞에서 이야기를 하는 것은 도저히 쉬운 일이 아닙니 다. 교양에서 나오는 가장 세련되고 가장 미묘한 모든 것에 익숙해진 분들이 방탕에서 배운 교육 말고는 아무것도 터득한 것이 없는 저 같은 여자의 어지 럽고 무례한 이야기를 참고 들어주실 수 있을는지요. 그러나 주인님들이 관 대하게 보아주실 것으로 믿고 안심하고 있습니다. 저에게서 바라시는 것은 있 는 그대로의 진실뿐일 테니 그 점에서는 칭찬을 들을 수 있을 것으로 자부합 니다.

제가 태어난 것은 어머니가 스물다섯 살 때였는데 여섯 살 연상의 언니가 있었습니다. 어머니의 출신은 확실하지 않습니다. 어머니의 부모는 파리의 레 콜레 수도원 가까이 살고 있었는데 부모에게 버림받고 전혀 의지할 데가 없 게 된 어머니는 다행히 교회의 친절한 신부의 배려로 신자들의 도움을 받게 되었습니다. 젊고 순진했던 어머니는 신부들의 눈에 들어 교회 계단을 오르 내리는 동안 배가 불러오기 시작했습니다. 언니가 태어난 것은 그러한 정사의 결과였는데 저의 출신도 틀림없이 그와 같았겠지요. 고분고분한 어머니가 마 음에 든 신부들은 어머니가 교회에 도움이 될 것으로 믿고 어머니를 교회 의자의 임대담당으로 만들어주었습니다. 어머니는 그 직책을 맡자 이내 상관의 허락을 얻어 교회의 물 담당과 결혼했는데, 그 사람은 조금도 싫어하는 기색 없이 우리 자매를 맡아주었습니다.

교회에서 태어난 저는 집에 있을 때보다 교회에 있을 때가 많아 어머니가 의자를 진열하는 것을 돕거나 성구실(聖具室)의 다양한 일을 도왔습니다. 갓 다섯 살이 되었을 뿐이지만 필요하면 미사를 도울 수도 있었던 모양이지요. 어느 날 제가 교회 일을 마치고 돌아오자 언니가 "너, 롤랑 신부님을 만난 적이 있니" 하고 묻기에 "아니"라고 대답했습니다. 그러자 언니는 "신부님이 널 노리고 있어. 난 다 알고 있어, 그 사람은 나에게 한 짓을 너에게도 하려 하고 있단다. 도망가지 말고, 무서워하지도 말고 그 사람의 얼굴을 보아라. 그 사람은 너의 몸에 손을 대지는 않지만 아주 이상한 것을 보여줄 테니. 그리고 시키는 대로만 하면 돈을 많이 줘. 그 사람은 이 부근의 여자아이들에게 그것을 보여주고는 선물을 주고 있지. 그 사람은 그게 낙이야" 하고 말했습니다. 주인님들은 짐작하시겠지만, 저는 어찌 된 일인지 신부를 피하기는커녕 오히려 다가가려고 했습니다. 그 무렵의 저에게는 조신함의 미덕은 귓가를 약간 간질일 뿐이었지요. 그러므로 조신함이라는 부자연스러운 감정은 조화로운 신의 선물이 아니라 교육과 관계가 있는 것이 아닐까요?

어쨌든 저는 곧바로 교회로 달려갔습니다. 수도원과 교회 사이에 있는 안뜰을 가로지르자 롤랑 신부님과 마주쳤습니다. 그는 마흔 살쯤 되어 보이는 잘생긴 수도사였습니다. 그가 "어디로 가느냐, 프랑송" 하면서 저를 불러 세워서 "의자를 진열하러 가요, 신부님" 하고 대답하자 "영리하구나, 의자는 네 어머니가 진열해줄 거다. 자, 이리 오너라, 네가 아직 한 번도 본 적이 없는 것을 보여주마" 하면서, 제 팔을 잡고 자기가 살고 있는 수도원의 지저분한 작은 방으로 데리고 가더군요. 그리고 그는 문을 닫자 저를 자기 앞에 세워놓고 "자, 이걸 보렴, 프랑송" 하면서 갑자기 바지 속에서 커다란 음경을 꺼내는 바람에 나는 너무 놀라서 거의 기절할 지경이었습니다. 그는 그것을 비비면서 "이런 걸 본 적이 있느냐. 이건 음경이라는 것이다. 어른들이 섹스를 할 때 사용하는 것이지. 자, 봐라, 곧 나올 테니. 너를 만든 것이 나오는 거야. 너의 언니에게도 보여주었고 너와 같은 또래의 많은 여자아이들에게도 보여주었지. 그리고 어떻게 했는지 아니? 자, 손을 빌려다오. 네 언니가 수없이 한 것처럼…… 난 여자아이들에게 이것을 보여주고, 그 정수를 아이들의 얼굴에 뿌려주었단다. 이것이 나의 유일한 낙이다……." 그렇게 말을 마치는 동시에 그 물건 끝에서 하얀 방울이 뿜어져나왔는데, 제 얼굴이 마침 그의 바지단추 높이에 있었기 때문에 저의 옷뿐만 아니라 머리와 얼굴, 눈언저리까지 뿌려졌습니다. 그는 정수를 마음껏 뿜어내면서 "아, 정말 기분 좋다. 너는 나의 정수로 흠뻑 젖었구나" 하면서 신음소리를 냈습니다. 잠시 뒤 정신이 돌아온 그는 그것을 조용히 바지 속에 넣고 제 손에 12수를 쥐어주고는 같은 또래의 친구들을 데려오라고 말했습니다.

저는 서둘러 집으로 돌아가 언니에게 자초지종을 얘기했고, 언니는 더럽혀진 저를 깨끗이 씻어주며 아무 일도 없었던 것처럼 해주고는 제가 받은 돈의 절반을 빼앗아갔습니다. 재미가 들린 저는 제가 알고 있는 여자아이를 잇따라 신부에게 데려갔는데, 그와 이미 안면이 있는 여자애를 데리고 가면 그 아이를 돌려보내고 새로운 아이를 데려오라고 재촉하면서 저에게 3수를 주었습니다. 그의 마음을 알게 된 저는 석 달 동안 20명이 넘는 여자아이, 그것도 신부의 지시에 따라 네 살에서 일곱 살까지의 여자아이를 그에게 데리고 갔습니다. 저는 운이 텄다고 기뻐했는데 저에게 자기의 영역이 침범당한 것을 깨달은 언니가 "너는 언제까지 롤랑 신부와 거래할 생각이니? 이제 그만두지 않으면 어머니에게 다 일러버리겠어" 하고 협박하는 바람에 신부와의 관계를 끊고 말았습니다.

저는 어머니의 심부름을 하면서 계속 교회에 다녔는데 갓 일곱 살이 되었을 때 새로운 애인인 루이 신부를 만났습니다. 롤랑 신부보다 나이가 많은 그의 취향은 어린애 같고, 그러면서도 진지하며, 행동거지에는 어딘지 모르게 신앙심이 없는 도락자 같은 느낌이 있었습니다. 그는 교회로 들어가던 저를 붙들고 방으로 가자고 꾀었습니다. 저는 처음에는 망설였지만 "네 언니도 전에 자주 놀러왔단다. 지금도 너만 한 여자애들이 매일 놀러오지" 하고 말해 안심하고 따라갔습니다. 루이 신부는 방으로 들어가자마자 문을 닫아버리고 컵에 가득 설탕물을 따라 저에게 권해 세 컵이나 마시게 했습니다. 그런 준비 작업을 마친 그는 롤랑 신부보다 친절하게 말하면서 저에게 키스를 퍼붓는 동안 저의 페티코트 끈을 풀고 속치마를 위로 걷어 올렸습니다. 그리고 저의 힘없는 저항은 아랑곳하지 않고 완전히 드러난 저의 그곳을 바라보고 쓰다 듬으면서 "쉬를 하고 싶지 않으냐"고 물었습니다. 저는 조금 전에 마신 설탕물 때문에 몹시 오줌이 마려웠는데 "신부님 앞에서는 싫어요" 하고 거부했습니다. 그러자 그 순간 그는 악당 같은 말투가 되어 "뭐라고, 이 꼬맹이가. 내 앞에서 하는 거다. 나에게 싸란 말이야. 봐라, 여기에 싸는 것이다" 하면서 바지에서 그것을 꺼냈습니다. 그리고 의자를 조금 떼어서 늘어놓고 그 사이에 작은 의 자와 변기를 놓고는 저를 안아 올려 의자에 앉아 쪼그리는 자세를 취하게 하 고, 자기는 그 작은 의자에 앉아 왼손으로 제 엉덩이를 받치고 오른손으로 그 것을 잡고는 저의 그곳에 대고 비비기 시작했습니다. 게다가 제 입과 그의 입 이 바로 마주 보는 자세가 되어 그는 저에게 격렬하게 키스를 퍼부었습니다. 그러는 동안 "자, 귀여운 꼬마야. 이제 오줌을 싸는 거다. 이것에 황홀할 정도 로 오줌을 싸렴. 따뜻한 오줌이 흐르면 나는 마비가 되고 만단다. 부끄러워하 지 말고 마음껏 내 정수에 섞어주렴" 하고 외쳤습니다. 신부는 열기를 띠며 흥 분해 있었습니다. 그런 기묘한 방법이 그의 모든 감각을 가장 기쁘게 해주는 것 같았습니다. 저의 배에 가득 차 있던 액체가 한꺼번에 변기 속으로 흘러나 오자 그는 말할 수 없는 황홀감에 사로잡혔습니다. 기묘한 행위가 끝나자 신 부는 저에게 롤랑 신부와 똑같은 말을 했습니다.

그는 나이도 어린 저를 뚜쟁이로 삼을 생각이었던 것입니다. 그런 일이 있 고 난 뒤부터 언니의 으름장에는 신경도 쓰지 않고 대담하게도 알고 있는 여 자애들을 그에게 데리고 갔습니다. 그는 어느 여자아이든지 똑같은 짓을 시 켰는데 두 번, 세 번 똑같은 여자애와 만나도 조금도 싫어하는 기색이 없었습 니다. 그는 저에게 알선료를 주었지만 저는 여자애들한테서도 따로 돈을 가로 채고 있었기 때문에 6개월도 되기 전에 제가 자유로워질 수 있는 돈이 자꾸 자꾸 모였습니다. 저의 유일한 걱정거리는 언니에게 어떻게 비밀을 유지할 것 인가 하는 점이었습니다.'

뒤클로가 거기까지 이야기하자 법원장이 그녀의 이야기를 가로막고 "자초지종을 좀더 상세하게 말하라고 했을 텐데. 너희가 모든 상황을 숨김없이 말해주지 않으면 너희가 말하는 정욕과, 그 인간의 습성이나 성격의 관계를 잘 알 수 없지 않느냐. 게다가 네 이야기는 기대한 만큼 나의 감각을 자극해주지 않아" 하고 트집을 잡았다. 뒤클로가 대답했다. "네, 주인님, 인간의 성격이나 정욕의 종류를 명확히 하기 위해 도움이 되는 것은 아무리 사소한 것이라도 말하라고 하셨는데, 제가 뭔가 중요한 점을 빠뜨린 게 있었나요?" 그러자 법원장은 "물론이지, 네 이야기로는 두 번째 신부의 그것에 대해서 전혀 짐작할 수가 없지 않느냐? 신부는 너의 그곳을 만지고 너에게 그 물건을 쥐게 했느냐? 이제 중요한 것을 빠뜨렸다는 의미를 알았겠지?" 소리쳤다. 뒤클로는 정중하게 사과하며 다시 이야기를 시작했다.

'부디 용서해주십시오. 앞으로는 실수가 없도록 하고, 부족한 곳을 보충해보겠습니다. 신부의 그것은 긴 편이었는데 굵지는 않고 모양이나 굽어진 정도도 극히 평범했습니다. 제 기억으로는 그것이 곧추서지는 않았고 단단해지지도 않은 채 절정에 이르고 말았지요. 그는 저의 그것을 쓰다듬지는 않았습니다. 오줌이 잘 나오도록 그곳을 손가락으로 최대한 벌리고 두세 번 그것을 저의 그곳 바로 옆에 갖다 댔는데, 쥐어짜듯이 짧게 어이없게 쏟고 말았습니다. 그러고는 "지금 나온다. 오줌을 싸다오. 어서 분수처럼 싸다오. 내 정수가 나오는 것이 보이지 않느냐" 하면서 이성을 잃은 말을 할 뿐이었습니다. 그러고는 계속 저에게 키스를 했는데 호색의 느낌을 주는 키스는 아니었습니다.'

그러자 뒤르세가 "뒤클로, 바로 그거다. 퀴르발이 그런 말을 한 건 당연해. 나도 아까 네 이야기를 듣고는 아무것도 떠오르지 않았는데 이제야 겨우 네 상대를 알게 되었다"고 말했다.

뒤클로가 이야기를 계속하려 하자 주교가 "잠깐 기다려라. 나에겐 소변보다 더 급한 일이 있어. 아까부터 도저히 억제할 수가 없구나. 아무래도 사정을 해야겠어" 하면서 끈을 잡아당겨 4인조 가운데 나르시스를 가까이 불렀다. 그의 눈이 반짝거리면서, 발기한 작은 물건은 아랫배에 착 달라붙어 있고, 입으로는 거품을 내뿜으면서, 뭔가 강렬한 방법으로 손을 쓰지 않으면 고여 있는 정수가 당장이라도 폭발할 것 같은 상황이었다. 그리하여 그가 옆에 있는 쥘리와 소년을 작은 방으로 끌고 가는 바람에 모든 상황이 중단되고 말았다. 남은 일당은 주교가 기분 좋게 사정만 하고 나면 다시 즐거움을 계속할 수 있다고 여기고 그의 돌발 행동을 허용한 것인데, 자연계가 소망을 이루어주지 않았는지, 잠시 뒤 그는 여전히 발기한 채 소년과 쥘리를 데리고 분노한 표정으로 나왔다. 그리고 소년을 별안간 멀리 내던지고는 당번인 뒤르세에게 "이 바보 같은 녀석을 토요일에 처벌해주게. 최대한 엄하게 말야" 하고 부탁했다. 나르시스가 주교를 만족시키지 못한 것이 분명했다. 그때 쥘리가 공작의 귓전에 뭔가 속삭이자 공작은 주교에게 "그랬군, 자네의 소년이 도움이 되지 않았으면 다른 조에서 상대를 고르는 게 어때" 하고 권했다. 주교는 "조금 전까지는 참을 수 없었지만, 이젠 그러고 싶은 마음이 없네. 하고 싶은 일에 방해를 받으면 내가 어떻게 되는지 잘 알고 있을 거야. 이렇게 된 이상 차라리 참는 게 낫지. 단, 그 바보 같은 녀석은 그냥 둘 수 없어. 그것만은 어떻게든 해줘야겠어" 하고 분노한 표정으로 대답했다. 뒤르세가 권했다. "약속하지. 그놈은 혼을 내주겠네. 다른 자들에게 본보기로 최초의 위반자를 엄하게 다스리는 건 좋은 생각이야. 하지만 자네가 그런 상태로 있는 건 딱하군. 어때, 다른 것을 해볼 기분을 내보지 그래." 그때 마르텐이 다가와서 말했다. "원하시는 것이 있으면 무엇이든 말씀하세요. 주인님만 만족하신다면 어떤 일이라도 할 테니까요." 주교가 대답했다. "아니야, 그만 둬. 난 여자 엉덩이에는 전혀 흥미가 없으니까. 참지, 참아…… 자, 뒤클로, 이야기를 계속하게. 언젠가 좋은 엉덩이를 발견하게 되겠지." 일당은 주교의 도락자다운 솔직함에 소리 내어 웃고, 뒤클로는 다시 이야기를 시작했다.

'어느 날 여느 때와 다름없이 루이 신부에게 한 친구를 데리고 가자 그곳에는 그의 동료인 듯한 수도사가 있더군요. 이제까지 그런 적이 없었기 때문에 놀라서 돌아가려고 하자 신부가 걱정할 것 없다고 말해, 둘이 함께 주저하지 않고 안으로 들어갔습니다. 루이 신부는 그 수도사에게 "제오프루아 신부, 어때, 귀엽지 않아?" 하면서 저를 그에게 밀어붙였습니다. 제오프루아 신부는 "오, 듣던 대로인데?" 하면서 저를 무릎 위에 안아 올리고 키스를 했습니다. "몇 살이지?" "일곱 살" "나보다 열다섯 살 아래구나" 그러면서 또 키스를 하는 겁니다. 그런 수작을 하고 있는 사이에 루이 신부는 여느 때와 다름없이 설탕물을 만들어 우리에게 세 컵이나 마시게 했습니다. 제가 그에게 여자애를 데리고 가면, 저는 설탕물을 마시지 않고 여자애를 두고 돈만 받고 바로 나와버렸기 때문에 오늘은 뭔가 있구나 하고 가슴이 두근거리더군요. 전 최대한 순진한 척하면서 "왜 나에게도 마시게 하시는 거예요? 나에게 소변을 보게 하려는 거죠?" 하고 묻자, 저를 무릎 위에 껴안고 있던 제오프루아 신부는 이제는 저의 아랫배에 손을 들이밀면서 말했습니다. "그래, 쉬를 하게 하려는 거다. 이제부터 나와 함께 재미있는 일을 하자. 네가 지금까지 이곳에서 해온 것과는 약간 다를지도 몰라. 루이 신부와 네 귀여운 친구를 이곳에 두고 내 방으로 가자. 우리 둘만 재미있는 일을 하러 가지 않겠니? 일이 끝나면 또 이곳으로 돌아오자." 우리가 방에서 나가려고 하자 루이 신부는 저에게 "제오프루아 신부에게 친절하게 대해라, 결코 후회할 일은 없을 거다"라고 작은 소리로 속삭였습니다.

아무도 모르게 바로 가까이 있는 제오프루아 신부의 방으로 들어가자 그는 곧바로 문을 굳게 닫고 저에게 페티코트를 벗으라고 말했습니다. 제가 그대로 하자 그는 제 속치마를 한껏 걷어 올리고는 저를 침대가에 앉게 한 다음 벌렁 눕게 쓰러뜨려서 저는 배가 완전히 드러날 정도로 뒤로 젖혀졌습니다. 그리고 엉덩이만으로 온몸을 지탱하고 있는 저에게 키스를 퍼부으면서 제 두 다리를 가능한 한 크게 벌리고 그 자세로 있으면서 신호를 하면 바로 쉬를 하라고 지시했습니다. 그는 그런 자세로 있는 저를 바라보면서 저의 그곳을 잔뜩 벌리고, 한 손으로 바지단추를 벗고 검게 움츠러든, 중요한 때에 도움이 될 것 같지도 않은 물건을 끄집어내 격렬한 동작으로 비벼대기 시작했습니다. 그리고 그 물건을 흥분시키려고 그에게는 최고의 쾌감을 가져다주는 독특한 방법을 시작했습니다. 그는 저의 두 다리 사이에 무릎을 꿇고 계속 음란한 말을 지껄이면서(그 무렵의 저에게는 이해할 수 없는 말이어서 기억은 나지 않지만), 드러나 있는 저의 그곳을 들여다보거나 거기에 키스를 하면서 그 물건을 열심히 비벼댔습니다. 그래도 커지지 않자 결국 입을 저의 거기에 대고 핥고 빨기 시작했는데 얼마 지나자 신호가 왔습니다. 제가 참고 있던 쉬를 홍수처럼 그의 입 안에 쏟아 붓자, 그는 쉬가 목구멍으로 들어가는 것보다 빨리 마시는 것이었습니다. 그러자 갑자기 그의 그것이 부풀어 오르더니 당당한 귀두가 제 엉덩이 가까이 뻗어와서 허약한 그 물건 안에 고여 있던 정수를 세차게 내뿜었습니다. 쉬의 마지막 한 방울까지 다 마시고, 모든 것이 만족스럽게 끝나자, 뜻밖의 결과에 어리둥절해진 그의 물건이 피눈물을 흘리면서 기뻐하는 것 같았습니다. 비틀거리면서 일어난 신부는 향의 연기가 사라져버리자 조금 전 착란상태였을 때는 그토록 불타는 듯한 경의를 표했던 우상에 대한 종교적인 정열도 어딘가로 사라지고, 완전히 돌변하여 가까스로 위엄을 유지하고 있는 것처럼 보였습니다. 그는 저에게 12수를 건네자 문을 열고 근무시간이 급해서 루이 신부에게 데리고 갈 수 없으니 혼자 가라고 무뚝뚝하게 말하고는 방에 들어가버려서 저는 그에게 대답할 시간도 없었습니다.'

그때 공작이 끼어들었다. "그건 그래. 환영이 사라지는 순간을 견딜 수 있는 인간은 그리 흔치 않지. 그런 약한 상태에 있는 자신의 모습을 여자에게 보이는 건 자존심 상하는 일이고, 그런 때 맛보는 불쾌감도 견딜 수 없으니까 말이야." 발아래 무릎을 꿇고 있는 소년 아도니스에게 그것을 만지작거리게 하면서 젤미르의 몸을 여기저기 더듬고 있던 법원장은 공작에게 반대했다. "아니야, 자존심 따위는 아무런 관계가 없어. 대상은 본질적으로 아무런 가치도 없는 것이고 정욕이 대상의 가치를 정하기 때문에 대상의 원래 가치는 정욕의 불길이 꺼질 때까지 모르는 거야. 몸을 움직이면 움직일수록 지치지만, 마찬가지로 정욕도 격렬하게 타오르면 타오를수록 대상을 지탱하지 못하게 되어, 대상은 어디론가 사라져버리고 말거든. 그때 맛보는 불쾌한 기분은 충만한 마음이 느끼는 어떤 감정이지. 충만한 마음은 행복이라는 것에 싫증이 나버렸기 때문에, 오히려 행복에 의해 초조해진단 말이야." 그러자 뒤르세가 옆에서 말했다. "아무래도 상관없지만, 사람은 그런 혐오감에서 자주 복수를 계획하지. 그 결과는 끔찍해." 옆에서 법원장이 맞장구를 쳤다. "그건 다른 문제야. 뒤클로가 이제부터 이야기하는 것은 아마도 자네가 말한 것의 표본을 보여주겠지만 예단은 하지 말기로 하세. 사실에서 당연히 무언가가 일어나게 되지." 뒤르세가 "좀더 솔직해지는 게 어때? 자네는 흥분해 있어서 남이 왜 혐오감을 느끼느냐 하는 논의보다 쾌감을 느낄 준비를 하는 데 열중해 있는 게 아닐까?" 반박하자 법원장은 "그렇지는 않아…… 난 얼음처럼 냉정해……" 하고 대답하더니, 아도니스의 입에 계속 키스를 퍼부으면서 말했다. "이 아이는 얼마나 매력적인가…… 그러나 이 아이와 즐길 수는 없어. 우리가 정한 규칙만큼 불합리한 것은 없는 것 같군. 자, 뒤클로, 이야기를 계속해. 안 그러면 난 바보 같은 짓을 저지를 것만 같아. 적어도 자기 전까지 나의 환상을 그대로 두고 싶군." 하지만 자신의 그것이 다시 발기한 것을 느낀 그는 소년과 소녀를 원래의 자리로 돌려보내고, 확실히 아름다운 것은 틀림없지만 그를 그다지 불타오르게 하지 않는 콩스탕스 옆에 누워 뒤클로에게 이야기를 계속하라고 재촉했다.

'루이 신부의 방으로 돌아오자 그의 용무는 이미 끝나고 있었는데 저도 친구들도 그다지 기분 좋지 않게 수도원에서 돌아왔습니다. 제오프루아 신부의 행위에 의해 저의 작은 자존심이 상처를 입었고 게다가 왠지 마음속에 혐오감이 끓어올라 뒷맛이 개운치 않아서, 저는 두 번 다시 수도원에 가지 않기로 결심했습니다. 그러나 그렇게 될 운명이었는지 모르지만 저는 수도원에서 다시 몇 번의 정사를 경험하게 되었습니다. 언니의 말에 의하면 언니는 이미 14명이나 되는 수도사를 상대하고 있었는데, 그런 본보기를 보고 있었던 저는 저의 순례는 이제부터라는 생각이 들었기 때문입니다. 제오프루아 신부와의 일이 있은 지 석 달이 지났을 때쯤 저는 쉰 살쯤 되는 앙리라는 신부의 유혹을 알아차렸습니다. 그는 저를 자기 방으로 유인하기 위해 다양한 책략을 썼는데, 결국 저는 거기에 말려들어 왜 그렇게 되었는지도 모른 채, 어느 토요일에 그의 방을 찾아가게 되었습니다. 늙은 그 악당은 제가 방에 들어가자마자 문을 닫고 저를 다정하게 껴안았습니다. 그리고 "요 장난꾸러기 같으니, 이제야 널 붙잡았구나. 이젠 도망 못 간다." 큰 소리를 지르면서 기뻐했습니다. 몹시 추운 날이어서 아이들이 흔히 그렇듯이 저는 콧물을 많이 흘리고 있었습니다. 제가 손으로 닦으려고 하자 신부는 "안 돼. 내가 깨끗이 닦아주마" 하고는 저를 침대에 눕히더니, 제 옆에 앉아 제 머리를 무릎 위에 올려놓고 제 코에서 나오는 분비물을 뚫어지게 바라보았습니다. 그리고 멍한 표정으로 "귀엽구나, 코흘리개, 자, 내가 핥아주지" 하고 말하자마자 몸을 구부려 제 얼굴에 얼굴을 가까이 대고 제 코를 입으로 물어 흐르고 있는 콧물을 모두 핥았을 뿐만 아니라 제 콧구멍에 혀를 번갈아 넣었습니다. 그 수법이 너무 교묘해서 제가 몇 번이나 재채기를 하자 그때마다 그는 그 콧물을 빨아먹고 말았습니다. 그러나 주인님께 말씀드리지만, 앞서와 같이 더 상세하게 말하라고 하시면 곤란합니다. 그것은 그 밖에 그가 무엇을 하고 있었는지 바지 안에서 무엇이 불끈 일어서고 있었는지 전혀 보이지 않았기 때문입니다. 그는 몇 번이나 저에게 키스를 하고 얼굴을 모두 핥는 동안 격렬하게 흥분한 기색이 없었기 때문에 저도 마음을 쓰지는 않았던 것 같습니다. 게다가 제 페티코트는 걷어 올리지도 않았고 그의 두 손도 그대로였기 때문에 그 늙은 도락자는 이 세상에서 가장 청순하고 아무것도 모르는 여자애에게 음란함을 조금도 느끼게 하지 않고 자기 환상을 만족시킬 수 있었을지도 모릅니다.

제가 아홉 살이 된 날 우연히 만난 에티엔 신부라는 도락자는 전혀 달랐습니다. 그는 제 언니에게 저를 그에게 데리고 오라고 전부터 재촉하고 있었는데, 그 무렵 어머니가 우리 자매들 행동에서 무슨 낌새를 눈치채고 있는 것 같아서 조심하느라 언니는 저를 그에게 데려가지 않았습니다. 그런데 저는 교회 성구실 옆에서 에티엔 신부와 마주치고 말았습니다. 행동거지에 기품이 있고 사람을 설득시키는 교묘한 화법을 구사하기 때문에 저는 왠지 그에게 끌리고 말았습니다. 신부는 마흔 살로 젊은 데다 쾌활하고 건강한 사람이었습니다. 이끄는 대로 그의 방으로 들어가자 갑자기 신부는 "그것을 비비는 방법을 알고 있느냐"고 물었습니다. 저는 금세 얼굴이 빨개져서 "어머나, 무슨 말씀이신지 모르겠어요" 하고 대답해버렸습니다. 그는 제 입과 눈에 부드럽게 키스를 하고 "아, 그래, 그러면 내가 가르쳐주지. 내가 가장 즐기는 것은 어린 여자에게 정사를 가르쳐주는 거란다. 나의 수업은 어찌나 훌륭한지 아무도 잊어버리지 않아요. 수업 중에 서로 사양할 필요는 없어. 우선 너에게 너 자신이 즐기는 방법을 가르쳐줄 테니 페티코트를 벗으렴" 하고 말했습니다. 그리고 제 손을 잡더니 저의 그곳에 올려놓고 "그곳이 음문(陰門)이라는 곳이다.

간질간질한 쾌감을 맛보기 위해서는 만져보면 알겠지만 클리토리스라고 하는 작고 볼록한 곳을 손가락으로 가볍게 비비면 된다"고 가르쳐주었습니다. 저는 시키는 대로 했습니다. "그래, 그래. 그렇게 하면 된다. 그곳을 비비면서 다른 손가락을 그 구멍에 넣고 비벼봐라. 옳지, 잘하는구나. 뭔가 느낌이 있지?" "아니요, 조금도." 제가 순진하게 대답하자 "할 수 없군. 넌 아직 어려서 그래. 2, 3년이 지나면 그곳의 즐거움을 알 수 있게 될 거다" 하고 말했습니다. 그래도 배운 대로 두 곳을 열심히 비비고 있으니 뭔가 묘한 느낌이 오기 시작했습니다. 그건 확실히 기분이 좋은 간질간질한 느낌이어서 저도 모르게 "좀 기다려주세요. 뭔가 느낌이 오는 것 같아요. 기분이 좋아요" 하고 말해버렸습니다. 저는 선생님이 가르쳐준 비결이 거짓이 아님을 알았습니다. 그 뒤 기분이 좋아지는 그 방법을 자주 이용해왔는데 그때마다 옛날에 선생님이 가르쳐준 교묘한 수업을 떠올리고는 감탄하곤 했습니다.

그는 "이번에는 내 차례다. 네가 기분이 좋다고 하니까 나도 흥분이 되는구나. 나도 즐거움을 맛보아야 하니까, 귀여운 녀석, 자, 보아라" 말하고 제 두 손으로도 잡기 어려울 것 같은 그 큰 것을 저에게 쥐어주면서 "이것이 음경이라는 것이다. 손 좀 빌리자꾸나. 그렇게 잘 비벼봐라, 이건 수음(手淫)이라고 하는 것이다" 하면서 저에게 그것을 비비게 했습니다. "옳지, 잘한다. 더 빨리, 더 힘을 넣어서 해봐. 네가 그렇게 해주니 정신이 아득해지는구나. 음경 끝의 포피라는 껍질을 잘 벗겨야 한다. 그러면 기분이 훨씬 더 좋아지지. 이 포피가 귀두라는 곳을 덮고 있으면 이 귀한 즐거움도 헛일이 되고 만단다. 내 귀여운 아가, 네가 나에게 해주었으니 나도 너에게 해주마." 그는 저의 그곳에 손가락을 대고 교묘한 기교로 움직이기 시작했습니다. 그동안 저는 계속 그의 그것을 잡고 비비고 있었는데 마침내 저는 쾌감에 휩싸이고 말았습니다. 저는 신부님의 가르침 덕분에 쾌락의 최초 수업을 받은 것입니다. 머리가 빙빙 도는 듯한 느낌이 들어 신부가 명령한 일을 할 수 없게 되었는데, 그는 아직 끝나지 않은 자신의 쾌락은 잠시 보류하고 오로지 저를 위해 힘을 쏟아주었습니다. 그리고 저에게 모든 기쁨을 맛보게 한 다음, 제가 자신의 쾌감을 위해 중단해버린 일에 다시 매달리게 했습니다. "한눈을 팔면 안 돼. 열심히 해야 해."

이 말을 들은 저는 충실하게 가르침을 지키면서 마음을 담아 일을 시작했고, 결국 저의 비비는 공격에 항복하고 만 괴물은 저를 향해 미친 듯이 정액을 뿜어내고 말았습니다. 신부는 뭐라 표현할 수 없는 관능의 착란상태에 빠져 자신을 잊어버리고 정신없이 저에게 키스를 하거나 그곳을 주무르거나 뭔가 알아들을 수 없는 말을 지껄이며 지리멸렬한 상태에 빠지고 말았습니다. 그리고 완전히 혼란에 빠진 그는 오줌이 취향인 제오프루아 신부와는 달리 가장 음란한 언어와 함께 "넌 정말 멋진 아이구나, 귀여운 아이야. 꼭 다시 만나러 오너라. 언제나 오늘처럼 해주마" 하며 가장 친절하게 말해준 뒤 정사를 끝내자 제 손에 은화를 쥐어주고 교회까지 바래다주었습니다. 너무나 놀라 머리가 멍하고 행복해서 넋을 잃은 저는 수도원이 완전히 마음에 들어 앞으로도 가끔 가자, 나이가 들면 더욱 즐거운 일이 틀림없을 거라고 생각했습니다. 그러나 운명은 저를 다른 곳으로 데리고 가버렸습니다. 집에 돌아오자 어떤 중대한 사건이 저를 기다리고 있었던 것입니다.'

그때 야식이 준비되었음을 알리는 10시 종이 울렸다. 긴 이야기의 시작에 불과했지만, 청중으로부터 박수를 받은 뒤클로는 4명의 일당이 지적한 부분을 약간 정정한 뒤 높은 자리에서 내려왔다. 일당은 새로운 쾌락으로 고개를 돌려 요리의 즐거움을 찾아 서둘러 식당에 갔다.

규칙에 따라 식탁에는 일당과 8명의 소년, 8명의 마장, 이렇게 20명이 앉았다. 집회실에서 일찌감치 물러나와 식사를 마친 알몸의 소녀들과 하녀들은 이미 식탁 뒤에 나란히 있었다. 주교는 나르시스 때문에 아직 화가 풀리지 않아서 소년이 식사하는 것을 허락하지 않았다. 일당은 서로 상대의 고집을 관대하게 봐주기로 약속했으므로 누구도 나르시스에게 벌을 주는 데 반대하지 않았다. 주교는 향연 중에 화가 풀릴지도 모르지만, 가련한 소년은 향연이 시작될 때까지 주교의 벽감 뒤에 있는 작고 어두운 방에 갇히고 말았다. 아내들과 여자 이야기꾼들은 향연에 대비하여 별실에서 식사를 했다.

야식은 3시의 식사에 비하면 훨씬 접시의 수가 많아 풍요롭고 사치스러운 굉장한 성찬이었다. 처음에 조개 포타주와 20종류의 오르되브르, 그리고 부르고뉴산 포도주가 제공되고, 다음은 영계, 다양하게 요리된 사슴, 토끼 등의 사냥감을 사용한 20종류의 앙트레, 2종류의 이탈리아산 포도주였다. 그것이 끝나면 온갖 진귀한 고기요리에 라인산 포도주가 곁들여졌다. 그리고 식탁이 치워지자 빙과와 케이크류가 등장하고, 이어서 26종류의 다양한 앙트레와 다른 종류의 라인산 포도주가 나왔다. 마지막으로 겨울인데도 제철이 아닌 온갖 과일과 사탕과자, 초콜릿 등의 후식이 식탁 위에 올라오고 리큐어가 나오며 샴페인과 2종류의 그리스산 포도주가 나왔다. 모두들 흥분했지만, 점심때와 달리 심부름꾼들을 꾸짖거나 심하게 벌을 주는 일은 금지되고 그 대신 아무리 외설적인 행위를 해도 상관없었기 때문에, 반쯤 술에 취한 공작은 이제 술은 충분히 마셨으니 젤미르의 소변이 필요하다면서 그녀를 식탁 위에서 네 발로 엎드리게 하여 큰 컵으로 소변을 두 잔이나 받아서 다 마셔버렸다. 그것을 보고 있던 법원장은 "소변을 마시다니 그것 참 괜찮은데 그래?" 하며 빈정댄 뒤 팡송을 향해 "거기 굴러먹은 여자, 이리 와. 그대의 샘에서 직접 목을 축이고 싶군" 이렇게 말하면서 그 추한 여자의 사타구니에 얼굴을 묻고 세차게 쏟아지는 독기를 품은 소변을 탐욕스럽게 위 속으로 흘려보냈다.

일당의 언어는 차츰 열기를 띠기 시작하여 서로 철학 문제나 풍속에 관한 의문점에 대해 토론했는데, 그 결과 그들이 도덕적으로 개선되었는지 아닌지는 독자의 판단에 맡기기로 한다. 공작은 음탕을 찬미하는 무신앙의 연설을 하기 시작해, 몇몇 예를 들면서 음탕은 자연계에 필연적으로 존재하는 것이고, 다양한 음탕이 전개될수록 자연계의 목적에 들어맞는 것임을 증명했기 때문에, 나머지 세 사람은 찬성의 박수를 보낸 뒤 공작의 이론을 실행으로 옮기기 위해 일어나 집회실로 향했다.

향연이 벌어질 집회실에서는 이미 만반의 준비가 갖춰져 있었다. 여자들과 소녀들은 모두 알몸으로 식당에서 한발 앞서 나와 기다리고 있던 8명의 소년과 함께 네모난 커다란 깔개 위에 누워 있었다. 4명의 일당이 마장들을 데리고 비틀거리듯이 집회실로 들어오자 하녀들이 옷을 벗겨주었고, 그들은 양을 노리는 늑대처럼 먹잇감 사이에 몸을 던졌다. 식당에서 정욕을 채우지 못해 초조해진 주교는 한시라도 빨리 하고 싶어서 안티노우스의 멋진 뒷문에 그것을 밀어넣으면서 에르퀼에게 자신의 뒷문을 공격하게 했다. 그는 두 마장의 더할 나위 없이 절묘한 솜씨에 순식간에 사정하고 흥분한 나머지 정신을 잃고 말았다. 도를 넘은 음락 때문에 마비되어버린 감각이 술의 신 박쿠스가 가져다주는 술기운에 착란을 일으키고 만 것이다. 정신을 잃은 주교가 그대로 방으로 운반되어 깊은 잠에 빠져들자 공작은 혼자서 마음껏 즐겼다. 법원장은 앞서 마르텐이 주교에게 봉사를 제안한 것을 상기하여 그녀에게 봉사를 명하고, 마장 한 사람에게 자신의 뒷문을 공격하게 하면서 그녀의 뒷문을 즐겼다. 그 밖에도 상상을 초월하는 무섭고 추악한 음란행위가 잇따라 펼쳐졌다. 주교는 이미 모습을 감추고 있었기 때문에, 남은 세 용자는 제각기 밤에 함께 자기로 되어 있던 마장과 집회실의 긴 의자에 함께 있던 아내를 데리고 방으로 돌아갔다. 그날 밤 일당 세 사람은 자신들의 짐승 같은 행동에 불행하게 희생된 자에게 애무 대신 모욕을 주고 쾌락 대신 불쾌감을 맛보게 하면서 마음껏 즐겼다. 이상이 첫째 날의 사건이었다.

11월 2일

일당은 정각에 일어났다. 간밤에 과음으로 의식을 잃은 주교는 새벽 4시쯤 되자 완전히 정신이 돌아왔는데, 혼자 잠을 잔 것을 알고 화가 치밀어 간밤에 함께 지내기로 되어 있었던 쥘리와 안티노우스를 불러들여 임무를 다하도록 지시하고, 두 사람 사이에 누워서 새로운 음락에 빠져들었다. 규칙에 따라 일당은 소녀들의 하렘에서 식사를 하고 당번인 뒤르세가 점검을 하자, 그토록 엄하게 말해두었는데도 미세트와 오귀스틴의 위반이 발견되었다. 두 소녀는 깜박 잊어버려서 죄송합니다. 절대로 두 번 다시 실수를 되풀이하지 않겠습니다, 하고 맹세했지만, 4명의 무자비한 전제자는 두 사람의 이름을 토요일로 예정된 징벌 집행명부에 적어넣고 말았다. 그날 교회에서 용변이 허락된 자는 7명이었다.

그런데 간밤에 일당은 소녀들에게 그것을 마찰하도록 해보았지만 어느 소녀나 다 서툴러서 조금도 재미가 없었기 때문에, 뒤르세는 "앞으로 매일 아침 한 시간씩 소녀들에게 그것을 다루는 방법을 가르쳐주도록 하자. 연습은 9시부터 10시까지로 하고 서로 교대로 한 시간만 일찍 일어나 연습에 참가하면 될 것"이라고 제안했다. 뒤르세가 제안한 연습 순서는 다음과 같다. 이 저택 안에서 그것을 다루는 데 있어서는 누가 뭐래도 뒤클로가 일인자이니 그녀를 스승으로 임명할 것. 연습 상대가 되는 동료는 소녀들의 하렘 한가운데 있는 안락의자에 여유롭게 앉아 있을 것. 뒤클로는 소녀를 한 사람씩 데리고 와 우리를 상대로 실제교육을 실시할 것. 뒤클로는 소녀의 손을 잡고 상대의 상태에 따라 완급을 조절하면서 한 손을 사용하는 방법, 움직이는 방법, 그것을 마찰할 때의 자세와 태도에 대해 자세히 설명하면서 가르칠 것. 반드시 귀두를 드러낸 상태에서 마찰할 것. 연습 중에 동료들이 안고 있는 환상은 다양하지만 그 물건을 다루는 동안은 반드시 비어 있는 손으로 동료들의 뒷문을 끊임없이 자극할 것. 이 두 가지 점에 대해 특히 주의를 기울일 것. 2주가 지나도 기술을 습득하지 못하는 소녀에 대해서는 정해진 대로 징벌을 가할 것. 뒤르세의 이 제안은 다른 세 사람을 기쁘게 했다. 일당이 뒤클로를 불러 교사로 임명하자, 그녀는 곧바로 소녀들의 하렘에 음경처럼 생긴 여성의 자위기구를 준비하여, 소녀들이 언제라도 그것을 이용해 재빠르게 미묘한 손놀림을 연습할 수 있게 했다. 일당은 마찬가지로 에르퀼을 소년들의 교사로 임명했다. 소년들은 자신에게 하는 일을 동성인 상대에게 하기 때문에 당연히 소녀들보다 잘할 수 있을 터이므로 일주일이면 충분할 거라고 생각했다.

소년들의 하렘에서도 검사가 이루어졌는데 누구에게서도 위반이 발견되지 않았다. 그러나 나르시스만은 간밤의 일을 이유로 모든 허가와 그 밖의 특전이 박탈되고 말았다. 법원장은 아침에 소년들을 방문했을 때 아도니스를 상대로 격렬하게 불타오른 데다, 테레즈와 두 마장이 재미있게 하는 것을 바라보는 사이에 (물론 일당의 허가를 얻고 한 일이지만) 하마터면 사정할 뻔했지만 가까스로 참았다. 점심은 보통 메뉴였는데, 법원장은 술을 잔뜩 마시고 난잡한 소동을 계속했고, 커피를 마시기 위해 응접실로 옮긴 뒤에도 일당의 충동으로 어린아이들처럼 알몸이 된 팡송이나, 오귀스틴과 미세트, 젤라미르와 퀴피동의 배합의 재미에 푹 빠져 또다시 불타올라 젤라미르와 팡송을 상대로 자기 취향의 희롱을 시작하여 결국 사정을 하고 말았다. 공작도 그것을 발기시켜 오귀스틴을 곁으로 잡아끌었다. 공작은 큰 소리로 떠들고 욕설을 퍼부으면서 제정신이 아니었기에 가련한 소녀는 완전히 겁을 먹고 독수리에 쫓겨 그 먹잇감이 되려 하는 비둘기처럼 뒷걸음질치고 말았다. 공작은 그녀에게 몇 번 키스를 퍼붓고는 그녀가 내일부터 배워야 할 훈련을 약간 보여주는 데 그치기로 했다. 다른 두 사람은 너무 기운이 없어서 벌써 낮잠을 자기 시작했기 때문에, 공작과 법원장도 두 사람을 따라 졸기 시작하더니, 네 사람 모두 집회실에 갈 시간까지 깨어나지 않았다.

집회실에서는, 소년과 소녀 4인조의 조합과 복장이 어젯밤과 달라져 있었다. 일당 4명도 제각기 긴 의자 옆에 어젯밤과는 다른 아내와 마장을 대기시켜두었다. 극단적으로 도덕적이고, 신앙심이 깊으며, 세상에서 가장 아름다운 여인의 한 사람이라고 할 수 있는 아델라이드를 곁에 거느린 법원장은 기운을 회복하여 야비한 농담으로 그녀를 놀려대기 시작했다. 그리고 "너는 뒤클로의 이야기가 끝날 때까지 내가 좋아하는 자세를 취하고 있어야 한다. 조금이라도 자세를 바꾸면 어떻게 되는지, 내 성미가 얼마나 급한지 잘 알고 있겠지" 위협하여 그녀에게 가장 견딜 수 없는 자세를 강요했다. 모든 준비가 갖추어지자 뒤클로는 높은 좌석으로 올라가 간밤에 하던 이야기를 계속했다.

'어머니가 집에서 모습을 감춘 지 사흘이 지났습니다. 어머니보다 돈이나 일상에 필요한 것이 걱정된 의붓아버지는 부부의 귀중품을 숨겨둔 방으로 들어가 보았습니다. 그런데 놀랍게도 그곳에는 어머니의 편지 한 통 말고는 아무것도 없었습니다. 편지에는 "당신과 영원히 헤어지기로 결심했어요. 돈이 필요해서 가져갈 수 있는 것은 다 가져가니, 나머지는 스스로 잘 꾸려나가세요. 내가 나가는 것은 당신이 나를 너무나도 혹사시켰기 때문이므로 책임은 당신에게 있어요. 그 대신, 내가 가져가는 전 재산보다 더 가치 있는 두 딸을 남겨두고 갑니다." 이런 의미의 글이 적혀 있었습니다. 그러나 사람 좋은 의붓아버지는 자신이 잃은 것과 자기가 손에 넣은 것 가운데 어느 쪽이 가치가 있는지도 모르고 "미안하지만 너희들은 오늘 밤부터 이 집에서 자지 않았으면 좋겠다" 면서 우리를 내보냈습니다. 그것은 의붓아버지가 어머니와 달리 계산을 모르는 사람이라는 증거였습니다. 언니와 저는 의붓아버지의 처사를 별로 슬퍼하지도 않고, 앞으로 보잘것없는 삶 속에서 마음대로 살아갈 수 있는 자유를 얻은 것을 뿌듯하게 여기면서 자신의 물건들을 정리해 의붓아버지에게 작별인사를 하고 집을 나섰습니다. 우리는 곧바로 가까운 곳에 방을 잡고 새로운 운명을 어떻게 헤쳐나가야 할지 결정하기로 했습니다. 우리가 제일 먼저 생각한 것은 어머니의 신상이었는데, 우리는 순간, 바람기가 있는 어머니는 아무튼 어느 신부와 수도원에서 은밀하게 살 결심을 했거나, 아니면 근처 어디서 좋아하는 사람의 첩이 된 것이 틀림없을 듯하여 어머니에 대해서는 그다지 걱정하지 않았습니다.

그러고 있는데, 수도원의 보조수도사가 우리의 추측하고는 전혀 다른 편지를 가져왔습니다. 편지를 보낸 사람은 수도원장으로, 요약하면 다음과 같습니다. "밤이 되면 바로 나에게 오너라. 10시까지 수도원에서 기다리마. 너희들을 어머니가 있는 곳으로 데려가서 어머니가 행복하게 지내고 있는 것을 보여주겠다. 너희들의 아버지는 어머니나 너희들에 대해 전혀 모르고 있으니 아버지가 눈치채지 않도록 부디 주의해서 반드시 찾아오도록 해라." 그 무렵 이미 열다섯 살이 된 언니는 아직 아홉 살이었던 저에 비하면 훨씬 영리하고 아는 게 많았기 때문에 "다시 한번 편지를 잘 읽어보겠어요" 말하고 그 사람을 돌려보냈습니다. 언니는 뭔가 수도원장의 책동을 눈치챘는지 무척 놀랐다는 듯이 저에게 말했습니다. "프랑송, 거기 가는 건 포기하자. 뭔가 내막이 있어. 원장의 말에 거짓이 없다면 어머니도 이 편지에 스스로 뭔가 적어넣었을 테고 적어도 사인 정도는 했을 거야. 애인이었던 아드리앙 신부는 3년 전부터 수도원에 없고, 그 뒤 어머니는 지나는 길에 수도원에 들리는 정도지 정해진 상대는 없어. 그런데 왜 수도원에 몸을 숨기겠니? 물론 원장은 어머니의 애인은 아니야. 어머니가 몇 번 그 사람을 상대한 것은 알고 있지만, 원장은 바람둥이라 한때의 변덕이 끝나면 여자에게 아무렇지도 않게 무정한 처사를 하는 인간이니, 어머니에게 홀딱 반해 어머니를 숨겨둘 이유가 없어. 원장은 왜 그렇게 어머니에게 관심이 있는 걸까? 틀림없이 뭔가가 있어. 나는 그 늙은 원장이 제일 싫어. 쌀쌀하고 심술궂은 짐승 같은 인간이야. 한 번 끌려간 적이 있는데 원장 말고도 3명의 신부가 있어서 별짓을 다 당한 뒤로는 두 번 다시 그 방에는 얼씬도 하지 않기로 맹세했어. 네가 내 말을 믿는다면, 그런 건달 같은 수도승 따위는 본 척도 하지 않는 게 좋을 거야. 그런데 너에게 숨겨도 소용이 없어서 고백하는데, 실은 알고 지내는 여자가 있어. 게랭 부인이라고, 좋은 사람이야. 거기 다닌 지 2년쯤 되는데 매주 한 번은 반드시 좋은 일거리를 알선해준단 다. 우리가 수도원에서 버는 돈 12수와는 차원이 달라. 한 번에 15프랑은 받거 든. 이게 그 증거야." 그러면서 저에게 200프랑이 들어 있는 지갑을 보여주었 습니다.

"이제 알겠지? 난 혼자서도 살아갈 수 있다. 너도 나와 같은 일을 하지 않겠 니? 게랭 부인은 널 반갑게 맞아줄 거야. 일주일 전인데 그녀는 어느 연회 때 문에 나를 찾으러 왔다가 널 한 번 보고는 아직 어리지만 꼭 일을 찾아서 널 돌봐주고 싶다며 나에게 부탁했단다. 나처럼 하면 돼. 머지않아 우리 둘은 반 드시 곤경에 빠지게 돼. 미리 말해두는데 네 방값은 오늘 밤밖에 지불하지 않 을 거야. 이제부턴 날 믿지 마. 이 세상은 혼자 살아가는 거야. 나는 이 돈을 내 몸과 내 손으로 번 것이기 때문에 너도 나처럼 해야 해. 부끄럽다거나, 무 슨 다른 생각을 하고 있다면 나가서 두 번 다시 날 찾아오지 마. 얘기하는 김 에 말해두는데, 앞으로는 네가 물을 한 잔 달라고 해도 난 혀밖에 내밀지 않 을 거니까. 어머니한테는 무슨 일이 생기든 상관하지 않겠어. 오히려 없는 편 이 낫고, 사실 그런 음란한 여자는 평생 다시 만나지 않도록 멀리 가줬으면 좋 겠어. 어머니는 내 일을 방해만 하고 자기는 나보다 몇 배나 나쁜 짓을 하는 주제에 나에게 그럴듯한 설교만 해댔어. 나의 유일한 소망은 악마가 어머니를 어딘가로 데리고 가서 두 번 다시 돌아오지 못하게 하는 거야."

사실을 말씀드리자면, 언니만큼 상냥하지도 않고 언니만큼 마음이 너그럽 지도 않은 저는, 어머니에게 퍼붓는 언니의 욕설과 험담에 진심으로 맞장구 를 치고 말았습니다. 저는 저를 위해 다양한 지식을 전수해준 언니에게 감사 하고, 게랭 부인을 찾아가서 그녀가 저를 고용해준다면 언니에게는 더 이상 의지하지 않겠다고 언니에게 약속한 뒤 수도원장의 편지는 무시하기로 했습 니다. 저는 "만일 어머니가 행복하게 살고 있다면 어머니에게는 정말 좋은 일 이고, 그렇게 되면 우리도 우리대로 행복을 추구하면 되니 구태여 어머니와 운명을 함께 할 필요도 없어. 만일 이게 함정이라면 어떻게든 피해야만 해" 하고 말했습니다. 제 말을 들은 언니는 저를 껴안고 "잘했어, 넌 정말 착한 아이야. 자, 우리 둘이서 한 재산 만들어보자. 우린 둘 다 예뻐. 둘이서 원하는 만큼 벌자. 하지만 아무에게도 의지하지 말자. 이것만은 명심해야 해. 오늘은 이 상대, 내일은 다른 상대. 너는 몸도 마음도 완전히 창녀가 되어야 해. 넌 이제 완전히 창녀가 되고 말았어. 고해도, 신부님도, 충고도, 비난도 나를 악덕에서 떼어놓을 순 없어. 난 조용히 포도주를 마시듯이 엉덩이를 과시하면서 태연하게 거리를 활보하고 있어. 프랑송, 나를 따라서 하면 돼. 그러면 남자들을 구슬려서 무엇이건 얻을 수 있단다. 처음에는 좀 힘들지도 모르지만 곧 익숙해져. 다양한 남자들이 있고 그 취향도 가지가지야. 우선 각오를 단단히 해야 해. 어떤 남자는 이걸 원하는데 다른 남자는 저걸 원하거든. 무엇이든 원하는 대로 몸을 맡기면 되는 거야. 그러는 사이에 돈이 모이게 되지" 하고 말했습니다. 저는 언제나 얌전해 보이는 언니의 입에서 그런 음란한 말들이 나오자 놀랐지만 제 마음은 언니의 정신에 공감할 수 있었기 때문에, 언니도 제가 모든 점에서 언니의 행동을 따라서 배울 뿐만 아니라 필요하다면 더 나쁜 짓도 할 용의가 있다는 것을 이해했습니다. 제가 완전히 마음에 든 언니는 또다시 저를 꼭 껴안았습니다.

　밤이 깊었기 때문에, 이튿날 아침 게랭 부인을 만나 그녀의 하숙인들 가운데 끼워주길 부탁하고, 숙소에 부탁해 닭고기와 맛있는 포도주를 구해달라고 했습니다. 저녁을 먹는 동안 언니는 방탕에 대해 제가 모르는 여러 가지를 가르쳐준 뒤 자신의 알몸을 보여주었는데, 언니는 확실히 파리에서 가장 아름다운 여인 가운데 한 사람이었습니다. 매끄러운 살결, 탄력 있는 살집, 그러면서도 늘씬하고 가벼운 몸, 사람의 눈길을 끄는 몸매, 아름다운 푸른 눈, 그리고 다른 부분도 제각기 몸매에 걸맞게 만들어져 있었습니다. 그래서 저는 게랭 부인이 전부터 언니를 소중하게 아끼면서, 언니에게 고객을 기꺼이 소개하고 고객들도 싫증 내지 않고 계속 언니를 찾는 이유를 알게 되었습니다. 그런데 잠자리에 들었을 때, 우리는 수도원장에게 아직 대답을 하지 않은 것이 생각났습니다. 우리에게서 대답이 없으면 그는 틀림없이 화를 낼 것이므로, 우리는 이 도시에 있는 한 수도원장에게 대답을 하지 않은 변명을 생각해내어 그의 비위를 거스르지 않도록 해야 했습니다. 하지만 이미 11시가 다 되었기 때문에 어쩔 수 없이 우리는 될 대로 되라고 포기하고 말았습니다.

그런데 11시를 알리는 종이 울렸을 때, 누군가가 조용히 문을 두드리는 소리가 들렸습니다. 놀랍게도 그것은 수도원장이었습니다. 우리가 추측한 대로 수도원장은 편지 속에서는 우리의 행복을 기원하는 척하면서 마음속으로는 자신의 욕심만 생각하여 끊임없이 우리와의 정사를 원하고 있었던 것입니다. 그는 성큼성큼 방으로 들어오더니 우리 침대에 걸터앉아 지껄이기 시작했습니다. "오후 2시부터 너희들을 기다리고 있었다. 회답쯤은 해주지 그랬니? 너희들의 어머니는 앞으로 전 수도원장이 쓰던 비밀의 방에서 여생을 보내기로 결심했다. 어머니는 수도원의 방에서 이 세상에서 가장 즐거운 나날을 보내게 될 거다. 수도원의 거물들이 반나절 그곳에 찾아가 너희 어머니와 어머니의 시중을 드는 젊은 여자 하나와 함께 즐기는 거지. 그런데 여자가 부족해서 너희들도 와주었으면 한다. 너희들은 아직 어려서 앞일도 생각해야 하니 3년 계약도 좋다. 3년이 지나면 너희들에게 자유를 주고 그때는 한 사람당 금화 2만 프랑을 주마. 너희 어머니의 부탁을 받은 것인데, 만일 너희들이 혼자 외롭게 지내고 있는 어머니를 위로하러 와준다면 더 이상 기쁜 일은 없을 거라고 하더구나." 그러자 언니가 거칠게 말했습니다. "신부님 제의에는 진심으로 감사드려요. 하지만 우리는 아직 어리기 때문에 수도원 안에 갇혀서 신부들을 상대하는 창녀가 되고 싶지는 않아요. 지금까지 수도사를 상대로 한 나쁜 짓은 이제 정말 징글징글해요." 수도원장은 똑같은 말을 되풀이하면서 "어떻게든 이 계획을 성공시키고 싶다"고 힘주어 언니를 설득하려고 했지만 도저히 안 될 것 같자, 불같이 화를 내면서 "그래? 이 어린 창녀년이! 정 그렇다면 돌아가는데. 그 전에 옛날과 똑같은 일을 한 번 해줘야겠다" 하면서 바지단추를 풀고 언니에게 달려들어 올라탔습니다. 언니는 수도원장을 빨리 돌려보내려면 그의 욕정을 만족시키는 수밖에 없다고 생각해 저항하지 않았습니다. 그 악당은 두 무릎으로 언니를 짓누르고 단단해진 그 큰 것을 언니 얼굴에 들이대더니 "이 음탕한 년, 어쩌면 이렇게도 얼굴이 예쁜 것이냐, 어쩌면 이렇게도 눈매가 예쁘단 말이냐. 자, 나의 정수를 뿌려주마" 외치면서 갑자기 수문에서 정수를 내뿜어 언니의 얼굴을, 특히 코와 입을 잔뜩 더럽히고 말았습니다. 만일 수도원장의 계획이 성공했더라면 악당은 그날 밤처럼 힘들게 정욕을 채우는 일도 없었겠지요. 한 차례 끝나자 그는 테이블 위에 금화 한 잎을 던지고 초롱에 불을 붙이면서 "너희들은 집 없는 고아에 바보들이다, 흔치 않은 좋은 기회를 놓치고 말았으니. 난 어떻게든 앙갚음을 하고 말 테니 두고 봐라. 신은 틀림없이 너희들을 비참한 처지로 내몰아 벌을 줄 것이다. 이것이 너희들에 대한 나의 마지막 기도이다" 하고는 나가버렸습니다. 언니는 얼굴을 닦으면서 그의 뒷모습에 온갖 욕설을 퍼붓고는 문을 닫았습니다.

그 뒤, 그날 밤은 아무 일 없이 조용히 지나갔습니다. 언니는 "너도 봤지? 그게 그놈이 좋아하는 분풀이란다. 그놈은 여자애들의 얼굴에 정수를 내뿜는 것을 즐기는 미치광이야. 그 정도로 만족하면 좋겠지만…… 그보다 더 위험한 취미를 가지고 있어서 무서운 남자란다……" 하고 이야기를 시작하더니 도중에 졸음이 와서 끝까지 얘기하지 못한 채 잠들어버렸습니다. 이튿날 아침이 되자 우리는 앞으로 시작될 다른 정사에 신경 쓰느라 그날 밤의 일에 대해서는 잊어버리고 말았습니다.

우리는 아침 일찍 일어나 예쁘게 화장하고 게랭 부인의 숙소로 갔습니다. 그녀는 솔리 거리에 있는 깨끗한 아파트 1층에서 열일곱 살부터 스물두 살 사이의 젊고 예쁘고 키가 큰 여자 6명과 함께 살고 있었습니다. 그런데 주인님들, 그녀들에 대한 상세한 이야기는 적당한 기회가 올 때까지 기다려주셨으면 하니 부디 용서 바랍니다. 오랫동안 우리가 자기네 하숙인이 되어주길 바라고 있던 부인은 매우 기뻐하면서 우리 둘이 함께 지낼 수 있게 해주었습니다. 언니는 저를 그녀에게 소개하고 "보다시피 아직 어리지만 부인을 위해 잘 봉사할 거예요. 그건 제가 보증할 수 있어요. 동생은 순하고 착한 데다 성격이 좋아서 천부적으로 창녀 기질이 있거든요. 부인의 손님에게는 어린애를 좋아하는 도락자가 많이 있잖아요…… 이 아이는 정말 잘해낼 거예요. 잘 부탁드려요" 하고 인사했습니다. 부인이 나를 돌아보면서 무슨 일이든 할 결심이 섰느냐고 물어서, 저는 그녀의 마음에 들고 싶어서 돈을 벌 수 있는 일이라면 무엇이든 하겠다고 대답했습니다. 부인은 우리를 새로운 동료들에게 소개해주었는데, 그녀들은 언니를 잘 알고 있어서, 자기들과 친하게 지내고 있는 언니를 위해서라면 기꺼이 저를 도와주겠다고 약속했습니다. 그리고 다 함께 식사를 했습니다. 주인님들, 말하자면 이것이 제가 사창가에 처음 발을 들여놓게 된 상황입니다.

저의 첫 경험은 금방 찾아왔습니다. 그날 저녁 망토를 입은 늙은 상인이 숙소를 찾아와, 부인은 그 사람을 제 첫 손님으로 택한 것입니다. 부인은 저를 그 늙은 도락자에게 "뒤클로 님, 오늘 밤엔 아직 털이 자라지 않은 아이가 어떨까요? 한 올도 자라지 않은 건 내가 보증하겠어요. 틀림없이 마음에 드실 거예요. 그렇지 않으면 돈은 돌려드리죠" 하고 소개했습니다. 그 사람은 저를 뚫어지게 보면서 "정말 어린아이로구나. 그래, 몇 살이냐?" 묻기에 "아홉 살이에요, 주인님"이라고 대답하자 그 손님은 "아홉 살? 좋지, 좋아, 부인도 알고 있겠지만 난 고만한 아이가 아주 좋아" 했습니다. 부인이 저하고 그 손님을 남겨둔 채 나가자 그 남자는 저에게 다가와서 몇 번이나 키스를 했습니다. 그리고 제 손을 잡고 바지 안에서 시들해진 그것을 끄집어내게 했습니다. 그런 다음 말 한마디 없이 저를 긴 의자에 눕히고 페티코트를 벗긴 뒤 속치마를 가슴까지 걷어 올리고 제 두 허벅지 위에 올라타고는 저의 가랑이를 한껏 벌렸습니다. 그리고 한 손으로 축 늘어진 그것을 어떻게든 부풀리려고 힘껏 주무르면서 한 손으로는 저의 작은 그곳의 갈라진 곳을 가능한 한 벌린 채, 몸을 움직이거나 기쁨의 한숨을 쉬면서 "귀엽구나, 나의 예쁜 참새. 아직 나에게 기운이 있다면 너와 사이좋게 지낼 수 있을 텐데. 이젠 다 틀렸다. 지난 4년 동안 이놈이 도무지 서질 않아. 가랑이를 벌려보렴, 좀 더 벌려봐" 이렇게 혼잣말을 하기 시작했습니다. 그 남자는 한참 동안 한숨을 쉬거나, 심호흡을 하면서 신음하고 있었는데 아무래도 그것을 제 안에 넣을 수가 없었습니다. 그런데 제기랄, 하면서 크게 소리를 지른 순간, 따뜻하고 거품이 인 정수를 저의 그곳 주변에 뿌리더니 손가락으로 그 정수를 구멍 안에 쓸어넣으려고 하더군요. 그리고 일이 끝나자마자 긴 의자에서 내려간 그는 쏜살같이 방에서 나가 제가 아직 그곳을 닦고 있는 사이에 현관에서 사라지고 말았습니다.

주인님들, 이 이야기는 뒤클로라는 제 이름의 유래입니다. 그 숙소에서는 어

느 여자나 제일 먼저 상대한 손님의 이름을 붙이는 관습이 있었기 때문에 저도 그 관습에 따랐던 겁니다.'

이때 공작이 말했다. "네가 한숨 돌릴 때를 기다리고 있었는데 마침 이야기에 단락이 지어졌으니, 뒤클로, 두 가지 점에 대해 얘기해주기 바란다. 하나는 그 뒤 저는 어머니에 대해 뭔가 들은 얘기가 없는지, 또는 뭔가 알게 된 사실이 있는가 하는 것이다. 또 하나는 너희 자매가 어머니를 싫어하는 특별한 이유라도 있는지, 아니면 너희들 마음속에 천부적으로 갖춰져 있는 감정에 따른 것인지. 이건 인간의 마음을 관찰하는 데 중요한 문제이기 때문에 특히 이 문제에 대해 진지하게 다루고 싶다." "주인님, 그 뒤 어머니로부터는 아무 소식도 없었고 아무런 소문도 듣지 못했습니다." "좋다, 첫 번째 문제는 확실해졌다. 자네는 어때?" 뒤르세가 뒤클로에게 말했다. "지금으로서는 의문점이 없네. 너희들은 수도원장의 감언에 속지 않길 잘했다. 두 사람 다 두 번 다시 수도원에서 빠져나오지 못했을 테니까." 법원장이 중얼거렸다. "믿을 수가 없군. 그런 색다른 여자에 대한 소문은 금방 세상에 퍼지게 마련인데." 그러자 주교가 "난 믿어. 그녀는 즐겁게 살았던 거야" 하면서 혼잣말을 했다. 공작이 다시 물었다. "뒤클로, 두 번째 문제는 어떤가?" 그러자 뒤클로가 대답했다. "주인님, 어머니에 대한 우리의 반감의 동기를 물으시는 거겠지요? 이해해주실지 모르겠지만 우리는 마음속에 어머니에 대해 격심한 혐오감을 품고 있었기 때문에 둘이서 무슨 좋은 생각이 없을까, 차라리 독살이라도 하고 싶다는 얘기를 주고받았을 정도였습니다. 그토록 싫어하는 데 특별한 이유가 있었던 것은 아니었고, 아마도 자연계가 우리에게 그런 감정을 심어준 것 같습니다." 이에 공작은 짐짓 설교조로 말했다. "자네들은 이 점에 대해 어떻게 생각하나? 자연계는 언제나, 우리 마음속에 세상에서 범죄라고 부르는 행위를 범하고 싶은 강렬한 욕망을 불어넣고 있는데, 너희들이 몇 번이나 어머니를 독살하려는 생각을 하게 된 것도 자연계가 너희들 마음속에 심어준 범죄경향(그것은 너희들의 어머니에 대한 극심한 혐오감으로 나타난 것인데), 바로 그것이다. 인간은 누구나 어머니의 은혜를 입고 있다고 생각하는데 그건 도저히 말도 안 되는 얘기야. 하지만 사람들 중에 어머니에게 감사하는 자가 있는 것은 무엇 때문일까?

어머니가 섹스를 하고 마음을 준 것에 대해 감사하는 것일까. 확실히 그것도 일리는 있지. 그 덕분에 자기가 태어났으니까. 하지만 난 어머니가 한 일에 대해 혐오와 경멸밖에 느끼지 않네. 도대체 어머니는 우리에게 이 세상에 태어난 행복을 가져다준 것일까? 당치도 않은 일이야. 어머니가 우리를 위험으로 가득한 세상에 내던진 덕분에 우리는 거기서 전력을 다해 빠져나오려 하고 있지 않은가? 나는 똑똑히 기억하고 있는데, 옛날에 나에게 뒤클로의 마음과 똑같은 마음을 품게 한 어머니가 있었지. 어머니를 증오했기 때문에 아버지가 죽어 자유를 얻은 나는 곧바로 어머니를 저세상으로 보내드렸지. 나의 일생에서 어머니가 영원히 눈을 감았을 때만큼 강렬한 쾌감을 맛본 적은 없었어."

그때 공작의 맞은편에 앉아 있던 4인조 가운데서 격렬한 흐느낌이 들려왔다. 그것은 소피의 울음소리였다. 악인들과는 다른 마음의 소유자인 그녀는 그들의 대화를 듣고 있는 동안 자기가 납치되었을 때 딸을 지키려다 악인들에 의해 강에 던져져 딸이 보는 앞에서 죽어간 어머니의 모습이 되살아나, 지난날의 그 잔인한 광경이 그녀의 상상력을 부추겨 눈물을 자아낸 것이다. 소피의 모습을 본 공작은 자신이 한 말이 소피에게 준 효과에 흥분하여 당장이라도 사정을 할 것 같은 그것을 꺼내 보여주면서 말했다. "오, 그래, 코흘리개 아가씨, 어머니를 위해 울고 있구나. 그렇겠지, 자, 이쪽으로 오너라, 내가 위로해주마." 그러자 마리가 그녀를 공작에게 데리고 갔다. 소피의 눈물이 뺨을 적시고 흘러내려 입고 있는 수녀의 의상이 그녀의 고통으로 더한층 매력을 띠고 있어서 뭐라 표현할 수 없이 아름다운 모습이었다. 정신병자처럼 일어선 공작은 "오, 제기랄, 정말 귀여운 아가씨구나. 아까 뒤클로가 말한 것처럼 이 아이의 그곳에 정수를 듬뿍 발라줘야겠다…… 어서 발가벗겨라" 하고 외쳤다. 모두가 숨을 죽이면서 이 사전연습의 추이를 지켜보았다. 공작의 발밑에 몸을 던진 소피는 이렇게 간청했다. "주인님, 저를 살리기 위해 죽고 만 어머니의 운명을 생각하고 저도 모르게 울고 말았어요. 이제 두 번 다시 어머니를 만날 수 없겠지요. 제발 저의 슬픔을 헤아려주세요. 저의 눈물을 동정해주세요. 오늘 밤만이라도 평화로울 수 있게 해주세요." 공작은 완전히 발기한 그것을 만지면서 "그런 건 내 알 바 아니야" 큰 소리로 외쳤다. "오랜만에 가슴이 설레는 기분을 맛보는구나. 자, 마리, 이 아이의 옷을 벗겨라." 공작의 긴 의자 위에서 그 광경을 보고 있던 알린도 자신도 모르게 뜨거운 눈물을 흘리고 있었다. 법원장의 명령을 어기고 자세가 흐트러졌기 때문에 벽감 안에서 그에게 징벌을 받고 있던 아델라이드의 신음소리도 들려왔는데, 징벌을 마친 법원장은 귀여운 소녀의 고통을 동정하기는커녕, 뭐라 말할 수 없이 유쾌한 광경을 흥미롭게 바라보고 있었다. 마리는 소녀의 고통 따위는 아랑곳하지 않고 옷을 벗긴 뒤 뒤클로의 이야기에 나온 것과 똑같은 자세를 취하게 하자, 공작은 "자, 이제 한다" 하고 크게 소리를 질렀다.

과연 그 뒤 어떤 일이 일어났을까? 뒤클로 이야기 속의 늙은 상인은 그것이 발기하지 않아서 흐물흐물해진 거기서 나오는 정수를 어디건 뿌릴 수 있었지만, 하늘을 향해 발기해 있는 공작의 그것은 도저히 아래로 구부릴 수가 없어서 누워 있는 소녀한테는 아무것도 할 수가 없었다. 주위 사람들도 좋은 생각이 떠오르지 않자, 뜻하지 않은 장애에 부딪친 공작이 화가 나서 소리를 지르기 시작하여 결국 데그랑주가 도우러 왔다. 이 노파는 방탕에 관해서는 모르는 게 없었다. 그녀가 소피를 뒤에서 높이 안아올려 교묘하게 무릎 위에 올리자, 두 하녀가 소녀의 두 다리를 잡고 가랑이를 벌리게 했으며, 안티노우스가 소녀의 엉덩이를 지지해준 덕분에 공작이 어떤 자세를 취해도 그것의 끝은 소녀의 옥문에 닿게 되었다. 그러나 그것만으로는 부족해서, 이번에는 누군가가 공작의 그것을 꼭 잡고 교묘한 손놀림으로 거기서 홍수 같은 정수를 넘치게 해 그 흐름을 목적하는 장소로 이끌어야 했다. 공작은 그런 중요한 일에 익숙지 않은 소년이나 소녀의 서투른 손을 빌리고 싶지는 않았다. 뒤르세가 "쥘리에게 시키는 게 어떨까. 쥘리가 천사 같은 손놀림으로 시작하는 거지. 자넨 틀림없이 만족할 거야." 그러자 공작이 발끈했다. "무슨 소리야, 그 멍청한 아이는 틀림없이 실수를 할걸. 게다가 쥘리는 내 딸이어서 나의 기질을 잘 알고 있기 때문에 무서워서 하지 않아." 이에 법원장이 "에르퀼은 어때? 손이 나긋나긋하거든" 하고 묻자 공작이 이렇게 대답했다. "뒤클로 외에는 안 되겠어. 그녀는 우리 가운데 손놀림이 최고야. 잠시 역할에서 벗어나 이곳에 오게 할 수 없을까?" 특별히 선발된 것을 자랑으로 느낀 뒤클로가 높은 좌석에서 내려왔다.

　그녀는 소매를 걷어붙이더니 공작의 그것을 잡고 그의 쾌감에 차분하게 응하면서 완급을 조절한 교묘한 손놀림으로 움직였다. 그러자 그도 목표인 구멍 주위에 정수를 쏟으면서 욕설을 하고 소리를 지르며 발광했다. 안티노우스는 한 손으로 소녀의 엉덩이를 받치면서 공작의 정수를 교묘하게 옥문으로 유도했다. 가장 기분 좋은 쾌감에 녹초가 된 공작은 몽롱한 상태로 조금 전까지 사납게 발기했던 그것이 뒤클로의 손안에서 차츰 시들고 있는 것을 느꼈다. 일이 끝나자 공작은 자신의 긴 의자로 돌아가고 뒤클로는 좌석으로, 소피는 눈물을 닦으면서 자기 자리로 갔다. 그 광경을 보고 있던 일당 가운데 세 사람은 마음이 동하여, 악덕을 상상함으로써 감각이 더욱 불타올라, 더욱더 음탕한 행위로 이끌어준다는 진실을 실감했다.

　뒤클로는 다시 이야기를 이어나가기 시작했다.

　'제가 돌아오자 모두가 저를 보고 웃으면서 잘 씻었느냐는 둥, 제가 방금 한 짓을 마치 보고 있었던 것처럼 질문을 해서 놀라고 말았습니다. 저의 불안은 곧 사라졌습니다. 언니는 저를 조금 전까지 제가 갇혀 있던 놀이방 옆방으로 데리고 가서 놀이방 안에서 이루어지는 모든 것이 들여다보이는 구멍을 가르쳐주면서 말했습니다. "이곳 여자들은 여기서 손님이 동료를 상대로 어떤 짓을 하는지 구경하면서 기분전환을 해. 나도 그게 보고 싶으면 아무도 없을 때를 노려 이곳에 오곤 하지. 이 귀중한 구멍을 통해 나는 사람들이 하는 비밀 의식을 배운단다." 일주일이 지났을 때 저는 그 구멍의 즐거움을 맛보게 되었습니다. 그래서 제가 이제부터 주인님들에게 말씀드리는 사건은 제가 실제로 경험한 것 외에 그 구멍으로 엿본 것과 타인으로부터 들은 것들입니다.

　어느 날 아침, 손님이 찾아와 로잘리라고 하는, 숙소에서 가장 아름다운 금발 여자를 찾았습니다. 호기심에 사로잡힌 저는 손님이 그녀에게 무슨 짓을 하는지 관찰하려고 했습니다. 그리고 숨어 있던 저는 다음과 같은 광경을 목격했습니다. 그녀가 상대하는 손님은 스물여섯에서 서른 살 정도의 남자였습니다. 그는 상당한 단골손님인 듯, 그녀가 들어오자마자 그녀를 팔걸이도 등받이도 없는 높은 의자에 앉혔습니다. 그녀가 말없이 앉자, 그는 그녀의 머리카락을 묶고 있는 핀을 모두 빼고 그의 마음을 매혹시키는 금발의 아름다움을 찬양하면서 머리를 빗으로 빗거나, 머리카락을 풀어서 쓰다듬기도 하고 키스도 하면서 다양한 동작을 몇 번이나 되풀이한 뒤, 마지막에 바지에서 단단해진 작은 그것을 꺼내 둘시네아[1] 같은 로잘리의 머리카락으로 재빠르게 그것을 감싸더니, 그 머리카락 속에서 주무르거나 머리카락으로 비비면서 한 손을 그녀의 목을 껴안고 그녀의 입에 격렬하게 키스를 하고는 시들해진 그것을 꺼냈습니다. 그녀의 머리카락에는 정수가 묻어 있었는데 그녀는 그것을 닦아내고 머리를 다시 감아올렸습니다. 그리고 두 연인은 헤어졌습니다.

한 달쯤 지난 뒤, 쉰 살쯤 된 손님이 언니를 찾아왔습니다. 동료들이 색다른 취향이 있는 사람이니 구경하는 게 좋을 거라고 저에게 권했습니다. 그 손님은 방에 들어가더니 말 한마디 없이 다짜고짜 언니에게 자기 엉덩이를 내보였습니다. 언니는 자기가 할 일을 잘 알고 있는 듯 그를 침대 위에 엎드리게 하더니, 주름투성이 엉덩이를 잡고 다섯 개의 손가락을 그대로 구멍 속에 찔러 침대가 흔들릴 정도로 세게 구멍 속을 휘저었습니다. 그는 달리 아무것도 하지 않고 오직 언니의 손가락 움직임에 따라 엉덩이를 상하좌우, 앞뒤로 흔들면서 정욕에 몸을 맡기고는 마지막에 크게 소리를 지르면서 최고의 쾌락을 맛보았습니다. 그 엉덩이의 움직임이 얼마나 격렬하던지 언니는 땀에 흠뻑 젖어 있었습니다. 그러나 이것은 상상력이 결여된, 그다지 가치가 없는 삽화의 하나일 뿐, 주인님들에게 말씀드릴 만한 것은 아니라고 생각합니다.

그 뒤 얼마 안 가서 제가 상대하게 된 손님은 상당히 다루기 힘들었는데, 관능의 불가사의한 희열을 추구하는 짙은 음탕의 취향을 지닌 사람이었습니다. 나이는 마흔쯤 되고 몸집은 작은데 젊고 쾌활했습니다. 아무튼 아직 본 적이 없는 취향을 지닌 사람으로, 제가 맨 처음 당했을 때는 다짜고짜 페티코트를 배꼽까지 걷어 올리는 것이었습니다. 갑자기 몽둥이를 맞닥뜨린 개라도 저처럼 불쾌한 표정을 짓지는 않았을 겁니다. 그는 페티코트를 바닥에 떨어질 정도로 거칠게 끌어내리더니 "이 매춘부야, 너의 그것은 제발 보이지 마

---

1) 둘시네아는 돈키호테가 마음에 품고 있는 귀한 집 딸의 이름으로 세르반테스의 《돈키호테》는 사드의 애독서 가운데 하나였다.

라, 부탁한다. 머릿속에서 그 환영을 쫓아버리지 않으면, 오늘 밤 너의 그것을 본 덕분에 제대로 즐기지 못할 테니까" 하고 불쾌한 듯이 말했습니다. 그리고 저를 뒤로 돌아서서 두 손으로 페티코트를 들어 올린 채 걷게 하여 제 엉덩이의 움직임을 바라보았습니다. 그런 다음 침대 위에서 엎드려 기어다니게 했습니다. 그러더니 그것이 보이지 않도록 한 손으로 자기 두 눈을 가리고 한 손으로는 내 엉덩이를 더듬어 음미하면서, 이번에는 저에게 두 손으로 그 망측한 부분을 가리라고 하고(그의 표현에 따르면) 두 눈을 크게 뜨고 오랫동안 즐거운 듯이 두 손으로 제 엉덩이를 더듬으며 때때로 입을 대고 직접 엉덩이 구멍 속까지 핥기도 했습니다. 그러나 그는 아직 그것을 바지 안에서 꺼내지는 않고 있었습니다. 그러다가 그는 차츰 다급해져서 마무리를 준비하기 시작했습니다. 의자 방석을 몇 장 주더니 "그 위에 네발로 기는 자세를 취해라, 그래, 다리를 벌리고 엉덩이를 약간 올려 가능한 한 엉덩이 구멍을 크게 하고, 그곳은 두 손으로 확실하게 가려야 한다" 하고 잇따라 지시를 해서 제가 시키는 대로 하는 것을 보고 "좋아, 좋아, 됐어" 하면서 고개를 끄덕였습니다. 그리고 제 두 다리 사이에 의자를 놓고 앉아서 바지에서 그것을 꺼내더니, 그것을 이제부터 예배를 바칠 구멍 높이로 가져가 한 손으로 그것을 황급하게 비비면서 한 손으로 제 엉덩이를 한껏 벌리고, "아, 정말 아름다운 엉덩이로구나, 정말 예쁜 구멍이다. 자, 이제부터 그것을 정수로 가득 채워주마" 소리를 쳤는데, 그때 이미 제 엉덩이는 정수로 촉촉하게 젖고 말았습니다. 바로 그 순간, 그는 할 말을 잊고 넘치는 쾌감에 녹초가 되어버린 것 같았습니다. 저는 이 신전에 바치는 존경이 또 하나의 신전에 대해 불태우는 정열보다 한층 격렬하고 깊은 것임을 깨달았습니다. 그는 덕분에 충분히 욕정을 채울 수 있었다고 말하더니 재회를 약속하고 돌아갔습니다. 그는 이튿날도 찾아왔는데 성실하지 못한 그는 제 언니의 엉덩이에 대한 소문을 듣고 언니를 선택한 것입니다. 옆방의 구멍으로 들여다보니 그의 행위는 완전히 똑같은 순서여서, 언니도 저와 똑같은 응대로 그를 맞이한 것을 알게 되었습니다.'

뒤르세가 물었다. "네 언니의 엉덩이가 그렇게도 예뻤단 말이냐?" 뒤클로가 대답했다. "주인님, 어떤 사실을 말씀드리오니, 부디 판단에 맡기고자 합니다.

어느 유명한 화가가 멋진 엉덩이를 지닌 베누스를 그려달라는 의뢰를 받고 파리의 모든 사창가를 뒤졌는데 제 언니가 가장 걸맞은 모델이었다고 합니다."
"네 언니는 열다섯 살이었다는데 여기 있는 오귀스틴과 젤미르도 같은 나이다. 네가 보기에 누구의 엉덩이가 네 언니의 엉덩이와 비교할 수 있을까?" 뒤르세가 다시 묻자 뒤클로가 말했다. "엉덩이로 보나 용모로 보나 모든 점에서 젤미르가 언니를 빼닮았습니다." 뒤클로의 대답을 들은 뒤르세가 곧바로 젤미르를 부르자, 그 매력적인 소녀는 몸을 떨면서 그에게 다가왔다. 그녀가 긴 의자 위에 배를 깔고 엎드리니 엉덩이의 구멍이 다 드러났다. 도락자인 뒤르세는 축 처진 그것을 꺼내 그녀의 엉덩이를 쓰다듬거나 키스를 하면서 쥘리에게 그것을 비비게 했다. 뒤르세는 두 손으로 소녀의 엉덩이를 쓰다듬는 동안 쥘리의 관능적인 마찰로 음욕에 취하기 시작하여 조그마한 그것이 점점 단단해지자 환성을 지르면서 단번에 정수를 방출했다. 마침 그때 저녁식사를 알리는 종이 울렸다. 저녁식사의 호화로움에 대해서는 이미 이야기를 했고, 일당은 실컷 방출한 뒤라 정력을 회복하기 위해 많이 마시고 많이 먹었다. 뒤클로의 언니라는 이름을 얻게 된 젤미르는 향연에서 크게 인기가 있었는데, 일당은 그녀의 엉덩이에 키스를 한 다음, 주교는 그 엉덩이에 정수를 쏟고 다른 세 사람은 엉덩이 위에서 그것을 발기시켰다. 그런 다음 그들은 저마다 아내와 마장을 데리고 방으로 돌아가 쉬었다.

11월 3일

공작은 뒤클로가 소녀들에게 가르치는 수업을 거들어주기 위해 9시에 일어났다. 한 시간 동안 소녀들은 교대로 스승인 뒤클로의 지도하에 다양한 자세를 취하면서 안락의자에 앉아 있는 공작의 몸을 더듬으면서 그것을 비비거나 뒷문을 만지작거렸는데, 독자 여러분들도 상상할 수 있겠지만, 그런 공들인 의식 덕분에 혈기가 왕성한 그의 기질은 점점 흥분하기 시작했다. 그러나 공작은 한 방울의 정수도 흘리지 않으려고 좀처럼 믿기 어려운 기력을 발휘했다. 그럭저럭 자신을 억제한 그는 의기양양하게 방으로 돌아가 동료들에게 자네들은 절대로 나처럼 냉정해질 수 없을 거라고 큰 소리를 쳤다. 그리하여 일당은 내기를 하여, 수업 중에 사정을 한 자에게는 500프랑의 벌금을 물리기로 했다.

그날 아침은 소년들의 하렘에서 아침식사를 하고 일과를 점검하는 대신, 앞으로 17회나 되는 주말로 예정되어 있는 특별향연의 계획안을 짜게 되었다. 그 결과 일당이 저마다 취향에 따라 소년 소녀들의 순결을 깨는 날을 정하고, 그날까지는 제각기 상대의 상태를 잘 관찰해 최종적으로 결정하는 것이 좋겠다는 결론에 이르렀다. 따라서 그 계획안은 도락자들의 모든 행동을 좌우하는 가장 중요한 것이므로, 독자 여러분에게 그 복사본을 보여줄 필요가 있을 것 같다. 각각의 희생자의 운명을 알아두면 독자는 앞으로 이야기 속에 등장하는 희생자 개개인에 대해 더욱 관심을 가지게 될 것이다.

계획표

11월 7일, 첫 주일 마지막 날이므로 오전에 미셰트와 지통의 결혼식을 거행한다. 또한 결혼식은 우리의 기분전환을 위한 것이므로 아직 나이 어린 두 사람의 교접은 금지한다. 신랑은 우리가 보는 앞에서 신부와 즐긴다(이하 3쌍의 소년 소녀 결혼식도 마찬가지다). 당번의 징벌표에 기재된 자의 징벌을 집행한다(징벌은 언제나 주말에 한다).

11월 14일, 소년 나르시스와 소녀 에베의 결혼식.

11월 21일, 소년 젤라미르와 소녀 콜롱브의 결혼식.

11월 28일, 소년 퀴피동과 소녀 로제트의 결혼식.

12월 1일, 여자 이야기꾼 샹빌이 이야기를 시작한다.

12월 4일, 공작은 소녀 파니의 순결한 옥문을 즐긴다. 소녀들의 순결한 옥문을 감상하는 것은 아래의 순서로 진행한다.

12월 5일, 소년 이아생트와 소녀 파니의 결혼식.

12월 8일, 법원장은 소녀 미셰트의 순결을 범한다. 법원장의 그것은 공작에 비해 작으므로 어린 소녀를 택할 것.

12월 11일, 공작은 소녀 소피의 순결을 음미한다.

12월 12일, 소년 세라동과 소녀 소피의 결혼식.

12월 15일, 법원장은 소녀 에베의 순결을 음미한다.

12월 18일, 공작은 소녀 젤미르의 순결을 범한다.

12월 19일, 소년 아도니스와 소녀 젤미르의 결혼식.

12월 20일, 법원장은 소녀 콜롱브의 순결을 범한다.

12월 25일, 공작은 소녀 오귀스틴의 순결을 즐긴다.

12월 26일, 소년 나르시스와 소녀 오귀스틴의 결혼식.

12월 29일, 법원장은 소녀 로제트의 순결을 음미한다.

1월 1일, 여자 이야기꾼인 마르텐이 이야기를 시작한다. 공작은 소녀 에베의 순결한 뒷문을 범한다. 소년 소녀들의 순결한 뒷문을 음미하는 것은 다음의 순서로 진행한다.

1월 2일, 이미 법원장에게 옥문을 제공하고 공작에게 뒷문을 제공한 소녀 에베를 마장 에르퀼에게 맡긴다.

1월 4일, 법원장은 소년 젤라미르의 순결을 즐긴다.

1월 8일, 공작은 소녀 미셰트의 순결을 즐긴다.

1월 9일, 이미 법원장에게 옥문을 제공하고 공작에게 뒷문을 제공한 소녀 미셰트를 마장 브리즈퀼에게 맡긴다.

1월 11일, 주교는 소년 퀴피동의 순결을 음미한다.

1월 13일, 법원장은 소녀 젤미르의 순결을 범한다.

1월 15일, 주교는 소녀 콜롱브의 순결을 음미한다.

1월 16일, 이미 법원장에게 옥문을 제공하고 주교에게 뒷문을 제공한 소녀 콜롱브를 마장 안티노우스에게 맡긴다.

1월 17일, 공작은 소년 지통의 순결을 음미한다.

1월 19일, 법원장은 소녀 소피의 순결을 범한다.

1월 21일, 주교는 소년 나르시스의 순결을 음미한다.

1월 22일, 공작은 소녀 로제트의 순결을 즐긴다.

1월 23일, 이미 법원장에게 옥문을 제공하고 공작에게 뒷문을 제공한 소녀 로제트를 마장 방드오시엘에게 맡긴다.

1월 25일, 법원장은 소녀 오귀스틴의 순결을 범한다.

1월 28일, 주교는 소녀 파니의 순결을 즐긴다.

1월 30일, 공작은 마장 에르퀼을 자신의 남편으로 하고 소년 제피르를 아내로 한다. 그 결혼식은 전원 앞에서 거행된다. 이하 세 동료의 결혼식도 마찬가지다.

2월 1일, 여자 이야기꾼 데그랑주가 이야기를 시작한다.

2월 6일, 법원장은 마장 브리즈퀼을 남편으로 하고 소년 아도니스를 아내로 한다.

2월 13일, 주교는 마장 안티노우스를 남편으로 하고 소년 세라동을 아내로 한다.

2월 20일, 뒤르세는 마장 방드오시엘을 남편으로 하고 소년 이아생트를 아내로 한다.

2월 27일, 모든 이야기의 종료를 축하하는 축일로 삼고, 그것을 위한 희생자를 준비한다. 희생으로 제공되는 자들의 명부는 각자의 선택에 맡긴다.

이러한 결정은 1월 30일까지 소년 소녀 전원의 순결을 빼앗기 위한 것이다. 단, 우리가 아내로 삼을 예정인 네 소년에 대해서는 예외이며, 이번 여행을 마지막까지 즐기기 위해 우리의 결혼식까지 소년들의 순결은 흠이 없는 채로 둘 것. 순결을 빼앗긴 소년 소녀는 우리의 아내들을 대신한다. 우리는 때에 따라 그중에서 마음에 드는 자를 선택하는데, 우리가 결혼을 예정하고 있는 소년들과 함께 우리 곁에 대령할 것. 아내들은 우리의 신뢰를 잃은 것으로 간주되어 절연당하고 하녀 이하의 지위가 부여된다. 열두 살인 에베와 미세트, 열세 살인 콜롱브와 로제트는 마장들에게 맡겨 훈련시키는데, 이 소녀들도 우리의 믿음을 잃은 것으로 여겨져 그 뒤부터 우리의 엄격하고도 가혹한 정욕을 위해 이용되며, 절연한 아내들과 동등한 취급을 받는다. 이 계획에 따라 공작은 파니, 소피, 젤미르, 오귀스틴의 순결한 옥문, 미세트, 로제트, 지통과 제피르의 순결한 뒷문을 음미한다. 법원장은 에베, 콜롱브, 로제트의 순결한 옥문, 소피와 젤미르, 오귀스틴의 순결한 뒷문, 젤라미르와 아도니스의 순결한 뒷문을 음미한다. 뒤르세는 완전히 불능이므로 만일 가능하다면 이아생트를 아내로 했을 때 소년의 순결한 뒷문을 음미한다. 주교는 뒷문밖에 흥미가 없으므로 퀴피동, 세라동, 파니, 콜롱브의 순결한 뒷문을 음미할 것.

그날 일당 넷은 거의 온종일 계획안 작성과 그 실행에 대한 의논으로 보냈다. 이야기가 시작될 때까지 별다른 일 없이 지나갔다. 정각이 되자 뒤클로는 높은 좌석에 앉아 이야기를 계속했다.
'어제 말씀드린 정사가 있은 지 얼마 지나자 않아 젊은 남자가 찾아왔는데, 그 손님은 젊고 건강한 유모를 주문했습니다. 게랭 부인이 적당한 유모를 밖에서 찾아오자, 그는 유모의 유방을 미친 듯이 빨고 젖을 마시면서 그녀의 허벅지에 정수를 흘렸습니다. 그는 몸이 약한 데다 그것이 지극히 빈약해서 얌전하고 조용하게 일을 마친 거지요.
그 이튿날, 주인님들이 흥미를 가질 만한 기묘한 버릇을 지닌 서른 살쯤 되어 보이는 법관풍의 손님이 찾아왔습니다. 그 손님의 취향은 제가 보기에 그다지 음탕한 것은 아니지만 그래도 상당히 색다른 것이었습니다. 그 손님은 부인에게 최고로 멋진 엉덩이를 지닌 여자가 필요하다, 엉덩이 말고는 아무것도 보고 싶지 않으니 여자의 얼굴과 가슴은 이불보로 완전히 가리고 눕혀달라고 주문하더군요. 그는 엉덩이 외에는 전혀 흥미가 없어서 신체의 다른 부분을 보여줬다간 금방이라도 분노를 폭발시킬 기세였습니다. 부인은 주문한 여성을 밖에서 데리고 왔습니다. 그 여자는 쉰 살 정도로 구제불능의 추한 모습이었지만 엉덩이만은 미의 여신 베누스의 엉덩이를 잘라낸 것 같아 일찍이 누구도 본 적이 없을 정도로 대단했습니다. 저는 구멍을 통해 그의 수법을 열심히 지켜봤습니다. 남자는 늙은 여자에게 상반신을 이불로 감싸고 침대에 엎드리도록 명하고 그녀의 페티코트를 허리까지 걷어 올려 자신의 취향을 만족시켜줄 엉덩이를 바라보더니, 이내 황홀해져서 엉덩이를 만지거나 벌리게 하면서 몇 번이나 뜨거운 입술을 갖다 댔습니다. 그의 상상력은 불꽃처럼 타올라 실제로 누워 있는 여자가 누구이든 베누스를 상대하고 있는 것처럼 상상했을 겁니다. 그는 바지 안에서 그것을 꺼내 격렬하게 비비기 시작했는데, 얼마 지나자 그것은 더욱 굳어져서 눈앞에 보이는 절세의 엉덩이에 따뜻한 정수를 빗물처럼 쏟았는데, 그 기세가 무척 날카롭고 격렬하더군요. 그리고 동경하는 우상 앞에 앉아 한 손으로 엉덩이를 벌리면서 한 손으로는 정수를 쓸어 넣으며 몇 번이고 "정말 아름다운 구멍이다. 이렇게 아름다운 엉덩이 구멍에 정수를 뿌리는 건 정말 행복한 일이야" 하고 큰 소리로 말했습니다. 일이 끝나자 그는 상대가 어떤 여자인지 알려고도 하지 않고 나가버렸습니다.

얼마 지나지 않아 젊은 신부가 언니를 찾아왔습니다. 그 신부는 미남이었지만, 그 물건은 어디에 있는지 보이지도 않을 정도로 시들어 있었습니다. 그는 언니를 발가벗겨 긴 의자에 눕히더니 언니의 두 다리 사이에 무릎을 꿇고 앉아 두 손으로 엉덩이를 받쳐 들고는 손가락으로 엉덩이 구멍을 비비면서 앞문에 입을 대고 혀로 교묘하게 클리토리스를 핥기 시작했습니다. 그 두 동작을 동시에 참으로 정확하게 되풀이하자 음란한 언니도 순식간에 착란에 빠진 것처럼 머리를 좌우로 흔들면서 멍한 눈으로 "신부님, 죽을 것만 같아요" 소리를 질렀습니다. 신부는 그런 몸짓으로 절정에 이른 여자의 애액을 한 방울도 남김없이 다 마셔버린 뒤, 여자가 누워 있는 긴 의자에 기대어 자기의 그것을 비벼대 바닥에 사나이의 증거를 뿌리는 것이 버릇이었습니다. 그런데 이튿날 뜻하지 않은 일로 제가 그 신부에게 불려간 겁니다. 주인님들, 그것은 제가 평생 경험한 일 가운데 가장 감미로운 것의 하나였습니다. 그 신부는 입을 사용해 저의 순결을 빼앗고 저도 그의 입에 저의 최초의 진짜 애액을 쏟아넣었습니다. 저는 그에게 보답하기 위해 언니보다 더 열심히 그가 입으로 저에게 준 쾌락을 손으로 갚았습니다.'

아침의 연습 덕분에 기묘하게 뜨거워져 있었던 공작은 뒤클로의 이야기를 중단시키지 않을 수 없었다. 그는 매력적인 오귀스틴을 상대로 그러한 음락을 함께하면 고환 속에서 옥신거리고 있는 정수를 내보낼 수 있을지도 모른다고 생각했다. 그녀는 그의 조에서 마음에 드는 소녀로, 언젠가 그가 그 순결한 옥문을 즐기기로 되어 있었는데, 그 반짝이는 요염한 눈이 조숙한 기질을 나타내고 있었다. 공작이 미용실에 장식되어 있는 마네킹처럼 매력적인 몸매의 그녀를 불러들이자, 하녀가 그녀의 페티코트를 걷어 올려 긴 의자 위에 눕혔다. 공작은 우선 귀여운 소녀의 엉덩이에 끌려 무릎을 꿇으면서 손가락으로 엉덩이 구멍을 가볍게 간질이고, 귀여운 소녀가 이미 도드라지게 한 클리토리스를 입으로 빨았다. 랑그도크 지방 출신 여자는 정이 많다고 하는데, 그녀는 아름다운 눈을 반짝이면서 한숨을 짓고 자연스럽게 엉덩이를 들어 올렸기 때문에, 공작은 그야말로 처음으로 흘러나오는 애액을 맛보고 쾌감을 느꼈을 테지만, 즐거움은 그것으로 그치고 말았다.

왜냐하면 악덕에 빠진 도락자의 저주받은 마음에 단순하고 품위 있고 평범한 방법은 거의 효과를 미치지 않기 때문이다. 공작도 그런 한 사람이어서, 귀여운 소녀의 애액을 마셔도 사정할 수가 없었던 것이다. 공작은 자신의 불능을 가련한 소녀 탓으로 돌려 분노하기 시작했는데, 자연계의 법칙에 진 오귀스틴은 부끄러움이 가득해져서 두 손으로 얼굴을 가리고 자리에 돌아가고 말았다. 공작은 그녀를 무서운 눈으로 노려보면서 "다른 소녀를 보내줘. 모든 소녀로부터 한 방울 남김없이 다 마셔도 절대로 흘리지 않을 테니" 하고 소리쳤다. 그리하여 오귀스틴과 똑같이 마음에 드는 젤미르를 부르게 되었다. 그녀는 오귀스틴과 같은 나이이지만 슬픈 상황에 놓여 있었기 때문에 자연계가 당연히 부여한 쾌락을 맛볼 힘이 없었다. 그녀를 눕히고 페티코트를 석고보다 하얀 허벅지 위로 걷어 올리자 털이 갓 자란 봉긋하게 부푼 작은 언덕이 보였다. 그녀는 시키는 대로 기계적으로 응했지만 옥문을 만지작거리든 무엇을 하든 공작의 그것은 발기하지 않았다. 공작은 분노해서 일어나더니 "나는 별 가치도 없는 소녀들을 사냥감으로 삼고 싶지 않다. 내가 잘 사냥할 수 있는 것은 너희들이다" 하면서 에르퀼과 나르시스를 데리고 작은 방으로 가버렸다. 어떤 음락에 몸을 맡겼는지는 알 수 없지만 공작의 신음소리가 들려온 걸로 보아 그가 승리를 거둔 것은 확실했고, 그가 사정을 하기 위해서는 귀여운 소녀보다 사나이와 소년이 필요하다는 것도 확실해졌다. 마침 그때 지통과 젤라미르 두 소년과 방드오시엘과 함께 작은 방에 들어가 있던 주교가 사정하는 외침소리도 사람들의 귀에 들려왔다. 잠시 뒤 평정을 되찾은 형제가 뒤클로의 이야기를 듣기 위해 작은 방에서 돌아왔다.

'그 뒤 2년 동안은 게랭 부인의 숙소에서는 말씀드릴 만한 취향을 지닌 손님을 맞이하지 못한 채 지나갔습니다. 어느 날, 부인이 저에게 특별히 입을 깨끗이 닦고 준비하라고 말하더군요. 시키는 대로 준비하고 방에서 나가니 쉰 살쯤 되어 보이는 늘씬한 사나이가 부인 옆에 서 있었습니다. 부인은 저를 곁으로 부르더니 "보세요, 이 아이랍니다. 열두 살밖에 안 되었어요. 어머니 배에서 갓 태어난 것처럼 순결 그 자체예요. 믿어주세요" 하고 남자에게 말했습니다. 남자는 저에게 입을 벌리게 하고는 치아를 살피고 냄새를 맡더니 완전히 만족한 것 같았습니다. 함께 쾌락의 방으로 들어가자 그는 저에게 "내 앞에, 바로 곁에 앉으렴" 하고 말했습니다. 그는 매우 진지하고 차분하면서 무게가 있는 사람이었습니다. 반쯤 뜬 눈으로 탐나는 듯이 저를 곁눈질하고 있어서 무슨 짓을 하려는 건지 도무지 짐작이 가지 않더군요. 그러다가 그가 겨우 침묵을 깨고 "입 안에 침을 가득 채워주겠니?" 하는 것이었어요. 시키는 대로 하자 제 입 안에 침이 가득 차올랐을 때쯤 갑자기 제 턱에 달려들어 두 손으로 머리를 안아 저를 꼼짝하지 못하게 하더니, 제 입에 바짝 입을 대고 정신없이 침을 빨아 마시는 겁니다. 그것만으로도 벌써 황홀해져서 미칠 것만 같았습니다. 그리고 세게 제 혀를 빨아 혀가 말라 있고 입 안에 아무것도 남아 있지 않은 것을 확인하면 또 침을 채우라는 것이었습니다. 그런 짓을 몇 번이나 되풀이했는지 모릅니다. 너무 게걸스럽게 빨아대서 저는 가슴이 답답해졌습니다. 저는 그가 뭔가 짜릿한 쾌감을 보여줄 줄 알았는데 완전한 착각이었습니다. 그가 평정을 잃는 것은 침을 빨아 마실 때뿐이고 제 입 안이 비게 되면 다시 원래 기질로 되돌아갔습니다. 제가 "더 이상은 곤란해요" 말하자 그는 처음과 똑같은 눈빛으로 저를 물끄러미 바라보다가 말 한마디 없이 일어나 돈을 내고 돌아갔습니다.'

"무슨 그런 일이 다 있나! 난 절정에 이를 수 있으니 내가 그 사나이보다 행복하다." 법원장이 그렇게 큰 소리를 치자 모두들 그쪽을 쳐다보았다. 법원장은 뒤클로가 방금 이야기한 것과 똑같은 짓을 쥘리를 상대로 하고 있었던 것이다. 그에게 그런 취향의 정욕이 있다는 것은 누구나 알고 있었다. 앞에서도 말했듯이 쥘리의 불결한 입에서 쾌락을 탐하는 것은 그에게는 더 버틸 수 없는 일이었는지, 그는 그녀 덕분에 시원하게 사정을 했다.

'한 달 뒤, 이번에는 전혀 다른 방법으로 빠는 손님을 상대하게 됐습니다.

나이가 지긋한 신부로, 30분쯤 제 엉덩이 여기저기에 키스를 한 다음 혀를 제 엉덩이 구멍 속에 넣고 혀로 찌르거나 좌우로 돌리면서 다양한 기교를 구사하면서 내장에 닿지 않을까 생각될 정도로 깊숙하게 넣었습니다. 흥분한 신부는 한 손으로 제 엉덩이를 최대한 벌리고, 다른 한 손으로는 자신의 그것을 비비면서 엉덩이의 구멍을 힘껏 빨아당긴 끝에 결국 절정에 이르고 말았습니다. 놀랍게도 그가 참으로 교묘하게 혀를 사용하여 제 엉덩이 구멍 여기저기를 간질이는 바람에 저도 함께 절정에 이르고 말았습니다. 일이 끝난 뒤에도 그는 제 엉덩이의 구멍을 유심히 바라보면서 거기에 몇 번이나 격렬한 키스를 퍼부었습니다. 그는 "네가 마음에 꼭 들어서 반드시 다시 찾아오마" 하고는 돌아갔는데, 그 뒤 반년 정도 매주 반드시 두세 번은 찾아와서 같은 짓을 되풀이했습니다. 저는 그 방법에 익숙해져서 이상하게도 엉덩이의 구멍을 간질이면 절정에 이른다는 것을 배우고 말았습니다. 그러나 그는 제가 어떻게 느끼든 전혀 무관심했습니다. 오히려 제가 쾌감을 느끼는 것을 그가 불쾌하게 여기는 게 아닐까 의심이 들 정도였습니다.'

구음을 즐기는 뒤르세는 뒤클로의 이야기에 흥분해서 이야기 속의 신부와는 달리, 가장 마음에 드는 이아생트를 불러들였다. 그리고 소년의 엉덩이에 키스를 하고 소년의 그것을 비비고, 입에 넣고, 그것도 모자라 알린에게 그것을 돕게 했다. 알린이 소년의 그것을 열심히 비비자, 소년은 사정을 예고라도 하듯이 신경을 경련시켜 발작을 일으키기 시작하여, 마침내 뒤르세의 입 안에 정수를 쏟아붓고 말았다. 그러나 뒤르세의 그것은 전혀 반응이 없어 좀처럼 발기를 하지 않았다. 일당 가운데 다른 자가 뒤르세에게 상대를 바꾸면 좋을 거라고 조언하여 세라동을 불렀지만 그래도 일은 잘 진전되지 않았다. 다행히 저녁식사를 알리는 종이 울리는 바람에 뒤르세는 망신을 피할 수 있었다. 그는 웃으면서 동료들에게 멋쩍은 듯이 말했다. "이건 내 실패가 아니야. 조금만 있으면 승리를 거둘 수 있었는데 하필 저녁식사 때문에 망쳤지. 쾌락을 바꿔야겠어. 술의 신 바쿠스를 영접하고 나서 사랑싸움은 다시 하기로 하지."

저녁식사는 여느 때와 다름없이 맛있고 유쾌하고 외설스러웠다. 향연으로 들어가자 일당은 온갖 저열한 행위를 즐겼는데, 그들이 가장 좋아한 것은 소녀들에게 얼굴과 가슴을 가리게 한 뒤 엉덩이만 만져보고 누군지 알아맞히는 내기였다. 공작은 거의 틀렸지만, 다른 세 사람은 공작보다 소녀의 엉덩이를 다루는 데 익숙했기 때문에 한 번도 실패하지 않았다. 일당은 내일을 기대하며 수행자들과 함께 방으로 돌아갔는데, 내일은 다시 새로운 즐거움이 태어나서 거기서 몇 가지 반성을 얻게 되는 것이다.

11월 4일

일당은 제각기 순결을 빼앗을 예정인 소년과 소녀를 순간에 구분할 수 있으면 편하지 않을까 생각해, 소년 소녀들이 어떤 옷을 입고 있든, 또 아무리 알몸이라도 누구의 소유물인지 한눈에 알 수 있도록 머리에 리본을 달게 했다. 공작은 분홍과 초록을 택해 순결한 옥문을 음미하기로 되어 있는 파니, 소피, 젤미르, 오귀스틴의 앞머리에 분홍색 리본을 달게 하고, 순결한 뒷문을 음미하기로 되어 있는 에베, 미셰트, 로제트와 지통, 제피르의 뒷머리에 초록색 리본을 달게 했다. 법원장은 검은색과 노란색을 택하여, 순결한 옥문을 범하기로 되어 있는 미셰트, 에베, 콜롱브, 로제트의 앞머리에 검은색 리본을 달게 하고, 순결한 뒷문을 범하기로 되어 있는 소피, 젤미르, 오귀스틴과 젤라미르, 아도니스의 뒷머리에는 노란 리본을 달게 했다. 뒤르세는 순결한 뒷문을 음미하기로 되어 있는 콜롱브, 파니와 퀴피동, 나르시스, 세라동의 뒷머리에 보라색 리본을 달게 했다.

그날 아침 콩스탕스와 하룻밤을 지낸 법원장은 몹시 기분이 언짢았는데 아무도 그 불만의 원인을 잘 모르고 있었다. 도락자에게는 사소한 일도 불만의 동기가 되는 것이어서, 그 아름다운 여자가 임신하고 있음을 고백했을 때 그는 콩스탕스를 다음 토요일의 징벌에 부치기로 결정했다. 그는 콩스탕스의 남편인 공작과 함께 의심을 받아도 하는 수 없었는데, 이 여행 첫날에 그녀와 육체적인 관계를 가졌을 뿐이었다. 아무런 기억도 없는 공작도 깜짝 놀랐다. 그러나 어쨌든 법원장으로부터 그 소식을 들은 다른 세 사람은 콩스탕스가 맛보게 해줄 비밀스러운 쾌락을 예상하고 크게 기뻐했다. 콩스탕스는 법원장을 불쾌하게 했으므로 당연히 벌을 받아야 마땅하지만 나머지 세 사람에게는 아무튼 징벌을 면할 만한 사건이었다. 그리하여 배가 부른 여자는 일당에게 있어서 새로운 기분전환거리가 될 것이므로 때가 무르익을 때까지 모두 기다려보기로 했다. 일당은 일의 추이를 기대하면서 마음껏 음란한 상상을 펼쳤다. 콩스탕스는 임신한 덕분에 징벌과 식사 중의 봉사가 면제되고 일당의 음욕을 부추기는 일 이외의 잡일은 하지 않아도 되었다. 단, 새로운 지시가 있을 때까지 일당의 긴 의자 곁에 대령해 그들의 요구에 따라 밤 근무를 해야 했다.

그날 아침, 소녀들의 교육을 위한 연습상대는 뒤르세였는데 그의 그것은 극히 짧고 작아서 훈련생들을 연습시키기가 매우 곤란했다. 그녀들은 열심히 애썼지만 뒤르세는 밤새 마장의 여자 역할을 한 뒤였기 때문에 아침부터 남자 역할을 하는 것은 도저히 무리여서 마음이 전혀 움직이지 않았다. 노련한 뒤클로에게 지도를 받은 매력적인 8명의 학생이 온갖 기법을 구사해 귀두의 코끝을 약간 위로 향하게 하는 것이 고작이었다. 그래도 그는 의기양양하게 교실을 나섰다. 그것은 도락자의 언어로 말하면, 발기불능은 일종의 악취미를 맛보게 해주기 때문이다. 뒤르세의 점검은 매우 엄격하여 로제트와 젤라미르가 도마 위에 올랐다. 두 사람 모두 엉덩이를 지시한 상태로 해두지 않았기 때문인데, 그 의문은 언젠가 알게 될 것이다. 그날도 7명만이 교회 화장실 사용을 허가받았다. 아침부터 그것을 발기시키고 있었던 법원장은 뒤클로를 상대로 격렬하게 불타올라 3시의 식사 중에 음란한 말을 계속 지껄였지만 그래도 기분이 풀리지 않았다. 식사가 끝나고 콜롱브와 소피, 젤라미르와 아도니스가 응접실에서 일당에게 커피를 제공했는데 법원장은 더욱 흥분해서 마음에 들어 하던 아도니스를 껴안고 긴 의자에 쓰러져 더러운 욕설을 지껄이면서 뒤에서 거대한 그것을 소년의 가랑이 사이로 집어넣었다. 그러나 그의 거대한 것은 소년의 가랑이 사이를 지나 앞으로 삐져나오고 말았기 때문에 어쩔 수 없이 꼬치처럼 삐져나온 그것을 소년에게 비비게 하고는 자기의 그것 위에 올라타고 있는 소년의 그것을 잡고 비벼대기 시작했다. 제피르의 입을 빨고 있던 공작은 바로 눈앞에 있는 법원장의 그대로 드러난 커다란 엉덩이의 구멍을 보고 완전히 흥분하여 성난 그것을 그리로 돌렸다. 공작에게 있어서 소년을 상대하면서 다른 뒷문을 즐기는 방법은 완전히 새로운 착상이었다. 공작의 뒷문 공격을 예기치 않았던 법원장은 기분이 좋아져 크게 소리 지르면서 엉덩이를 벌려 그것을 받아들였다. 잠시 뒤, 법원장은 아도니스의 따뜻한 정수가 자신의 커다란 귀두를 적시고 있는 것을 느꼈다. 그때 공작이 되풀이하여 뒷문에 충격을 주면서 넘칠 듯이 거품이 이는 정수의 줄기를 뒷문에 쏟기 시작하자 대기하고 있던 법원장의 새하얀 엉덩이는 공작이 방출하는 체액을 한 방울도 남김없이 장 속으로 받아들였다. 주교도 가만히 있지 않았다. 그는 콜롱브와 소피의 성스러운 엉덩이의 구멍을 번갈아 빨고 있었지만 간밤의 일로 상당히 지친 탓인지 거의 힘이 없었다. 도락자들은 변덕이나 싫증으로 알 수 없는 짓을 저지르곤 하는데, 그도 지금의 약해진 상태에 어울리는 두 귀여운 소녀를 더럽게 매도하면서 호된 꼴을 당하게 한 것이다. 일당이 낮잠을 한숨 자고 나자 뒤클로의 이야기 시간이 되었다.

'게랭 부인의 숙소에 얼마간 변화가 생겼습니다. 두 미녀가 제각기 사람 좋은 손님을 발견했고, 거기에 넘어간 손님은 그녀들을 정부로 삼았습니다. 그 빈자리를 메우기 위해 부인은 생드니 거리의 선술집 딸 앙리에트를 점찍었습니다. 열세 살인 그 소녀는 세상에 보기 드문 미모의 소유자였는데, 현명하면서 신심이 깊어 부인의 온갖 유혹에 저항했기 때문에 난처해진 부인은 소녀를 숙소로 유인하기 위해 교묘한 방법을 한 가지 생각해냈습니다. 부인의 가장 친한 친구 가운데 한 사람으로 나이는 쉰대여섯 살이지만 젊고 정력적인 40대로밖에 보이지 않는 신부가 있었습니다. 그 신부는 어린 소녀를 악덕에 빠뜨리는 데 있어서는 따라올 자가 없을 정도로 독특하고 비범한 재능의 소유자로, 소녀의 미덕에 대한 애착을 뿌리째 뽑아버려 미덕을 경멸하게 하고, 화려한 수법으로 악덕을 장식하는 것을 최고이자 유일한 쾌락으로 삼고 있었습니다. 그 때문에 소녀들에게 매혹적인 장면을 이야기하거나 기쁨의 장래를 약속하고, 즐거운 생활의 본보기를 보여주는 등, 온갖 수단과 방법을 준비하고 그것을 교묘하게 안배하여, 소녀들의 나이와 기질에 따라 참으로 멋지게 설교사의 역할을 수행했습니다. 그는 한 번도 실수를 한 적이 없었으며, 아무리 현명하고 분별심 있는 소녀일지라도 두 시간 정도 대화를 나누면 순식간에 음란한 소녀로 만들어버렸습니다.

　신부는 30년이나 전부터 그런 일을 해왔는데 친구인 게랭 부인에게 자기가 유혹해서 타락의 길로 빠뜨린 1천 명이 넘는 어린 소녀들의 명단을 가지고 있다는 말을 한 적이 있다고 했습니다. 그리고 포주의 의뢰가 없을 때는 자신의 즐거움을 위해 적당한 소녀들을 찾아다녔고, 누구든 가리지 않고 유혹해 소녀를 원하는 사람에게 보내주었습니다. 참으로 이상한 일이지만, 신부는 자기가 애써 손에 넣은 과일을 맛보는 일은 결코 없었습니다. 그 기묘한 신부는 소녀와 단둘이 방에 들어가 빠른 이해력과 기민한 마음과 설득력 있는 웅변으로 소녀에게 이야기를 하는데, 이야기가 끝나면 불타는 듯한 마음으로 방에서 나오는 겁니다. 신부가 소녀와 상대하면서 욕정이 불타올라 감각에 어떤 자극을 받은 것은 확실하지만 어떻게 관능을 만족시켰는지는 아무도 몰랐습니다. 악마와 같은 불가사의한 행동의 결과, 그의 눈이 불길처럼 번뜩이면서 발기한 그것을 가리고 있는 바지 앞을 누르고 있는 손이 떨리고 있었지만, 아무리 봐도 그 밖에는 아무런 징후도 보이지 않았습니다. 신부가 게랭 부인의 숙소로 찾아오자 신부님이 할 이야기가 있다고 말해 속여서 끌고 온 선술집 딸이 기다리고 있었습니다. 신부가 소녀에게 무슨 짓을 하는지 옆방의 틈새로 살짝 엿보니, 두 사람이 얘기를 나누는 동안 그가 놀랄 만큼 감동적인 연기를 보여주자, 소녀는 흥분해서 울음을 터뜨리더니 어떤 신들림 같은 상태에 빠지고 말았습니다. 그녀가 그러한 상태에 놓였을 때 그는 눈을 반짝이면서 바지 위에 손을 올려놓고 있는 것을 확실하게 알 수 있었습니다. 얼마 뒤 그가 일어나자 황홀해진 그녀가 그를 껴안듯이 두 팔을 내밀자 그는 신부다운 위엄으로 가득 찬 모습으로 그녀에게 키스했습니다. 그러나 그는 음탕한 행동은 하나도 하지 않았어요. 그가 여인숙을 떠나자 세 시간도 지나지 않아 그 소녀는 보따리를 싸들고 부인을 찾아왔지요.'

　공작이 물었다. "그 신부는 자기가 설교한 결과를 보러 왔나?" 뒤클로가 "아뇨, 오지 않았어요. 그는 한 사람의 소녀도 놓치지 않을 자신이 있었던 거죠" 대답하자 법원장이 "별 이상한 인간도 다 있군. 공작, 자네는 어떻게 생각하나?" 물었다. 공작은 대답했다. "소녀를 유혹하는 행위 자체가 그 사나이를 흥분시켜 바지 안에서 절정에 이른 거지." "아니지, 소녀를 타락시키는 것은 그의 음락의 서막이고 그 일을 마친 뒤 더 큰 쾌락을 찾으러 갔을걸." 주교가 이렇게 말하자 공작이 단호히 말했다. "더 큰 쾌락이라…… 음락에 있어서 자기가 지배자가 되어 일을 진행하는 기쁨만큼 쾌감을 부추기는 것은 없다고 생각하네. 하지만 소녀를 타락시켜 욕정이 불타오르자 남자아이를 손에 넣기 위해 간 거지. 분명히 그 신부는 남색 취향이야." 일당은 뒤클로에게 신부에게 남색을 선호하는 기색이 있었는지 물었다. 그녀가 자기는 그런 증거를 본 적이 없다고 대답하자, 일당은 공작의 말이 맞는다고 생각하면서도 그 기묘한 설교사의 기질을 알아내는 것은 그쯤에서 그치기로 하고, 아무튼 색다른 인물로, 무언가의 목적을 수행하고 있거나 틀림없이 나중에 더 끔찍한 일을 저지를 것이라는 데 의견이 일치했다.

'앙리에트라는 소녀가 새로운 하숙인으로 들어온 이튿날 이상한 호색가가 찾아와 앙리에트와 저와 함께 놀고 싶다고 주문했습니다. 새롭게 찾아온 그 도락자의 낙은, 그 구멍이 있는 방에서 옆방에서 벌어지고 있는 색다른 음락을 들여다보면서 즐기는 것이었습니다. 때마침 제가 어젯밤에 말씀드린 엉덩이 핥기 사내가 놀러 와 있었기 때문에 앙리에트가 엉덩이 핥기 사내와 옆방으로 들어가고 저는 들여다보는 구멍이 있는 방에서 손님을 즐겁게 해주는 역할을 맡게 되었습니다. 그 호색가의 음탕한 즐거움은 훔쳐보는 것에 있었으므로 그것을 아는 게랭 부인은 엉덩이 핥기 사내에게 자극을 주어 가능한 한 음란한 광경을 펼치도록 하기 위해, 상대하는 소녀는 신참이고 오늘이 처음이라고 말해 그의 흥미를 부추겼습니다. 그는 선술집 딸의 조신함과 어린애 같은 모습을 보자 바로 마음에 들어 호색행위가 가능하다고 생각하고 음란한 기분에 들떠서 자기를 엿보고 있는 것을 깨닫지 못하고 있었습니다. 저의 손님은 시선을 구멍에 집중하고 한 손으로 저의 엉덩이를 만지면서 다른 한 손으로 자신의 그것을 잡고 천천히 만지기 시작하여 옆방에서 벌어지고 있는 음란한 행위에 맞춰 절정에 이를 생각인 것 같았습니다. 그는 때때로 "정말 볼만한 구경거린데. 정말 예쁜 엉덩이야. 저 사나이는 소녀의 구멍을 참으로 잘 핥고 있군" 하고 혼잣말을 했습니다. 그리고 앙리에트의 손님이 절정에 이르자 저를 잡아끌어 제 엉덩이 구멍을 만지거나 키스를 하거나 핥으면서, 마침내 사나이라는 증거로 제 엉덩이를 적시고 말았습니다.'

공작이 끼어들었다. "뒤클로, 그것을 비비면서 말인가?" 뒤클로가 대답했다. "네, 주인님, 하지만 너무 작아서 말씀드릴 게 아무것도 없습니다."

'며칠 뒤 제가 상대한 손님은 스물여덟 살인데 잘생기고 정력적인 남자였습니다. 그 손님의 취미는 방금 말한 손님과는 정반대로, 남의 정사를 구경하는 것이 아니라 자기 정사를 남에게 보여줌으로써 즐기는 유형이었습니다. 저는 그 손님을 제 이야기 목록에 올리고 싶은 생각은 없지만, 정사의 상황이 너무나 기묘해서 사나이의 음락도 거기까지 떨어지면 수치도 덕성도 절도도 사라지게 된다는 것을 보여드리기 위해, 쾌락의 한 가지 사실로서 얘기하고 싶습니다. 그 손님은 남의 쾌락을 엿보고 즐기는 취향이 있는 자들이 있다는 소문을 듣고, 게랭 부인에게 만일 그런 사내가 있다면 꼭 찾아서 옆방에 숨겨달라고 부탁했습니다. 부인은 곧바로 방금 제가 얘기한 남자를 데리고 왔습니다. 물론 그 남자는 남의 정사를 은밀하게 엿보는 취미가 있으므로 부인은 상대가 자신을 누가 엿보고 있다는 사실을 알고 있다는 말은 결코 하지 않았습니다. 그런 말을 하면 엿보는 남자는 흥미를 잃게 될 것이 뻔하기 때문이죠. 제언니가 그 엿보는 남자의 상대가 되고 저는 새로운 손님의 상대가 되어 제각기 엿보는 구멍이 있는 방과 그 옆방으로 들어갔습니다. 제가 엿보는 구멍을 가르쳐주자 그는 표정 하나 바꾸지 않고 상대에게 가능한 한 잘 보이도록 구멍 바로 맞은편에 나란히 앉았습니다. 제가 그의 그것을 비비자 그는 성이 나커진 그것을 벽 저편에 있는 남자에게 보여주려는 듯이 일어섰습니다. 그리고 등을 돌려 엉덩이를 드러내고 나도 똑같이 뒤로 돌게 하여 페티코트를 들어올려 엉덩이를 그대로 드러나게 했습니다. 그런 다음 나를 엎드리게 해 두 다리를 벌리게 하여 모든 것이 드러나자, 자기는 제 엉덩이 뒤에 무릎을 꿇고 코끝으로 제 엉덩이 구멍을 비비면서 자신의 그것도 힘껏 비벼 황홀감과 함께 절정에 이르렀습니다. 그래서 언니와 함께 벽 저쪽에 있던 남자는 제 엉덩이와 절정에 이른 손님의 엉덩이와 그 물건을 동시에 바라보면서 제 손님이 더없는 쾌락을 맛본 것과 똑같은 최고의 쾌락을 즐긴 것입니다. 언니의 이야기에 따르면 그 남자는 구름 위에 떠 있는 듯한 상태가 되어 "이렇게 흥분된 적은 없었다"고 하면서 제 손님이 제 엉덩이에 뿌린 것 못지않게 언니의 엉덩이에도 엄청난 정수를 뿌렸다고 하더군요.'

공작이 말했다. "그 젊은 사나이는 상당히 멋진 엉덩이와 물건의 소유자였군. 그런 것을 보면 누구나 당연히 기분 좋게 절정에 이르게 되지." 뒤클로가 대답했다. "맞습니다. 그의 물건은 길면서 굵고, 엉덩이는 사랑의 신 큐피드의 엉덩이처럼 포동포동하면서 부드럽고 멋진 모양이었습니다." 이번에는 주교가 물었다. "너는 그의 엉덩이를 벌려 벽 쪽의 사나이에게 보여주었나?" 뒤클로는 고개를 끄덕였다. "네, 주인님. 물론입니다. 그리고 그 남자도 말할 수 없이 음란한 손놀림으로 저의 엉덩이를 벌려 보여주었습니다." 그러자 법원장이 말했다. "나도 지금까지 몇 번이나 그런 광경을 봤지만, 그때마다 절정에 이르고 말지. 보는 것도 보여주는 것도 말할 수 없는 쾌락을 맛볼 수 있어."

'몇 달 뒤, 똑같은 취향을 가진 손님이 저를 튈르리 공원으로 데리고 갔습니다. 무슨 짓을 하는가 하면, 그 손님이 공원의 의자 사이에 숨어 있으면 제가 지나가는 남자를 잡아끌고 와서 숨어 있는 손님의 눈앞에서 그 남자의 물건을 비비는 것입니다. 그는 그것을 바라보면서 즐기다가 충분히 만족하면 이번에는 사람의 통행이 많은 좁은 길의 의자에 앉아 제 페티코트를 위로 걷어 올려 통행인에게 제 엉덩이를 보여주면서 그것을 꺼내 저에게 비비게 했습니다. 밤이었는데 그가 파렴치하게도 정수를 흘렸을 때 우리 주위에는 10명이 넘는 사람들이 걸음을 멈추고 보고 있어서, 우리는 소동이 벌어지면 큰일이다 싶어서 달아나고 말았습니다.

제가 게랭 부인에게 그 이야기를 하자 부인은 웃으면서 리옹에서 있었던 비슷한 사나이 이야기를 해주었습니다. 리옹에서는 많은 젊은 남자들이 호객꾼 노릇을 하고 있다는데, 그 사나이는 색다른 버릇의 소유자였습니다. 호객꾼인 것처럼 꾸미고 손님을 끌어와서, 자신의 쾌락을 만족시키기 위해 돈을 지불하고 키우고 있는 어린 소녀의 방으로 데리고 가는 겁니다. 그리고 그는 구석에 숨어서 소녀와 손님의 정사를 엿보는데, 소녀는 자기 엉덩이와 손님의 물건과 엉덩이를 숨어 있는 사나이에게 잘 보이도록 놀아주기 때문에, 타인의

정사를 엿보지 않으면 절정에 이르지 못하는 호객꾼도 충분히 만족할 수 있는 겁니다.'

그날 밤 뒤클로의 이야기는 약간 일찍 끝났다. 저녁식사까지 시간이 있어서, 일당은 제각기 내키는 대로 음락에 몸을 맡겼는데 파렴치한 행위를 하고 싶은 마음으로 흥분해 있었기 때문에 벽감 뒤의 작은 방으로 들어가지 않고 서로 눈앞에서 즐겼다. 공작은 뒤클로를 발가벗겨서 등을 돌려 의자 등에 기대게 하고 그녀의 뒤에 무릎을 꿇어 귀두가 바로 그녀의 엉덩이 구멍에 닿도록 해두고 데그랑주에게 그것을 비비게 했다. 공작은 그것만으로는 부족해서 다양한 상대를 잇따라 불러들여 쾌락에 빠졌는데, 그것은 이 이야기의 진행상 생략하기로 하고, 아무튼 몇몇 상대로부터 최상의 대우를 받은 공작은 흥분하여 큰 소리를 지르면서 뒤클로의 엉덩이 구멍에 정수를 뿌렸다. 그 광경을 보고 있던 법원장도 저절로 사정해버리고, 주교와 뒤르세는 제각기 몇몇 남녀를 이용해 기묘한 즐거움에 빠져들었다.

저녁식사 후 무도회가 열려 16명의 소년 소녀, 4명의 마장, 4명의 아내들은 모두 알몸이 되어 세 조로 나뉘어 카드리유를 춘 뒤, 일당은 긴 의자에 누워 저마다 이야기꾼을 옆에 대령시켰고, 이야기꾼들은 주인공들이 쾌락을 맛보는 상황에 맞춰 완급조절을 하면서 그것을 비비고 있었는데, 일당은 무용수들에게 다양한 자세를 강요하면서 댄스의 아름다움을 즐겁게 감상했다. 그러나 그날의 쾌락에 지친 일당은 사정을 참고 내일의 새로운 음란행위에 대비해 정력을 비축하기 위해 방으로 돌아갔다.

11월 5일

그날 아침 소녀들의 수업 훈련에 임한 것은 법원장이었다. 솜씨를 상당히 연마해온 매력적인 8명의 소녀들이 다양한 모양새로 쾌락을 부추기면서 교대로 법원장의 그것을 비벼대자, 그는 가까스로 사정을 참고 다음 쾌락에 대비하기 위해 훈련대에서 내려왔다. 그날 아침 일당은 제각기 애인인 소년을 정하기로 했다. 공작은 제피르, 법원장은 아도니스, 뒤르세는 이아생트, 주교는 세라동이었다. 그리고 4명의 소년은 앞으로 모든 식사에서 (밤에 일당이 방에서 먹는 식사도 포함) 제각기 주인공 옆에 앉는 것이 허용되었다. 그래서 주인공과 동침하지 않은 마장이 이튿날 아침 소년을 주인공에게 데리고 가는 관행은 폐지되어 4명의 소년은 아침에 혼자서 주인에게 가게 되었고, 소년들의 하렘에서의 의식은 남은 네 소년이 봉사하게 된 것이다. 그런데 공작은 2, 3일 전부터 뒤클로의 멋진 엉덩이와 경쾌한 언어구사에 흥분하고 있었기 때문에 아내와 한 사람의 마장, 애인인 소년 외에 그녀도 함께 자게 해달라고 동료들에게 요구했다. 일당은 공작의 소원을 승낙하고 그 대신 법원장은 팡송을 자신의 이야기상대로 추가했다. 주교와 뒤르세는 누구를 밤의 동침에 참여시킬지 잠시 고민한 뒤 결정하기로 했다. 또, 앞에서 말한 것처럼, 4인조 소년과 소녀들은 그때그때에 따라 같은 옷을 입기로 되어 있었는데 일당에게 선발된 네 소년은 다음과 같은 복장을 하기로 결정되었다.

경쾌하고 몸에 꼭 달라붙는 프로이센풍의 제복으로, 윗옷은 과감하게 짧고 허벅지 중간쯤의 길이로 할 것. 짧은 조끼와 속옷을 입을 것. 반바지 뒷부분은 한가운데에서 하트형으로 갈라지되 갈라진 부분을 끈으로 매어, 끈을 풀면 언제라도 엉덩이가 드러나도록 할 것. 상의, 조끼, 속옷, 반바지는 흰 호박단과 분홍빛 공단 두 종류의 천으로 만들 것. 크림색의 얇은 넥타이를 매고, 레이스 가슴장식을 적당히 곁들일 것. 장밋빛 자수를 넣은 흰 양말과 장밋빛 끈으로 맨 잿빛 구두를 신을 것. 머리카락은 목까지 길게 늘어뜨려 여기저기 퍼머를 하고, 잿빛에서 장밋빛까지 각종 가루와 향수도 뿌리고, 리본을 맬 것. 반바지 뒤의 끈의 색깔과 머리의 리본색은 전날 정한대로 할 것. 미모가 더욱 돋보이도록 눈썹을 잘 손질하여 검게 그리고, 뺨에 은은한 붉은빛이 돌게 할 것. 그리하여 소년들의 모습은 도저히 이 세상 사람으로 생각할 수 없을 만큼 매혹적이었다.

소녀들의 하렘과 소년들의 하렘을 점검하자, 파니가 법원장이 명령한 것과 반대인 상태에 있는 것이 발견되었고, 지통은 금지된 행동을 한 것이 발견되어 징벌 목록에 오르고 말았다(어떤 것인지는 머잖아 설명하게 될 것이다). 교회에서의 용변행사가 끝난 뒤(용변이 허가된 것은 극소수의 사람이었다) 3시의 식사가 시작되었는데, 선발된 4명의 소년이 참여하는 최초의 식사였다. 소년들은 제각기 일당의 오른쪽 옆에 앉고 마장은 왼쪽에 앉았다. 매력적인 신참자들은 자못 우아하고 사랑스러웠으므로 식사의 분위기를 들뜨게 할뿐만 아니라 저택 분위기에 더욱 잘 어울렸다.

아침부터 들떠 있던 주교는 식사 중에 세라동에게 키스를 계속 퍼부었다. 세라동과 퀴피동은 식사 뒤, 응접실에서 커피 심부름을 하기 위해 후식이 제공되기 전에 물러났는데, 주교는 응접실에서 다시 세라동의 발가벗은 모습을 보고 흥분하여 더 이상 참을 수 없게 되자, 얼굴이 벌게져서 자신도 알몸이 되어 "제기랄, 아직 네 엉덩이의 구멍을 즐길 수 없으니, 어제 법원장이 제피르에게 해준 것을 너에게 해주마" 하면서 소년을 붙잡아 함께 바닥 위에 뒹굴었다. 소년을 등을 돌리게 해서 자기 배 위에 태우고 그것을 소년의 사타구니 사이에 넣은 뒤 음모로 작은 엉덩이의 구멍을 간질이고, 한 손으로는 소년의 맛있어 보이는 엉덩이를 쓰다듬으면서 한 손으로는 소년의 그것을 비비고, 소년의 귀여운 입에 입을 대 소년의 입김을 빨고 침을 삼켰다. 그것을 보고 있던 공작은 동생인 주교의 관능을 더욱 자극하려고 동생의 눈앞에서 퀴피동의 엉덩이 구멍을 핥기 시작했다. 법원장도 주교 바로 옆에 가서 미셰트에게 자기의 그것을 비비게 하고, 뒤르세는 로제트의 엉덩이를 크게 벌려 보였다. 세 사람 모두 주교가 소망하는 황홀감을 맛볼 수 있게 협조한 것이다. 이윽고 주교의 신경이 떨리면서 눈이 반짝거리고 절정이 다가왔다. 세 사람은 주교의 쾌락이 중간에 멈추면 어떤 무서운 결과를 가져오게 될지 잘 알고 있었기 때문에, 공작은 동생을 더욱 기쁘게 해주기 위해 퀴피동을 엎드리게 해 엉덩이를 주교의 눈앞에 내밀도록 했다. 주교는 퀴피동의 엉덩이 지원 덕에 그 엉덩이 위에 사정을 하여 사나이의 증거를 보여줄 수 있었다. 이윽고 뒤클로의 이야기 시간이 되어 일당은 제각각 자신의 소녀를 아내로 삼아 긴 의자 옆에 대령하게 했는데 모든 것이 평온함 그 자체였다.

'주인님들은 게랭 부인의 집에서 제가 겪은 일들을 하나하나 차례대로 얘기하라고 말씀하셨는데, 그 무렵에 발생한 다소 이색적이고 인상적이었던 몇몇 사건에 대해 간단하게 말씀드리겠습니다. 영업을 하면서 대단한 경험도 쌓기 전에 저도 어느새 열여섯 살이 되었습니다. 그즈음 한 도락자를 만나게 되었는데 그 사람의 변덕스런 행위에 대해 꼭 말씀드리고 싶습니다. 손님은 쉰에 가까운 위엄 있는 재판장으로, 부인의 이야기로는 그는 매일 아침 어느 단골 매춘굴을 찾아가서 이제부터 말씀드릴 색다른 짓을 하는 습관이 있었다고 합니다. 그 매춘굴의 포주가 은퇴했기 때문에 부인이 재판장을 맡게 되어, 그가 처음 찾아왔을 때 제가 그를 상대하게 된 것입니다. 그는 혼자서 엿보는 방으로 들어가더니 저에게 옆방으로 가라고 명령했습니다. 제가 시키는 대로 하자 그곳에는 그가 데리고 온 건장하고 옷차림이 말쑥한 항만근로자가 있었습니다. 그 재판장의 음락에는 나이나 용모 따위는 아무 상관없이 건강하고 청결한 사내가 필요했던 거지요. 저는 옆방에서 상황이 잘 보이도록 항만근로자를 될 수 있는 한 엿보는 구멍 가까이 오게 하여, 선량해 보이는 그 사내가 저에게 요구하는 것은 무엇이든 들어주었습니다. 재판장으로부터 자신의 역할을 들은 그 사나이는 돈을 벌 수 있는 좋은 일거리로 생각하는 것 같았습니다. 저는 미리 재판장이 지시한 대로 사내에게 커피 받침접시 위에 정액을 쏟게 하여 마지막 한 방울까지 짜내자, 접시를 들고 옆방으로 뛰어갔습니다. 망연하게 저를 기다리고 있던 재판장은 저에게서 접시를 받아들자 미지근한 정수를 단숨에 마셔버렸습니다. 그리고 그가 시키는 대로 제가 성이 난 그것을 잡아주자 그는 절정에 이르러 사정을 했고 저는 한 손으로 그 정수를 받아서 그의 입으로 옮겨 마시게 해주었습니다. 단지 그뿐이었습니다. 재판장은 저에게 손도 대지 않았고 키스 한 번 하지 않았습니다. 그리고 그는 열이 식은 것처럼 차분해져서 의자에서 일어나더니 지팡이를 들고 저에게 이렇게 사례를 하고 돌아갔습니다. "옆방 사내의 것을 정말 잘 다뤄주더군. 게다가 나의 취향도 잘 헤아려주고." 이튿날 그는 또 찾아왔는데, 데리고 온 남자는 다른 사람이었고 상대할 여자도 제가 아닌 다른 여자를 요구했습니다. 저의 언니도 그의 시중을 들도록 지시를 받은 적이 있었습니다. 제가 게랭 부인에게 신세를 지는 동안, 재판장은 그런 의식을 치르기 위해 거의 하루도 거르지 않고 아침 9시에 와서, 아무리 매력적인 여자가 상대를 해도 페티코트 한 번 들추지 않고 방금 말씀드린 것만으로 만족하고 돌아갔습니다.'

　법원장이 "그는 항만근로자의 엉덩이를 보고 싶어 하지 않았나?" 하고 묻자 뒤클로가 대답했다. "네, 주인님, 저는 사내의 몸을 이리저리 돌리면서 엉덩이가 잘 보이도록 신경을 썼습니다. 사내가 여자의 몸을 모든 방향으로 돌리는 것처럼요." 법원장은 혼잣말처럼 중얼거렸다. "흠, 그건 이해하겠는데 다른 건 아무래도 좀 이해가 안 되는군."

'그 뒤 얼마 지나서 서른 살쯤 되는 예쁜 빨강머리 여자가 숙소에 머물게 되었습니다. 처음에는 우리의 새로운 동료인 줄 알았는데, 어느 패거리의 놀이를 위한 여자라는 말을 듣고 우리는 놀랐습니다. 얼마 지나자 그 여자의 손님이 찾아왔습니다. 풍채가 좋은 그 사나이는 큰 부자였지만 매우 독특한 취향을 가지고 있어서 다른 여자들은 그를 상대하려 하지 않았던 겁니다. 그래서 그녀는 그를 위한 여자가 된 것입니다. 호기심에 사로잡힌 저는 둘이 무슨 짓을 하는지 보고 싶었습니다. 두 사람은 엿볼 수 있는 방의 옆방으로 들어갔는데, 여자는 다짜고짜 알몸이 되어 희고 포동포동한 몸을 그대로 드러냈습니다. 그때 의자에 앉아 있던 남자가 명령했습니다. "땀을 흘린 너를 가장 좋아한다는 것을 알고 있을 것이다. 자, 달리고 뛰고 땀을 흘려라." 빨강머리 여자가 발레를 추는 듯한 모습으로, 어린 산양처럼 펄쩍 뛰고 달리며 방 안을 뛰어다니자 남자는 그런 여자를 바라보면서 그것을 비비기 시작했습니다. 두 사람은 언제까지나 그런 일을 계속하고 있었는데, 저는 그들이 왜 그런 짓을 하는지 이해할 수가 없었습니다. 그때 땀에 흠뻑 젖은 여자가 남자에게 다가가서 팔을 쳐들어 땀방울이 뚝뚝 떨어지는 겨드랑의 냄새를 맡게 했습니다. 남자는 코끝을 붙이듯이 해 땀에 젖은 여자의 겨드랑이를 들여다보고는 "그래, 바로 이거야, 이 좋은 냄새! 견딜 수가 없군" 하면서 정신없이 땀 냄새를 맡았습니다. 그러고는 무릎을 꿇고 그 여자의 옥문과 엉덩이 구멍에 코를 박고 숨을 깊이 들이쉬었는데, 겨드랑이가 더 마음에 들었는지, 거기서 어떤 좋은 냄새가 나는지 알 수는 없지만 이내 겨드랑이로 돌아가서 거기에 입과 코를 들이대고 탐닉하듯이 냄새를 맡았습니다. 그러는 동안 남자는 그다지 굵지는 않지만 기다란 그것을 계속 비비고 있었지만 아무리 해도 절정에 이르지는 못했습니다. 이번에는 여자가 무릎을 꿇고 있는 남자에게 등을 돌려 엉거주춤한 자세가 되자 남자는 그것을 여자의 오른쪽 겨드랑이 밑으로 집어넣었고 여자는 그것을 오른팔로 힘껏 죄었습니다. 여자가 왼팔을 높이 쳐들자 남자는 여자의 왼팔을 잡고 겨드랑이를 바라보고, 냄새를 맡고, 핥기 시작했는데, 그러는 사이에 결국 여자의 오른쪽 겨드랑이 밑에서 절정에 이르고 말았습니다.'

주교가 끼어들었다. "상대하는 여자는 왜 빨강머리가 아니면 안 되는 거지?" 뒤클로는 이렇게 대답했다. "절대로 빨강머리가 아니면 안 됩니다. 아실지 모르겠는데 빨강머리 여자들은 겨드랑이 냄새가 강렬하기 때문에, 남자의 후각이 강한 자극을 받아 순식간에 쾌락의 기관이 되살아나기 때문입니다." 주교가 이해했다는 듯이 말했다. "그렇군, 하지만 여자의 겨드랑이보다 엉덩이 구멍의 냄새가 낫지 않을까……." 그러자 법원장이 "제각기 다른 매력이 있지. 만일 자네가 겨드랑이를 시험해보면 겨드랑이가 훨씬 더 음미할 맛이 있다고 생각하게 될지도 모르네" 하고 말했고 주교는 "당신은 겨드랑이의 풍미를 시험해본 적이 있소?" 물었다. 이에 법원장이 망설임 없이 대답했다. "물론 음미한 적이 있네. 다른 쾌락에 겨드랑이의 풍미를 곁들인 적은 거의 없지만, 겨드랑이의 풍미만으로도 반드시 사정을 한다고 단언할 수 있어." "다른 쾌락이라면 엉덩이 구멍을 맡는 거겠지." 두 사람이 그런 말을 주고받고 있는데 공작이 끼어들었다. "주교, 잠깐만 기다려. 뒤르세의 이야기를 듣는 건 그만두기로 하지. 뒤르세는 머지않아 우리가 아직 한 번도 들은 적이 없는 이야기를 해줄 거야. 뒤클로, 이 수다꾼들이 네 영역을 침범하지 못하도록 어서 이야기를 계속해."

'그리고 한 달 이상 지난 뒤의 일인데, 이유는 잘 알 수 없지만 게랭 부인은 제 언니에게 몸을 씻는 것을 금하고, 될 수 있는 한 불결하게 하라고 지시했습니다. 어느 날 나이가 지긋하고 부스럼이 잔뜩 난 도락자가 반쯤 술에 취해 찾아와서 거친 말투로 부인에게 특별히 더러운 여자가 필요하다고 주문했습니다. 부인은 "보증할 수 있는 여자를 준비해두었습니다" 하면서 언니를 그 손님에게 대면시켰습니다. 손님과 언니가 방에 들어가자 저는 엿보는 구멍이 있는 방으로 달려갔습니다. 들여다보니 알몸이 된 언니가 포도주를 철철 넘치게 따른 비데 위에 걸터앉고 사나이는 커다란 스펀지를 손에 들고 언니의 몸을 구석구석 문질러 언니의 몸과 스펀지에서 나오는 때를 하나도 남김없이 비데 안에 모으고 있는 것입니다. 언니는 오랫동안 엉덩이를 닦는 것도 금지되어 몸을 전혀 씻지 않았기 때문에, 포도주는 더러운 갈색으로 변하고 뭐라 말할 수 없는 고약한 냄새를 발산하고 있었던 것 같습니다. 그런데 그 사나이는 포도주를 약간 핥아보고 알맞게 맛이 들었다고 생각했는지 준비한 컵에 오물이 들러붙어 있던 몸에서 나온 땀과 더러운 것이 섞인 보기에도 역겨운 썩은 듯한 포도주를 철철 넘치게 채우더니 몇 잔이나 맛있다는 듯이 다 마셔버리고 말았습니다. 이 편집증을 지닌 사나이는 포도주를 다 마시자, 언니를 잡고 침대 위에 엎드리게 한 다음, 그것에서 거품처럼 뿜어져 나오는 정수를 언니의 엉덩이와 엉덩이 구멍 속에 쏟아넣었습니다.

그 뒤 더욱 불결한 손님이 나타나 저의 흥미를 끌었는데 후작이라고 하더군요. 우리 숙소에, 밤낮을 가리지 않고 새로운 봉을 발견하기 위해 거리를 서성거리면서 영업을 하는 루이즈라는 창녀가 있었습니다. 그녀는 마흔 살이 지나 미모도 바래고 완전히 매력을 잃은 데다, 더없이 불결하고 냄새 나는 다리를 지니고 있었는데, 후작에게는 그런 구역질 나는 여성이 가장 취향에 맞는지, 부인이 루이즈를 소개하자 아주 좋아하면서 그녀를 쾌락의 방으로 데리고 갔습니다. 저는 그가 도대체 무슨 짓을 하려는 건지 궁금했는데, 그는 그녀에게 양말을 벗으라고 명령했습니다. 그녀는 한 달 이상 양말도 신발도 갈아 신지 않아 견딜 수 없는 냄새를 풍기는 맨발을 내밀었습니다. 그러나 더럽게 보이는 그 구역질 나는 맨발이야말로 그 사나이를 더욱 불타게 한 것입니다. 그는 그녀의 발을 잡고 격렬하게 키스를 하더니 입으로 발가락을 하나하나 벌리고 발가락 사이에 혀를 넣어 들러붙은 까만 때를 자연스럽게 핥고, 입에 넣어 맛을 보고, 그것만으로는 모자라 발가락을 집어삼킬 듯이 빨아댔습니다. 그러는 동시에 스스로 자신의 물건을 활발하게 비벼대어 그녀가 준 쾌락의 증거를 엄청 쏟아낸 것입니다.'

주교가 "이건 나의 영역 밖이로군" 말하자 법원장이 "그렇다면 자네에게 본보기를 보여줘야겠군"이라고 대꾸했고, 주교가 놀라서 외쳤다. "뭐라고, 당신에게 그런 취향이 있단 말인가?" "아무튼 보게나." 이렇게 말한 법원장은 바로 행동으로 보여주었다. 벽감에서 나와 법원장을 둘러싼 일당 세 사람은 가장 저열한 온갖 음락을 맛보아온 법원장이 하는 짓을 바라보았다. 그는 팡숑을 불러 보기에도 역겨운 그녀의 다리를 꼭 껴안고 황홀하게 그 다리를 핥기 시작했다. 뒤르세가 말했다. "알았어, 알았다고. 법원장처럼 온갖 방탕에 싫증이 나고 만 인간이 아니면 저렇게 저열한 음락은 이해 못하겠지. 사람은 단순한 것에 질려버리면 상상력이 부채질해 평범한 방법으로는 만족하지 못하고, 능력의 한계에 화가 치밀어 정신이 점점 타락하면서 더욱 심한 짓을 하고 싶어지는 법이지."

'마담의 첫 번째 고객이었던 카리에르 장군의 이야기도 있습니다. 그에게 필요한 것은 방탕한 탓이든, 자연계의 소행이든, 사법조치의 결과이든 어딘가 결함을 지닌 여자였습니다. 애꾸눈 여자, 장님 여자, 절름발이 여자, 꼽추 여자, 다리가 하나 없는 여자, 두 손이 없는 여자, 치아가 없는 여자, 채찍질이나 불에 덴 자국이 있는 여자, 그리고 늙은 여자면 누구든 좋아했습니다. 제가 구멍으로 들여다보자 게랭 부인이 그에게 제공한 여자는 쉰 살 정도이고, 절도죄로 몸에 낙인이 찍혀 있는 데다 애꾸눈이었습니다. 두 가지 이상의 결함이 있을수록 장군에게는 보물이었습니다. 그는 여자를 발가벗기고 여자의 어깨에 있는 징벌의 표시에 황홀한 듯이 키스를 한 뒤 명예로운 일이다, 명예로운 일이야, 하면서 낙인을 핥았습니다. 그것이 끝나자 여자를 엎드리게 하여 뜨거운 시선으로 여자의 엉덩이를 보더니, 엉덩이를 벌려 엉덩이 구멍에 자못 맛있다는 듯이 키스를 하고는 오랫동안 입으로 빤 다음, 여자의 등에 올라 타 어깨의 낙인에 그것을 비벼댔습니다. 그리고 여자의 엉덩이 위에 몸을 숙여 방금 찬양했던 제단에 키스를 되풀이하여 공물을 바치고, 절정에 이르자 그 표시 위에 많은 정액을 뿌린 것입니다.'

왕성한 음욕 때문에 머리가 어지러워진 법원장은 "이것 좀 봐줘. 이렇게 성이 난 걸 어떻게 해" 하면서 데그랑주를 불렀다. 법원장이 말했다. "이쪽으로 와, 이 여자야. 너는 방금 이야기 속에 나온 여자를 빼닮았어. 그 여자가 장군에게 맛보여준 것과 똑같은 것을 나도 맛보게 해다오." 그런 방탕을 무척 좋아하는 뒤르세가 법원장을 도와 데그랑주를 발가벗겼다. 처음에 그녀가 약간 싫어하자 일당들은 숨길 게 뭐 있느냐고 꾸짖었지만, 오히려 자신들을 즐겁게 해주는 무언가가 있을 것이라고 생각해 기뻐했다. 그녀가 두 번 오욕형(汚辱刑)에 처해진 것을 말해주는 V와 M의 낙인이 뚜렷하게 드러나자, 법원장과 뒤르세의 호색 욕망이 한층 더 자극을 받아, 하도 써먹어서 오그라든 엉덩이, 그 한가운데 크게 벌어진 썩은 구멍, 하나밖에 없는 유방, 세 개가 잘려나간 손가락, 여섯 개나 부러진 치아, 한쪽밖에 보이지 않는 눈, 저는 한쪽 다리 등, 데그랑주의 모든 결함이 두 사람을 흥분시키고 말았다. 아무리 아름답고 아무리 젊은 여자라도 그것만으로는 두 사람의 욕망을 채울 수 없는데, 두 사람은 자연계나 범죄에 의해 치욕을 당한 가장 더럽고 가장 혐오감을 주는 여자 앞에서 황홀경에 빠져 바야흐로 가장 감미로운 쾌락을 맛보려 하고 있었다. 도대체 인간이라는 것을 어떻게 설명해야 한단 말인가. 뒤르세는 앞에서, 법원장은 뒤에서, 마치 개 두 마리가 동물의 사체에 맹렬하게 달려들 듯이 썩은 사체나 다름없는 데그랑주의 육체를 서로 쟁탈했다. 그리하여 두 사람은 더러운 음락에 몸을 맡겨 마침내 정수를 쏟아내고 말았다.

　식사의 쾌락을 알리는 종이 울리는 바람에 그 정도에서 끝났는데 만약 그렇지 않았다면 남은 힘을 다해 온갖 야비하고 외설스러운 추행을 되풀이했을 것이다. 법원장은 사정을 하고 나면 반드시 될 대로 되라는 식이 되어 돼지처럼 먹고 마시는 버릇이 있어서 저녁식사를 배가 터지도록 먹었다. 그리고 아도니스에게 방드오시엘의 그것을 비비게 하여 소년에게 그 정수를 마시게 할 생각으로 즉시 실행에 옮겼지만, 법원장은 그다지 만족하지 않았다. 그는 “나의 상상력이 더 멋진 것을 생각해냈다”고 말하고는 더 이상 설명하지 않고 팡송과 아도니스, 거기에 에르퀼을 포함하여 세 사람을 데리고 응접실 옆의 특별실로 사라진 뒤로 향연 때까지 모습을 보이지 않았다. 아마 기운이 넘쳐 온갖 심한 행위를 즐긴 것이 분명하지만, 이야기의 진행상 그 내용을 독자에게 얘기하기에는 아직 시기가 일러서 생략하기로 한다. 향연이 끝나 일당은 각자 방으로 돌아갔다. 법원장은 함께 잘 상대로 자신의 딸 아델라이드와 아도니스를 선택했기 때문에 그 두 사람과 함께 감미로운 밤을 지냈을 텐데, 아침에 보니 밤새도록 또 팡송과 함께 새로운 음락에 빠졌던 것인지, 잘 곳이 없어진 아델라이드는 바닥에, 아도니스는 구석의 작은 침대 위에 누워 있었다.

11월 6일

그날 아침 그것을 비비는 방법을 가르치는 교실의 연습 상대는 옥문을 보기만 해도 기분이 나빠지는 뒤르세였다. 뒤클로의 제자들이 소년이었다면 참을 수 있었을지도 모르지만, 그에게 있어서 여자의 배 아래에 달려 있는 작게 갈라진 틈은 기분을 상하게 하는 그저 귀찮기만 한 것이어서, 설사 미의 세 여신에게 둘러싸여 있다 해도 그 못마땅한 균열이 나타나면 도저히 참을 수가 없었다. 그는 영웅과 같은 심정으로 참고 있었으나, 소녀들의 수업이 계속되는 동안 그의 물건은 발기하지 않았다.

뒤르세의 소망은 징벌의 날인 내일 토요일에 8명의 소녀들에게 밤새도록 벌하면서 마음껏 즐기는 것이었기 때문에, 어떻게든 소녀들의 위반을 찾아내려고 기를 썼다. 이미 6명의 소녀가 징벌에 회부되었는데 얌전하고 예쁜 젤미르가 일곱 번째 희생자가 되고 말았다. 사실 그녀가 징벌을 받을 만한 잘못을 저질렀을까? 아니면 뒤르세가 그녀를 응징하는 기쁨에 정신이 팔려 공정함을 잃어버린 것일까? 나는 그 점에 대해서는 그의 양심에 맡기고 사실만을 말하기로 한다. 또 뒤르세는 아름다운 아내인 아델라이드의 이름도 징벌 명부에 올리고 말았다. 그는 특히 그녀를 더욱 엄하게 처벌하여 모두의 본보기가 되어야 한다고 생각했기 때문에, 그녀를 응접실 옆의 특별실로 데리고 가서 여러 가지 불결한 일을 강요한 끝에 그녀가 위반한 것으로 하고 만 것이다. 그녀가 그에게 저항한 것일까, 아니면 그의 마음에 들지 않는 행동을 한 것일까. 뒤르세의 반쯤 장난 섞인 소행이었을까? 아무튼 아델라이드의 신앙심은 아버지인 법원장의 취향에 전혀 맞지 않았기 때문에 일당 가운데 가장 변태적인 법원장이 맨 먼저 그녀의 징계에 찬성했고 다른 세 사람도 대만족이었다. 소년들의 하렘에는 아무런 위반도 없었다. 콩스탕스 외에 세 사람만 교회 화장실 사용이 허가되어, 일당은 교회에서의 은밀한 즐거움으로 옮겨갔다. 그곳에서의 즐거움은 가장 자극적이고 가장 기괴한 것이어서, 즐거움을 맛보고 싶어 하는 자가 있어도 좀처럼 허락하지 않았다.

3시의 식사시간이 되었는데, 날이 갈수록 미모가 더해진 제피르가 일당의 방탕에 자진해서 봉사하게 되어, 더욱더 그들의 마음에 들게 되었다. 이에 으쓱해진 소년은 콩스탕스를 괴롭히기 시작하여 그녀를 아이 만드는 여자라고 조롱하면서 "넌 여기에 좋아하는 남자의 아이를 밴 거야" 하면서 그녀의 아랫배를 주먹으로 몇 번이나 쳤다. 그리고 매우 교활한 소년은 공작에게 안기듯이 기대어 키스를 하거나 그것을 비비고 아양을 떨면서 도발적인 몸짓을 하여 완전히 흥분한 공작은 응접실에서의 휴식 시간에 소년을 반드시 정수로 적셔버리겠다고 결심했다. 소년도 공작에게 "공작님, 할 수 있다면 해보시죠" 하고 말했다. 소년은 알몸으로 응접실에서 봉사하게 되어 있어서, 후식 전에 식당에서 나와 일당이 응접실에 오자 우선 공작에게 커피를 제공했다. 공작은 식탁을 떠나자마자 신이 나서 곧바로 장난을 시작하여 제피르의 입과 그것을 빨거나, 엉덩이를 높게 쳐들고 의자에 앉게 하여 소년의 뒷문을 15분이나 핥았기 때문에, 마침내 그것은 성이 나서 고개를 쳐들어 소년의 뒷문에 경의를 표하지 않을 수 없게 되었다. 그러나 앞에서도 말한 것처럼 동료들과 교환한 약속에 따라 뒷문 공격은 금지되어 있었으므로, 그는 동료들이 간밤에 한 행동을 모방하기로 했다. 그는 긴 의자 위에 소년의 몸을 구부리게 하고 가랑이 사이로 그것을 집어넣었다. 그러자 그것은 소년의 배 쪽으로 삐져나오고 말았다. 그때 법원장이 "공작, 내가 어제 한 것처럼 해보지 않겠나. 자네의 것 위에 있는 제피르의 그것을 비벼 당신의 귀두에 정수를 쏟게 하는 거네" 하고 조언했는데, 공작은 상대가 한 사람 더 있으면 더욱 재미있을 거라고 생각하여, 동생인 주교에게 소년의 눈앞에 오귀스틴을 엎드리게 하고 소년의 허벅지에 소녀의 엉덩이를 붙여달라고 부탁한 뒤, 자기의 그것 위에 있는 소년의 그것을 소녀의 엉덩이 위에서 비비게 한 것이다. 그런데 아까부터 그 광경을 보고 있던 법원장은 어젯밤 공작의 응대에 대한 보복이라도 하듯이 입을 벌리고 기다리고 있는 공작의 뒷문에 그것을 찔러 넣고 말았다(남색자는 그것이 발기하면 반드시 뒷문이 열린다). 그리하여 오귀스틴의 희고 아름다운 엉덩이를 눈앞에서 바라보는 동안 공작이 자신의 그것을 비벼주자, 제피르는 공작의 귀두 위에 정수를 세게 방출하고 말았고, 그와 동시에 법원장의 그것이 뒷문 안에서 관능적으로 진동하는 것을 감지하고 도저히 참을 수 없게 된 공작도 정수를 쏟고 말았다. 그러나 법원장은 조금도 내보내지 않고 불같이 뜨거워진 그것을 공작의 뒷문에서 빼더니, 이번에는 지통의 가랑이 사이에서 그것을 활발하게 움직이고 있던 주교에게 "내가 방금 공작에게 해준 것을 나에게도 해주게" 하고 강요했다. 그러나 주교가 거부하자 두 사람 사이에 실랑이가 있었는데, 오히려 음락에 자극을 받은 주교는 사랑스러운 지통의 가랑이 사이에 기분 좋게 듬뿍 사정을 했다. 술에 취한 뒤르세는 그 광경을 곁눈질하면서 거의 죽은 것처럼 보였지만, 그래도 시간을 헛되이 보내지 않고 에베와 하녀를 대령하게 하여 파렴치한 행위에 빠지는 것을 잊지 않았다. 뒤르세가 무슨 짓을 했는지는 언젠가 얘기할 것이다. 전쟁터 같은 소동이 가라앉자 4명의 전사는 낮잠에 빠져들었다.

6시가 되자 일당은 잠에서 깨어나 뒤클로가 준비하고 있는 새로운 쾌락 이야기를 음미하기 위해 집회실로 갔다. 그날 밤 소년들은 여자옷을 입고, 소녀들은 해군복을 입고 있는 것을 본 일당은 기뻐서 환호성을 질렀다. 그러한 변신만큼 그들의 욕정을 부채질하는 것은 없었기 때문이다. 일당은 소년에게서 소녀와 비슷한 점을 발견하여 기뻤고, 소녀 속에서 소년과 닮은 점을 발견해 한층 흥미를 느꼈다. 일당은 제각기 정식 아내를 긴 의자에 대령하게 하여, 때로는 교회의 질서를 지켜야 할 때도 있음을 서로 보여주었다. 준비가 된 일동은 뒤클로의 음탕한 이야기 속편을 듣기 시작했다.

'게랭 부인의 숙소에 서른 살쯤 된, 금발에 약간 통통하고 살결이 흰 오로르라는 젊은 여자가 있었습니다. 그녀는 입이 아주 매력적인 데다 치아가 아름답고 혀는 관능적이었는데, 유일한 결점은 몸가짐이 나쁜 탓인지, 위가 나쁘기 때문인지 그토록 나무랄 데 없는 입에서 끊임없이 바람 같은 한숨과 하품과 트림이 나오는 것이었습니다. 특히 식사를 많이 한 뒤가 심해서, 좀 과장일지도 모르지만 작은 풍차를 한 시간은 돌릴 수 있을 것 같은 한숨을 토해내는 것입니다. 하지만 당연히 어떤 결점에도 반드시 신봉자가 있게 마련이어서, 그녀도 그런 결함 때문에 열광하는 신자가 있었습니다. 그 손님은 소르본 대학의 현명하고 성실한 박사로, 학교에서 신의 존재를 증명하느라 시간을 낭비하는 것이 싫어질 때, 가끔 찾아와서 신의 피조물의 존재를 증명하고 만족하고 있었습니다. 그는 오로르에게 미리 알려두기 때문에 그날도 그녀는 배불리 먹고 기다리고 있었습니다. 저는 그 신심가가 하는 것을 눈앞에서 보고 싶어서 엿보는 구멍이 있는 방으로 달려갔습니다. 함께 있게 된 두 애인은 입과 입을 맞추면서 다양한 애무를 나누고 있었습니다. 박사는 그녀를 다정하게 의자에 앉힌 뒤 자신도 그녀의 앞에 앉아 거룩한 유물처럼 쪼그라든 그것을 그녀에게 쥐어주면서, 애처로운 목소리로 간청했습니다. "제발 부탁이다, 너는 나의 이 초라한 것을 되살릴 수 있는 방법을 잘 알고 있을 것이다. 절정에 이르고 싶어 견딜 수가 없구나. 제발 빨리 시작해다오" 그 말에 오로르는 한 손으로 박사의 생기 없는 그것을 쥐고 한 손으로 그의 머리를 끌어당겨 자기 입을 그의 입에 바싹 겹친 뒤 그의 입 안에 수십 번이나 트림을 토해냈습니다. 신의 봉사자는 황홀해지기 시작했는데, 저로서는 그 모습을 도저히 묘사해낼 수 있을 것 같지 않군요. 박사는 구름 속에 떠 있는 듯한 기분으로 깊게 숨을 들이쉬면서 그녀의 트림을 한숨이라도 놓치면 아쉬워 못 견딜 것처럼 남김없이 입 안에 받아들였습니다. 그리고 손을 뻗어 그녀의 유방과 페티코트 밑을 더듬었지만 그것은 부수적인 것이고, 애무의 대상은 어디까지나 트림을 만끽하게 해주는 그녀의 입이었습니다. 그와 같은 관능적인 의식 덕분에 그의 그것이 근질근질해지더니 가까스로 부풀어올라서 그녀의 손안에서 매우 강한 절정을 맞이했습니다. 그는 더 이상의 쾌락은 맛본 적이 없다고 말하면서 일어나 방에서 나갔습니다.

그 일이 있은 뒤 얼마 지나서 어느 사나이가 저에게 정말이지 특수한 행위를 요구했는데, 그것에 대해 꼭 얘기하고 싶군요. 그 무렵 게랭 부인은 저에게 오로르가 먹는 것과 같은 분량의 식사를 무리하게 권하기 시작했습니다. 더구나 부인은 제가 무엇을 좋아하는지 잘 알고 있어서 저의 식사에 대해 세세하게 배려해주었습니다. 어느 날 제가 식탁에서 일어서려고 하자 부인은 나이가 많은 도락자가 올 테니 저에게 상대하도록 말하고 다양한 절차를 미리 가르쳐준 뒤, 더운물에 주석산(酒錫酸) 토제(吐劑)를 풀어 그 자리에서 저에게 마시게 했습니다. 드디어 그 호색가가 찾아왔습니다. 그는 단골손님이어서 저는 몇 번이나 숙소에서 본 적이 있었는데 그가 무엇을 하기 위해 오는지 별로 관심이 없었습니다. 그는 갑자기 저에게 키스를 하더니 제 입에 더럽고 고약한 냄새가 나는 혀를 집어넣어서 그 악취가 순식간에 미리 마신 토제의 효과를 앞당기고 말았습니다. 제 위가 메스꺼움을 느낀 것을 안 그는 황홀해져서 "걱정 말고 힘을 내도록, 내가 모두 마셔줄 테니까" 하고 큰소리를 쳤습니다. 부인에게 자세한 얘기를 들은 저는 그를 긴 의자에 눕히고 의자 가장자리에 그의 머리를 두었습니다. 그는 두 다리를 벌리고 있었고, 저는 그의 바지에서 전혀 커질 기미가 보이지 않는 짧고 부드러운 것을 꺼내 비비거나 주물럭거리고 있었습니다. 그는 입을 크게 벌리고 두 손으로 제 엉덩이에 음란한 애무를 하고 있었습니다. 그의 그것을 계속 비비고 있던 저는 갑자기 속이 뒤틀리면서, 토제로 인해 위 속의 미처 소화되지 않은 내용물이 치밀어 올라, 그것을 그의 입속에 토해내고 말았습니다. 그런데 그는 제가 정신없이 토해낸 오물을 다 받아먹고는, 한 방울도 남기지 않겠다는 듯이 제 입술을 핥더니, 오물이 남아 있지 않자 제 입 안에 혀를 집어넣어 나머지를 맛보는 것이었습니다. 그러자 축 늘어져서 쥐기조차 힘들었던 그것이 열기를 띠기 시작하면서 부풀어 올라 곤두서더니 음란한 행위 덕분에 흘릴 수 있게 된 눈물을 제 손가락 사이에 흘리고 말았습니다.'

법원장이 "그런 일도 있나. 정말 이색적인 욕정이군. 하지만 아직 세련미가 부족해" 하고 말하자, 아내인 아델라이드에게 그것을 비비게 하고 있던 뒤르세가 음락의 한숨 때문에 숨가쁜 목소리로 물었다. "어째서 그런가?" 법원장이 "뻔하지 않아? 여자와 요리는 잘 골라야 하거든" 하고 대답하자 뒤르세가 "그대에게는 팡송이 필요하겠지만 요리는 어떤가?" 되물었다. 법원장은 대답했다. "나라면 여자가 토해낸 것을 위 속에 도로 넣게 한 뒤 다시 토해내게 하여 먹어주겠네." 그런 이야기를 주고받는 동안 두 사람은 흥분해서 어쩔 줄 모르게 되어 법원장은 팡송과 오귀스틴과 젤라미르를 데리고, 뒤르세는 데그랑주와 로제트, 방드오시엘을 데리고 작은 방으로 뛰어들었다. 그 때문에 공작과 주교는 뒤클로의 이야기가 다시 시작될 때까지 30분이나 기다려야 했다. 공작이 맨 먼저 나온 법원장에게 "더러운 것을 실컷 즐기고 왔겠지" 하고 묻자 법원장은 "조금은. 이것이 내 인생의 즐거움이야. 더러우면 더러울수록, 불쾌하면 불쾌할수록 자극적인 쾌감을 맛볼 수 있으니까"라며 대답했다. 공작이 "조금은 흘렸겠지" 묻자 법원장은 "농담은 어지간히 해두게. 사람은 누구나 자네처럼, 끊임없이 절정에 이르는 것인 줄 생각하고 있는 건 아니겠지." 대꾸한 뒤, 완전히 녹초가 되어서 나온 뒤르세를 보고 "나의 의지를 자네나 뒤르세 같은 원기왕성한 용사에게 넘겨주고 싶네" 하고 말했다. 그 말에 뒤르세는 "당신 말이 맞아. 데그랑주란 여자는 언어도 몸도 하는 짓거리도 더러운데다 대단한 재능의 소유자여서 내가 원하는 건 무엇이든……." 이같이 말을 꺼내기 시작했다. 어이가 없어진 공작은 "이야기를 막지 않으면, 이 말 많은 사나이는 자기가 한 일을 미주알고주알 털어놓지 않고는 직성이 풀리지 않아서, 더러운 여자로부터 받은 특별한 은혜를 자랑하느라 모두를 소름 끼치게 하는 일쯤은 아무렇지도 않게 생각하니 정말 곤란하단 말이야. 자, 뒤클로, 이야기를 계속해" 하고 말했고 뒤클로는 다시 이야기를 계속했다.

'주인님들은 그런 우스꽝스러운 이야기를 좋아하시는데 유감스럽게도 저의 이야기가 불충분해 송구스럽습니다. 법원장님도 뒤르세 님도 아직 열심히 듣고 계시므로 앞으로 말씀드리는 것은 틀림없이 마음에 드실 것으로 생각합니다. 법원장님이 앞의 이야기 가운데 욕정은 아직 완벽하지는 않다고 말씀하셨는데 다음 이야기는 어떨까요? 두 분이 이야기를 중단하셨기 때문에 저는 다음 이야기를 할 시간이 없어지고 말았습니다. 사크랑주 장관이라는 손님의 이야기는 모든 면에서 법원장님의 욕구를 충족시켜줄 것으로 생각합니다.

게랭 부인은 장관의 상대로 우리 가운데 가장 고참인 여자를 선택했습니다. 서른여섯 살인데 살이 찌고 체격이 크며 상당한 미인에 주정뱅이인 데다, 대식가에 입이 더러운, 생선 가게 여주인처럼 천한 여자였습니다. 장관이 찾아오자 부인은 두 사람에게 저녁식사를 제공했습니다. 두 사람은 닥치는 대로 먹어치워 엉망인 상태가 되자 남자가 여자의 입 안에 먹은 것을 토해내면 여자가 그것을 마시고 여자가 남자의 입에 먹은 것을 토해내면 그것을 마시는 식으로, 결국 두 사람 모두 자신들이 바닥의 깔개에 토해낸 음식물 찌꺼기 위에 쓰러지고 말았습니다. 그런데 그녀가 의식도 힘도 잃고 쓰러져버리자 부인은 저를 장관에게 보냈는데, 그는 그것을 철봉처럼 단단하게 곧추세우고 바닥에 누워 있더군요. 마침 그때가 그에게 가장 중요한 순간이었던 거지요. 제가 그의 그것을 잡자 그는 투덜대면서 황소 같은 기세로 괴로워하며 그 일대를 뒹굴다가 악취를 내뿜으면서 절정에 도달하고 말았습니다.

그 뒤, 그 여자는 곧 똑같이 색다른 불결한 광경을 저에게 보여주었습니다. 손님은 키가 큰 수도사였는데, 그녀에게 시원스럽게 돈을 건네자 그녀의 배 위에 올라 타 그녀의 가랑이를 마음껏 벌리고, 그녀의 두 다리를 제각기 커다란 의자 다리에 묶어 그녀를 꼼짝 못 하게 만들었습니다. 그리고 숙소의 요리사에게 요리를 가져오게 해 그녀의 아랫배에 늘어놓은 뒤, 손으로 음식을 하나하나 집어서 그녀의 음부 속에 밀어넣고 휘저어 음부에서 스며 나온 향료에 푹 적셔서 입으로 가져갔습니다.'

"양쪽 다 완전히 새로운 식사법이군." 주교가 이렇게 말하자 뒤클로가 물었다. "제 얘기가 마음에 드셨습니까?" 주교는 대답했다. "아니야, 음부를 식사에 이용하는 건 이해할 수가 없군." 뒤클로는 말을 이었다. "그러면 오늘 밤의 마지막 이야기를 들어주셨으면 합니다. 아마 주교님을 더욱 즐겁게 해드릴 수 있을 겁니다."

'제가 숙소에서 열일곱 살을 맞이했을 때부터 빼놓지 않고 매일 아침 숙소로 놀러오는 뒤퐁이란 징세청부인이 있었습니다. 그는 게랭 부인이 가장 중요하게 대우하는 손님 가운데 한 사람이었는데 예순 살 정도로, 키가 땅딸막하고 팔팔하며 통통해 뒤르세 님을 닮았습니다. 그는 창녀만은 절대로 싫어해 언제나 다른 비직업여성을 요구했기 때문에 게랭 부인은 밖에서 계약한 여자를 부르곤 했습니다. 그래서 숙소의 여자들은 도저히 그런 계약녀가 없을 때 등, 어쩔 수 없는 경우에만 그 사람을 상대했지요. 그는 취향도 이상하여 여자의 선택도 색달랐습니다. 공원, 점원, 특히 바느질하는 여자를 가장 좋아했고, 나이는 열다섯에서 열여덟까지 그 이하도 그 이상도 아닌 금발로 정해져 있었습니다. 특히 중요한 것은 엉덩이가 균형이 잡혀 있고, 청결 그 자체여야 하며, 엉덩이 구멍에 극히 작은 부스럼이 있어도 물리칠 뿐만 아니라 엉덩이가 숫처녀이면 두 배의 금액을 지불했습니다. 어느 날, 게랭 부인은 징세청부인을 위해 열일곱 살짜리 자수(刺繡) 여공으로, 모델 못지않은 엉덩이를 가진 소녀를 준비했습니다. 그런데 그 소녀가 도저히 부모에게서 빠져나올 수 없다고 해서 부인은 그녀를 기대할 수 없게 되었습니다. 손님이 아직 저를 상대로 한 적이 없다는 것을 알고 있었던 빈틈없는 부인은, 한 가지 꾀를 생각해내 저에게 대역을 하도록 지시했습니다. 제 역할은 보통 여점원의 복장으로 갈아입고 거리 모퉁이에서 마차를 잡아타고, 그가 숙소에 나타난 지 15분쯤 지났을 때를 노려 숙소에 도착하는 것이었습니다. 저는 그 역할을 교묘하게 연기하여 바느질하는 여자로 행동하게 되었는데 또 하나 골치 아픈 일이 있었습니다. 그것은 부인이 준 아니스 물과 방향유를 큰 컵으로 한 잔 가득 마시는 것이었습니다. 그 효과는 곧 알게 되겠지만, 아무튼 모든 준비를 갖추자 저는 마차를 타고 숙소에 도착했습니다. 부인이 징세청부인에게 저를 소개하자 그는 저를 힐끔힐끔 쳐다보았는데, 저는 세심한 주의를 기울여 신중하게 행동했기 때문에 그는 게랭 부인과 제가 꾸민 연극임을 눈치채지 못했습니다.

그가 "이 아이가 숫처녀란 말이지?" 묻자 부인은 저의 아랫배를 가리키면서 "아니에요, 여기는 숫처녀가 아닐지 모르지만 뒤쪽은 틀림없이 보증해요" 하고 뻔뻔스럽게 속였습니다. 그에게 중요한 것은 오직 뒤쪽이기 때문에 상관없었던 거지요. 그는 부인이 하는 말을 믿고 말았습니다. 그때 그가 "자, 페티코트를 위로 걷어봐요" 해서, 부인은 저의 페티코트를 뒤에서 걷어 올려 그가 숭배하는 신전을 송두리째 드러냈습니다. 그는 제 엉덩이를 살펴보고 두 손으로 만지거나 벌려보기도 하다가 검사결과에 만족한 건지 나무랄 데 없는 멋진 엉덩이라고 말하더군요. 그리고 저에게 나이와 하는 일에 대해 물었는데, 어제 방금 태어난 것처럼 순진무구함을 가장하고 있는 저에게 속아 제가 완전히 마음에 드는 눈치였습니다. 우리가 방으로 들어가자 그는 조심스럽게 문을 닫고 저를 바라보더니 갑자기 거칠고 천박한 태도와 난폭한 어조로(그 뒤부터 그의 태도는 마지막까지 짐승 그대로였습니다) 정말로 누구에게도 엉덩이를 당한 적이 없느냐고 물었습니다. 그런 언어는 전혀 모르는 것이 저의 역할이었기 때문에 저는 "무슨 말씀을 하시는지 잘 모르겠어요" 하고 대답했습니다. 그러자 그는 저에게 말하고 싶은 것을 동작으로 이해시키려고 했기 때문에, 저는 깜짝 놀라 부끄러워 견딜 수 없다는 시늉을 하면서 "그런 치욕에 몸을 맡긴 적이 있는 소녀로 보였다면 정말 유감입니다" 말했습니다. 그가 페티코트만 벗으라고 해서 저는 속치마로 앞을 가리면서 시키는 대로 하자, 그는 저의 속치마 뒤를 엉덩이 위쪽으로 걷어 올려 저를 알몸으로 만들려고 했는데, 그때 가슴을 가린 것이 떨어져 유방이 그대로 드러나고 말았습니다. 그러자 그는 갑자기 분노하기 시작하여 "여자의 유방을 누가 보여달라고 했나? 난 여자의 유방을 보면 화가 나서 참을 수가 없다. 여자들이란 언제나 뻔뻔스럽게 유방을 보이려는 버릇이 있지. 바로 돌아가겠다" 소리쳐서 당황한 제가 사과하고 속치마를 위로 잡아당겨 유방을 가리려고 하자 이번에는 음부가 드러나고 말았습니다. 그러자 그는 다시 화를 내면서 "제기랄, 지시한 대로 서 있어!" 외치고는 엉덩이만 눈에 들어오게 하기 위해 제 엉덩이를 붙잡고 뒤로 돌리고는 "그대로 있어야 한다. 난 너의 유방도 음부도 필요하지 않아. 필요한 건 네 엉덩이뿐란 말이다" 크게 소리쳤습니다.

그리고 저를 침대로 데리고 가 엉덩이에서 아래만 침대 밖에 나오도록 하여 엎드리게 한 뒤, 속치마로 신중하게 음부를 덮고 제 두 다리 사이에 낮은 의자를 놓아 자기 얼굴이 바로 제 엉덩이에 오도록 하고 앉았습니다. 그는 한동안 제 엉덩이를 바라보다가 무엇이 마음에 안 들었는지 일어나 방석을 가지고 와서 제 아랫배에 대어 엉덩이를 높이 쳐들게 했습니다. 그리고 다시 앉더니 엉덩이를 다양하게 음미하면서 세련된 도락자 특유의 냉정하고 신중한 솜씨로 일을 진행했습니다. 그는 두 손으로 엉덩이를 잡고 크게 벌려 엉덩이 구멍에 입을 갖다 댔습니다. 그리고 저는 무조건 그렇게 하라는 그의 명령에 따라 배 속 깊은 곳에서 과감하게 방귀를 뀌고 말았습니다. 아까 미리 먹어둔 음식 덕분에 자연스럽게 그렇게 된 거지요. 그것은 아마 그가 평생 맛본 것 가운데 가장 큰 방귀였을 겁니다. 그러자 그는 갑자기 뒤로 물러나 화를 내면서 "이, 방귀쟁이년, 감히 내 입에 방귀를 뀌어?" 소리치더니 또 제 엉덩이에 입을 대는 것이었습니다. 저는 게랭 부인이 시킨 대로 "네, 주인님, 저는 엉덩이에 키스를 당하면 창피하게 방귀가 나와버려요" 하면서 두 번째 방귀를 뀌고 말았습니다. 그러자 그는 완전히 돌변하여 "그래, 그래. 요 못된 년 같으니. 참을 수 없다면 하는 수 없지, 실컷 뀌려무나" 하는 것이었습니다. 그때부터 왜 그런지 방귀를 억제할 수가 없었습니다. 미리 먹은 음식 때문인 것 같기는 한데 도저히 말로 표현할 수 없는 상태였습니다. 흥분해서 어쩔 줄 모르던 그는 몇 번이고 되풀이해서 제 방귀를 들이마시고 냄새를 맡았습니다. 그리고 긴 의자 위에 벌렁 누워 저에게 등을 돌려 걸터앉으라고 명령했습니다. 제가 시키는 대로 하자 그는 저를 뒤에서 껴안고 제 엉덩이를 얼굴 위에 올리고 엉덩이 구멍에 코를 대고는 저에게 방귀를 뀌면서 자신의 그것을 비벼달라고 하더군요. 저는 시키는 대로, 방귀가 나오는 대로 뀌면서 손가락 정도 크기밖에 안 되는 부드러운 그것을 열심히 비볐습니다. 그러는 사이에 결국 그것이 단단해지더군요. 그와 같은 더러운 음락에 의해 그의 쾌락은 점점 커져서 마침내 절정에 이르렀습니다. 그가 혀를 저의 엉덩이 깊숙이 집어넣을 때마다 저는 방귀가 나와 그의 입에 방귀의 바람을 보내면 그는 더욱더 이성을 잃고 무아지경에 빠지는 것을 알 수 있었습니다. 그는 작은 그것에서 물기가 있는 갈색의 정수를 몇 방울 제 손가락에 떨어뜨리고는 겨우 정신이 돌아왔습니다. 그러나 그는 일시적인 착란에서 정신이 돌아오자 순식간에 다시 동물적인 기질을 드러내어 저에게 자세를 바꿀 틈도 주지 않았습니다. 그는 자신의 정욕을 채우고 나자 조금 전까지 품고 있었던 저에 대한 환상을 떨쳐버리고, 그의 감각을 충분히 만족시켜준 모든 행동을 경멸하며 저에게 분풀이라도 하듯이 소리 지르고 아우성치면서 악덕 그 자체 같은 추한 모습을 보이는 것이었습니다.'

주교가 끼어들었다. "그 사내가 지금까지 누구보다 마음에 드는군. 그는 이튿날 그 열일곱 살짜리 자수여공을 상대했나?" 뒤클로가 대답했다. "네, 주교님. 물론 상대했습니다. 그리고 그다음 날에는 열다섯 살 먹은 아름다운 소녀도 상대했습니다. 그 사내만큼 후하게 지불하는 사람은 없었기 때문에 게랭 부인이 모든 성의를 다한 거지요."

온갖 음탕한 행위에 익숙한 일당도 그 징세청부인의 색다른 욕정에 자극을 받아, 자신들이 열광하고 있는 취향을 상기하고는, 잠시도 지체하지 않고 똑같은 풍미를 맛보고 싶어서 제각각 음락의 과일을 따먹고 말았다. 저녁식사 시간이 되어서 일당은 방금 뒤클로가 얘기한 다양한 파렴치 행위를 저녁식사 요리에 혼합시킨 것이다. 공작은 테레즈를 취하게 해 자기 입 안에 토하게 했다. 뒤르세는 여자들에게 억지로 방귀를 뀌게 해 돌아가면서 냄새를 맡았다. 주교는 닥치는 대로 상대를 붙잡고 온갖 난행을 저질렀다. 갖가지 돌발적인 행위가 뒤섞인 채 머릿속에 떠오른 법원장은, 자신은 혼자서 향연을 즐기고 싶다면서 데그랑주, 마리와 팡숑, 세 사람을 데리고 30병의 샴페인을 들고 응접실 옆의 특별실로 가버렸다. 그 뒤 네 사람은 오물과 똥이 묻은 채 비틀거리다가 법원장은 토하고 있는 데그랑주의 입에 입을 대고 잠들어버렸기 때문에 실려 나가고 말았다. 술에 잔뜩 취한 다른 세 사람도 상대를 가리지 않고 취하게 하거나, 토하게 하고, 방귀를 뀌게 하는 등, 서로 우열을 가릴 수 없는 다양한 추행에 몸을 맡겼다. 그러나 뒤클로만은 완전히 냉정을 유지하면서 모든 일을 처리하고 주인공들을 잠재웠는데, 만일 그녀가 없었다면 일당은 여명의 여신 아우라가 장밋빛 손가락으로 해의 신 아폴로의 방문을 열 때까지[2] 인간이 아니라 돼지가 되어 오물 속에 누워 있었을 것이다. 잠자는 일밖에 남지 않은 일당은 제각기 혼자 침대로 들어가 잠의 신에게 안겨 내일을 위한 힘을 회복시켰다.

11월 7일

그날 일당은 매일 아침 열리는 뒤클로의 수업에 참여하는 것을 중단했다. 그들은 간밤의 피로로 녹초가 되어 있는 데다 연습 상대가 되어 아침 일찍부터 정수를 잃는 것도 걱정이고, 계속 그렇게 연습 상대를 하다보면 관능의 기쁨에 대해 무감각해져서 소녀들에 대한 흥미를 잃게 될지도 모른다는 우려 때문이었다. 그래서 자기들 대신 마장을 한 사람씩 수업에 참여시키기로 했다.

소년 소녀들의 점검이 이루어졌는데 아무래도 8명의 소녀에게 징벌을 가할 필요가 있는데도 아직 한 사람이 빠져 있었다. 그것은 모든 의무를 충실하게 지키고 있던 아름다운 소피였다. 그녀는 주인공들을 괴상한 인간으로 생각하

---

2) 사드는 어릴 때 볼테르의 친구이자 리베르탱(자유인)이었던 숙부 아르돈스의 교육을 받고 예수회의 루이르그랑 중학교에서 공부하는 한편 가정교사의 지도를 받는 등, 귀족 교육이 몸에 배어 있었기 때문에 그리스 로마 신화와 고전에서 문언을 자주 인용했다.

면서도 그들에 대해 공손하게 봉사하고 있었던 것이다. 그래서 뒤르세가 루이종과 미리 짜고 소피를 교묘하게 함정에 빠뜨려 그녀에게서 위반이 발견되었다는 이유로 불행한 소피를 징벌 명부에 올리고 말았다. 공작도 자기의 둘째 딸인 알린을 엄중하게 검사해 위반으로 판정하고 말았다. 그리하여 징벌 명부에는 8명의 소녀와 두 아내, 네 소년의 이름이 기입되었다. 그날은 아무도 교회에서의 용변이 허용되지 않았다.

그 일이 끝나자 일당은 첫 주의 마지막에 예정되어 있는 결혼식 준비에 모든 생각을 집중했다. 주교는 정식 주교복으로 갈아입고, 공작은 미셰트의 아버지, 법원장은 지통의 아버지가 되어 다 함께 교회로 향했다. 두 사람은 특별한 정장 차림이었는데 소년은 소녀의 옷을, 반대로 소녀는 소년의 옷을 입고 있었다. 유감이지만 이 이야기의 처음부터 계획한 대로, 독자들이 틀림없이 기뻐할 이 종교적인 결혼의식의 상세한 묘사를 잠시 늦추고자 한다. 적절한 때가 되면 반드시 모든 것을 독자에게 명백하게 밝힐 생각이다.

결혼식이 끝나자 일당은 신랑 신부를 데리고 응접실로 가서 점심식사 시간까지 사랑스런 부부와 함께 즐거운 시간을 보냈다. 그들은 두 사람을 발가벗기고 소년이 소녀의 옥문에 그것을 삽입하는 것만 제외하고 두 사람 나이에 할 수 있는 모든 첫날밤의 의식을 치르게 했다. 소년의 그것은 충분히 발기해 있었고 소녀도 그것을 받아들일 수 있었을지 모르지만, 소녀의 꽃봉오리에 대해서는 특별한 용도가 따로 정해져 있었기 때문에, 소녀의 꽃봉오리를 더럽히는 일이 없도록 그것만 금지한 것이다. 단, 두 사람이 서로 접촉하며 애무를 교환하는 것은 상관하지 않기로 했기에 신부는 신랑의 그것을, 신랑은 신부의 옥문을 서로 교묘하게 비벼댔다. 두 사람 모두 포로가 된 것처럼 강한 쾌감을 느끼기 시작하여(물론 나이가 허락하는 한도 안에서의 쾌감이지만), 어린 마음속에 관능의 기쁨을 발견했다.

점심식사 시간이 되자 일당은 신혼부부를 위해 축하연을 마련한 뒤, 커피를 마시기 위해 두 사람을 데리고 응접실로 갔다. 커피의 봉사 담당은 젤라미르와 퀴피동, 로제트와 콜롱브였다. 일당은 신혼부부의 모습을 보는 사이에 다시 흥분하기 시작하여 모두 알몸으로 만들고 말았다. 지난 며칠 동안 도락자들은 소년 소녀들의 가랑이 사이를 이용해 즐기는 버릇이 생겼기 때문에 법원장은 신랑인 지통을 잡고, 공작은 신부인 미셰트를 누르고 저마다 소년 소녀의 가랑이 사이에 그것을 집어넣었다. 커피를 제공해준 젤라미르의 매혹적인 엉덩이에 황홀해진 주교는 소년의 엉덩이 구멍을 빨아 방귀를 뀌게 하고 소년의 가랑이 사이에 그것을 삽입했다. 뒤르세는 마음에 드는 퀴피동을 선택하여 그 가랑이 사이에 조그마한 그것을 갖다 댔다. 그러나 공작도 법원장도 사정은 하지 않고 상대를 바꿨다. 공작은 로제트를 끌어당기고, 법원장은 콜롱브를 껴안고 제각기 소녀의 가랑이 사이에 그것을 끼우면서 귀여운 손으로 자기의 그것을 비비도록 명령했다. 두 소녀가 수업에서 배운 대로 자기들의 아랫배 앞에 삐져나온 거대한 그것을 비비기 시작하자, 공작과 법원장은 소녀들의 신선하고 감미로운 엉덩이 구멍을 손가락으로 즐기면서도 밤의 쾌락을 위해 몸을 아껴 사정만은 참았다. 어린 부부의 특권은 거기까지였다. 교회에서 정식으로 결혼식을 올렸다 해도 두 사람의 결혼은 도락자들의 유희거리에 지나지 않았기 때문이다. 소년 소녀들은 정해진 대로 다시 4인조 안으로 되돌아가고 일당은 뒤클로의 이야기를 듣기 시작했다.

'마음에 드신다면 어젯밤 말씀드린 총괄 징세청부인과 똑같은 취향을 지니고 있었던 어느 사나이에 대해 얘기해드리겠습니다. 예순에 가까운 재판장으로 색다른 엉덩이 취향과 더불어 상대는 자기보다 연상이 아니면 만족하지 않는 사람이었습니다. 게랭 부인은 자기의 친구인 다른 포주를 소개했는데 그 포주의 엉덩이는 누렇게 바랜 주름투성이로 담배를 촉촉하게 하기 위해 사용하는 양피지나 다름없었습니다. 그런 엉덩이가 아니면 경의를 표할 수 없는 그가 여자의 엉덩이 앞에 무릎을 꿇고 엉덩이에 키스를 하자 상대 여성은 거리낌 없이 방귀를 뀌고 말았습니다. 황홀해진 그는 코로 냄새를 맡으면서 입을 벌려 바람을 빨아들이고, 혀를 엉덩이 구멍 속에 집어넣어 무아지경 속에서 부드러운 바람의 출처를 찾았습니다. 그런 일을 되풀이하는 동안 착란상태에 빠진 그는, 바지에서 그 여자의 엉덩이처럼 주름투성이인 연약한 그것을 끄집어내 힘껏 비비면서 "방귀를 뀌어다오. 못쓰게 된 나의 도구를 쓸 수 있게 해주는 건 방귀의 주문(呪文)밖에 없다" 외쳤습니다. 여자가 또 방귀를

꿔자 그는 쾌감에 취해 환희에 화답하듯이 서너 방울의 정수를 여신의 두 다리 사이에 흘렸습니다.'

뒤클로의 이야기에는 얼마나 기묘한 효능이 있었던 것일까. 믿기지 않을지도 모르지만 뒤클로의 이야기가 끝나는 동시에 일당은 제각기 신호라도 받은 것처럼 하녀들을 불러들여 나이 든 여자의 엉덩이를 잡고 방귀를 간청하여 냄새를 맡기 시작했다. 만일 앞으로의 향연에서 시작될 쾌락을 잊고 있었다면 그 재판장처럼 무아지경에 빠졌을지도 모르는데, 그들은 이제부터 시작될 중요한 일을 상기해 가까스로 참고 미의 여신들을 쫓아냈다.

'저는 다음과 같은 욕정에 대해 조금쯤 강조해두고 싶습니다. 주인님들 중에는 신봉자가 없을 거라고 생각하지만, 무엇이든 얘기하라고 하셨으니 말씀드리겠습니다. 아주 잘생긴 한 청년은 아무튼 색다른 버릇의 소유자였습니다. 월경 중인 제가 두 다리를 벌리고 눕자 그는 제 앞에 무릎을 꿇고 두 손으로 제 허리를 들어 올려 입을 제 옥문에 갖다 댔습니다. 미모의 청년이 어찌나 교묘하게 핥아대던지 저는 그만 절정에 이르고 말았는데 그는 제 애액과 생리혈을 함께 마시면서 스스로 자신의 물건을 비벼 제7천국에라도 있는 것처럼[3] 이 세상에 이보다 더한 쾌락은 없는 듯한 표정이었습니다. 곧바로 그가 타는 듯한 따뜻한 정수를 쏟아내는 것을 보고 저는 그 청년이 얼마나 행복한지 잘 알 수 있었습니다. 청년은 이튿날 오로르를 찾아왔고, 얼마 뒤에는 제 언니를 만나러 왔는데 한 달 동안 숙소에 있는 월경 중인 모든 옥문을 음미하고 말았습니다. 아마도 그는 그 뒤, 파리 안의 모든 매음굴을 돌면서 노리는 여자를 찾아다녔을 겁니다.

주인님들도 인정하시겠지만 그런 이색적인 버릇도 어떤 사내에 비하면 별로 기이한 편도 아니었습니다. 그는 게랭 부인의 오랜 친구인데, 부인은 몇 년 동안 그를 위해 여자를 주선해주고 있었습니다. 부인의 얘기로는 유산한 태아를 맛보는 것이 그의 최고 쾌락이라는 것이었습니다. 부인이 유산한 여자를 발견해 그에게 알리면 그는 서둘러 숙소로 달려와서 유산한 태아를 먹으면서

---

3) 히브리 신비설에서 신과 천사만이 살고 있는 최고의 하늘을 가리킨다. 그곳에서 더할 나위 없는 행복에 젖어드는 상태를 말한다.

그 쾌락에 넋이 반쯤 나갔다고 합니다.'

　법원장이 "나는 그 사내를 알고 있어. 그의 존재도 그의 취미도 100퍼센트 진실이야" 말하자 주교는 "나도 네가 말하는 사내와 비슷한 사람을 알고 있는데, 나는 그를 모방할 생각은 없어" 하고 대답했다. 그 말에 법원장이 말했다. "이유가 뭔지 말해주지 않겠나. 나라면 아마 기분 좋게 절정에 이를 듯싶은데. 콩스탕스는 배가 부른 것 같은데 만일 콩스탕스가 허락만 한다면 틀림없이 한 달 전에 아이를 배에서 꺼내 씹어주겠어." 그러자 곁에 있던 콩스탕스가 큰 소리로 말했다. "당신들께서 임신한 여자를 싫어한다는 것은 모두들 잘 알고 있어요. 아델라이드의 어머니가 두 번째로 임신했을 때 당신들이 그녀를 내쫓아버린 일도 잘 알고 있고요. 쥘리가 내 충고를 듣고 주의해주면 좋을 텐데⋯⋯." 이에 법원장이 "확실히 나는 아이를 싫어한다. 동물이 새끼를 밴 것을 보기만 해도 화가 나고 불쾌해. 하지만 아내가 임신했다고 해서 내가 아내를 죽여버릴 거라고 상상하는 건 큰 잘못이야. 이 막돼먹은 계집, 잘 기억해둬라. 나에게는 아내를 죽여야 할 동기 같은 건 전혀 없어. 단, 너 같은 창녀가 내 아내라면 절대로 아이를 낳게 하지는 않겠어" 하고 말하자 콩스탕스와 아델라이드는 울음을 터뜨리고 말았다. 이 짧은 대화 속에서도 법원장이 공작의 아름다운 아내에 대해 남몰래 증오심을 품고 있는 것이 명백해졌는데, 그러한 담론을 듣고 있던 공작이 콩스탕스 편을 들기는커녕 "퀴르발, 나도 당신 이상으로 아이를 싫어해. 하지만 콩스탕스는 임신은 했지만 아직 아이를 낳은 것은 아니지 않나" 하고 말하자 콩스탕스는 더 크게 울고 말았다. 그녀는 아버지인 뒤르세의 긴 의자 위에 앉아 있었는데, 뒤르세도 그녀를 위로하기는커녕 조용히 하지 않으면 엉덩이를 걷어차 집회실에서 내쫓겠다고 위협했다. 핍박만 당하던 불행한 콩스탕스는 다시 슬픔에 빠져 "하느님, 제가 이렇게 불행한 처지에 빠진 것도 다 제 운명입니다. 그러니 모든 걸 참고 견뎌야겠지요⋯⋯" 혼잣말하면서 참았다. 공작의 긴 의자 위에 앉아 있던 아델라이드도 눈에 눈물이 가득 고였는데, 공작은 일부러 그녀를 놀려대 더욱 눈물을 흘리게 하고 마지막에는 그 눈물도 말라버리게 하고 말았다. 도락자들의 극악한 정신에 가장 유쾌한, 그런 사소한 비극적 광경이 끝나자 뒤클로는 다시 이야기를 이어갔다.

'숙소에는 어느 손님의 전용으로 이상하게 만든 방이 있었는데, 그 방의 마루 밑에는 사람이 누울 만한 공간이 있었습니다. 그 손님이 무슨 짓을 했느냐 하면, 저의 동료와 함께 그 마루 밑에 들어가 마루에 뚫려 있는 구멍 밑에 얼굴이 오도록 해서 눕는 것인데, 마룻바닥의 구멍은 우연히 벌어진 것처럼 교묘하게 만들어져 있었습니다. 제 역할은 마룻바닥에서 저와 함께 놀고 있는 손님의 그것을 비벼서 절정에 이르게 하여 정수가 깔개에 떨어지지 않고 정확하게 구멍 속에 사정하게 하여 마루 밑에 있는 남자의 얼굴 위에 뿌리는 것이었습니다. 굉장히 어려운 일이었지만 모두들 교묘하고 자연스럽게 조작할 수 있었기 때문에 언제나 성공적으로 끝났습니다. 제가 마루 위에서 절정에 이르게 한 손님의 정액이 마루 밑에 있는 남자의 얼굴 위에 뿌려진 순간, 제 동료가 비비고 있던 그 사내의 그것도 절정에 다다르는 거지요.

어느 날, 앞에서 얘기한 늙고 추한 여자가 다른 손님과 함께 나타났습니다. 그 손님은 마흔 살쯤 되었는데 여자를 발가벗기더니 시체 같은 여자 몸의 구멍이란 구멍은 모두 핥기 시작했습니다. 귓구멍, 콧구멍, 입, 배꼽, 옥문, 엉덩이 구멍, 하나도 남기지 않고 말입니다. 그리고 그 불결한 사나이는 여자 몸의 온갖 오물과 분비물을 핥고 마셨습니다. 그뿐만이 아니라 여자에게 과자를 먹이고 여자가 입 안에서 깨문 그것을 입으로 옮겨 받아먹거나, 여자가 양치질한 포도주를 입으로 받아 마셨습니다. 그러는 동안, 그의 그것은 꼿꼿하게 서서 절정을 맞이했고, 여자에게 덤벼들어 엉덩이 구멍에 혀를 집어넣고는 미친 듯이 사정을 해버리는 것입니다.'

그때 법원장이 말했다. "맞아, 절정에 이르는 데 굳이 젊고 예쁜 여자가 필요한 건 아니야. 더러운 여자일수록 흥분시키는 법이지." 뒤르세도 이에 동의했다. "당신 말이 옳아. 더러운 여자는 우리의 음락을 부추기는 분비물을 발산시키는 맛소금 같은 것으로, 우리 안에 있는 동물적인 정기를 자극하여 활동시킨다네. 늙고 더럽고 추한 여자야말로 그러한 소금을 다량으로 지니고 있기 때문에, 우리의 사정을 촉진하는 건 의심할 여지가 없어." 일당은 한동안 이 문제에 대해 서로 의견을 나누었다.

저녁식사 뒤의 일이 많이 남아 있었으므로 저녁식사는 여느 때보다 일찍
시작되었다. 후식 시간이 되자 징계에 회부된 8명의 소녀와 4명의 소년, 두 사
람의 아내는 징계가 시행되는 집회실로 옮겨졌다. 이제부터 시작될 열락을 기
대하며 잔뜩 열중한 일당은 다량의 포도주와 리큐어로 머리가 뜨겁게 달아오
르자, 식탁을 떠나 죄인들이 기다리고 있는 집회실로 갔다. 그들은 술에 취해
흥분한 색다른 상태였기 때문에, 불행한 죄인들을 대신하겠다는 인간은 이
세상에 있을 리가 없다고 생각했다.

그날 밤의 향연에 참석이 허용된 자는 죄인들과 4명의 하녀들뿐이었다. 죄
인들은 모두 옷을 벗고 알몸이 되어, 온몸을 떨고 눈물을 흘리면서 운명을 기
다렸다. 술에 취한 채 안락의자에 앉은 법원장이 뒤르세에게 위반자들의 이
름과 위반한 사실을 읽도록 지시하자, 법원장과 똑같이 취해 있던 뒤르세가
명부를 손에 들고 읽으려고 했지만 아무래도 읽을 수 없을 것 같아서 주교가
대신 나섰다. 주교도 취하기는 했지만 포도주 양을 잘 억제했기 때문에 위반
자들의 이름과 위반사실을 낭랑하게 낭독하자, 법원장은 제각기 나이와 신체
적 능력에 따라 엄격한 징벌을 선고했다. 그 의식이 끝나자 차례대로 벌이 집
행되었다. 그런데 이야기 순서의 편의상 이 음란한 징벌의 집행에 대해 묘사
하는 것은 단념해야 하므로, 독자 여러분은 나를 원망하지 말기 바란다. 독
자들도 지금은 내가 독자 여러분을 만족시키지 못하는 것은 당연한 일이라
고 느끼고 있겠지만 머지않아 반드시 그때가 올 테니 걱정하지 않아도 될 것
이다.

집행 의식은 길게 이어졌다. 죄인이 14명이나 되었으므로 도락자들은 다양
하게 번갈아가면서 즐거운 장면을 연출했다. 일당에게는 모든 것이 더없이 기
분 좋은 장면이어서 그들은 마음껏 사정을 하고 말았다. 포도주와 쾌락에 취
한 끝에 지쳐버린 그들은 마중을 나온 네 마장의 도움을 받아 겨우 각자의
방으로 갔는데 그러한 난행에도 불구하고 새로운 음락이 또 기다리고 있었
다. 죄인인 아델라이드와 동침하기로 되어 있었던 공작은, 그녀가 형벌을 받는
영예를 찬양하면서 한 방울도 남김없이 사정한 뒤였기 때문에 그녀를 바닥의
이불 위에 재우고, 점점 마음에 들기 시작한 뒤클로를 대신 눕히고 쾌락을 탐

닉했다.

11월 8일

전날 본보기로 시행된 징계가 모두에게 두려운 마음을 갖게 하여 그날은 누구에게서도 위반이 발견되지 않았다. 그것을 비비는 방법의 교육은 마장들을 연습 상대로 계속 진행되었다. 커피시간까지 아무 일도 없었으므로 커피시간부터 이야기를 하기로 한다.

오귀스틴과 젤미르, 나르시스와 제피르가 커피를 제공했는데, 다시 일당의 가랑이 사이를 이용한 즐거움이 시작되었다. 법원장은 젤미르를, 공작은 오귀스틴을 붙잡았다. 왠지 그날 두 소녀의 엉덩이는 일당도 이제까지 한 번도 본 적이 없는 우아함과 요염함을 갖추어 붉게 물들어 있었다. 그들은 소녀들의 아름답고 매력적인 엉덩이를 감상하면서 키스를 하고 마음껏 방귀를 뀌게 했다. 젤미르는 법원장을 기쁘게 했지만, 오귀스틴은 아무리 애를 써도 방귀가 나오지 않아서, 공작이 전날처럼 무서운 징벌에 처할 거라고 으름장을 놓아도 소용이 없었다. 그래도 가련한 소녀는 울면서 가까스로 희미하게 방귀를 뀌어 공작을 기쁘게 해주었다. 그는 오귀스틴의 방귀를 들이쉬고, 마음에 드는 그 아름다운 소녀가 순종하는 표시에 만족하여, 소녀의 가랑이 사이에 거대하고 묵직한 그것을 넣고 사정하기 직전에 잡아 빼 소녀의 엉덩이를 충분히 적셔주었다. 주교와 뒤르세는 두 소년을 상대하고 있었는데, 주교는 이미 나르시스의 방귀를 맛보았고 뒤르세도 제피르의 방귀를 입 안에 받았기 때문에, 그들은 작은 행위의 표시로 서너 방울만 소년들의 엉덩이 위에 사정하고 만족했다.

낮잠을 자고 나자 일당은 집회실로 갔다. 뒤클로는 그 나이를 잊어버리게 할 정도로 옷차림이 예뻤기 때문에 촛불에 비쳐 눈부시도록 아름답게 보였다. 그런 그녀의 모습에 흥분한 일당은 모두에게 엉덩이를 보여주지 않으면 의자에 앉지 못하게 하겠다고 그녀에게 명령했다. 뒤클로가 페티코트를 걷어 올려 엉덩이를 그대로 드러내자 그들은 정말 예쁜 엉덩이다, 이보다 예쁜 엉덩이는 본 적이 없다고 입을 모아 찬양했다. 그녀는 페티코트를 내리고 이야기를 이을 실마리를 찾았다.

 '주인님, 저는 생각한 것도 있고 어떤 사건도 일으켰기 때문에 직장을 바꾸게 되었습니다. 그래서 이제부터 말씀드리는 것은 다른 직장에서 경험한 일들입니다. 사실 그 동기는 지갑이 언제나 가볍다는 단순한 것이었습니다. 아홉 살 때부터 게랭 부인 밑에서 일했지만, 아무리 검소하게 살아도 도저히 2천 프랑 이상은 모을 수 없었기 때문입니다. 부인은 매우 영리해서 자신의 이해와 관련된 것에 대해서는 지극히 민감하여 늘 자기 주머니를 채우는 것만 생각했기 때문에, 우리가 손님으로부터 받은 대금의 3분의 2를 빼앗고, 나머지 3분의 1에서도 다양한 명목을 붙여서 공제했습니다. 그런 방법을 좋아하지 않던 나에게 때마침 푸르니에라는 포주가 같이 일하지 않겠느냐고 제안해 왔습니다. 푸르니에 부인의 숙소에는 지긋한 나이의 고급 손님들이 단골로 드나들고 수입도 좋다는 소문을 들은 저는 게랭 부인을 떠나기로 결심했습니다. 위에서 말한 사건은 저의 언니가 행방불명이 된 것입니다. 저는 언니를 따라 살아왔기 때문에, 언니를 생각나게 할 뿐이고 언니가 없는 곳에서는 더 이상 있고 싶지 않았습니다. 반년쯤 전부터 키가 크고, 검고, 말이 없으며 혐오감을 주는 남자가 언니를 찾아오기 시작했습니다. 둘이 방에 들어가 무슨 짓을 하고 지내는지는 알 수 없었습니다. 언니는 절대로 그 이야기를 하지 않았고 둘은 엿보는 방의 옆방에는 절대로 들어가지 않았기 때문입니다. 아무튼 어느 날 아침 언니가 제 방으로 와서 저를 꼭 껴안더니, 자기는 이제 행운을 만나게 되었다, 그 남자의 정부가 되기로 했다고 말하는 것이었습니다. 언니의 이야기에 따르면 언니가 그를 손에 넣을 수 있었던 것은 언니의 엉덩이가 아름다웠기 때문이었습니다. 언니는 부인과 모든 계산을 마치고 저에게 주소를 가르쳐주고는 작별키스를 나누고 숙소를 떠났습니다. 외롭게 되어버린 저는 이틀 뒤 가르쳐준 주소로 언니를 찾아갔는데 그 남자는 무표정한 얼굴로 어깨를 으쓱할 뿐이었습니다. 저와 만나려 하지 않을 언니가 아니기 때문에, 저는 언니가 속은 거라고 직감했습니다. 슬픔에 빠져 게랭 부인에게 사정을 이야기하자 그녀는 짓궂게 웃기만 할 뿐 아무 설명도 해주지 않았습니다. 그런 부인의 태도에서 저는 부인이 이해할 수 없는 이번 정사에 관여하고 있다고 추측했지만, 그녀는 제가 그 일에 관여하는 것을 원하지 않는 것 같았습니다. 그런 일이 저를 슬프게 해 그곳을 떠날 결심을 하게 된 것입니다. 그래서 앞으로는 언니에 대해 얘기할 기회가 없을 거라고 생각하는데, 언니가 마음에 걸려 그 뒤에도 열심히 찾아봤지만 아무리 걱정을 해도, 언니가 어떻게 되었는지 도무지 알 수가 없었습니다.'

그때 데그랑주가 끼어들었다. "그렇지 않아. 당신 언니는 당신과 헤어진 뒤 그날 안에 살해된 거야. 그녀가 당신을 속인 것이 아니라 그녀 자신이 기만을 당한 거지. 하지만 당신 추측대로 게랭 부인은 무슨 일이 일어났는지 알고 있었던 거야." 뒤클로가 괴로운 듯이 대답했다. "아아, 왜 그런 걸 가르쳐주는 거지? 언니와 만나지 못하게 된 뒤에도 언니는 아직 건강하게 살고 있을 거라고 생각했는데." "그럴 리가 없어. 당신 언니는 당신에게 사실을 말하지 않았어? 그녀는 자기의 멋진 엉덩이에 자만해 엉덩이 덕분에 행운을 손에 넣었다고 생각했겠지만 그 엉덩이가 화가 되어 살해된 거라고." 데르랑주가 이렇게 말하자 뒤클로가 물었다. "그러면 키 크고 말없는 사나이는 어떻게 된 걸까?" 데르랑주가 "그는 여자를 주선하는 사람에 지나지 않아. 남을 위해 일하고 있었던 거지"라며 대답했고 뒤클로는 다시 물었다. "그래도 6개월이나 열심히 다녔는데?" "당신 언니를 속이기 위해서지. 이 이야기는 이쯤 해두고 당신 이야기를 계속해봐. 주인님들이 따분하실 테니까. 그 사건은 제 이야기와 관련이 있는 것이니 나중에 주인님들에게 잘 설명해드리겠어요." 데그랑주의 말에 뒤클로가 "동정해줘서 고마워" 말하며 흐르는 눈물을 억제하지 못하는 것을 본 공작이 위로했다. "우리에게 애석함이나 슬픔 따위는 안중에도 없는 감정이야. 자연계가 만든 모든 것은 스스로 무너지고 말기 때문에 한숨을 쉬어봤자 아무 소용없어. 눈물 따위는 바보나 어린아이들이나 흘리라고 해. 우리가 존경하는 이성적이고 현명한 여자의 뺨에 눈물 따위가 흘러서야 되겠어?" 뒤클로는 공작의 말을 듣자 제정신을 차리고 다시 이야기를 계속했다.[4]

'방금 말씀드린 두 가지 동기에서 저는 게랭 부인의 숙소를 나왔는데, 푸르

---

4) 사드는 후기에서 뒤클로는 천부적으로 냉담한 여자이기 때문에 그녀의 언니에 대한 상념은 이야기의 줄거리와 모순되므로 정정할 필요가 있다고 썼다.

니에 부인은 전보다 훨씬 고급스러운 방과 식사를 제공해주었습니다. 일은 상당히 힘들었지만 실수입이 좋아서, 손님한테서 받은 돈은 부인과 절반씩 나누었고 다른 공제는 전혀 없었습니다. 부인은 아파트의 1층을 차지해 5명의 젊고 예쁜 여자를 거느리고 있었으므로 저는 여섯 번째였습니다. 동료들에 대해서는 제각기 무대에 등장함에 따라 얘기할 것이니 지금은 그냥 넘어가겠습니다. 부인의 숙소에 자리를 잡은 그 이튿날부터 당장 일이 들어왔습니다. 손님이 많아서 한 여자가 하루에 서너 손님을 상대하는 일도 드물지 않았지요. 하지만 저는 이제까지와 마찬가지로 주인님들의 주의를 끄는 자극적이고 색다른 손님만 골라 이야기하려고 합니다.

새로운 숙소에서 제가 맨 처음 상대한 손님은 쉰 살 정도 되는 연금지불관리였습니다. 침대 위에 앉은 그는 저에게 턱을 침대에 올리고 무릎을 꿇으라고 했습니다. 그리고 그는 스스로 자기 물건을 비비기 시작하더니 저에게 입을 크게 벌리라고 명령하고 제 입 안에 정수를 한 방울도 남기지 않고 쏟아 넣었습니다. 그 색광(色狂)은 제가 그 더러운 것을 얼굴을 찡그리며 토해내는 것을 보면서 좋아하더군요.

제각기 시기는 다른데 제가 숙소에서 맛본 몇 가지 색다른 정사에 대해 이야기할까 합니다. 이런 이야기는 특히 뒤르세 님이 좋아하실 것 같습니다. 제가 뒤르세 님과 가까워지게 된 것도 주인님의 기묘한 욕정 덕택이니, 오늘 밤에는 뒤르세 님이 좋아하는 취향에 대한 이야기를 해도 용서하실 것으로 생각합니다.'

뒤르세가 "뭐? 그럼 넌 이야기 속에서 나에게 어떤 역할을 시킬 생각인가?" 묻자 뒤클로는 "부디 용서를. 뒤르세 님이 등장하실 차례가 되면 주인님에게만 살며시 신호를 하겠으니까요……" 대답했다. "뭐라고? 나에게도 얼마간 부끄러움은 있는데…… 이 어린 소녀들 앞에서 나의 파렴치한 행위를 폭로할 생각인가?" 세 사람의 동료는 꽁무니를 빼는 뒤르세의 말에 크게 웃고 말았다.

'다음에 찾아온 손님은 하는 짓도 그렇고 나이도 그렇고 혐오감도 전혀 다른 남자였습니다. 저를 발가벗겨 침대에 눕히더니 그는 머리를 제 다리 쪽으로 돌려 누워서 그것을 제 입 안에 집어넣고 자신의 혀는 제 옥문에 넣었습니다. 그리고 혀로 너를 절정에 이르게 해줄 테니 그 대신 자신의 그것을 입 안에서 기분 좋게 간질여달라고 하더군요. 제가 최선을 다해 그것을 빨자 남자는 제 옥문 주위를 핥거나 혀로 속을 휘저으면서 교묘하게 혀를 움직였는데, 그것은 저를 위해서가 아니라 자신의 즐거움을 위해 하는 일이었습니다. 아무튼 다행히 그의 악취미를 잘 버텨낸 덕분에 저는 아무것도 느끼지 않았지만 그는 절정에 이르고 말았습니다. 푸르니에 부인이 미리 저에게 그 손님을 기쁘게 해주는 방법을 가르쳐줘서 시키는 대로 한 거지요. 어떻게 다루느냐 하면 저는 그의 엉덩이에 손을 돌려 손가락으로 엉덩이 구멍을 교묘하게 간질이면서 그것을 핥거나 입으로 꽉 조여 제 입 안에서 절정에 이르게 한 것입니다. 저는 그의 정수를 입술로 핥아 기쁘게 해주고, 그동안 그에게 혀로 마음껏 옥문을 더듬게 하면 되었지요. 한 차례가 끝나자 손님은 부인에게 "나를 이렇게 만족시켜주는 서비스를 받은 건 처음이오" 말하고는 서둘러 돌아갔습니다.

그 일이 있고 얼마 지나서 일흔 살이 넘은 노파가 숙소에 찾아왔습니다. 누구를 기다리는 것 같았는데 동료가 어떤 손님을 기다리고 있는 거라고 가르쳐주었습니다. 호기심에 사로잡힌 저는 어떤 사람이 그런 노파를 상대로 도대체 무슨 짓을 하는지 알고 싶어서 한 동료에게 엿보는 구멍이 있는 방이 있는지 물었습니다. 그녀가 그 방을 가르쳐줘서, 그녀에게 여자와 그 손님을 엿보는 방의 옆방으로 안내해주도록 부탁하고 엿보는 방으로 들어가 기다렸습니다. 먼저 방에 들어온 노파는 거울을 바라보면서 자신의 요염함이 아직도 다프니스처럼 쓸 만하다고 생각하는 것처럼 몸매를 가다듬고 있었습니다. 이윽고 다프니스의 연인인 클로에 역할을 할[5] 예순 살이 넘은 늙은 남자가 방에 들어왔습니다. 부유하게 살고 있는 징세청부인으로 예쁜 소녀보다 그 노파처럼 더러운 하층 여자에게 아낌없이 돈을 쓰는 사람이라고 하더군요. 주인님들이라면 알고 계시는 색다른 취향을 지니고 있었던 거지요. 남자가 데라시네인 척하고 있는 여자에게 다가가 빤히 쳐다보자[6] 여자는 황공해하면서 인

---

5) 2세기 또는 3세기 무렵 그리스의 목가적 로맨스에 등장하는 순진한 두 연인.
6) 데라시네(déraciné)는 뿌리가 뽑힌 자, 고향(조국)을 떠난 자라는 의미이다.

사를 했습니다. 남자는 "닳고 닳은 매춘부가 그렇게 황공해할 필요 없어. 발가벗어라. 그보다 먼저 묻고 싶은데 아직 치아가 있느냐?" 물었고 여자는 "네, 나리. 보시다시피 한 개도 없습니다" 대답했습니다. 여자의 말을 듣자 남자는 갑자기 여자의 머리를 껴안고 여자의 입에 이제까지 한 번도 본 적이 없는 불타는 키스를 하면서, 탐닉하듯이 입을 빨아들일 뿐만 아니라 즐거운 듯이 더러운 식도 깊숙이 혀를 집어넣었습니다. 오랫동안 그런 축하를 받은 적이 없는 여자는 황홀해져서 애정을 담아 그것에 보답했습니다. 주인님들을 위해 그 모습을 묘사하고 싶지만 아무래도 어렵군요. 남자는 여자에게 알몸이 되라고 말하면서 바지를 벗고 오랫동안 곧추 선 적이 없어 보이는 검고 쭈글쭈글한 그것을 끄집어내더니 안락의자에 앉아 여자가 옷을 다 벗기를 기다렸습니다. 여자는 알몸이 되어 누렇게 말라 홀쭉해진 주름투성이의 몸을 뻔뻔스럽게 그대로 드러내 애인에게 보였는데 그 역겨움은 제가 묘사하기보다는 주인님들이 자유롭게 상상할 수 있을 거라고 생각합니다. 그러나 남자는 역겨워하기는커녕 여자를 안락의자로 끌어당겨 다시 한번 여자의 입에 혀를 집어넣은 뒤, 여자의 몸을 돌려서 화폐의 뒷면을 감상하기 시작했습니다. 남자는 여자의 엉덩이를 애무하기 시작했는데 그것은 엉덩이가 아니라 허리에서 허벅지로 축 늘어져 있는 주름투성이 걸레였습니다. 남자는 여자의 엉덩이를 벌리고 그 엉덩이 사이에 숨어 있는 불결한 장소에 너무나도 기쁜 듯이 입을 꼭 갖다 붙였습니다. 남자가 그러는 동안, 여자가 죽은 것처럼 축 늘어진 남자의 그것을 비비자 조금 되살아났습니다. 남자가 "까놓고 말해서 나는 내가 좋아하는 방법이 아니면 무슨 짓을 해도 안 돼. 부인한테서 들었나?" 하고 묻자 여자가 "네, 나리" 대답했고, 남자는 다그치듯이 "정수를 마셔야만 해. 알고 있지?" 말했죠. 그러자 여자는 "오, 사랑하는 주인님. 당신에게서 나오는 것이라면 무엇이든 다 마셔드리겠어요" 하며 복종했습니다. 그 말에 남자는 여자를 침대 위에 엎드리게 하고, 자신은 여자 밑에 거꾸로 들어가 여자의 입에 흐물흐물해진 그것을 음낭과 함께 집어넣었습니다. 그리고 여자의 두 다리를 잡아 어깨에 올려 코끝이 여자의 엉덩이 사이에 들어가도록 하여, 혀를 여자의 감미로운 엉덩이 구멍에 갖다 대 장미꽃의 이슬을 빨아들이는 꿀벌처럼 달콤한 듯이 빨아냈습니다. 한편 여자도 남자의 그것을 빨았습니다. 그러한 음락을 계속하는 동안 남자는 흥분하기 시작하여 "아아 좋구나, 이 매춘부야. 빨아다오, 더 세게 빨아다오. 오, 갈 것 같아! 뭐하는 거야, 다 마셔버려!" 외치면서 바로 눈앞에 있는 여자의 허벅지와 엉덩이, 엉덩이 구멍과 옥문을 가리지 않고 빨고 핥았습니다. 그리고 가련한 늙은이는 여자의 입에서 그것을 잡아뺐는데 커지지도 단단해지지도 않은 채 절정에 이른 건지, 여자가 입에 넣었을 때와 마찬가지로 흐물흐물해져 있었습니다. 남자는 착란상태에 빠져버린 자신이 부끄러운 듯이 일어나 자신을 유혹한 추악한 노파를 똑바로 쳐다보지 못하고 서둘러 나갔습니다.'

공작이 물었다. "노파는 어떻게 되었지?" 뒤클로가 대답하며 이야기를 계속했다. "여자는 기침을 하고 침을 뱉고 양치질을 한 뒤 서둘러 옷을 입고 나갔습니다."

'그 며칠 뒤, 저에게 끔찍한 광경을 즐기게 해준 저의 동료가 똑같이 혐오스러운 음락의 상대가 될 차례가 되었습니다. 그녀는 금발의 열일곱 살 소녀로 뛰어난 용모를 지니고 있었습니다. 저는 그녀가 하는 것을 엿보지 않을 수 없었습니다. 그녀가 맞이한 사람은 징세청부인보다 나이 어린 사내였습니다. 그는 두 다리 사이에 그녀를 무릎 꿇게 하고 그녀의 두 귀를 잡아 얼굴을 움직이지 못하게 한 뒤, 하수구에 떠 있는 쓰레기보다 더러운 그것을 그녀 입에 집어넣으려 했습니다. 불쌍한 그녀는 젊디젊은 입가에 보기도 싫은 그것이 다가오는 것을 보고 뒤로 물러나려 했지만, 그녀의 귀를 스패니얼 개처럼 붙잡고 있는 사내의 힘 앞에서는 아무 소용이 없었습니다. 사나이는 "이 창녀야, 못하겠단 말이냐, 그렇다면 부인을 부르겠다!"고 위협을 해(푸르니에 부인은 우리에게 손님이 하는 말은 무조건 듣고 친절하게 대해야 한다고 명령하고 있었습니다) 결국 저항을 포기하고 말았습니다. 그녀는 입을 벌렸다가 닫고 다시 벌려서 결국 눈물을 머금고 귀여운 입 안에 그 더러운 것을 맞아들였습니다. 그러자 색광인 사나이는 화를 내면서 "이 암캐가 왜 프랑스에서 가장 고급인 이것을 핥는데 그렇게 머뭇거리는 거냐. 더 다른 방법이 있겠지. 매일 일부러 너를 위해 이것을 씻고 있는 것을 모르느냐. 자, 이 매춘부야, 이 봉봉과자를 핥으렴" 하고 소리쳤습니다. 사나이는 그녀를 비웃거나 심술궂게 놀리는 동안 흥분하여 (우리가 싫어하면 그것이 주인님들의 쾌락을 자극하는 바늘이 되는 것처럼), 황홀경에 빠져서 불쌍한 그녀의 입에 사내의 증거를 쏟아 넣었습니다. 그러나 그녀에게는 전날의 노파만 한 정성이 없었으므로 그녀는 한 방울도 삼키지 않고 역겨워하면서 입 안의 정수를 바로 토해내고 말았는데, 사나이는 그녀가 어떻게 되든 개의치 않고 옷차림을 가다듬더니 타인이 싫어하는 짓을 한 것에 만족하면서 치아 사이로 엷은 미소를 짓는 것이었습니다.

제 차례가 되었는데 이제까지의 두 손님과 달리 다행히 저에게 할당된 손님은 사랑의 신 큐피드 같은 미모의 청년이었습니다. 그 청년을 만족시킨 뒤, 저는 훌륭한 몸매의 청년이 왜 그런 기묘한 취향을 지니고 있는지 오직 놀라울 뿐이었습니다. 그는 저를 발가벗기더니 자신이 침대 위에 누워서 저를 뒤로 돌려 그의 얼굴에 걸터앉듯이 웅크리게 했습니다. 그리고 "너의 입으로 나의 그것을 빨아서 나를 절정에 이르게 해다오. 내가 절정에 이르면 나의 정수를 마셔주기 바라. 예쁜 엉덩이의 구멍으로 방귀를 뀌어 내가 냄새 맡을 수 있게 하고, 내 입에 오줌을 누도록 해. 나는 네가 내 정수를 마시듯이 너의 오줌을 마실 테니" 하고 어려운 일을 명령했습니다. 저는 일을 시작하여 동시에 세 가지 일을 잘 수행하여, 그는 제 입에 정수를 듬뿍 쏟아 넣었고, 저는 그것을 기분 좋게 마셔버렸으며, 그는 제 엉덩이 구멍에서 나오는 방귀 냄새를 들이마시고 저의 옥문에서 나오는 오줌을 전부 마셨습니다.'

뒤르세가 "너는 내가 어릴 때 했던 못된 장난을 폭로했구나" 말하자, 공작은 웃으면서 "지금의 자네는 옥문 따위는 보려고도 하지 않지만, 옛날에는 여자에게 오줌을 누게 하고는 좋아했지" 하고 놀려댔다. 뒤르세는 "확실히 부끄럽다고 생각하고 있네…… 그러한 옛날의 파렴치한 행위 때문에 가책을 받아야 하는 건 정말 불쾌한 일이야. 하지만 지금은 완전히 후회하고 있어" 하더니 "그건 그렇고 엉덩이는 정말 감미롭지 않은가?" 큰 소리로 말하고는 소피를 불러들여 그녀의 엉덩이에 정신없이 키스를 퍼부었다. 그리고 "얼마나 멋진 엉덩인가! 젊었을 때 너와 같은 엉덩이를 경배하지 않은 것을 후회하고 있다. 정말 멋진 엉덩이야. 두 번 다시 길을 헷갈리지 않도록 신전에 속죄의 제물을 바쳐 네 엉덩이에 맹세하마" 하면서 소피의 멋진 엉덩이에 흥분하여 그녀를 뒤로 돌리고는 그녀 몸 위에 올라타 그녀에게 자기의 작은 그것을 빨게 하는 한편 자신은 그녀의 신선하고 관능적인 뒷문을 빨았다. 그러나 뒤르세는 그 정도의 쾌락으로는 성에 차지 않아서 그것은 좀처럼 힘을 되찾지 못했다. 조금도 효과가 나타나지 않자 포기하고 만 뒤르세는, 소피를 욕하거나 화풀이를 하면서 자연계가 아무래도 자기에게 허용하려 하지 않는 쾌락을 잠시 미룰 수밖에 없었다. 그러나 다른 세 사람은 뒤르세와 달리 쾌락을 즐길 수 있었다. 공작은 콜롱브와 젤라미르, 방드오시엘과 테레즈를 데리고 자기의 작은 방으로 들어갔는데, 공작의 행복한 상태를 과시하는 듯한 신음소리가 들려왔다. 콜롱브가 입에서 무언가를 토해내면서 나온 걸로 보아 공작이 소녀의 입에 공물을 바친 것은 확실했다. 주교는 긴 의자에 느긋하게 누워 아델라이드를 배 위에 태우고 등을 돌린 자세를 취하게 하고는, 그녀의 뒷문을 자기 코에 대어 방귀 냄새를 맡고 그녀에게 자신의 그것을 물게 한 채 몽롱해져 있었다. 법원장은 선 채로 에베에게 거대한 나팔을 억지로 입 안 가득 물게 하여 무아지경 속에서 정수를 쏟고 말았다.

저녁식사 시간이 되었다. 공작이, 행복이 모든 감각의 기쁨을 완전히 채우는 데 있다면, 완전한 행복은 영원히 손에 넣을 수 없을 것이라는 견해를 말하자 일당 사이에 토론이 시작되었다. 뒤르세가 먼저 말했다. "자네 의견은 도락자다운 견해가 아니야. 끊임없이 만족하지 않으면 행복하지 않다는 게 무슨 소린가. 행복이란 쾌락을 채우는 데 있는 것이 아니라 쾌락에 대한 욕구를 방해하는 장애를 극복하는 데 있다네. 그런데 이 저택에 과연 모든 것이 있을까? 나는 손에 넣기를 원하면서 손에 넣지 못하고 있어. 맹세해도 좋은데, 나는 이곳에 온 뒤부터 이곳에 있는 자들을 상대로 단 한 번도 정수를 흘린 적이 없네. 왜냐하면 비교하는 기쁨, 불행한 자들을 바라보는 기쁨, 그런 자들에 비하면 나는 행복하다고 나 자신에게 얘기할 수 있는 기쁨, 그리고 권력의 매력이 결여되어 있기 때문이야. 모든 인간이 평등하고 차별이 없는 곳에 행복이 있을 리가 없지 않은가. 병에 걸려야 비로소 건강의 고마움을 아는 것과 마찬가지가 아닐까?" 주교가 물었다. "그렇다면 진정한 기쁨은 비참한 인간의 눈물을 보는 데 있단 말이오?" 뒤르세는 눈을 빛내며 대답했다. "바로 그거야. 자네가 방금 말한 쾌락만큼 관능의 기쁨을 맛보게 해주는 건 아마 이 세상에 없을 거네."

주교는 일당의 취향에도 합치하는 이 문제에 대해 뒤르세에게 상세하게 말하게 하면 재미있는 얘기를 들을 수 있을 것이고, 그라면 공정한 의견을 말할지도 모른다고 생각하여 "당신은 가련한 자들을 원조하지 않나요?" 하고 물었다. 이에 뒤르세가 반문했다. "자네가 말하는 원조라는 건 어떤 의미인가? 나는 불행한 인간의 상태와 행복한 인간의 상태를 비교함으로써 쾌락을 느끼므로, 만일 내가 불행한 인간을 원조하면 비교할 대상이 없어지기 때문에 당연히 쾌락도 느끼지 못하게 되지 않을까? 불행한 자들을 비참한 상태에서 벗어나게 해주면 나는 그들에게 순간의 행복을 맛보게 하는 셈이니, 그들과 나 사이에 차이가 없어져서, 나는 비교함으로써 생겨나는 쾌락을 맛볼 수 없게 되지 않겠어?" 공작이 끼어들었다. "그만들 하게. 자네 주장에 따르면 행복을 맛보는 데 필요한 확실한 비교를 할 수 있게 하기 위해서는 불행한 자들을 될 수 있는 한 곤경에 빠뜨리는 것이 좋다는 얘기로군." 뒤르세가 고개를 끄덕였다. "확실히 그래. 내가 세상에서 파렴치한 인간으로 매도되어온 것은 그것 때문이야. 내 행위의 진정한 동기를 모르는 자들은 나를 미풍양속을 해친다, 인정이 없다, 잔인하다, 이런 말들을 하고 있지만, 나는 무슨 말을 들어도 그런 자들이 말하는 것쯤 묵살하고 내 길을 계속 갈 뿐이야. 세상의 어리석은 자들은 내가 한 일을 잔인한 행위라고 말할지 모르지만, 나는 그런 행위를 통해 비교하는 기쁨을 맛볼 수 있어서 행복했으니까." 공작이 말했다. "그러면 사실을 고백해보면 어떻겠나. 자네는 자네 나름대로 납득하고 있는 배덕적인 취향을 만족시키기 위해 적어도 스무 번 이상 불행한 인간을 파멸에 빠뜨린 것을 인정하나?" 뒤르세가 "뭐라고? 스무 번 이상이라니, 200번 이상을 착각한 것 아닌가? 나 때문에 적어도 400가구 이상이 오늘날 거지나 다름없는 상태로 살고 있다네." 크게 외치자 법원장이 물었다. "자네는 그들을 파멸시켜서 돈을 번 것인가?" "대부분의 경우 벌었다고 해도 좋겠지. 하지만 내가 그들에게 짓궂은 짓을 하는 것은 돈을 벌기 위해서가 아니라 내 음락의 기관을 깨어나게 하기 위한 것이네. 나쁜 짓을 하면 그것에 기운이 생기는 거지. 나쁜 짓은 나의 모든 기쁨의 감각을 깨워주는 자극적인 매력을 지니고 있어. 내가 나쁜 짓을 하는 유일한 동기는 바로 그거야. 다른 데는 관심이 없다네." 뒤르세가 이렇게 대답하자 법원장이 말했다. "자네 말대로 그것보다 고상한 취미는 없다고 생각하네. 법원에 있었을 때, 무죄인 줄 알고 있는 불행한 인간을 교수형에 처하기 위해 적어도 100번 이상 사형판결을 내렸지. 그러한 사소한 부정에 가담하면 몸속 깊숙한 곳에서 근질근질한 쾌감이 샘솟게 되어 순식간에 쾌락의 기관에 불이 붙어. 내가 나쁜 짓을 할 때 어떤 쾌감을 맛보는지 자네도 잘 알고 있지 않나."

제피르의 엉덩이를 손가락으로 희롱하면서 머리를 뜨겁게 태우고 있던 공작이 말했다. "나쁜 짓은 모든 감각을 눈뜨게 하는 충분한 마력을 가지고 있기 때문에 다른 계책을 쓸 필요는 없다고 생각하네. 세상 사람들은 악행과 방탕은 전혀 다른 것으로 생각하는 것 같지만, 악행은 방탕과 마찬가지로 나의 그것에 기운을 주지. 자네들도 알고 있듯이 나는 절도, 강도, 강간, 방화, 살인 등, 온갖 악행을 다 해봤어. 확실히 악행은 우리를 흥분시키는 방탕을 목적으로 이루어지는 것이고, 악행을 한다는 관념이(결과적으로는 악행을 감행하게 되지만) 그것을 발기시키는 거라네. 그것을 발기시키는 것은 악행 그 자체이지 악행의 목적이 아니야. 그렇기 때문에 악행을 저지를 가능성이 사라지면 그것은 발기하지 않는 거지." 주교가 동의했다. "확실히 그건 사실이야. 그렇게 되면 가장 파렴치한 행위에서 가장 즐거운 쾌락이 태어나게 되고, 우리를 지배하는 원리는, 악행에서 쾌락을 추구하기 위해서는 악행은 될 수 있는 한 잔인해야 한다는 거지. 내 경우에는, 사소한 악행에서는 그 어떤 쾌락도 얻을 수가 없어. 내가 저지르는 악행이 상상할 수 있는 한 가장 간교하고, 음험하고, 배신적이고, 잔혹하지 않으면 쾌감을 느낄 수가 없거든." 공작이 말을 받았다. "그건 다행한 일이 아니냐. 그러나 우리가 생각하고 있는, 그리고 방금 네가 말한 악행을 이 저택에서 저지를 수 있을까. 나는 감히 말하는데, 나의 상상력은 나의 실행력을 넘어서는 것이야. 지금까지 헤아릴 수 없이 많은 악행을 범했지만, 모두 나의 상상력에는 미치지 못하는 악행뿐이었어. 나에게 악행을 범하고자 하는 욕망을 주면서 나에게서 악행의 수단을 빼앗고 있는 자연계가 원망스럽군." 법원장이 입을 열었다. "이 세상에서 해야 할 악행은 두세 가지밖에 없네. 만일 그것이 가능하다면 더 이상 말할 것이 없어. 그 밖의 악행은 전혀 사소하고 하찮은 악행이고 아무런 쾌락도 얻을 수 없는 것이지. 태양을 공격해 우주에서 태양을 빼앗아 세계를 암흑으로 만들면 얼마나 유쾌할까? 태양을 손에 넣어 세계를 불태우면 얼마나 유쾌하겠나? 당치도 않은 일이지만 수십 번씩 그런 일을 상상한 적이 있네. 그것이 진정한 악행일 거야. 우리가 하고 있는 사소한 일탈행위는 1년에 기껏해야 12명의 인간을 흙으로 바꾸는 것뿐이 아닌가."

그런 말을 주고받는 사이에 일당은 기분이 고양되어 뜨겁게 달아오르자 그것이 꿈틀거리기 시작했다. 그들은 식탁을 떠나 고환 속에서 날카롭게 옥신거리는 느낌이 드는 정수를 쏟아내기 위해 아름다운 소녀들의 입을 요구했다. 그날 밤, 그들은 구음의 즐거움만으로 만족했는데 다양한 방법을 연구하여 충분히 만끽한 뒤 내일 필요한 정력을 축적하기 위해 잠자리에 들었다.

11월 9일

이날 아침, 뒤클로는 소녀들의 교육은 이제 충분히 진전이 있었으니, 소녀들에게 마장을 대신하는 훈련을 시킬 것인지, 비비는 방법의 수업을 그만 중단할 것인지, 결정을 내려야 한다고 건의했다. 뒤클로의 의견에는 타당한 이유가 있었다. 마장들을 계속 이용하다 보면 신중하게 피해야만 할 간통의 우려가 생길 수 있고, 또 마장들은 접촉하면 바로 사정을 해버리기 때문에, 그렇게 되면 소녀들의 수치심이나 음란한 마음을 기를 수 없게 되어, 일당이 원하는, 소녀들의 엉덩이가 지닌 쾌락에 나쁜 영향을 줄지도 모른다는 것이었다. 그리하여 일당은 소녀들의 훈련을 중단하고 말았다. 훈련은 대체로 성공적이었고 특히 오귀스틴, 소피, 콜롱브, 세 사람의 교묘하고 나긋나긋한 손놀림은 파리의 일류창녀 못지않았다. 그러나 전원 가운데 젤미르 만은 전혀 숙달되지 않았다. 무엇을 하든 민첩하고 솜씨가 좋은 그녀였지만 온화하고 외로운 기질의 소유자여서 지금까지의 고통을 잊지 못하고 늘 슬퍼하면서 생각에 잠겨 있었기 때문이다.

일당이 아침식사를 하러 가자, 젤미르를 담당한 하녀가 간밤에 젤미르가 잠자기 전에 신께 기도를 드리는 현장을 보았다고 일러바쳤다. 일당은 그녀를 불러 심문하고 무슨 기도를 했는지 자백하라고 추궁했다. 그녀는 처음에는 거부했지만 너무도 심하게 위협하여 끝내 울음을 터뜨리고 말았다. 그리고 다가올 위험에서 구해주십시오, 특히 순결을 빼앗기기 전에 구해주십시오, 하고 신께 기도했다고 자백하고 말았다. 공작은 그녀에게 규칙을 읽어주고 너의 행위는 사형에 처해질 만한 것이라고 분명히 말했다. 그러자 그녀가 대답했다. "좋아요. 제발 저를 죽여주세요. 제가 매달리는 신은 적어도 저를 불쌍히 여기실 것입니다. 치욕을 당하기 전에 저를 죽여주시면 신께 바친 제 영혼은 깨끗한 채로 신의 품 안에 날아갈 수 있을 테니까요. 그렇게 되면 저는 매일 보고 듣는 너무나도 많은 잔인한 행위나 야비한 언어의 고통에서 해방될 거예요." 미덕과 순수함으로 가득한 그녀의 대답을 들은 일당은 순식간에 그것이 발기하고 말았다. 그 자리에서 소녀의 순결을 빼앗자는 자도 있었지만, 공작이 그건 우리가 정한 약속에 위반된다고 반대했기 때문에, 만장일치로 다음 토요일에 다른 자들과 함께 그녀를 엄벌에 처하기로 결정했다. 그리고 오늘은 벌로서 그녀를 무릎 꿇고 앉게 하여 각자의 그것을 각각 15분 동안 입에 물고 있게 할 것, 다음에도 똑같은 일이 되풀이되면 규칙을 엄격하게 적용하여 그녀의 목숨은 없는 것임을 알리기로 했다. 가련한 소녀는 최초의 벌을 받기 위해 그들 앞에 무릎을 꿇었는데 그런 의식에 흥분한 공작은 그녀의 엉덩이를 만지면서 한 방울이라도 토해내면 네 목을 조르겠다고 위협하고 귀여운 입 안에 정수를 쏟아 넣었다. 가련한 소녀는 소름 끼치는 혐오를 억제하면서 정수를 한 방울도 남김없이 다 마셨다. 다른 세 사람도 똑같은 짓을 했지만 사정은 하지 않았다.

다음에 소년들의 하렘 점검이 끝나자 교회에서의 용변은 극소수에게만 허락되었다.

아침식사를 마친 일당은 커피를 마시기 위해 응접실로 갔는데, 응접실에서의 봉사는 파니와 소피, 이아생트와 젤라미르가 맡았다. 법원장은 이아생트의 가랑이 사이에 그것을 집어넣어 뒷문을 즐기는 시늉을 하고, 소피를 불러 소년의 가랑이 사이에서 삐져나온 자신의 그것을 빨게 했다. 그것은 유쾌하고 호색적인 광경이었다. 그가 이아생트의 그것을 비비자 소년은 무릎을 꿇고 있는 소피의 코 위에 사정을 하고 말았다. 공작은 그 광경을 모방하여 젤라미르와 파니를 이용해서 하려고 했지만 어린 소년은 아직 사정을 할 수 없었다. 뒤르세와 주교는 두 동료의 뒤에서 소년 소녀들을 상대로 똑같은 짓을 즐겼다. 짧은 낮잠 뒤에 일당은 만반의 준비를 갖춘 집회실로 가서 뒤클로의 이야기에 귀를 기울였다.

‘주인님들 이외의 분들에게 이야기하는 것이라면 앞으로 일주일 이어지게 되는 이야기의 주제를 어떻게 정할지 걱정이 되겠지만, 저는 주인님들이 어떤 이야기를 좋아하시고 원하고 계신지 취향을 잘 알기 때문에 설사 주제가 아무리 망측해도, 이제부터 할 이야기도 반드시 마음에 드실 거라고 확신합니다. 곧바로 혐오스럽고 외설스러운 이야기를 하겠으니 귀를 기울여주십시오. 나이가 많은 슈발리에라는 손님이 거의 매일 밤 푸르니에 부인을 찾아왔습니다. 그 손님의 취향은 매우 단순하지만 아주 기묘한 것이었습니다. 우리 가운데 한 사람이 차례로 상대를 하는 것인데, 그 손님은 바지를 벗어서 여자에게 바지 안에 배변을 하게 하고는 그대로 바지를 입고 돌아가 버리는 것입니다. 여자가 배변을 할 때까지 잠시 동안 반드시 스스로 그것을 비비는데 아무도 그가 절정에 이른 것을 본 적이 없습니다. 또 바지 안에 변을 거둔 채 어디로 가는지도 아무도 몰랐습니다.’

일찍부터 그런 짓을 해보고 싶었던 법원장은 “제기랄, 아주 재미있겠군. 누가 내 바지 안에 똥을 누지 않겠나? 그 보물을 잠잘 때까지 바지 안에 넣어두마” 하더니 루이종을 불러 바지 안에 배변을 하게 함으로써, 이 늙은 도락자는 뒤클로가 방금 말한 그 터무니없는 끔찍한 취향을 여러 사람 앞에서 극적으로 실현했다. 법원장은 긴 의자에 다시 앉으면서 태연하게 말했다. “오늘 밤 나와 함께 지낼 알린에게는 좀 미안하지만 난 아무렇지도 않아. 자, 뒤클로 이야기를 계속해.”

‘얼마 지나서 저는 푸르니에 부인으로부터 어느 도락자의 집으로 가라는 지시와 함께 거기서 무엇을 해야 하는지 미리 가르침을 받았습니다. 저는 소년의 옷으로 갈아입었는데 아직 스무 살인 데다 예쁜 얼굴에 머리카락이 아름다운 저에게 소년의 옷은 아주 잘 어울렸습니다. 저는 부인이 시키는 대로 법원장님이 방금 하신 것처럼 바지 안에 배변을 해두었습니다. 침대에서 저를 기다리고 있던 손님은 제가 다가가자 제 입에 두세 번 진한 키스를 하더니 지금까지 한 번도 본 적이 없는 예쁜 남자아이라고 칭찬하면서 제 바지를 벗기려고 했습니다. 저는 그 남자의 욕정을 더욱 불태우기 위해 약간 저항해 보였는데 그 남자가 재촉해서 결국 바지가 벗겨지고 말았습니다. 제 엉덩이 가득 들러붙어 있는 그것을 발견했을 때의 그 흥분한 모습을 어떻게 표현해야 할지 모르겠군요. "요 못된 녀석, 이게 뭐냐? 바지 안에 응가를 해놓았다니……왜 그런 더러운 짓을 했지?" 하면서 제 등을 껴안고는 제 바지를 내린 뒤 스스로 자기 것을 비비다가 제 엉덩이 위에 정수를 쏟아냈습니다.'

공작이 "그는 너의 어느 곳도 만지지 않았나? 그것 말고는 이상한 짓을 하지 않았어?" 묻자 뒤클로가 대답했다. "네, 말씀드린 대로 달리 아무 짓도 하지 않았습니다. 공작님, 조금만 기다려주세요, 틀림없이 당신이 기뻐하실 일이 벌어질 테니까요."

'저의 동료 가운데 한 사람이 "지금 재미있는 손님이 오고 있는데 가보지 않을래? 그 사람은 여자를 요구하지 않고 혼자서 즐긴대. 엿보는 방의 옆방으로 들어갈 거래." 그래서 둘이 엿보는 방으로 갔습니다. 그 방에는 우리가 며칠 전부터 사용하고 있던 의자 딸린 변기가 놓여 있었는데 푸르니에 부인은 우리에게 변기 안에 변을 많이 보아두라고 지시를 했습니다. 손님이 방으로 들어왔는데 예순 살쯤 되어 보이는 하급 징세청부인이었습니다. 그는 의자에 앉아 즐기기 위해 부인에게 부탁한 좋은 향기가 나는 것이 숨겨져 있는 변기를 들고 자기 소유물이 된 보물에서 나는 냄새를 기분 좋은 듯이 맡거나 손으로 만지작거리며 가지고 놀면서 하나하나 꺼내 감상하기 시작하더군요. 그러고는 차츰 황홀해져서 바지 단추를 풀고 한 손으로 검은빛을 띤 그것을 힘껏 비비면서 한 손은 변기 속에 넣고 우리가 그 손님의 욕정을 불태우기 위해 마련해둔 요리를 그것에 마구 발랐습니다. 그러나 아무리 해도 그 상태 그대

로이고 전혀 곧추서지를 않더군요. 자연계란 때때로 지극히 심술을 부릴 때
가 있어서, 아무리 극단적인 일을 해도 사내의 그것에는 아무 반응이 없었습
니다. 그런데 놀랍게도 변이 묻어 있는 손으로 그것을 힘껏 비비기 시작하자
사나이는 몸이 경련하듯이 떨더니 가쁜 숨을 내쉬었습니다. 몰입한 그는 계
속 비벼대다가 마침내 손에 묻은 오물 위에 사정을 하고 말았습니다.

어느 날 밤, 저는 어느 신사와 저녁식사를 함께 했습니다. 식사가 끝나자 그
신사는 같은 요리를 12접시 더 가져오게 하더니 하나하나의 접시에 저녁식사
에서 남은 것을 혼합했습니다. 그리고 한 접시마다 냄새를 맡고 제일 마음에
드는 요리를 자기 앞에 놓자, 저에게 그것을 비비게 하고 요리 위에 정수를 뿌
린 뒤 맛을 보았습니다.

어느 참사원 위원은 여자에게 관장을 시키고, 여자가 좋아서 관장을 더해
달라고 조르면 조를수록 호탕하게 돈을 지불하는 것이었습니다. 그 손님과
함께 지내게 된 저는 일곱 번의 관장을 하게 되었는데 그는 자기 손으로 확실
하게 일곱 번이나 저에게 관장을 시켰습니다. 관장이 끝나 제가 잠시 참고 있
으니 그는 저를 발판 위에 올려놓고 자기는 그 밑에 누워서 스스로 그것을 비
비면서 나에게 "네 배 속에 들어 있는 세례의 액체를 나의 그것에 부어다오"
부탁했습니다.'

독자 여러분도 쉽게 상상할 수 있겠지만, 그날 밤의 향연은 더럽고 외설스
러운 행위의 연속이었다. 그러한 취미는 그들에게서 공통으로 볼 수 있었는
데 가장 극단으로 치달은 것은 말할 것도 없이 법원장이었다. 그러나 다른 세
사람도 열광하여 저녁식사의 요리접시에는 8명의 소녀의 김 나는 오물이 담
겨 있었고, 게다가 소년들의 오물도 선보였기 때문에, 일당에게 그날의 저녁식
사는 참으로 대단한 것이었다. 온갖 쾌락을 다한 9일째도 끝날 때가 다가오자,
일당은 내일은 그토록 좋아하는 화제에 대해 더욱 자세한 이야기를 듣게 될
거라고 크게 기대했다.

11월 10일

이 이야기도 여기까지 진행되었으니, 처음에 독자에게 말하지 않고 보류한

것에 대해 이제는 서서히 밝혀도 좋은 때라고 생각한다. 이를테면 매일 아침 실시하는 소년 소녀들의 하렘 검사의 목적인데, 그것은 일당의 허락 없이 멋대로 용변을 보는 것을 금하는 규칙이 엄중하게 지켜지고 있는지를 조사하기 위한 것이었다. 당번인 동료가 변기를 점검하고 변기 안에 조금이라도 용변을 본 흔적이 발견되면, 당사자를 찾아내어 즉시 징벌 명부에 등록해버리는 것이다. 그렇게 소년 소녀들에게 마음대로 용변을 시키지 않는 이유는, 첫째로 일당에게는 어떤 자에게는 교회에 설치한, 둥그런 관람석으로 에워싼 화장실을 이용하게 하고, 어떤 자에게는 적절한 시기에 적절한 장소에서 용변을 보게 하여, 용변하는 광경을 처음부터 끝까지 온갖 호색적인 방법으로 바라보는 것이 최고의 기쁨 가운데 하나였기 때문이다. 둘째로 법원장과 뒤르세는 자신도 비데를 사용하는 프랑스식 습관을 싫어했고, 또 내일 함께 즐기기로 되어 있는 소년 소녀가 몸이나 국부를 청결히 하는 것을 극도로 싫어해서, 전날 미리 주의를 주어 감독인 하녀에게 감시를 시킬 정도였기 때문에, 불결한 상태로 두도록 지시한 상대가 지시를 잘 지키고 있는지 조사하기 위한 것이었다. 콜롱브와 에베는 그날 커피를 제공하기로 되어 있음을 알면서도 전날 밤의 향연에서 용변을 보고 말아 아침에 국소를 깨끗이 닦았다. 법원장과 뒤르세는 콜롱브와 에베를 상대로 즐겁게 해준다는 핑계로 소녀들의 하렘을 점검했는데 콜롱브와 에베의 몸이 깨끗해져 있는 것에 놀라, 몸을 씻거나 닦지 말고 언제라도 방귀가 나올 수 있는 상태로 두라고 하지 않았느냐고 꾸짖었다. 소녀들은 주인님의 분부를 잊어버렸다고 변명했지만, 그래도 징벌 명부에 이름이 올라가고 말았다. 공작과 주교는 법원장과 뒤르세의 그런 취향을 그들만큼 좋아하지는 않았지만, 그들이 그 더러운 장면을 즐길 수 있도록 협조를 아끼지 않았다.

그날 아침부터 일당은 소년들에게 실시하는 그것을 비비는 방법의 교육을 중단하기로 했다. 소년들은 이미 파리에서 가장 뛰어난 동성애자들 못지않게 진보했기 때문이었다. 특히 제피르와 아도니스의 손놀림은 뛰어나게 훌륭해서 두 사람이 대담하고 섬세한 손길로 그것을 비비면 누구라도 핏기를 잃을 정도로 사정할 것이 틀림없었다.

커피시간까지 특별하게 새로운 일은 없었다. 커피는 지통과 아도니스, 콜롱브와 에베가 봉사했다. 법원장은 네 사람에게 방귀가 나오는 약을 미리 잔뜩 마시게 해둔 덕분에 방귀 냄새를 실컷 즐길 수 있었다. 공작은 지통에게 그것을 빨게 하려고 했지만 소년의 조그마한 입에는 너무 커서 물 수가 없었다. 뒤르세는 에베를 상대로 약간 가혹한 처사를 하고, 주교는 콜롱브의 가랑이 사이를 이용해서 즐겼다. 6시 종이 울리자 일당은 모두들 자리 잡고 앉아 있는 집회실로 가서 뒤클로의 이야기에 귀를 기울였다.

'푸르니에 부인의 숙소에 외제니라고 하는 새로운 동료가 합류했습니다. 그녀는 열네 살의 재봉사인데, 제 언니가 게랭 부인의 집에게 걸려든 색마에게 유혹당한 것입니다. 그 남자는 푸르니에 부인을 위해서도 일하고 있었던 거지요. 주인님들께 그녀의 모습을 간단하게 이야기해두려고 합니다. 밤색 머리에 요염한 듯 작은 얼굴, 반짝이는 갈색 눈, 피부는 백합꽃처럼 희고, 공단처럼 매끄러우며, 몸매는 더할 나위가 없었지만 약간 통통한 것이 흠이었습니다. 하지만 탄력 있고 한없이 하얀 엉덩이는 온 파리에서도 좀처럼 보기 힘들 만큼 멋졌어요. 제가 벽의 구멍으로 본 남자가 그녀에게 첫 손님이었습니다. 그것은 그녀가 모든 점에서 숫처녀였기 때문입니다. 당연한 일이지만, 그렇게 맛있어 보이는 소녀는 숙소의 귀한 단골손님에게만 돌아가기 때문에, 손님은 부자에 도락자로 알려져 있는, 온몸이 발끝까지 통풍에 시달리고 있는 피에르빌 수도원장이었습니다.

수도원장이 끈 달린 모자를 쓰고 숙소에 나타나 방으로 들어가더니 필요한 도구를 점검하고 모든 준비를 마치자 외제니가 들어왔습니다. 그녀는 첫 정사를 치르는 상대의 기괴한 용모에 겁을 먹고 얼굴을 붉히면서 눈을 내리깔았습니다. 수도원장이 "자, 이리로 와서 네 엉덩이를 보여다오" 말하자 그녀는 "하지만, 신부님……" 하며 머뭇거렸고 수도원장은 "자, 어서, 숫처녀의 엉덩이만큼 좋은 것은 없지. 너는 내가 엉덩이를 보여달라고 할 줄은 생각조차 못했을 게다. 자, 페티코트를 위로 걷어 올려라" 재촉했습니다. 그녀는 푸르니에 부인에게 정중하게 손님을 응대할 것을 약속했기 때문에 부인의 비위를 건드려서는 안 된다고 생각하고 자진해서 등을 돌리고 페티코트를 반쯤 위로 올렸습니다. 수도원장이 "더 높이 걷어라, 더 높이. 내가 도와줘야만 하느냐?" 소리치자 결국 그녀의 아름다운 엉덩이가 고스란히 드러나고 말았습니다. 그는 외제니의 엉덩이를 탐욕스럽게 바라보더니 그녀의 몸을 똑바르게 세웠다가 구부리게 했다가 두 다리를 벌리게 하거나 오므리게 한 다음, 침대에 눕히고 야비한 태도로 그녀 앞의 모든 부분을 주물렀습니다. 그리고 그녀를 엎드리게 하더니 전기에 감전된 것처럼 그녀의 엉덩이에 끌려서 바닥에 무릎을 꿇고 엉덩이에 수없이 키스를 퍼부었습니다. 그리고 두 손으로 엉덩이를 잡고 엉덩이를 한껏 벌리게 하여 입과 혀로 그녀가 가장 흥분할 곳을 찾았습니다. 수도원장이 말했습니다. "부인이 나를 속이지는 않았구나. 아주 멋진 엉덩이야. 그런데 응가를 언제 했지?" 그녀가 대답했습니다. "조금 전에요. 신부님이 방에 오시기 전에 부인이 주의를 주었거든요." 수도원장은 "그래? 그렇다면 배 속에 아무것도 남아 있지 않겠군. 자 어디 보자" 말하며 일어선 뒤에 관장기를 손에 들고 그 속에 우유를 채우고는 주입관을 그녀의 엉덩이 구멍에 찔러 넣었습니다. 무슨 일을 당하게 될지 미리 들었던 그녀는 뭐든지 다 알고 있다고 생각했는데, 그는 외제니의 배 속을 우유로 관장하자 소파 위에 벌렁 누워 자기 배 위에 올라타라고 한 뒤, "나에게 친절을 베풀 마음이 있으면 배 속에 있는 것을 내 입 안에 넣어다오" 말하는 것이었습니다. 겁이 많은 그녀가 시키는 대로 하자 그는 그녀의 엉덩이 구멍에 입을 바짝 대고 그것을 비벼대면서 귀한 액체를 한 방울도 남김없이 마시기 시작했습니다. 마지막 한 방울까지 다 마시고 나자 동시에 그것에서 정수가 쏟아지고 그는 황홀경에 빠지고 말았습니다. 한편 진정한 도락자에게는 흔히 있는 일인데, 그들은 환상이 사라지면 순간적으로 기분이 상해 환멸에 빠지고 맙니다. 수도원장은 볼일이 끝나자마자 그녀를 난폭하게 내던지고 방을 나서면서 푸르니에 부인에게 "그 애는 배변을 하지 않았다. 부인은 그 애에게 배변을 시키지 않았어. 난 그 애의 변까지 다 마시고 말았단 말이다, 날 속이다니!" 하면서 분통을 터뜨리기 시작했습니다. 그는 불평불만을 늘어놓고 욕설을 퍼붓더니 돈은 한 푼도 줄 수 없다는 둥, 이런 곳에는 두 번 다시 오지 않겠다는 둥, 그런 코흘리개 여자아이 때문에 바보짓을 했다는 둥 하면서 온갖 욕설을 퍼붓고는 나가버렸습니다. 그러나 수도원장의 욕설이나 잡소리는 아직은 사소한 트집에 지나지 않았습니다. 언젠가 기회가 있으면 욕설을 하고 온갖 악담을 퍼붓는 것이 주된 내용인 별난 정욕에 대해 이야기해드리겠습니다.'

법원장이 끼어들었다. "변을 조금 먹었다고 해서 분노하다니 꽤 까다로운 사내도 다 있군. 변을 먹는 인간이라면 어디에나 있지 않은가." 뒤클로가 공손하게 말했다. "법원장님. 부디 좀더 기다려주세요. 당신 자신이 저에게 요구하신 순서에 따라 얘기를 계속하게 해주시기 바랍니다. 당신이 암시하신 기묘한 도락자들을 잇따라 등장시킬 테니까요."

(1785년 10월 22일에 정서를 시작하여 매일 밤 7시부터 10시까지 계속 써서 20일 동안 두루마리의 한쪽을 메웠다. 그것이 여기까지다. 두루마리 뒷면에 나머지를 계속 쓸 것이니 끝까지 읽어주기 바란다.)

'이틀 뒤, 제 차례가 왔습니다. 푸르니에 부인이 시키는 대로 저는 서른여섯 시간이나 용변을 참고 있었습니다. 손님은 국왕 직속 신부로 방금 이야기한 수도원장과 마찬가지로 통풍에 몸을 쓸 수 없게 되었습니다. 그는 여자를 발가벗기지 않으면 성이 차지 않지만, 앞문과 유방만은 충분히 주의해 가려두지 않으면 안 되었습니다. 부인은 그것만은 반드시 지켜야 한다, 조금이라도 보이면 그는 절정에 이를 수 없기 때문에 부디 주의하라고 지시했습니다.

제가 다가가자 그는 저의 페티코트를 걷어 올리고 저의 엉덩이를 세심하게 살피고는 나이를 물은 다음 "배변을 하고 싶겠지, 그렇지? 단단한 편인가, 아니면 부드러운 편인가?" 등을 묻고 그 밖에도 온갖 질문을 하는 것이었습니다. 그런 질문을 하는 동안 그는 점차 활기를 띠었고 그것이 고개를 쳐들었습니다. 그것은 길이 10센티미터, 둘레 5센티미터로, 광택은 있지만 너무나 빈약하고 가련해서 안경을 쓰지 않으면 그 존재조차 알 수 없을 정도였습니다. 그러나 저는 손님의 간청에 그것을 쥐고 열심히 비벼주었습니다. 제가 비비는 것이 좋았던지는 그는 욕정이 충분히 달아올라 당장이라도 절정에 이를 것만 같았습니다. 그리고 "배변을 하고 싶겠지? 속이는 것은 싫다. 자, 네가 정말로

하고 싶은지 봐주마" 하고는 제 뒤로 돌아가 왼손으로 제가 크게 만들어준 그
것을 잡고 오른손 가운뎃손가락을 제 엉덩이 구멍에 찔러 넣었습니다. 손가
락으로 더듬을 것도 없이 제가 배변을 하고 싶어 견딜 수 없는 것을 확실하게
안 것 같았습니다. 그는 제 배 안에 차 있는 변을 만지자마자 무아지경이 되어
"제기랄, 암탉이 알을 품고 있군. 다 알아" 하고 묘한 말을 하면서 제 엉덩이에
키스를 하더니, 제가 당장이라고 배변을 할 것 같은 것을 감지하자, 이 저택
교회에 있는 것과 같은, 엉덩이가 꼭 맞도록 만든 다리가 긴 둥그런 기구에 저
를 앉혔습니다. 그리고 고스란히 드러난 제 엉덩이가 바로 자기 코끝에 오도
록 안락의자에 앉아 제 모습을 관찰하면서 저에게 기구 아래 놓여 있는 변기
에 용변을 보라고 지시했습니다. 제가 무심코 방귀를 뀌자 그는 기쁜 듯이 저
의 방귀를 깊게 들이마시더니, 이윽고 변이 나오자 그는 넋을 잃고 "나의 천사,
사랑스런 아이, 그 예쁜 엉덩이에서 나오는 변을 자세히 보여다오" 하고 외쳤
습니다. 그리고 변이 나오기 쉽게 제 엉덩이 구멍을 손가락으로 누르고 한숨
을 쉬고는, 소리를 지르며 쾌락에 도취하여 무아지경에 빠지고 말았습니다. 그
리고 제가 배변하고 있는 모습을 뚫어지게 바라보면서 스스로 자기 것을 비
비더니 마침내 쾌락의 절정에 다다른 것 같았습니다. 뒤를 돌아보니 작은 그
것에서 변기 안에 정수가 서너 방울 떨어지고 있었습니다. 신부는 기분 좋게
방에서 나가면서 다시 오겠다고 말했는데, 그는 같은 여자를 두 번 찾아오는
일은 없었습니다.'
　법원장은 긴 의자에 엎드려 있는 알린의 엉덩이에 키스를 하다가 "그 신부
의 마음은 잘 이해할 수 있어. 단, 우리는 같은 엉덩이에 몇 번이고 배변을 시
키지 않으면 안 될 정도로 쇠락해버렸는데 말이야" 하면서 불평했다. 주교가
"퀴르발, 당신의 불쾌한 어조로 미루어볼 때 그것이 근질근질한 모양이구려"
하고 말하자 법원장이 대꾸했다. "무슨 말씀을, 자네 딸인 알린은 단 한 번이
라도 방귀 냄새를 맡게 해줄 만한 친절한 마음이 없어." 이에 주교는 "그렇다
면 내가 당신보다 낫군. 여기 있는 자네 아내 쥘리는 방금 나에게 충분히 배
변해주었거든" 하며 응수했는데 공작이 끼어들었다. "여러분, 이제 그만들 하
지 그래. 우리가 여기에 있는 건 이야기를 듣기 위해서지 무언가를 하려는 것

이 아니잖아." 공작의 목소리는 그의 머리를 점령하고 있는 무언가를 억누르려는 것 같았다. 주교가 "당신은 아무것도 하지 않으려고? 뭔가 하고 싶을 텐데. 이야기를 들으면서 이곳에 나란히 있는 다채로운 엉덩이 밑에서 뒹굴고 싶어 미칠 지경 아니오?" 하고 묻자 대신 뒤르세가 말했다. "어쨌든 공작의 말이 맞아. 자, 뒤클로, 이야기를 계속해주게. 바보 같은 짓을 하는 것보다는 바보 같은 이야기를 듣는 것이 현명하니까. 때로는 자제심도 필요해." 뒤클로가 이야기를 계속하려고 하는데, 공작의 그 익숙한 신음소리와 욕설이 시작되었다. 공작은 자신의 4인조 소년 소녀들을 불러들여 오귀스틴에게 그것을 쥐게 하고(공작에 의하면 오귀스틴 쪽이 그를 미묘하게 더럽혔다고 하지만), 소피, 제피르와 지통을 상대로 뒤클로가 방금 이야기한 바보 같은 행위와 흡사한 짓을 즐긴 뒤 관능의 기쁨을 맛보면서 사정을 하고 말았다. 그러자 법원장은 "나쁜 본보기를 보게 되면 더 이상 참을 수가 없지" 하면서 알린에게 "이 매춘부는 아까까지 아무것도 하지 않았으면서, 이제 와서 내가 하고 싶어 하는 것은 무엇이든 하려는 것 같군. 네 배설물은 대단한 것일지 모르지만 나는 아무것도 하지 않겠어. 나는 절정에 이르지 않아. 나하고는 관계가 없어." 큰소리를 쳤다. 질려버린 뒤클로가 "주인님들이 난행을 하신 뒤 제정신으로 되돌리는 건 언제나 제 역할인 것 같으니, 이쯤해서 허락을 얻어 이야기를 시작하려고 합니다만" 말하자 주교가 "안 된다, 안 돼. 난 퀴르발만큼 참을성이 없어. 사정을 하지 않으면 도무지 근질근질해서 견딜 수 없다고" 하면서 모두가 있는 앞에서 이 이야기의 구성상 아직 독자에게 밝힐 수 없는 짓을 하고는 고환을 근질거리게 하고 있던 정수를 한꺼번에 쏟아냈다. 한편, 테레즈의 엉덩이에 열중해 있던 뒤르세는 벙어리처럼 입을 다물고 있었다. 자연계가 그에게 호의를 보이고 있을 때 뒤르세가 말없이 있는 경우는 없으므로, 자연계는 공작과 주교에게 준 은혜를 그에게는 거부하고 있었던 모양이다. 일당이 조용해진 것을 본 뒤클로는 음란한 정사 이야기를 계속했다.

'한 달 정도 지나서 저는 다른 손님을 맞이했습니다. 방금 말씀드린 일과 흡사한 것이지만 방법은 전혀 달랐습니다. 손님은 팔걸이의자에 앉아 책을 읽고 있었는데, 제가 손님이 지시한 대로 접시에 응가를 해서 그 사내의 코끝으로 내밀자, 저 같은 것은 안중에도 없다는 표정이었습니다. 그런데 갑자기 저를 올려다보더니 저에게 욕을 퍼부으면서 왜 그런 무례한 짓을 하느냐고 분노하기 시작하는 것이었습니다. 제가 실례를 한 행동에 용서를 빌자 이번에는 응가한 것을 바라보거나 냄새를 맡거나 손으로 만지면서, 스스로 자기 것을 비비기 시작하더니, 또 다시 저에게 모욕적인 말을 퍼붓고 마지막에는 다시 한 번 널 만나고 싶구나, 하면서 절정에 이르렀습니다.

그 뒤 제가 상대한 늙은 사내도 똑같은 즐거움을 맛보게 되는데, 상대는 노파로 한정되어 있었고 제가 엿본 상대인 노파는 적어도 여든 살은 되어 보였습니다. 상대가 긴 의자에 똑바로 눕자 그 뚱뚱하고 천해 보이는 노파는 사내 위에 등을 돌리고 말 탄 자세로 사내의 배 위에 배변을 하면서 그것을 비비고 있었지만, 사내의 시들어진 그것은 아무런 기색도 보이지 않았습니다.

푸르니에 부인의 숙소 한가운데에 구멍이 뚫린 일반적인 용변용 의자가 벽을 향해 붙어 있는 방이 있었습니다. 하지만 의자 밑에 장치가 있어서 밑이 없는 변기 아래가 벽의 구멍을 통해 옆방과 통하고 있었습니다. 저는 손님과 옆방으로 들어갔습니다. 그 손님은 똑바로 누워서 벽의 구멍에 몸을 집어넣고 장치가 있는 의자 구멍 밑에 놓여 있는 변기 밑으로 머리를 내밀었습니다. 저는 시키는 대로 손님의 두 다리 사이에 무릎을 꿇고 그것을 정성을 다해 빨아주었습니다. 그러고 있는데 그 손님의 쾌락을 위해 필요한 사내가 옆방으로 들어와 변기 의자에 앉아서 제 손님의 얼굴 위에 똑바로 배변을 하기 시작했습니다. 제 손님은 배설물이 얼굴에 떨어지자 흥분하기 시작하더니 결국 절정에 이르러 제 입 안에 정수를 토해내고 말았습니다. 그런 다음 손님은 벽의 구멍을 통해 똑바로 누운 채 빠져나왔는데 충분히 만족하는 기색이었습니다. 옆방의 사나이는 제 손님에게 돈을 받고 고용된 것인데 조건이 있었습니다. 하나는 물론 배에 변을 모아두었다가 변기 의자에 앉아 변기 한가운데에 정확하게 배설할 것, 또 하나는 무례한 시골 남자로, 방탕한 생활로 몸을 망가뜨린 늙고 추한 사내라야만 했습니다. 도락자가 그런 사내를 고용할 때는 푸르니에 부인이 손님에게 미리 사내를 보여주는데, 손님은 사내가 조건을 충족시키는지를 살펴서 하나라도 부족하면 퇴짜를 놓았습니다. 나는 옆방에 들어

온 사내가 누구인지 몰랐는데 나중에 알고 보니 오베르뉴 출신의, 지금은 놀고 있는 사람 좋은 미장이로, 마흔이 지난 끔찍하게 못생긴 남자인데, 어차피 배설해야 할 변을 배설하고 수당을 받았으니, 그 사내로서는 기분 좋은 일을 하고 상쾌한 기분으로 돌아갔다고 합니다.'

"그 이야기에 안성맞춤인 인간이 있다." 뒤르세가 그렇게 말하면서 가장 나이가 많은 마장과 데그랑주, 테레즈를 안에 있는 작은방으로 데리고 갔는데, 이윽고 그가 호통을 치고 아우성치는 소리가 들려왔다. 작은방에서 돌아온 그는 왜 그러는 건지 마음껏 맛본 음락에 대해 일당에게 알리려고 하지 않았다.

저녁식사 시간이 되자 여느 때처럼 음탕한 식사가 진행되었다. 일당은 식사가 끝나면 언제나 함께 향연을 즐기기로 되어 있어서, 그날 밤에는 제각기 정욕적인 공상을 그리고 있었으므로 각자 따로따로 자리 잡을 장소를 찾아냈다. 공작은 에르퀼 쥘리, 젤미르와 에베, 젤라미르와 퀴피동, 마리와 함께 벽감 안의 작은방으로 들어가고, 법원장은 콩스탕스, 데그랑주, 팡숑, 브리즈퀼, 오귀스틴과 파니, 나르시스와 제피르를 데리고 집회실을 독차지했다. 콩스탕스는 법원장과 함께 있으면 언제나 몸을 떨었는데 법원장은 그녀를 안심시키기는커녕 더욱더 떨게 하면서 기뻐했다. 주교는 뒤클로 외에 알린, 방드오시엘, 테레즈, 소피와 콜롱브, 세라동과 아도니스를 데리고 응접실로 옮겼다. 뒤클로는 마르텐을 데리고 간 공작에게 불성실한 것을 보여준 셈이다. 뒤르세는 뒤처리가 끝난 식당에 남아 융단과 방석을 깔고 아델라이드, 안티노우스, 샹빌, 루이종, 미셰트와 로제트, 이아생트, 지통과 함께 틀어박혔다. 그렇게 된 것은 다른 이유가 있어서가 아니라, 정욕으로 극도로 흥분한 일당은 서로 생각이 암묵 속에 일치하여, 여느 때와 다른 방법으로 방탕의 즐거움을 배가시키려고 생각했기 때문이다. 일당이 방으로 돌아가지 않고 새벽까지 파렴치하고 외설적인 행위를 계속하는 것은 드문 일이었다.

일당 4명은 밤새도록 마시고도 또 식당에 가지 않겠느냐면서, 다들 식당으로 가서 요리사들을 깨워 달걀요리, 양파수프, 오믈렛 등을 내오게 해 다시 마시기 시작했다. 그러나 콩스탕스만은 깊은 슬픔에 잠겨 있었다. 그것은 배 속의 태아가 점점 커갈수록 법원장이 자기를 점점 더 미워하고 있었기 때문이다. 일당은 그녀 배 속의 태아를 성장하는 대로 내버려두기로 했기 때문에 그녀는 법원장에게 폭행을 당하는 일은 없었지만, 향연 중에 상상할 수 있는 갖은 방법으로 학대를 당했다. 앞으로 무슨 일이 일어날지 몰라 불안해진 그녀가 아버지인 뒤르세와 남편 공작에게 호소하자, 너 같은 건 악마에게 넘겨주고 말겠다, 네가 우리에게 뭔가 숨기면서 나쁜 짓을 하고 있으니까 그런 훌륭한 신사에게 미움을 받는 거라고 하면서 그녀의 호소를 들은 척도 하지 않았다. 그 뒤 일당은 겨우 잠자리에 들었다.

11월 11일

그날 아침, 일당은 늦잠을 자는 바람에 평소의 일과는 모두 취소되고 침상에서 나오자마자 커피를 마시기 위해 응접실로 갔다. 커피는 지통과 이아생트, 오귀스틴과 파니가 제공했는데 거의 특별한 일 없이 뒤르세가 오귀스틴의 방귀를 원하고, 공작이 파니의 입에 그것을 넣으려고 했을 뿐이고, 법원장과 주교는 두 소녀의 엉덩이를 애무할 뿐이었다. 그리고 일당은 집회실로 향했다.

'외제니는 반년의 숙소생활에서 우리와 더욱더 친해지고 더욱 예뻐졌는데 어느 날 저에게 "좀 봐주세요. 푸르니에 부인이 저에게 엉덩이를 온종일 이렇게 하고 있으라는 거예요" 하면서 페티코트를 위로 올려 엉덩이를 보여주었는데, 살펴보니 그녀의 아름다운 엉덩이에 변이 잔뜩 들러붙어서 엉덩이를 완전히 가리고 있는 것이었습니다. 제가 물었습니다. "부인이 왜 이런 것을 시킬까?" 외제니가 대답했죠. "저녁에 올 손님을 위해서래요. 그 사람은 내 배설물투성이의 엉덩이를 보고 싶어 한다고요." "그래? 그 사람은 그렇게 배설물투성이가 된 것을 좋아하는구나" 하고 제가 말하자 외제니는 그녀가 배변을 하면 부인이 일부러 모양을 내서 발라준다고 했습니다.

손님이 이 아름답고 귀여운 소녀를 불렀기 때문에 호기심에 끌려서 엿보는 구멍이 있는 곳으로 달려갔습니다. 손님은 시트파 수도사 가운데 거물로, 키가 크고 뚱뚱하며 정력적인 예순 살에 가까운 사람이었습니다. 그는 외제니를 꼭 껴안더니 키스를 퍼붓고는 몸을 깨끗하게 했는지 물었습니다. 외제니가 부인이 일러준 대로 "네, 완벽하게 깨끗하게 했어요" 하고 정반대의 대답을 하자, 그는 외제니의 페티코트를 걷어 올리고 직접 확인하기 시작했습니다. 그리고 배설물이 잔뜩 묻은 엉덩이를 보자 "이 장난꾸러기년, 이렇게 더러운데도 깨끗하다는 것이냐? 나는 2주 전부터 푸르니에 부인에게 네 엉덩이를 깨끗이 씻어두라고 부탁했단 말이다. 그런데 이렇게 해놓았으니 어쩌면 좋으냐. 난 깨끗한 엉덩이가 보고 싶다. 이렇게 된 이상 하는 수 없이 내가 직접 네 엉덩이를 깨끗이 해주는 수밖에 없겠구나" 하면서 외제니를 뒤로 돌려 침대 위에 엎드리게 하고는 그녀의 엉덩이 밑에 무릎을 꿇고 두 손으로 엉덩이를 크게 벌렸습니다. 그녀의 엉덩이 상태만 보는 것으로 알았는데 그는 차츰 그녀의 엉덩이에 다가가서 엉덩이 구멍에 혀를 갖다 대고 혀로 배설물을 제거하기 시작했습니다. 그의 감각은 불같이 뜨겁게 달아올라 이내 그것이 커다랗게 곧추 서고 그의 입과 코도 동시에 움직이기 시작하여 감미로운 황홀감에 사로잡혀 말도 하지 못하는 지경에 이르렀습니다. 그리고 정수가 솟아오를 것 같았는지 그것을 잡고 계속 비벼대다가 마침내 그녀의 엉덩이 구멍에 쏟고 말았고, 거기서 분출된 정수는 조금 전까지 불결하기 짝이 없었던 엉덩이의 구멍을 깨끗이 씻어냈습니다. 그러나 호색가인 수도사에게 그러한 행동은 이제 시작일 뿐이고, 그는 일어나자 다시 그녀에게 키스를 하더니, 이번에는 커다랗고 더러운 엉덩이를 고스란히 드러내 그녀에게 보여주고는 힘껏 때려달라, 엉덩이의 구멍을 어떻게든 해보라고 부탁했습니다. 그녀가 시키는 대로 하자 그것이 다시 부풀어 올랐습니다. 그러자 이번에는 외제니의 엉덩이에 매달려 쓰다듬거나 핥으면서 다양한 음락에 빠지기 시작했는데, 그 뒤의 일은 주인님들이 정하신 규칙에 따르면 저의 영역이 아니고, 그 수도사의 방탕한 행위는 제가 이야기할 성질의 것도 아니기 때문에 그 수도사를 잘 알고 있는 마르틴한테서 이야기를 들으시기 바랍니다. 저는 이쯤에서 마무리하고, 다른 이야기를 계속하기로 하겠습니다.'

공작이 물었다. "뒤클로, 한마디만 물어보고 싶군. 나는 넌지시 질문할 것이니, 너의 대답은 우리가 정한 규칙에는 결코 저촉되지 않을 것이다. 그 수도사의 그것은 크기가 어느 정도였지? 외제니가 엉덩이를 당한 것은 그게 처음이었나?” 뒤클로가 대답했다. “공작님과 비슷한 크기이고 그녀는 처음이었습니다.” 뒤르세가 혼잣말처럼 내뱉었다. “제기랄, 멋진 광경이었겠군. 나도 봤으면 좋았겠는데.”

‘며칠 뒤에 제가 상대한 손님도 주인님들의 호기심을 충분히 끌 수 있는 인물이라고 생각합니다. 그 손님은 배설물이 가득 들어 있는 변기를 손에 들고 (아마 푸르니에 부인이 누구의 배설물인지 가르쳐주었으면 틀림없이 분노했을 텐데) 제 손으로 그의 머리끝에서 발끝까지 그 진한 냄새가 나는 포마드를 바르게 했습니다. 그 파렴치한 돼지는 거울 앞에 서서 거울에 비친 가련한 오물투성이의 모습을 황홀하게 바라보면서 저에게 그것을 쥐게 하고 제 손 안에 힘없는 그것의 힘의 증거를 남겼습니다.

주인님, 여기까지 왔으니 이제부터 진정한 신전에 경의를 표하고 싶습니다. 부인은 저에게 이틀 동안만 배변을 참고 언제라도 배설할 수 있도록 해두라고 했습니다. 사흘째에 제가 상대한 손님은 몰타기사단의 분단장인데, 매일 아침 똑같은 것을 즐기기 위해 다른 소녀를 찾아내 자기 집으로 데려간다고 했습니다. 앞으로 그의 집에서 어떤 광경이 펼쳐질지 이야기하려고 합니다.

그의 집으로 끌려간 저는 부인이 가르쳐준 순서대로 충실하게 이행했습니다. 그는 저를 보자마자 엉덩이를 꼭 껴안으며 “정말 예쁜 엉덩이구나. 하지만 엉덩이는 예쁘기만 해서는 안 되고, 배설을 하는 중요한 역할을 해야지. 어떠냐, 오늘은 하고 싶지 않으냐?” 하고 물었고, 저는 “죽을 만큼 하고 싶어요” 대답했습니다. 손님이 “오, 멋지구나. 그게 바로 나에 대한 환영 인사다. 어때, 변기 안에 하겠니?” 묻자 저는 “정말 어디든 하고 싶어요. 당신의 입 안에라도……” 하고 망설이듯 말했는데, 손님은 미소를 띠우며 “아니 아니, 내 입 안에 말인가? 그것 참 맛있겠는데. 그래, 너에게 쓰려고 했던 변기는 바로 내 입이다” 말했습니다. 저는 곧장 대답했습니다. “어디든 상관없어요. 이젠 더 참을 수 없으니 빨리 입을 주세요.” 그 말을 듣고 저는 침대에 누워 있던 그의 위에 등을 돌리고 걸터앉아 그의 것을 비벼주었습니다. 그러자 그는 두 손으로 제 엉덩이를 붙들고 제가 참지 못하고 배설하는 오물을 입으로 받아먹는 것이었습니다. 그동안 그는 황홀경에 빠져서 절정에 이르고 말았는데 내가 손으로 봉사해줄 필요도 없을 정도였습니다. 저는 덕분에 배 속이 편해져서 그의 집을 떠났는데, 그도 제가 마음에 들었는지, 빈말일지도 모르지만 푸르니에 부인에게 저를 잘 돌봐주라고 부탁했다고 하더군요.

똑같은 취미를 맛보는 데도 다른 방법을 쓰는 손님도 있었습니다. 그 손님은 배설물을 언제까지나 입 안에 넣고 천천히 음미하면서 물처럼 녹여서 마셨습니다.

더욱 기묘하고 색다른 방법으로 즐기는 손님도 있었습니다. 그 손님은 오줌이 한 방울도 들어 있지 않은 변기 속에 대변만 네 덩이 들어 있다고 크게 기뻐하면서 그 보물을 가지고 방 안에 혼자 틀어박히고 말았습니다. 절대로 여자하고는 함께 있지 않았습니다. 사방을 다 닫아버리고 누군가에게 보이거나, 엿보지 못하도록 주의해서 뭔가를 시작하는데, 저는 물론이고 누구 한 사람 그가 하는 행동을 본 적이 없기 때문에, 그가 무슨 짓을 했는지, 아마 악마라도 주인님들께 말씀드리지 못할 거라고 생각합니다. 하지만 그가 방에서 나온 뒤를 살펴보면 변기 속은 깨끗이 비어 있는 것입니다. 주인님들께 말씀드릴 수 있는 것은 그는 푸르니에 부인에게 변을 네 덩이만 구해달라, 누구의 것이든, 무엇이든 좋다고 부탁한 것은 확실하다는 것뿐입니다. 어느 날 우리는 배설물에 대해 그가 깜짝 놀랄 만한 것을 경고해두면 틀림없이 배설물의 행방을 알 수 있을 것으로 생각하고 "부인이 준비한 오늘의 배설물은 매독환자의 것이에요" 하고 말해보았는데 그는 웃을 뿐 별로 언짢아하는 기색도 보이지 않았습니다. 이따금 우리가 넌지시 배설물의 행방에 대해 물어보면, 그런 건 묻지 말라고 해서 결국 그 이상은 알 수가 없었습니다. 그는 배설물 어딘가에 던져버린 것은 아니고, 틀림없이 다른 목적에 사용했을 거라고 생각합니다.

오늘 밤 말씀드릴 것은 이것뿐입니다. 내일부터는 적어도 나하고 관련된 새로운 생활에 대해 말씀드리려고 합니다. 그것은 주인님들이 열광하고 계시는 매력적인 욕정과 밀접한 관계가 있기 때문인데 그 이야기를 위해 2, 3일 더 시간을 얻고 싶습니다.'

일당은 뒤클로가 이야기한 그 배설물의 행방에 대해 의견을 교환하고 제각기 몇 가지 추론을 내렸다. 뒤클로에게 품고 있는 애정을 모두에게 공개하고 싶은 생각이 든 공작은 도락자답게 그녀와 함께 즐기는 방법을 밝혔는데, 그녀도 공작을 기쁘게 하기 위해 즐거운 얘기를 나누면서 자연스럽고 기묘하며 민첩한 기술을 보여주었다. 그리고 향연과 저녁식사가 평온한 가운데 끝나고, 다음날 저녁까지 특별히 중요한 사건도 없었기 때문에, 뒤클로가 일당을 즐겁게 해줄 이야기로 12일째를 시작하려고 한다.

11월 12일

'이제부터 저의 새로운 생활에 대해서 말씀드릴 텐데, 아무래도 그 무렵 저의 일신상의 문제에 미치게 됨을 용서해주셨으면 합니다. 이렇게 말씀드리는 것은 주인님들께 저를 둘러싼 쾌락에 대해 생생하게 상상하기 위해서는 뒤클로라는 여자에 대해 잘 알아둘 필요가 있기 때문입니다.

저는 스물한 살이 되었습니다. 저의 머리는 밤색이었는데 피부는 그것과는 대조적으로 하얗고 치렁치렁한 머리카락은 허벅지까지 닿을 정도였습니다. 눈은 누구에게나 찬사를 들었습니다. 몸매는 약간 통통한 편이고 키도 컸는데 전체적으로 나긋나긋하고 우아했지요. 그 무렵의 도락자들이 가장 관심을 가졌던 엉덩이는 모두의 의견에 따르면 탄력이 있고 통통한 데다 우아함을 지니고 있어 엉덩이로서는 비길 데가 없는 것으로, 파리의 여자들 가운데 그렇게 매혹적인 엉덩이는 극히 드물 거라고들 했습니다. 그 엉덩이를 약간이라도 움직이면 주인님들이 사랑해주시는 여자의 가장 감미로운 매력이라고 할 수 있는 장미 꽃봉오리가 나타났습니다. 저는 오랫동안 방탕한 생활을 해왔지만 엉덩이는 지금도 그 싱싱함을 잃지 않고 있습니다. 그것은 자연계가 저에게 준 체질 탓인지도 모르고, 젊음을 망가뜨리거나 체질을 해치는 쾌락에 몸을 맡기지 않도록 현명하게 처신한 덕분이 아닌가 생각합니다. 그런데 저에게는 몇 가지 악덕이 있었는데, 굳이 숨길 일도 아니지만 저는 여자를 사랑했습니다. 하지만 저의 친한 동료인 샹빌처럼 여자 때문에 몸을 망칠 정도는 아니었지요. 그래도 남자보다 여자 쪽에 호감이 가고 여자들이 주는 기쁨은 저의 관능에 사나이들이 주는 열락보다 더 큰 힘을 주었습니다. 그 밖에 도둑질을 좋아하는 악덕도 지니고 있었습니다. 제 도벽은 믿어지지 않을 정도로 극단으로 치달았습니다. 저는 모든 소유물은 세상에 평등하게 분배되어야 하고, 자연계의 제1원리인 평등을 방해하는 것은 권력과 폭력이라고 확신하여, 세상의 현실 구조를 고쳐 균형을 되찾기 위해 할 수 있는 일을 다하려고 힘썼습니다. 이 저주받을 편집증이 없었다면 저는 다음에 이야기할 선량한 사내와 함께 살았을지도 모릅니다.'

뒤르세가 물었다. "그래, 평생 동안 얼마나 훔쳤지?" 뒤클로가 "놀랄 정도의 양입니다. 만일 훔친 금품을 낭비하지 않았더라면 지금쯤 큰 부자가 되었을 겁니다" 대답하자 뒤르세가 다시 물었다. "도둑질보다 더 중대한 범죄도 저지르지 않았을까? 이를테면 파괴나 배임, 사기, 살인……." "말씀대로 모든 것에 다 해당합니다. 하지만 지금 그런 얘기를 하게 되면 이야기 순서가 뒤죽박죽이 되고 맙니다. 나중에 잊지 않고 꼭 말씀드리겠어요." 뒤클로는 이렇게 말한 뒤 이야기를 이어나갔다.

'타인으로부터 비난을 받은 또 하나의 악덕은 매정한 기질이었습니다. 그러나 제가 매정한 것은 저에게 원인이 있다기보다는 자연계가 우리에게 미덕과 동시에 악덕도 주었기 때문이 아닐까요? 자연계가 무감각하게 만들어버린 제 마음을 저 자신이 얼마나 교정할 수 있을까요? 저는 언니를 사랑했지만 그런데도 언니를 잃었을 때 얼마나 냉정했는지 주인님들이 증인이 되어주실 수 있을 겁니다. 저는 저 자신의 재난에 대해서도 타인의 어려움에 대해서도 울어본 기억이 없습니다. 아마 우주가 멸망하는 것을 보아도 눈물을 보이는 일은 없을 겁니다.'

공작이 말했다. "그거야말로 더할 나위 없이 훌륭한 특성이다. 동정 같은 것은 어리석은 자들의 미덕이야. 나 자신만 해도 동정만큼 쾌감을 해치는 것은 없어. 너의 선천적인 매정함이 너를 한결같이 범죄로 치닫게 한 거야." 뒤클로가 답했다. "공작님, 주인님들이 정하신 규칙에 따르면 그런 얘기로 저의 이야기를 중단해서는 안 되는 것으로 알고 있습니다. 그런 이야기는 제 동료인 이야기꾼에게 맡겨주십시오. 한마디만 말씀드리는데 그녀들이 나중에 주인님들 눈앞에서 자신들의 악행을 묘사해 보일 때 저 같은 것은 그녀들에 비하면 하잘것없는 여자라는 걸 아시리라고 생각합니다." 공작이 수긍했다. "너는 너 자신의 진가를 스스로 인정하고 있어. 자, 이야기를 계속해. 너의 이야기 범위를 한정한 것은 우리이니 네가 얘기하는 것을 듣기만 하기로 하지. 그러나 단둘이만 있게 되었을 때 너의 특별한 나쁜 품행에 대한 이야기를 들을 테니 잊지 말도록.” 뒤클로가 다짐했다. “공작님, 저는 하나도 숨길 생각이 없습니다. 그러니 제 얘기를 들으시면 저와 같은 악인에게 조금이라도 호의를 표시한 것을 후회하시게 될지도 모릅니다.”

 ‘그러한 몇 가지 악덕을 지니고도, 심지어 감사라고 하는, 굴욕적이고 인간성에 지극히 유해한 짐이며, 자연계가 부여한 자존심이라는 소중한 것을 망쳐버리는 감정을 전혀 인정하지 않았습니다. 그런데도 동료들은 저를 사랑해주었고 저는 여자들 가운데 사내들이 가장 원하는 존재였습니다.

 제가 그런 상태에 있었을 때, 어느 날 도쿠르라고 하는 대지주가 숙소에 놀러왔습니다. 그 대지주는 푸르니에 부인의 고객 가운데 한 사람으로, 우리보다는 밖의 여자들을 부를 때가 많았는데, 부인은 그에게 커다란 경의를 표하고 있었기 때문에 어떻게든 숙소의 여자들을 가까이 하게 할 생각에, 그가 오기 이틀 전에 저에게 그 손님이 가장 좋아하는 것을 배 속에 담아두도록 지시했습니다. 숙소에 온 도쿠르는 저를 유심히 바라보더니 부인에게 이런 아름다운 여자를 왜 더 일찍 손에 넣게 하지 않았느냐고 불평을 하더군요. 저는 여자에 대한 그의 노련한 인사치레에 감사하면서 함께 방으로 들어갔습니다. 대지주는 쉰 살쯤 되는 키가 크고 뚱뚱한 사내였는데, 인상 좋은 외모에 기지가 넘치고, 무엇보다 저를 가장 기쁘게 한 그의 부드럽고 친절한 성품에 저는 처음부터 그에게 반하고 말았습니다. 그는 “너는 세상에서 가장 아름다운 엉덩이를 지니고 있구나. 나는 감정을 잘하기 때문에 아는데, 너와 같은 몸매의 여자는 거의 모두 훌륭한 엉덩이를 지니고 있지” 하면서 저를 끌어당기더니, 페티코트에 손을 넣어 그 손을 엉덩이로 돌려 엉덩이를 가볍게 두드리면서 “내 말이 맞지, 이걸 봐라, 이렇게 탄력 있고 통통하지 않느냐” 하고 말했습니다. 다음에는 저에게 등을 돌리게 하여 한 손으로 페티코트를 허리까지 걷어 올리고 한 손으로 엉덩이를 쓰다듬으면서 그가 늘 소망하고 있는 신전을 찾기 시작했습니다. “이제까지 수많은 엉덩이를 봤지만 정말 예쁜 엉덩이

구나…… 자세히 보고 싶은데 엉덩이를 좀더 벌려 보려므나…… 아, 빨고 싶구나…… 먹고 싶구나." 저는 공손하게 "네, 나리" 대답했고 도쿠르는 "사랑스러운 아이다. 푸르니에 부인이 뭐라고 하지 않더냐? 부인이 내가 너에게 변을 보게 하고 싶어 한다는 말을 하더냐?" 물었습니다. 제가 그렇다고 하자 그는 "좋아, 그런데 몸 상태는 괜찮으냐?" 물었고, 저는 "네, 아주 건강해요" 하며 외쳤습니다. 그러자 그는 "난 반드시 해야 할 일이 있는데 네가 절대적으로 건강하지 않으면 곤란해"라고 다시 한번 강조했고 저는 이렇게 안심시켰죠. "나리, 무엇이든 나리께서 하고 싶으신 대로 하셔도 돼요. 제 몸은 갓 태어난 아기보다 깨끗하답니다. 걱정 말고 무엇이든 시작하세요." 그런 대화가 오간 뒤, 그는 두 손으로 엉덩이를 잡고 벌린 채 저를 끌어당겨 입을 제 입에 꼭 붙이고 15분 동안이나 제 침을 빨았습니다. 그리고 입을 떼자 무언가 정기(精氣) 같은 것을 토해내더니 "내 입 안에 침을 뱉어다오" 하고는 다시 즐거운 듯이 제 입에 자기 입을 대고 제 목구멍에서 모든 것을 빨아들이겠다는 듯이 혀를 깊숙하게 집어넣었습니다. 그리고 "정말 멋지구나. 자, 시작해볼까? 나의 그것에 기운을 불어넣어주지 않겠니?" 하더니 다시 제 엉덩이를 유심히 바라보기 시작했습니다. 제가 바지에서 그의 그것을 꺼내보니 7센티미터쯤 되는 기묘하게 작은 것이 단단해져서 불덩이처럼 뜨거웠습니다. "자, 우리 두 사람을 위해 서로 엉덩이가 편하도록 너는 페티코트를 벗고…… 나는 바지를 벗겠다." 제가 시키는 대로 하자 그가 말했습니다. "엉덩이가 다 드러나게 속치마도 코르셋도 올리고 침대 위에 엎드려라." 그리고 그는 의자에 앉아 마치 술에 취한 것처럼 제 엉덩이를 애무하기 시작했습니다. 제 엉덩이가 벌어지고 그의 혀끝이 엉덩이 구멍 안으로 들어오는 것이 느껴졌습니다. 그의 표현을 그대로 옮기면, 정말 암탉이 알을 낳을 수 있는 상태가 되어 있는지 확인하기 위해서였다고 합니다. 저는 그의 그것을 만지지는 않았는데, 그는 작은 그 물건을 스스로 가볍게 비비면서 말했습니다. "자, 이제 시작하자. 조금 전에 확인해두었으니 배변할 준비는 되어 있겠지. 기억해둬야 할 것은 배변을 약간 하면 잠시 중단하고, 내가 그것을 맛있게 먹은 뒤 네 엉덩이를 가볍게 두드려 신호할 테니 다시 조금 배설하도록. 이 일은 오래 걸리는 데다 계속 띄엄띄엄 끊기게 될 것이

니 서두르지 마라." 그는 자신이 숭배하는 대상에 대해 느긋한 자세를 취하면
서 입을 꼭 붙였습니다. 저는 시키는 대로 비둘기 알 같은 배설물을 하나 내보
냈습니다. 그러자 그는 저의 배설물을 입 안에 넣고 한동안 핥고, 씹고, 깨물
기도 했습니다. 저는 그가 그것을 삼킨 것을 확실하게 알자 다시 배설물을 내
보냈습니다. 저는 배변을 참을 수가 없었고 그도 입 안을 배설물로 채우고는
비우기를 질려하지 않았기 때문에 서로 그런 의식을 열 번이나 되풀이했습니
다. 결국은 제가 "나리, 더 이상 나오지 않아요. 아무리 힘을 줘도 안 돼요" 하
자, 그는 "그래, 다 끝난 모양이구나. 그렇다면 내 입으로 네 엉덩이를 깨끗이
해주마. 자, 이번에는 절정에 도달할 차례다. 너는 정말로 나를 즐겁게 해주었
다. 맹세코 말하는데 이렇게 맛있는 변을 먹은 건 처음이다. 정말 예쁜 엉덩이
구멍이구나. 너의 엉덩이를 나에게 주지 않겠니. 핥고 빨고 먹어치우겠다……"
하면서 혀끝을 제 엉덩이 구멍에 넣고 스스로 그것을 비비면서 이 세상의 도
락자들이 절정에 달했을 때 토해내는 더러운 언어나 모독적인 말 한마디 하
지 않고 제 두 다리에 정수를 쏟아냈습니다.

　모든 일이 끝나자 그는 침대에 걸터앉아 저를 옆에 앉히고 흥미롭다는 듯
이 저를 바라보더니, 창녀 생활에 싫증이 나지 않느냐, 누군가 너를 맡겠다는
사람이 있으면 좋겠느냐고 물었습니다. 저는 그가 저를 좋아하는 것으로 판
단하고 여러 가지 조건을 내걸었습니다. 주인님들과는 상관이 없는 일이니 세
세한 내용은 생략하겠습니다. 둘이서 한 시간쯤 얘기했는데 결국 제가 져서,
그가 말하는 것은 무엇이건 듣는 대신 매달 200프랑의 수당을 받기로 하고
바로 다음날부터 시내에 있는 호화로운 아파트 2층에 살게 되었습니다. 대지
주는 저와 맨 처음 한 약속의 증표로 저에게 멋진 다이아몬드 반지를 선물로
주었습니다. 그는 저를 꼭 껴안으면서 내일 아침 너를 데리러 올 테니 그때까
지 푸르니에 부인과의 계약을 해지하고 이사 준비를 해두라고 하고 돌아갔습
니다. 그의 말에 따르면 저의 생활은 대체로 다음과 같은 것이었습니다. 한 소
녀가 제 시중을 들고 그의 세 친구와 그 정부들이 일주일에 네 번 각자의 집
에서 방탕한 저녁식사를 하는데, 저도 거기에 참석하고 그 뒤에는 그의 아파
트에서 그의 취향에 따라 식탁에 차려진 요리를 많이 먹고 최대한 영양을 보

충한 뒤, 소화를 위해 충분히 잠자고, 매일 반드시 하제를 복용해 배설을 원활하게 하며, 매일 두 차례 그의 입 안에 배변을 하면 되는 것이었습니다(이 횟수도 저에게는 그다지 어려운 일은 아니었습니다. 그가 주는 식사 덕분에 배가 불러서 두 번이 아니라 세 번은 배설하게 될 것이 틀림없었으니까요).

저는 푸르니에 부인에게 작별을 고했는데, 외제니 말고는 숙소의 누구에게도 애착을 느끼지 않았으므로 아무런 미련이 없었습니다. 외제니하고는 6개월 동안 특별한 관계에 있었기 때문에 그녀와의 쾌락이 끝나버리는 것은 매우 섭섭한 일이었습니다.

저의 애인 도쿠르가 저를 무척 친절하게 맞이하여 제 거처가 될 아름다운 아파트로 데려가 주자 저는 완전히 마음이 안정되었습니다. 저는 매일 네 번 무리하게 먹었는데 식탁에는 제가 가장 좋아하는 생선과 굴, 소금에 절인 고기, 달걀, 유제품 같은 건 일체 나오지 않았습니다. 그러나 그 밖의 대우는 지나치게 과분했기 때문에 불평할 마음은 없었습니다. 저의 일상 식사는 많은 닭가슴살 요리, 다양하게 조리된 사냥감 요리, 지방이 없는 고기 약간, 거기에 약간의 빵과 과일이었는데 그런 요리를 아침부터 저녁까지 먹게 된 것입니다. 그리고 시간이 흐름에 따라서 빵의 양이 줄어들더니 마지막에 그는 저에게 빵과 포타주도 먹지 말라고 간청하더군요. 그런 식사 덕분에 제 애인이 계획한 대로 저는 아침과 밤 두 차례씩 배변을 하게 되었고, 그것은 부드럽고, 일반적인 식사로는 맛볼 수 없는, 그 사람이 좋아하는 미묘한 맛을 내게 되었습니다. 우리의 정사는 그가 잠에서 깼을 때와 잘 때 이루어졌는데 정사의 내용은 말씀드린 방법과 대체로 같아서, 저의 입에 대한 긴 키스로 시작되었고, 저는 언제나 입을 헹구지 않고 자연적인 상태 그대로 두었습니다. 일이 끝난 뒤에도 그는 저에게 입을 헹구지 못하게 했으며, 게다가 그는 매번 절정에 이르지는 않았습니다. 우리의 계약은 제 애인의 일방적인 결정이었기 때문에, 그는 자기 집에 끼니가 될 만한 로스트비프를 준비해두고 늘 어딘가에서 가벼운 아침식사나 점심을 자유롭게 먹고 있었습니다.

제가 애인의 아파트에 온 지 이틀째에 그의 도락 동료들이 저녁식사를 하러 왔습니다. 그들은 제각기 다른 취향을 보여주었는데 기본적으로는 같은 종류의 정욕이었습니다. 주인님들의 허락을 얻어 그들의 행동 몇 가지를 제 이야기 속에 넣기로 하고 그들의 색다른 행위에 대해 잠시 이야기해보려고 합니다.

맨 처음 찾아온 것은 예순 살쯤 되는 에르빌이라는 최고법원 의원으로 정부는 캉주라고 했습니다. 그녀는 마흔 살의 아름다운 여성인데 조금 살이 찐 것이 흠이었습니다. 두 번째 손님은 데프레라고 하는 마흔다섯에서 쉰 살쯤 되어 보이는 퇴역군인으로, 몸매가 무척 예쁜 스물여섯 살의 마리안느라는 금발 여자가 그의 정부였습니다. 세 번째로 온 것은 예순 살쯤 된 쿠드레라는 수도원장으로, 햇살처럼 아름다운 열여섯 살 소년을 데리고 왔는데 자기 조카라고 하더군요. 저녁식사는 제 거처인 2층에서 열렸습니다. 일동이 맛있는 음식을 유쾌하게 즐겼는데 그동안 데리고 온 두 여자와 소년이 저와 똑같은 절식(節食)을 강요당하고 있는 것을 알았고, 각자의 성격도 확실하게 알 수 있었습니다. 에르빌은 그 눈매와 언어구사, 하는 짓거리가 모두 호색, 외설, 방탕 그 자체로 그 이상의 도락자는 없을 정도였습니다. 데프레는 냉정한 느낌을 주는 사내인데 그의 인생의 진수는 색욕에 있었습니다. 수도원장은 최상의 무신론자로 입만 열었다 하면 신을 모독하는 말을 내뱉지 않고는 못 배기는 사람이었습니다. 두 여자는 제각기 애인의 행위를 본받아 잘 지껄였는데 기분 좋은 수다였습니다. 소년은 아름답지만 둔감해서 소년에게 반한 캉주가 때때로 소년에게 다감한 눈길을 보내도 전혀 눈치를 채지 못했습니다. 후식시간이 되면 서로 상식 따위는 내팽개치고, 주고받는 대화나 하는 짓이 모두 불결하고 음란했습니다.

에르빌이 도쿠르에게 새로운 애인을 손에 넣은 것을 축하하고 제 엉덩이나 배설물에 대해 묻자 도쿠르는 "무슨 말인가. 자네가 직접 확인하면 되잖아. 알고 있듯이 우리 동료들은 모든 재산이 공동이고 여자와 지갑도 기꺼이 빌려주고 빌리기로 되어 있지 않은가" 하고 대답했습니다. 에르빌은 "그렇지, 그렇지" 하면서 제 손을 잡고 함께 작은방으로 가자고 이끌었습니다. 제가 머뭇거리자 캉주가 "잘 다녀와요. 여긴 걱정하지 말고. 그동안 내가 당신 주인님을 돌봐드릴 테니까요" 하고 태연하게 말하는 것이었습니다. 제가 도쿠르에게 눈

짓하자 승낙 신호를 했기 때문에 저는 에르빌을 따라갔습니다. 에르빌과 다른 두 사람에 대한 일화를 마지막으로 이번 저의 이야기를 끝내려고 합니다.

술기운에 달아오른 에르빌은 방에 들어가자마자 저에게 키스를 하고 서너 번 딸꾹질을 하면서 미리 마신 포도주를 제 입 안에 토했기 때문에 저는 무심코 포도주를 입에서 도로 토하고 말았는데 그는 제가 계속 토하는 것을 즐겁게 기다리는 것 같았습니다. 그는 저의 페티코트를 걷어 올리고 노련한 도락자의 손놀림으로 제 엉덩이를 더듬으면서 "도쿠르가 대단한 횡재를 했다고 말했지만 난 그다지 놀라지 않아" 하고 말했습니다. 그리고 제 뒤에 무릎을 꿇고 제 엉덩이를 한껏 벌리더니 엉덩이 구멍을 간질이면서 방귀를 뀌어보라고 요구해서 저는 여러 번 방귀를 뀌었습니다. 그러자 "용변을 보고 싶은가" 하고 물어서 "네, 나올 것 같아요" 하고 대답하자 그는 "잘됐군. 그러면 이 접시 위에 해다오" 하면서 그것을 위해 가져온 접시를 내주었습니다. 제가 접시 위에 배설을 하자, 그는 그 모습을 바라보면서 기분이 좋아 머리가 어지러울 지경이라고 중얼거렸습니다. 제가 배설을 마치자 접시에 담겨 있는 배설물의 냄새를 맛있다는 듯이 맡고 손으로 뒤적이거나 입을 대면서 지금까지 한 번도 본 적 없는 대단한 배설물을 보아서 기분이 좋아 못 견디겠으니 자기의 그것을 빨아달라고 말하는 것입니다. 저에게는 조금도 즐겁지 않은 일인데 도쿠르의 친구를 서운하게 하면 도쿠르의 비위를 상하게 할지 몰라서 승낙을 하고 말았습니다. 그는 안락의자에 앉아 그 옆에 있는 테이블에 기대듯이 상체를 뻗어 테이블 위에 놓인 접시에 코를 대고 두 다리를 크게 벌렸습니다. 저는 그 옆에 있는 낮은 의자에 앉아 바지에서 도저히 실물로는 생각이 들지 않을 정도로 흐늘흐늘하고 작은 그것을 꺼내, 그 가련한 성유물 같은 것을 마지못해 입에 넣고 제발 입 안에 있는 동안만이라도 단단해지기를 바라면서 빨았습니다. 그런데 저는 속고 만 것이었습니다. 제가 그것을 입에 물자마자 그는 접시 위에 제가 금방 낳아놓은 알을 탐욕스럽게 먹기 시작하더니 사지를 뻗거나 어깨를 움츠리고 몸을 비틀면서 강렬한 관능의 기쁨을 나타냈습니다. 하지만 그것도 잠시, 제가 무슨 짓을 해도 헛수고일 뿐, 그것은 전혀 발기하지 않은 채 눈 깜짝할 사이에 제 입 안에 눈물 서너 방울만 떨어뜨리고는 부끄러운 듯이 물러나고 말았고, 그 물건 주인은 실망하여 버림받은 것처럼 나가 떨어지고 말았는데, 그것이 그의 음락의 애처로운 결과였습니다. 함께 방으로 돌아오자 그는 "맹세코 말하는데 그토록 맛있는 것은 한 번도 맛본 적이 없다"고 큰소리를 치는 것이었습니다.

우리가 방으로 돌아왔을 때, 그곳에는 수도원장과 그의 조카밖에 없었습니다. 동료들은 제각기 정부를 교환했지만, 수도원장만은 남의 정부로는 만족하지 못해 자기 애인을 남에게 양보하는 일이 없었습니다. 나중에 안 일이지만, 그는 여자하고는 즐기려 하지 않았던 것입니다. 우리가 보는 앞에서 소년은 침대에 등을 돌리고 기대어 큰아버지에게 엉덩이를 보이고, 수도원장은 소년의 엉덩이 뒤에 무릎을 꿇고 앉아, 가랑이 사이에 매달려 있는 작은 그것을 스스로 비비면서 애정을 담아 소년의 배설물을 조금씩 입에 받아서 삼키고는 "맹세를 해도 좋은데 이 아이는 날마다 이렇게 좋은 배설물을 내주고 있어" 하면서 절정에 이르렀습니다.

서로 즐긴 마리안느와 도쿠르가 방으로 돌아오자, 다음에는 데프레와 캉주가 돌아왔습니다. 데프레는 저에게, 자기와 캉주는 오래 사귄 사이이기 때문에 서로 희롱만 했을 뿐이고, 사실은 여왕 같은 너를 처음 본 순간부터 꼭 너와 즐기고 싶은 마음에 네가 돌아오길 기다리고 있었다고 말했습니다. 제가 "에르빌 님에게 완전히 다 바쳐버려서 당신에게 바칠 것이 아무것도 남아 있지 않아요" 하고 말하자 그가 웃으면서 대답했습니다. "괜찮아. 너의 것은 필요치 않아. 너의 손가락만 빌리면 돼."

그가 말하는 의미가 궁금해진 저는 그를 따라갔습니다. 방으로 들어가자 제 엉덩이에 잠깐만 키스를 하고 싶다고 해서 엉덩이를 보여주자 두세 번 제 엉덩이의 구멍을 빨기만 하고, 바지를 벗고 "내가 너에게 한 것처럼 너도 나에게 해달라"면서 등을 돌리고 의자 위에 엉거주춤한 자세가 되어, 가지고 온 샐러드볼을 엉덩이 밑에 놓았습니다. 그의 태도는 저에게 호기심을 불러일으켰습니다. 그가 하는 행동을 보고 있던 제가 왜 당신 엉덩이 구멍에 키스를 해야만 하느냐고 묻자 "너는 사랑스러운 아가씨야. 내 엉덩이는 프랑스에서 가장 변덕이 심한 엉덩이라서 엉덩이 구멍에 키스를 해주지 않으면 배설을 할 수가 없어" 하고 말했습니다. 그가 시키는 대로 하려고 하다가 갑자기 머뭇거리자, 그는 저의 기색을 알아채고 갑자기 명령조로 "자, 입을 대라. 배설물이 두려운가?" 소리를 쳐서 제가 친절한 마음을 일으켜 입술을 엉덩이 구멍에 대자, 바로 그 순간 그는 갑자기 대량의 변을 쏟아내고 말았습니다. 그 때문에 제 얼굴은 뺨에서 턱까지 온통 배설물을 뒤집어쓰고 말았습니다. 단 한 번에 샐러드볼이 가득 찰만큼 배설물이 나오다니, 정말 난생처음 본 광경이었습니다. 그러자 그는 샐러드볼을 손에 들고 침대 끝에 기대어 저에게 오물투성이의 엉덩이를 내밀더니, "나는 내 배설물을 배에 채워넣겠으니 너는 내 엉덩이의 구멍을 후벼달라"고 명령했습니다. 정말 더러운 엉덩이였는데 이제 와서 거부할 수도 없었고, 캉주도 했으니 저도 할 수 있을 것 같아서 배설물투성이인 엉덩이 구멍에 손가락 세 개를 찔러 넣고 자극을 가했습니다. 그러자 그는 순식간에 구름 위에 뜬 기분이 되어 한 손에 샐러드볼을 들고 그 속의 배설물을 먹어치우고 나자, 다른 한 손으로 여유 있게 가랑이 사이에 서 있는 그것을 흔들기 시작했습니다. 제가 손가락을 격렬하게 움직이자 엉덩이 구멍이 저의 손가락을 죄어왔고, 그것은 사정 직전까지 가서 샐러드볼이 비는 동시에 절정에 이르고 말았습니다.

방으로 돌아오자 저의 변덕스런 도쿠르는 아름다운 마리안느와 함께 있었습니다. 도락자인 데프레는 두 사람이나 놓치고 있었던 거지요. 캉주에게 싫증이 난 데프레에게 남은 건 소년뿐이었는데 만일 질투심이 강한 수도원장이 소년을 양보해주었더라면 아마 그는 크게 만족했을 것입니다. 모든 것이 일단락되자 누구랄 것도 없이 모두가 알몸이 되어 서로가 보는 앞에서 색다른 짓을 하자고 제안했습니다. 저는 어떻게든 보고 싶었던 마리안느의 몸을 볼 수 있게 되어 그 계획을 크게 환영했습니다. 마리안느의 몸은 하얗고, 탄력이 있었으며, 균형이 잡혀 있고, 감미로울 뿐만 아니라, 제가 장난삼아 더듬은 그녀의 엉덩이는 뭐라 표현조차 할 길 없는 걸작 그 자체였습니다. 제가 물었습니다. "데프레 님, 저렇게 아름다운 사람을 어떻게 사용하시나요. 당신이 가장 좋아하는 그 쾌락을 위해서……." 그러자 데프레는 "너는 우리 두 사람의 비밀은 몰라" 하고 대답했죠. 그 뒤 저는 두 사람과 1년 이상 교제를 했지만 두 사람은 아무것도 밝혀주지 않아 두 사람 사이의 비밀에 대해서는 전혀 모르고 있었습니다. 그러나 두 사람의 즐거움이 어떤 것이었든, 마리안느의 애인인 데 프레가 저에게 보여준 취미는 완전한 하나의 욕정으로, 모든 점에서 이 이야 기 속에 넣어둘 가치가 있다고 생각합니다.

　우리는 서로 음란하게 놀면서 방귀를 뀌거나 남은 변을 배설하고 멋대로 지껄였고, 수도원장도 자신의 쾌락 가운데 하나인 경건하지 못한 언어를 중얼 거렸는데, 그 모든 방탕이 끝나면 우리는 벗은 옷을 다시 입고 잠자리에 들었 습니다. 이튿날 아침 저는 여느 때와 다름없이 도쿠르의 방에 갔지만 서로 어 젯밤의 불성실을 탓하는 일은 없었습니다. 그가 너를 제외하고 마리안느만큼 배설을 잘하는 여자는 없다고 말해, 그녀가 그와 어떤 짓을 했는지 물었더니, 자기와 그녀 두 사람 사이의 비밀이기 때문에 밝히고 싶지 않다면서 말해주 지 않았습니다. 그리고 우리는 늘 하던 일을 시작했습니다. 저는 도쿠르의 아 파트에 갇혀 있었던 것은 아니고 가끔 외출이 허용되었습니다. 저의 정숙함을 완전히 믿고 있었던 그가, 제가 집에만 틀어박혀 있으면 몸에 이상이 생겨 결 국 그의 건강을 해치게 될지도 모른다고 말하자 저에게 자유를 허락해준 것 입니다. 저는 그를 배신했던 것은 아닙니다. 자신의 건강에 대해서 매우 이기 적인 관심을 가지고 있는 도쿠르를 위해 생각했던 일이기 때문입니다. 그러나 저는 속으로는 돈이 되는 일이라면 무엇이든 할 수 있게 된 것을 기뻐하고 있 었습니다. 그렇기 때문에 푸르니에 부인에게 여러 번 숙소에 놀러오라는 부탁 을 받고 있었던 저는 손쉬운 돈벌이를 보장해주는 그녀의 계획에 동참하게 되었습니다. 저는 푸르니에 부인의 숙소 여자가 아니라 대지주의 정부로서 그 녀를 개인적으로 돕기 위해 부인의 숙소에서 시간을 보내게 되었기에…… 상 당한 금액의 실수입을 얻었습니다. 도쿠르에 대한 그와 같은 불성실을 범하고 있을 때 이제부터 말씀드릴 배설물의 신봉자를 만나게 되었습니다.'

　"뒤클로, 잠깐만. 나는 네 이야기가 끝날 때까지 중단시킬 생각은 없지만, 이 야기가 일단락된 것 같으니 네가 앞에 이야기한 마지막 방탕 가운데 중요한 것을 두세 가지 가르쳐주었으면 한다. 그때까지 소년하고만 즐기고 있었던 수 도원장은 너에게는 손을 대지 않았나? 다른 자들은 자기 여자를 소년과 놀게 하지 않았고?" 주교가 이렇게 묻자 뒤클로가 대답했다. "주교님, 수도원장은 소년을 배신하는 짓은 하지 않았고 우리가 알몸으로 그의 곁에 있어도 눈길조차 주지 않았습니다. 하지만 그는 동료의 엉덩이에 키스를 하거나 뒷문을 후비고 배설물을 먹고, 동료들한테서도 똑같은 짓을 당하면서 즐겼어요. 또 그들은 소년에게 키스를 하거나 엉덩이 구멍을 핥기도 했는데 데프레는 무엇을 하려고 했는지 모르지만 소년과 함께 방으로 들어갔습니다."[7] 주교는 못마땅한 어투로 말했다. "그것 봐라, 너는 중요한 사실을 빠뜨리지 않았느냐. 네가 지금 이야기해준 것은 상대의 나이와는 상관없이 동성에게 자기 입 안에 배설을 하도록 시켜 즐기는 취향이 있는 도락자의 모습을 상상시키는 것이므로, 어떤 정욕을 부추기는 것이다." 그러자 뒤클로가 고개를 끄덕였다. "말씀하신 대로 제 잘못입니다. 아무튼 저의 오늘 밤 이야기는 여기서 끝내겠습니다. 상당히 긴 이야기가 되고 말았군요. 이제 곧 종소리가 들려올 테니 앞서 시작한 이야기를 내일로 미뤘으면 합니다."

이때 종소리가 들렸다. 뒤클로가 이야기하는 동안 일당은 아무도 사정을 하지 않았는데 모두의 물건이 한껏 성이 나 있었기 때문에 야식을 마친 뒤 향연에서 마음껏 보충하기로 했다. 그러나 참을 수가 없었던 공작은 소피를 곁에 불러 엉덩이를 드러내게 하고 아름다운 소녀에게 배변을 시켜 후식 대신 맛을 보았다. 그것을 보고 있던 다른 세 사람도 참지 못하고, 뒤르세는 이아생트를, 주교는 세라동을, 법원장은 아도니스를 상대로 공작과 같은 일을 시작했는데, 아도니스는 법원장을 충분히 만족시키지 못해 결국 징벌명부에 이름이 올라가고 말았다. 기분이 언짢아진 그는 악당에 걸맞게 욕설을 퍼부으면서 그 보복으로 테레즈를 불러 뜨거운 변을 배설하게 했다. 향연은 평소와 다름없이 음란했다. 젊은 배설물에 싫증이 난 뒤르세가 오늘 밤에는 오랜 친구의 것이 필요하다고 말하자, 일당 세 사람은 뒤르세에게 협조해주었다. 뒤르세는 법원장의 배설물을 먹으면서 종마(種馬)와 같은 기세로 사정하고 말았다. 밤이 깊어지자 음욕과 정력을 다 소진해버린 그들의 방탕도 차츰 사그라졌다.

---

7) 이야기의 맨 처음에 수도원장은 자기 소년을 누구에게도 빌려주지 않았던 것으로 되어 있으므로 앞뒤가 맞지 않는다.

11월 13일

간밤에 자신의 딸인 아델라이드와 함께 침대에 들어간 법원장은 졸음이 올 때까지 그녀와 즐긴 뒤, 팡숑과 동침하기 위해 그녀를 바닥의 이불 위로 내쫓았다. 그것은 그가 음욕이 왕성해지면 다른 여자 대신 팡숑을 곁에 부르고 싶어지기 때문이었다. 특히 그의 경우, 음욕과 분노가 뒤섞여 악당 같은 욕설이나 신을 모독하는 언어를 입에 담기 시작하면 위험한 상태에 빠지게 될지도 모르는데, 팡숑은 다양한 방법으로 그를 진정시켜주었다. 그날 밤에 한해서 자기 전에 아델라이드에게 가한 파렴치한 행위를 상기한 그는 다시 한번 시도해보려고 새벽 3시쯤 갑자기 잠에서 깨어났는데 그녀의 모습이 어디에도 보이지 않았다. 독자의 상상에 맡기지만 법원장의 놀라움과 소동은 그야말로 대단했다. 그는 분노해 벌떡 일어나서 모두를 끌어내 촛불을 켜게 하고 샅샅이 찾았지만 아델라이드의 모습은 어디에도 보이지 않았다. 마지막으로 탐색할 장소는 소녀들의 하렘이 아닐까 생각한 법원장이 소녀들의 침대를 하나씩 점검하자 소피의 침대 옆에 있는 실내복 차림의 아델라이드가 발견되었다.

똑같이 따뜻한 성품과 경건함, 미덕과 순진함, 그리고 친절한 마음으로 맺어져 있었던 매력적인 두 사람은 서로 아름다운 애정으로 껴안고 무겁게 덮쳐오는 무서운 운명을 위로하고 있었던 것이다. 그때까지 두 사람의 교제를 의심한 사람은 아무도 없었지만, 사실 두 사람이 하나가 된 것은 처음이 아니었으며, 아델라이드는 나이 어린 소피의 천성적인 감정을 더욱 키우고, 소피가 신앙과 신에 대한 의무에서 멀어지지 않도록 서로를 격려하고 있었던 것을 알게 된 것이다. 아름다운 전도자를 발견한 법원장의 분노와 흥분에 대해서는 독자의 상상에 맡기기로 한다. 그는 아델라이드의 머리채를 잡고 온갖 욕설을 퍼부으면서 자기 방으로 끌고 가 침대 다리에 묶어놓고 날이 밝을 때까지 어리석은 짓을 반성하라고 명령했다.

현장에 달려온 일당 세 사람은 법원장이 즉시 아델라이드와 소피를 징벌명부에 기재할 것으로 생각했는데 무언가 속셈이 있는지 법원장은 생각에 잠겨 있었다. 공작은 즉각 중벌에 처해야 한다는 의견이었지만 주교는 형의 성급한 의견에 대해 그럴듯한 이유를 들어 반대했고, 뒤르세는 명부에 기재하는 것만으로 충분한 것 아니냐고 말했다. 그 소동 때문에 일당은 제각기 하녀와 즐길 여유도 없이 법원장의 방에서 함께 잠들고 말았다. 이 사건에서 관리체제의 허술함이 명백해졌기 때문에 일당은 앞으로 소년소녀들의 하렘에 밤에는 적어도 한 사람씩 하녀를 재우도록 조치를 취했다. 음란한 분노가 갈수록 고조되기만 하는 법원장은 침대에 묶어둔 아델라이드에게 심하게 매질을 하고 (지금으로서는 독자에게 아직 밝힐 수가 없는데), 격렬하게 사정을 한 뒤 겨우 조용히 잠들고 말았다.

그날 아침 모두 공포에 떨고 있던 암컷 병아리들은 위반행위를 전혀 저지르지 않았으나, 소년들 가운데서 그날의 커피 봉사를 맡은 나르시스의 위반이 발견되었다. 법원장은 커피시간에 나르시스의 배설물을 맛볼 생각으로 어젯밤 소년에게 용변을 단단히 금했었는데 그 명령을 깜박한 소년은 배변을 한 뒤에 엉덩이 구멍을 깨끗이 닦아버렸던 것이다. 나르시스는 지금도 남은 배변으로 보상할 수 있다고 변명했지만 헛수고였다. 한번 분노하면 걷잡을 수 없는 뒤르세가 법원장의 사정을 방해한 중대한 위반 혐의로 즉시 징벌명부에 소년의 이름을 적어넣고 말았다. 교회당 화장실 사용이 허용된 것은 세 사람뿐이었다.

3시 식사 때는 새벽의 사건이 화제에 올라 일당 가운데 세 사람은 새를 둥지에서 날아가게 한 법원장을 마구 놀려댔다. 포도주를 마신 탓에 일당은 더욱더 유쾌해져서 응접실로 자리를 옮겼다. 나르시스와 세라동, 젤미르와 소피가 커피를 제공했다. 일당이 고개를 숙이고 있는 소피에게 아델라이드와 그짓을 몇 번이나 했느냐고 묻자 그녀는 "두 번이었습니다. 아델라이드는 저에게 유익한 충고를 해주었기 때문에 둘을 똑같이 처벌하는 것은 불공평합니다" 하고 대답했다. 그 말에 법원장은 "네가 말하는 유익한 충고란 현재의 너에게는 최악의 충고다. 만일 아델라이드가 네 머리에 신앙심을 불어넣으려 하고 있다면 아델라이드는 이제부터 매일 처벌을 받게 될지도 모른다. 너의 현재 처지에서 네가 봉사할 수 있는 주인은 우리 네 사람밖에 없다. 우리에게 맹목적으로 봉사하고 복종하는 것이 중요한 신앙이다" 이렇게 설교한 뒤, 소피에게 그의 두 다리 사이에 무릎을 꿇게 하고 그것을 빨도록 지시하자 가련한 소녀는 몸을 떨면서 법원장이 시키는 대로 했다. 일당끼리의 약속으로 아직 소년소녀들의 뒷문을 공격하는 것은 금지되어 있었기 때문에 공작은 젤미르에게 자기 손에 배변을 하게 하여 그것을 핥으면서 소피의 가랑이 사이에 그것을 끼우고 즐겼다. 뒤르세는 세라동을 자극해 자기 입 안에 사정하게 하고, 주교는 나르시스에게 배변을 시켰다. 일당은 잠시 낮잠을 잔 뒤, 집회실에 모여 뒤클로의 이야기에 귀를 기울였다.

'푸르니에 부인이 소개해준 사람은 여든 살이나 되는 도락자인 회계검사관이었는데 키가 작고 뚱뚱한 데다 끔찍한 추남이었습니다. 그 늙은이는 우리 두 사람 사이에 변기를 두고 서로 등을 돌리고 앉아 동시에 배변을 하자고 했습니다. 배설이 끝나자 그는 변기를 안고 배설물을 집어먹으면서 저에게 구음을 지시했고 제 입 안에 사정을 했습니다. 그는 제 엉덩이를 힐끗 보았을 뿐 그 이상은 아무것도 하지 않았습니다. 그래도 그는 황홀해져서 온갖 욕설과 잡소리를 내뱉고는 날뛰기 시작하여 비틀거리다가 당장이라도 쓰러질 것 같았는데, 돌아갈 때 그 기묘한 의식에 대한 답례로 저에게 20프랑짜리 금화를 네 개나 주었습니다.

저의 애인인 대지주는 날이 갈수록 저를 사랑하고 신뢰하게 되었고, 저는 이윽고 그의 신뢰를 이용하게 되었는데 그것이 두 사람의 영원한 이별의 원인이 되고 말았습니다.

어느 날 도쿠르와 함께 서재에 있던 저는 외출하려는 그가 금화가 가득한 서랍을 열어 금화 몇 개를 꺼내 지갑에 넣는 것을 보고 말았습니다. 저의 입에서 하마터면 "엄청난 돈이다!" 소리가 나올 뻔했습니다. 그때부터 저는 어떻게 하면 그 거금을 손에 넣을 수 있을지 자세히 관찰하기 시작했습니다. 도쿠르는 서랍에 자물쇠를 채우지 않고 서재 문 열쇠를 가지고 다녔는데, 문과 그 자물쇠가 의외로 허술해서 조금만 힘을 주면 간단하게 부서질 것 같았습니다. 계획을 세운 저는 그가 온종일 외출하는 날을 기다렸습니다. 그는 동료와 함께 호색적인 향연을 벌이기 위해 일주일에 두 번은 외출을 했습니다. 어떤 향연을 벌이는지 그것은 저의 영역이 아니므로 언젠가 데그랑주가 주인님들께 말씀드릴 겁니다. 기회는 곧 찾아왔습니다. 그날 그가 나가자, 도락자의 하인들도 그가 나가기를 기다렸다는 듯이 제각기 자신들의 놀이 장소로 가버렸습니다. 저는 하녀도 밖에서 놀도록 내보내고 집 안에 혼자 있게 되었습니다. 계획의 실행을 초조하게 기다리고 있었던 저는 곧바로 서재로 달려가 문짝을 주먹으로 쳐부수고 안에 들어갔습니다. 아니나 다를까 서랍은 잠겨 있지 않았습니다. 저는 몇 개의 서랍에서 꺼낼 수 있는 것은 전부 꺼내고 말았습니다. 한 서랍에는 6만 프랑 남짓한 금화가 들어 있었고, 다른 서랍을 열어보니 멋진 보석함이 눈에 띄었습니다. 그리고 특별히 큰 서랍을 열자, 거기에는 그가 거열형을 당해도 할 말이 없는 증거물이 들어 있는 게 아니겠습니까? 도쿠르만큼 운이 좋은 사내가 또 있을까요? 제가 발견했으니까 망정이지 어떻게 그런 경솔한 짓을 할 수 있는지! 데프레와 에르빌, 수도원장이 도쿠르 앞으로 보낸, 일당의 은밀한 음락에 대해 확실하고도 노골적으로 써 있는 편지 다발 말고도, 그런 파렴치한 행위에 사용하는 온갖 도구들이 들어 있었던 것입니다. 이것도 제 이야기 밖의 일이므로 데그랑주에게 맡기기로 하겠습니다. 도둑질에 성공한 저는 무서운 악인들에게 쫓길지도 모른다는 위험을 느끼고 내심 떨면서 도쿠르의 아파트에서 뛰쳐나와 런던으로 건너가 버렸습니다.

런던에 머무는 6개월 동안 최고로 쾌적했던 생활에 대해서는 주인님들이 흥미를 가지실 리가 없으니 저의 생활 부분은 생략하게 해주시기 바랍니다. 그동안 저는 파리의 푸르니에 부인하고만 연락을 취하고 있었습니다. 그녀로부터 도쿠르가 도난사건으로 크게 소동을 벌이면서 저를 찾고 있다는 소식을 들었는데, 저는 그의 입을 틀어막는 게 낫다고 결심하고 가능한 한 냉정한 문체로 "당신의 돈을 발견한 여자는 다른 것도 발견했고 당신이 끝까지 범인을 찾을 생각이라면 그것대로 어쩔 수 없는 일이지만, 그 여자는 절도사건에 대해 심문하는 재판관에게 특별히 큰 서랍에 들어 있었던 물건에 대해 호소하게 될지도 모른다"고 협박장을 써 보냈습니다. 그 뒤, 푸르니에 부인의 얘기로는 도쿠르가 갑자기 조용해졌고 반년쯤 지났을 때 그의 일당 7명의 음란한 파렴치 행위가 발각되어 국외로 도피했다는 것이었습니다. 이제 아무것도 걱정할 일이 없어진 저는 파리로 돌아갔지만, 런던에서의 지나친 동성애 행각 때문에 도쿠르에게 신세를 지고 있을 때와 마찬가지로 무일푼이 되어 어쩔 수 없이 다시 푸르니에 부인의 숙소에 몸을 의지했습니다. 저는 스물세 살이 되었고 정사는 얼마든지 있었습니다. 그 가운데 제 영역 밖의 정욕을 제외하고 주인님들에게 흥미가 있을 만한 이야기만 다루려고 합니다.

제가 푸르니에 부인의 숙소로 돌아간 지 일주일 정도 지나자, 부인은 웬일인지 쾌락의 방 안에 배설물이 들어 있는 커다란 통을 준비해두었습니다. 이상하게도 통의 허리에 둥근 구멍이 뚫려 있었습니다. 손님이 찾아왔는데, 그 사내는 묘하게 성자인 척하면서도 온갖 쾌락을 탐닉한 끝에 질려버려서, 제가 이제부터 이야기하는 짓이라도 하지 않으면 흥분하지 못하게 되고 만 것입니다. 그는 함께 방으로 들어가자 저에게 발가벗으라고 지시했습니다. 그러고는 한동안 제 엉덩이를 바라보다가 이내 난폭하게 주무르면서 옷을 벗겨달라, 통에 들어갈 테니 도와달라는 것이었습니다. 제가 시키는 대로 하자 그 나이든 돼지 같은 사나이는 자신만의 무대에 올라(통 속에 들어가서) 커다랗게 성이 난 오물투성이의 더러운 그것을 구멍으로 내밀고 저에게 그것을 비비라고 명령했습니다. 원하는 대로 해주자, 통 속에 몸을 숨긴 그는 온 몸에 배설물을 처바르고 먹기도 하면서 큰 소리로 으르렁대다가 마침내 절정에 이르렀습니다. 통에서 뛰쳐나온 그는 준비해둔 목욕통에 뛰어들었고 저와 숙소의 두 하녀, 셋이서 30분이나 그의 몸을 씻겨주었습니다.

그 뒤 얼마 지나서 다른 손님이 찾아왔습니다. 저는 부인의 지시대로 그 손님을 위해 일주일 전에 배설한 대변과 오줌을 단지 속에 잘 보관해두었습니다. 배설물이 그가 원하는 상태가 되기 위해서는 일주일의 보존기간이 필요했던 것입니다. 그 손님은 서른다섯 살쯤 되었는데, 제가 상상하건대 재무계통에서 일하는 사람이었습니다. 방으로 들어가자 그가 단지는 어디에 있느냐고 물었고, 저는 여기 있다면서 건넸습니다. 그는 냄새를 맡으며 물었죠. "이것은 일주일 전에 한 것인가?" 제가 "보시다시피 주위에 곰팡이가 피어 있어요" 하고 대답하자, 그는 "난 이런 것이 좋아. 새것은 내 취향에 맞지 않는단 말이야. 이런 걸 배설한 아름다운 엉덩이를 보여다오" 말했습니다. 그래서 저는 엉덩이를 내밀었는데, 그가 "너의 배설물을 먹으면서 네 엉덩이의 구멍을 더 잘 보고 싶다. 엉덩이를 얼굴 가까이 대라"고 해서 그대로 하자 그는 제 엉덩이 구멍을 뚫어지게 바라보면서 저의 감미로운, 곰팡이가 핀 변을 맛보고는 황홀해 했습니다. 그동안 그는 바지에서 그것을 꺼내지도 않고 색다른 짓도 전혀 하지 않았습니다.

그 한 달 뒤, 늘 푸르니에 부인만 상대하던 어느 신사가 찾아왔습니다. 그는 왜 부인을 선택했을까요? 이미 예순여덟 살이 된 그녀는 피부 전체가 단독(丹毒)으로 더럽혀지고, 치아는 썩어서 여덟 개밖에 없었으며, 내쉬는 숨은 썩은 냄새를 풍기고, 가까이 다가가지 않으면 목소리도 알아들을 수 없는 상태였습니다. 푸르니에 부인을 정사의 상대로 삼으려는 그 신사는 결함투성이의 그녀한테서 참을 수 없는 매력을 느끼고 있었던 것입니다. 저는 어떤 광경이 펼쳐질는지 호기심에 사로잡혀 엿보는 방으로 달려갔습니다. 그 신사는 그녀보다 조금 나이가 어린 의사였습니다. 그는 오랫동안 그녀를 꼭 껴안고 키스를 한 다음, 늙은 암소처럼 시들어버린 엉덩이를 드러나게 하여 엉덩이에 키스를 하거나 탐하듯이 빨아댔습니다. 그리고 관장기와 병에 든 액체를 꺼냈는데 관장치료로 유명한 그리스 의술의 신인 아스클레피오스의 신봉자인 그는 무지개 여신인 아이리스로 가정한 부인의 배 속에 액체를 쏟겠다는 것이었습니다. 부인은 관장기에서 나오는 액체를 받으며 참고 있었는데, 의사가 키스를 하거나 온몸을 핥는 사이에 "더 이상 참을 수 없어. 나오려고 하니까 빨리 준비해 줘요" 하고 외치기 시작했습니다. 그러자 그는 무릎을 꿇고 바지에서 쭈글쭈글한 검은색의 그것을 꺼내 세게 비비기 시작했습니다. 부인은 그의 입에 보기 흉한 커다란 엉덩이를 들이대고 액체가 섞인 커다란 대변을 쏟아냈습니다. 그러자 그는 그것을 다 삼키고 절정에 다다라 만취한 것처럼 뒤로 쓰러져서 도취상태와 관능적인 음락을 동시에 맛본 것입니다.'

뒤르세가 "잠깐만, 그 이야기를 듣다보니 나의 그것이 빳빳하게 일어섰다" 하면서 데그랑주를 불러 이렇게 물었다. "당신은 푸르니에 부인을 빼닮았으니 그녀의 대역을 해다오. 내 얼굴에 배설해주지 않겠나?" 데그랑주는 기꺼이 승낙했다. 그녀의 엉덩이 사이로 얼굴을 들이민 뒤르세는 숨찬 목소리로 "이 매춘부야, 나에게 배설물을 다오, 부드러워도 좋고 단단해도 좋아. 무엇이든 먹어주겠어" 하고 외쳤다. 그 광경을 보고 있던 다른 세 사람도 뒤르세를 따라 주교는 안티노우스를, 법원장은 팡숑을, 공작은 루이종을 상대로 똑같은 짓을 하기 시작했다. 그러나 온갖 음락에 통달한 일당은 냉정함을 잃지 않고 음락을 즐겼기 때문에 한 방울의 호르몬도 흘리지 않았다. 일을 끝낸 공작이 "뒤클로, 오늘 밤의 당신 이야기는 이것으로 끝내. 오늘 우리는 여느 때보다 냉정하고 참을성이 있기 때문에 이야기를 더 이상 들어도 흥분되지 않아" 말하자, 뒤클로는 "주인님들, 또 한 가지 이야기가 남아 있습니다. 오늘 밤의 여러분에게는 지나치게 단순할지 모르지만 어쨌든 제 이야기 가운데 하나로 추가하게 해주셨으면 합니다" 하고 이야기를 계속했다.

'제가 상대한 손님은 국왕군대의 여단장이었습니다. 그 늙은이는 알몸이 되어 갓난아기처럼 기저귀를 차고는, 저에게 접시 위에 배설을 시켰습니다. 제가 배설물을 손에 묻혀 젖을 빨듯이 그에게 빨게 하자 그는 갓난아기 같은 울음소리를 내면서 기저귀 속에 사정을 하더군요.'

그 말에 공작이 "뒤클로가 갓난아기 이야기로 끝을 맺었으니 우리도 갓난아기와 놀자"고 하면서 파니를 불러내 자기 몸 위에 그녀를 등을 돌려 올라타게 하고 "나의 그것을 핥아라. 사정을 하고 싶다"고 말했다. 주교는 로제트를 불러 "공작이 파니에게 하는 말을 들었겠지? 너도 나에게 그렇게 하는 거다" 하고, 뒤르세는 에베를 불러 "너도 똑같이 명령에 따라야 한다", 법원장은 오귀스틴에게 "로마에 가면 로마법에 따르라는 말이 있다. 넌 내 입 안에 배설해라, 나는 네 입 안에 사정을 해줄 테니" 함으로써 그들의 외설스러운 음락이 시작되었다.

곳곳마다 방귀소리가 들리고 배설을 하거나 사정을 하는 기색이 느껴졌다. 한때의 쾌락을 만끽한 일당은 저녁식사를 위해 식탁에 자리 잡고 왕성한 식욕을 충족시켰다. 그리고 향연은 실컷 즐겨야 한다면서 소년소녀들을 하렘에 돌려보내고, 4명의 마장, 4명의 하녀, 4명의 이야기꾼과 함께 즐겼다. 전원이 만취하여 끔찍하고 불결하기 이를 데 없는 열락이 펼쳐졌다. 법원장과 주교는 정신을 잃어 실려 나갔고, 공작과 뒤르세는 아무 일도 없었다는 듯이 기력을 되찾아 여느 때와 다름없이 밤의 즐거움에 몸을 맡겼다.

11월 14일

그날 아침 일당은 자신들의 파렴치한 계획에 안성맞춤인 계절이 찾아와 모든 생물의 눈길을 주의할 걱정이 없어진 것을 알았다. 그것은 잠에서 깨어나면 저택 주위를 둘러싸고 있는 골짜기에 무서울 만큼 많은 눈이 내려 쌓여, 도락자 4명의 은신처는 산속 어떤 동물도 가까이 갈 수 없는 상태가 되었기 때문이다. 물론 그 어떤 인간은 그들이 있는 곳에 오는 것은 불가능했다. 쾌락을 추구하는 데 있어서 그러한 안전이야말로 가장 필요한 것으로, "이곳에는 나 혼자밖에 없다, 나는 지구 끝에 있는 것이고 어느 누구의 시선에서도 벗어나 있다. 그 누구도 나에게 접근할 수 없다, 나는 자유다, 이제 나를 방해할 자는 아무도 없고, 장애가 될 것도 아무것도 없다" 하고 자신에게 들려줄 수 있어야만 안심하고 쾌락에 빠질 수 있다. 그러한 순간부터 욕망은 그칠 줄 모르는 힘으로 용솟음치고, 처벌을 두려워할 필요가 없는 욕망은 끝없이 확대되어 이루 말할 수 없는 쾌락에 취해버릴 수 있다. 방해자가 있다면 신과 양심뿐인데, 머리도 감정도 신의 존재를 믿지 않는 인간에게 신이 어떤 힘을 미칠 수 있으랴. 오랜 옛날에 후회 같은 미덕을 극복하고 오히려 죄를 저지르는 것을 일상적인 기쁨으로 여기고 있는 인간에게 양심이 어떤 힘을 미칠 수 있겠는가. 그런 악당들의 살육적인 어금니에 맡겨진 양떼는 얼마나 가련한 존재들인가. 물론 독자는 자신이 희생된 경험이 없겠지만 잘 생각해보면 틀림없이 두려움에 떨지 않을 수 없을 것이다.

그날은 둘째 주의 마지막을 축하하는 날이었기 때문에 일당은 몹시 기분이 좋아서 그 들뜬 기분을 어떻게 만끽할지 생각하고 있었다. 나르시스와 에베의 결혼식이 거행될 예정이었지만 잔인하게도 신랑과 신부는 그날 밤 징벌이 부과될 운명이었다. 결혼의 기쁨을 만끽하는 가운데 괴로운 형을 받아야만 하니 얼마나 얄궂은 운명인가. 나르시스는 영리한 소년이었기 때문에 그러한 운명에 대해 충분히 감지하고 있었는데, 일당은 아주 평범하게 결혼식을 진행하고 주교가 식을 집행해 두 사람을 결혼시킨 뒤에, 일당이 보는 앞에서 두 사람이 원하는 것을 하도록 허락했는데 도대체 누가 그런 말을 믿을 수 있겠는가. 이미 자유로운 행동을 크게 인정받고 많은 것을 배운 소년은, 신부를 보

자 그 청초한 모습에 넋을 잃고 규칙에 따라 아내의 옥문에 그것을 집어넣지
는 못하지만 손가락으로 하마터면 아내의 순결을 빼앗을 뻔했다. 일당이 서
둘러 소년을 가로막자 그 광경을 바라보고 있던 공작이 흥분하여, 신부를 껴
안고 그녀의 가랑이를 이용해 사정을 하고 주교도 신랑에게 똑같은 짓을 도
전했다.

아침식사 시간이 되어 신랑과 신부는 성찬으로 포식을 한 뒤 뒤르세와 법
원장을 위해 배설하라는 명령을 받았고, 일당 두 사람은 소년소녀가 소화한
것을 맛있게 음미했다.

커피시간이 되자 오귀스틴과 파니, 세라동과 제피르가 심부름꾼 일을 맡았
다. 공작은 오귀스틴에게 "제피르의 그것을 비벼주라"고 지시하고 "절정에 이
를 것 같으면 내 입에 배변을 하라"고 덧붙였다. 소년소녀가 한 일은 큰 성과
를 거두어, 주교는 파니와 세라동을 상대로 똑같은 일을 시켰지만 세라동은
제피르처럼 보조를 잘 맞출 수가 없었다. 그러나 소년에게 지시된 일은 단순
한 기교의 시험이고 그 실패는 일당이 정한 규칙을 위반하는 것은 아니었기
때문에 주교는 소년에게 징벌을 부과할 수 없었다. 아쉬움이 남은 주교는 파
니에게 여전히 발기해 있는 자신의 그것을 빨면서 자기 입 안에 배설을 하라
고 지시했다. 그 덕분에 주교는 가까스로 사정을 했지만 이번에도 심한 발작
을 일으켜, 어떻게든 소녀를 괴롭히고 벌을 주려고 했지만 아무래도 징벌을
부과할 만한 이유를 발견할 수가 없었다. 심보가 고약한 주교는 마음이 가라
앉지 않아 파니에게 빨리 꺼져버리라고 소리쳤다. 모두가 그의 기질을 잘 알
고 있어서 아무도 주교의 사정을 도우려하지 않고 모른 척했다. 일당이 낮잠
을 잔 뒤 제각기 집회실로 가 자리를 잡자, 뒤클로가 이야기를 다시 풀어내기
시작했다.

'저는 가끔 시내에 있는 도락자들의 집에 불려갔습니다. 모두 수입이 많은
일이어서 푸르니에 부인은 될 수 있는 한 많이 벌려고 했지요. 어느 날 아침,
부인은 저를 몰타기사단 단원의 집으로 보냈습니다. 그 늙은 도락자는 기묘한
취향의 소유자였습니다. 장을 열면 안에 서랍이 여러 개 있고, 그 하나하나에
배설물이 가득 찬 도자기 그릇이 들어 있었습니다. 배설물은 파리에서도 유

명한 수녀원 원장인 여동생의 도움으로 준비한 것인데, 그녀는 오빠의 부탁으로 매일 아침 수녀원의 아름다운 기숙자들의 배설물을 상자에 넣어 오빠에게 보냈습니다. 그는 받은 배설물을 분류하여 넣어놓는데, 저에게 가장 오래된 번호가 붙어 있는 그릇을 가져와 달라고 해, 제가 시키는 대로 하자 그는 "이것은 태양처럼 밝고 아름다운 열여섯 살 소녀의 것이다. 내가 이것을 먹을 테니 너는 엉덩이를 보여주면서 나의 그것을 비벼다오" 하고 말했습니다. 그뿐인가 했더니 그는 잇따라 다양하게 색다른 짓을 하기 시작했습니다. 저에게 빈 그릇 안에 배변을 시키고는 배변을 하고 있는 저를 바라보거나 저의 엉덩이 구멍을 혀로 핥아 완벽하게 깨끗이 해주다가, 마지막에는 제 엉덩이 구멍에 혀를 대고 빨면서 절정에 이르고 이르렀습니다. 그는 장을 닫고 저에게 듬뿍 사례를 했습니다. 이른 아침이어서 그는 아무 일도 없었다는 듯이 다시 잠에 빠져들었습니다.

다음의 손님은 늙은 수도사로, 제가 보기에는 극히 이상한 취향을 가진 사람이었습니다. 숙소에 오자마자 사내의 것이건 여자의 것이건, 배설물을 일고여덟 가지 가지고 오라는 것입니다. 숙소의 여자가 찾아서 가져오자 그는 저에게 그의 물건을 물게 하고는 배설물을 섞거나 이기고 씹으면서 음미하다가 제 입 안에 사정을 하고 말았습니다.

그다음 손님은 제 평생에 가장 역겨움을 준 사내였습니다. 저를 발가벗겨 똑바로 눕히더니 제 위에 올라 타 제 입을 크게 벌리게 하여 입 안에 배설을 한 뒤, 몸을 뒤로 돌려서 제 입 안에 들어 있는 자신의 배설물을 입으로 옮겨 먹으면서 제 유방에 사정을 했습니다.'

법원장이 말했다. "그거 재미있겠다. 당장 해보고 싶은데, 공작, 누굴 상대로 하면 좋을까." 그러자 공작이 대답했다. "누가 있을까…… 나의 소녀인 쥘리를 추천하리다. 당신 곁에 있구려. 당신은 쥘리의 입을 가장 좋아하니 그 아이를 이용하는 게 어떨까." 이에 쥘리는 "공작님, 추천해주신 건 감사하지만, 제가 법원장님께 꼭 그런 일을 해드려야만 하는 이유가 있을까요?" 물었고 공작은 다시 의견을 제시했다. "쥘리를 화나게 한 것 같군. 그렇다면 소피는 어떻겠소? 어리고, 예쁘고, 아직 열네 살밖에 안 됐어." 법원장이 동의했다. "그거 좋은 생각이군. 그렇게 정하세." 법원장의 성난 그것은 흥분상태에 있었다. 팡숑이 희생자에게 다가가자 가련한 소녀는 구역질하면서 눈물을 글썽거렸다. 법원장이 똑바로 누운 소피의 매력적인 얼굴 위에 올라타 추하고 더럽고 커다란 엉덩이를 들어 올리자, 마치 두꺼비가 장미꽃을 짓밟는 듯한 모습이 되었다. 그는 그것을 비비면서 소녀의 입 안에 푸짐하게 배설했다. 소피는 조금도 남김없이 배설물을 입 안에 머금게 되고 말았는데, 야비한 도락자는 불행한 소녀의 입 안에 들어 있는 자신의 배설물을 먹으면서 소녀의 배 위에서 그것을 열심히 비비고 있었다. 뒤르세가 두 사람 곁으로 와 자기의 그것을 비비면서 정신없이 바라보고 있었는데, 더 이상 참지 못한 소피가 입 안의 배설물을 왈칵 토해버리는 바람에 뒤르세가 동료의 배설물을 얼굴 가득 뒤집어쓰고 말았다.

그때 법원장이 말했다. "뒤클로, 자, 이야기를 계속해. 너도 자신이 한 이야기의 효과를 보니 기분이 좋지?" 뒤클로는 이야기를 계속했는데 자기 이야기가 성공한 것을 진심으로 무척 기뻐했다.

'앞의 이야기는 주인님들의 마음을 끄는 본보기의 하나라고 생각하는데, 제가 다음에 상대한 손님은 소화불량에 걸린 여자를 원했습니다. 식사 때 푸르니에 부인은 저에게 한마디도 하지 않고 하제를 복용하게 하는 바람에 제 소화물은 물처럼 부드러워져서 배설물이 꼭 관장을 한 뒤 같았습니다. 손님은 동경하고 있던 제 엉덩이에 의례적인 키스를 했는데, 저는 배가 몹시 아파 견딜 수가 없어서 무엇이든 상관없으니 빨리 해달라고 부탁했습니다. 그 말에 그가 똑바로 누워 제 엉덩이 구멍에 입을 대기에 저는 그의 그것을 잡고 마음껏 관장수를 쏟아내자 그는 황홀한 듯이 다 마셔버리고 말았습니다. 좀더 해달라고 해서 저는 두 번, 세 번 배설을 했고, 결국 도락자의 그것은 제 손 안에 쾌감의 표시를 희미하게 묻혔습니다

그 이튿날 상대한 손님도 색다른 취향의 소유자로, 주인님들 가운데에도 신봉자가 계시지 않을까 합니다. 그 손님의 쾌락에는 절차가 필요했습니다. 푸르니에 부인은 그 손님을 엿보는 방으로 안내했습니다. 그는 그곳에서 혼자 즐깁니다. 제가 평소에 사용하는 방으로 가자 또 한 사람의 배우가 저를 기다

리고 있었습니다. 숙소에서 가끔 부르는 합승마차의 마부로, 부인은 그에게 모든 것을 가르쳐주고 있었는데, 물론 저도 잘 알고 있어 둘이서 연기를 잘할 수 있었습니다. 저는 마부의 엉덩이를 벽의 구멍 쪽으로 돌리게 하고 제가 손에 들고 있는 접시 위에 배변을 하게 하는데, 마부의 엉덩이를 벌리거나 엉덩이 구멍 주위를 눌러서 배설하기 쉽게 해주고, 그렇게 해서 나온 배설물을 접시에 받으면서 그의 그것을 비벼 배설물 위에 사정을 하게 했습니다. 엿보는 방에 숨어 있는 손님은 우리 두 사람이 하는 짓을 다 보고 있었지요. 마부가 배설과 사정을 끝내자 저는 그 접시를 들고 옆방으로 가서 기다리고 있는 손님에게 "손님, 따뜻할 때 드세요" 큰 소리로 말하면서 건넸습니다. 그러자 바지에서 그것을 꺼내 준비하고 있던 손님은 접시를 받자마자 그 요리를 먹기 시작했습니다. 저는 그동안 손으로 손님의 그것에 율동적인 운동을 가하여 기를 발산시켜주었습니다.'

　법원장이 "그 마부는 몇 살쯤 되었지?" 하고 묻자 뒤클로가 "서른 살 정도였습니다" 대답했는데, 법원장이 투덜거렸다. "뭐야, 그것밖에 안 됐어? 뒤르세가 너에게 이야기했는지 모르지만, 나는 똑같은 것을 똑같은 방법으로 즐기는 한 사내를 알고 있지. 단, 상대는 예순에서 일흔 정도의 늙은이로, 최저생활을 하고 있으면서 색을 좋아해야 해." 소피로부터 배설물이 뿌려진 뒤르세는 작은 그것을 발기시키면서 말했다. "그래, 그래. 그게 나의 최고 낙이다. 늙은 역전의 도락자가 있으면 언제든 좋아." 이에 공작이 말했다. "뒤르세, 자네는 이제 참을 수 없겠지. 잘 알아, 자네가 화난 듯이 자랑을 하기 시작할 때가 바로 자네의 그것이 참을 수 없을 때니까 말이야. 난 자네가 바라는 역전의 용사는 아니지만, 자네의 욕정을 가라앉힐 수 있다면 내 배 속에 들어 있는 것을 자네에게 제공해도 좋아. 아마 가득 차 있을 거야." 뒤르세가 곧장 대답했다. "공작, 그야 더 이상 바랄 게 없지." 공작이 뒤르세의 벽감으로 가자 뒤르세는 기쁨을 듬뿍 줄 공작의 엉덩이 뒤에 무릎을 꿇고 앉아 공작의 배설물을 받고는 이렇게 멋진 쾌락은 맛본 적이 없다고 하면서 그 야비하기 짝이 없는 행위에 의해 황홀해져서 사정을 했다. 공작이 말했다. "마르텐, 난 당장이라도 사정을 할 것 같은데 아무래도 마음이 내키질 않아. 무슨 다른 방법이 없을까? 나는 어린애 엉덩이는 원치 않아." 마르텐이 "오늘 아침에 법원장님에게 드리고 말았어요." 대답하자 공작은 "그렇다면 하는 수 없지. 뒤클로, 내가지금 친구에게 해준 것처럼 나에게 해주지 않겠나?" 물었고 뒤클로는 "잊어버리셨어요? 오늘 아침 주인님께 드렸잖아요" 하고 대답했다. "연달아 퇴짜로군.오늘 밤엔 변을 얻을 수 없단 말인가." 공작의 그 말에 테레즈가 공작에게 다가가 가장 더럽고, 가장 크고, 가장 역겨운 엉덩이를 내밀었다. 공작이 말했다."이 정도면 됐어. 충분해. 머리가 약간 혼란해져서 이 엉덩이가 나를 진정시켜주지 않으면 더 이상 기댈 데가 없어. 뒤클로, 당신도 좀 도와줘." 테레즈의 엉덩이 구멍에서 발산하는 냄새는 역겨울 정도로 지독했는데, 뒤클로가 쥐고있는 공작의 그것은 더 이상 발기하는 건 생각도 할 수 없을 정도로 크게 곧추섰다. 그것은 상상을 초월하는, 불결한 음락의 극치였다. 관능의 기쁨에 취한 도락자는 테레즈가 배설한 것을 남김없이 다 마신 뒤, 정기로 넘치는 그것의 증거를 뒤클로의 얼굴에 뿌렸다.

저녁식사가 끝나고 향연으로 들어갔는데, 그날 밤의 향연에서는 징벌의 집행이 이루어졌다. 이번 주의 죄인은 젤미르와 소피, 콜롱브, 에베, 그리고 아도니스, 나르시스, 아델라이드, 7명이었는데 아델라이드가 가장 심한 벌을 받았고 젤미르와 소피는 몸에 처벌의 낙인이 찍히고 말았다. 아직 시기가 아니므로 독자에게 처벌 내용에 대해 상세한 것을 말할 수 없는 것이 유감이다. 그뒤 제각기 잠자리에 든 일당은 잠의 신 품에 안겨 사랑의 신에게 바칠 힘을길렀다.

11월 15일

징계를 한 이틀날은 위반자를 전혀 볼 수 없었는데 그날 아침에도 마찬가지였다. 그러나 아침의 용변은 엄하게 금지되어 4명만이 허용되었을 뿐이다. 법원장은 교회당 화장실에서 데그랑주의 용변을 바라다보면서 사정을 했다. 커피시간이 되었는데 일당은 별다른 즐거움을 보지 못한 채 제각기 상대를 찾아 엉덩이를 희롱하거나 엉덩이 구멍을 빠는 것으로 만족했다. 그리고 시간이되자 그들은 서둘러 집회실로 향했다.

'뤼실이라는 열두서너 살쯤 된 어린 소녀가 푸르니에 부인의 숙소에 묵게 되었습니다. 그 소녀는 금발에 체격은 나이에 비해 큰 편인데, 그림 모델처럼 눈에 띄는 용모로, 얼굴은 부드럽고 관능적이며, 눈에는 더할 나위 없는 매력이 있고, 그 매혹적인 몸 전체에 사람의 넋을 사로잡는 감미롭고 호기심을 자극하는 것이 감돌고 있었습니다. 그런데 그렇게 아름다운 소녀를 타락시키고 치욕을 받게 하는, 말도 되지 않는 일이 일어났습니다. 왕실에 납품을 하는 어느 부유한 속옷상인 밑에서 자라 행복한 운명이 약속되어 있었던 소녀가 창녀가 되다니 꿈에도 생각하지 못한 일이었을 겁니다. 앞에서도 말씀드린 적이 있는데 그 아이는 오로지 소녀들을 유혹하여 그 행복을 유린함으로써 성적 만족을 느끼는 그 난봉꾼의 손아귀에 떨어지고 만 것인데, 뤼실처럼 아름다운 어린 소녀가 그런 사내들의 마수에 걸린다는 건 믿을 수 없는 일이었습니다. 그런데 늙은이 주제에 숫처녀를 이용해 불결하고 구역질 나는 변태적인 취향을 만족시키려는 손님이 있었습니다. 아주 돈이 많은 공증인인데 사치를 즐기면서도 인색하여 그 때문에 때로는 생각할 수 없는 난폭한 짓을 서슴없이 하는 사람이었지요. 뤼실이 숙소로 끌려오자 푸르니에 부인은 곧바로 그 가련한 아이를 그 손님의 상대로 택한 것입니다. 부인이 아름다운 뤼실을 소개하자 그는 자못 거만한 태도로 투덜거리면서, 파리를 다 뒤져도 이렇게 예쁜 아이는 없을 거라고 중얼거렸습니다. 그리고 부인에게 "이 아이가 숫처녀라는 증거가 있는가?" 물었습니다. 부인이 "그건 제가 보증해요. 증거를 보여드릴까요?" 하자 공증인은 불쾌한 듯이 말했습니다. "나에게 음부를 보라는 말인가? 확실한 처녀인지 물었지만 당신 집에 오게 된 뒤부터 당신도 알고 있듯이 나는 소녀의 음부를 보기 위해 시간을 허비한 적은 없어. 내가 소녀의 음부를 사용하는 건 다른 이유가 있기 때문이지, 음부 그 자체에 흥미가 있는 게 아니라는 것쯤은 당신도 이미 알고 있을 텐데." 푸르니에 부인은 "손님, 그러지 마시고 절 믿으세요. 이 아이는 갓 태어난 아기처럼 순결합니다. 그건 제가 보증합니다" 하고 대답했습니다.

공증인과 뤼실이 2층으로 올라가자 두 사람이 마주해 어떤 광경을 펼칠지 궁금했던 저는 곧바로 엿보러 갔습니다. 수치를 모르고 난폭하며 심기가 고

약한 노인 앞에 선, 수치심으로 가득한 그녀의 모습은 뭐라 형용할 길 없는 모습이었습니다. 공증인은 "뭐하고 있는 것이냐? 그곳에 돌처럼 꼿꼿이 서서 나보고 페티코트를 위로 걷어달라고 할 셈이냐. 네 엉덩이를 보는 데 한 시간이나 걸리게 할 생각이냐 말이다……" 무뚝뚝한 목소리로 말했습니다. 그러자 뤼실이 겁을 먹은 목소리로 물었다. "나리, 어떻게 하면 되나요?" 그는 신경질적으로 대답했다. "제기랄, 어떻게 하면 되느냐고? 아직도 그런 말을 하는 게냐? 페티코트를 위로 걷어 나에게 엉덩이를 보여주면 된다." 그의 말을 듣고, 그녀는 오들오들 떨면서 희고 작은, 미와 사랑의 여신 베누스의 소유물 같은 엉덩이를 내밀었습니다. "음…… 정말 예쁘고 멋진 엉덩이다. 자, 이리 오너라" 하고 말한 그는 그녀 뒤에 무릎을 꿇더니 갑자기 두 손으로 엉덩이를 난폭하게 벌렸습니다. "아직 아무도 건드리지 않았구나"라는 그의 말에 뤼실은 "네, 나리. 아무도 손을 댄 적이 없습니다" 대답했죠. 그러자 그는 "다행이다. 자, 방귀를 뀌어봐라" 했고, 뤼실은 "나리, 전 그런 것 못해요" 말했습니다. 그는 다시 재촉했습니다. "자, 해봐." 그녀가 몸을 뒤틀면서 그 도락자의 더러운 입에 희미한 바람을 불어넣자 그는 뭔가 중얼거리면서 기쁜 표정을 지었습니다. 그는 "용변을 보고 싶지 않으냐" 물었고 뤼실은 "아니오, 나리"라고 말했죠. "그래? 나는 하고 싶구나. 금방 알게 될 테니 잘 보아라. 자, 날 즐겁게 해다오. 준비를 하자꾸나. 페티코트를 벗고 의자 위에 누워라. 엉덩이는 최대한 높이고 머리는 숙이고." 그의 명령에 따라 그녀가 바닥에 눕자 공증인은 두 손으로 그녀의 두 다리를 최대한 벌렸는데, 그녀의 작고 귀여운 음부를 변기 대신 사용할 생각이었던 겁니다. 그리고 그는 사랑의 신 큐피드조차 자신의 신전으로 삼고 싶어 하는 그녀의 성소(聖所)를 사용하기 쉽도록 두 손으로 힘껏 벌리고, 몸을 이리저리 비틀면서 몇 번이고 배변을 하고는, 그때마다 자신의 더러운 배설물을 손가락으로 그녀의 음부 속에 억지로 밀어넣었습니다. 그 짓거리가 너무나 난폭하여 그녀는 자기도 모르게 비명을 지르고 말았는데, 그의 그 구역질 나는 방법 때문에 자연계가 결혼에 필요한 부속품으로 그녀에게 준 귀중한 꽃잎은 아마 찢어지고 말았을 겁니다. 그동안 그가 바지에서 조그마한 그것을 꺼내 비비자 그의 말랑말랑한 그것은 차츰 커져서 배설물을 음부 속에 완전히 넣은 순간 절정에 달하여, 그런 야비한 방법을 사용할 때 말고는 한 번도 배설된 적이 없는, 정기가 하나도 없는 서너 방울의 정수를 바닥에 흘렸습니다. 일을 마친 공증인은 서둘러 돌아가버리고 뤼실은 몸을 씻음으로써 모든 일이 끝났습니다.

그 뒤 얼마 지나서 푸르니에 부인은 저를 공증인 못지않은 색다른 취향의 소유자와 대면시켰습니다. 그 손님은 나이가 많은 고등법원 의원이었습니다. 그는 자신이 배설하고 있는 모습을 저에게 보여주었을 뿐만 아니라, 저에게 배변하기 쉽도록 손가락으로 엉덩이 구멍을 누르라거나 벌리라고 지시를 하고는, 배변이 끝나면 그 더러운 곳을 혀로 깨끗이 핥으라고 했습니다.'

그때 주교가 말했다. "끔찍한 강제노동이군. 어떻소, 여러분. 여자의 혀는 엉덩이 구멍을 깨끗이 하는 데 안성맞춤의 도구인 것 같은데, 여기 있는 우리의 딸이나 조카이기도 하고 각자의 아내이기도 하며, 공통의 아내이기도 한 4명의 숙녀들에게 매일 그러한 고역을 치르게 해보는 것이? 혀로 엉덩이 구멍을 닦는 걸 누가 제일 잘할 것 같나? 여기 콩스탕스가 있군, 어때, 콩스탕스, 뒤클로에게 네 솜씨를 좀 보여주지 그래. 자, 내 엉덩이는 아침부터 전혀 닦지 않았어. 배변을 한 채 그대로 있다. 너를 위해 놔둔 거야. 자, 솜씨를 보여다오." 신은 왜 그녀의 마음속에 악자에 대한 노예와 같은 외경심을 심어주고 만 것인지 알 수 없지만, 그러한 모욕에 익숙해지고 만 불행한 콩스탕스는 말없이 주교의 명령에 따라 일당의 공동 아내로서 해야 할 일을 의무적으로 수행했다. 그걸 본 법원장은 알린에게 "이 매춘부야, 너도 훌륭한 본보기를 보여줄 수 있겠지? 콩스탕스보다 잘해봐" 하면서 그 아름다운 미덕의 소유자에게 오물투성이의 엉덩이를 내밀자 그녀도 의무적으로 일을 진행했다. 법원장이 "뒤클로, 이야기를 계속해. 네 손님은 특별히 색다른 요구를 한 게 아니며, 우리는 여자의 혀가 엉덩이 청소에 안성맞춤이라는 것을 보여주고 싶을 뿐이다" 하고 말하자 뒤클로는 웃으면서 이야기를 계속했다.

'주인님들, 여기서 잠시 정욕 이야기를 중단하고, 그것과는 관계가 없는 사건에 대해 말씀드리는 것을 허락해주시기 바랍니다. 제 개인적인 일인데 앞으로 저의 이야기와 크게 관계가 있어서 말씀드리지 않을 수가 없습니다. 푸르니에 부인의 숙소에 오랫동안 있었던 저는 가장 고참이 되어 부인도 저를 가장 신뢰하고 있었습니다. 저는 거의 대부분의 일을 관리하면서 현금을 다루었습니다. 그녀는 저에게 어머니 대신이 되어, 제가 여러 가지 어려움에 직면하면 도움을 주고 영국에 있던 저에게 거짓 없는 편지를 보내 제가 피난처가 필요해 돌아오자 기꺼이 저를 맞아주었습니다.

　부인은 저에게 몇십 번이고 돈을 빌려주었지만 재촉도 하지 않았습니다. 그래서 저는 그녀에게 감사의 뜻을 표시하고 저에 대한 그녀의 신뢰에 보답을 하지 않을 수 없었습니다. 곤란하게도 저의 마음은 미덕을 따르고 미덕에 다가가고 있는 것처럼 생각되었습니다. 그런 가운데 푸르니에 부인이 중병에 걸리자 부인은 맨 먼저 저를 불렀습니다. 그리고 이렇게 말했습니다. "뒤클로, 너도 알고 있겠지만 난 널 사랑하고 있다. 그 증거로 내가 널 얼마나 사랑하는지 보여주마. 네 마음은 선량하다고는 할 수 없지만 설마 여러 해 사귄 친구까지 배신하는 여자는 아니라고 믿는다. 지금 나는 건강이 좋지 않고 나이도 나이니만큼 언제 어떻게 될지 몰라. 나에게는 내 유산을 상속할 친척이 몇 사람 있지만 친척에게는 이 상자 안에 들어 있는 10만 프랑의 금화만은 넘겨줄 생각이 없다. 뒤클로, 자, 이것을 너에게 건네줄 테니 맡아주길 바란다. 단, 내가 정한 대로 사용하는 조건부다." "소중한 어머니……" 저는 부인에게 팔을 내밀면서 말했습니다. "부탁이니 그런 걱정은 하지 마세요. 그러시면 오히려 실망스러우니까요. 아무튼 신께 맹세코 어머니의 생각에 따라 반드시 약속을 지키겠어요." 그러자 부인이 말했습니다. "널 믿고말고. 그렇기 때문에 너를 점찍은 거야. 나의 일생을 뒤돌아보면 나는 많은 소녀들을 죄악의 구렁텅이에 빠뜨려 신으로부터 떼어놓고 말았는데, 이제는 그런 나의 일생에 대해 가책을 느끼고 후회하고 있다. 그래서 나는 신이 나에게 무서운 벌을 주시지 않도록 두 가지 일을 한 다음에 죽고 싶구나. 자선과 기도, 이 두 가지를. 내가 눈을 감으면 이 가운데 1만 5천 프랑은 생오노레 거리의 프란체스코 수도회에 기부하고, 신부님께 내 영혼의 구제를 위해 영원히 미사를 드려 주시도록 부탁해다오. 또 같은 금액을 이 교구의 주교님께 바치고 이 지구의 가난한 사람들에게 분배해주시도록 당부해주렴. 자선은 좋은 것이다. 신이 보시기에 이 세상에서 지은 여러 가지 죄를 보상하는 데 자선만큼 좋은 건 없어. 가난한 사람들이야말로 신의 자녀이므로 가난한 사람들의 고통을 덜어준 인간은 모두 신의 사랑을 받는 거다. 신의 마음에 들려면 자선이 제일이야. 천국으로 가는 진정한 지름길이지. 그리고 6만 프랑은 불루아 거리에서 구둣방을 하고 있는 나의 아들 페티뇽에게 전해줘. 그 애는 자신의 출생에 대해 아무것도 모르고 있지만 사실은 아버지가 누군지 모르는 사생아다. 나는 숨을 거두기 전에 그 불쌍한 고아에게 내 마음을 전하고 싶다. 그리고 남은 1만 프랑은 너에 대한 나의 조그마한 정표로 받아주기 바란다. 나의 재산분배를 해준 데 대한 수고비로 생각하렴. 얼마 안 되는 금액이지만 네가 구원도 희망도 없는 우리와 같은 천한 장사에서 발을 씻을 결심을 했을 때 아마 도움이 될 게다.”

　저는 속으로 그런 거금을 맡게 된 것에 마음이 들떠서 차라리 재산분배에 대한 부인의 어려운 설교에 머리가 복잡해지기 전에 부인의 유산을 몽땅 가로채기로 결심했습니다. 저는 늙은 주인의 팔에 안겨 거짓 눈물을 흘리면서 부인의 당부를 성실하게 이행할 것을 거듭 맹세했습니다. 그리고 그런 연극을 꾸미면서 만에 하나 부인이 건강을 되찾아 마음이 변하면 큰일이라는 걱정이 들어, 어떻게든 그것을 막아야겠다는 생각이 순간적으로 머리를 스쳤습니다. 그 방법은 자연스럽게 발견되었습니다. 이튿날 부인의 주치의가 찾아와 부인에게 토제(吐劑)를 처방했습니다. 제가 환자를 돌보고 있었기 때문에 의사는 저에게 두 종류의 다른 약을 주면서 한 번 복용하고 효과가 없으면 그 뒤에 다른 봉지의 약을 먹여라, 잘못해서 두 가지 약을 한꺼번에 먹게 해서는 안 된다, 그러면 생명에 지장이 있을지 모르니까 반드시 약을 따로따로 두고 부디 주의해서 복용하게 하라고 당부하고 돌아갔습니다. 저는 충분히 주의하겠다고 약속을 했지만, 의사가 돌아가 버리자, 겁이 많은 정신을 어지럽히는 감사, 후회, 동정심 같은 하잘것없는 감정은 순식간에 제 마음에서 사라져버리고, 금화가 손에 들어온다는 감미로운 매력과 나쁜 일을 꾸밀 때 언제나 경험하는, 나쁜 일이 주는 쾌락의 예감이라고 할 수 있는 그 근질근질하고 황홀한 감각으로 가득 차서, 온통 그것에만 마음을 빼앗기고 말았습니다. 저는 곧바로 두 가지 약을 물에 타서 그녀에게 마시게 했습니다. 그녀는 저를 완전히 믿고 그 약을 받아마셨습니다. 이윽고 제가 그녀에게 주려고 했던 죽음이 찾아왔습니다. 일이 성공했을 때의 제 기분은 주인님들께는 도저히 설명드릴 수 없는 것이었습니다. 그녀가 생명의 정기를 토해낼 때마다 저의 온몸에 뭐라 말할 수 없는 쾌감이 끓어올랐습니다. 저는 그녀의 숨소리에 귀를 기울이고 그녀의 눈을 바라보면서 취해버릴 것만 같았습니다. 그녀가 저에게 팔을 내밀어 마지막 작별인사를 했을 때, 저는 기쁨으로 충만했습니다. 저는 숨이 거의 끊어져가는 그녀를 앞에 두고 곧 제 것이 될 금화를 어떻게 쓸지 다양한 계획을 세우고 있었습니다. 푸르니에 부인은 그날 밤 숨을 거두었고 저는 숨겨 둔 돈의 주인이 되었습니다.'

　　공작이 물었다. "뒤클로, 진실을 말해주지 않겠나? 당신은 부인이 숨을 거두자 참을 수가 없어서 스스로 음부를 비비지 않았어? 범죄가 불러일으키는 미묘한 관능적 감각이 당신의 쾌락 기관을 자극하지 않았는가 말이다." 뒤클로가 "네, 공작님, 솔직하게 고백하건대 장난을 쳐 날이 밝을 때까지 다섯 번이나 절정에 이르렀습니다" 대답하자 "그랬겠지. 그것이 진실이야. 범죄란 그 자체 안에 불가사의한 매력을 지니고 있어. 그래서 다른 어떤 관능적인 쾌락에 의지하지 않고도 범죄를 저지름으로써 온갖 욕정이 불타올라 음락적인 행위와 똑같은 황홀한 상태로 끌어넣어주지. 뒤클로, 그렇지 않은가" 하고 공작이 말했다. 뒤클로가 차분히 설명했다. "네…… 그렇습니다. 공작님, 저는 부인을 잘 묻어주고, 고아인 페티뇽에게 건네줄 유산을 고스란히 상속하고, 미사에는 한 푼도 낭비하지 않고, 가난한 사람들에게 베푸는 것 따위는 생각도 하지 않았지요. 죽은 부인은 저에게 자선의 공덕을 여러 가지로 들려주었지만, 저는 일찍부터 자선은 가장 혐오해야 할 행위로 생각하고 있었습니다. 이 세상에 불행한 사람들이 있는 것은 당연한 일로 믿고 있었지요. 왜냐하면 자연계는 원래 이 세상을 무질서한 상태로 있게 계획한 것이고, 그렇게 되기를 원하고 있기 때문에, 이 세상을 평등한 상태로 만들고자 하는 건 자연계가 정한 법칙에 반하는 것으로 생각했습니다." 뒤르세가 감탄했다. "오, 대단한 말이야. 당신은 주관이 있어. 그 말을 들으니 기쁘군. 불행한 인간을 위로하는 건 어떠한 행위라도 자연계의 법칙을 위반하는 범죄지. 자연계의 법칙은 조화롭지도 일치하지도 않는 것이므로, 우리 개인은 재산에 있어서나 육체에 있어서나 불평등하게 마련이야. 그렇기 때문에 약자는 타인의 재산을 도둑질함으로써 불평등을 수정하려 하고, 강자는 약자에 대한 지원을 거부함으로써 불평등을 확립하거나 방어하려고 하지. 모든 존재 사이에 구별이 없어지고, 모든 것이 비슷해져버리면 자연계는 더 이상 잠시도 존속할 수 없어. 모든 것에 차이가 있기 때문에 무질서라는 질서가 생기고, 모든 것을 유지하고 이끌어갈 수 있는 거야. 그래서 무질서라는 질서에 혼란이 일어나지 않도록 늘 배려해야 하는 것이지. 내가 만일 가난한 자들에게 자선을 베푼다면, 나는 부자들에게 해악을 끼치는 셈이 된다고 생각하네. 왜냐하면 가난한 자들이야말로 부자가 음탕함이나 잔인한 욕망의 대상을 찾는 못자리이기 때문이야. 내가 가난한 사람을 구제하면 나는 부자로부터 그러한 쾌락을 빼앗는 것이 되고 말지. 그러므로 나의 자선은 일부 인간을 더욱더 무기력하고 저항을 잃은 존재로 만들어버리게 되고, 그로 말미암아 일부 인간에게 막대한 손해를 끼치게 되고 마는 거야. 나는 자선 따위는 그 자체가 악일 뿐만 아니라, 우리 눈에도 알 수 있는 차이를 나타내어, 그러한 차이에 대해 우리가 판단을 흐리는 일이 없도록 해주고 있는 자연계에 대한 사실상의 범죄로 생각하는 거지. 따라서 나는 가난한 사람을 구원해주고 과부의 무거운 짐을 덜어주고 고아를 위로하는 것은 딱 질색이네. 난 자연계의 의도에 따라 그런 자들을 가능한 한 자연 상태 그대로 두고 자연계를 도와, 가능한 한 그들의 그런 상태를 지속시키고, 만일 그들이 그와 같은 상태를 바꾸려 한다면 될 수 있는 한 반대할 거네. 난 그것을 위해서라면 어떤 방법도 허용될 거라고 믿고 있어." 공작이 "도둑질을 하고 파산을 시켜서라도 말인가?" 묻자 뒤르세가 말했다. "물론이지. 그런 자들은 부자의 쾌락을 위해 봉사하는 못자리니까. 그들의 수가 늘어날수록, 나는, 설령 그들에게 다소 고통을 준다 하더라도 부자를 위해 더한층 선을 행한 것이 되지 않을까?" 법원장이 끼어들었다. "지극히 냉혹한 이론이군. 하지만 세상 사람들은 불행한 이들에게 자선을 베푸는 건 매우 기분 좋은 일이라고들 하지 않는가." "그건 잘못된 쾌락에 지나지 않아. 내가 권장하는 쾌락에는 도저히 상대가 안 돼. 세상에서 말하는 그런 쾌락을 제1쾌락으로 하고, 내가 권하는 쾌락을 제2쾌락이라고 합시다. 제1쾌락은 망상이고, 허구이며, 선입견에 바탕을 둔 것으로, 우리의 모든 감각 가운데 사람을 가장 현혹시키는 자존심이라는 감각을 매개로 우리 마음을 잠깐 자극할 뿐이네. 제2쾌락은 현실적이고, 진실하며, 이성에 바탕을 둔 것으로, 정신의 진정한 기쁨이자 세상의 상식을 벗어난다는 점에서 모든 정열을 불태우는 것이지. 한마디로 말해서 제2쾌락은 나의 그것을 발기시키지만 제1쾌락은 아무것도 느끼게 하지 못해." 뒤르세가 이렇게 말하자 주교가 물었다. "그렇다면 모든 것에 대한 유일한 판단기준은 당신이 말하는 감각이라는 건가?" 뒤르세가 답했다. "그렇지. 그 밖에 우리의 행동을 이끌어주는 것은 아무것도 없어. 그 목소리만이 우리에게 명령을 내리는 것이라네." 주교는 다시 질문했다. "모든 악덕은 다 그런 이론에서 나오는 것일까?" 뒤르세가 이야기를 마무리지었다. "어떤 악덕이라도 상관없어. 내가 쾌락을 얻을 수만 있다면. 악덕은 자연계의 행동양식이고, 자연계가 인간을 움직이는 하나의 방법이라네. 자연계에는 미덕과 악덕이 다 필요하기 때문에 내가 악덕을 저지를 때는 미덕도 실천하고 있는 셈이지. 하지만 이런 토론을 하다보면 어디까지 가버릴지 끝이 없어. 저녁식사 시간이 다 된 것 같은데 뒤클로의 이야기는 아직 끝나지 않았어. 자, 뒤클로, 어서 이야기를 계속해. 설마 하고 생각할지 모르지만 당신이 고백한 범죄와 이념은 우리뿐만 아니라 모든 철학자가 찬사를 보낼 만한 가치가 있는 거야."

'푸르니에 부인의 장례가 끝난 뒤, 제가 가장 먼저 생각한 것은 제가 부인의 숙소를 맡아 관리하면서 전과 같은 규모로 영업을 하는 것이었습니다. 동료들에게 계획을 알리자 모두들, 특히 제가 무척 좋아하는 친구인 외제니가 저를 어머니로 부르는 데 찬성해주었습니다. 저는 서른 살 가까운, 어머니라는 지위를 바라기에는 아직 젊은 나이였지만, 사창가를 경영할 만한 분별력은 갖추고 있었습니다. 주인님들, 그래서 창녀로서의 제 정사에 대한 이야기는 끝내고, 아직 젊고, 아직 예쁘고, 때로는 직접 손님을 상대하기도 하는 사창가 여주인으로서의 이야기를 하려고 합니다.

푸르니에 부인의 손님은 모두 그대로였습니다. 숙소는 깔끔하고 청결했으며, 여자들은 손님의 어떤 요구에도 절대로 싫은 내색을 하지 않았고, 저는 고급 손님만 골라두었기 때문에 새로운 손님이 많아졌습니다.

맨 먼저 저의 숙소에 찾아온 손님은 푸르니에 부인의 옛 단골인 국왕의 시종이었습니다. 저는 그 손님이 뤼실에게 반해 있음을 알아차리고 그녀를 상대하게 했습니다. 그 손님의 색다른 버릇은 그녀에게는 정말 더럽고 불쾌하며 역겨운 것이었는데, 그는 그녀의 얼굴 위에 배설을 하여 얼굴을 그 배설물로 처바른 뒤 키스를 하고 핥았습니다. 뤼실은 저에 대한 호의에서 늙은 변태 손님이 하는 대로 몸을 맡겼고, 그 손님은 자기 배설물에 키스를 되풀이하면서 그녀의 배 위에 사정을 했습니다.

얼마 뒤 다른 손님이 와서 또 외제니가 상대했습니다. 그 손님은 배설물로 더러워진 통을 방으로 가져오게 하여, 외제니를 발가벗겨 그 통 속에 넣고 그녀의 몸을 배설물투성이로 만든 뒤, 그녀를 통에서 꺼내 그녀 몸의 모든 부분을 모조리 핥아서 전과 똑같이 깨끗하게 만들었습니다. 그 손님은 유명한 부자 변호사인데, 매우 날씬한 여자만 상대로 즐기면서, 여자의 몸에 배설물을 바른 뒤 온몸을 핥아주면 여자는 살이 찐다는 기묘한 환상을 품고 있었습니다.

푸르니에 부인이 죽은 뒤 한참 지나서 그녀의 오랜 손님 가운데 한 사람이었던 어느 후작이 그녀에게 조의를 표하기 위해 찾아왔습니다. 그리고 전과 다름없이 계속 단골로 다니겠다고 약속하고 돌아갔는데, 그 증거를 보여주기 위해 그날 밤 숙소에 와서 외제니를 상대했습니다. 후작의 욕정 처리방법은 정말 특이해서, 맨 먼저 그녀에게 격렬한 키스를 퍼부으면서 그녀 입에서 침을 빨아들인 뒤, 그녀 엉덩이에 15분이나 키스를 하고 방귀를 뀌게 한 다음, 자기 입 안에 배설을 해달라고 부탁했습니다. 외제니가 그의 입 안에 배설하자 배설물을 입에 넣은 채 한 손으로 오물이 잔뜩 묻은 엉덩이를 간질이면서, 다른 한 손으로 자신의 그것을 비벼서 즐긴 뒤, 마지막에 자기 입 안에 들어 있는 배설물을 그녀에게 먹게 했습니다. 후작은 그런 취향 때문에 거금을 지불했는데, 그런 취향을 흔쾌히 상대해주는 소녀는 여간해서 찾기 힘들었기에 후작은 제 숙소의 단골이 되었습니다.'

뒤클로의 이야기가 끝나는 동시에 뜨거워지고 만 공작은 곧 시작될 저녁식사 식탁에 앉기 전에 방금 들은 그 색다른 놀이를 해보고 싶다는 말을 꺼냈다. 그들이 어떤 짓을 했는가 하면, 공작은 소피를 불러 그녀에게 자기 입 안에 배변을 시킨 다음 젤라미르에게 소피의 배설물을 입으로 옮겨 먹으라고 명령했다. 배설물을 맛볼 만큼 성숙하지 않은 소년에게 그런 편집적인 취향은 조금도 즐거운 일이 아니었기 때문에 소년은 노골적으로 불쾌감을 표시하며 무례한 행동을 하려고 했다. 그러자 완전히 화가 난 공작은 조금이라도 망설이면 혼을 내주겠다고 소년을 위협해 억지로 지시에 따르게 했다. 공작의 착상이 마음에 든 일당 세 사람은 곧바로 모방하기 시작했다. 뒤르세는 애정의 표시는 함께 나눠야 한다면서, 소년이 소녀의 배설물을 먹고 있는데 소녀가 빈속으로 있는 것은 불공평하다고 주장하고, 제피르에게 자기 입 안에 배설을 시킨 다음, 오귀스틴에게 "내 입 안의 배설물을 먹어라" 명령했다. 아름답고 인상적인 용모의 소녀는 너무 고통스럽게 토해내면서 가까스로 배설물을 입에 넣었다. 법원장은 놀라서 자빠질 것만 같은 뒤르세의 행위를 본떠서 마음에 들어 하는 아도니스의 배설물을 자기 입에 넣고 미셰트를 불러 "오귀스틴이 하는 대로 해라, 싫다고 하면 가만 두지 않겠다" 하고 위협하면서 배설물을 먹게 했다. 주교는 형을 따라 제피르에게 배변을 시켜 세라동에게 그 배설물을 강제로 먹였다. 소년소녀들이 심하게 혐오하는 모습을 보는 것은 일당에게 유쾌하기 이를 데 없는 것이었고, 그들에게는 상대의 고통을 바로 눈앞에서 보는 것이 커다란 기쁨이었다. 공작과 주교는 많이 사정했지만, 법원장은 사정을 참았고 뒤르세는 사정이 불가능했다.

일당이 식당으로 향할 때, 뒤클로를 특별히 사랑하고 있던 공작이 이렇게 주장했다. "뒤클로는 총명한 여자야. 대단해. 뒤클로의 말처럼 감사하는 마음 같은 건 망상에 지나지 않아. 생각해보면 지금까지 감사하는 마음으로 맺어진 관계는 우리를 조금도 막지 못했고 범죄를 저지르는 것도 말리지 못하지 않았나? 우리에게 봉사한 인간은 우리에게 관대한 마음을 기대할 권리가 없어. 그런 자들은 우리에게 봉사하고 있을 뿐이지. 그런 자들이 존재하고 있는 것 자체가 강한 정신의 소유자에게는 치욕 그 자체이기 때문에, 그들을 경멸하고, 귀찮게 굴지 못하게 내쫓아버려야 해." 뒤르세가 "옳은 말이야. 이성이 있는 인간은 타인에게 감사 따위를 요구하지 않지. 자비 같은 건 적을 만들 뿐이야” 말하자 주교가 끼어들었다. “아니, 잠깐만. 당신에게 봉사하는 인간은 당신을 도와 당신에게 기쁨을 주기 위해 일하는 것이 아니라, 당신에게 은혜를 베풀어 당신 위에 서려는 것이 아닐까. 당신에게 묻겠는데 당신에게 봉사하는 인간이, 나는 당신에게 도움이 되고 싶어 봉사하고 있습니다, 대답하는 것과, 당신이 내 밑에 서고 내가 당신 위에 서지 않을 수 없는 상황을 만들기 위해 봉사하고 있습니다 하고 대답하는 것, 어느 쪽이 정답이라고 생각하나?” 뒤르세가 대답했다. “그건 흔히 쓰고 있는 봉사라는 말을 잘못 사용한 거지. 타인에게 도움이 되겠다는 것도 바보 같은 짓이고. 하지만 이렇게 말할지도 모르지, 나는 자신을 위해, 자신에게 도움이 되도록 하고 있는 것이라고. 확실히 나약한 정신의 소유자라면 그런 사소한 즐거움에 응할 수 있겠지만 우리처럼 최고의 쾌락을 추구하는 자는 그런 어리석은 짓은 하지 않아.” 이런 얘기를 하는 동안 상상력이 달아오르기 시작한 그들은 배불리 먹으면서 향연을 즐겼다.

그러나 자주 생각이 바뀌는 일당은 4명의 이야기꾼과 4명의 하녀만으로 향연을 즐기면서 술을 마시고 유쾌하게 기분을 발산시켜, 더럽고 잔인한 행위에 빠져 밤을 보내기로 했다. 이 12명은 한 사람도 빠짐없이 몇 번이고 교수형이나 거열형에 처해져서 마땅한 파렴치한 짓을 즐겼는데, 그들이 어떤 말을 지껄이고 어떤 짓을 저질렀는지는 아무튼 독자의 상상에 맡기기로 한다. 음란한 언어를 교환하고 파렴치한 행위에 빠져드는 사이에 공작이 완전히 흥분하여 무슨 일이 일어났고 어떻게 된 건지, 공작의 애정에 상처를 입은 테레즈는 회복되는 데 몇 주일이나 걸렸다. 그런 다음 일당은 각자, 그 방탕한 향연에서 아내들이 기다리고 있는 정숙한 침실로 돌아갔지만, 과연 내일은 어떤 일이 벌어질지.

11월 16일

그날 아침 일당은 고해를 마친 것처럼 기운을 되찾아 잠을 깼는데 공작만이 약간 지친 기색이었다. 다른 세 사람은 공작이 뒤클로 때문에 지쳤을 거라고 놀려댔다. 확실히 뒤클로는 공작에게 쾌락을 맛보게 할 수 있는 수법을 완전히 터득하고 있었으므로, 공작의 말에 따르면 그는 뒤클로가 없이는 기분 좋게 사정할 수 없게 되었다. 쾌락은 바람기나 상대의 나이, 용모, 미덕과 관계가 있는 것은 틀림이 없지만, 공작의 경우 그런 것은 중요하지 않았고, 자연계의 혜택이 아직 꽃을 피우지 않은 미경험의, 이른 봄의 소녀나 여자의 매력보다는, 인생의 가을에 접어든 여자에게 갖춰진 어떠한 재기가 문제였다.

뒤클로 말고 또 한 사람, 공작의 맏딸인 쥘리가 상냥하게 행동해 공작의 마음을 끌었다. 그녀는 이미 그 상상력과 방탕의 조짐을 드러내고 있었다. 빈틈없는 그녀는 자기에게는 아무래도 보호자가 필요하다는 것을 느끼고, 속으로는 좋아하지도 않는 인간을 겉으로라도 소중히 여기려고 생각해 저택 안에서 가장 세력이 있는 공작의 마음에 들도록 뒤클로의 친구가 되었다. 그리고 공작과 잠자리를 함께하는 차례가 올 때마다 뒤클로한테서 배운 수법을 능숙하게 구사하여 아버지에게 배려를 보였기 때문에, 공작은 뒤클로와 쥘리를 상대로 할 때는 언제나 기분 좋게 사정할 수 있게 되었다. 그래도 공작은 자기 딸에게 싫증을 느끼고 있었으므로 쥘리 편을 들고 그녀를 잘 구슬리는 뒤르세의 도움이 없었다면, 쥘리는 아버지의 총애를 얻을 수 없었을 것이다. 쥘리의 남편인 법원장도 공작과 마찬가지로 그녀에게 싫증이 나 있었다. 그래도 그녀는 불결한 입과 키스 덕분에 어떻게든 사정을 시키고 있었지만, 법원장도 차츰 그녀를 싫어하게 되어, 다른 일당은 법원장도 결국 그녀의 소름 끼치는 키스에 혐오감을 느끼게 된 것이 틀림없다고 생각했다. 뒤르세는 쥘리에게 거의 눈길을 주지 않았기 때문에, 그녀는 뒤르세와 함께 된 뒤 그를 두 번밖에 사정시키지 못했다. 그녀에게 남은 사나이는 주교뿐인 셈인데 주교는 쥘리의 이해할 수 없는 음란한 언어구사와 멋진 엉덩이를 썩 마음에 들어했다. 확실히 그녀는 사랑과 미의 여신 베누스 못지않은 엉덩이를 가지고 있었다. 그래서 그녀는 자신의 엉덩이를 교묘하게 이용하려고 했다. 그녀는 어떤 희생을 치르든 누군가의 마음에 들어 한 사람만은 보호자로 확보해두고 싶었던 것이다.

그날 아침, 전원에게 위반사항은 없었고 교회당 화장실 사용은 세 사람에게만 허락되었다.

　세 사람이 용변을 마친 뒤, 뒤르세는 계속 용변을 보고 싶어 했는데 아침부터 뒤르세의 엉덩이를 노리고 있었던 공작은 용변이 끝난 콩스탕스만을 남기고(자신들의 정사를 돕게 하기 위해), 이때다 하고 뒤르세와 함께 교회당에 틀어박혔다. 공작이 뒤르세의 뒷문을 즐긴 뒤, 뒤르세는 공작의 입 안에 많은 양을 배설했지만 두 사람의 음락은 그것만으로는 충분하지 않았다(콩스탕스는 나중에 주교에게, 두 사람이 30분 동안이나 음란한 짓을 했다고 전했다). 이미 말했지만, 어릴 때부터 학교친구였던 공작과 뒤르세는 서로 아직도 학생시절의 쾌락을 잊지 못하고 있었다. 그런데 콩스탕스는 두 사람이 마주 보는 정사를 위해 두 사람의 엉덩이 구멍을 닦고, 깨끗이 핥고, 그것을 비벼주는 약간의 봉사를 했을 뿐이었다.

　일당이 응접실로 가 한동안 대화를 나누는 사이에 3시의 식사시간이 되었는데, 요리는 여느 때와 다름없이 호화로웠고 일당은 호색적인 애무와 파렴치한 언어로 식사에 흥을 돋웠다.

　커피를 마시기 위해 응접실로 가자 세피르와 이아생트, 미셰트와 콜롱브가 시중을 들기 위해 기다리고 있었다. 공작은 미셰트의, 법원장은 이아생트의 가랑이 사이를 빌려 사정을 하고, 뒤르세는 콜롱브에게 지시해 자기 입 안에 배설하게 했으며, 주교는 제피르의 입 안에 배설했다. 그런데 어젯밤 뒤클로가 한 이야기 속의 정사장면을 떠올린 법원장은 콜롱브의 옥문에 배변하고 싶은 생각이 들었다. 감독을 위해 응접실에 있던 테레즈가 콜롱브를 누르고 법원장이 소녀의 옥문을 향해 용변을 보았는데, 매일 배가 터지도록 먹는 대식가였기 때문에, 자연계가 그렇게 불결하기 짝이 없는 음락을 위해 소녀에게 주었을 리가 없는 콜롱브의 아름답고 작은 옥문은 오물로 엉망이 되고 말았다. 제피르가 그것을 비벼주는 것을 기분 좋게 즐기고 있던 주교는 주위에서 펼쳐지고 있는 멋진 광경을 바라보는 기쁨을 맛보면서 뭔가 깨달은 것 같은 얼굴로 사정을 하더니, 무슨 생각을 했는지 갑자기 소년에게 호통을 치고, 법원장에게는 불평을 하고, 누구건 가리지 않고 마구잡이로 화풀이를 하기 시작했다. 일당은 주교의 정신이 돌아오도록 엘릭시르액(液)을 한 잔 마시게 하고 미셰트와 콜롱브가 그를 긴 의자에 눕혀 잠이 깰 때까지 곁에 서 있었다. 주교는 한동안 쉬고 나자 기운을 회복하여 깨어났기 때문에, 일당이 콜롱브에게 그의 그것을 빨게 하자 힘차게 발기했다.

일당은 집회실에 가서 제각기 자리에 앉았다. 쥘리의 엉덩이가 마음에 든 주교는 그녀의 엉덩이를 바라보고 기분이 매우 좋아졌다. 공작은 알린이, 뒤르세는 콩스탕스가, 법원장은 아델라이드가 시중을 들었다. 준비가 되자 뒤클로가 높은 의자에 앉아 이야기를 시작했다.

'세상에서는 나쁜 짓으로 번 돈은 불행을 가져온다고 하지만, 저는 그런 건 전혀 엉터리라고 확신하고 있습니다. 저의 숙소는 크게 번창하여 죽은 푸르니에 부인 때와는 비교도 되지 않을 정도로 손님이 많았습니다.

그러던 어느 날, 제 머릿속에 약간 잔인한 생각이 떠올랐습니다. 자랑을 하려는 것은 아니지만, 그 이야기는 다소나마 주인님들의 마음에 드는 점이 있지 않을까 생각합니다. 인간은 어떤 사람에 대해 어떻게든 좋은 일을 해줄 필요가 생겼음에도 그렇게 하지 않았을 때, 차라리 그 사람에게 나쁜 짓을 하면 재미가 있을 거라는 짓궂은 즐거움을 생각해내는 것 같습니다. 저의 경우도 문득 음험한 상상력이 떠올라 제 은인인 푸르니에 부인의 아들 페티뇽에게 나쁜 장난을 해주고 싶어진 것입니다. 저는 그 불행한 사내에게 무엇보다 필요한 재산을 돌려줄 책임이 있었지만, 이미 저는 그 돈을 낭비하고 있었습니다. 페티뇽은 한 번도 숙소에 찾아오지 않았고 자신이 막대한 재산의 정당한 상속인이라는 것도 모르고 있었습니다. 그러나 푸르니에 부인이 아들 이야기를 했을 때, 저는 우선 그에 대한 정보를 입수해야 한다고 생각하여, 그가 집에 멋진 보물을 가지고 있다는 걸 알게 되었습니다. 그 불행한 구두장이는 가난한 아가씨와 결혼하여 그 사랑의 결실인 딸이 열두 살로 접어들고 있었습니다. 사람들의 말로는, 그 소녀는 아직 어린아이 티가 남은 모습에 가장 상냥하고 아름다운 특성을 아울러 갖추고 있다는 것이었습니다. 소녀는 두 사람에게 기쁨의 원천으로, 가난하게 살망정 부모의 따뜻한 배려 밑에서 자라고 있었기 때문에, 그런 소문을 들은 저는 그 소녀야말로 멋진 사냥감이라고 생각했습니다. 드디어 나쁜 장난을 칠 기회가 왔습니다.

바로 그 무렵, 메상주 후작이 제 숙소로 찾아와 저에게 값이 얼마든 따지지 않을 테니 열세 살까지의 숫처녀를 구해달라고 부탁했습니다. 메상주 후작은 유명한 도락자로, 그가 전문으로 하는 것에 대해서는 어차피 데그랑주가 주인님들께 말씀드릴 것으로 압니다. 저는 후작이 소녀에게 무슨 짓을 시키려고 하는 건지 잘 몰랐는데 여자에 대해서는 조건이 까다로운 사람이라는 소문은 듣고 있었습니다. 하지만 후작이 제의한 조건은 정말 간단해서, 전문가가 감정하여 소녀가 숫처녀로 밝혀지면 약속한 금액으로 저에게서 소녀를 사서 어디론가 데려가는데, 소녀는 아마 두 번 다시 프랑스에 돌아오지 않을 거라는 얘기였습니다. 후작은 단골손님 가운데 으뜸에 속하는 사람이었기 때문에 저는 그의 의향대로 만반의 대책을 세웠습니다. 페티뇽의 딸이 가장 적합하다고 생각했지만, 도무지 소녀를 손에 넣을 방법이 떠오르지 않았습니다. 소녀가 절대로 외출을 하지 않는 데다 집 안에서 주의 깊은 감독 아래 교육을 받고 있어서 저로서도 도저히 어떻게 할 수가 없었던 것입니다. 여자를 모으는 사람은 지방에 가 있었기 때문에 그자에게 부탁할 수도 없었고 후작으로부터는 독촉이 빗발쳤습니다.

그래서 한 가지 계책을 생각해냈는데 그것은 상당히 악랄한 방법이어서 실행을 하면 물론 범죄가 되는 것이었습니다. 저는 페티뇽과 그의 아내를 골치 아픈 문제에 휘말리게 해 두 사람을 모두 감옥에 넣어버리고자 마음먹었습니다. 그렇게 하면 소녀는 이웃의 도움을 받게 될 것이고, 소녀를 제 함정으로 끌어들이기가 쉬워지는 거지요. 그래서 저는 손님 가운데 한 사람인 고소대리인에게 상담했습니다. 그는 만물박사였으므로 그 사람이라면 일을 잘 처리해주리라고 믿었습니다. 그는 정보를 수집하여 구둣방에 돈을 빌려준 사람들을 찾아낸 다음, 그들을 부추겨서 고소하도록 도와주어 채 일주일도 되기 전에 페티뇽 부부를 감옥에 처넣고 말았습니다. 저는 일을 추진하기가 쉬워졌습니다. 그 방면에 통달한 여자에게 부탁하자, 그 여자는 곧바로 근처의 가난한 집에 맡겨져 있는 소녀에게 접근해 제 숙소로 데리고 왔습니다. 소녀의 용모는 소문 그대로여서 살결은 눈부시게 하얗고, 부드럽고 작은 젖가슴은 봉긋하게 모양이 잡혀 있었습니다. 한마디로 말해 파리 전체를 다 뒤져도 찾아내기가 쉽지 않은 미녀였습니다. 저는 그 여자에게 모든 비용을 포함해 400프랑을 지불했습니다. 후작은 소녀를 받아가면서, 소녀의 앞날에 대해서는 그 이상 아무것도 묻지 말기 바라며, 소녀에 관해서는 앞으로 누구와도 관계를 갖고 싶지 않다고 말했습니다. 저에게 중요한 것은 제가 사건에 관여한 사실이 누구에게도 알려지지 않는 것이었기 때문에 후작한테서 1천200프랑을 받는 것만으로 만족했습니다. 일을 은밀하게 처리하여 페티뇽과 그의 아내가 자기 딸이 어떻게 되었는지 알 수 없도록 해준 고소대리인에게 사례로 400프랑을 지불했습니다. 그러나 소녀를 맡았던 이웃사람이 페티뇽 부부에게 부주의로 면목 없는 일을 저지르고 말았다고 연락해버리는 바람에 부부도 사건을 알고 말았지만, 이제 와서 어떻게 할 수도 없는 일이었습니다. 두 사람은 그 뒤 11년이나 감옥에 갇혀 있다가 그곳에서 죽고 말았습니다.

결국 저는 그러한 불행한 사건에 의해 구둣방집 딸을 손에 넣어 팔아버렸고, 당연히 구둣방의 것이 되어야 하는 6만 프랑을 확실하게 가로채는 이중의 돈벌이를 했습니다. 소녀에 대해서는 후작이 말한 대로 아무것도 듣지 못했는데, 그 결말에 대해서는 아마 데그랑주가 말씀드릴 겁니다. 이제 저의 정사(情事)와 일상에서 발생한 호색한 사건에 대해 얘기할 시간이 된 것 같군요.'

법원장이 "당신의 신중함은 정말 대단하군. 당신이 한 일은 철저하게 꾸며낸 악당의 수법이 아닌가. 당신의 그 같은 꼼꼼한 면이 마음에 들었어. 상대에게 처음에는 뜻밖의 사고를 당한 정도의 가벼운 타격을 준 뒤, 마지막에 치명타를 먹이는 못된 장난은 우리의 교묘한 수법 못지않게 세련된 방법이라고 할 수 있어" 하고 말하자 뒤르세가 반박했다. "글쎄, 나라면 더 끝까지 했을 텐데. 그 부부는 어쩌면 감옥에서 석방되었을지도 모르잖아? 타인의 무거운 짐을 가볍게 덜어주자는 둥 걱정하는 건 어리석은 짓이야. 그들이 살아 있는 동안은 불안의 원인이 되지 않을까?" 뒤클로가 대답했다. "주인님들처럼 세상에 신용이 있는 분은 다르지만, 우리 같은 창녀들은 악랄한 짓을 한다고 해봤자 수단에 한계가 있는 데다, 그것도 하급관리밖에 이용할 수 없기 때문에 하고 싶은 일이라고 무엇이든 죄다 할 수 있는 건 아니랍니다." 공작이 "맞는 말이야. 뒤클로는 그 이상은 할 수 없었던 거지" 인정해주자 뒤클로가 이야기를 계속했다.

'소름 끼치는 이야기이지만 며칠 전부터 말씀드린 파렴치한 행위와 비슷한 음란한 행동에 대해 좀더 말씀드리지 않을 수가 없군요. 주인님들의 요구는 관계가 있는 이야기는 모두 합치라고 하셨으니 무섭도록 불결하고 색다른 본보기를 세 가지 말씀드리고 다음으로 넘어갈 생각입니다.

첫 번째 본보기는 쉰대여섯 살쯤 된 영지 관리인이었습니다. 그 손님은 소녀를 발가벗겨 엉덩이를 거칠게 간질이고 방바닥 한가운데에 배설하게 했습니다. 그는 그 광경을 바라보면서 즐긴 다음, 자신도 같은 곳에 배설을 하고 두 손으로 소녀의 배설물과 뒤섞었습니다. 그리고 소녀를 엎드리게 해 오물투성이의 엉덩이를 보이면서 걷게 하고, 전혀 먹을 생각이 들지 않는 오물을 소녀에게 강제로 먹이고 말았습니다. 그동안 그는 스스로 그것을 비벼 소녀가 오물을 다 먹고 나자 동시에 절정에 이르렀습니다. 여러분도 잘 아시겠지만, 그런 짓을 기꺼이 할 소녀가 있을 리가 만무한데 손님은 예쁘고 건강하고 어린 소녀를 요구했습니다. 하지만 파리는 넓어서 못 구할 것이 없기 때문에 나는 필요한 소녀를 찾아내어 손님에게 응분의 대가를 청구했습니다.

두 번째 본보기는 여자 쪽의 순종이 무서운 경우였습니다. 그 도락자는 아주 어린 소녀만 요구했는데 저는 그가 주문한 소녀를 바로 찾아냈습니다. 성숙한 여자보다 어린 소녀 쪽이 모든 요구에 응할 수 있지요. 저는 그 손님에게 열두세 살 정도 되는 예쁜 점원아이를 제공했습니다. 그는 소녀에게 하반신만 벗으라고 지시한 뒤 소녀를 침대에 눕혔습니다. 그리고 잠시 소녀의 엉덩이를 간질인 후에, 소녀에게 방귀를 뀌게 하고, 소녀 위에 올라타 한 손으로 커다란 그것을 비비면서, 다른 한 손은 자신의 엉덩이 구멍에 대고 배변을 하여 나오는 배설물을 소녀의 입 안에 넣어 먹이거나, 아직 털이 자라지 않은 음부에 문지르면서 즐겼습니다. 구역질이 난 소녀는 몇 번이나 제발 그만하라고 애걸했지만, 손님은 들은 체 만 체하며 그 짓을 계속했습니다. 그는 마지막 배변을 하면서 동시에 사정도 해버렸습니다.

세 번째 본보기는 늙은 은행가로, 머리에서 얼굴 전체가 단독에 걸린 사람이었습니다. 그 손님은 마흔에서 마흔다섯 정도의 아름답고 암소처럼 큰 유방을 가진 여자를 원한다는 것이었습니다. 제가 밖에서 여자를 구해오자 여자와 함께 방으로 들어간 손님은 여자의 상반신만 발가벗긴 뒤 유방을 난폭하게 주무르면서 "대단한 유방이군. 이 무두질한 가죽 같은 유방을 대체 어쩔 셈이냐. 내 엉덩이 구멍이라도 닦아줄 테냐?" 하고 큰 소리로 말하면서 웃었습니다. 그러고는 이렇게 말하면서 두 손으로 유방을 세게 쥐어짜고, 비틀고, 발로 차고, 짓밟는 등, 갖은 짓을 다하는 것이었습니다. "이렇게 늘어진 가슴은 난생처음 봤다. 누가 무엇을 위해 이런 큰 가죽 자루를 만들었을까? 누가 이런 유방을 만들어 붙여 여자의 몸을 망가뜨린 건지 도무지 알 수가 없군." 그리고 그 갑작스러운 행패가 끝나자 자신도 알몸이 되었습니다. 정말 끔찍한 몸뚱이였습니다. 온몸이 단독(丹毒)으로 짓물러 있었습니다. 그 참을 수 없는 악취가 엿보는 구멍을 통해 제가 있는 데까지 전해올 정도였습니다. 그런데 그는 그런 몸뚱어리를 여자에게 핥게 하려고 했습니다.'

공작이 갑자기 말했다. "뭣, 몸을 핥게 한다는 것인가?" 뒤클로는 대답한 뒤에 이야기를 이어나갔다. "네, 공작님, 머리끝에서 발끝까지 혀가 닿는 곳은 1루이 금화만 한 크기도 남기지 말고 핥으라는 것이었습니다."

'저는 미리 여자에게 대강 가르쳐두었는데 헛수고였습니다. 여자는 단독투성이의 시체와 다름없는 몸을 보자마자 공포에 질려 뒷걸음질치고 말았습니다. 은행가는 "이런 제기랄, 이 매춘부년! 내 몸을 보니 구역질이 나나? 네 혀로 내 온몸을 핥고 빨란 말이다. 무서워할 것 없어. 다른 여자들도 다 잘했으니까. 자, 난 지금 농담을 하고 있는 게 아냐." 사람은 돈을 위해서라면 무엇이든 한다고들 하는데 확실히 그게 사실이었습니다. 삶의 밑바닥에 있었던 그 불행한 여자는 아무래도 40프랑이 필요해서, 결국 시키는 대로 해치우고 말았습니다. 나이가 든 단독 환자는 온몸을 도는 그녀의 혀의 움직임에 아픔이 수그러드는 것을 느끼고 황홀해져서 관능의 기쁨에 젖어 자신의 그것을 계속 비비고 있었습니다. 가련한 그녀가 말할 수 없는 혐오감을 억제하면서 일을 마치자, 그는 그녀를 이불 위에 눕히고 올라 타 유방 위에 배변을 하고 엉덩이 구멍을 양쪽 유방에 번갈아 문질러 닦았습니다. 그가 절정에 이르렀는지는 알 수 없었습니다. 나중에 안 일인데 그는 몇 명이나 상대를 바꾸어가면서 그런 불결한 짓을 되풀이하지 않으면 절정에 이르지 않는다는 것입니다. 그 은행가는 두 번 다시 같은 사창가에는 가지 않는 사내여서, 저는 그 뒤로는 그 손님의 얼굴을 보지 않게 되어 안도했습니다.'

"그렇겠지. 하지만 그 사내가 한 일의 진행은 상당히 이치에 맞아. 그건 그렇다 치고 여자의 유방이 엉덩이를 닦는 데 도움이 되다니, 생각도 못했던 일이군." 공작의 말을 듣고는, 부드럽고 섬세한 알린의 유방을 거칠게 주무르고 있던 법원장이 말했다. "확실히 여자의 유방은 더러운 거야. 난 유방을 보면 반드시 불쾌해지고 싫어져서 화를 내게 돼. 실은 음부 쪽이 더 싫지만……." 그리고 알린의 유방을 잡고 그녀를 끌고 가면서 제르미와 소피, 게다가 팡숑을 불러 자기의 작은 방으로 들어가 버렸다. 무슨 일이 있었는지 알 수 없지만, 여자들이 큰 소리를 지르더니 그가 사정할 때의 으르렁거리는 소리가 들려왔다. 이윽고 작은 방에서 나왔는데 알린은 가슴에 손수건을 대고 울고 있었다. 다른 일당은 그런 일쯤에는 아무런 자극도 느끼지 않고 그저 웃음이 나오는 정도였다. 뒤클로가 다시 이야기를 계속했다.

'그리고 며칠 뒤, 저 자신이 어느 늙은 수도사를 상대하게 되었습니다. 그 수도사의 기묘한 취향을 만족시키는 것은 그다지 싫지 않았지만, 아무튼 제 손이 먼저 지치고 말았습니다. 그는 양피지 같은 두꺼운 가죽으로 뒤덮인 커다랗고 물렁물렁하고 축 처진 흉측한 엉덩이를 내밀고 자신의 그것을 비비면서, 저에게는 엉덩이를 쓰다듬고 문지르고 힘껏 주무르고 조이라고 했습니다. 저는 엉덩이 구멍의 가죽까지 힘을 주어 비비고 비틀었지만 그는 아프지도 가렵지도 않은 눈치였습니다. 그가 더 힘을 주라고 해서 손과 손가락이 아플 정도로 힘을 넣어 난폭하게 다루자 그는 가까스로 절정에 이르렀습니다. 그동안 그는 제 몸에는 전혀 손대지 않았습니다.

그가 수도원의 동료들에게 제가 봉사하는 것을 칭찬한 건지, 이튿날 그는 동료 한 사람을 데리고 왔습니다. 그 동료의 취향은 저에게 엉덩이를 세게 몇 번이고 때릴 수 있을 만큼 때려달라는 것이었습니다. 그 수도사는 늙은 동료에 비하면 도락자이고 탐색하길 좋아하여, 제 엉덩이를 유심히 바라보더니 키스를 하고, 제가 힘껏 엉덩이를 때리면 그때마다 제 엉덩이를 핥았습니다. 그리고 제가 새빨갛게 자국이 생길 정도로 엉덩이를 세게 때리자 지금까지 별로 본 적이 없는 훌륭한 그것이 곧추섰는데, 그는 제가 그것을 비비면서 엉덩이도 계속 때리게 했습니다.'

주교가 "내가 잘못 들은 거라면 난처한데, 드디어 채찍질의 문제가 등장한 것 같군" 하며 말하자 뒤클로가 대답했다. "주교님, 맞습니다. 내일 밤부터 한동안 채찍질 취향에 대해 여러 가지로 얘기해드리겠습니다."

저녁식사까지 30분 정도 시간이 남아 있었다. 뒤르세는 식욕을 돋우기 위해 관장을 하고 싶다고 했다. 무언가가 시작될지도 모른다고 느낀 여자들은 몸서리를 쳤지만 명령이 내려진 이상 어쩔 도리가 없었다. 테레즈가 뒤르세에게 능숙하게 관장을 하자 배가 불러오는 것을 느낀 뒤르세는 로제트에게 곁에 오라고 해서 입을 벌리게 했다. 그녀는 슬픈 표정으로 뭔가 호소하면서 뒷걸음질쳤지만 아무래도 명령을 따르지 않을 수 없어서, 가련한 소녀는 뒤르세의 배설물을 두 입만 먹는 것으로 용서받았다. 뒤르세가 하는 일이라 다시 강요할 수 있었지만 다행히 저녁식사 종이 울렸다.

저녁식사를 알리는 종소리로 기분이 바뀐 일당은 다른 즐거움에 빠져들었다.

향연이 열리자 그들은 여자들의 유방 위에 배변을 하면서 즐겼다. 공작은 모두가 보는 앞에서 뒤클로에게 그것을 빨게 하면서 그녀의 배설물을 맛보고 두 손을 허공에 휘저으면서 듬뿍 사정했고, 법원장은 공작을 모방해 샹빌과 같은 짓을 즐긴 뒤 각자 방으로 돌아갔다.

11월 17일

콩스탕스를 본능적으로 싫어하고 있던 법원장은 그녀에 대한 혐오감이 날로 더해가고 있었다. 법원장은 전날 밤 뒤르세와의 약정에 따라 그녀를 하룻밤 빌리기로 했는데, 아침이 되자 뒤르세에게 "콩스탕스는 몸 상태가 상태이니만큼 그녀에게는 당연한 징벌을 부과하고 싶진 않네. 그 여자의 아기를 얻을 생각인데 그 전에 유산이라도 하면 곤란하니까. 제기랄, 그 창녀가 어리석은 짓을 했을 때 뭔가 좋은 처벌방법이 없을까?" 하면서 불평을 늘어놓았다.

도락자들에게 깃들어 있는 사악한 정신을 알기 위해서는 콩스탕스가 어떠한 터무니없는 과오를 저질렀는지 살펴보는 것도 좋지 않을까 한다. 도대체 그녀는 어떤 짓을 해 법원장의 분노를 산 것일까?

법원장의 이야기에 따르면 그녀의 과오란 그가 그녀에게 뒷문을 요구했는데 그녀는 그에게 앞문을 돌려주었고, 더 나쁜 것은 그녀는 그러한 사실을 부정하면서 법원장이 근거 없는 비난을 가하는 것은 그녀를 파멸시키기 위한 것이고, 그렇게 꾸며낸 일을 부풀린다면 두 번 다시 함께 자지 않겠다고 우기고 있다는 것이었다.

어느 쪽 주장이 진실인지 모르겠지만, 규칙은 엄격하게 지켜져야 하고, 여자가 하는 말은 믿지 않는 것이 일당의 규칙이었기 때문에, 앞으로 어떻게 하면 배 속의 태아가 다치지 않게 그녀를 응징할 수 있을까 하는 것이 문제가 되었다.

결국 그녀가 한 번 위반할 때마다 배설물을 먹게 하기로 결정하고, 법원장은 곧바로 실행에 옮기자고 제안했는데 나머지 세 사람도 대찬성이었다.

소녀들의 하렘에서 식사 중이었던 그들은 콩스탕스를 불러냈다. 그리고 법원장은 방 한가운데 배변을 한 뒤 그녀를 엎드리게 하고 그 잔인한 사내가 배설한 것을 먹으라고 명령했다. 그녀는 몸을 던져 용서를 빌었지만 일당 가운데 어느 누구도 마음을 움직이지 않았다. 자연계는 도락자들의 가슴속에 누구의 가슴에나 존재하는 감정 대신 무감각한 청동이라도 박아둔 것일까? 가련한 여자는 명령에 따르기 전에 잠시 의연한 태도를 보였는데, 그녀의 그러한 모습을 바라보고 있던 일당은 마음속으로 얼마나 큰 기쁨을 느꼈을지는 신만이 알 것이다. 그녀는 명령을 반도 실행하기 전에 마음이 찢어질 것만 같았지만 그래도 끝까지 해내지 않으면 안 되었다.

그 광경을 바라보고 있던 악인들은 완전히 흥분하여 제각기 소녀들에게 자신의 그것을 비비게 했다. 오귀스틴이 능숙하게 그것을 비비주자 법원장은 기분이 이상하게 고조되어 당장이라도 사정할 것만 같아서, 슬픈 아침식사를 겨우 마친 콩스탕스를 불러내 "이 매춘부야, 생선을 먹을 때는 화이트소스를 쳐야 하지 않느냐? 여기 화이트소스가 있으니 어서 마셔라" 큰 소리를 지르며 가련한 그녀의 입 안에 사정을 하고 말았는데, 그것도 모자라 오귀스틴에게 명령하여 그 신선하고 고급스러운 배설물을 불행한 콩스탕스의 입 안에 흘려넣게 했다.

소녀들의 하렘을 검사한 결과 뒤르세는 변기 안에서 소피의 배설물을 발견했다. 소녀는 몸이 좋지 않아서 그랬다고 변명했지만 뒤르세는 소녀의 배설물을 만지작거리면서 "거짓말 마라, 소화불량이면 설사를 했을 텐데 네 배설물은 건강 그 자체가 아니냐?" 말했고, 불길한 명부 안에 그 매력적인 소녀의 이름을 적고 말았다. 소피는 남몰래 눈물을 흘리면서 자신의 처지를 탄식했다.

다음으로 뒤르세는 소년들의 하렘에서 젤라미르의 위반을 발견했다. 어젯밤 향연에서 배변을 하게 된 소년은 뒤르세로부터 엉덩이를 닦지 말라는 명령을 받고도 허락 없이 닦고 말았다. 그것은 1급 위반행위이므로 곧바로 징벌명부에 이름이 올라가고 말았다. 그래도 뒤르세는 소년들을 사랑했기 때문에 소년의 엉덩이에 키스를 하고 소년에게 자신의 그것을 빨게 했다.

교회당으로 간 일당은 용변을 허락한 6명이 용변하는 모습을 보고 즐기면서, 공작은 파니의 배설물을, 주교는 샹빌의 배설물을 입 안에 받고, 법원장은 알린의 배설물을 입 안에 넣었다. 최근 한동안 아침부터 색다른 음락에 빠진 적이 없었던 일당은 콩스탕스를 꾸짖고 완전히 달아올라 식사시간에 도덕철학에 대해 토론했다.

공작은 프랑스에서는 개인이 자유롭게 쾌락을 즐기면 법률에 의해 엄격하게 탄압을 받는데 그 이유를 알 수가 없다, 쾌락을 즐기고 있으면 시민들은 책모나 혁명에 대해 눈 돌릴 틈이 없지 않느냐고 주장했다. 그러자 주교가 법률은 어디에나 널려 있는 도락에 대해 특별히 엄격한 태도를 취하고 있는 것은 아니며, 도락삼매에 빠지는 것을 탄압하려는 것이 아니냐고 반론했다. 네 사람 사이에서 검토가 이루어져 마지막으로 공작은 도락삼매란 도대체 무엇인가, 개인이 자유롭게 쾌락을 즐기는 것에는 아무런 위험성도 없기 때문에 관청에서 의심의 눈길로 볼 이유가 없다, 정부의 태도는 난폭하고 비상식적이며 불합리하여, 마치 대포로 모기를 공격하는 것과 같다는 결론을 내렸다.

그리고 말보다 실천이라 하여, 반쯤 취한 공작은 제피르를 껴안고 30분 동안이나 귀여운 소년의 입을 계속 빨고 있었는데, 에르퀼은 그 기회를 이용해 거대한 그것을 공작의 뒷문에 삽입하고 말았다. 공작은 되는 대로 맡기고 소년의 입을 빨기만 할 뿐 눈썹 하나 까딱하지 않았지만, 어느새 여자 역할을 하고 만 셈이었다. 다른 세 사람도 제각기 추악한 행위를 즐겼다.

그 뒤, 응접실에서 커피 봉사를 맡은 일당은 응접실에서도 약간의 장난을 즐기고 나서야 겨우 평정을 되찾았는데, 이 저택에서 넉 달을 머무는 동안 어찌된 일인지 그날 아침만은 아무도 사정을 하지 않았다.

집회실에서 주인들이 오기를 기다리고 있던 뒤클로는 다음과 같은 이야기를 시작했다.

'저의 숙소에서 한 여자가 사라지고 말았는데, 그것은 모든 점에서 저에게 깊은 타격을 주었습니다. 외제니는 저에게 둘도 없는 친구로, 저는 그녀를 진심으로 사랑하고 있었고 그녀도 이상할 만큼 너그러운 마음 씀씀이로 제 장사를 도와주었는데, 참으로 기묘한 방법으로 제 앞에서 자취를 감추고 만 것입니다. 동료의 이야기로는 제가 없을 때 어떤 하인이 찾아와 외제니에게 제 숙소에 정해진 출장료를 지불하고 교외의 어느 저택에서 열리는 연회에 함께 가줄 수 없겠느냐, 주인은 그녀에게 웃돈으로 140프랑에서 160프랑을 사례할 거라고 말했다는 겁니다. 저는 그녀가 제가 모르는 사람과 함께 밖으로 나가는 것을 허용한 적이 없는데, 그 하인은 그녀와 직접 교섭을 했고 그녀는 어찌된 일인지 승낙을 하고 만 것 같았습니다. 그리고 그날부터 저는 두 번 다시 그녀를 보지 못했습니다.'

그 말에 데그랑주가 끼어들었다. "당신이 외제니를 만나지 못하게 된 데는 사연이 있어. 그녀가 끌려간 연회는 그녀의 인생에서 마지막 연회가 된 거지. 조만간 내가 사랑스런 그녀의 모험담을 밝혀주겠어." 깜짝 놀란 뒤클로가 물었다. "그게 정말이야? 이제 갓 스무 살이 된 섬세하고 기분 좋은 용모의 아름다운 외제니가……?" "그렇다니까. 그녀는 확실히 파리에서 가장 아름다운 몸매를 지니고 있었지. 그녀는 매력이 지나쳐 불행한 꼴을 당한 거야. 자, 뒤클로, 이야기를 계속해. 서로 이야기의 영역을 지키는 것이 좋겠어." 데그랑주가 대답하고 나자 뒤클로는 이야기를 이어나갔다.

'외제니 대신 제 마음과 잠자리의 반려가 된 것은 뤼실인데, 외제니 같은 헌신도 마음씨도 없고, 영업에서도 외제니를 대신하지는 못했습니다. 얼마 뒤, 가끔 제 숙소를 찾아와 외제니를 상대로 놀았던 베네딕트파 신부가 와서, 나는 신부를 뤼실에게 맡기고 신부와 뤼실이 어떻게 즐기는지 엿보는 구멍으로 들여다보았습니다. 그 신부는 뤼실의 음부를 혀로 핥고 그녀의 입을 마음껏 빤 뒤, 그녀에게 그것과 음낭을 채찍으로 때리게 했고, 그것만으로 그것을 발기시키지 않은 채 절정에 이르렀습니다. 그의 가장 큰 기쁨은 여자가 채찍 끝으로 그것에서 사정을 시켜 그 정수가 허공에 튀는 것을 바라보는 것이었습니다.

그 이튿날 저는 한 손님을 상대하고 있었습니다. 그 손님은 "나는 엎드려서 네 엉덩이에 키스를 하면서 스스로 그것을 비비고 있을 테니, 너는 정확하게 100번만 내 엉덩이를 채찍으로 마음껏 때려라" 하고 주문하고는 제가 시키는 대로 해주자 100번째에 격렬하게 사정을 했습니다.

그리고 얼마 뒤, 어느 손님을 맞이했는데 그 손님은 모든 점에서 예의 바르고 순서를 중시하는 사람이었습니다. 일주일 전에 저에게 놀러 올 날짜와 노는 방법에 대해 상세하게 쓴 편지를 보내, 자기가 찾아올 때까지 제 몸의 어느 부분도, 특히 입과 엉덩이 구멍과 음부를 씻지 말고 놔둬야 하며, 그날은 대소변을 가득 담은 통에 채찍을 적셔두라고 주문했습니다. 그 사나이는 약속한 날짜에 어김없이 찾아왔습니다. 그는 소금세 징수인으로, 생활이 넉넉한 홀아비인데 그러한 도락에 익숙한 사람이었습니다. 맨 먼저 그는 제가 지시받은 대로 씻지 않고 참고 있었는지 확인하려고 했습니다. 제가 틀림없다고 대답했는데도 제 입에 키스를 하고 확인했습니다. 제 생각에는, 만일 제가 입을 깨끗이 하고 있었다면 그는 저와 노는 것을 중단하고 틀림없이 돌아갔을 겁니다. 둘이서 방에 들어가자 그는 통에 넣어둔 채찍에 시선을 보내고, 저에게 발가벗으라고 한 다음, 제가 지시한 대로 했는지 살피기 위해 저의 온몸을 빈틈없이 냄새 맡았습니다. 그리고 원하는 대로 악취를 맡자 순식간에 흥분하여 "냄새가 고약해, 견딜 수 없이 고약해. 정말 좋은 냄새야. 내가 원하는 건 바로 이 냄새였어" 하고 큰 소리를 지르면서 기뻐했습니다. 그의 엉덩이를 쓰다듬어 보니 피부빛과 단단함이 마치 소가죽이나 다름없더군요. 저는 한동안 그의 올록볼록한 엉덩이를 만져보고 벌리기도 한 다음, 그가 주문한 대로 통에서 더러운 채찍을 꺼내 그의 엉덩이를 열 번 정도 힘껏 쳐주었습니다. 그러나 그는 아무런 반응도 보이지 않아서 마치 요새를 헛되이 공격하고 있는 것 같았습니다. 그러한 전초전을 치른 뒤, 저는 그의 엉덩이 구멍에 손가락을 세 개 넣어 마음껏 휘저어주었는데, 그래도 엉덩이는 무감각이나 다름없이 끄떡도 하지 않았습니다. 저의 두 번째 공격이 끝나고 이번에는 그의 차례가 되어 제가 침대 위에 엎드려 허리를 높게 들어 올리자, 그는 제 뒤에 무릎을 꿇고 제 엉덩이를 마음껏 벌려 그가 즐기는 방향(芳香)을 발산하고 있는 엉덩이 구멍과 음부를 번갈아 핥기 시작했습니다. 그가 충분히 만족한 뒤 저는 다시 채찍을 들어 그를 괴롭히기 시작했습니다. 그런 일을 번갈아서 열다섯 번은 되풀이한 것 같습니다. 다음에 저는 침대에서 내려와 미리 가르침을 받은 대로 그의 그것의 상태를 잘 관찰하여 적당한 때 그의 얼굴 위에 배변을 했는데, 겨냥을 잘못하여 바닥에 떨어뜨리고 말았습니다. 그러자 그는 갑자기 경련을 일으키듯이 벌떡 일어나더니 "이게 무슨 짓이야, 실례잖아!" 하면서 스스로 그것을 격렬하게 비비기 시작하더니, 제가 깜박 잊고 열어둔 셔터를 통해 밖에까지 들릴 듯한 큰 소리를 지르면서 절정에 이르렀습니다. 그는 바닥 위에 떨어진 저의 배설물을 바라보고 냄새를 맡기는 했지만 만지거나 입에 넣지는 않았습니다. 그는 저에게 엉덩이에 적어도 200번은 매를 맞았는데, 여러 해 채찍으로 맞는 습관 때문에 굳어버린 엉덩이에는 약간의 찰과상밖에 없었습니다.'

　알린에게 그것을 비비게 하고 있던 법원장에게 공작이 말했다. "퀴르발, 당신의 엉덩이라면 그 사내의 엉덩이와 겨룰 수 있을 것 같은데." 그러자 법원장이 우물거리면서 대답했다. "아마 그렇겠지. 그 사나이는 엉덩이도 취향도 나를 꼭 닮았으니까. 내 취향은 세정도구를 사용하지 않는 것, 그것도 오래 사용하지 않는 것이지. 내가 세정도구를 사용하는 건 많아야 석 달에 한 번 정도거든." "당신의 그것은 커졌나?" 공작의 물음에 법원장이 대답했다. "그럴 것 같은가? 여기에 있는 알린에게 물어보지 그래. 나의 그것은 늘 그렇듯이 언제 커지고 언제 시들어버릴지 확실치 않아. 자네에게 털어놓고 말하는데, 지금은 가능한 한 불결한 창녀가 한없이 그리워. 엉덩이의 동그란 구멍에서 냄새를 풍기고 음부에서 죽은 물고기가 떠 있는 바닷가 같은 냄새를 풍기는 여자 말이야. 그렇지, 테레즈가 있군. 너의 불결함은 아주 오래전부터로, 유아세례 이후 엉덩이를 닦은 적이 없고, 더러운 음부는 주변에 온통 독을 뿌리고 있지 않느냐 말이야. 자, 이리 와 엉덩이와 음부를 내 코앞에 내밀어라. 배설을 해도 좋다." 보기에도 역겨울 만큼 불결하면서도 시들해진 색향을 띠고 있는 테레즈가 법원장에게 다가왔다. 알린이 그것을 비벼주고 테레즈가 엉덩이와 옥문과 바라던 배설물까지 얼굴에 문지르자 법원장은 마침내 사정하고 말았다. 그리하여 뒤클로는 이야기를 다시 계속했다.

'거의 매일 새로운 여자를 찾아내 제가 이제부터 이야기하는 방법으로 즐기는 한 늙은이가 있었습니다. 저는 한 친구로부터 그 사내의 집에 꼭 가달라는 부탁을 받고, 그 상습적인 호색가의 취향에 대해 대충 얘기를 들었습니다.

그 집에 가자 그는 도락자 특유의, 한순간에 상대 여자를 감정해버리고 마는 냉정한 눈초리로 저를 힐끗 보더니, "너는 멋진 엉덩이를 가지고 있다던데, 예순 살인 이 나이에도 나는 멋진 엉덩이가 좋아. 어디, 소문이 정말인지 좀 보여다오. 페티코트를 걷어라" 하면서 제 뒤에 무릎을 꿇었습니다. 그 힘찬 목소리가 마치 명령 같아서 저는 어느새 엉덩이를 드러내 그 방면의 달인 코끝에 내밀고 말았습니다. 저는 약간 앞으로 구부린 자세로 그 늙은이의 마음에 들도록 보물을 이리저리 움직여 보였는데, 그가 호색적인 손놀림으로 제 엉덩이 표면을 쓰다듬거나 바싹 붙이거나, 잡아당기면서 멋대로 가지고 노는 것을 알 수 있었습니다. 그가 "엉덩이 구멍이 상당히 크구나. 오랫동안 엉덩이로 매음을 해온 모양이군" 하기에 제가 대답했습니다. "어머나! 나리, 제 엉덩이는 오랫동안 사내들이 변덕을 즐길 수 있도록 어떤 것에도 응하게 되어버려서 그래요." 그러자 갑자기 그의 혀가 제 엉덩이 구멍으로 빨려들어오는 것을 느꼈습니다. 저는 그의 습관에 대해 들었기 때문에 알맞게 부드러운 바람을 그의 입 안으로 보내주었습니다. 그는 조금도 싫어하지는 않았지만 특별히 마음이 움직인 것 같지도 않았습니다. 몇 번이고 바람을 보내주자 그는 일어나 저를 침대와 벽 사이로 데리고 갔습니다. 그곳에 놓여 있는 도자기 변기 속에 채찍이 네 개 들어있고, 벽에 붙어 있는 금도금된 갈고리에 끝이 여러 갈래로 갈라진 채찍이 몇 개 걸려 있었습니다. 그는 바지를 벗고 침대 위에 엎드려 두 다리를 아래로 뻗으면서 말했습니다. "자, 뭐든 상관없으니 변기 안의 채찍과 벽에 걸려 있는 채찍을 하나씩 가져와. 내 엉덩이를 보아라. 완전히 마르고 여위어 딱딱해져 있을 것이다. 맞고, 채찍질을 당해 완전히 딱딱해진 오래된 가죽이다. 맹렬하게 맞지 않으면 따뜻해지지가 않아. 이렇게 있을 테니까 두 개의 채찍으로 번갈아 엉덩이를 갈겨다오. 시간이 좀 걸리지만 그러는 동안 끝이 다가오는 것을 알 수 있어. 그때 나하고 교대하는 거다. 이건 서두르면 안 되니까 성급하게 굴지 말아야 한다." 저는 시키는 대로 두 개의 채찍을 손에 들고 교대로 그의 엉덩이를 때리기 시작했습니다. 하지만 얼마나 둔감한 엉덩이인지요, 아무리 때려도 도무지 반응이 없어서 저는 현기증이 일어나기 시작했습니다. 팔을 걷어붙이고 있는 힘을 다해 계속 쳤는데도 아무런 진전 없이 호색가는 죽은 것처럼 움직이지 않았습니다. 어쩌면 채찍질의 자극으로 생기는 내부의 음욕 작용을 은밀히 맛보고 있었는지도 모르지만 채찍의 효과는 적어도 겉으로는 나타나지 않았습니다. 11시에 시작하여 이미 세 시간 가까이 지났는데도 아무 일도 일어나지 않는 것입니다. 지쳐버린 저는 어떻게든 정신을 차리고 그의 엉덩이를 향해 계속해서 채찍질을 했는데 어느덧 2시 종이 울리기 시작했습니다. 그러자 그는 갑자기 허리를 높이 쳐들고 가랑이를 크게 벌리고 배변을 했습니다. 그것이 그가 절정에 가까워진 증거였습니다. 배설물이 채찍에 걸려 바닥 위로 흩어졌습니다. 배설이 끝나자 그는 "자, 이제 다 됐어" 하고 말하면서 흥분해 침대에서 뛰어내리더니, 크고 단단한 그것을 배에 딱 붙이고 바닥에 드러누웠습니다. "이제 너하고 교대다. 이번에는 네가 내 위에 올라타 배변을 할 차례다." 그래서 저는 그의 얼굴 위에 등을 돌리고 올라타 사흘이나 참았던 것을 그의 입 안에 내보냈습니다. 바로 그 순간이었습니다. 그는 신음을 하면서 절정에 이르렀고, 갑자기 정신을 잃어 멍한 상태가 되고 말았습니다. 그러나 그는 제 배설물을 잠깐 동안 입에 넣고 있었을 뿐, 먹지 않고 바로 토해내고 말았습니다. 주인님들은 그러한 영역에서는 본보기가 되는 분들이기 때문에 주인님들은 제외하고, 저는 지금까지 그 사내만큼 격렬한 경련을 하는 사람을 본 적이 없습니다. 저는 그 일을 하고 40프랑을 손에 넣었습니다.

숙소로 돌아오니 뤼실이 어느 나이 많은 손님을 상대하고 있었습니다. 제가 엿보는 구멍으로 들여다보자 그 손님은 뤼실의 몸에 아무런 애무의 손길도 없이 그녀에게 초에 담근 채찍을 쥐어주고 머리끝부터 발끝까지 온몸을 힘껏 때리게 하고는 만족해하고 있었습니다. 그가 신호를 보내자 그녀는 그의 앞에 무릎을 꿇고 부드러운 그것을 입에 넣었는데, 얼마 지나자 그는 다 시들어버린 음낭을 그녀의 유방에 비비면서 절정에 이르렀습니다. 그 모습은 마치 죄인이 회개하며 눈물을 흘리는 것 같았습니다.'

뒤클로의 그날 밤 이야기는 끝났지만 야식 시간까지 여유가 있었기 때문에 일당은 음담패설을 하기 시작했다. 공작이 물었다. "퀴르발, 오늘은 두 번이나 절정에 이르렀는데 이제 그만하면 되지 않았소? 하루에 그렇게 많이 사정한 것은 처음일 텐데." 뒤클로의 엉덩이를 쓰다듬고 있었던 법원장이 말했다. "무슨 소리, 세 번째는 내기를 할까? 반드시 이기고 말 테니까." "저런, 좋을 대로 해보구려." 공작의 이 말에 법원장은 "단, 한 가지 조건이 있네. 내가 원하는 건 뭐든지 하게 해주는 건 어때?" 물었고 공작이 대답했다. "그건 안 되지. 당신도 알고 있듯이 우리가 예정한 날짜가 오기 전에는 실행하지 않는다고 약속한 조항이 있지 않소. 우린 지금까지 그 범위 안에서 행동하고 절정에 이르렀어. 시기가 올 때까지 뒤클로가 이야기 속에서 제공해준 쾌락을 복습하는 정도로 해둡시다. 그 정도면 당신의 작은 방에서든, 특별실에서든, 당신의 침실에서든, 어디서 무엇을 하건 자유야. 조금 전에 당신은 알린에게 무슨 짓을 했소? 알린이 이유도 없이 그렇게 비명을 지를 리가 없지 않소. 그녀가 아직도 유방에 손수건을 대고 있는 건 무엇 때문이오? 어쨌든 우리가 약속한 조항에 위배되지 않는 한 아무리 색다른 쾌락을 즐겨도 모두 인정되니까 뭐든지 해보게. 당신이 그런 쾌락만으로 세 번이나 절정에 이를 수 없다는 데에 2만 프랑을 걸겠소." 법원장이 말했다. "그렇다면 적당한 상대를 고를 테니 응접실 옆의 특별실에 가도 괜찮겠나?"

일당은 뒤클로가 함께 가서 법원장의 사정을 증명하는 증인이 되는 조건으로 그의 제의를 받아들였다. 법원장은 "좋아, 알았네" 하고는 일단 모두가 보는 앞에서 뒤클로에게 채찍으로 500번이나 때리게 했다. 그리고 자신에게 결코 충실하다고 할 수 없는 콩스탕스를 비롯해 아델라이드, 오귀스틴과 젤미르, 세라동과 제피르, 테레즈와 팡숑, 샹빌과 데그랑주, 게다가 3명의 마장을 데리고 나가버렸다. 일당은 그가 배가 부른 콩스탕스에게 잘못을 저지르지 않기를 바랐다. 공작이 "젠장, 저렇게 많이 데리고 간다는 약속은 하지 않았잖아" 하고 못마땅해하자, 주교와 뒤르세는 법원장 편을 들고 인원수에 대해서는 아무런 결정도 하지 않았다고 반론했다.

30분쯤 지나자 콩스탕스와 젤미르가 울면서 나타났고 그 뒤에 법원장이 나머지를 이끌고 돌아왔다. 그리고 뒤클로가 공정한 입장에서 법원장은 승리의 관을 쓸 가치가 있다고 증명했다.

독자에게는 미안하지만, 아직 시기가 오지 않았기 때문에 법원장이 무슨 일을 꾸몄는지 밝히는 것을 연기하는 걸 당분간 용서해주기 바란다. 법원장이 내기에 건 돈을 손에 넣은 것은 확실하고 나는 그것을 중요한 점으로 생각한다. 공작한테서 내깃돈을 받은 법원장은 "어차피 벌금을 물어야 하는데 이 2만 프랑이 그때 도움이 되겠군" 하고 혼잣말을 했다. 이 점에 대한 설명도 아직 시기가 이르기 때문에 한동안 뒤로 미루기로 한다. 이 악당은 자신이 범하게 될 위반사항을 미리 예측하고 다른 세 동료가 그에게 부과할 당연한 벌은 벌로 생각하지 않고 피하려고도 하지 않은 채 태연하게 기다리고 있었던 것이다.

11월 18일

간밤부터 이날 저녁까지 일과대로 흘러갔으므로 독자를 그대로 집회실로 안내하겠다. 변함없이 아름답게 차려입은 뒤클로가 이야기를 시작했다.

'저는 쥐스틴이라는 키가 크고 뚱뚱한 여자를 손에 넣었습니다. 그녀는 스물다섯 살인데 아름다운 용모에 살결이 희고 팔다리는 술집종업원처럼 튼튼

했습니다. 저의 숙소는 모진 고통을 당하지 않으면 만족하지 못하는 늙은 호색가들로 번창하고 있었기 때문에 쥐스틴 같은 여자가 하숙인이 되어주어 크게 도움 받았습니다.

그녀는 스스로 채찍으로 때리는 것에 익숙하다고 자랑했으므로 그녀가 찾아온 이튿날 저는 그녀를 숙소의 지구를 관할하고 있는 늙은 관리를 상대하게 해보았습니다. 그 손님의 주문에 따라 그녀는 손님의 가슴에서 허벅지까지, 등에서 엉덩이까지 모두 피가 날 정도로 힘껏 때렸습니다. 때리는 것이 끝나자 그 도락자는 기묘하게도 그녀의 페티코트를 걷어 올려 엉덩이를 드러나게 하고 엉덩이 위에 그것을 올려놓더니 그것만으로 끝내고 말았습니다. 사랑의 신 베누스처럼 멋진 엉덩이를 가진 쥐스틴은 그 도락자를 완전히 만족시켰기 때문에 그 손님은 돌아갈 때 "당신은 대단한 보물을 손에 넣었더군. 난 지금까지 이렇게 매를 맞아본 적이 없어" 하고 칭찬해주더군요.

그 뒤 얼마 지나서 저는 쥐스틴에게 그녀를 신뢰하고 있음을 보여주기 위해 어느 역전의 용사와 상대를 시켜보았습니다. 그 도락자는 그녀에게 온몸 구석구석을 채찍으로 치게 하여 피투성이가 되자 "오줌을 누고 그 오줌을 손에 받아 내 몸에 문질러다오" 하고 부탁했습니다. 그녀가 그의 몸에 오줌 로션을 다 바르고 나자, 그 사나이는 다시 그녀에게 채찍질을 요구하고 이번에는 "자, 절정에 이를 것이니 네 손으로 정수를 받아서 그 정수 약용크림을 내 온몸에 바르라"고 부탁했습니다.

제 장사는 두 번 모두 크게 성공을 거두었고 두 손님으로부터 칭찬을 받았습니다. 그러나 쥐스틴은 세 번째 손님은 어떻게 할 수가 없었습니다. 그 손님은 높은 지위에 있는 늙은 관리로, 도락에 있어서는 일류였지만 이상하게도 결코 여자를 원하지 않았기 때문입니다.

그 손님은 여장을 한 젊은 사내에게 매로 맞음으로써 음락을 맛보는 기괴한 취향의 소유자였습니다. 게다가 말에 사용하는, 버들가지를 다발로 묶어서 만든 특수 채찍으로, 엉덩이가 찢어질 정도로 난폭하게 때리지 않으면 만족하지 않았습니다. 그러한 정사(情事)는 어딘지 남색 같아서 저는 그다지 관여하고 싶지 않았지만, 그 손님은 제가 독살한 푸르니에 부인 시절부터 단골이어서 늘 숙소에 드나들고 있었고, 직책상 숙소를 위해 여러 가지로 편의를 봐주고 있었기 때문에 그렇게 호불호를 가릴 수 있는 상대가 아니었습니다. 저는 이따금 숙소의 심부름을 해주는 열여덟 살짜리 미남청년을 예쁜 여자로 변장시키고. 손님의 주문을 미리 잘 가르친 뒤 그 손님용 특제 채찍을 건네 두었습니다. 물론 저는 구멍으로 엿보았는데 정말 유쾌한 장면이더군요. 손님은 젊은이를 숫처녀로 보고 유심히 살펴본 뒤, 매우 마음에 들었는지 처음에는 젊은이의 어딘지 모르게 이단의 냄새가 나는 입에 몇 번이고 키스를 퍼부었습니다. 키스가 끝나자 그는 몸을 숙여 엉덩이를 드러내고 어디까지나 소녀에게 하는 말투로 "내 엉덩이를 간질이고 좀 세게 주물러다오" 하고 부탁하더니, 그다음에는 "자, 채찍으로 엉덩이를 쳐라, 마음껏 세게 쳐라"고 부탁했습니다. 채찍을 손에 든 젊은이는 저에게서 배운 대로 늠름한 팔로 그 사내의 엉덩이를 수십 번 후려쳤습니다. 심한 채찍질에 엉덩이에 선명하게 자국이 난 사나이는 여장한 젊은이에게 달려들어 정신없이 페티코트를 걷어 올리고 한 손으로 젊은이의 그것을 확인하면서 다른 한 손으로는 엉덩이를 잡았습니다. 처음에 사나이는 어느 신전에 경배할지 망설이는 것 같더니, 결국 엉덩이로 정하고 젊은이의 엉덩이 구멍에 입을 바짝 댔습니다. 그것은 자연계가 정한 남녀의 예배의식과는 전혀 다른 자연계를 모욕하는 예배의식이었습니다. 자연계를 숭배한 나머지 자연계의 법칙을 거스르고 말았다고 할 수 있을지 모릅니다. 어떤 여자의 엉덩이도 그 젊은이의 엉덩이만큼 격렬한 키스를 받은 적은 없었을 것입니다. 사내의 혀는 몇 번이고 젊은이 엉덩이의 구멍 속으로 사라졌습니다. 사내가 다시 "사랑스러운 아이군, 채찍으로 더 쳐라, 계속 쳐!" 큰 소리를 지르면서 부탁하자, 젊은이는 또다시 채찍으로 치기 시작했는데, 사나이는 더욱더 신이 난 듯 온몸에 힘을 주어 두 번째 공격을 견뎌냈습니다. 그러다가 엉덩이에서 피가 배어나오자 갑자기 열광하여 그것을 발기시키더니 젊은이에게 쥐게 했습니다. 젊은이가 그것을 비벼주자 사나이는 젊은이의 페티코트를 걷어 올려 젊은이의 그것을 꺼내 비비거나 흔들면서 순식간에 입 안에 넣어버렸습니다. 그러한 전단계의 애무가 끝나자 사나이는 세 번째 채찍질을 요구했는데, 그 마지막 채찍질은 사내를 미치게 만들고 말았습니다. 사나이는 여장을 한 젊은이를 침대에 쓰러뜨리고 그 위에 올라 타 젊은이의 입에 입을 맞추면서, 젊은이에게 자신의 그것을 비비게 하는 동시에 자신도 젊은이의 그것을 쥐고 격렬하게 비비기 시작하여, 결국 두 사람 다 최고의 쾌락을 맛보면서 절정에 이르렀습니다.

그러한 음탕극에 마음을 빼앗기고 만 도락자는 그 뒤 몇 번이나 똑같은 즐거움을 되풀이하기 위해 적당한 상대를 저에게 요구했습니다. 저는 그다지 마음이 내키지 않았지만, 손님의 요구에게 결국 져서 적당한 젊은이를 찾아냈습니다. 저는 그 도락자의 마음을 돌리기 위해 젊은이 못지않게 귀여운 소녀를 권한 적도 있지만, 그 사나이는 상대를 한번 보려고도 하지 않았습니다.'

"뒤클로, 그게 사실이야. 일단 사내를 취미 상대로 정하면 두 번 다시 마음이 바뀌는 것은 아니다. 사내와 여자는 너무나도 차이가 나서 여자를 시험해볼 생각이 아예 없는 거지." 주교가 끼어들자 법원장이 말했다. "주교, 어려운 명제를 꺼냈지만, 그런 걸 논의하기 시작하면 한두 시간에 끝나지 않아." 주교는 "사내가 여자보다 나은 건 반론의 여지가 없는 사실이니까 누구라도 내 의견에 찬성할걸"이라고 대답했고, 법원장은 "자네 말에 이의를 제기하는 건 아니지만, 약간의 이의가 없는 것도 아니지. 이를테면 어떤 쾌락의 경우, 즉 마르텐과 데그랑주의 경우를 말하는 것인데, 여자가 사내보다 나은 경우도 있지" 하며 반박했다. 이에 주교가 말했다. "글쎄, 당신이 말하는 쾌락의 경우에도 역시 사내가 여자보다 뛰어나지. 쾌락의 진정한 매력은 악덕에 있는 것이어서 문제를 악덕이라는 관점에서 본다면 당신과 다른 성의 인간을 상대하는 것보다 당신과 같은 성의 인간을 상대하는 쪽이 자연계에 대한 죄는 더 큰 것이 아니겠소. 죄가 커지면 쾌락도 배가하게 되는 것이 아닐까." "그건 자네 말이 맞아. 하지만 약자에게 힘을 남용할 때 맛보는 전제와 지배라는 무상의 기쁨을 생각해보게." 법원장의 대답에 주교가 계속 말했다. "그래도 아닌데. 희생자가 당신에게 예속되어 당신의 손안에 있을 때, 당신은 사내를 상대하기보다 여자를 상대하는 편이 전제나 지배가 확실해진다고 생각하는 것 같은데, 그것은 예단이 아닐까? 당신의 생각은 여자가 사내보다 사내의 충동에 따르기 쉽다는 일반적인 관습에 바탕을 둔 것이 아니겠소? 그런 선입관을 일단 버리고, 사내가 사내를 완전히 쇠사슬에 묶어 여자에게 하는 행동 이상의 권위를 가지고 대할 수 있다면, 자연계에 대한 죄가 훨씬 더 무거워져서 필연적으로 쾌락도 증대한다고 생각하는데……." 뒤르세가 끼어들었다. "나도 주교와 같은 의견이네. 권위만 확고하다면 여자보다 사내에게 힘을 남용하는 편이 훨씬 즐겁다고 생각하는데." 공작이 큰 소리로 외쳤다. "여러분, 저녁식사 시간까지 토론을 연기하면 안 될까? 이 시간은 뒤클로의 이야기를 듣기 위해 마련한 것이지 궤변을 늘어놓기 위해 잡은 것은 아니니까." 주교가 동의했다. "형님 말이 맞소. 자, 뒤클로, 이야기를 계속해." 쾌락의 사회자인 뒤클로는 다시 이야기를 시작했다.

'어느 날 아침 최고법원의 서기가 절 찾아왔습니다. 푸르니에 부인이 있을 때부터 특히 저의 단골손님이었는데, 그의 수법은 조금도 달라지지 않았더군요. 처음에 저는 그의 힘없는 그것을 비벼준 다음, 몸을 채찍으로 가볍게 때려주었습니다. 그러다가 그것이 힘을 얻게 되면 팔에 힘을 주어 그가 절정에 이를 때까지 치는 것인데, 저는 그의 색다른 즐거움을 잘 알고 있었기 때문에 하나, 둘, 셋 하고 횟수를 헤아리고 있으면 반드시 스무 번째 채찍에 절정에 이르렀습니다.'

"뭐야, 스무 번이라니. 당치도 않아. 나라면 그렇게 맞지 않아도 절정에 이르고 말 거야." 주교가 투덜대자 공작이 말했다. "너라면 그럴지도 모르지. 사람에게는 각자 버릇이 있는 법이야. 좋고 싫음의 문제가 아니라고. 뒤클로 마지막 이야기를 해주게."

'오늘 밤의 마지막 이야기는 친구의 포주로부터 들은 것입니다. 그 친구는 어느 사내와 2년 내내 함께 살고 있었는데, 그 사나이는 그녀가 수십 번씩 콧등을 손가락으로 튕기면서 놀리거나 피가 날 정도로 귀를 잡아당기고, 이빨로 펄쩍 뛸 정도로 세게 엉덩이와 그것과 음낭을 물어주지 않으면 그것이 절대로 커지지 않는다는 겁니다. 그녀가 지나친 장난을 해주면 사내의 그것이 종마처럼 팽팽해지고. 사나이는 악마와 같은 저주의 말을 토해내면서 자기에게 장난을 쳐준 그녀의 얼굴을 향해 정수를 뿌린다고 하더군요.'

뒤클로의 몇 가지 이야기를 듣고 있던 일당은 사내에게 채찍으로 맞으면 틀림없이 기분이 좋아질 거라고 상상하는 사이에 머리가 달아오르기 시작했다. 그래서 공작은 에르퀼에게, 뒤르세는 방드오시엘에게, 주교는 안티노우스에게, 법원장은 브리즈퀼에게 채찍으로 피가 날 정도로 맞고 기뻐했다.

그날 전혀 사정을 하지 않았던 주교는 이틀이나 용변을 참게 한 젤라미르의 배설물을 먹으면서 사정했다. 그제야 지쳐버린 일당은 겨우 잠자리에 들었다.

11월 19일

음락의 상대에 대해 뒤클로에게서 들은 재미있는 식사법을 일주일 전부터 시험하고 있었던 일당은 그날 아침, 전원의 배설물을 관찰해보았다. 일당이 한 것은, 자신들의 식사는 그대로 하고, 희생자의 메뉴에서 빵과 수프를 빼고 대신 가금류와 사냥한 짐승고기를 배로 늘리는 것이었다. 그러한 메뉴의 결과, 아침 점검 때 희생자들의 배설물을 음미해보자 일주일 전과는 전혀 다르게 매우 부드럽고, 잘 녹으며, 아주 미묘한 풍미가 있었다. 일당은 뒤클로에게 식사요법을 시행한 도쿠르라는 사내가 배설물을 맛보는 방법에 있어서 진정한 도락자였음을 알게 되었다.

동시에 일당은 새로운 식사법 덕분에 희생자가 내쉬는 숨결도 변했음을 깨달았다. 법원장이 "그런 거야 아무러면 어떤가'" 하고 말하자, 공작이 반대했다. "당신이 여자건 소녀건 소년이건 상대에게 쾌락을 주기 위해 반드시 입을 청결하게 하고 좋은 향기를 풍겨야 한다는 견해를 가지고 있다면 그건 잘못이오. 당신이 더러운 입과 고약한 냄새를 원하는 인간은 변질자까지는 아니라도 도착취미의 소유자가 틀림없다고 한다면, 당신의 의견을 기꺼이 인정하리다. 그리고 당신이 전혀 냄새가 나지 않는 입에 키스를 해도 아무런 쾌락도 맛볼 수 없다고 생각한다면 당신에게 찬성하지. 쾌락에는 다소의 양념이라고 할까 짜릿한 것이 있어야만 해. 요컨대 다소 불결해야 한다는 거지. 상대의 입이 아무리 청결해도, 또 아무리 좋은 향기가 감돌아도, 그 입술을 빠는 애인은 반드시 불결한 행동을 하는 것이 틀림없어. 애인은 충동이 고조되면 상대의 입과 숨결이 얼마쯤 불결하기를 바라는 법이지. 상대가 벌꿀이나 갓난아기의 냄새만 풍긴다면 나는 도저히 참을 수 없어. 물론 썩은 냄새나 시체 냄새라면 곤란하지만(어쩌면 개중에는 그쪽이 오히려 좋다는 인간도 있겠지만), 희생자에게 주는 식사에 귀찮더라도 변화를 가해보는 것이 좋지 않을까?"

소년소녀들도 규칙을 준수했기 때문에 아침 점검에서 아무도 위반이 발견되지 않았다.

아무도 교회당 화장실 사용 허락을 요구하지 않았으므로 일당은 아침식사 테이블에 자리를 잡았다. 뒤르세는 식사 시중을 들고 있던 아델라이드에게 포도주잔에 배뇨를 하라고 지시했는데, 아델라이드가 싫어했기 때문에 그녀는 야만인 남편에 의해 명령위반죄로 징벌명부에 기재되고 말았다. 뒤르세는 주초부터 그녀가 뭔가 과오를 범하는 기회를 노리고 있었던 것이다.

일당이 응접실로 자리를 옮기자 퀴피동과 지통, 미셰트와 소피가 커피를 제공했다. 공작은 소피의 가랑이 사이로 그것을 대면서 자기 손바닥에 배변을 시킨 다음, 그것을 소녀의 얼굴에 발라버리고 말았다. 주교는 지통을 상대로, 법원장은 미셰트를 상대로 똑같은 짓을 했고, 뒤르세는 퀴피동의 입에 자기의 작은 그것을 물린 채 배변을 시켰다. 그러나 일당은 아무도 사정하지 않고 낮잠을 잔 뒤, 뒤클로의 이야기에 귀를 기울였다.

'첫 손님이 찾아와 기묘한 주문을 했습니다. 그 손님은 알몸이 되어 자기 몸을 두 개의 사다리 사이에 묶고 채찍으로 때려달라고 했습니다. 저는 숙소의 다른 여자들의 도움을 받아 손님이 시키는 대로 그의 허리와 두 허벅지를 사다리의 두 번째 단에 묶고, 두 손을 높이 올리게 한 다음, 두 팔을 사다리의 제일 상단에 묶었습니다. 그리고 저는 사내의 몸을 채찍 손잡이가 부러질 정도로 힘껏 때렸습니다. 사내의 그것에는 전혀 손을 대지 않았습니다. 제가 심하게 채찍질을 가하는 동안 사내의 거대한 그것이 차츰 고개를 들어 시계추처럼 사다리의 단 사이에서 좌우로 흔들리는가 싶더니 격렬한 기세로 방 안에 사정을 하고 말았습니다. 여자들이 끈을 풀자 그 손님은 대금을 지불하고 말없이 떠났습니다.

그 이튿날, 전날 사다리의 손님이 친구를 한 사람 소개해주었습니다. 제가 상대했는데 그 사나이는 금으로 된 바늘을 꺼내 허벅지와 엉덩이, 그리고 그것과 음낭을 바늘로 찔러달라고 부탁했습니다. 제가 원하는 대로 해주자 그의 아랫배는 피투성이가 되었는데, 그래도 더 찔러달라고 해서 제가 그것의 끝에 바늘을 찌르자, 그 순간 그는 제 손에 사정을 하고 갑자기 저에게 덤벼들어 입에 키스를 퍼붓더니, 그 이상은 아무 짓도 하지 않더군요.

그다음 날, 두 사람과 잘 아는 사람이 찾아와 저에게 엉겅퀴로 만든 채찍으로 온몸의 어디든 상관없으니 때려달라고 하는 것이었습니다. 저는 그 사내의 몸이 피투성이가 될 때까지 쳐주었습니다. 그러자 그는 거울 앞에 서서 피투성이가 된 자신의 모습을 바라보다가 차츰 황홀경에 빠져서 사정을 하고 말았습니다. 그 사나이는 저에게 채찍으로 치는 것 말고 아무것도 요구하지 않았습니다.

세 사람의 그 이상한 행위에 자극을 받은 저는 손님에게 채찍질하는 것이 은밀한 열락이 되고 말았습니다. 저의 채찍질에 몸을 맡기는 손님도 저에게 매력을 느껴 제가 무척 마음에 드는 눈치였습니다. 그 무렵 네덜란드의 어느 귀족이 색다른 쾌락을 즐기기 위해 저의 숙소를 방문했는데(그의 쾌락은 저의 영역이 아니기 때문에 다른 이야기꾼이 얘기할 것입니다), 그는 조심성도 없이 1만 프랑이나 하는 다이아몬드와, 마찬가지로 값비싼 보석류, 그리고 1만 프랑의 현금을 지니고 있었지요. 그대로 돌려보내기에는 정말 아까운 먹잇감이었기에, 저와 뤼실은 그 신사로부터 마지막 한 푼까지 짜내고 말았습니다. 그는 경찰에 고소하려고 했지만, 저는 이미 경찰을 매수해놓았었고 돈만 보여주면 무슨 일이든 눈감아주는 시절이었기 때문에 경찰은 그 신사의 고소를 수리하지 않았습니다. 덕분에 서너 개의 보석은 경찰의 하급관리에게 넘겨주었지만, 나머지 보석은 아무런 말썽 없이 온전히 우리 소유가 되었습니다.

그 이튿날 또다시 행운이 찾아들었습니다. 저는 결코 나쁜 짓을 한 것은 아니지만, 그 먹잇감은 사창가에 있어서 로스트비프 덩어리나 다름없는 군침 나는 메뉴였지요.

그 손님은 궁정에서 일하는, 나이가 많은 사람으로, 국왕의 궁전에서 사람들이 경의를 표하는 데 싫증이 나서 창녀들 속에서 다른 역할을 즐기고 싶었던 모양입니다. 그는 처음에 저를 상대로 시작해보고 싶다고 했습니다. 제가 교사, 그가 학생이 되어 수업을 시작했는데 그는 잘못을 저지를 때마다 저에게 벌을 받았습니다. 그가 무릎을 꿇으면 저는 교실에서 사용하는 가죽 구두 주걱으로 그의 손이나 엉덩이를 힘껏 때려주었습니다. 그리고 그의 감각에 불이 붙는 것을 확인하면 저는 갑자기 그의 그것을 꼭 쥐고 나쁜 아이다, 나쁜 학생이다, 하고 온갖 욕설로 꾸짖으면서 그것을 교묘하게 비벼주었고, 그는 기분이 좋아져서 절정에 이르렀습니다. 그는 매주 다섯 번이나 제 숙소를 찾아와서 똑같은 수업을 받았는데 그때마다 그런 의식을 터득한 새로운 여자를 요구했습니다. 저는 파리의 많은 여자를 알고 있었기 때문에 그의 요구에 따라 여자를 찾아주는 것도 그리 어려운 일이 아니었습니다. 그는 매달 저에게 500프랑의 거금을 내고 그럭저럭 10년이나 제 교실의 착실한 학생이 되었는데, 그 뒤 지옥과도 같은 고통의 수업을 찾아 어디론가 가버렸습니다.

세월이 흐름에 따라, 아직은 옛날의 미색을 유지하고 있었지만, 저의 용모도 차츰 시들기 시작했기 때문에, 저는 저와의 정사를 요구하는 사내들은 아마 일시적인 변덕 때문일 거라고 생각하게 되었습니다. 저는 서른여섯 살이 되었는데도 아직 멋진 손님이 따르고 있었습니다. 제가 이제부터 말씀드리는 정사는 그 무렵부터 제가 마흔 살이 될 때까지의 사건입니다.

오늘 밤의 마지막 이야기에 등장하는 손님은 색다른 버릇을 지닌 사내였는데, 서른여섯 살이나 되는 저밖에 원하지 않았습니다. 그는 예순 살 가까운 수도원장이었습니다(저는 나이가 많은 손님밖에 받지 않았습니다. 우리 같은 장사를 하면서 돈을 남기고 싶어 하는 여자라면 누구나 저와 똑같은 일을 할 것입니다). 수도원장은 저와 함께 있으면 곧바로 저에게 엉덩이를 보여달라고 요구했습니다. 그는 "정말 멋진 엉덩이다. 유감이지만 내가 입에 넣고 싶은 건 네 엉덩이에서 나오는 요리가 아니다" 하면서 엉덩이를 제 두 손 사이에 두고 이렇게 말했습니다. "내 엉덩이를 받쳐다오. 내 음식은 바로 거기서 나온다. 배변을 할 것이니 도와다오." 그래서 저는 도기접시를 가져와 무릎을 꿇고 그 위에 두었습니다. 그가 몸을 뒤로 돌려 적당한 높이로 구부렸기 때문에 저는 손가락으로 그의 엉덩이 구멍을 누르거나 벌리면서 배설을 촉진하기 위해 이런저런 자극을 가했습니다. 그러자 배설이 시작되어 접시가 그 배설물로 수북해졌습니다. 제가 접시를 내밀자 그는 접시를 잡고 몸을 내밀 듯이 하고는 자신의 배설물을 먹기 시작했습니다. 다 먹는 데 15분 정도 걸렸고, 그동안 저는 그의 엉덩이에 심하게 채찍질을 하면서 "이 수치를 모르는 더러운 돼지 같으니! 그런 오물을 잘도 처먹는구나, 이 바보 같은 놈. 어떻게 그리 파렴치한 짓을 할 수 있단 말이냐!" 하고 욕설을 퍼부어 흥분하게 해주자, 그는 제 수법과 언어 구사에 의해 마지막으로 배설물을 입에 넣는 순간 절정에 이르렀습니다.'

법원장은 저녁식사 전에 뒤클로가 묘사해준 광경을 일동 앞에서 실현해보고 싶은 생각이 들었다. 그는 팡숑을 불러내 있는 힘껏 온몸을 채찍으로 때리게 하면서 용변을 보고 자기 배설물을 먹기 시작했다. 그러나 그는 사정은 하지 않고 다시 테레즈를 불러 그녀에게 배변을 시킨 다음, 자기 배설물에 섞어서 먹었다. 법원장의 더럽고 음란한 행위를 보고 있던 일당은 완전히 흥분하여 배설물을 간절히 원하게 되었다. 형인 공작의 소유물인 뒤클로를 아무렇지도 않게 사용하게 된 주교는 그녀를 상대로 하고, 공작은 마리와, 뒤르세는 루이종과 똑같은 짓을 시작했다. 명령 한마디에 말을 듣는 아름다운 아내들과 소녀들이 곁에 있는데도 나이 많은 창녀들을 이용하는 것은 믿을 수 없이 역겨운 일이지만, 풍요로움 속에 있으면 싫증이 나게 마련이고, 관능의 기쁨은 자신에게 고통을 줌으로써 얻을 수 있는 것이 아닐까. 그들이 그렇게 음란한 행위로 얻은 것은 주교의 단 한 번의 사정뿐이었다.

그 뒤 향연이 시작되었는데 불결한 행위의 연속에 몸을 맡기고 있던 일당은 4명의 하녀와 4명의 이야기꾼만 상대로 음락에 빠지기 위해 나머지는 모두 방으로 돌려보냈다. 일당 4명과 8명의 여자들은 얘기를 나누거나 파렴치한 행위를 되풀이하면서 즐기다가 향연을 마친 뒤, 취기와 피로로 녹초가 되어 잠에 빠져들고 말았다.

11월 20일

어젯밤 매우 유쾌한 사건이 발생했다. 술에 취해 정신이 없었던 공작이 자기 방으로 돌아가지 않고 소녀들의 하렘으로 잘못 들어가 소피의 침대 속에 들고 만 것이다. 소피는 공작이 위반행위를 할까봐 걱정되어 자신이 누구인지를 밝혔으나, 공작은 너는 알린이 아니냐고 주장하면서 듣지 않고(알린은 그날 밤 공작의 아내가 되기로 정해져 있었다), 소피에게 알린에게 늘 요구하는 익숙한 자세를 취하게 하려고 했다. 아직 그런 짓을 당한 적이 없는 가련한 소녀는 공작의 거대한 그것이 자기 엉덩이의 좁은 구멍으로 밀고 들어오려는 것을 느끼자, 소름 끼치는 비명을 지르면서 알몸인 채 방 한가운데로 도망가고 말았다. 소녀를 알린으로 착각한 공작은 악마 같은 욕설과 함께 소녀를 뒤쫓으면서 "이 창녀야, 처음도 아닌데 왜 그래!" 하고 소리쳤다. 그리고 알린인 줄 알고 뒤쫓아 가다가 젤미르의 침대로 굴러들어가, 이번에는 젤미르를 알린으로 착각하고, 알린이 이제 체념하고 자기 말을 들은 것으로 생각해 젤미르를 꼭 껴안고 소피에게 한 것과 똑같은 짓을 시도하려고 했다. 그런데 공작이 자기에게 무슨 짓을 하려는 건지 깨달은 젤미르는 소피와 똑같이 소리를 지르면서 달아나고 말았다. 위기를 모면한 소피는 공작에게 착각을 일깨우기 위해서는 등불로 방을 환하게 밝히고, 사태를 처리할 수 있는 냉정한 사람을 불러오는 수밖에 방법이 없다고 판단하여 뒤클로를 찾으러 공작의 방으로 갔다. 그러나 향연에서 폭음을 한 뒤클로는 공작의 침대에서 거의 의식을 잃고 돼지처럼 누워 있었기 때문에, 그녀를 깨울 수가 없었다. 소피는 누구에게 도움을 청해야 할지 알 수가 없어 어찌할 바를 모르고 있다가, 젤미르와 다른 소녀들이 도움을 청하면서 큰 소리로 외치고 있는 것을 듣고는 혼신의 용기를 내어 뒤르세의 방에 들어갔다. 소피는 자기 딸인 콩스탕스와 누워 있던 뒤르세에게 사건의 전말을 알렸다. 취해 있던 뒤르세가 지금 사정을 해야 하기 때문에 안 된다고 말하자, 콩스탕스는 뒤르세의 손을 뿌리치고 일어나 촛대를 손에 들고 소녀들의 하렘으로 향했다. 속치마만 입은 소녀들은 방 한가운데로 모였고, 공작은 모든 소녀가 다 알린으로 보이는지 "오늘 밤 알린은 꼭 마법사 같군" 하면서 소녀들을 잇따라 뒤쫓고 있었다.

마침내 콩스탕스가 공작에게 자신의 착각을 인정하게 하고, 공작의 방에 가면 공작이 원하는 대로 해줄 알린이 기다리고 있을 거라고 설득하자, 술에 취해 있을망정 한번 결정한 것을 성취하지 않고는 못 배기는 공작은 알린의 뒷문을 맛보는 것 외에는 목적이 없었기 때문에 콩스탕스의 말에 따랐다. 뒤클로에게 침대를 점령당해 바닥에서 자고 있던 알린이 공작을 맞이하자, 공작은 뒤클로를 침대에서 끌어내리고 알린과 동침했다. 그리고 콩스탕스도 뒤르세에게 돌아감으로써 소녀들의 하렘에서 일어난 소동은 겨우 진정되었다. 어젯밤의 그와 같은 정사에 대해 다른 세 사람은 그날 온 종일 크게 웃었지만, 공작은 어젯밤의 경우, 운 나쁘게 규칙위반을 범해 소녀의 순결을 맛보았다 해도 취해 있었기 때문에 벌금을 낼 필요는 없다고 주장했다. 그러나 세 사람은 그건 공작의 변명에 지나지 않으며, 공작은 고액의 벌금을 내야 한다고 반론을 제기했다.

일당은 여느 때와 다름없이 소녀들의 하렘에서 아침식사를 했는데 소녀들은 한결같이 어젯밤의 공포를 고백했다. 어젯밤의 소동에도 불구하고 소녀들에게는 아무런 위반도 발견되지 않았고 소년들도 마찬가지였다. 점심시간도 커피시간도 특별한 일은 없었으며, 어젯밤의 어수선함에서 회복한 뒤클로가 다음과 같은 다섯 가지 이야기를 시작하여 일당을 즐겁게 해주었다.

'주인님들에게 이제부터 이야기하려는 쾌락의 상대는 저 자신입니다. 최초의 손님은 의사였습니다. 무엇보다 엉덩이에 대해 흥미를 가지고 있던 그는, 우선 저의 엉덩이를 음미하더니 웬만큼 마음에 들었는지 한 시간이 넘게 제 엉덩이에 키스를 했습니다. 그것이 끝나자 그는 "나에게는 약간 약점이 있는데 배설물을 못 견디게 좋아한다는 것이다" 하고 고백했습니다. 모든 걸 알아차린 제가 손님의 그런 주문에 늘 사용하고 있는 하얀 도자기 단지에 배설을 해주자, 그는 빼앗듯이 단지를 손에 받아들고 그 안의 배설물을 입에 넣기 시작했습니다. 그래서 제가 소의 힘줄로 만든 채찍으로 엉덩이를 때리면서 그의 역겹고 파렴치한 행위를 꾸짖자, 그는 제가 하는 말을 듣는 둥 마는 둥하면서 정신없이 저의 배설물을 먹어버리고, 다 먹은 순간 절정에 이르고 말았습니다. 그리고 서둘러 일어난 그는 테이블 위에 금화 한 개를 던지고 사라졌습니다.

그 뒤 얼마 지나서 다른 손님이 오자 저는 그 사내를 뤼실에게 맡겼습니다. 그녀는 그 사내를 절정에 이르게 하는 데 정말 말할 수 없이 애를 먹었습니다. 그는 나이가 많은 여자 거지의 배설물을 주문하고, 더구나 그것을 확인하지 않으면 믿지 않아서, 저는 일흔 살이나 되는 여자를 데리고 와 사내가 보는 앞에서 억지로 변을 보게 했습니다. 그 여인은 온몸이 궤양과 단독(丹毒) 투성이였고 치아는 15년 전부터 하나도 남아 있지 않았습니다. 사나이는 "야, 정말 마음에 드는데? 내가 원하는 건 바로 이런 여자의 배설물이야" 하면서 기뻐했습니다. 그는 여자의 배설물을 가지고 뤼실과 함께 방으로 들어갔습니다. 상냥하고 손놀림이 뛰어난 뤼실은 그를 흥분시켜 그 역겨운 배설물을 먹게 했는데, 사나이는 배설물을 바라보고 냄새를 맡고 손으로 만지기도 했지만 아무래도 그 이상은 하려고 하지 않았습니다. 그래서 그녀는 끔찍한 방법을 생각해냈습니다. 작은 인두를 불에 넣어 빨갛게 달군 다음, 당장 배설물을 먹지 않으면 엉덩이를 인두로 지져버리겠다고 선고했습니다. 그는 겁에 질려 결국 배설물을 먹으려 하다가, 그래도 머뭇거리자 이제는 관대하게 봐줄 필요가 없다고 생각한 그녀는 갑자기 그의 반바지를 내려 온통 인두자국이 가득한 엉덩이를 까고 뻘건 인두를 엉덩이 한복판에 가볍게 댔습니다. 뜻하지 않은 고문에 놀란 사나이는 겨우 결심을 하고 배설물을 한 입 먹었습니다. 그가 모두 먹겠다고 맹세하고, 그녀가 계속해서 인두고문을 가하자, 사나이는 고통스러운 나머지 완전히 흥분하여 배설물을 하나도 남김없이 입에 넣고 말았는데, 마지막 배설물을 먹고 난 순간 절정에 이른 것입니다. 그것은 일찍이 본 적이 없는 격렬한 것으로, 사내가 크게 비명을 지르면서 바닥 위를 나뒹굴자, 광포한 정신병이거나 간질 발작을 일으킨 게 아닐까 생각했을 정도였습니다. 우리의 친절한 대우에 감격한 그는 "배설을 해주는 여자가 혐오스러운 늙은이라면 그만큼 돈을 더 내겠다. 물론 너는 이해하지 못할 것이다. 어디까지 이상한 짓을 해야 직성이 풀리는지 나조차도 나를 잘 모르겠으니" 하고 말하면서 언제나 다른 늙은이와 뤼실이 접대를 해준다면 저의 숙소에 단골이 되겠다고 약속했습니다.

　이튿날 그 손님의 소개로 어느 사내가 제 숙소로 찾아왔는데 그 사내의 이상한 습관은 그보다 더한 것이었습니다. 그 사나이는 빨갛게 달군 젓가락에 실컷 엉덩이를 맞으면서 늙고 더럽고 도둑질하는 여자의 배설물을 먹고 싶다는 것이었습니다. 제가 옛날부터 제 숙소에서 일해주고 있는 여든 살의 성질 고약한 여자의 배설물을 제공하자 사나이는 몹시 기뻐했습니다. 쥐스틴이 빨

갛게 달군 젓가락으로 사내의 엉덩이를 때리고 그것도 모자라 부젓가락으로
엉덩이의 살을 찌르자 그는 고약한 노파의 따뜻한 배설물을 맛있게 통째로
삼켜버렸습니다.

또 이런 짓을 하는 손님도 있었습니다. 그 손님은 숙소의 여자에게 구두를
고치는 끌로 엉덩이와 배, 그것과 음낭을 찌르게 하고는 제가 변기에 넣어서
내민, 누구의 것인지도 모르는 배설물을 입에 넣고 만족하는 것이었습니다.

주인님들, 사내들이란 상상력에 불이 붙으면 어디까지 착란상태에 빠지고
마는 것인지 상상도 못 할 정도입니다. 저는 어느 사내의 기묘한 행위를 처음
으로 보았습니다. 그는 숙소의 분뇨구덩이에서 오물을 가져오게 하더니 저에
게 엉덩이를 힘껏 채찍으로 쳐달라고 부탁하고는 그 오물을 먹었습니다. 그리
고 진흙처럼 더러운 오물을 다 먹고 나자 제 입 안에 사정을 해버렸습니다.'

데그랑주의 엉덩이에 장난을 치고 있던 법원장이 말했다. "잘 알지, 무엇이
든 안 되는 일이 없어. 하지만 그보다 더 극단으로 치닫는 인간도 있을 거야."
그날의 자기 아내인 아델라이드의 엉덩이를 쓰다듬고 있던 공작은 "아니, 더
극단의 일이라니, 도대체 무슨 짓을 시키려는 것이오?" 물었고 법원장이 대답
했다. "더 심한 것이지. 뒤클로가 말한 사내들의 행위는 아직 충분하다고 할
수 없어." 안티노우스에게 자기 뒷문을 공격하게 하고 있던 뒤르세가 말했다.
"나도 퀴르발과 같은 의견이야. 내 머릿속에는 뒤클로가 이야기한 돼지 같은
자들이 하는 짓보다 더 세련된 도락이 떠오르는군." 아직 아무것도 하지 않
고 있던 주교도 말했다. "확실히 뒤르세가 하는 말이 무슨 뜻인지 잘 알겠어."
"도대체 뭔가" 공작이 묻자 주교가 일어나 뒤르세에게 가서 뭔가 속삭이고 있
었는데, 법원장에게 귀엣말을 하자, 법원장이 "그래, 그게 맞아" 하고 말했다.
주교가 공작에게 슬쩍 가르쳐주자 공작이 큰 소리로 외쳤다. "이런, 제기랄,
난 거기까지는 생각 못했어." 일당은 그 이상 말하지 않았으므로 독자에게는
미안한 일이지만, 그들이 무슨 말을 하려고 했는지 나로서는 알 방법이 없다.
일당은 자신들이 시작한 몇 가지 추악하고 잔인한 행위를 끝내기 위해, 법원
장은 데그랑주에게 배변을 시키고 다른 일당은 다른 상대와 똑같은 일, 또는
그다지 가치가 없는 일을 하고 저녁식사 자리로 향했다.

저녁식사를 끝내자 향연이 시작되었다.

일당은 앞에서 이야기한 새로운 식사법에 대해 토론하고 있었는데, 그것을 들은 뒤클로는 "주인님들은 역시 아마추어라서 그런지 미묘한 맛을 내는 배설물을 많이 내게 하는 비결을 모르시는군요. 놀랐어요" 하고 말했다. 일당이 그 비결을 묻자 그녀가 대답했다. "가장 좋은 방법이 하나 있어요. 그건 정규 식사시간 외에 간식 같은 형식으로 음식을 급하게 먹게 해서 가벼운 소화불량에 걸리게 하는 겁니다." 바로 그날 밤 실험이 실시되어 일당은 특별히 필요한 일이 없어서 빨리 자게 한 파니를 깨워 커다란 비스킷 네 개를 억지로 먹였다. 그 이튿날 아침, 파니가 이제까지 한 번도 낸 적이 없는 커다랗고 깨끗한 배설물을 내놓자, 일당은 뒤클로의 방법을 채택하기로 했는데, 뒤클로가 빵은 절대로 주지 않는 것이 좋고 과일은 변을 개량하기 위한 또 하나의 비결이라고 말해 그 조건을 추가하기로 했다. 그리하여 일당은 매일 소년소녀들에게 반드시 가벼운 소화불량을 일으키게 하여 상상도 할 수 없는 배설물을 손에 넣게 되었다. 그날 밤은 특별한 일 없이, 일당은 내일의 제3주 마지막을 축하하기 위한 콜롱브와 젤라미르의 멋진 결혼식을 준비하기 위해 잠자리에 들었다.

11월 21일

일당은 아침부터 결혼식 준비를 시작했다. 그런데 고의인지 우연인지 알 수 없지만, 뒤르세는 신부의 변기에서 배설물을 발견하여 그녀의 위반을 적발하고 말았다. 그녀는 자기를 곤경에 빠뜨리기 위해 누군가가 간밤에 자기 변기에 용변을 본 것이 틀림없으며, 주인님들은 우리를 징계하고 싶을 때는 가끔 그러한 속임수를 쓰지 않느냐고 변명했지만, 그녀가 무슨 말을 해도 헛수고일 뿐, 변명은 받아들여지지 않았다. 젊은 신랑도 전날 징벌명부에 기재되고 말았기 때문에 일당에게 두 사람을 함께 응징하는 것은 커다란 즐거움이었다. 그래도 젊은 부부를 위한 결혼미사가 집행되었고, 식사 전에 경사스러운 의식을 성대하게 축하하기 위해 두 사람은 응접실로 끌려갔다.

두 사람은 동갑이었는데, 일당은 신랑에게 하고 싶은 일은 무엇이든 해도 좋다고 허락하면서 알몸의 신부를 맡겼다. 그러나 그들의 말을 액면 그대로 받아들여서는 안 되며, 가장 악질적이고 가장 위험한 명령으로 받아들일 필요가 있었다. 소년은 화살처럼 신부에게 덤벼들어, 아직 사정할 수 있을 만큼 성숙하지는 않았지만 크고 단단해진 그것을 신부의 옥문에 넣으려고 했다. 그러나 아무리 사소한 상처라도, 자신들만이 딸 수 있게 되어 있는 어린 꽃잎의 모양을 바꾸는 건 일당의 자존심이 허락하지 않았기 때문에, 주교는 열광하고 있는 젤라미르를 제압하고 말았다. 그리고 어린 신부의 옥문에 막 들어가려던, 소년의 발기한 그것을 자기 뒷문에 대었다. 소년에게는 나이가 많은 주교의 커다란 엉덩이 구멍과 열세 살 소녀의 좁은 옥문은 얼마나 큰 차이가 있었을까? 그러나 두 사람이 상대하는 주인들은 보통 상식으로는 통하지 않는 사람들이었다. 법원장은 소년에게서 신부인 콜롱브를 빼앗아 껴안더니, 눈과 콧구멍과 얼굴을 모두 핥고 그것을 그녀의 뒤에서 사타구니 사이로 집어넣었다. 법원장은 그런 별것 아닌 일로 사정을 할 위인이 아닌데, 어찌 된 일인지 금방 사정을 하고 말았다. 아마 소녀가 뭔가 특별한 서비스를 한 모양이었다.

신랑과 신부는 커피시간에 초대되었다. 그날 커피를 제공한 것은 소년소녀들 가운데 특별히 선발된 오귀스틴과 젤미르, 아도니스와 제피르였다. 법원장은 또 사정을 하려고 오귀스틴의 배설물을 원했고 그녀는 법원장을 위해 멋진 배설물을 내놓았다. 공작은 젤미르에게, 뒤르세는 신부인 콜롱브에게, 주교는 아도니스에게 제각기 자신의 그것을 빨게 했다. 아도니스는 주교의 그것을 빤 뒤 뒤르세의 입 안에 배변했다. 그러나 일당은 아무도 사정할 기색이 없었다. 그들은 주초에는 자신들의 몸을 달래줄 마음이 전혀 없지만, 주말이 되면 극단적으로 씨를 아끼며 사정을 자제했다.

일당은 집회실로 향했다. 그들이 뒤클로에게 이야기를 시작하기 전에 멋진 엉덩이를 보여달라고 하자, 그녀는 일동 앞에서 시원스럽게 엉덩이를 공개한 뒤 이야기를 풀어내기 시작했다.

'주인님들께 저의 어떤 특성에 대해 알려드리고 싶습니다. 주인님들이 제 성격을 충분히 이해하시면 앞으로 말씀드릴 사건 속에서, 내가 자신에 대해 새삼 일일이 설명하지 않아도 될 것 같아섭니다. 뤼실의 어머니는 어떤 일로 말미암아 가난의 밑바닥에 떨어져 있었습니다. 그 매력적인 소녀는 가출한 뒤로 어머니에 대한 소식은 아무것도 몰랐는데, 완전히 우연한 일로 어머니의 비참하고 궁핍한 생활을 알고 말았습니다.

저의 손님 가운데 한 사람이 어린 소녀를 찾고 있어서(그 손님은 전에 말씀드린 메상주 후작과 같은 취향의 소유자로, 이유를 전혀 말하지 않고 무조건 소녀를 사고 싶어 했습니다), 저는 어느 뚜쟁이에게 적당한 소녀를 찾아오게 했습니다. 어느 날, 제가 뤼실과 함께 침대에 누워 있는데 그 뚜쟁이가 찾아와 열다섯 살 된 매우 예쁜 숫처녀를 찾아냈는데, 접시 위의 콩 두 알처럼 뤼실을 빼닮았고, 게다가 매우 비참한 환경에 있으므로, 상품으로 내놓을 때까지 한동안 보호하면서 몸을 살찌울 필요가 있다고 말하고, 또 그 소녀와 함께 있던 극빈 상태의 늙은 어머니에 대해서도 얘기해주었습니다. 뤼실은 그 이야기를 듣고 어쩌면 자기 어머니와 동생일지도 모른다는 예감이 들었습니다.

그녀는 가출할 때 어머니와 함께 어린 동생이 있었던 것을 기억하고 있었기 때문에 자신의 예감을 확인하러 가보고 싶다고 저의 허락을 청했습니다. 그러자 갑자기 저의 무자비한 영혼이 잠에서 깨어나 뭔가 잔인한 짓을 해보고 싶은 관능의 충동을 억제할 수가 없었습니다. 저는 뚜쟁이를 방에서 내보내고 뤼실에게 저의 음부를 애무해달라고 부탁했습니다. 음부를 애무하게 하면서 저는 그녀에게 "넌 왜 그 늙은 여자에게 가보려는 거지? 어떻게 할 생각인데?" 하고 물었습니다. 제 마음을 모르는 뤼실이 대답했습니다. "왜라뇨, 그 두 사람에게 내가 할 수 있는 일을 해줘야지요. 만일 내 어머니라면 말할 것도 없는 일이잖아요……." 저는 그녀의 손을 떼어내고 말했습니다. "넌 참 어리석은 아이구나. 세상 사람들의 부끄러운 편견 때문에 일부러 희생이 될 생각이니? 편견에 맞서지 않고? 남에게 못할 짓을 해 자신의 설레는 관능을 맛볼 수 있는 좋은 기회를 놓칠 셈이야? 한번 그 맛을 들이면 넌 10년 동안 계속 절정에 이를 수 있을 텐데 말이야." 뤼실은 놀라서 저를 쳐다보았습니다. 그녀는 도저히 이해할 수 없을지 모르지만 저의 철학을 설명해둘 필요가 있을 것 같아서, 우리에게 햇빛을 보게 해준 어머니와 우리를 이어주고 있는 관계가 얼마나 부자연스런 것인지 깨우쳐주려고 했습니다. "우리는 우리를 배 속에 넣고 있었던 어머니에게 원한을 품을망정 감사할 필요는 조금도 없어. 어머니는 자신의 동물적인 쾌락을 만족시키려다가 우리를 낳아, 우리를 불행과 슬픔이 기다리고 있는 이 세상에 내보낸 거야." 그리고 저는 어릴 때의 선입관에 빠지지 않은, 건전한 양식이 가르친 어른의 정신에서 태어난 저의 철학을 전개하기 위해 온갖 이론을 갖다 붙이면서 이렇게 말했습니다. "그 여자가 행복하건 불행하건 무슨 상관이야. 아무래도 그 여자의 처지가 마음에 걸려서 그러니? 난 방금 너에게 어머니와 우리 사이의 부조리한 관계를 가르쳐주었다만, 그런 역겨운 관계는 끊어버리는 게 어떨까? 그 여자와 완전히 인연을 끊는 거야. 그러면 그 여자의 불행 따위는 너와 아무런 상관도 없다는 걸 알게 될 테고, 그 여자를 불행하게 만들면 만들수록 가슴이 설레는 쾌감을 맛볼 수 있게 돼. 이제는 알아들었을 거라고 생각하는데, 넌 그 여자에게 증오를 느끼고 있을 테니까 복수를 해야지. 어리석은 자들이 악업이라고 부르는 것을 해보아라. 악업이 얼마나 관능을 자극하고 지배하는 것인지 알게 될 거야. 네가 그 여자에게 가하는 능욕에서 두 가지 쾌락을 얻을 수 있어. 복수의 달콤한 기쁨과 악업에 뒤따르는 음락이지." 지금 제가 주인님들께 말씀드리고 있는 어조와는 달리, 저의 말재주가 뤼실의 마음을 얼마나 움직였는지, 이미 타락하여 방자해지고 있었던 그녀의 정신이 저의 철학에 들어 있는 감미로운 쾌락을 깨달았는지는 알 수 없지만, 사람이 억제에서 해방될 때 반드시 나타나는 음락의 불길에 그녀의 아름다운 뺨이 빨갛게 물들었습니다. 뤼실은 "알았어요, 부인. 그러면 내가 어떻게 해야 하는 거죠?" 하고 물었고 저는 이렇게 대답했습니다. "그 여자를 이용해 둘이서 기분전환을 하는 거야. 그리고 동시에 돈을 손에 넣는 거지. 내 철학에 따르기만 하면 넌 틀림없이 멋진 쾌락을 맛보게 될 거고, 게다가 늙은 네 어미와 동생을 이용해 색다른 연회를 열면 엄청난 돈을 손에 넣을 수 있어." 뤼실이 승낙하자, 저는 그녀를 더욱 흥분시켜 악행으로 내몰기 위해 그녀의 음부를 애무하면서 곧바로 둘이서 계획에 착수했습니다.

사교계에서 매우 영향력이 큰 부자로, 뭐라 말할 수 없이 정상적인 틀을 벗어난 정신의 소유자인 한 사내가 있었습니다. 저는 그가 백작이라는 것밖에 몰랐기 때문에 본명을 추측할 수는 있지만 백작이라는 호칭으로만 부르는 것을 양해해주셨으면 합니다. 백작은 서른다섯 살이 넘어서 욕정과 정력이 절정에 도달해 있었고, 신도 신앙도 법도 안중에 없이 주인님들과 마찬가지로 배려하는 마음을 무서우리만치 싫어했습니다. 그는 언제나 "자비 같은 충동을 나는 도저히 이해할 수가 없어. 자연계가 미리 각 개인의 계급을 정해두었는데, 굳이 자연계를 거스르고 자연계가 정한 질서를 뒤집는 사고에는 동의할 수 없단 말이야. 자선이나 구제를 통해 어떤 계급의 사람들을 위로 끌어올리고 대신 다른 계급의 사람들을 밑으로 떨어뜨리거나, 거금을 쾌락을 위해 사용하는 것이 아니라, 불합리하고 두 눈 뜨고 봐줄 수 없는 원조로 돌리는 건 나로서는 도저히 이해할 수 없는 일이야" 하고 말했습니다. 백작은 뼛속까지 그런 감정의 소유자였기 때문에, 타인에 대한 지원을 거부하는 것에서 커다란 기쁨을 발견할 뿐만 아니라, 더 나아가 가난하고 상처받은 사람들을 학대하여 기쁨을 배가하려고 했습니다. 이를테면 그는 사람을 시켜, 굶주리고 있는 가난한 사람들이 노동과 눈물로 손에 넣은 빵으로 겨우 끼니를 잇고 있는 어두운 피난처를 찾아내어, 가난한 사람들의 슬픈 눈물을 바라보면서 즐길 뿐만 아니라, 그런 사람들을 곤궁에 빠뜨리기 위해 온갖 책략을 다 써서 가능한 한 일상의 양식까지 빼앗아버렸는데, 그것은 관능적인 쾌락의 하나였습니다. 그리고 그런 생각이 머리에 떠오르기만 해도 그것이 발기하는 것이었습니다. 백작의 그러한 취향은 결코 일시적인 변덕이 아니라 더없는 기쁨이라고 할까, 미치광이 같은 취향이어서, 그에게는 그 이상 마음을 자극하고 불태우는 도락은 없었습니다. 어느 날 그는 저에게 그런 취향은 자신이 타락했기 때문에 몸에 밴 것이 아니라, 어릴 때부터의 냉혹 무정하고 이상한 변질이 원인이며, 자신은 불행한 인간의 탄식소리에는 불감증이 되었으므로 동정하는 감정 따위는 품은 적이 없다고 단언했습니다. 제가 백작과 만난 뒤 알게 된 사실들은 그의 본질을 파악하는 데 중요한 것으로, 같은 인간이 세 가지 다른 욕정을 품고 있다는 것입니다. 그 하나에 대해서 이제부터 말씀드릴 텐데 나머지 하나에 대해서는 나중에 마르텐이 얘기할 것이고 마지막 하나도 데그랑주가 주인님들을 위해 그녀의 이야기 중에서도 가장 잔인하고 견디기 힘든 이야기로 말씀드릴 겁니다.

제가 백작을 위해 찾아낸 오두막과 그 주민(뤼실의 어머니와 동생)에 대해 알려주자 그는 몹시 기뻐했습니다. 그러나 도저히 그냥 둘 수 없는, 그의 재산과 승진에 관한 중요한 일이 갑자기 생겨서, 그 때문에 그는 2주일 정도 손을 놓을 수밖에 없었습니다. 그래서 우선 백작은 저에게 아무리 비용이 들어도 좋으니까 그 소녀를 납치해 그가 지정하는 곳에 숨겨놓으라고 지시했습니다. 처음부터 말씀드리지만, 그 장소가 바로 여기 있는 데그랑주의 숙소였던 것입니다. 저와 뤼실은 어머니와 딸이 재회할 준비를 하고 동생을 납치하기 위해 어머니가 사는 곳을 확인해두었습니다.

우리는 당장 일에 착수했는데, 저에게 충분히 교육을 받은 뤼실은 어머니를 만나자마자 재회를 기뻐하기는커녕, 자기가 방탕한 삶에 몸을 던지게 된 것은 어머니의 탓이라며 하고 싶은 온갖 말을 다하면서 어머니에게 욕을 퍼부어, 딸과의 재회를 기뻐하고 있는 가련한 여인의 마음을 갈기갈기 찢어놓았습니다. 그러한 어머니와 딸의 만남을 보고 있던 저는 미리 짠 각본대로 가련한 여인에게 "나는 당신 딸을 불순한 생활에서 구해주었고 마찬가지로 동생도 기꺼이 맡아 행복하게 해주겠다"고 제의했습니다. 그러나 계획은 실패하고 말았습니다. 불행한 여자는 울음을 터뜨리고, 자기는 이제 늙고 쇠약해져서 딸에게 신세를 지지 않으면 안 되며, 이 딸은 저에게 남겨진 유일한 구원이니 딸을 빼앗기는 것은 생명을 빼앗기는 것과 다름없다고 말한 것입니다.

주인님들, 부끄러운 일이지만, 여자가 하는 말을 듣고 있던 저는 마음 깊이 어떤 감정의 움직임을 느끼기 시작하여, 이제부터 시작하려는 무서운 악업의 마무리를 생각하면서 음락이 더욱 증대되어가는 것을 알았습니다.

저는 여자에게 어차피 가까운 시일 안에 뤼실이 신뢰하는 신사와 함께 다시 한번 만나러 올 텐데, 그 신사가 당신에게 충분한 도움을 줄 거라는 말을 남기고 둘이서 돌아왔습니다. 저는 열다섯 살이 되는 소녀를 잘 관찰해두었는데, 멋진 몸매에 아름다운 피부와 이목구비가 단정한 용모를 지닌, 확실히 투자할 만한 가치가 있는 소녀였습니다. 저는 그 소녀를 손에 넣기 위해 온갖 책략을 다 썼기 때문에 그로부터 사흘 뒤 결국 그 소녀가 제 숙소로 왔습니다. 소녀의 몸을 샅샅이 살펴보았는데 오랫동안 제대로 먹지도 못했을 텐데 매력적인 데다 아주 싱싱하고 탄력이 있어 보였습니다. 저는 소녀를 데그랑주에게 넘겨주었고, 그것은 저의 첫 번째 창녀거래였습니다.

중요한 용건을 마친 백작이 찾아왔기에 뤼실은 그를 어머니가 있는 곳으로 안내했는데, 여기서부터 제가 주인님들께 말씀드릴 광경이 시작됩니다. 백작은 두 건달을 고용하여 아파트 계단에 배치하고, 계단을 오르내리는 사람들을 엄중하게 막아 집 안에서 소동이 발생해도 뒤탈이 없도록 해두었습니다. 얼어붙는 듯한 한겨울인데도 어머니는 온기가 없는 방에서 침대에 누워 있었습니다. 침대 곁에 약간의 우유가 든 그릇이 놓여 있었는데 백작은 방에 들어가자마자 그 안에 오줌을 누었습니다. 백작은 "어이, 노파. 당신 딸과 함께 왔어. 너의 사랑스런 딸은 정말 대단한 여자야. 우리는 불행한 당신을 도우러 온 것이니, 도대체, 무엇이 힘든지 자세하게 말해보시오" 하면서 침대 곁에 앉아 뤼실의 엉덩이를 더듬기 시작했습니다. 선량한 여자는 "아, 당신은 이 닳고 닳은 여자와 함께 날 도와줄 생각이 아니라 괴롭히려고 온 것 아닌가요" 하고 대답했습니다. 백작은 "뭐, 닳고 닳은 여자라고? 당신은 자기가 낳은 딸을 모욕하는 것이오?" 하면서 일어나더니 어머니를 낡은 침대에서 끌어내리고 이렇게 말했습니다. "자, 무릎을 꿇고 딸에게 사과하고 용서를 빌어." 어머니는 저항할 방법이 없었습니다. 백작이 "뤼실, 페티코트를 위로 걷어 올리고 엉덩이를 드러내 네 어미에게 네 엉덩이에 키스를 하게 해. 이 여자는 네 엉덩이에 키스를 하도록 정해져 있어. 그것으로 두 사람은 원래의 사이로 돌아가는 거야" 말하자 뤼실은 가련한 어머니에게 욕설을 퍼붓고 악랄하게 어머니의 얼굴에 엉덩이를 비벼댔습니다. 백작은 어머니에게 침대로 돌아가는 것을 허락하고 "무엇이 힘든지 모두 말해봐. 도와줄 테니" 하고 말을 이었습니다.

불행한 처지에 있는 인간은 남이 하는 말을 믿고 한숨짓고 슬퍼하는 법인데, 뤼실의 어머니도 쓰라린 사정을 낱낱이 말하고, 특히 작은딸이 납치당한 것을 탄식했습니다. 그리고 화가 난 듯이 뤼실을 꾸짖으면서 말했습니다. "너와 함께 온 여자가 내 어린 딸을 돌봐주고 있다고 말했지만 아무리 생각해도 내 딸을 납치한 것은 저 여자다. 그러니 넌 그 아이가 있는 곳을 알고 있을 거야……." 백작은 뤼실에게 페티코트를 벗게 하고 그녀의 아름다운 엉덩이에 키스하면서, 바지에서 그것을 꺼내고, 어머니에게 질문을 하거나, 어머니의 대답을 들으면서 비비기 시작하여 음험한 음욕의 자극을 즐거운 듯이 조절하고 있었습니다. 어머니가 "지금까지 열심히 벌어서 나를 위해 먹을 것을 사다준 작은딸이 사라져서 나는 나리께서 버린 약간의 우유만으로 나흘 동안 연명해왔는데 왠지 죽어버릴 것 같은 기분입니다" 하고 말하자, 백작은 뤼실의 엉덩이를 힘껏 잡고 어머니의 얼굴을 향해 사정을 하면서 말했다. "그래, 이 창녀야. 그렇다면 차라리 죽어버리지 그래. 당신이 없어도 세상은 조금도 곤란하지 않아. 난 아무것도 후회하지 않아. 만일 후회한다면 당신 생명을 더 빨리 단축시키지 못하겠지."

그러나 백작은 사정을 한 정도로 만족할 단순한 인간이 아니었습니다. 뤼실도 자신의 역할을 잘 알고 있었기 때문에 어머니가 백작의 의도를 눈치채지 못하도록 유의했습니다. 백작은 방 안을 여기저기 찾아다니다가, 옛날에 어머니가 손에 넣은 재산 가운데 남아 있는 유일한 물품이라고 할 수 있는 은컵을 발견하자, 그것을 주머니에 넣었습니다. 그러한 모욕적인 장난에 자극받은 백작은 그것이 다시 발기하여, 어머니를 침대에서 끌어내리더니 발가벗기고 뤼실에게 자기의 그것을 비비도록 지시한 뒤 "내 장난은 이 정도에서 그치지 않을 것이니 잘 기억해둬. 난 반드시 너희 자매를 손에 넣을 것이므로 조만간 여동생의 소식을 알려주마" 하고 말했습니다. 그는 이 불행한 가족을 덮칠 파멸을 상상하며 잔인한 음락을 불태우면서 황홀경에 빠지자, 뤼실에게 그것을 더욱 세게 비비게 하고, 어머니의 가냘픈 몸 위에 몇 번이나 사정을 한 뒤 방에서 나갔습니다.

그 뒤의 일에 대해서는 두 번 다시 다루게 될 일이 없으므로 주인님들은 잘 들어주십시오. 저는 백작에 못지않은 악당의 모습을 발휘했습니다. 저를 신뢰하고 있던 백작은 저에게 다음 계획을 털어놓았습니다. "한시라도 빨리 동생을 데려와. 그 어미도 바로 납치하고. 그리고 뤼실의 엉덩이가 매우 마음에 드는데, 그녀를 나에게 넘겨다오. 가족 모두를 파멸시키고 싶다." 저는 뤼실을 좋아했지만 그 이상으로 돈을 더 좋아했기 때문에 백작이 세 사람의 몸값으로 엄청난 거금을 제시하자 모든 것을 승낙하고 말았습니다. 나흘 뒤에 뤼실 자매와 어머니가 함께 있게 되었는데, 그 뒷일에 대해서는 데그랑주가 언젠가 말씀드릴 것입니다. 삽화적인 사건을 이야기하느라 본 줄거리를 중단하고 말았지만 주인님들께 도움이 될 이야기라고 생각합니다.'

뒤르세는 "잠깐만, 그런 이야기는 냉정한 기분으로는 들을 수가 없어. 언어로는 표현할 수 없다는 생각이 드는데 이야기 도중에 절정에 이르고 싶은 것을 참고 있었지. 날 편하게 해주면 안 될까?" 하고 미셰트와 파니, 젤라미르와 퀴피동, 테레즈, 아델라이드를 데리고 작은 방으로 들어가버렸다. 얼마 지나자 비명소리가 들려왔는데 아델라이드가 울면서 돌아와 뒤클로에게 하소연했다. "왜 남편에게 무서운 이야기를 들려주었어요? 남편이 완전히 흥분하는 바람에 난 심한 꼴을 당하고 말았어요." 그동안 다른 일당도 시간을 허비하고 있었던 건 아니지만, 그들이 어떻게 즐겼는지 지금으로서는 밝힐 수 없는 일이므로 여기서 무대의 막을 내리는 것을 이해해주기 바라며, 그날 밤 뒤클로에게 남겨진 네 가지 이야기를 옮기기로 한다.

'뤼실이 나간 지 일주일 뒤의 일인데 이상한 버릇을 지닌 악당이 숙소에 찾아왔습니다. 며칠 전부터 그 사나이는 미리 어떤 주문을 했기 때문에 저는 그가 시키는 대로 했습니다. 저는 제 방에 있는 의자가 딸린 변기에 많은 배변을 하고 여자애들에게도 통 안에 배변을 시켜두었습니다. 그 사나이는 사부아지방 사람처럼 변장한 모습으로 아침에 찾아왔는데, 제 방을 깨끗이 청소하고 의자에서 변기를 꺼내 밖에 버리려고 나가더군요. 상당히 오랫동안 돌아오지 않던 그는 제 방에 돌아오자 저에게 변기를 보여주고 완전히 깨끗하게 해두었으니 사례를 하라는 것입니다. 저는 미리 그가 말한 대로 "사례라니, 이게 바로 그 사례다" 하면서 빗자루로 두들겨 패자 그 사나이는 달아나려고 했습니다. 저는 도망치는 사내를 붙잡아 다시 실컷 패주었습니다. 그런 일을 적어도 열두 번 이상 되풀이하자 "나를 불구자로 만들 셈인가, 아니면 죽일 작정인가? 마음씨 좋은 여주인으로 생각했는데 이건 완전히 불한당의 집이군" 하고 큰 소리를 지르며 계단을 내려가면서 절정에 이르고 말았습니다.

어떤 손님은 울퉁불퉁한 작은 봉을 담은 상자를 가지고 와서 저에게 그 봉을 요도에 끼워달라는 것이었습니다. 저는 페티코트 앞자락을 걷어 올려 음부를 보여주면서 시키는 대로 손님의 요도에 억지로 봉을 끼워넣고 포경인 그 것의 껍질을 비벼주자 제 음모 위에 사정하고 말았습니다.

6개월 뒤, 어느 수도원장은 저에게 타고 있는 촛불을 쥐어주고, 그것과 음낭 위에 촛농을 떨어뜨려달라고 부탁했습니다. 그는 저에게 그것을 만져달라고 하지 않고 양초의 자극만으로 절정에 이르고 만 것입니다. 그것은 전혀 발기하지 않았으며, 초가 잔뜩 묻은 모습은 인간의 도구로 보이지도 않았습니다.

그 수도원장의 친구는 여자에게 부탁하여 자신의 엉덩이에 많은 금침을 꽂게 하고는 엉덩이가 온통 바늘로 뒤덮이자, 그대로 의자에 앉아 마음껏 침의 자극을 누렸습니다. 그리고 눈앞에 뒤로 등을 돌린 한 여자를 세워 엉덩이를 최대한 벌리게 하고, 스스로 그것을 비벼서 여자의 엉덩이 구멍에 사정을 하고 말았습니다.'

공작이 "뒤르세, 뒤클로의 이야기처럼 자네의 포동포동한 엉덩이에 금침이 잔뜩 꽂혀 있는 광경을 보고 싶군. 틀림없이 재미있을 거야." 뒤르세가 대답했다. "공작, 당신도 알고 있겠지만, 난 40년 동안 영광스럽게도 모든 점에서 당신을 모델로 삼아왔네. 그렇기 때문에 당신이 모범을 보여주면 기꺼이 실행하겠어." 법원장은 "그건 그렇다 치고, 이건 신을 모독하는 말이 될지도 모르는데(법원장의 입에서 그런 말이 나온 것은 처음 있는 일이었다), 뤼실의 이야기 덕택에 그것이 완전히 단단해지고 말았어. 지금까지 꾹 참고 있었지만 머릿속은 뤼실의 이야기로 가득해. 세 여자들이 하는 이야기의 결말을 어떻게든 알고 싶군. 세 사람을 모두 같은 무덤에 묻어주고 싶군"이라고 말하면서 배에 붙어 있는 자신의 그것을 보여주고는 "이것 좀 보게, 내가 거짓말을 하고 있는지 아닌지를 알 수 있을 거야" 하고 말했다. "퀴르발, 진정해. 앞일을 예측하는 건 아직 일러. 당신은 지금 당장이라도 철봉이나 수레, 가로대 같은 고문도구에 대한 이야기를 듣고 싶은 거겠지. 당신들 사법관은 사형을 선고할 때마다 그것을 발기시키려 하는데 당신도 그런 자들과 똑같군." 공작의 이 말에 법원장이 반박했다. "사법관 따위는 아무래도 좋아. 내가 뒤클로의 이야기에 감탄했다는 것, 뒤클로는 대단한 여자라는 것, 나는 그녀의 이야기를 듣고 견딜 수 없는 상태가 되고 말았다는 것, 나는 당장이라도 거리로 나가 마차를 습격해 승객의 금품을 털고 싶은 기분인 건 사실이니까." 이번에는 주교가 말했다. "법원장, 냉정하게 처신하지 않으면 곤란해. 그렇지 않으면 우린 이곳에 안전하게 숨어 있을 수 없게 되지 않소. 까딱 잘못해서 옆길로 나가지는 말아야지, 교수형을 당하고 싶지 않으면." "뭐라고, 교수형? 지금 농담하는 건가? 교수형이 되는 건 자네가 아니야. 나는 진심으로 그렇게 생각하는데, 여기 있는 여자애들, 특히 내 긴 의자에 암송아지처럼 누워 있는 공작부인, 약간의 정수가 자신의 자궁 안에서 모습을 바꾸는 중인 것을 핑계로 아무도 손대지 못할 거라고 우습게 여기고 있는 여자를 교수형에 처하고 싶어." 법원장이 이렇게 말하자 콩스탕스가 놀라 항의했다. "무슨 말씀을 하시는 거예요. 법원장님이 배부른 여자를 얼마나 싫어하고 있는지 잘 알고 있어요. 난 당신이 나의 상태를 염려해주리라고는 털끝만치도 생각하지 않고 있어요." 콩스탕스의 말을 듣고 흥분한 법원장은 "대단해. 바로 그거야. 놀랬어" 하고 말하면서 그녀의 멋진 배에 뭔가 모독적인 짓을 하려고 했는데, 뒤클로가 그것을 가로막고 나서서 "따지고 보면 제 이야기로 비롯된 것이니 기분을 푸시러 저와 함께 가실까요?" 말하자, 법원장은 뒤클로 말고도 오귀스틴과 에베, 퀴피동, 테레즈도 데리고 작은 방으로 들어갔다. 얼마 지나자 법원장의 신음소리가 들려왔다. 뒤클로가 여러모로 신경을 썼지만, 법원장이 에베를 마구 괴롭혔기 때문에 에베는 눈물을 흘리며 나왔다. 독자 여러분에게는 미안한 일이지만, 법원장이 무슨 짓을 했는지, 아직 시기가 이르기 때문에 이야기할 수 없음을 용서해주기 바란다. 조금 더 참아주면 모든 것을 명확하게 밝힐 생각이다. 법원장은 멧돼지 같은 소리를 지르면서 일당끼리 쓸데없는 약속을 정하는 바람에 마음 편히 사정도 할 수 없다고 푸념했다.

　저녁식사가 끝나자 일당은 그 주의 징벌집행에 착수했다. 그날의 징벌 대상은 소피와 콜롱브, 젤라미르, 그리고 아델라이드뿐이었다. 날이 저물 무렵부터 뒤르세는 아델라이드에 대해 몹시 흥분하여 그녀를 그냥두지 않았다. 소피는 뒤클로의 백작 이야기를 들으면서 울고 있었던 것이 발견되어 일당은 주초의 그녀의 위반에 그 사소한 위반까지 추가했다. 그날의 예쁜 신혼부부인 콜롱브와 젤라미르는 공작과 법원장에게 잔인하고 엄격한 징벌을 받았다.

활력이 넘치는 공작과 법원장은 오늘 밤은 자고 싶지 않으니 마실 것을 가져오라 하고는 이야기꾼 네 사람과 쥘리를 불러 밤을 지냈다. 쥘리는 날이 갈수록 방탕해져서 귀여운 여자로서 일당이 특히 주목하는 한 사람이 되었다.

11월 22일

그날 아침 뒤르세가 응접실로 찾아가자 난롯불은 아직 벌겋게 타고 있고 일당 두 사람과 5명의 여자들이 세상모르고 죽은 듯이 자고 있었다. 알몸인 쥘리는 미덕도 조신함도 다 팽개치고 아버지인 공작과 남편 법원장 사이에 누워 있었는데 일당 가운데 두 사람이 번갈아 그녀를 즐긴 모양이었다. 뒤클로는 세 사람의 음락을 도왔는지 그 옆에서 자고 있고 다른 이야기꾼들은 난로 앞에 포개져 있었다. 어젯밤 공작과 법원장이 난잡하게 군 덕분에 일당은 거의 아무것도 할 수 없게 되어 일상적인 행사를 거의 잊고 있었다. 그리고 제각기 멍한 기분으로 아침 식탁에 앉았는데, 정신을 되찾은 것은 커피시간이 된 뒤부터였다. 로제트와 소피, 젤라미르와 지통이 커피를 제공했다. 법원장은 기운을 되찾기 위해 지통의 배설물을 먹었고, 공작은 로제트의 배설물을 입에 넣었으며, 주교는 소피에게, 뒤르세는 젤라미르에게 그것을 빨게 했지만 사정은 아무도 하지 않았다.

밤이 되자 일당은 집회실로 갔다. 주역인 뒤클로가 간밤의 폭음과 난행 때문에 반쯤 환자처럼 되어 흐리멍덩한 눈으로 다섯 가지 이야기를 짧게 했을 뿐이었다. 그래서 독자를 위해 그녀의 다소 혼란스런 이야기를 간단히 정리해서 전하기로 한다.

제1화 어느 사나이는 은으로 만든 관장기에 더운물을 넣어, 자기 엉덩이 구멍을 스스로 마찰하다가 사정하는 순간 속까지 관장기를 삽입했습니다. 그는 누구의 손도 빌리지 않고 완전히 자기 혼자서 즐겼습니다.

제2화 어느 사내나 똑같은 취향의 소유자였는데 크고 작은 다양한 관장기를 준비하여, 여자에게 부탁해 작은 관장기부터 차츰 큰 관장기를 사용하여 관장한 뒤, 마지막에 거대한 총구를 삽입했을 때 사정을 하는 점이 달랐습니다.

제3화 어떤 사내에게는 극히 불가사의한 의식이 필요했습니다. 처음에 여자에게 커다란 관장기를 삽입하게 하고 여자가 관장기를 빼면 배변을 하여, 자기가 배설한 것을 먹으면서 여자에게 채찍질을 하게 합니다. 그것이 끝나면 여자에게 또 관장을 해달라고 해서 여자가 관장기를 빼면, 이번에는 여자가 배변을 하고 사내가 여자가 배설한 것을 먹는 동안 여자가 그를 채찍으로 때리지요. 다음에 여자는 세 번째 관장을 하는데 이번에는 여자가 그 사내에게 아무것도 하지 않고 그는 여자의 배설물을 다 먹은 순간에 사정하는 것입니다.

제4화 어떤 사나이는 여자에게 온몸의 관절을 끈으로 묶게 하고 감미로운 사정을 즐기기 위해 여자에게 숨이 거의 끊어질 정도까지 끈으로 목을 조르게 한 뒤 여자의 엉덩이 구멍을 향해 사정했습니다.

제5화 어느 사나이는 스스로 귀두를 가는 끈으로 묶습니다. 방 한구석에 서있던 알몸의 여자가 그 끈을 자기 가랑이를 통해서 앞으로 당기면서 걸으면 사나이는 여자의 엉덩이를 보면서 끌려가 사정을 하는 것입니다.

일을 마친 뒤클로가 지쳐서 방으로 돌아가 쉬게 해달라고 청원하자 일당은 허락하고 나서 약간의 장난을 친 뒤 저녁식탁에 앉았는데, 특히 주역인 공작과 법원장은 언짢은 표정이었다. 그래서 이 도락자들은 보기 드물게 향연을 간소하게 끝내고 그날 밤에는 모두 조용히 잠자리에 들었다.

11월 23일

공작은 아침인사를 하면서 법원장에게 말했다. "퀴르발, 당신은 절정에 이를 때 도대체 왜 그렇게 큰 소리를 지르고 신음소리를 내는 거요? 악마가 당신에게 그런 소릴 내게 하는 건가? 난 당신처럼 격렬하게 절정에 이르는 사람은 본 적이 없소." "왜냐고? 자네 신음소리가 훨씬 멀리서도 들려. 그런데 나만 가지고 그러는 건 좀 심하지 않나? 나의 조용한 외침은 나의 과민한 신경조직에서 오는 거라네. 우리의 정욕을 자극하는 대상이 신경 속을 흐르고 있는 전기 용액에 심한 충격을 주기 때문이지. 전기 용액을 구성하고 있는 동물의 영기(靈氣)가 받는 충격이 너무나 격렬해서 조직 전체가 흔들리는 거야. 그래서 고통이라는 심한 정동(情動)을 견딜 수 없는 것과 마찬가지로, 쾌락이라는 무서운 충격을 도저히 견디지 못해 자연히 소리가 터져나오게 되는 거라네." 법원장의 대답에 공작이 말했다. "꽤 그럴듯한 설명이군. 그건 그렇다 치고 당신의 동물적인 영기를 그렇게 뒤흔들 수 있는 감미로운 대상은 도대체 뭔가?" 법원장이 설명했다. "난 침대 속 친구인 아도니스의 입과 그것, 그리고 엉덩이 구멍을 마음껏 빨고 있었지. 그런데 우리의 하찮은 약속 때문에 그 이상은 할 수가 없어서 그동안 안티노우스와 자네 딸 쥘리가 각자의 특기로 나의 전기 용액을 비워주었기 때문에 그 유출 덕분에 자네 귀를 놀라게 하는 신음소리가 터져나온 거라네." 공작이 "그렇다면 오늘은 완전히 지쳐버렸겠군" 하고 말하자 법원장이 반박했다. "천만에. 나의 행동을 관찰해보게. 자네에게 결코 뒤지지 않을 테니까." 둘이서 그 같은 대화를 나누고 있는데 뒤르세가 와서 아침 식사 시간이 되었다고 알렸다.

소녀들의 하렘으로 가자 알몸인 8명의 매력적인 소녀들이 일당에게 커피와 차를 내왔다. 공작이 월당번인 뒤르세에게 물었다. "이 뜨거운 물에 든 것은 도대체 뭔가?" 뒤르세가 대답했다. "자네가 우유를 원할 때 필요한 거네. 어때, 우유를 마시겠나?" 공작이 "아, 마시고 싶군" 하고 이야기하자 뒤르세가 명령했다. "오귀스틴, 주인님에게 우유를 드려라." 그 말에 소녀는 뜨거운 물로 데운 공작의 컵 위에 귀여운 뒷문을 대고 투명하고 신선한 우유를 흘려 넣었다. 일당 세 사람은 뒤르세의 그러한 장난에 크게 웃고 제각기 소녀들에게 우유를 요구했다. 모든 소녀의 엉덩이가 오귀스틴처럼 우유를 제공할 수 있는 상태에 있었는데, 그것은 월당번인 뒤르세가 일당에게 주는 뜻하지 않은 선물이었다. 파니는 주교의 컵에, 젤미르는 법원장의 컵에, 미셰트는 뒤르세의 컵에 우유를 흘려 넣었다. 일당이 다른 컵을 요구하여 다른 4명의 소녀가 새로운 컵 안에 우유를 따랐다. 그것에 흥분해버린 주교는 소피에게 우유와는 다른 것을 넣어달라고 말하자 그녀는 앞으로 나와 주교의 요구를 만족시켰다.

소년들의 하렘으로 가자 공작은 지통에게, 법원장은 젤라미르에게 배변을 시켜 맞을 보았다. 그날 교회당 화장실 사용이 허용된 것은 네 사람뿐이었다. 넷 가운데 한 사람인 로제트는 간밤에 소화불량을 일으키는 간식을 강제로 먹었기 때문에 참을 수가 없어서 엄청나게 많은 양을 배설하고 말았다. 일당은 뒤클로의 비결을 찬양하고 그때부터 매일 그의 비결을 이용하여 큰 효과를 보았다. 시끌벅적한 아침식사는 대화에 활기를 주어 일당은 같은 종류의 음락에 대해 다양한 상상을 펼쳤는데, 그것에 대해서는 언젠가 독자에게 이야기할 기회가 있으리라고 생각한다.

커피시간이 되자, 일당은 동갑내기인 오귀스틴과 젤미르, 역시 동갑인 아도니스와 제피르에게 커피를 내오게 했다. 공작이 어린 소녀 오귀스틴의 엉덩이 구멍을 손가락으로 농락하면서 가랑이 사이에 그것을 넣자, 그것을 본 법원장은 젤미르에게, 주교는 제피르에게 똑같은 짓을 하고, 뒤르세는 아도니스의 입 안에 그것을 집어넣었다. 간밤에 소화불량의 실험대가 된 오귀스틴은 용변을 참을 수 없으니 조금이라도 하게 해달라고 간청했다. 법원장은 잠깐 기다리라고 하더니, 젤미르의 몸을 떼어놓고 팡숑에게 자기의 그것을 비비게 하고는 오귀스틴에게 많은 양을 배설하게 하여 세 입에 다 삼켜버린 뒤, 팡숑의 두 손에 넘칠 만큼 많은 양을 사정하면서 큰 소리로 외쳤다. "공작, 보았나? 간밤의 난행은 나에게 아무런 영향도 주지 않았어. 자네가 졌네." 그 말에 공작은 "내가 당신한테 졌다고?" 하더니, 배변을 하려는 젤미르에게 오귀스틴과 똑같은 봉사를 시키고 벌렁 누우면서 큰 소리를 지르고는 젤미르의 배설물을 다 먹고 미친 듯이 사정했다. 주교가 뒤르세에게 "공작도 퀴르발도 서로 대단하군요. 우리 두 사람은 뒤클로의 이야기를 들을 때까지 잘 간직해둡시다" 하고 말하자 뜻대로 사정을 하지 못하는 뒤르세는 기꺼이 찬성했다.

한동안 낮잠을 잔 일당이 집회실로 가자 뒤클로는 호색에 대한 멋진 이야기를 다시 풀어내기 시작했다.

'주인님들, 방탕으로 마음이 마비되고 명예와 섬세한 감정이 황폐해져서, 자신의 품위를 잃게 하고 타락시키는 행위만을 좋아하고 열광하는 사내들이 세상에 많이 있는 것은 무엇 때문일까요? 그런 사내들에게는 치욕의 한복판에 자신의 몸을 두어 타인으로부터 명예를 잊은 비열한 인간이라는 비난을 받는 것만이 기쁨일까요? 제가 이제부터 주인님들께 말씀드리는 몇 가지 본보기는 저의 그러한 생각이 올바르다는 것을 증명해주리라 믿습니다. 확실히 그런 사내들의 쾌락에는 생리적인 흥분도 들어 있겠지만, 대부분은 강력한 정신적인 흥분이 그것을 받쳐주고 있는 것이 틀림없다고 생각합니다. 그래서 그런 사내들은 생리적인 자극과 동시에 정신적인 자극을 받지 않으면 흥분하지 않는 것입니다.

어떤 손님이 가끔 제 숙소로 놀러 왔습니다. 그 손님의 이름과 직업은 잊어버렸지만 신분이 높은 사내였던 것은 기억하고 있습니다. 그에게는 제가 데리고 있는 여자의 미모나 나이 따위는 아무래도 상관없고 여자가 지시된 역할을 잘 수행하느냐 아니냐가 문제였습니다. 그 손님은 언제나 아침에 찾아왔는데, 상대하는 여자는 페티코트를 배까지 걷어 올리고 자위를 즐기는 듯한 모습으로 침대에 누워서 그를 기다리고 있었습니다. 사내는 마치 잘못 찾아간 것처럼 여자의 방으로 들어갔습니다. 여자는 방에 들어온 사내를 보고 자못 놀란 척 침대에서 뛰어내리면서 소리쳤습니다. "이 악당이 무엇 하러 여기 온 거야. 이 불한당, 누구의 허락을 받고 나를 방해하는 거지?" 사내는 손이 발이 되도록 싹싹 빌었지만 여자는 용서하지 않았습니다. 여자는 그에게 온갖 욕설을 다 퍼붓고는 갑자기 달려들어 발로 사내의 엉덩이를 힘껏 차버렸습니다. 그리고 사내는 더욱 격렬한 공격의 표적이 되었는데 그는 공격을 피해 달아나는 척하면서도 일부러 뒤를 보이면서 엉덩이를 내밀었습니다. 그래서 여자가 더욱 발로 차면서 욕설을 퍼부으면 그는 한결같이 용서를 빌지만 더욱 발길질을 당하고 무시당할 뿐이었습니다. 그러는 동안 흥분한 사내는 여자에게 계속 차이면서도 바지에서 재빨리 그것을 꺼내 서너 번 손으로 비비자 절정에 이르고 말았습니다.

다음 손님은 더욱 참을성 강하고 그런 일에 훨씬 익숙한 사람이라, 거리를 오가는 사람이나 항만노동자 같은 시골사람 말고는 상대하려 하지 않았습니다. 그 손님은 제가 상대한 사내가 방에서 돈 계산을 하고 있는 곳에 몰래 들어갔습니다. 그러자 상대인 무례한 사내는 갑자기 "도둑이야!" 하고 외치면서 손님을 붙잡아 욕설을 퍼붓고 발길질을 해버렸습니다. 하지만 그는 앞의 손님과 달리 바지를 내려 엉덩이를 드러내고 선 채, 상대가 징이 박힌 진흙투성이 구두로 엉덩이 한가운데를 뻥 차버리는 대로 당하고 있었습니다. 절정이 다가오자 그 손님은 결코 달아나지 않고 방 한가운데에 가만히 서서 자기 손으로 그것을 힘주어 비비면서 상대의 공격을 견디고 있었습니다. 그리고 차라리 죽는 게 기쁘다고 말하면서 절정에 이르렀습니다. 제가 그 손님에게 소개하는 상대는 몸이 튼튼하고 더러운 구두를 신은 최하층민일수록 더욱더 만족스러운 결과를 얻을 수 있었습니다. 그래서 저는 손님의 도락을 한층 더 부추기기 위해, 화장을 하고 예쁘게 치장한 여자를 보살피는 경우처럼 세심한 배려를 해야만 했습니다.

다음 손님은 사창가에서 하렘이라 불리고 있는 색다른 행위[8]를 좋아했습니다. 저는 두 사내를 고용해 제각기 역할을 정해주고 손님 앞에서 싸움을 시작하게 했습니다. 손님이 중재에 나서자 두 사람이 오히려 손님에게 덤벼들었기 때문에, 손님은 무릎을 꿇고 용서를 빌었지만 전혀 받아들여지지 않았습니다. 그뿐만이 아니라 둘 중 한 사람이 손님에게 달려들어 등나무 회초리로 마구 때리자 손님은 미리 준비해둔 다른 방으로 몸을 피했습니다. 그러자 그 방에는 여자가 기다리고 있다가 울며 보채는 아기를 달래듯이 손님을 껴안아 달래주었고, 여자가 페티코트를 걷어 올려 엉덩이를 드러내자 손님은 그 엉덩이 위에 사정을 했습니다.

다음 손님도 앞의 손님과 마찬가지로 미리 약속해둔 두 사내에게 싸움을 시작하게 하고 자신이 중재에 나섰는데, 회초리로 자기 등을 계속 내리치자 두 사내 앞에서 자기의 그것을 비비기 시작했습니다. 그러자 두 사내는 손님에게 마구 욕을 퍼붓고 채찍질을 했습니다. 손님이 흥분하여 절정에 이를 것 같은 기미를 보이자 두 사내는 창문을 열고 갑자기 손님의 허리를 붙잡아 2미터 정도 아래의, 가축 똥이 섞여 있는 짚 더미 위에 던져버렸고, 손님은 그 순간 절정에 다다랐습니다. 그 손님은 사내들에게 모욕을 당하고 채찍으로 맞

---

8) 그 무렵 사창가의 놀이 가운데 하나인 것 같은데 상세한 내용은 알 수 없다.

아 정신적으로 흥분한 뒤 창문에서 던져진 충격으로 생리적으로도 흥분한 것입니다. 그러고 나서는 손님이 보이지 않았는데, 뜰에 나 있는 작은 출입구로(그는 열쇠를 가지고 있었습니다) 사라지고 만 것이었습니다.

　다음 손님은 여자와 함께 방으로 들어가 여자 엉덩이에 키스하면서 고문을 기다리고 있었습니다. 그러자 손님의 부탁으로 제가 고용한 무법자가 갑자기 문을 부수고 방 안에 침입해 손님에게 덤벼들면서, 무슨 권리로 내 정부에게 손을 대느냐며 검을 손에 쥐고 "자, 받아라!" 하고 위협했습니다. 그 무서운 서슬에 손님은 완전히 겁에 질려 무릎을 꿇고 바닥에 키스를 하고 무법자의 다리에도 키스하면서 "당장 여자를 돌려드리겠습니다. 여자 때문에 싸울 생각은 털끝만큼도 없으니 제발 살려만 주십시오" 용서를 빌었습니다. 손님이 아무 저항도 하지 않자 더욱더 고압적으로 나온 무법자는 겁쟁이에 아첨꾼, 계집질까지 하는 사내라고 욕설을 퍼부으면서 칼로 얼굴을 베어줄까 하고 위협했습니다. 무법자가 그렇게 포악한 짓을 하면 할수록 손님은 더욱 꼬리를 내리고 고개를 숙였습니다. 무법자와 손님 사이에 한동안 실랑이가 벌어진 뒤 무법자는 타협을 제의했습니다. 무법자가 "네놈이 겁쟁이라는 건 잘 알겠다. 그러니 내 엉덩이에 키스하면 용서해주마"라고 말하자 손님이 대답했습니다. "용서해주시는 겁니까? 무슨 일이든 시키는 대로 기꺼이 하겠습니다. 나를 해치지만 않으신다면 당신의 배설물에도 키스할 수 있습니다." 무법자가 칼을 칼집에 거두고 엉덩이를 내밀자 손님은 정신없이 사내 뒤에 무릎을 꿇었고, 무법자는 손님의 코끝에 여섯 번이나 방귀를 뀌었습니다. 그러자 손님은 사내의 엉덩이에 입을 맞추면서 기쁨이 절정에 이르렀고, 미친 듯이 흥분하여 사정하고 말았습니다.'

　뒤클로의 파렴치한 이야기를 듣는 동안 그것이 발기해버린 뒤르세는 더듬거리면서 말했다. "모두 도가 지나친 행위이지만 난 잘 이해할 수 있어. 품위를 떨어뜨리는 것을 좋아하고 경멸당하는 것을 기뻐하는 건 정말 명쾌하지 않은가? 자기를 더럽히는 명예롭지 않은 일을 끝없이 추구하는 인간은 치욕을 받는 데서 쾌락을 발견하고 비열한 인간이라는 말을 들으면 그것이 발기하지 않고는 못 배기게 되는 거야. 잘 알려져 있듯이 파렴치한 행위는 어떤 정신의 소유자에게는 기쁨을 주지. 그런 인간은 세상 사람들이 저자는 당연한 대가를 받는 것이고 오히려 그것을 좋아한다고 수군거리는 것을 기뻐하는 거야. 무슨 일에도 부끄러움을 느끼지 않게 된 인간은 대관절 어디까지 그럴 수 있는 건지, 보통 인간이라면 도저히 이해할 수 없지. 요컨대 자신의 선천적인 체액변성(體液變性)을 좋아하는 일종의 환자 이야기야." 법원장이 팡송의 엉덩이를 이리저리 주무르면서 말했다. "모두 파렴치에 관한 문제라네. 형벌조차 광적인 기쁨을 낳는 것을 본 적이 있을 거야. 대중이 보는 앞에서 망신을 당하면서 그것을 발기시키는 인간도 있지 않은가. 자네들은 ×후작의 이야기를 알고 있을 거야. 그는 인형처형의 선고를 들었을 때 바지에서 그것을 꺼내 '이제야 신을 모독할 수 있게 되었군. 마침내 소원을 이뤘어. 이제 오욕으로 더럽힌 신분이 되었으니 더 이상 나에게 상관하지 말고 내버려두란 말이야. 자, 절정이다!' 하고 외치지 않았느냐 말이야." 공작이 "그건 실제로 있었던 일이란 걸 알지만 그 원인을 설명해주지 않겠소?" 부탁하자 법원장이 대답해주었다. "원인은 인간의 마음에 있네. 인간은 온갖 방탕을 다한 끝에 일단 타락하여 품위가 떨어지고 나면, 마음은 어떤 악덕 경향을 띠게 되어 교정이 불가능해지게 되네. 마음이 악덕을 향하려고 할 때 보통은 부끄러움이 악덕에 대한 힘으로 맞서게 되는데, 그와 같은 것이 없어지고 말지. 그것이 마음에서 부끄러움이 사라지게 하고 부끄러움을 추방해버린 경우의 첫 번째 징후라네. 다음으로 부끄러움을 잊은 상태에서 타인으로부터 치욕을 당하고 기뻐하는 단계로 넘어가는 건 불과 한 걸음에 지나지 않아. 그리고 그때부터는 이제까지 불쾌하게 느꼈던 것이 쾌감으로 바뀌게 되어 파렴치를 연상시키는 것은 모두 정신적인 쾌락이 되고 만다네." 주교가 물었다. "도대체 어떤 악의 길을 따라가면 그와 같은 상태에 도달한다는 건가?" "물론 그런 의문이 들겠지. 그 길은 확실히 알 수 있게 만들어져 있는 건 아니지만, 악의 꽃으로 장식된 길을 한 걸음 한 걸음 나아가기만 하면 되네. 극단적으로 나쁜 품행을 한 번 저지르면 한 번 더 저지르고 싶다는 생각이 들게 되고, 충족되지 않은 상상력에 사로잡혀 차츰 목적지로 다가가게 되는 것이지. 그리고 악업에 익숙해져서 냉정하게 자기가 선택한 길을 걸어가면 되기 때문에 목적지에 이르면, 전에는 다소나마 미덕을 갖추고 있었던 마음이 이제는 하나의 미덕도 볼 수 없게 되고 마는 거라네. 강렬한 자극에 익숙해진 마음은 이제까지 자기를 도취하게 해준 약하고, 감미로움 없고, 멋없는 인상 따위는 물리쳐버리고 만다네. 오욕이나 불명예는 마음의 새로운 작용의 결과임을 감지하기 때문에 그런 것은 전혀 두렵지 않게 되고 오히려 익숙해지고 친숙해지는 거지. 파렴치나 불명예는 새로운 경지를 정복한 마음의 본질이 되어버리기에 마음은 그러한 상태를 선호하는 정도가 아니라 한층 더 애지중지하게 되어, 그것이 영원히 변치 않는 거네." 법원장의 설명을 들은 주교가 다시 물었다. "그러면 무엇이 마음의 교정을 곤란하게 만드는 것이오?" 법원장이 대답했다. "불가능하게 한다고 해야겠지. 아무튼 교정을 하려고 아무리 형벌을 가해도 잘 안 돼. 왜냐하면 그런 인간은 자신의 특징인 타락한 상태를 좋아하고 즐기고 기뻐하면서, 더욱 심하게 다뤄주기를 바라고 안달하기 때문이라네." 공작이 "인간이란 정말 수수께끼 같은 존재로군" 하고 중얼거리자 법원장이 말했다. "맞는 말이야. 그런 까닭에 어느 재치 있는 사람은, 인간은 인간을 이해하려고 하지 말고 그 인간과 쾌락을 함께 나누라고 말했다네."

저녁식사 시간이 되어서 일당은 대화를 중단하고 식탁에 자리를 잡았는데 법원장 말고는 아무 짓도 하지 않았다. 후식이 나오자 법원장의 그것은 악마처럼 발기하여 스무 배의 벌금을 내도 좋으니 어떻게든 소녀의 순결을 깨보고 싶다면서 자신을 위해 유보되고 있던 젤미르를 붙잡아 작은 방으로 들어가려고 했다. 놀란 세 사람은 그의 앞을 가로막고 우리도 약속을 깨고 싶은 마음은 굴뚝같지만 그래도 약속을 지키고 있다, 그러니 당신도 친구의 의리로 스스로 정한 규정에 따라달라고 부탁했다. 그런 다음 세 사람은 즉시 법원장이 좋아하는 그의 아내 쥘리를 부르러 보냈다. 쥘리는 법원장을 붙잡고 상빌, 브리즈퀼과 함께 집회실로 갔다. 일당 세 사람이 향연을 시작하기 위해 집회실로 가보니, 법원장은 가장 호색적인 모습으로 다양한 짓거리를 하면서 한창 격투하는 중이었다. 향연이 시작되자, 뒤르세는 하녀들로부터 엉덩이를 두세 번 차이면서 즐거워했고, 공작과 주교와 법원장은 마장들과 즐기면서 제각기 자연계로부터 주어진 능력에 따라 많든 적든 사정을 했다.

일당 세 사람은 법원장이 말한 파과(破瓜 : 처녀막이 찢어짐)의 공상이 다시 떠오르는 것을 염려하여 하녀들을 소년소녀의 하렘에 재웠다. 그러나 그 같은 배려는 불필요한 것이었다. 법원장을 밤새도록 놓아주지 않은 쥘리는 이튿날 아침, 간밤과는 딴판으로 얌전해진 그를 일당에게 돌려보냈다.

11월 24일

신앙심은 바로 영혼의 진정한 질병이다. 무슨 수를 써도 고쳐지지 않고 절대 낫는 법이 없다. 신앙심은 불행한 사람들을 위로해주고 그들의 고통을 달래준다는 망상을 주기 때문에 영혼 속에 쉽게 파고든다. 그런 만큼 불행한 사람의 영혼에서 신앙심을 도려내는 일은 다른 사람들의 경우보다 훨씬 어렵다. 아델라이드의 경우도 그랬다. 그녀는 자신이 놓여 있는 상황에 대해 누구보다 잘 알고 있었다. 아델라이드의 마음은 자기 자신이 이미 그 희생자의 한 사람이 되고만 불행의 시초가 어떤 결말을 가져오게 될지 명확하게 예감하고 있었고, 뒤클로의 이야기가 점점 끔찍해짐에 따라서 그녀 자신과 동료들에 대한 네 주인공의 처사도 더욱더 잔인해질 것임을 확실하게 이해하고 있었다. 그래서 눈앞에 방탕과 음락의 광경이 펼쳐질수록 그녀는 다양한 악행에서 언젠가 자기를 구출해줄 것이 틀림없는 위안의 신의 품에 몸을 맡겼다.

그러한 이유로 아델라이드는 틈만 나면 무척 좋아하는 소피와 함께 있으려고 했다. 그녀는 전에 한밤중에 소피를 찾아갔다가 호된 꼴을 당한 적이 있었고, 그때부터 감시가 엄격해졌기 때문에 더 이상 한밤중에 소피를 찾아가지는 않았지만, 조금이라도 기회를 발견하면 소피에게 달려갔다. 간밤에 주교와 함께 잔 그녀는 날이 밝자 주교의 침대에서 빠져나와 친한 소피와 얘기하기 위해 소녀들의 하렘으로 갔다. 그런데 월당번이었기 때문에 다른 일당보다 일찍 일어난 뒤르세가 아델라이드를 발견하고, 그녀에게 이건 동료들에게 보고해야 할 사항이며, 동료들은 너를 마음대로 처분할 것이라고 말했다. 아델라이드에게 유일한 무기는 눈물밖에 없었으므로 그녀는 울면서 일이 돌아가는 대로 맡기는 수밖에 없었다. 그녀는 뒤르세에게 소피가 자기 방에 온 것이 아니라 내가 소피에게 간 것이기 때문에 소피에게는 아무런 죄도 없다, 그러니 소피는 처벌하지 말아달라고 남편의 호의를 믿고 간청했지만, 뒤르세는 나는 아무것도 숨기지 않고 보고할 뿐이고 나머지는 징벌에 가장 큰 관심을 가지고 있는 다른 세 사람이 너를 얼마나 동정하느냐에 달려있다고 말했다. 또 뒤르세에게는 소피를 처벌하는 것만큼 재미있는 일은 없었기 때문에 뒤르세가 소피를 못 본 척 넘겨버릴 만한 동기가 있을 리도 없었다.

일당이 모이자, 뒤르세는 그 일을 보고했다. 아델라이드는 재범이었다. 법원장은 법원에 근무하고 있었을 때 머리 좋은 동료들이, 어떤 인간이든 재범은 교육이나 도덕원리보다 자연계의 힘이 강하게 작용하고 있음을 보여주는 증거이므로, 재범을 저질렀을 경우, 그 사람은 더 이상 자기 자신을 통제할 수 없게 되었음을 스스로 증명하는 것과 같다, 따라서 재범은 두 배로 벌을 받아야 한다고 주장하던 것을 상기했다. 그래서 법원장은 옛 동료들처럼 논리적으로 재치를 발휘하여 논지를 세웠고, 결국 두 사람에게 "우리의 상대가 되는 자가 신앙상의 행위를 했을 때는 그 행위가 어떤 것이든 사형에 처하게 된다"는 규칙을 엄격하게 적용해야 한다고 언명했다. 그렇지만 일당은 마지막 수단을 쓸 때까지 아델라이드와 소피를 조금이라도 오래 즐기고 싶었기 때문에, 두 사람을 불러내 무릎을 꿇게 하고 규칙의 적용조항을 읽어주어, 두 사람이 사형에 해당하는 중죄를 저질렀음을 몸으로 느끼게 했다. 그리고 지난주 토요일에 두 사람이 받은 벌의 세 배가 되는 벌을 언도하고 앞으로 두 번 다시 되풀이하지 않을 것을 맹세하게 한 다음, 만일 또다시 똑같은 일이 일어나면 단호하게 극형에 처한다고 선언하고 두 사람의 이름을 징벌명부에 기재했다.

뒤르세가 하렘을 검사한 결과 파니와 에베, 이아생트의 이름이 징벌명부에 추가되었다. 그것은 약간의 소화불량을 실험한 결과였다. 일당의 실험효과는 즉각 나타나서 가련한 두 소녀와 소년은 용변을 참지 못해서 징벌을 받게 되고 만 것이다. 변기 안의 증거는 다량이었기 때문에 뒤르세는 맘껏 즐길 수 있었다. 그래서 그날 아침에는 전에 없이 용변 허가를 청하는 자가 많아서 모두들 일당에게 비밀 식사법을 알린 뒤클로를 원망하고 비난했다. 많은 신청이 있었음에도 용변이 허용된 자는 7명뿐이었다.

일당은 한동안 그들의 용변 모습을 즐긴 뒤 아침 식탁에 앉았다. 뒤르세가 말했다. "퀴르발, 딸에게 종교교육을 받게 한 잘못을 이제 알았을 걸세. 이제 와서 그런 어리석은 짓을 말릴 수는 없겠지. 난 당신에게 언젠가 이렇게 될 거라고 예고했을 텐데." 법원장이 답했다. "역시 그 말이 맞았어. 난 딸에게 종교교육을 시키면 오히려 종교를 혐오하게 될 테고, 그 아이도 자라면 부끄러워해야 할 종교 교리의 어리석음을 틀림없이 깨닫게 될 거라고 생각했던 건데." 주교도 한마디 거들었다. "당신이 말하는 건 이성이 있는 인간에게는 통하겠지만 아이에게 기대해서는 안 되지." 아델라이드가 두 사람의 대화를 듣고 있는 것을 알아차린 공작이 말했다. "이젠 엄격한 수단을 휘두르지 않을 수 없게 된 것 같군." "결국 그렇게 될지도 모르지. 미리 아델라이드에게 말해두는데, 네가 남편인 나를 변호인으로 의지해도 별로 변호해줄 것이 없어." 뒤르세의 이야기를 듣고는 아델라이드가 울면서 말했다. "잘 알고 있어요. 모두들 저에 대한 주인님의 감정을 알고 있어요." 뒤르세가 발끈했다. "뭐, 내 감정이라고? 아름다운 부인, 당신에게 가르쳐드리지. 난 지금까지 어떤 여자에 대해서고 감정을 품은 적이 한 번도 없어. 나의 소유가 된 너에게는 특히 더. 난 종교도, 종교를 믿는 인간도 다 싫은 사람이야. 경고해두는데 네가 언제까지나 내가 경멸하는 치욕과 불쾌한 망상을 버리지 못한다면, 지금은 너에게 무관심하지만 곧 심한 혐오를 느끼게 될지도 몰라. 신을 인정하고 공경하는 건 마음을 잃어버리고 완전히 바보가 되지 않는 한 할 수 없는 일이야. 다시 한번 네 아버지와 신사들 앞에서 선언하는데, 네가 이번과 같은 과오를 되풀이한다면 내가 무슨 일을 저지를지 모르니까 단단히 각오를 해야 할 거야. 네가 그렇게도 신을 공경하고 싶다면 너를 수도원에 가둬둘걸 그랬구나. 그러면 너도 의지가 안 되는 신에게 실컷 기도를 할 수 있었을 텐데 말이야." 아델라이드는 울면서 대답했다. "수녀로 만들어주실 생각이 있었다면, 차라리 그렇게 해주셨으면 좋았을 텐데……."

아델라이드의 말에 화가 난 뒤르세는 갑자기 커다란 은접시를 그녀에게 던졌는데, 다행히 그녀는 그것을 피해 법원장과 안티노우스 사이에 쓰러지고 말았다. 벽에 부딪힌 접시가 충격으로 구부러졌을 정도였으니, 만일 그녀의 머리에 맞았다면 그녀는 죽었을지도 모를 일이었다. 법원장도 자기 딸에게 "이런 건방진 계집을 보았나. 네 배를 100번을 차도 성에 안 차” 하고 주먹을 날리고 발길질을 하면서 위협했다. “어서 무릎을 꿇고 네 주인에게 사과해라. 그렇지 않으면 우린 너에게 어떤 잔인한 징벌을 내릴지 모른다.” 아델라이드는 울면서 뒤르세의 발아래 몸을 던졌다. 접시를 던질 때 이미 그것이 발기해 있던 뒤르세가 “2만 프랑을 내도 좋으니까 접시를 명중시키고 싶었는데” 하면서 토요일의 징벌과는 별도로 그녀에게 즉시 본보기로 징계를 내리자, 오늘만은 사환이 없는 커피시간으로 해 그만큼 아델라이드를 즐기자고 제안했다. 일당 세 사람은 뒤르세의 제안에 찬성했다. 아델라이드는 4명의 하녀 가운데 가장 성질이 고약해서 소녀와 여자들이 두려워하고 있는 팡숑, 루이종과 함께 응접실로 끌려갔는데, 역시 사정으로 인해 그곳에서 무슨 일이 있었는지 독자들에게 아직 말할 수 없음을 양해해주기 바란다. 확실한 것은 일당이 충분히 사정을 하고 나서야 아델라이드에게 방으로 돌아가는 것이 허락되었다는 것이다.

그 뒤의 일을 생략하는 것을 용서하기 바라는데, 일당은 뒤클로가 이야기를 준비해 기다리고 있는 집회실로 가서 공작을 제외하고 제각기 아내 곁에 자리를 잡았다. 그날 공작은 아델라이드와 함께하기로 되어 있었는데 그녀를 오귀스틴과 교체시켰다. 준비가 끝나자 뒤클로가 이야기를 시작했다.

‘어느 날 제가 동료인 사창가의 포주에게 “세상에는 가시 있는 장미 가지나 소 힘줄로 만든 채찍으로 맞는 것을 좋아하는 사내가 있어요. 사실 나도 그런 도구로 사내들을 때려준 적이 있고, 맞고 있는 사내들을 눈앞에서 분명히 본 적도 있어요”라고 말하자 그 포주는 “지금이라도 더 기괴한 취미를 가지고 있는 사내를 볼 수 있는데, 그 증거로 내일 한 손님을 당신에게 보내드리겠어요” 하고 말했습니다.

이튿날 그녀는 그 손님이 찾아올 시간과 그 손님이 좋아하는, 연극 같은 의식의 순서에 대해 알려주더군요. 그 사내는 나이가 많은 숙소권리의 임대인으로, 그랑쿠르라는 이름이었던 것으로 기억하고 있습니다. 제가 상대하기로 되어 있었기 때문에 필요한 것을 모두 준비하고 사내를 기다렸습니다. 함께 방으로 들어가자 저는 그 포주가 일러준 대로 말했습니다. “잘 오셨습니다. 하지만 당신에게 나쁜 소식을 전하게 되어 괴롭군요. 그래도 말씀드리자면, 당신은 수배를 받고 있는 죄인이므로 이제 이곳에서 나갈 수 없다는 것입니다. 나는 고등법원의 엄명으로 당신에게 판결을 집행하도록 되어 있습니다. 집행장은 내 호주머니에 들어 있습니다. 주인이 당신을 나에게 오도록 한 건 함정이었습니다. 그녀는 문제가 되고 있는 당신의 사건을 알고 있기 때문에 만일 당신을 도울 생각이 있었다면 도울 수 있었을 거예요. 당신은 자신이 연루된 사건에 대해 알고 있을 겁니다. 당신처럼 기괴하고 무서운 범죄를 저지르고도 벌을 받지 않는 건 있을 수 없는 일이지요. 하지만 내 덕에 당신은 어렵지 않게 곤경에서 벗어날 수 있으니 그래도 행운이라고 해야겠죠." 사내는 저의 설교 같은 긴 이야기에 귀를 기울이더니, 제 말이 끝나자 갑자기 울면서 제 무릎에 몸을 던지고는 제발 징벌을 면하게 해달라고 빌었습니다. "잘 알고 있습니다. 나는 신과 사법을 거스르고 가당치도 않은 일을 저지르고 말았습니다. 당신은 친절한 사람이니 제발 용서해주십시오." 제가 "나는 의무를 수행할 뿐입니다. 나 자신도 법원의 감시를 받고 있어요. 당신을 동정하고 싶지만 어쩔 도리가 없어요. 자, 순순히 옷을 벗으시지요. 내가 할 수 있는 것은 그것뿐입니다" 하고 말하자 그는 금세 알몸이 되고 말았습니다. 그 끔찍한 몸은 실보무라지로 짠 호박단처럼 온몸이 채찍에 맞고 인두로 지진 상처투성이였습니다. 저는 그 포주가 보내준 날카로운 가시가 붙은 철제 채찍을 미리 불에 달궈두었는데, 그 채찍을 잡고 "너는 온갖 악행을 거듭해온 쓸모없는 악당이더구나. 두려움을 모르는 너는 어머니까지 독살했다지 않은가!" 하고 욕설을 퍼부으면서 머리끝에서 발끝까지 처음에는 가볍게 때리다가, 점점 힘을 주어 마지막에는 피가 흐를 때까지 내리쳤습니다. 저에게 고문을 당하고 있던 사내는 스스로 그것을 비비면서 이렇게 고백했습니다. "사실입니다. 나는 온갖 파렴치한 행위를 저질러왔고 앞으로도 그럴 것입니다. 자, 나를 마음껏 때려주십시오. 하지만 아무리 맞아도 소용없을 겁니다. 나는 재기할 수가 없어요. 나에게는 악업을 범하는 것이 커다란 쾌락입니다. 그 쾌락을 멈추려면 당신이 나를 죽이는 것밖에 방법이 없습니다. 악업은 나의 집이요, 나의 인생입니다. 나는 죄 가운데서 살고 죄 가운데서 죽을 운명입니다."

주인님들도 느끼고 계시겠지만 저는 사내의 그 같은 고백을 듣고 흥분해서 더욱더 욕설을 퍼붓고 채찍질에 힘을 가했습니다. 사내의 입에서 "제기랄……" 한마디가 흘러나왔는데, 그것은 미리 정해둔 마지막 신호였습니다. 저는 팔이 부러질 정도로 힘을 넣어 사내의 가장 민감한 부위를 내리쳤습니다. 그러자 사내는 펄쩍 뛰어올라 저에게서 달아나다가 피투성이 의식을 끝내기 위해 미리 준비해둔, 미지근한 물이 들어 있는 통에 뛰어들었습니다. 그런 사내를 처음 만난 저는 친구인 포주에게 두 손 들고 말았습니다. 사내는 20년 동안이나 취향을 바꾸지 않고 똑같은 쾌락을 추구하며 그 포주에게 다녔다고 하는데, 덕분에 저는 온 파리의 어느 누구도 맛보지 못했을 기괴한 취향을 마음껏 누릴 수 있었습니다.

그 뒤 얼마 지나서 같은 포주가 저에게 또 색다른 도락자를 소개해주었습니다. 아마 주인님들에게도 그 사내의 변덕스러운 행위는 하나같이 기이하게 생각되실 겁니다.

의식은 룰르에 있는 그 사내의 집에서 열렸습니다. 저는 하인의 안내로 어둑한 방으로 들어갔는데 방 한가운데 관이 놓여 있고 사내는 벽 쪽의 침대에 누워 있었습니다. 그 사내는 저에게 이렇게 말했습니다. "보다시피 나는 죽음을 앞두고 있소. 나는 지금까지 오랫동안 숭배해온 대상에 마지막 경의를 표하지 않고는 눈을 감을 수가 없소. 나는 여자의 엉덩이를 몹시 좋아해요. 그래서 엉덩이에 키스를 하면서 죽고 싶소. 내가 눈을 감으면 나를 수의로 싸서 관에 넣고 못질을 해주시오. 내 음락의 대상의 도움을 빌려 쾌락 속에서 마지막 숨을 거두고 싶소." 그리고 끊어질 듯 가냘픈 목소리로 재촉했습니다. "자, 서둘러줘요. 이제 죽을 것 같소." 저는 사내에게 다가가 엉덩이를 보여주었습니다. 그러자 사내는 "오, 정말 멋진 엉덩이군. 이렇게 아름다운 엉덩이의 추억을 안고 무덤으로 갈 수 있으니 얼마나 행복한지 모르겠소!" 하면서 사교계 사람처럼 정중하게 제 엉덩이를 만지면서 벌려보고 키스를 하더군요. 사내는 욕구를 충족시키고 나자 몸을 벽 쪽으로 돌리고 "이런 쾌락을 맛보는 것도 잠시뿐이로구나. 아, 이젠 틀렸어. 아까 부탁한 것 기억하고 있겠지?" 말하고 크게 한숨을 내쉬더니 온몸이 굳어지고 말았습니다. 사내의 연기가 너무 진지해서 제가 정말로 죽어버린 것으로 믿어주었으면 그 사내는 무척 기뻐했겠지만, 다행히 제 머리는 미치지 않았기 때문에 이 우스꽝스러운 의식의 결말이 어떻게 될까 하는 흥미로 가득했습니다. 그러나 사내는 미동도 하지 않았습니다. 사내가 비밀스러운 가사술(假死術)을 터득하고 있었던 건지, 아니면 저의 상상력이 어떻게 된 건지 알 수 없지만 사내의 몸은 딱딱하고 차갑게 식어 있었습니다. 단, 살아 있다는 증거로 그것만은 발기해서 배에 달라붙어 정수를 약간 흘리고 있었습니다. 저는 사내를 이불보로 싸서 들어 올리려고 했지만 몸이 굳어서 마치 소처럼 무거웠기 때문에 쉬운 일이 아니었습니다. 사내의 몸을 간신히 관에 넣고 추도하는 기도를 올린 다음, 관에 못질을 하고 마지막 못을 박으려는 순간이었습니다. 사내가 갑자기 미친 듯이 소리쳤습니다. "오, 하느님. 절정에 이르렀다. 이 뻔뻔스런 여자야, 나를 꺼내다오. 안 그러면 널 잡아서 죽여버리겠다!" 제가 공포에 사로잡혀 문을 열고 계단을 뛰어 내려가려고 하자 주인의 그런 행위에 익숙한 하인이 거기에 서 있었습니다. 하인은 저에게 40프랑을 건네주고 주인을 관에서 꺼내주기 위해 서둘러 방으로 들어갔습니다.'

"별난 취미군. 퀴르발, 당신은 어떻게 생각하오?" 뒤르세의 물음에 법원장이 답했다. "대단한데 그래. 그 사내는 죽음의 관념에 익숙해져서 죽음을 두려워하지 않게 되기를 원하고 있어. 그 때문에 죽음과 음락의 관념을 결부시키는 것을 가장 좋은 방법으로 생각한 거지. 그는 틀림없이 여자의 엉덩이를 희롱하면서 기꺼이 죽어갈 거네." 샹빌이 "맞아요. 저는 그 사내를 잘 알고 있는데, 무신앙을 자랑으로 여기면서 신성한 종교의 신비를 얼마나 무시하고 있었는지 언젠가 주인님들께 보여드리고 싶습니다." 말하자 공작이 고개를 끄덕였다. "그렇겠지. 그 사내는 음락 이외에 모든 것을 무시하고 마지막 순간까지 그 같은 태도를 유지하려 했던 거야." 주교가 그 말을 받았다. "난 그런 태도에서 어떤 자극이 느껴지는군. 나의 그것이 벌써 발기하고 있어. 뒤클로, 이야기를 계속해주게. 뭔가 장난을 치고 싶은 생각이 들어서 말이야. 어쩌면 오늘은 더 이상 하지 않는 것이 좋을지도 모르겠어."

'그다지 복잡하지 않은 정사가 있습니다. 그 사내는 저의 숙소에 5년 동안 다니고 있었는데, 제가 자기 엉덩이 구멍을 꿰매주는 것을 유일한 낙으로 삼고 있던 자입니다. 그는 침대 위에 엎드려 있고, 저는 그의 두 다리 사이에 앉아 60센티쯤 되는 굵은 실에 왁스를 발라 엉덩이 구멍을 꿰매어 버리는 겁니다. 그런데 그 부분의 피부가 늘 바늘에 찔려 굳어 있었기 때문에 다 꿰맬 때까지 피투성이가 되곤 했습니다. 제가 엉덩이 구멍을 꿰매는 동안 그는 스스로 그것을 비비고 있는데 마지막 한 바늘을 꿰매고 나면 당나귀처럼 절정에 이르렀습니다. 그리고 그 도취한 듯한 상태가 진정되면 저는 서둘러 실을 빼는데, 단지 그것뿐이었습니다.

다른 사내는 저에게 자연계가 털을 심어준 신체의 모든 부분에 브랜디를 스며들게 하여 불을 붙이게 했습니다. 그는 여자의 앞부분에만 흥미를 느끼는 악취미를 가진 사람이어서 저는 페티코트를 걷어 배와 음부를 보여주었습니다. 그리고 몸에 자라고 있는 털이 타기 시작하면 그 사내는 자기 몸에 불이 붙어 타는 것을 바라보면서 절정에 이르렀습니다.'

"주인님들 가운데 고등법원장인 미르쿠르 님을 아는 분이 계십니까? 그 무렵에는 재판소의 변호인이었어요." 뒤클로가 묻자 법원장이 대답했다. "내가 잘 알지." 뒤클로가 다시 물었다. "오, 그러시군요. 그렇다면 예나 지금이나 변함없는 그의 욕정을 알고 계신지요?" "모르네. 그는 신앙인으로 통하고(어쩌면 통하려고 했던 건지도) 있었으니까…… 아무튼 알고 싶군." 법원장의 말에 뒤클로가 "주인님, 그는 사람들이 자기를 당나귀라고 불러주면 좋아했습니다"라고 대답하자 공작이 끼어들었다. "퀴르발, 그건 당나귀가 되고 싶어 하는 취향이지. 그 사내는 일단 당나귀가 된 다음 판결을 내리려는 것이오. 뒤클로, 그래 도대체 어떻게 하는 건가?" 뒤클로가 대답했다. "스스로 엎드려서 기는 자세가 되어 여자에게 고삐를 잡게 한 다음 방 안을 한 시간 정도 도는 겁니다. 여자가 그를 끌고 돌아다니는 사이에 그가 울기 시작하면 여자는 그의 등에 올라타 가는 작대기로 온몸을 힘껏 때려 빨리 돌게 합니다. 그러면 그는 스스로 그것을 비비기 시작하여 이윽고 절정에 이르면 큰 소리를 지르면서 뒷발질을 해 타고 있는 여자를 떨어뜨립니다." 공작이 "그렇군. 하지만 그건 음락이라기보다는 기분전환이 아닐까? 뒤클로. 얘기해봐, 그에게는 같은 취향을 가진 동료가 있나?" 하고 묻자 뒤클로는 그날의 얘기가 거의 끝나가고 있었기 때문에 높은 좌석에서 내려와 웃으면서 농담 비슷하게 말했다. "그 사람 말로는 그런 놀이를 좋아하는 사람은 많지만, 그는 뜻밖에 자기 등에 아무도 태우고 싶지 않다더군요."

집회가 끝나자 일당은 저녁식사 전에 장난을 좀 치고 싶었다. 공작은 오귀스틴을 힘차게 끌어당겨 소녀에게 자신의 그것을 쥐게 하고 소녀의 클리토리스를 비비면서 말했다. "퀴르발, 당신은 우리의 계약을 깨고 소년소녀의 순결을 얻고 싶어 하는 것 같은데 당연한 일이오. 지금은 나도 오귀스틴의 순결을 악마의 손에 넘기고 싶을 정도니까." 법원장이 "어느 쪽 순결 말인가?" 묻자 공작이 설명했다. "물론 양쪽 다지. 하지만 분별심을 가지고 신중을 기하지 않으면 안 돼. 즐거움을 남겨두어 순결을 맛있게 음미할 수 있도록 해야 하니까. 자. 오귀스틴, 네 엉덩이를 보여다오. 네 엉덩이를 보면 어느 쪽으로 할지 내 생각이 바뀔지도 모르지. 제기랄, 이 창녀의 엉덩이는 정말 멋지구나. 퀴르발, 무슨 좋은 생각 없소?" 법원장이 "프렌치드레싱을 발라보면 어떨까?" 묻자 공작은 "오, 그것도 괜찮겠군, 대단한 발상이오. 아무튼 참아야지…… 때가 되면 다 할 거니까" 하며 대답했다. 그러자 주교가 끊어질 듯한 목소리로 말했다. "형님의 말에서 정수(精水) 냄새가 나는구려." 공작이 되물었다. "정말인가? 난 사정하고 싶어서 못 견디겠어." 주교가 의아해서 물었다. "왜 사정을 안 하는 건가? 뭐가 방해를 해서?" 공작은 한숨 섞인 목소리로 말했다. "모두가 다. 첫째, 변이 없지 않은가. 변이 필요해. 그리고 잘 모르겠지만 어쨌든 여러 가지가 필요해." 뒤르세가 안티노우스의 변을 입 안에 넣으면서 물었다. "뭐라고?" 공작은 "좀 역겨운 일을 하고 싶어서" 대답하고는 오귀스틴, 젤라미르와 퀴피동, 뒤클로와 데그랑주, 그리고 에르퀼을 데리고 특별실로 가버렸다. 얼마 지나자 공작이 고함치는 소리와 욕설이 들려왔는데, 그것은 그가 머리와 음낭의 열을 식혔다는 증거였다. 공작이 오귀스틴에게 무슨 짓을 한 건지는 알 수 없지만, 그에게 사랑을 받았을 소녀는 손가락을 하나 깨물려 울면서 돌아왔다. 모든 것을 독자에게 설명하지 못하는 것이 참으로 유감이지만, 일당 가운데 누군가가 지금까지의 이야기에 나오지 않은, 뭔가 아슬아슬한 행위를 은밀하게 했다면 공식적으로 정한 규칙을 어긴 것이 확실하다. 그러나 모두가 같은 위반을 범했을 때는 틀림없이 서로 눈감아준 것이리라. 이어서 공작과 다른 일당도 돌아왔는데 그동안 주교와 뒤르세도 시간을 헛되이 보내지 않았고, 법원장은 브리즈퀼의 두 팔에 안겨 남색 행위에 정신을 잃고 있었다. 공작은 그 광경을 보고 크게 기뻐했다.

저녁식사를 마친 일당은 여느 때와 다름없이 향연도 끝내고 취침 준비를 했다. 아델라이드는 일당의 난행 표적이 되어 잘 걷지도 못했는데, 아델라이드와 동침하기로 되어 있던 공작이 술에 취해 그녀를 심하게 다룬 것이 틀림없었다.

틀을 벗어난 방탕 속에 밤이 차츰 깊어가고 있었다. 시인이 노래하듯이 머릿결이 아름다운 여명의 여신 아우로라가 태양의 신인 아폴론의 궁전문을 열기 위해 찾아왔다. 도락을 즐기는 신 아폴론은 새로운 방탕이 시작되는 아침을 비추기 위해 푸른 전차에 오르고 있었다.

11월 25일

물샐틈없는 저택의 담장 안에서 알린과 젤미르 사이에 새로운 맹약이 은밀하게 탄생하고 있었다. 그렇지만 아델라이드와 소피의 맹약만큼 중대한 결과를 안고 있는 것은 아니었다. 두 사람을 맺어준 커다란 원인은 나이가 두 살 반밖에 차이가 나지 않는 것도 있었지만 무엇보다 성격이 일치한다는 점이었다. 두 사람 다 얌전하고 감수성이 예민하며 순진하고 선량한 반면, 무관심하고 게을러서 한마디로 말해 미덕과 악덕을 똑같이 겸비하고 있었던 것이다.

서로 마음이 잘 맞는 두 사람은 우연히 함께 자게 되었다. 간밤에 젤미르는 법원장의 상대로 정해져 있어서 그의 방에서 자고 있었고, 알린도 법원장과 그날 밤 동침하는 아내로 정해져 있었는데, 법원장은 방드오시엘과 같이 자고 싶어서 그를 부를 생각으로 방으로 돌아왔지만, 향연에서의 난행 끝에 죽은 듯이 취해 쓰러져서 잠이 드는 바람에 알린과 젤미르를 잊어버리고 만 것이다. 버려져서 우연히 함께 있게 된 귀여운 새끼 비둘기들은 추울까 봐 바닥위에 자신들의 둥지를 만들어 함께 자기로 했다. 두 사람은 자연히 사랑의 둥지 속에서 서로 상대방의 옥문을 만지게 되었다. 아침이 되어 잠에서 깨어난 법원장은 두 마리의 새끼 비둘기가 같은 둥지에 있는 것을 보고 거기서 무슨 짓을 했느냐고 물었다. 그리고 두 사람에게 자기 침대로 오라고 명령하고 두 사람의 클리토리스 언저리의 냄새를 맡아보니 명백하게 애액의 흔적이 남아 있었다.

사건은 중대했다. 일당은 즉시 두 사람을 자신들의 음란 행위의 희생자로 삼고 싶었지만, 알린과 젤미르는 둘이서 얌전하게 했으니 앞으로 우리는 가끔 너희들에게 똑같은 행위를 허락할지도 모르는데, 그때는 우리의 명령으로 우리가 보는 앞에서 즐겨야 한다고 강요했다. 방탕이란 얼마나 비논리적이고 모순된 행동을 요구하는 것일까. 사건은 일당의 위원회에 제기되었고 사실을 부인할 수 없게 된 두 위반자는 일당으로부터 어떻게 서로 껴안았으며 서로 어떤 특별한 재능을 발휘했는지 보여달라는 명령을 받았다. 두 사람은 얼굴이 빨개져 울면서 시키는 대로 하고 자신들의 잘못에 대해 용서를 빌었다. 그러나 다음 토요일의 수형자 속에 귀여운 두 사람이 들어 있는 것을 상상해 마음이 들뜬 일당은 두 사람의 처벌을 면해주기는커녕 그 자리에서 두 사람의 이름을 징벌명부에 기재하고 말았다.

소녀소년들의 하렘을 검사한 뒤르세는 소화불량을 일으킨 미셰트의 위반을 발견했다. 그녀는 주인님들이 너무나 많은 것을 먹게 해서 도저히 참을 수가 없었다고 변명했지만 소용없었다. 그 광경을 곁눈으로 보고 있던 법원장은 그것이 완전히 발기되어 변기 속에 들어 있던 미셰트의 변을 남김없이 먹고는, 분노에 찬 시선을 그녀에게 돌리면서 "이게 뭐냐, 이 음란한 년, 너는 징벌이다. 내 손으로 널 징계해주겠어. 그런 식으로 배설하는 건 금지되어 있다는 것쯤은 알고 있을 텐데. 배설을 할 때는 알려줘야 하지 않느냐. 우린 낮이고 밤이고 너희들의 배설물을 기다리고 있단 말이다" 하고 호통을 쳤다. 법원장은 그녀에게 훈계를 되풀이하면서 그녀의 엉덩이를 힘껏 주물렀다. 소년들에게서는 위반이 발견되지 않았다.

일당은 누구에게도 교회당 화장실 사용을 허락하지 않고 아침식탁에 앉았다. 식사 중에 알린의 태도에 대해 열띤 토론을 벌인 일당은 새침데기인 척하고 있다가 드디어 본성을 드러낸 것이라는 결론을 내렸다. 뒤르세가 주교에게 "역시 여자들이란 겉모습만으로는 신용할 수 없다니까" 하고 말하자, 일당은 여자들만큼 겉모습으로 속이는 것은 없다, 여자는 모두 거짓덩어리여서 자연계로부터 주어진 소중한 정신도 감쪽같이 남을 속이는 데만 사용한다는 데에 의견이 일치했다. 그런 점에서 여자에 대해 많은 대화를 나눴는데, 여자를 혐오하고 있던 주교는 여자는 비천한 동물에 지나지 않기 때문에 이 세상에 여자라는 존재는 전혀 필요하지 않다, 자연계의 계획을 아무것도 해치지 않고 이 세상에서 여자를 전멸시키는 것도 가능하다, 자연계는 일찍이 여자 없이 인간을 창조했으므로 이 세상에 남자만 존재하게 되어도 자연계는 뭔가 방법을 발견할 수 있을 거라는 이론을 펼쳤다.

일당은 응접실로 향했다. 오귀스틴과 미셰트, 이아생트와 나르시스가 커피를 내왔다. 소년들이 그것을 빨아주는 것이 가장 단순하지만 가장 큰 쾌락 가운데 하나였던 주교는 이아생트와 즐기고 있다가 갑자기 소년의 그것에서 입을 떼더니 "오, 이 애송이가 처음으로 절정에 이르렀어. 순결이 깨진 거야" 하고 외쳤다. 실제로 일당은 지금까지 이아생트가 사정을 한 것을 한 번도 본 적이 없었고, 아직은 너무 어리다고 생각하고 있었다. 그러나 소년은 열네 살에 접어들어 자연계의 은혜를 받기에 충분한 나이가 되었으므로 주교가 자신이 가져온 승리라고 생각한 것은 약간 착각이었다고 해야 할 것이다. 그러나 다른 세 사람은 정사의 증인으로서 사실을 확인하려고 소년을 에워싸고 앉아, 소녀들의 하렘에서 가장 능숙하게 비벼주는 것으로 평가받고 있는 오귀스틴에게 일당이 보는 앞에서 소년의 그것을 비벼보라고 명령하고, 소년에게는 소녀의 어디든 원하는 곳을 만지고 애무해도 상관없다고 허락했다. 태양처럼 반짝이는 열다섯 살 소녀가 열네 살의 가련한 소년을 애무하여 가장 감미롭고도 더러운 방법으로 사정으로 이끌려는 광경은 그야말로 관능을 부추기고도 남는 것이었다. 물론 자연계의 도움도 있었지만 그 이상으로 눈앞에 있는 소녀의 멋진 엉덩이에 자극을 받은 이아생트는 그 작은 엉덩이를 더듬고 애무하고 키스하는 것만으로도 순식간에 뺨이 붉어지면서 한숨을 내쉬더니, 작은 그것에서 크림처럼 하얀 정수를 대여섯 차례 1미터 앞까지 내뿜어, 이아생트 옆에 자리 잡고 두 사람이 하는 짓을 바라보면서 나르시스에게 그것을 비비게 하고 있던 뒤르세의 허벅지에 튀고 말았다. 사실이 충분이 입증되자 일당은 이아생트를 둘러싸고 소년의 온몸을 빠짐없이 애무하면서 키스를 퍼부었여. 젊은 정수를 원한 그들은, 그 젊음과 아울러 첫 경험이기 때문에 대여섯 번의 사정도 문제없을 것이라는 데 의견이 일치하여, 제각기 교대로 소년의 그것을 빨아 소년의 정수를 입 안에 받았다. 그러한 행위에 흥분한 공작이 오귀스틴을 붙잡아 그녀의 클리토리스를 혀로 핥아주자, 다감하고 불같이 타오르고 있던 소녀는 애액을 두 번, 세 번 흘리고 말았다. 공작이 오귀스틴을 희롱하는 동안 그 광경을 바라보는 쾌락밖에 참여하지 못하는 뒤르세는 오귀스틴의 입에 몇 번이나 키스하면서 공작이 소녀의 감각기관 속에 불어넣고 있는 욕정에 함께 빨려들었다.

그러는 동안 시간이 지나가 버려서 낮잠을 잘 수 없게 된 일당은 뒤클로가 아까부터 기다리고 있는 집회실로 갔다. 모두가 자리에 앉자 뒤클로는 자신이 겪은 정사에 대한 이야기를 계속했다.

'사내들 중에는 지나치게 방탕에 절어 있거나 나이를 먹어서 약간의 자극으로는 부족하여, 타락과 고통 속에서 불꽃같은 쾌락을 추구하면서, 자기 자신에게 온갖 고문을 가하는 것을 생각해내는 인간이 있는데 저로서는 도저히 이해할 수 없는 일입니다. 믿기지 않을지도 모르지만, 그런 부류에 속하는 어느 예순 살의 사내는 온갖 음락의 기쁨에 싫증이 나서 촛불로 자기 몸의 모든 부분을 태워 겨우 감각을 일깨워서 음락을 만족시키곤 했습니다. 그 사내는 저에게 부탁하여, 특히 엉덩이, 그것, 음낭, 엉덩이 구멍 등, 자연계가 그러한 쾌락을 위해 만들어준 것으로는 생각되지 않는 기관을 태우게 했습니다. 그동안 사내는 제 엉덩이에 키스를 하면서 몇 번이고 고문을 당한 뒤, 자기 몸을 불태우게 해준 제 엉덩이의 구멍을 빨면서 절정에 이르렀습니다.

다음 사내는 저에게 말의 털을 빗겨주는 빗을 사용하여 말의 몸을 빗어줄 때와 똑같은 방법으로 온몸을 빗기게 했습니다. 그리하여 온몸에서 피가 흐르면, 다음에는 알코올을 바르게 했는데 그 두 번째 고문으로 사내는 저의 유방 위에 많은 양을 사정하고 말았습니다. 그에게는 유방이 정수를 뿌리기 위한 싸움터였던 셈입니다. 그리고 제가 사내 앞에 무릎을 꿇고 유방 사이에 그것을 끼워 넣자, 사내는 음낭 안에 남아 있는 아릿한 정기를 마지막 한 방울까지 조용히 뿌렸습니다.

세 번째 사내는 저에게 배변을 시킨 뒤 저의 따뜻한 배설물을 깔고 앉아 스스로 그것을 비비면서 저에게 상처투성이인 엉덩이 구멍 언저리의 털을 하나하나 뽑게 했습니다. 이윽고 사내의 귀두가 약간의 정수에 젖으면서 곧 절정에 이르게 된 것을 안 저는, 사내가 지시한 대로 상처 없는 곳을 찾기 힘든 양쪽 엉덩이를 가위 끝으로 마음껏 찔렀는데, 그 순간 사내는 얼굴을 저의 배설물 속에 묻고 온통 배설물투성이로 만들어 황홀 속에서 절정에 이르렀습니다.

네 번째 사내는 제 입 안에 그것을 넣어 마음껏 물고, 쇠빗(날카로운 이가 달린 것)으로 엉덩이를 긁어달라고 했습니다. 제가 시키는 대로 하자 그것이 약간 딱딱해지면서 절정에 이를 것 같은 기색이기에, 저는 사내의 엉덩이를 가능한 한 크게 벌린 다음 웅크리고 앉게 한 뒤 엉덩이 구멍을 바닥 위에 켜놓은 촛불에 가까이 대게 했는데, 엉덩이 구멍이 촛불에 탈 것 같은 감각이 그의 사정을 한층 앞당긴 것 같았습니다. 그래서 그것을 마음껏 물어주자 사내는 제 입 안을 정수로 가득 채웠습니다.'

주교는 "잠깐만, 그 이야기를 듣고 보니 오늘 아침 이아생트와 함께 맛본 행운을 상기하지 않을 수 없군. 기분이 들뜨는데" 하면서 소파 옆에 있던 방드오시엘을 끌어당겨 진정한 동성애자의 호색을 유감없이 발휘해 마장의 그것을 빨기 시작했다. 그리고 방드오시엘이 사정하자 그 정수를 마시더니 이번에는 제피르에게 똑같은 짓을 하려고 했다. 주교가 일단 시작했다 하면 무슨 일을 저지를지 모르기 때문에 여자들은 그의 곁에 다가가려 하지 않았다. 그런데 가련한 알린이 마침 주교의 손이 미치는 곳에 있었다. 주교가 "이 창녀야. 내가 사내를 원하고 있을 때 거기서 무엇을 하고 있느냐?" 하고 말하자 그녀는 당황해서 달아나려고 했지만 그는 알린의 머리채를 잡고, 소녀들 가운데 젤미르와 에베를 택해 일당에게 "내가 사내의 그것을 원하고 있는데 옥문을 만지게 하는 쓸모없는 자들에게 가르쳐주고 올 테니까, 봐둬. 팡숑, 너도 따라와” 하면서 작은 방에 그녀들을 끌어들이고 말았다. 얼마 지나자 알린의 고통스러운 격렬한 비명과 함께 주교의 사정에 뒤따른 신음소리가 들려왔다.

이윽고 모두 작은 방에서 돌아왔는데 알린은 울면서 엉덩이를 비틀거나 조이고 있었다. 공작이 말했다. “알린, 주교가 너에게 무슨 짓을 했는지 나에게 보여다오. 동생의 난폭한 행위의 표시가 보고 싶어 견딜 수가 없구나.” 나로서는 작은 방에서 이루어진 극악무도한 행위에 대해 아는 바가 없어서 유감스럽게도 독자에게 전할 수는 없지만, 알린이 공작에게 엉덩이를 보여주자 공작이 외쳤다. “제기랄, 정말 굉장하군. 나도 똑같은 짓을 해보고 싶어.” 그러나 법원장이 “공작, 이제 시간이 없네. 게다가 난 이제부터 시작될 향연에서 자네 머리의 모든 기능과 정력을 필요로 하는 아주 즐거운 계획을 짜고 있는 중이거든. 뒤클로, 남은 이야기를 하고 오늘 밤의 집회를 마무리해주게” 하고 말하자 그녀는 다시 이야기를 계속했다.

‘자기 자신의 존엄성이나 품위를 떨어뜨리는 것에서 쾌락을 느끼는 별난 사람들이 많은데 푸콜레라는 이름의 회계원 원장도 그런 사람이었습니다. 그는 스스로 어디까지 타락해야 직성이 풀리는지 도무지 상상조차 할 수 없는 인물로, 저는 그를 위해 온갖 고문의 본보기를 보여줘야만 했습니다. 그는 저에게 자기 몸을 로프로 매달아 달라고 부탁했습니다. 저는 그의 부탁대로 해주었는데 로프가 도중에 끊어져 매트 위에 떨어지고 말았습니다. 그래서 저는 그를 ×형태의 성 안드레아의 십자가에 걸고 판지로 만든 봉을 사용하여 그의 팔다리를 구부린 것처럼 보이게 한 뒤, 뜨겁게 달군 진짜 철봉을 어깨에 눌러 가볍게 표시를 찍어주었습니다. 그런 다음 채찍질을 전문으로 하는 집행관을 본떠서 그의 등을 마음껏 때려주었습니다. 제가 뜨거운 철봉과 채찍 공격을 되풀이하면서 실컷 욕설을 하고 그가 저지른 여러 가지 악행에 대해 비난을 퍼붓는 동안 그는 속옷 하나만 걸친 채 손에 촛불을 들고 경건하게 신과 사법에 대해 용서를 빌었습니다. 이윽고 의식이 끝날 무렵이 되자 그는 저의 엉덩이에 깊은 경례를 올리면서 절정에 이르렀습니다.’

공작이 “법원장, 뒤클로의 이야기가 끝났으니 나를 조용히 절정에 이르게 해줄 수 없겠소?” 묻자 법원장이 대답했다. “안 돼, 안 돼. 향연에 자네의 정수가 필요하니 아껴두게." "아, 난 당신의 하인이 된 셈인가. 당신은 나를 다 소모되어버린 쓸모없는 인간이라고 생각하는 거요? 내가 조금이라도 사정하면, 당신이 머릿속에서 그리고 있는, 앞으로 네 시간 뒤에 시작될 향연에서의 비열한 행위에 도움이 되지 않을까 봐 걱정하는 건가? 난 언제든 절정에 이를 준비가 되어 있으니 걱정하지 말게. 난 내 동생의 약간 잔인한 본보기를 보고 당신의 귀여운 딸 아델라이드를 어떻게 해보고 싶어서 애가 타서 죽을 지경이오." 공작은 그렇게 말하면서 아델라이드를 붙잡아 콜롱브와 파니, 테레즈와 함께 자기의 작은 방으로 끌고 들어가 버렸다. 젊은 희생자의 무서운 비명과 악당의 신음소리가 들려온 것으로 보아, 공작은 아델라이드에게 주교가 알린에게 한 것과 똑같은 짓을 하여 사정한 것이 틀림없었다. 두 형제 가운데 어느 쪽이 잘했는지 알고 싶어 아델라이드와 알린의 엉덩이를 비교해본 법원장은 공작이 훨씬 더 심하게 다뤘음을 알았다.

일당이 향연 테이블에 자리를 잡고 어떤 약을 사용하자, 향연에 참가한 32명의 남녀는 배에 바람이 잔뜩 들어 부풀고 말았다. 그래서 법원장의 제안으로 일당 네 사람은 방귀싸움을 즐기기 시작했다. 일당이 소파에 누워 고개를 들고 입을 벌린 채 기다리고 있으면 모두들 차례로 방귀를 뀌었다. 뒤클로가 일당이 방귀를 들이마실 때마다 계산을 했는데 방귀는 모두 150번에 이르렀다. 법원장이 공작에게 사정을 참으라고 한 것은 이 음란한 의식 때문이었으나 법원장의 걱정은 아무 소용이 없었다. 철저한 도락자인 공작에게 이 새로운 난폭한 행동이 크게 효과를 나타내어 팡숑의 감촉 좋은 바람을 들이마시고 두 번이나 사정했다. 한편 뒤르세는 마르텐의, 법원장은 안티노우스의, 주교는 데그랑주의 방귀에 자극을 받아 사정하고 말았다. 소년소녀들의 방귀는 거의 효과가 없었다. 그것은 도락자들이, 방탕한 생활을 보내 연속적인 방귀를 태연하게 뀔 수 있는 인간을 상대로 하지 않으면 그러한 야비한 행위를 즐길 수 없었기 때문이다.

11월 26일

일당에게 징벌만큼 매력적이고 다채로운 관능적 기쁨으로 안내해주는 것은 없었기 때문에, 어떻게 하면 음락 상대를 위반으로 이끌어 징벌의 쾌락을 탐닉할 수 있을지 다양하게 연구하면서 상상을 펼쳤다. 그런 까닭에 일당은 특별한 모임을 갖고 그 문제에 대해 협의를 거듭한 결과, 이제까지의 저택 규칙에다가, 필연적으로 징벌이 뒤따르는 몇 가지 위반사항을 추가했다.

맨 먼저 아내들과 소년소녀들이 일당의 입 안 이외에 방귀를 뀌는 것을 금지했다. 방귀를 뀌고 싶으면 즉시 일당 가운데 누군가에게 가서 배 속에 고여 있던 바람을 불어내야 하며, 이 규칙을 위반하면 엄격한 신체적 형벌이 부과된다.

둘째로 배변을 한 뒤에 세척기를 사용하거나 엉덩이를 닦는 것을 금지했다. 만일 엉덩이가 깨끗한 것이 발각되었을 때는 일당 가운데 누가 핥은 것이라고 증언해야 한다. 한편 지명된 자는 부정하고 싶으면 부정할 수도 있으므로, 그 사람은 엉덩이를 핥고도 쾌락을 맛보게 해준 상대에게 징벌을 부과할 수 있는 이중의 쾌락을 동시에 손에 넣을 수 있다. 독자는 언젠가 그 실례를 보게 될 것이다.

셋째로 다음과 같은 새로운 의식을 도입했다. 매일 아침 하렘을 검사할 때와 커피시간에 한 사람씩 일당 앞에 나아가 "나는 신 따위에 대해서는 전혀 생각하지 않습니다. 주인님, 나의 엉덩이는 어떻습니까? 변이 가득 차 있습니다" 하고 커다란 목소리로 확실하게 말해야 한다. 그렇게 신을 모독하는 언어와 야비한 제의를 입에 올리지 못하는 자는 즉시 징벌명부에 이름이 기재되고 만다. 독자는 신앙심이 깊은 아델라이드와 그 제자인 소피의 쓰라린 마음과 그들의 마음속 갈등을 바라보며 기뻐하는 일당의 모습을 상상할 수 있으리라.

넷째로 밀고 제도를 인정했다. 밀고를 한 자에 대해서는 두 번째 위반의 징벌을 반감하기로 했다. 모두를 더욱 놀라게 한 이 악랄한 제도는 일당의 마음을 불태웠다. 그러나 이 규정도 일당을 구속하는 것은 아니었다. 그것은 밀고한 자가, 일당이 다음 위반에 대해서 도대체 어떤 징벌을 부과하는지 전혀 예측할 수 없었기 때문이다. 그러므로 이 규정은 밀고한 자에게 가공의 위안을 주어 일당은 더한층 즐거움을 맛보려는 속셈이었던 것이다. 그렇게 결정되자 그들은 모두에게 누가 누구를 밀고하든 즉시 명부에 기재하되 밀고에 대한 증거는 필요치 않음을 고시하기로 했다. 더욱이 일당은 하녀들의 권한을 강화해 그녀들의 고발이 있으면 진위에 상관없이 아내들, 소녀소년들을 징벌하기로 결정했다. 이상은 한마디로 말해서 일당이 자신들의 음락 상대를 가능한 한 당황하게 만들고, 가능한 한 불공평하게 다룸으로써 마음껏 독선을 부려 자신들의 특권적인 지위를 이용하여 최대한 쾌락을 손에 넣을 계획을 꾸민 것이었다.

일당이 이 새로운 추가 규칙을 전원에게 알리고 곧바로 소녀들의 하렘을 점검하자 콜롱브의 위반이 발견되었다. 그녀는 간밤에 무리하게 간식을 먹여 참을 수가 없었다고 변명했지만, 불행하게도 일당으로부터 4주일 동안 계속해서 징벌에 넘겨졌다. 콜롱브의 고백은 틀림없는 사실이었기 때문에, 그녀는 신선하고 매력적이며 감미로운, 자연계의 최고 걸작이라고 할 수 있는 자신의 엉덩이에 한숨만 내쉴 뿐이었다. 그녀가 조금이라도 변명이 될 것이라고 생각해, 그래도 엉덩이는 닦지 않았다고 대답하자 월당번인 뒤르세가 조사했는데 확실히 엉덩이에 많은 배설물이 들러붙어 있어서 일당은 얼마쯤 정상을 참작하기로 했다. 이미 그것이 발기되어 있었던 법원장은 그녀의 더러운 엉덩이를 보고 매혹되어 그녀에게 자신의 그것을 비비게 하면서 손을 그녀의 엉덩이 구멍에 넣고 변을 파내어 입 안에 넣고 때때로 그녀의 입에 키스를 하여 그녀에게 자신의 배설물을 억지고 먹이고 말았다.

다음으로 뒤르세는 오귀스틴과 소피를 점검했다. 두 사람은 어젯밤 일당으로부터 용변을 한 뒤에 엉덩이를 닦지 말고 그대로 두라는 명령을 받고 있었다. 소피는 주교와 함께 잤는데 그 엉덩이는 명령한 대로 청결했고 공작과 동침한 오귀스틴의 엉덩이도 청결 그 자체였다. 자신이 있었던 오귀스틴은 용감하게 앞으로 나아가서 말했다. "주인님도 아시겠지만 어젯밤 약속한 대로 공작님과 함께 밤을 지냈는데 자기 전에 공작님이 저를 침대로 불러 제 입에 그것을 물려놓고 제 엉덩이 구멍을 핥았습니다." 그러자 일당으로부터 사실 여부에 대해 질문을 받은 공작은 "난 뒤클로의 엉덩이 구멍에 그것을 넣은 채 잠이 들었기 때문에 아무 기억도 없다. 원한다면 자네들이 사실을 확인하는 게 어떤가?” 하고 대답했다. 일당 세 사람은 그 일을 진지하고 무겁게 다루어 뒤클로를 불러왔다. 사건의 경과를 눈치챈 뒤클로는 공작이 오귀스틴을 침대에 부른 건 확실하지만, 공작이 그녀의 입에 배변한 뒤 그녀를 놓아준 다음, 그녀의 입 안에 들어 있는 자신의 배설물을 먹기 위해 그녀를 다시 불러들인 거라고 공작에게 유리한 증언을 했다. 오귀스틴은 자기의 주장을 내세워 뒤클로와 말다툼을 벌였지만 일당은 그녀의 입을 다물게 하고 아무 잘못도 없는 그녀의 이름을 명부에 기입하고 말았다.

그런 다음 소년들의 하렘으로 간 일당은 거기서 퀴피동의 위반을 발견했다. 변기 속에 떠 있는 소년의 배설물을 본 공작은 제정신을 잃은 듯이 소년의 입에 자신의 그것을 물리고 소년의 배설물을 떠서 먹고 말았다.

일당은 전원에게 교회당에서의 용변을 허락하지 않고 식당으로 향했다. 그들은 콩스탕스에게 그녀의 몸 상태를 고려해 지금까지 식당에서의 봉사를 면제해왔는데, 그날만은 왠지 그녀에게 봉사를 시키고 싶은 마음에 그녀를 식사에 참여시켰다. 알몸으로 나타난 콩스탕스의 배가 약간 불러 있어서 그것을 본 법원장은 대번에 흥분하여 가련한 그녀의 엉덩이와 유방을 난폭하게 주무르기 시작했다(법원장의 콩스탕스에 대한 증오는 날이 갈수록 더해가고 있었다). 위험을 느낀 다른 일당은 그녀의 호소를 듣고 식당에서 내보내 집회시간까지 휴식을 허락했다. 어느 시기까지는 배 속의 태아를 소중히 하지 않으면 안 되었기 때문이다. 콩스탕스가 모습을 감추자 화가 난 법원장은 여자들은 아이를 너무 많이 낳는다고 욕설을 퍼부으면서, 만일 내가 프랑스 국왕이라면 프랑스에 대만의 법률을 적용하겠다, 그래도 프랑스의 인구는 필요한 수보다 두 배나 많다고 말했다(법원장에 의하면 대만에서는 서른 살이 안 된 여자가 임신하면 큰 절구에 넣어 태아와 함께 가루로 만들어버린다고 한다).

식사가 끝나자 일당은 응접실로 갔다. 거기서 공작은 소피와, 법원장은 파니와, 주교는 젤라미르와, 뒤르세는 아도니스와 기묘한 방식으로 커피맛을 음미했다. 제각기 상대가 커피를 입에 넣어주면 그것으로 입 안을 헹궈서 상대의 입 안에 되돌려준 것이다. 그런 방식에 흥분한 법원장이 다시 그것을 발기시켜 파니를 붙잡고 그녀의 입 안에 사정하여 당황한 가련한 소녀에게 억지로

삼키게 했다. 나머지 일당 세 사람도 제각기 상대에게 배변이나 방귀를 뀌게
해 즐겼다.

낮잠을 자고 난 그들은 뒤클로의 이야기를 듣기 위해 집회실로 갔다.

'고문당하는 것 말고는 쾌락을 얻지 못하는 색다른 사내들의 정사에 대한
이야기가 아직 두 가지 남아 있어서, 괜찮으시다면 짧게 말하고 다음 화제로
넘어가려고 합니다.

첫 번째 사내는 저를 자기 집 목욕탕으로 안내했습니다. 그는 발가벗고 선
채 저에게 그것을 비비게 하면 곧 천장의 구멍에서 우리 위로 더운물이 쏟아
진다고 말했습니다. 저는 그 사내와 같은 취향을 가지고 있는 것이 아니어서
거절했지만 헛수고였습니다. 저는 그에게 그다지 잔인하게 굴지는 않았는데,
온수욕은 건강에 좋다고 설득당해 결국 저는 더운물을 뒤집어쓰는 처지가
되고 말았습니다. 저는 그 사내가 한 말을 믿고 그가 하는 대로 맡겼습니다.
타인의 집이었기 때문에 저는 미리 물의 온도를 조절할 수가 없었습니다. 그
런데 어찌 된 일인지 갑자기 천장에서 뜨거운 물이 쏟아진 것입니다. 몸에 뜨
거운 물을 받은 그 사내의 기쁨은 상상도 할 수 없을 정도였지만, 저는 암고양
이와 장난을 치다가 뜨거운 물을 뒤집어쓴 수고양이처럼 비명을 지르면서 물
러나고 말았습니다. 저는 하마터면 큰 화상을 입을 뻔했습니다. 완전히 질려버
린 저는 그 사내 같은 손님에게는 두 번 다시 가지 않겠다고 결심했습니다.'

공작이 "허, 그런 사내가 다 있었나? 나도 알린에게 뜨거운 물을 끼얹어주
고 싶군" 하고 말하자 알린은 "분명히 말해두지만 전 발정난 수고양이가 아니
에요" 하고 되받았다. 일당은 그녀의 어린애 같은 솔직한 대답에 웃음을 터뜨
리며 뒤클로에게 다음 이야기를 재촉했다.

'두 번째 사내를 다루는 건 저에게 그다지 고통스러운 일은 아니었습니다.
저는 미리 조약돌을 프라이팬에 넣어 스토브 위에서 뜨겁게 달구고 작은 국
자는 스토브 안에서 달궈두었습니다. 그리고 가죽장갑을 낀 손으로 발갛게
달군 조약돌을 잡고 알몸이 된 그 사내의 목덜미에서 발끝까지 쓰다듬었는데
이상하게도 그의 피부는 마치 가죽처럼 아무런 반응이 없었습니다. 다음에
뜨겁게 달군 조약돌을 쥔 손으로 그것을 비벼주자 그것이 갑자기 커지기에,

뜨겁게 달군 국자를 음낭에 대었습니다. 그동안 저는 엉덩이를 드러내 잘 보이도록 해두었는데, 제가 불처럼 뜨거운 장갑으로 그것을 마찰하고 빨간 국자로 음낭을 들볶는 동안 그는 저의 엉덩이를 가볍게 애무하다가 절정에 도달해 국자에 정수를 뿌리고는 정수가 타는 것을 황홀하게 바라보았습니다.'

공작이 "퀴르발, 그 사내도 당신처럼 인간의 수가 늘어나는 것을 참지 못하는 모양인데?" 말하자 법원장이 답했다. "아무래도 그런 것 같군. 고백하네만, 정수가 타는 것을 바라본다는 착상이 마음에 들어." 공작이 물었다. "당신의 모든 발상은 정수에서 나오는 것 같군. 그렇다면 당신은 병아리로 부화하기 시작하는 달걀을 태우는 것도 좋아하나?" "물론이네." 그렇게 대답한 법원장이 아델라이드에게 뭔가 장난을 치자 그녀는 비명을 질렀다. 그러자 법원장은 자기 딸에게 "이 매춘부야, 왜 울고 있지? 넌 누구를 상대하고 있다고 생각하느냐? 공작이 달걀을 약간 심하게 다루어 화가 나서, 꾸짖고 가르치는 게 어떻겠느냐고 얘기하고 있는 것을 모르겠어? 네가 도대체 누구냐, 내 음낭에서 나온 정수에서 병아리가 되지 않았느냐 말이다" 꾸짖고 뒤클로에게 말했다. "이년이 우는 것을 보니 절정에 이르고 싶어지는군. 하지만 그것도 재미가 없을 테니까 뒤클로, 어서 이야기나 계속해."

'주인님들, 좀더 색다르고 자극적인 성격을 띤 이야기를 할 때가 되었는데 틀림없이 마음에 드실 거라고 생각합니다. 아시다시피 파리에서는 문 앞에 죽은 사람을 넣은 관을 놔두는 관습이 있습니다. 사교계에서 이름이 알려진 서른 살의 어느 신사가 저에게 무슨 일인지 으스스한 관을 찾아두라고 말하고, 저녁이 되자 저에게 관이 있는 장소로 안내하라고 하더니 관 하나에 12프랑을 지불했습니다. 그의 취미는 저와 함께 관에 최대한 가까이 다가가 제 엉덩이를 쓰다듬으면서 저에게 그것을 비비게 하여 관 위에 사정을 하는 것뿐이었고, 그 밖에는 아무 짓도 하지 않았습니다. 그 신사는 10년 동안이나 저와 함께 그런 일을 싫증도 내지 않고 계속했습니다. 제가 그날 발견한 수에 따라 다르지만, 하룻밤에 서너 개의 관 사이를 돈 적도 있으니 아마 2천 개가 넘는 관에 사정했을 겁니다.'

공작이 물었다. "그 사내는 한차례 하는 동안 당신이나 죽은 자에 대해 무슨 말을 했나?" "이 폭력배, 이놈, 이 악당, 이 고약한 여자, 이년, 이 못된 년, 나의 정수와 함께 지옥으로 가라고 마구 욕설을 퍼붓더군요." 뒤클로의 대답을 듣고 법원장이 말했다. "기묘한 버릇을 가진 사내군." "퀴르발, 그 사내는 우리와 똑같은 패거리일지도 모르오. 틀림없이 그뿐만이 아닐걸." 공작의 이 말을 듣고 마르텐이 대답했다. "맞습니다, 주인님. 언젠가 제가 그 배우를 무대에 세워 보이겠습니다." 마르텐의 개입으로 일당의 대화가 끊어지자 뒤클로는 이야기를 계속했다.

'비슷하지만 더 극단으로 색다른 취향의 소유자가 있었습니다. 그 사내는 저에게 탐정을 고용하여 묘지를 정찰하게 하고 젊은 여자가 매장될 때마다 보고해달라고 부탁했습니다. 그 사내는 저에게 그 여자가 위험한 질병에 걸려 죽은 건지 정확하게 확인해달라, 그것이 가장 중요하다고 하더군요. 조건에 맞는 장례식에 대한 정보를 얻어서 그에게 알리면 그는 저에게 언제나 엄청난 사례를 했습니다. 날이 저물면 우리는 탐정이 가르쳐준 묘지에 가서 이제 막 흙을 덮은 무덤으로 다가가 둘이서 서둘러 흙을 파헤쳤습니다. 젊은 여자의 시체가 나오면 그는 흥분해서 시체의 모든 부분, 특히 엉덩이를 더듬는데, 그동안 저는 그의 그것을 비벼 절정에 이르게 해주었습니다. 때때로 그것이 발기하면 그는 저에게 시체 위에 배변을 하라고 지시했고, 자신도 배변하면서 사체를 더듬으며 그 위에 다시 사정을 했습니다.'

법원장이 "그 이야기라면 나도 잘 알아. 자네들이 나에게 고백하라면 고백할 수도 있는데, 나도 똑같은 짓을 여러 번 한 적이 있네. 괜찮다면 두세 가지 일화를 소개해도 좋지만 우리의 규칙상 못하게 되어 있지. 아무튼 뒤클로의 이야기를 듣고 나의 그것이 견딜 수 없게 되었어. 자, 아델라이드 엉덩이를 벌려라." 나는 유감스럽게도 그 이상의 일은 모르지만, 소파가 무게 때문에 휘고 사정에 뒤따르는 신음소리가 들려온 것은 확실하므로, 법원장은 성실하고도 아주 간단하게 근친상간을 해치운 것이 틀림없다고 생각한다. 공작이 "당신은 틀림없이 아델라이드를 죽은 사람처럼 다루었을 테지" 하고 말하자 법원장이 대답했다. "물론이지, 그렇지 않으면 난 절정에 이르지 못해." 두 사람의 대화가 끝나자 뒤클로는 다음과 같은 이야기로 집회를 끝냈다.

'화제를 바꾸어 본포르 공작 이야기로 오늘 밤의 집회를 마치고 싶습니다. 저는 그 젊은 귀족을 대여섯 번 즐겁게 해준 적이 있습니다. 공작을 제 친구에게 데리고 갔는데 그는 여자를 구하면 반드시 똑같은 것을 요구했습니다. 눈앞에서 여자를 발가벗기고 여자에게 자위기구를 사용하여 음부와 엉덩이 구멍을 세 시간이나 쉬지 않고 비비게 한 것입니다. 그리고 여자의 동작을 제어하기 위해 추시계를 준비하고 여자가 세 시간째 종이 울릴 때까지 정확하게 일을 계속하지 않으면 한 푼도 주지 않았습니다. 그는 여자 바로 앞에 앉아서 여자의 몸을 이리저리 돌리거나 비틀거나 해 여자가 황홀한 나머지 정신을 잃을 때까지 그 모습을 관찰했습니다. 도중에 여자가 정말로 절정에 이르면 그의 소중한 즐거움을 망치고 마는데, 시계가 세 시간째를 알릴 때까지 여자가 참고 일을 계속하면, 그는 종소리와 함께 일어나 여자에게 다가가 여자의 코 위에 정수를 뿌렸습니다.'

주교가 물었다. "뒤클로, 잘 모르겠군. 당신은 왜 앞의 이야기를 마지막에 두지 않은 거지? 앞의 이야기가 방금 한 이야기보다 훨씬 자극적이고 근질근질하게 해주는데 말이야. 당신이 이 이야기로 집회를 끝내는 바람에 머리에 아무것도 남지 않았어." 그러자 뒤르세와 함께 있던 쥘리가 말했다. "뒤클로에게는 당연한 이유가 있어요. 전 뒤클로에게 감사하고 싶을 정도예요. 주인님들의 머릿속에 뒤클로가 먼저 이야기한 불쾌한 인상이 남아 있지 않으면 모두들 조용히 쉴 수가 있으니까요." 그러자 뒤르세는 "그건 네가 잘못 생각한 거다. 지금의 이야기가 따분해서 내 머릿속에는 먼저 한 이야기의 인상밖에 없거든. 내 말이 의심스럽다면 날 따라와" 하고 소피, 미셰트와 함께 쥘리를 데리고 자신의 작은 방으로 뛰어들었다. 뒤르세가 소피에게 얼마나 역겨운 짓을 한 건지 그녀는 무서운 비명을 지르면서 얼굴이 수탉의 볏처럼 빨개져서 돌아왔다. 그것을 본 공작이 말했다. "오, 자네는 소피를 죽은 사람으로 취급할 생각은 없었던 모양이군. 그녀에게 살아 있는 인간의 무시무시한 표시를 보여주고 만 것 같으니 말이야" 뒤르세는 "그녀는 무서워서 울었을 뿐이네. 내가 너에게 무슨 짓을 했는지 살짝 말해주렴" 하면서 그녀를 공작에게 보냈다. 그녀가 속삭이듯 하는 말을 들은 공작이 큰 소리로 말했다. "그런 것이었

나? 그렇다면 네가 그렇게 큰 소리로 울 이유도 없고 뒤르세가 절정에 이를
이유도 없을 것 같은데?"

저녁식사를 알리는 종이 울려 일당은 잡담과 즐거움을 중단하고 식탁의 쾌
락을 음미했다.

상당히 평온한 가운데 식사가 끝나자 그들은 취한 기색도 없이 얌전하게
잠자리에 들었는데 그건 정말 드문 일이었다.

11월 27일

그날 아침, 전날 정한 밀고제도가 바로 시행되기 시작했다. 소녀들은 로제
트만이 징벌명부에 기재되지 않은 것을 알고, 로제트를 하렘의 동료 전원의
적으로 돌려(로제트를 같은 징벌 대상자로 끌어넣기 위해) 그녀가 밤새 방귀를 뀌
었다고 장난삼아 짓궂게 밀고하는 바람에 로제트는 어떤 항변도 인정받지 못
하고 즉시 명부에 기입되고 말았다.

아침식사 시간이 되었는데, 빵을 빼고 육류만 먹는 식사 효과가 나타나기
시작했다. 양치질을 하지 않고 있던 소녀들은 입 안이 발효하여 내쉬는 숨결
에서 지금까지와 전혀 다른 냄새를 발산하고 있었다. 법원장은 오귀스틴의 입
안에 혀를 집어넣었다 빼더니 "뭔가 달라졌어. 너에게 키스를 하니 나의 그것
이 빳빳해지는구나" 하고 큰 소리로 말했다. 뒤르세의 커다란 목소리를 들은
일당 세 사람은 매우 대단한 일이라고 반가워했다.

커피시간까지 특별히 새로운 것이 없었기에 독자를 즉시 응접실로 안내하
겠다.

소피와 젤미르, 지통과 나르시스가 커피를 내왔다. 공작은 "소피는 반드시
애액을 흘릴 거야. 아무래도 실험해볼 필요가 있을 것 같은데, 뒤르세, 잘 봐
둬" 하고는 소피를 소파 위에 눕히고 처음에는 손가락을, 다음에는 혀를 사용
하여 그녀의 옥문 주위와 클리토리스, 엉덩이 구멍을 핥았다. 자연계는 당당
하게 승리를 거두었다. 15분이 지나자 그 아름다운 소녀는 당황해하며 얼굴
이 새빨개지고 숨이 거칠어졌다. 그녀에게 그러한 능력이 갖추어져 있다고는
생각지도 못한 뒤르세는 놀라서 법원장과 주교에게 그녀의 몸짓을 보라고 눈

짓을 했다. 음란한 소녀의 작은 옥문이 애액으로 젖고 옥문의 음순도 완전히 젖어 있어서 공작은 일당을 실제로 이해시키는 것이 좋다고 생각해 그들에게 소피의 옥문을 보여준 것이다. 공작은 음란한 실험을 더 이상 계속할 수 없게 되자 일어나 소피의 몸 위에 몸을 구부려 반쯤 벌어진 옥문위에 사정을 하고 손으로 정수를 옥문 안에 밀어넣었다. 그 광경을 보고 있던 법원장은 완전히 흥분하여 소피를 붙잡고 다른 것을 요구했다. 소녀가 아름답고 작은 엉덩이를 내밀자 그는 그녀의 엉덩이에 입을 바싹 대었는데 총명한 독자는 법원장이 그녀로부터 무엇을 받았는지 알 수 있으리라고 생각한다. 공작과 법원장이 그런 장난을 하는 동안 젤미르는 주교의 그것을 빨면서 엉덩이 구멍을 비벼 그를 즐겁게 해주고 있었다. 소피의 엉덩이만으로는 성에 차지 않은 법원장은 나르시스에게 그것을 비비게 하고 소년의 엉덩이에 격렬하게 키스세례를 퍼부었다. 그러나 사정을 한 것은 공작 한 사람뿐이었다. 그것은 뒤클로가 오늘 밤 이야기는 어제의 이야기보다 훨씬 흥미로운 것이라고 미리 암시를 주어서 다른 세 사람은 그것을 기대하며 정수를 아껴두었기 때문이다.

시간이 되어 일당이 집회실로 자리를 옮기자 뒤클로는 다음과 같은 이야기를 전개했다.

'이름도 신분도 전혀 모르는 어느 사내로부터(그래서 저는 그 사내에 대해 불완전한 윤곽밖에 묘사할 수 없습니다) 밤 9시에 블랑쉬 뒤 랑파르 거리의 자기 집으로 와달라, 자기에 대해 의심을 품지 말기 바란다고 씌어 있고, 40프랑이 동봉되어 있는 짧은 편지를 받았습니다. 저는 평소 조심성이 많은 편이어서 여느 때 같으면 모르는 사람의 초대는 당연히 거절하는데, 왠지 마음속에 어떤 직감이 작용하여 두려워할 필요가 없다고 낮게 속삭이는 듯한 목소리가 들리는 것 같아서 저의 직감을 믿고 과감하게 모험을 시도해보기로 했습니다.

그 사내의 집으로 찾아가자 하인이 나와 "주인님의 명령이므로 옷을 벗어야 합니다. 그렇지 않으면 주인님의 방으로 안내할 수 없습니다" 하고 말해 저는 시키는 대로 했습니다. 제가 알몸이 되자 하인은 내 팔을 잡고 몇 개의 방을 지나 어느 방문을 두드렸습니다. 문이 열려 제가 안으로 들어가자 하인은 돌아가 버렸습니다. 제가 안내된 그 방은 어디에서도 빛과 공기가 들어오지 않고 밖과 전혀 다름없이 어두웠습니다. 얼마 지나자 편지를 보낸 사내가 안에서 알몸으로 나와 저에게 다가오더니, 말 한마디 없이 갑자기 제 몸을 잡았습니다. 저는 손님의 음낭에 괴어 있는 정수를 사정하게 해주기만 하면 오늘 밤의 의식은 간단히 끝날 거라고 생각해 마음을 진정시켰습니다. 저는 괴물로부터 약간의 독을 빼주기 위해 사내의 배 밑으로 손을 가져갔는데 그 사내의 그것은 뜻밖에 크고 완전히 굳어 있어 마치 무언가에 반항하는 듯한 기세였습니다. 제가 그것을 잡자마자 사내는 만지고 더듬는 것은 원치 않는다는 듯이 제 손을 뿌리치고 저를 억지로 둥근 의자에 앉혔습니다. 그리고 제 앞에 가로막고 서서 저의 유방을 번갈아 잡고 죄거나 비틀었는데 너무 난폭해서 제가 "나에게 상처를 입힐 생각인가요?" 소리치자 그는 유방에서 손을 떼고 저를 소파에 엎드린 자세로 눕힌 다음, 제 두 다리 사이에 무릎을 꿇더니 엉덩이에 유방에 한 것과 똑같은 짓을 하기 시작했습니다. 그는 엄청난 힘으로 제 엉덩이를 때리고 밀어붙이고 주무르면서, 두 다리를 벌리고 닫고 하더니 끝내 엉덩이 구멍에 키스를 했는데, 그런 행동을 되풀이하는 것뿐이라면 다른 부위와 달리 별로 위험할 것이 없어서 저는 저항하지 않고 사내가 하는 대로 맡긴 채, 도대체 이런 흔한 짓을 하는 사내의 은밀한 목적이 무엇인지 이리저리 추측하고 있었습니다. 그러자 그가 갑자기 무서운 목소리로 소리치기 시작했습니다. "이 매춘부야, 어서 돌아가라. 자 어서 이곳에서 달아나! 나는 이제 절정에 이르렀어. 그러니 더 이상 네 생명을 보장할 수가 없다. 자, 각오해라!" 제가 맨 먼저 취한 행동은 무조건 소파에서 내려오는 것이었습니다. 그때 발밑에 희미한 빛이 비쳐들었는데 제가 들어온 문밖에서 새들어오는 빛이었습니다. 저는 알몸으로 쏜살같이 문을 향해 달려갔습니다. 저는 그곳에 서 있던 하인의 팔에 정신없이 뛰어들고 말았습니다. 그러자 하인은 저에게 옷을 돌려주고 제 손에 40프랑을 쥐어주었습니다. 저는 정신없이 그 집에서 뛰쳐나오느라 돈을 조금밖에 챙기지 못했지만 무사히 빠져나올 수 있었던 것만으로 안도의 한숨을 내쉬었습니다.'

이 이야기를 듣고 마르텐이 말했다. "당신은 스스로 축하를 해야 했어요. 당신이 경험한 건 그 사내가 평소에 표출하던 욕정에 비하면 일부에 지나지 않았던 거죠. 주인님들, 어차피 제가 그 사내에 대해 말씀드리겠지만 그건 사실 훨씬 위험한 상황이었어요." 데그랑주도 끼어들었다. "저도 그 사내에 대해 얘기하고 싶은 게 있는데 마르텐이 한 이야기보다 훨씬 더 불길하고 슬픈 이야기입니다. 뒤클로, 나도 마르텐과 같은 의견인데 그 사내는 극단적으로 기이한 정욕의 소유자였기 때문에 그 정도로 달아날 수 있었던 건 정말 행운이었어요." 그러자 공작이 뒤클로에게 재촉했다. "잠깐만, 그 사내에 대한 이야기는 그의 전모를 들은 뒤에 하는 게 좋겠군. 뒤클로, 그를 생각하면 우리 머리가 달아오르니까 우리의 뇌에서 그 사내를 지워버릴 수 있도록 어서 다른 이야기를 들려주게."

'다음에 제가 상대한 손님은 유방이 예쁜 여자를 무척 좋아했습니다. 유방은 제가 자랑하는 것 가운데 하나였기에 그 손님에게 저의 유방을 보여주자, 그는 제 숙소에서 일하는 어느 여자보다 제가 마음에 들고 말았습니다. 그 꼴사나운 도락자가 저의 유방을 어떻게 하려고 했는지 아세요? 그는 저를 발가벗기고 소파에 똑바로 눕힌 뒤, 제 가슴 위에 올라 타 양쪽 유방 사이에 그것을 끼우고 저에게 최대한 죄어달라고 부탁했습니다. 제가 있는 힘을 다해 유방을 움직이자 그 불쾌한 손님은 순식간에 짙은 정수를 스무 번이나 연달아 토해내어 제 얼굴을 정수로 흠뻑 적시고 말았습니다.'

그때 공작이 아델라이드의 얼굴에 계속 침을 뱉자 그녀는 공작에게 불쾌한 듯이 말했다. "주인님은 무엇 때문에 이런 야비한 짓을 하시는지 모르겠군요." 그리고 얼굴을 닦으면서 전혀 사정을 하지 않는 공작에게 물었다. "주인님, 그것만으로 만족하시나요?" 그러자 공작은 "나는 내가 원할 때 마음대로 절정에 이른다. 너는 남 걱정하지 말고 우리가 하고 싶은 일을 할 수 있도록 우리에게 복종하면 돼. 잘 기억해둬" 대답한 뒤, "자, 뒤클로, 얘기를 계속해. 그렇지 않으면 아델라이드에게 더 심한 짓을 할지 몰라. 하지만 난 이 여자를 존경하기 때문에 이 여자를 화나게 하는 짓은 아무것도 하지 않아" 하고 농담 비슷하게 야유했다.

뒤클로는 다시 이야기를 풀어나갔다.

'주인님들은 생텔므 훈장을 받은 한 사람의 욕정에 대한 이야기를 들으신

적이 있을지 모르겠는데, 그는 자기 집에 은밀하게 룰렛 도박장을 개설해 돈을 걸러 오는 자들을 곤경에 빠뜨리고 있었습니다. 특히 이상한 것은 그의 도벽과 그것에 뒤따르는 격렬한 욕정으로, 사기도박을 통해 손님의 돈을 갈취하거나 손님의 주머니에서 귀중품을 가로채면 반드시 그것이 발기하여 반바지 안에 정수를 흘리고 말았습니다. 그가 오랫동안 데리고 있던 한 여자가 있었는데(저도 그 여자를 잘 알고 있었습니다), 그녀의 이야기로는 그런 기괴한 버릇이 고개를 쳐들기 시작해 참을 수 없을 정도로 고조되면, 그는 마음을 진정시키기 위해 그 여자와 함께 무언가를 훔치지 않으면 못 배긴다고 하더군요. 그는 룰렛 도박으로 손님으로부터 돈을 빼앗을 뿐만 아니라, 온갖 종류의 도둑질이 그에게는 견딜 수 없는 매력이어서 그가 있는 곳에서는 어떠한 것도 결코 안전할 수 없었습니다. 그는 타인과 함께 식사를 하면 테이블 위의 은그릇을 훔치고, 남의 서재로 안내되면 상대의 보석을 훔쳤으며, 누군가의 옆에 있으면 그 사람의 담뱃갑이나 손수건을 훔쳤습니다. 그의 손에 들어오는 것이면 무엇이든 상관없기 때문에 남의 것을 자기 것으로 만드는 순간, 그것이 발기하여 절정에 이르고 마는 것입니다.

제가 푸르니에 부인의 숙소에 자리를 잡은 지 얼마 지나지 않아 법원의 어느 재판장과 알고 지내게 되었는데, 그는 최근까지 여러 해 동안 저의 단골손님이었습니다. 그것은 그가 까다로운 사람이어서 저밖에 상대하려 하지 않았기 때문입니다. 그는 생텔므 훈장 수상자에 못지않은 이상한 취미의 소유자였습니다. 그는 그레이브 광장에 1년 계약으로 작은 아파트를 빌렸는데, 그곳에 살고 있는 것은 여자 문지기뿐으로, 그녀의 임무는 광장에서 처형 준비가 시작되면 그것을 주인에게 알리는 것이었습니다. 그는 문지기로부터 보고를 받으면 저에게 준비를 하도록 알린 뒤 변장을 하고 마차로 저를 데리러 왔습니다. 우리는 그의 작은 아파트로 달려갔습니다. 아파트 방의 창문은 사형대를 바로 가까이에서 내려다볼 수 있도록 되어 있었습니다. 우리는 침대를 가지고 와 문가에 비스듬하게 두고, 그는 문의 가로대에 오페라글라스를 설치해 사형수가 모습을 드러내기를 기다립니다. 그동안 법과 정의의 여신의 손끝은 제 엉덩이에 키스를 되풀이하는데 그는 그런 전희를 몹시 좋아했습니다. 광장에 사형수의 도착을 알리는 군중의 웅성거림이 일자 그는 저를 곁에 끌어당겨 저에게 그것을 쥐고 비비게 했습니다. 처형 절차가 모두 갖춰져 사형수가 사형대 위에 오르면 재판장은 오페라글라스로 뚫어지게 바라보았는데 죄수가 그 영혼을 신에게 맡길 때가 다가옴에 따라 악당의 그것도 미친 듯이 성을 내기 시작했습니다. 저의 손놀림도 그것에 맞춰 격렬해지고 사형집행인이 도끼를 내리친 순간 그는 "아, 온유하신 신이시여. 그 사내를 행복하게 해주실 뿐만 아니라 저에게도 행복을 주셨습니다. 하느님, 저를 당신의 사형집행인으로 해주신다면 저는 도끼를 더욱 잘 내리칠 수 있을 것입니다……" 하면서 절정에 이르렀습니다.

주인님들, 저는 몇 번이나 그런 장면을 보았는데 그는 처형의 종류나 방법에 따라 쾌락의 맛이 다르고 마음의 움직임도 다르다는 것을 알았습니다. 교수형은 그에게 있어서 지극히 단순한 관능의 기쁨을 가져다줄 뿐이지만 거열형은 그를 황홀케 했습니다. 화형과 사열형(四裂刑)을 구경했을 때는 기쁜 나머지 정신을 잃고 말았습니다. 사형수가 남자건 여자건 마찬가지였습니다. 하지만 재판장은 "유감스럽게도 거의 있을 수 없는 일이지만 임신한 여자의 처형을 보면 난 아마 매우 다른, 강한 인상을 받게 될 것이다" 말한 적도 있었습니다. 어느 날 제가 "당신은 직무상 불행한 희생양의 사형표결에 참여한 적이 있었겠지요?" 하고 묻자, 그는 "물론이지. 그것이 나의 가장 큰 낙이거든. 난 30년 동안 재판장 자리에 있으면서 사형 이외의 판결은 내린 적이 없어" 하기에, "사형은 살인과 비슷한 데가 있는데 조금도 가책을 느낀 적이 없나요?" 하고 반론하자, 그는 "그렇게 말하기는 쉽지만, 사물은 좀더 자세히 검토해야 해" 하고 대답했습니다. 제가 "하지만 세상 사람들은 사형이나 살인은 무서운 것이라고들 하잖아요?" 하고 말하자, 그는 다음과 같이 설명했습니다. "공포를 잘 이용할 줄 아는 인간도 있지. 공포에는 그것을 발기시키는 힘이 잠재해 있어. 그 이유는 단순해. 당신은 공포를 상상하면 소름이 끼칠지도 모르지만, 공포에는 절정에 이르게 하는 힘이 잠재해 있다는 걸 알면 타인의 눈에는 공포일지라도 당신에게는 공포일 수 없게 되는 거야. 모든 것에 대한 세상의 의견은 거의 오류가 많은데 이 경우도 그렇게 생각할 수 있지 않을까? 세상에는 근본적으로 선한 것도, 근본적으로 악한 것도 없어. 모두가 상대적인 것이고, 우리의 습관·의견·선입관에 따라 달라지지. 그 점만 확립되면 그 자체는 아무래도 상관없다는 것은, 당신의 눈으로 보면 불쾌할지 몰라도 나에게는 말할 수 없는 매력이 있어. 내가 마음에 든 이상, 그것에 어떤 성격을 부여할 것인지는 무척 어려운 일일지도 모르지만…… 나를 즐겁게 해주는 것이라면 당신이 비난한다고 해서 멈추고 말 정도로 난 어리석지 않아. 뒤클로, 한 인간의 삶은 그다지 중요한 것이 아니기 때문에 고양이나 개를 다루듯이 마음대로 희롱하면 되는 거야. 그는 본질적으로 우리와 똑같은 무기를 지니고 있지만 자신을 지킨다는 점에서는 지나치게 약했던 거지. 뒤클로, 당신은 양심적인 여자인 것 같은데 내 친구들의 환상을 어떻게 생각하나?” 주인님들의 허락을 받아 이제부터 그 재판장이 저에게 얘기해준 어느 사내의 취향에 대해 말씀드리고 오늘 밤의 제5화를 마치겠습니다.

　재판장의 한 친구는 사형이 집행될 예정인 여자들에게만 흥미가 있었습니다. 그는 여자의 처형이 임박하면 임박할수록 흥분이 되는지, 비명에 죽을 시간이 다가오는 여자의 신병을 잠시 맡기 위해 여자 한 사람에 대해 2천 프랑이나 썼는데, 사회적으로 대단한 지위에 있는 사람이었기 때문에 거의 모든 여자를 면회할 수 있는 행운을 손에 넣었습니다. 그러나 그는 여자를 육체적으로 희롱하는 것이 아니라 자기 눈앞에서 여자에게 엉덩이를 드러내고 배변하게 할 뿐이었습니다. 그의 말에 따르면 사형집행이 언도되어 제정신이 아닌 여자의 배설물을 맛보는 쾌락에 비길 만한 것은 없었습니다. 그는 여자에게 자신의 신분이 알려지는 것을 극도로 싫어하여, 어느 때는 고해를 듣는 신부를 가장해 가련한 운명을 위로해주는 거라고 말하고, 또 어느 때는 여자 가족의 지인임을 내세워 내 말대로 하면 남아 있는 당신 가족을 틀림없이 행복하게 해주겠다고 약속했습니다. 재판장은 저에게 “그러한 의식이 끝나 내 친구가 충분히 만족하고 나면 그가 어떻게 했을 것 같나? 나하고 똑같아. 마지막까지 정수를 아껴두는 거지. 그리고 처형장에 구경하러 가서 그 여자가 자기 눈앞에서 기쁜 듯이 마지막 숨을 거둘 때 절정에 이르지” 하고 말했습니다. 제가 “정말 심하군요”라고 하자, 재판장은 이렇게 대답했습니다. “심하다고? 농담은 그만두시지. 그것을 발기시키는 것이 왜 심한 일인가? 세상에서 가장 나쁜 일은 최고의 순간에 사정을 중단하는 것이 아닐까?'"

마르텐이 "그 재판장은 그 정도 일로 사정을 망설이는 인간이 아니에요. 언젠가 저와 데그랑주가 그에 관한 음락에서 범죄적인 사건에 대해 얘기할 기회가 있을 것으로 알고 또 그러길 바라고 있습니다" 말하자 법원장이 나섰다. "정말 대단하군. 그는 내가 원하고 있는 최고의 사내야. 쾌락에 대해 생각할 때, 마지막에는 그런 방법이 될 수밖에 없어. 난 그의 철학이 아주 마음에 들어. 인간은 아무리 몸부림쳐도 자신의 쾌락과 능력에는 한계가 있게 마련인데, 그렇다고 해서 아주 천박한 특정 선입관에 집착하여 일부러 자신의 존재범위를 좁혀버리는 건 생각도 할 수 없는 일이지. 이를테면 살인을 가장 나쁜 일로 여기는 인간이 살인에 뒤따르는 온갖 더할 나위 없는 즐거움을 한정해버리는 일이 있을 수 있을까? 모든 살인에는 제각기 뭐라 말할 수 없는 독특한 즐거움이 있는데도, 선입관이라는 불쾌한 망상에 사로잡혀 제각기 독자적인 쾌락을 갖추고 있는 백 가지 쾌락을 포기해야 하는 걸까? 세상에는 자기에게 하지 않기를 바라는 것을 타인에게 해서는 안 된다는 율법이 있는 것 같은데, 정복자들이나 영웅들, 전제자들이 그런 어리석은 율법을 자기 자신에게 부과할까? 솔직하게 말해서, 세상의 어떤 바보들이 그것이 자연계의 법칙이라고 말하는 것을 들으면 난 그만 화가 나서 소리를 지르고 싶다네. 공정한 자연계는 살인과 나쁜 일에도 목말라 있기 때문에 우리에게 살인이나 악행을 저지르게 하고 있는 것이 아닐까? 그래서 자연계가 우리 마음속에 깊이 새긴 명령이 무엇인가 하면, 우리는 원하는 것을 원하는 만큼 실천하면 된다는 것이네. 나는 이 문제에 대해 깊이 탐구해왔기 때문에 나의 확신을 바탕으로 자네들을 반드시 이해시키겠어. 자연계는 지고한 질서를 유지하기 위해 미덕과 마찬가지로 악덕도 필요로 하기에, 자연계에 봉사하는 유일한 방법은 자연계가 명한 법칙에 군말 없이 따르는 것이네. 자네들, 나도 언젠가 이 문제에 대해 이야기할 기회가 있겠지만, 지금은 형장에서 사형을 바라보며 즐기는 악당 이야기 덕분에 내 음낭이 터지기 직전이어서 어떻게든 사정을 해야겠어."

대연설을 마친 법원장은 자신과 똑같은 악녀 데그랑주와 팡숑, 그리고 알린, 소피와 에베, 안티노우스와 제피르를 데리고 복도 끝의 특별실로 갔다. 7명에게 둘러싸인 도락자가 어떤 상상을 발휘했는지는 잘 알 수 없지만 그는 좀처럼 돌아오지 않았다. 음락의 광경이 펼쳐지면 반드시 그의 입에서 나오는 모독적인 언어와 불쾌한 욕설이 들려왔다. 그리고 소녀들은 법원장으로부터 무슨 음란한 짓을 당했는지, 머리가 흐트러지고 얼굴이 새빨개져서 돌아왔다. 그동안 다른 일당 세 사람도 시간을 흘려보내지 않고 쾌락에 빠져들었는데 사정한 사람은 주교뿐이었다. 일당의 그런 이상한 방식에 대해 자세히 말하고 싶지만 독자 여러분은 잠시 더 참아주기 바란다.

일당이 테이블에 자리를 잡자 법원장은 또 타고난 철학론을 끄집어냈다. 무신앙에 무신론자이고 악당인 그는 이제 막 불같은 욕정을 태우고 사정을 한 뒤였지만 그 철학체계에는 아무런 영향도 미치지 않았다. 모든 현인은 그래야만 한다. 정수의 사정이 행동 원칙을 지배하는 것이 아니라 원칙이 사정 방법을 규제하는 것이다. 그것을 발기시키건 시키지 않건, 사정을 하건 말건, 철학체계는 욕정에서 독립한 것으로 항상 변하지 않아야 한다.

향연으로 옮겨간 일당은 소년소녀들 가운데 누가 가장 멋진 엉덩이를 가졌는지, 이제까지 시도해본 적이 없는 심사를 했는데 참으로 흥미로운 것이었다. 그들은 먼저 8명의 소년을 한 줄로 세워놓고 엉덩이를 음미하고 판정하기 쉽도록 몸을 약간 구부리게 했다. 시간을 들여 엄중하게 검사한 일당은 서로 의견을 교환하며 논쟁을 벌인 뒤, 더욱 소년 개개인의 엉덩이에 대해 열다섯 번이나 면밀하게 살핀 끝에 가까스로 모두가 합의하여 그 영광의 관은 제피르의 머리 위에서 빛나게 되었다. 제피르의 엉덩이만큼 육체적으로 완벽하고 모양이 좋은 엉덩이를 발견하는 것은 불가능하다는 결론에 다다른 것이다. 다음에는 소녀들의 엉덩이 심사로 옮겨 소년들과 똑같은 자세를 취하게 했는데 역시 최종결정에는 많은 시간이 걸렸다. 오귀스틴과 젤미르와 소피의 엉덩이에 갑을의 평점을 매기는 것은 불가능에 가까웠기 때문이다. 오귀스틴의 엉덩이는 다른 두 소녀의 엉덩이보다 균형이 잡혀 있어 화가들이 심사했다면 틀림없이 승리를 거두었겠지만, 그녀의 엉덩이는 몸매에 비해 약간 마른 편이고 지나치게 섬세하여 심사자들은 야무지고 섬세한 것보다는 요염하고 풍만한 것을 선택했다. 젤미르와 소피의 엉덩이는 싱싱하면서 두툼하고 색이 하얗고, 허리에서 엉덩이에 걸친 곡선이 자못 관능적이어서, 그런 점에서는 오귀스틴의 엉덩이보다 뛰어났다. 그러나 나머지 두 사람의 엉덩이 우열을 가리는 건 정말 쉽지 않아서 열 번에 걸친 의견교환 결과 결국 젤미르에게 돌아갔다.

일당은 그 매력적인 세 소녀와 소년을 곁에 두고 밤새 세 사람에게 키스를 하거나 엉덩이를 더듬고 가랑이 사이를 이용하면서 즐겼다. 마지막으로 젤미르에게 제피르의 그것을 비벼주게 하자 소년은 훌륭하게 사정에 성공했고, 다음에는 제피르에게 그녀의 옥문을 애무하게 하자 그녀는 소년의 품 안에서 정신을 잃고 말았다. 언어로는 표현할 수 없는 그러한 쾌락은 공작과 주교를 특별히 흥분시켜 두 사람은 많은 양을 사정했다. 그러나 법원장과 뒤르세처럼 낡고 다 써버린 영혼에게는 그와 같이 가볍고 천진난만한 광경은 거의 아무런 감동도 불러일으키지 않았다.

일당은 주거로 돌아갔는데 순한 양치기들이 노는 모습을 보는 것만으로는 직성이 풀리지 않은 법원장은 그 대가로 새로운 오욕의 대상을 찾아 쾌락에 빠졌다.

11월 28일

그날은 퀴피동과 로제트의 결혼식이었는데, 운명적인 만남이라고 해야 할지 그날 밤 두 사람 다 징벌을 받기로 되어 있었다.

그날 아침에는 아무도 위반을 하지 않았기 때문에 일당은 오로지 결혼의식에만 시간을 썼고, 차질 없이 식이 끝나자 둘의 첫날밤을 구경하기 위해 신혼부부를 응접실로 데리고 갔다. 결혼이라는 사랑의 신의 신비로운 의식에서는 가끔 아이들이 들러리를 서는 법인데, 두 사람 다 아직까지 들러리를 선 경험은 없었지만 적어도 그 의식에서 무엇을 해야 하는지에 대해서는 잘 알고 있었다.

퀴피동이 나무못 같은 그것을 완전히 빳빳하게 세워 로제트의 가랑이 사이에 대자 그녀는 순진하기 이를 데 없는 천진난만한 모습으로 소년이 하는 대로 맡겼다. 도취한 소년이 열심히 시도하자 곧바로 성공할 뻔했지만, 소년의 위반행위에 당황한 주교가 퀴피동을 두 팔로 껴안고 어린 신부의 옥문으로 들어가려던 소년의 작은 그것을 어렵지 않게 자신의 커다란 뒷문에 삽입시키고 말았다. 소년은 아쉬운 눈초리로 신부를 바라보았고, 어린 신부도 공작에게 안겨 두 가랑이 사이에 거대한 그것이 삽입되고 말았다. 그러자 법원장이 언짢은 듯이 다가와 주교를 상대하고 있는 퀴피동의 엉덩이를 더듬고 규칙에 따라 엉덩이 구멍만 핥으면서 자신의 그것을 발기시켰다. 뒤르세도 공작에게 안겨 있는 로제트의 뒤로 돌아가 법원장과 똑같은 짓을 하면서 즐겼다.

그러나 그들은 아무도 사정하지 않고 아침식탁에 앉았다. 두 아내가 불려와 오귀스틴, 젤미르와 함께 일당에게 커피를 내왔다. 간밤의 엉덩이 경쟁에서 미의 상을 놓친 오귀스틴은 아직 멍하니 머리 손질도 하지 않은 채 뾰로통한 표정이었기 때문에 평소의 몇 배나 인상적이었다. 그녀의 그런 모습을 보고 있던 법원장은 마음이 동하여 그녀의 엉덩이를 더듬으면서 "간밤에 이 장난꾸러기 소녀가 왜 영광의 관을 손에 넣을 수 없었는지 아무래도 이해할 수가 없단 말이야. 전세계 어디를 찾아봐도 더 이상 멋진 엉덩이는 발견할 수 없을 텐데 도대체 어떻게 된 일이지?" 하면서 그녀의 엉덩이를 벌리고는 "어때, 날 만족시켜주겠나?" 하고 물었다. "네, 주인님. 어떻게 해서든 배 속에 있는 것을 빨리 비우고 싶어요." 그녀가 이렇게 대답하자 법원장은 오귀스틴을 소파 위에 엎드리게 하고 그녀의 아름다운 엉덩이 뒤에 무릎을 꿇더니 그녀의 배설물을 게걸스럽게 먹어치웠다. 법원장은 입언저리를 핥으며 발기하여 배에 달라붙어 있는 그것을 모두에게 보여주면서 "무엇이든 해보고 싶어 못 참겠다"고 말했다. 법원장은 그러한 상태가 되면 반드시 당치도 않은 잔인한 말을 꺼내기 시작하는데 공작은 또 그것을 몹시 좋아하여 "퀴르발, 어찌 된 일이오?" 하고 물었다. 그 말에 법원장이 대답했다. "어찌 되고 뭐고 없어. 나에게 무엇을 시키려는 거지? 자연계를 분할하고 우주를 해체하려는 건가?" 법원장이 오귀스틴에게 날카로운 시선을 보내고 있는 것을 본 뒤르세는 "자, 법원장님, 뒤클로의 이야기를 들어보지 않겠소? 시간이 됐네. 지금 당신이 고삐가 풀리면 가련한 햇병아리는 끔찍한 꼴을 당하고 말 테니까" 하고 말했다. 흥분해 있던 법원장이 되받았다. "그래, 오귀스틴에게 끔찍한 꼴을 당하게 해줄까? 그런 거라면 얼마든지 맡아주지." 그러자 로제트의 배설물을 입에 넣은 공작이 그것을 창처럼 날카롭게 발기시킨 채 법원장에게 말했다. "당신과 나에게 소녀들의 하렘을 맡겨주면 두 시간 안에 재미있는 이야기를 해줄 텐데……" 두 사람에 비해 훨씬 냉정한 뒤르세는 그 말을 듣자 서둘러 두 사람의 팔을 잡고 이미 준비가 되어 있는 집회실로 데려가 버렸다.

공작과 법원장이 반바지를 내리고 그것을 발기시킨 채 집회실로 들어오는 모습을 본 뒤클로는, 두 사람이 틀림없이 방해할 거라고 생각하면서도 다음과 같은 이야기를 시작했다.

'어느 날, 서른다섯 살쯤 된 귀족이 제 숙소로 찾아와 제가 데리고 있는 소녀들을 소개해달라고 주문했습니다. 그 귀족은 그 밖에는 한마디도 하지 않아서 저는 그가 어떤 버릇이 있는지 전혀 짐작하지 못한 채 그의 주문대로 부인복을 만드는 여자를 찾아냈습니다. 그 소녀는 파리에서 찾을 수 있는 가장 아름다운 소녀라고 할 수 있었고, 더구나 놀았던 경험이 전혀 없는 숫처녀였습니다.

두 사람을 대면시킨 저는 어떤 일이 벌어질지 호기심에 사로잡혀 곧바로 엿보는 구멍 앞에 자리를 잡았습니다. 그러자 그 귀족은 소녀에게 갑자기 말했습니다. "뒤클로 부인이 너같이 지독한 창녀를 어디서 찾아냈을까. 틀림없이 시궁창에서 주워 왔겠지. 넌 너 같은 여자를 찾으러 오는 위병들에게 호객행위도 하고 있을걸." 손님이 무슨 짓을 할 건지 전혀 얘길 듣지 못한 소녀는 그저 어떻게 해야 할지 몰라 부끄러워서 당황스러워했습니다. 그는 그런 소녀를 보고 더욱더 과격한 말을 구사하여 "자, 옷을 벗어라. 정말 서투른 여자구나. 난 지금까지 너같이 못생기고 바보 같은 창녀는 본 적이 없다. 자, 어떻게 할까? 오늘은 이 정도로 해둬도 좋겠군. 그런데 이것이 위병들이 침을 흘린다는 몸매인가? 유방은 또 이게 뭐야. 늙은 암소의 젖과 구별할 수가 없구나" 하면서 소녀의 유방을 난폭하게 주물렀습니다. 귀족이 "왜 배가 주름투성이이지? 그 나이에 아이를 20명이나 낳은 건가?" 하고 묻자 소녀가 "아니에요, 아이를 낳은 적은 없어요"라고 대답했다. 이에 귀족이 빈정거렸다. "아이를 낳은 적이 없다고? 창녀들은 하나같이 그렇게 말하지. 그런 말을 하면서 마치 숫처녀인

양 군단 말이야. 자, 뒤를 돌아봐. 무슨 엉덩이가 이래. 푸석푸석하고 구역질이 날 것 같은 엉덩이구나. 그래, 위병들이 네 엉덩이를 마구 짓밟았겠지. 그렇지 않았으면 그처럼 심할 꼴이 될 리가 없을 테니까 말이야." 주인님들도 짐작하시겠지만, 소녀의 엉덩이는 좀처럼 찾아볼 수 없는 멋진 엉덩이였습니다. 터무니없는 말을 들은 소녀는 더욱더 혼란에 빠져 작은 가슴이 고동치는 소리가 들려오는 것만 같았고 아름다운 두 눈은 눈물로 흐려졌습니다. 하지만 소녀가 당황할수록 그는 재미가 있는 듯 바지에서 그것을 꺼내 비비기 시작하더니, 그녀의 몸매와 살결, 용모와 몸의 냄새, 행동과 정신에 대해 마치 경문을 외듯이 천박하고 야비하며 파렴치한 온갖 욕설과 잡소리를 퍼부었습니다. 한마디로 말해 그는 소녀의 긍지에 상처를 주어 상심하게 하고 슬프게 하기 위해 온갖 궁리를 다한 것입니다. 결국 울음을 터뜨려버린 소녀는 가슴이 터질 것만 같았습니다. 바로 그때 그는 그것을 힘껏 비벼대어 사람으로서는 차마 입에 담을 수 없는 몹쓸 짓을 하면서 소녀의 몸 위에 사정을 했습니다.

그런데 그러한 정사에서 흥미로운 결과가 나왔습니다. 그 뜻하지 않은 사건이 그녀에게 커다란 교훈을 주어 그녀는 두 번 다시 그러한 정사에는 몸을 맡기지 않겠다고 맹세한 것입니다. 일주일이 지나 그녀가 수도원에 들어갈 결심을 했다는 소식을 듣고 그 사실을 그에게 전하자 매우 재미있다는 듯이 저에게 아름다운 소녀를 회개시키고 싶다며 적당한 소녀를 찾아달라고 주문한 것입니다.

저에게 기묘한 일을 부탁한 손님이 있었는데 그 손님은 언뜻 보기에 기품이 있고 예의 바른 사내였습니다. 그가 주문한 것은, 극히 예민한 성격의 소유자로 현재 어떤 중요한 일을 기다리고 있어 일의 추세에 따라서는 크나큰 슬픔을 겪고 소동을 일으킬 수도 있는 신상의 소녀들이었습니다. 하지만 그런 주문에 꼭 맞는 소녀를 찾는 것은 무척 어려운 일이었습니다. 첫째로 적당한 소녀를 찾아서 억지로 강행할 수도 없었고, 그는 여러 해 동안 그런 놀이에 익숙해서 그런 일에 통달해 있었기 때문에 상대를 보면 어떻게 해야 상대에게 가장 큰 타격을 줄 수 있는지 정확하게 간파해버려서 그 손님을 속여도 소용이 없었습니다. 저는 그가 원하는 정신 상태에 있는 소녀를 애써 찾아내, 디종에 있는 발쿠르라는 청년을 생각하며 매일 그 청년으로부터 소식이 오기만을 기다리고 있던 소녀를 그에게 넘겨주었습니다. 손님이 "아가씨, 어디서 왔지?" 하고 묻자 소녀가 대답했습니다. "디종에서 왔어요." "디종에서 왔다……기묘한 일치군. 나는 방금 디종에서 편지를 받았어. 나를 몹시 슬프게 하는 소식이더군." 남자의 말에 소녀가 "어떤 편진데요? 나는 디종 사람은 거의 다 알고 있기 때문에 어쩌면 나하고 관계가 있을지도 몰라요" 하며 궁금해하자 그는 이렇게 말했습니다. "아니야, 아가씨하고 관계가 있는 건 아니고, 내가 아끼던 어느 청년의 죽음을 알려온 편지였어. 그 청년은 디종의 어느 소녀에게 마음을 빼앗겨 디종에 있는 내 동생이 청년에게 그 소녀를 신부로 소개해주었지. 그런데 결혼식을 올린 이튿날 그 청년이 갑자기 죽어버렸다는 거야." 소녀가 "혹시 그 청년의 이름을 가르쳐주실 수 없을까요?" 부탁해오자 그는 무심한 척 내뱉었습니다. "발쿠르라고 파리의 ×가 ×아파트에 살고 있었는데……하지만 넌 그를 모를 거야." 그 말을 들은 소녀는 뒤로 넘어가서 그대로 정신을 잃고 말았습니다. 그러자 그는 흥분하여 반바지의 단추를 끌러 그것을 끄집어내더니, 바닥에 죽은 듯이 누워 있는 소녀를 뒤집어 페티코트를 걷어 올려 엉덩이가 드러나게 한 채 엉덩이 위에서 그것을 비비면서 말했습니다. "내가 원한 건 바로 이 엉덩이야, 엉덩이. 난 엉덩이가 아니면 절정에 이르지 못해." 그리고 몇 번이나 절정에 이른 뒤, 소녀에게 들려준 불행한 이야기의 결과가 어떻게 되든 상관하지 않고 떠나고 말았습니다.'

　마장을 허리가 아플 정도로 공격하고 있던 법원장이 물었다. "그 소녀는 죽었나?" "아니에요, 하지만 몸이 몹시 좋지 않아 6주일이나 자리에 눕고 말았지요." 뒤클로의 말에 공작이 답했다. "정말 대단한 사내로군. 하지만 소녀가 월경 중일 때를 택해 터놓고 얘기했더라면 그 사내는 더욱 즐길 수 있었을 텐데." 법원장이 맞장구쳤다. "자네 말이 맞아, 공작. 그런데 여기서 봐도 자네의 그것이 엄청난 기세라는 걸 잘 알 수 있는데, 당신은 소녀가 그 자리에서 죽어버리는 걸 더 재미있게 생각할걸." 공작은 고개를 끄덕였다. "당신이 그렇게 생각한다면 당신 의견에 일단 찬성해두겠소. 소녀가 하나 죽었다고 해서 별로 양심에 가책이 되는 일은 아니니까." 공작과 법원장의 대화를 듣고 있던 주교가 뒤르세에게 말했다. "뒤르세, 당신이 이 두 사람에게 절정에 이르게 하는 묘한 일을 시키지만 않으면 오늘 밤 모두 신나게 즐길 수 있을 거요." 그러자 법원장은 주교에게 "자네는 자네의 양떼가 두려운 모양이군. 두세 사람 많다고 별로 달라질 건 없을 텐데" 하고는 다시 공작에게 말했다. "우리 둘이서 즐기세." 말보다 실천이 빠른 공작과 법원장은 오귀스틴, 소피와 콜롱브, 아도니스, 퀴피동과 나르시스, 브리즈퀼과 방드오시엘, 콩스탕스와 쥘리를 데리고 나가버렸다. 얼마 지나자 여자와 소녀들의 비명과 두 일당이 사정할 때의 신음소리가 들려왔다. 그러더니 오귀스틴은 피가 흐르는 코를 손수건으로 막고 콩스탕스는 가슴을 가리고 나왔다. 방종하고 눈치가 빠른 쥘리는 교묘하게 위험에서 벗어나 "내가 없으면 주인님들은 절정에 이르지 못한다"면서 미친 듯이 큰 소리를 지르고 웃으면서 돌아왔다. 세 소년은 엉덩이에 정수를 흠뻑 묻힌 채 돌아왔다. 남겨진 주교와 뒤르세는 온갖 방탕을 다하여 공작과 법원장으로부터 이런저런 말을 들을 필요가 없다는 것을 입증했다. 그런 일이 있은 뒤, 일당은 완전히 평정을 되찾아 뒤클로에게 이야기를 재촉했다.

"법원장님이 틀림없이 좋아하실 것 같아서 두 가지 이야기를 준비했는데, 서둘러 욕구를 충족시키셔서 유감이군요. 저는 당신이 임신한 여자에게 흥미가 있다는 걸 잘 아는데, 아직 가벼운 미련이 남아 있으시다면 제 이야기가 당신께 위로가 되지 않을까 합니다."

법원장이 말했다. "어쨌든 얘기해보아라. 나는 아무리 절정에 이르러도 나의 감정에 영향을 미치는 일이 없다. 절정에 이른 뒤에는 악행에 대한 동경이 오히려 더 커질 정도니까. 그걸 모르는가?" 뒤클로는 "잘 알고 있습니다." 대답하고 나서 이야기를 시작했다.

'어느 사내의 취향은 여자가 출산하는 장면을 보는 것이었습니다. 그는 여자가 진통을 시작하는 모습을 바라보면서 그것을 비비고, 갓난아기의 머리가 모습을 드러내는 순간 갓난아기의 머리 위에 정수를 뿌렸습니다.

다른 사내는 임신 7개월의 여자에게 거금을 지불하고 높이 3미터 정도 되는, 옆에 아무것도 없는 받침대 위에 억지로 세워 정신을 바짝 차리고 똑바로 서 있으라고 명령했습니다. 만일 잘못해서 여자가 현기증을 일으켜 받침대에서 떨어지면 여자는 배 속의 태아와 함께 죽을 수도 있었습니다. 하지만 그 사내는 불행한 여자가 얼마나 위험에 처해 있는지, 그런 것에는 감정의 움직임 하나 없이 "오, 얼마나 멋진 동상이고 장식인가! 마치 여제(女帝)와 같은 모습이 아니냐!" 하고 외쳤습니다. 그리고 그것을 비비면서 자신이 절정에 이를 때까지 여자를 꼼짝 못 하게 세워두고 그 모습을 바라보았습니다.'

공작이 "퀴르발, 당신이라면 그 받침대를 흔들지도 모르겠소" 말하며 끼어들자 법원장이 반박했다. "농담은 어지간히 해두시지. 자네는 착각을 하고 있는 것 아닌가? 나는 자연계와 그 작품을 존경하는 점에 있어서는 누구에게도 뒤지지 않는다고 생각하네. 모든 사람의 관심 가운데 가장 고귀한 것은 인류의 번식이 아닌가? 우리는 그러한 신비를 찬양하지 않으면 안 되고, 신비를 실현하고 있는 자에게 가장 관심을 가져야만 해. 나는 임신부를 보면 반드시 감동을 느끼지. 오븐처럼 자신의 자궁 속에서 아기를 부화시키고 있는 여자가 얼마나 위대한지 상상해보는 게 어떤가. 그처럼 아름답고 그처럼 우아한 것이 또 있을까. 콩스탕스, 이쪽으로 와. 신비로운 사건을 일으키고 있는 너의 제단에 키스를 하고 싶다." 콩스탕스가 법원장 곁으로 가자 그는 곧바로 그녀의 제단을 찾아 제의를 집행하려고 했다. 그러나 법원장의 언어와 실행은 일치하지 않았는지, 콩스탕스는 숭배와 경의를 받고 있는 것 같지 않은 목소리로 격렬하게 비명을 질렀다.

이윽고 잠잠해지자 뒤클로는 다음과 같은 짧은 이야기로 그날 밤의 이야기를 마쳤다.

'어느 사내는 어린아이의 울음소리를 들으면 욕정을 느끼지 않을 수 없었습니다. 그 사내에게 필요한 것은 서너 살이 넘은 아이가 있는 어머니였습니다. 그는 자기 눈앞에서 어머니에게 자기 아이를 때리게 하여 아이가 발버둥치기 시작하면 아이 앞에서 어머니에게 그것을 쥐고 격렬하게 비비게 하고, 아이가 큰 소리로 울기 시작하면 흥분하여 아이의 얼굴 위에 사정을 했습니다.'

주교가 법원장에게 말했다. "맹세를 해도 좋은데 그 사내는 당신 이상으로 번식을 싫어하는 것 같군요." 법원장이 대답했다. "아마 그럴지도 모르겠군. 지식이 풍부한 어느 귀부인의 말로는, 동물과 어린이, 임신부를 사랑하지 않는 사내는 극악무도한 인간이라더군. 그래서 그 여자의 의견에 따르면 그런 사내는 거열형에 처해져서 마땅하다는 거야. 나도 동물과 아이와 임신부는 모두 몹시 싫어하기 때문에 만일 이 말 잘하는 할머니의 법정에 불려 가면 거열형은 거의 틀림없을 거야."

여러 가지 사건으로 집회의 대부분이 중단되고 밤도 깊어져서 일당은 저녁 식탁에 앉았는데, 그들 사이에 사내들의 감정이나 배려의 마음이 무슨 소용이 있는가, 사내의 행복과 어떤 연관이 있는가 하는 문제가 논의되었다. 법원장은 감정이나 배려 따위는 사내에게 해만 끼칠 뿐이므로 남자아이는 어릴 때부터 잔인한 광경에 익숙하도록 일찌감치 마비시켜두어야 한다고 주장했다. 그리고 각자가 서로 다른 관점에서 토론했는데 결국 법원장의 의견에 동의했다.

저녁식사가 끝나 공작과 법원장이 여자애들은 재우고 사내들만으로 향연을 시작하자고 제안했다. 다른 두 사람도 그것에 찬성하여 8명의 마장과 함께 집회실에 틀어박혀 포도주를 마시면서 서로 뒷문을 빌려 음락에 빠져들었다. 일당이 잠자리에 든 것은 새벽이 오기 두 시간 전이었다. 내일 다시 다양한 사건과 이야기가 이어질 텐데, 계속해서 읽는 수고를 마다하지 않으면 독자 여러분은 아마 충분히 즐거움을 발견하게 될 것이다.

11월 29일

이런 멋진 속담이 있다. '먹으면 먹을수록 식욕은 더욱 왕성해진다.' 자못 거칠고 세련되지 못한 느낌이 드는 속담이지만 실은 지극히 폭넓은 의미가 함축되어 있다. 잔인하고 추악한 행위를 저지르면 그것이 계기가 되어 또 똑같은 새로운 행위를 시도해보고 싶은 생각이 들어 멈출 줄을 모르게 된다는 의미로, 그야말로 지칠 줄 모르는 도락자들의 행위에 꼭 들어맞는다고 할 수 있다. 그 어떤 것도 용서하지 않는 냉혹함과 저주스러울 정도로 치밀한 방탕의 정신을 겸비한 일당은 화장실에서 나오자 불행한 아내들에게 제각기 가장 야비하고 가장 불결한 봉사를 요구했는데, 그것만으로는 만족하지 않고(아마도 어젯밤의 남색 쾌락에서 생각해낸 것으로 보이는데) 그날부터 새로운 규칙을 시행하기로 한 것이다.

규칙은 다음과 같은 것이었다. 아침에 일당이 용변을 보고 싶을 때는 각자 본처의 입을 변기로 사용하고 남의 아내의 입을 사용해서는 안 된다. 그리고 아내들에게는 더욱 중요한 임무가 기다리고 있으므로 일당이 그 뒤 다시 용변을 볼 필요가 생겼을 때는 제각기 지정한 소녀의 입을 변기로 이용할 것(공작은 에베, 주교는 로제트, 법원장은 콜롱브, 뒤르세는 미셰트로 정해졌다). 그리고 아내들과 소녀들은 그 봉사에 조금이라고 과오가 있을 때는 엄벌에 처해진다. 새롭게 잔인한 명령을 받은 가련한 그녀들은 비탄에 빠져 하염없이 울었지만 아무 소용이 없었다. 또 향연이 끝난 일당이 필요로 할 때는 매일 밤 차례를 정해 두 하녀의 입을 이용할 것. 또 일당이 대소변을 볼 때는 반드시 소녀들이 그 옆에서 기다렸다가 제각기 엉덩이를 드러내 그들이 요구하는 봉사에 대비하고, 하녀들은 소녀들의 엉덩이 구멍을 누르거나 넓히거나 하여 자극을 줄 것.

그와 같은 새로운 규칙을 공포하자 일당은 간밤에 사내들만의 향연에 빠져 있느라 집행하지 못한 징벌을 개시했다. 징벌은 소녀들의 하렘에서 이루어지게 되어 8명의 소녀 전원과 아델라이드, 알린, 그리고 퀴피동이 하렘에 투입되었다. 그런 의식을 무척 좋아하는 법원장은 그것이 발기했고 공작과 뒤르세는 사정을 하고 말았다. 도락자답게 장난기가 넘치는 뒤르세는 아델라이드를 조롱하고 끝내 쾌락에 취해 그녀에게 고문을 가하면서 사정을 한 것이다.

네 시간이나 이어진 징벌의식이 끝나고 흥분한 일당은 식당으로 갔다.

아침식사가 끝나자 여느 때와 다름없이 커피시간이 되었는데, 젊고 싱싱한 엉덩이를 곁에 두고 싶은 마음에 일당이 제피르와 지통을 지명하는 바람에 이 두 소년 외에 규칙대로 콜롱브와 미셰트가 커피를 제공했다. 콜롱브의 엉덩이를 음미하고 있던 법원장은 그녀의 배설물투성이인 엉덩이를 보는 동안 욕정이 끓어올라, 뒤에서 그녀의 다리 사이에 자신의 그것을 집어넣었다. 그리고 그녀의 엉덩이를 주무르면서 그것을 이리저리 움직이자, 그것의 끝이 진작부터 구멍을 벌리기를 원하고 있던 작은 엉덩이 구멍에 부딪치고 말았다. 그러자 그는 일당을 향해 "제기랄, 이 구멍에 사정해도 된다면 즉석에서 4천 프랑의 벌금을 내겠어” 하고 말하더니 어찌 된 일인지 다시 이성을 되찾아 사정을 참았다. 한편 주교는 제피르의 그것을 입에 물고 소년에게 사정을 시켜 그 매력적인 소년의 정수를 다 마시면서 사정하고, 뒤르세는 엉덩이를 그대로 드러내 지통에게 자기 엉덩이를 차버리게 한 뒤 소년에게 용변을 시켜 즐겼는데 그 이상은 하지 않았다.

집회실로 간 일당은 그날 밤에는 각자 자신의 소녀를 소파 위에 대령하게 하고 뒤클로의 다섯 가지 이야기에 귀를 기울였다.

‘푸르니에 부인의 경건한 유언을 확실하게 지킨 날부터 행운의 미소가 저의 숙소에 흘러들기 시작해 저는 많은 부자 고객을 맞아들이게 되었습니다.

어느 날, 전부터 절친한 사이였던 베네딕트파 수도원장이 저의 숙소로 찾아와 자기 친구 가운데 기묘한 환상을 안고 있는 사내가 있는데 우연히 그 사내가 열중하고 있는 행위를 본 이후 자기도 똑같은 것을 해보고 싶은 생각이 들어 누구라도 좋으니까 털이 많은 여자를 소개해달라는 것이었습니다. 저는 그를 위해 스물여덟 살의 키가 크고 겨드랑이 밑과 음부 언저리에 수풀처럼 털이 나 있는 여자를 찾아주었습니다. 그는 “오, 굉장하다. 바로 내가 원하던 여자야” 하고 말했습니다. 저와 각별한 수도원장은 이따금 저와 함께 놀던 사이였기 때문에 저에게 아무것도 숨기지 않고 제가 보는 앞에서 여자를 발가벗겨 소파에 눕히고 두 팔을 위로 올리게 했습니다. 그리고 날카로운 가위를 들고 처음에는 겨드랑이 털을, 다음에는 음부 언저리의 털을 정성껏 자르기 시작해 결국 흔적도 없이 사라지게 만들어버렸습니다. 그 일이 끝나자 그는 자신이 한 일의 결과에 황홀해져서 털을 깎은 곳에 키스하고 털이 없는 음부 위에 사정을 했습니다.

플로르빌 공작은 더욱 기묘한 것을 요구했습니다. 공작은 저에게 제가 찾아올 수 있는 가장 아름다운 소녀를 한 사람 데려다달라고 말했습니다. 제가 소녀를 데리고 공작의 집을 방문하자, 하인이 우리를 맞이하여 옆문을 통해 집 안으로 들어가더니 “나를 따라오십시오” 하면서 넓고 어둡고 구불구불한 복도를 지나 어쩐지 으스스한 느낌이 드는 방으로 안내했습니다. 그 방은 바닥 한가운데에 검은 공단 이불이 깔려 있고, 그 주위에 커다란 촛불이 여섯 개 켜져 있는데, 방 안이 온통 장례식 도구로 치장되어 있어서 우리는 갑자기 공포에 휩싸이고 말았습니다. 그러자 하인은 저에게 "주인님이 기뻐하시도록 좀 갖출 필요가 있으므로 이 아름다운 소녀에게 준비를 시키겠습니다" 하고 말한 뒤 소녀에게는 "자, 마음을 가라앉혀요. 나쁜 짓을 하려는 게 아니니까 아무것도 걱정할 필요가 없어요. 단, 당신은 무슨 일이든 응해주어야 합니다. 이제부터 내가 말하는 대로 해주어야 해요" 말하더니 그녀가 입고 있는 옷을 벗기고 소녀의 멋진 머리카락을 풀어헤쳤습니다. 그리고 커다란 촛불에 비치고 있는 이불 위에 소녀를 눕히고 말했습니다. "죽은 것처럼 몸을 움직이지 말고 가능한 한 숨을 죽이고 있어야 합니다. 주인님은 당신을 정말로 죽은 사람으로 생각하고 계시기 때문에 만일 당신의 거짓 흉내를 눈치채면 화를 내고 나가버리실지 모르고 그러면 당신은 한 푼도 받지 못하게 됩니다." 그는 다시 소녀에게 "자, 눈을 감고 입가에 고통스러운 표정을 띠고……" 하면서 소녀의 머리카락을 알몸의 가슴 위에 늘어뜨리고, 단검을 소녀의 몸 옆에 둔 뒤, 심장 언저리에 닭의 피를 덕지덕지 발랐습니다. 그리고 "다시 한번 되풀이하지만 아무것도 걱정할 필요 없어요. 아무 말도 하지 말고, 아무것도 하지 말고, 오로지 가만히, 주인님이 다가오면 숨을 죽이고…… 알겠어요?" 하고는 저에게 "자, 이곳에서 나갑시다. 당신은 저 소녀가 걱정될 테니 이제부터 시작되는 일을 모두 볼 수 있고 목소리도 들을 수 있는 곳으로 안내하겠습니다" 하고 말했습니다. 저도 소녀도 처음에는 놀랐지만 소녀는 하인의 말을 듣고 얼마쯤 안정되어 저와 하인은 함께 방을 나섰습니다. 하인은 저를 그 신비로운 의식이 이루어지는 방 옆의 작고 어두운 방으로 데리고 갔는데 두 방 사이에 얇은 크레이프 천이 걸려 있어서 마치 같은 방 안에 있는 것처럼 모든 것을 보고 들을 수 있었습니다.

하인이 작은 종의 끈을 잡아당기자 그것이 신호였는지 몇 분 뒤에 키가 크고 마른 공작이 방 입구에 모습을 드러냈습니다. 그는 인도 직물로 짠 품이 넓은 실내복을 입고 있었는데 그 속에는 알몸이었습니다. 공작은 방에 있는 것은 자기 혼자뿐이고 누군가가 엿보고 있으리라고는 꿈에도 생각지 않는 것 같았습니다. 입구에서 멈춘 공작은 "아, 정말 아름다운 시체다. 죽음은 진정

아름다운 것이야!" 외쳤습니다. 그러나 단검과 피가 시선에 들어오자 그는 "뭐야, 살인이 아닌가! 그것도 방금 일어난 살인. 제기랄! 소녀를 죽인 사내는 지금쯤 틀림없이 그것이 커지고 있을 테지" 하고 중얼거렸습니다. 그리고 스스로 자기의 그것을 비비기 시작해 "사내가 소녀의 숨통을 끊는 것을 볼 수 있었으면 정말 대단한 광경이었을 텐데" 하면서 시체에 다가가 소녀의 배를 만져보고는 "임신을 했나…… 유감이군" 하더니 온몸을 더듬으면서 "굉장한 몸매다. 아직 따뜻하군. 정말 멋진 유방이야" 하고 감탄했습니다. 그리고 시체 위에 몸을 구부려 미친 듯한 정열을 담아 소녀의 입에 키스를 되풀이했습니다. "소녀는 아직도 침을 흘리고 있어…… 난 흐르고 있는 이 침이 못 견디게 좋아." 그리고 시체의 목구멍 깊숙이 혀를 집어넣었습니다. 소녀의 연기는 실로 완벽해서 나무 그루터기처럼 꼼짝하지 않았고 공작이 얼굴을 소녀의 얼굴 가까이 가져가자 거의 숨이 멎은 것처럼 보였습니다. 드디어 공작은 시체를 뒤집어 껴안고 엉덩이에 키스하고 엉덩이를 벌려 엉덩이 구멍에 혀를 집어넣었습니다. "아름다운 엉덩이를 봐줘야 해. 오, 얼마나 멋진 엉덩이인가!" 완전히 흥분한 공작은 "맹세해도 좋은데 내가 지금까지 본 시체 가운데 가장 멋지다. 이 아름다운 소녀의 목숨을 빼앗아 마음껏 쾌락을 맛본 사내는 얼마나 행복할까!" 하고 외쳤습니다. 그러한 환상에 사로잡힌 그는 아마 절정에 이르고 싶었던 게지요. 공작은 소녀 옆에 누워 두 정강이를 소녀의 엉덩이에 꼭 붙이고 기이한 쾌락의 표시로 정수를 흘리면서 악마처럼 외쳤습니다. "자, 사정한다! 내가 죽였더라면, 내가 범인이었다면……." 그것으로 공작의 의식은 끝나고 그는 일어나서 방에서 나갔습니다.

저는 하인과 함께 방에 들어가 정말 죽어가고 있는 것 같은 소녀를 깨웠는데 그녀는 일어나지 못하고 있었습니다. 억지로 구속되었기 때문에 힘을 잃고 공포에 질려버린 그녀는 모든 감각이 빨려나가고 모든 기력이 다해 진짜 시체가 되어버릴 것만 같았습니다. 우리는 하인으로부터 겨우 1루이 금화를 두 개 받고 돌아왔는데, 아마도 하인이 적어도 반은 가로챈 것이 틀림없을 겁니다.'

법원장이 "자연계, 만세로군. 이거야말로 정욕의 본보기이다. 마음을 부추기는 짜릿한 맛이 있지 않은가" 하고 말하자 공작이 대답했다. "나의 그것은 당나귀처럼 되고 말았어. 내기를 해도 좋은데 그 사내는 그것만으로는 만족하지 못했을 거야." 마르텐이 끼어들었다. "맞습니다. 그 사내는 이따금 자기의 환상을 실현시켰습니다. 저와 데그랑주가 언젠가 그 증거에 대해 말씀드릴 생각입니다." 그 말을 듣고 법원장이 물었다. "자네는 그때까지 어떻게 지낼 생각인가?" "퀴르발, 쓸데없는 방해는 하지 말아주시오. 난 지금 딸 쥘리를 죽은 사람으로 생각하고 범하고 있는 중이니까." 공작이 대답하자 법원장이 목소리를 높였다. "자네는 정말 악당이군. 그럼 자네는 머릿속에서 두 가지 범죄를 떠올리고 있는 셈이 아닌가." 그러자 공작은 "아, 절정이다, 진짜 범죄를 저지르고 싶다!" 외치면서 불결한 정수를 쥘리의 옥문에 쏟아냈다. 정사를 마친 공작이 뒤클로에게 말했다. "자, 난 이제 끝났어. 뒤클로, 다음은 무슨 이야긴가? 이야기를 계속해. 그렇지 않으면 법원장이 멋대로 일을 저지를 테니까. 그렇게 되면 당신 이야기가 도중에 쓸모없게 되고 말아. 법원장이 자기 딸과 관계하고 있는 목소리가 들리지 않나? 그자는 틀림없이 뭔가 나쁜 짓을 생각해 냈을 거야. 나는 퀴르발의 아버지한테서 부탁받은 것이 있어서 그가 타락하지 않도록 그의 행동을 감시하지 않으면 안 돼." 법원장은 "이미 늦었네, 늦었어. 죽음은 아름다운 것이지" 말한 뒤 아델라이드를 껴안으면서 공작과 마찬가지로 환상 속에서 자기 딸을 죽인 뒤 범하고 있었다. 착란상태에 빠진 도락자는 이제 아무것도 들리지 않고 아무것도 보이지 않게 되어 오직 환상을 현실로 착각하고 있었다. 주교가 말했다. "뒤클로, 이야기를 계속해. 악당들이 묘한 본보기를 보여줘서 나까지 유혹당할 것 같아. 이대로 가다간 난 저 악당들보다 더 극단적인 일을 저지를지도 몰라."

'그런 일이 있은 지 얼마 지나서 저는 혼자서 어느 도락자의 집에 초대를 받았습니다. 그 사내의 버릇은 전에 말씀드린 공작과 마찬가지로 굴욕적인 것이었지만 음산하지는 않았습니다.

저는 아름다운 깔개가 바닥에 펼쳐져 있는 응접실로 안내되었는데 저를 맞아들인 사내는 의자에 앉고 그 옆에 그레이트데인이 앉아 있었습니다, 사내는 저를 발가벗기고 엎드리게 한 다음, 개의 머리를 쓰다듬으면서 "너와 개, 어느 쪽이 재빠른지 시험해보자. 자, 가라!" 하더니 바닥에 서너 개의 군밤을 던지고는 개로 가정한 저에게 가져오라고 신호했습니다. 저는 그 사내의 환상 속에 들어가 게임을 즐겨 볼 생각으로 군밤을 쫓아 기어갔습니다. 하지만 제가 개를 이길 수 있겠습니까? 뒤에서 달려온 개가 저를 앞질러 군밤을 물고 주인에게 돌아갔습니다. 그 사내는 "넌 정말 서툰 여자로구나. 개가 널 잡아먹기라도 할까 봐 그러느냐? 개는 너에게 아무 짓도 하지 않을 테니 그런 걱정은 안 해도 돼. 하지만 개는 네가 자기보다 서툴다는 것을 알고 있기 때문에 속으로 널 무시하고 있을지도 몰라. 자, 다시 한다. 이번엔 네가 앙갚음을 할 차례다……" 하면서 새로운 군밤을 던졌고 이번에도 개의 승리였습니다. 그런 놀이가 두 시간이나 계속되었는데 그동안 제가 먼저 군밤을 물고 주인에게 가지고 간 것은 단 한 번뿐이었습니다. 하지만 제가 이기건 지건, 놀이에 익숙한 개는 저에게 아무런 위해도 가하지 않았고 오히려 제가 개의 일족인 것처럼 저와 함께 노는 것을 즐기고 있었습니다. 사내는 "이제 됐다. 열심히 잘해줬어. 아마 배가 고플 것이다" 하고 종을 울려 하인을 불렀습니다. 사내가 말했습니다. "동물들에게 뭔가 먹이를 갖다주어라." 하인은 검은색 구유를 가져와 바닥에 두었는데 그 안에는 맛있게 양념을 하여 얇게 저민 고기가 들어있었습니다. 사내가 명령했습니다. "자, 개와 함께 먹어라. 놀이 때처럼 개에게 지지 말고 잘 먹어야 한다." 저는 한마디 대답도 없이 그저 사내의 말에 복종하면서, 엎드린 채 구유에 얼굴을 들이밀고 개와 함께 먹었습니다. 구유는 지극히 청결하게 닦여 있었고, 개는 저와 다투는 일도 없이 제 몫을 정확하게 남겨주었습니다. 바로 그때 사내가 갑자기 흥분하기 시작했습니다. 그는 여자를 멸시하고 굴욕을 맛보게 함으로써 믿을 수 없을 만큼 격렬한 욕정에 사로잡힌 것입니다. 사내는 스스로 그것을 비비면서 저에게 오더니 "이 매춘부, 개와 함께 잘도 처먹는구나. 여자란 그런 것이지. 여자는 개처럼 다루지 않으면 함부로 설쳐댄단 말이야. 이 매춘부, 굴러먹은 년, 이제 어지간히 날 알게 되었겠지. 여자는 가축이나 다름없으니 여자를 가축처럼 다루는 건 지극히 당연한 일이다" 하면서 욕설을 퍼붓기 시작했습니다. 그리고 제 엉덩이 위에 정수를 뿌리고는 응접실에서 나가버렸습니다. 저는 서둘러 옷을 입었는데 외투 위에 적당한 대가인 금화 두 개가 놓여 있었습니다.

　주인님들, 여기서 저의 과거로 되돌아가 젊었을 때의 정사에 대한 이야기를
두 가지 말씀드리고 오늘 밤 이야기를 끝낼까 합니다. 그 이야기는 다소 재미
가 있어 저는 제 이야기의 마지막 날이 올 때까지 아껴두고 있었습니다.
　게랭 부인의 숙소에 있었던 저는 아직 열여섯이었습니다. 어느 유명한 사람
의 집에 가게 된 저는 하인에게 대기실로 안내되었는데, 그 하인은 주인님이
오실 때까지 조용히 기다리고 있어라, 주인님은 너와 함께 즐기시려는 것이니
주인님의 말씀을 잘 들어야 한다고 말했습니다. 이 집 안에서 어떤 일이 벌어
지는지 게랭 부인이 저에게 한마디라도 해주었더라면 저는 그렇게 놀라지 않
을 수도 있었지만, 그렇게 되면 손님의 즐거움이 반감했을지도 모르겠군요. 한
시간 가까이 대기실에서 기다리고 있으니 문이 열리고 집주인이 들어왔습니
다. 그는 자못 놀란 척하면서 숨이 막힐 정도로 제 목덜미를 잡더니 "요, 음
란한 계집애, 내 아파트에서 도대체 무슨 짓을 하고 있느냐. 틀림없이 뭔가 훔
치려고 온 거겠지. 게 누구 없느냐!" 하고 외치자 조금 전의 심복 하인이 달려
왔습니다. 분노한 그는 하인에게 말했습니다. "라플뢰르, 이 도둑년이 여기 숨
어 있는 걸 발견했다. 이년을 발가벗겨 이제부터 내가 시키는 대로 해야 한
다." 그러자 하인은 눈 깜짝할 사이에 저를 발가벗기고 말았습니다. 그는 하인
에게 "자, 라플뢰르, 자루를 가져와. 이 아이를 자루에 담아 강물에 던져야겠
다" 하고 지시했습니다. 하인이 자루를 가지러 가자 저는 그의 발밑에 무릎을
꿇고, 저는 도둑이 아니에요, 게랭 부인이 주인님의 집으로 가라고 해서 왔
을 뿐이에요. 제발 용서해주세요, 하고 수없이 애원했습니다. 하지만 그 악당
은 제 말은 들은 척도 하지 않고 제 엉덩이를 잡더니 비틀듯이 마구 흔들면서
"무슨 소리냐, 난 이 엉덩이를 물고기의 먹이로 줄 생각이다" 하고 말할 뿐이
었습니다. 저는 무슨 꼴을 당할지 몰라 가슴이 조마조마했지만 그는 저에게
더 이상 아무 짓도 할 기색을 보이지 않았습니다. 하인이 자루를 가지고 돌아
왔기에 저는 있는 힘을 다해 저항을 시도했지만 헛수고였습니다. 하인은 저를
자루 속에 넣더니 터진 곳을 묶고 어깨에 둘러맸습니다. 바로 그때였습니다.
그 도락자의 발작과도 같이 흥분한 신음소리가 들려왔습니다. 아마 그는 제
가 자루 속에 들어갔을 때부터 스스로 그것을 비비기 시작해 하인이 하는 일

이 끝난 순간 절정에 이르고 만 것 같았습니다. 기뻐서 어쩔 줄 모르는 도락자가 하인에게 "라플뢰르, 알고 있지? 강물 속이다…… 던질 때 자루 속에 돌을 넣는 것을 잊지 마라. 이 창녀를 물에 빠뜨리는 거다" 하고 더듬거리면서 말하는 소리가 들려왔습니다. 저를 둘러매고 간 하인이 저를 내려놓은 곳은 바로 옆방이었습니다. 하인은 저를 자루에서 풀어준 뒤 옷을 돌려주고 제 손에 금화 두 개를 쥐어주었습니다. 그런데 그 하인의 거동도 주인과는 전혀 다른 종류의 쾌락에 빠져 있는 것 같았습니다.

숙소로 돌아온 제가 미리 저에게 아무것도 알려주지 않았던 게랭 부인에게 마구 불만을 터뜨리자, 부인은 저를 달래려고 조만간 너를 더 즐거운 곳에 데려다주겠다고 말했는데, 부인은 그다음 일에 대해서도 거의 아무것도 가르쳐주지 않았습니다.

그 뒤 이틀 정도 지나자 이번에는 전과 달리 어느 총괄징세청부인의 하인이, 주인 심부름이라고 하면서 저를 데리러 왔습니다. 똑같이 대기실로 안내되어 주인을 기다리고 있는데 하인은 저를 즐겁게 해주기 위해서인지는 모르겠지만 주인이 사무를 보는 책상 서랍에서 많은 귀금속과 보석을 꺼내 책상 위에 늘어놓고 저에게 보여주었습니다. 그리고 정사를 중개하는 역할을 하는 선량해 보이는 그 하인은 저에게 말했습니다. "어때, 이 가운데 하나쯤 집어가도 별 탈 없을 거다. 주인은 부자이고 게다가 앞이 잘 보이지 않는 청맹과니라서 서랍 안에 들어 있는 귀금속과 보석의 숫자도 잘 몰라. 믿어도 돼, 사양할 필요 없어. 난 널 배신하지 않을 테니 아무것도 걱정할 필요 없어." 저는 그 하인의 교묘한 유혹에 넘어가 마음이 흔들리고 말았습니다. 전에 말씀을 드린 적이 있는데 주인님들도 저의 버릇을 아실 겁니다. 그래도 값비싼 재산을 횡령할 생각은 없었으므로, 저는 140에서 150프랑 정도 되는 금으로 된 작은 상자에 손을 대고 말았습니다. 저에게 도둑질을 시키는 것이 그 하인의 목적이었으므로 제가 작은 상자를 훔치자 그는 주인의 소유물에 대해 한마디도 입 밖에 내지 않았습니다. 나중에 안 사실이지만, 만일 제가 거절했다면 그는 제가 모르는 사이에 주인의 보석을 한두 개 제 주머니 속에 살짝 넣었을 겁니다.

이윽고 징세청부인이 나타나 친절하고 정중한 태도로 저를 자기 방으로 데려갔습니다. 하인이 나가자 우리 둘만 있게 되었습니다. 그는 다른 손님과는 달리 정말 유쾌하게 즐겼습니다. 그는 제 엉덩이에 몇 번이나 키스를 하고 저에게 채찍으로 자기를 때리게 하거나, 그의 입에 방귀를 뀌게 하고, 그것을 제 입 안에 넣으면서 한마디로 음부의 즐거움을 제외한 모든 종류의 음락을 만끽했습니다. 하지만 그러한 즐거움 속에서도 그는 절정에 이르지 않았습니다. 결정적인 순간은 좀처럼 찾아오지 않았습니다. 요컨대 그가 이제까지 즐긴 것은 모두 부수적이었던 것입니다.

저는 이제부터 주인님들에게 그가 어떻게 결말을 지었는지 보여드리려고 합니다. 그러는 동안 그는 갑자기 큰 소리로 말했습니다. "아 참, 대기실에 하인이 대기하고 있다는 걸 깜박 잊고 있었군. 그의 아내에게 금으로 만든 작은 상자를 주기로 약속했는데 말이야. 곧 돌아올 테니 잠깐 기다려라. 다시 둘이서 즐기자." 그 말을 듣자, 악랄한 하인의 부추김에 넘어가 가벼운 죄를 범하고 만 저는 온몸이 떨려왔습니다. 그 순간 그에게 매달려 용서를 빌려다가, 위험해질지도 모르지만 시치미를 떼기로 결심해버렸습니다. 그는 책상서랍을 열고 그 안을 뒤졌지만 물론 찾는 것이 발견될 리가 없었습니다. 돌아온 그는 저에게 격렬한 분노의 시선을 보내면서 말했습니다. "내 물건이 없어졌어. 이 나쁜 년, 대기실에 들어간 건 너와 내가 신뢰하고 있는 하인밖에 없으니 네가 가져간 것이 분명하다. 그렇게밖에 생각할 수가 없어……." 저는 몸을 떨면서 대답했습니다. "오, 주인님. 절 믿어주세요. 제가 그런 짓을 할 리가 있겠습니까?" 그러자 그는 저에게 명령했습니다. "뭐라고, 이 못된 년, 내 물건을 찾아야 하니 자, 옷을 모두 벗어라." 그의 반바지 단추는 끌러져 있었기 때문에 그의 발기한 그것이 배 위에 달라붙어 있었습니다. 그래서 그가 무슨 일을 꾸미고 있는 건지 어느 정도 짐작이 가서 조금은 걱정이 누그러졌지만, 저는 머리가 완전히 혼란에 빠져서 그 이상은 아무것도 알 수 없었습니다. 저는 몇 번이나 그의 발밑에 무릎을 꿇고 그런 치욕을 당하는 것만은 용서해달라고 애원했지만 그는 꿈쩍도 하지 않았습니다. 분노한 그는 직접 제 옷을 벗겨 저를 알몸으로 만들고 옷 주머니를 뒤지기 시작했는데 금방 그 작은 상자를 찾아내고 말았습니다. "이런 경을 칠 년, 내 생각이 맞았어. 남의 집에 도둑질을 하기 위해

온 거냐?” 하고는 하인을 불러 “빨리 경찰을 불러라” 지시했습니다. “주인님, 아직 어린 탓에 당치도 않은 짓을 하고 말았어요. 제발 용서해주세요. 전 이 하인의 부추김에 넘어간 것뿐입니다. 자진해서 한 짓은 아니에요…….” 제가 이렇게 변명하자 그가 말했습니다. “그런 변명은 경찰에게 말하면 된다. 하지만 너에게 대가를 치르게 하겠어.” 그리고 하인이 나가자 그는 그것을 발기시킨 채 안락의자에 앉아 만지작거리면서 저에게 욕설을 퍼부었습니다. “이 고약한 년, 나쁜 계집. 넌 내 집에 도둑질을 하러 왔어. 아무튼 넌 나에게 그만한 대가를 치러야 한다. 어디 두고 보자.” 그때 문을 두드리는 소리가 들리더니 경찰관이 들어왔습니다. 안락의자에서 일어선 그는 “경찰관이시오? 이 버릇 나쁜 알몸의 여자아이를 당신에게 인도하겠소. 내가 이 여자아이를 발가벗긴 건 이 아이의 옷을 조사하기 위한 것이었소. 저기 이 아이의 옷이 있는데 이것이 바로 이 여자아이가 훔친 금으로 된 작은 상자요. 이 못된 아이를 교수형에 처해주시오” 하고 말하더니 다시 안락의자에 앉아 “그래요, 이 아이를 교수형에 처할 수 없겠소? 난 이 아이가 교수형을 당하는 모습을 꼭 보고 싶소. 내가 당신에게 부탁하고 싶은 일은 그것뿐이오. 아무튼 이 여자아이를 교수형에 처해주시오. 부탁이오” 하고는 떨고 있는 저를 보면서 절정에 이르렀습니다.

그러자 그 경관은 작은 상자와 제 옷을 가지고 저를 대기실로 데리고 가 제 복을 벗었는데 놀랍게도 그 경관은 저에게 도둑질을 부추긴 그 하인이었습니다. 소동에 휩쓸려서 그것을 눈치채지 못했던 거지요. 하인이 물었습니다. “괜찮으냐, 많이 놀랐지?” 내가 “말도 할 수 없었어요” 하고 대답하자 하인이 말했습니다. “이제 모든 게 끝났다. 이것이 너에게 주는 대가다.” 그는 제가 훔친 작은 상자를 저에게 선물로 주고 옷을 입힌 다음 브랜디를 한 잔 마시게 하고 저를 게랑 부인에게 데려다주었습니다.’

주교가 말했다. “아주 이색적이고 유쾌한 취향의 소유자군. 그 사내의 수법은 너무나 세련되었는데 상당한 부분은 다른 놀이에 응용할 수 있겠어. 단, 난 미묘한 방탕을 그리 높게 평가하지 않지만 말이야. 그의 수법이 좀더 솔직했더라면 매춘부를 아무리 불안에 빠뜨렸다 해도 불만을 느끼게 하지는 않았을 거라고 생각해. 덫을 놓고 붙잡은 것이긴 하지만 일단 여자를 유죄로 만들어버렸기 때문에 백지 위임장을 가지고 있는 것과 마찬가지니 나머지는 자기 하고 싶은 대로 하는 거지. 여자가 고소할까 봐 걱정할 일도 없고. 여자의 손이 더럽혀진 것은 확실하니까 비난을 당하든 고소를 당하든 여자 쪽이 걱정할 문제지." 법원장이 답했다. "사실 그래. 만일 내가 그 징세청부인이었다면 할 수 있는 일은 다 했을 거네. 그렇기 때문에 뒤클로도 그렇게 쉽게 곤경에서 벗어나지 못했던 거고."

그날 밤 뒤클로의 이야기가 길어졌으므로 일당이 음란한 즐거움을 맛보기 전에 저녁식사 시간이 되고 말았다. 그들은 어쩔 수 없이 식탁에 앉았는데 식후에 그 벌충을 하자는 데 의견이 모아져 전원을 모아놓고 소년소녀들이 이제 제 몫을 할 수 있게 되었는지 품평회를 열기로 했다. 그리고 성숙도를 결정하기 위해서는 의심스러운 소년소녀들의 그것과 옥문을 비벼주면 확실해질 것이라는 데 의견이 모아졌다.

그러나 소녀들에 대해서는 열다섯 살인 오귀스틴과 젤미르, 그리고 열네 살인 파니는 가볍게 애무만 해도 애액을 흘린다는 것은 잘 알고 있었고, 에베와 미셰트는 아직 열두 살이어서 시험 대상으로 하기에는 무리였다. 그래서 열세 살인 콜롱브와 로제트, 열네 살인 소피가 문제가 되었다. 소년들에 대해서는 열다섯 살인 제피르와 아도니스, 열네 살인 세라동은 이미 제 몫을 하는 사내와 마찬가지로 사정을 한다는 것을 알고 있었고, 열두 살인 나르시스와 열세 살인 지통은 너무 어려서 무리였다. 그래서 열세 살인 젤라미르와 퀴피동, 열네 살인 이아생트가 문제였다. 일당은 바닥 위에 베개를 가득 늘어놓아 원형을 만들고 그 주위에 자리를 차지해 샹빌과 뒤클로에게 소년소녀들을 애무를 하는 역할을 시켰다. 샹빌은 동성애자였기 때문에 세 소녀를 상대하고, 뒤클로는 사내의 그것을 비비는 데 일인자여서 세 소년을 맡았다. 품평회의 대상인 6명의 소년소녀들이 의자와 베개로 둘러싸인 원형 안에 들어오자, 파렴치한 의식에 완전히 흥분해버린 일당은 제각기 좋아하는 상대를 택하여 공작은 오귀스틴을, 법원장은 젤미르를, 뒤르세는 제피르를, 주교는 아도니스를 뒤에서 껴안고 그것을 가랑이 사이로 집어넣으면서 이제부터 시작될 광경을 지켜보기로 했다.

의식은 소년들부터 시작되었다. 뒤클로는 유방과 엉덩이를 다 드러내고 옷소매를 팔꿈치까지 걷어 올린 채 온갖 기교를 구사하여, 제우스에게 술을 따른 트로이의 미소년 가니메데스처럼 아름다운 세 소년에게 사정을 부추겼다. 그녀의 손놀림은 경쾌하고 미묘하면서도 힘이 있어 누구도 그 이상의 기교를 구사해 소년들의 관능을 부추기는 건 불가능하게 보였다. 그녀가 소년들에게 자신의 유방과 엉덩이를 음미하게 하면서 소년들의 그것에 키스를 해 강렬한 자극을 가해도 사정을 하지 못하는 소년은 유감스럽지만 아직 자연계가 그들에게 능력을 부여하지 않은 것이 되는 셈이다. 젤라미르와 퀴피동의 그것은 발기는 했지만 아무런 표시도 나타나지 않았다. 그런데 뒤클로가 불과 일곱 번 마찰하자 동요해버린 이아생트는 그녀의 엉덩이를 접하자 정신이 아득해지면서 그녀의 유방 위에 사정하고 말았다. 일당은 그러한 의식을 주의 깊게 지켜보고 있었는데 이아생트는 뒤클로의 옥문을 만져보려고 하지는 않았다.

다음은 소녀들의 차례였다. 샹빌은 머리를 곱게 매고 옷과 화장도 우아하게 한 데다 거의 알몸에 가까운 상태였으므로 쉰 살이었지만 아직 30대로밖에 보이지 않았다. 그 철저한 동성애자는 자신에게 있어서도 최고의 쾌락을 이끌어내려고, 검은빛을 띤 아름답고 커다란 눈을 반짝이면서 뒤클로에 못지않은 기교를 발휘하여 음락의 극치를 연출했다. 그녀는 소녀들의 클리토리스와 옥문 입구, 엉덩이 구멍에 다양한 애무를 번갈아 되풀이했지만 자연계는 콜롱브와 로제트의 본능은 아직 키워주지 않았기 때문에 두 소녀에게서는 가벼운 쾌락의 징후도 보이지 않았다. 그러나 소피는 샹빌이 교묘한 손끝으로 불과 열 번 정도 자극했을 뿐인데 의식을 잃고 샹빌의 품안에 쓰러져, 내쉬는 숨은 끊어질 듯 말 듯하고 귀여운 뺨은 발갛게 물들고, 반쯤 벌린 촉촉한 입술은 윤기가 더해져 자연계가 그녀에게 준 황홀감을 충분히 보여줌으로써 제 몫을 하는 한 사람의 여자임을 증명했다.

그 광경을 바라보고 있던 공작은 그것이 이상할 정도로 발기되어 샹빌에게 소피를 다시 한번 시험해보라고 지시했다. 그리고 소피의 옥문에 다시 애액이 넘치게 되자 자신의 불결한 정수를 그것과 혼합시키고 말았다. 한편 법원장은 젤미르의, 뒤르세는 젤라미르의, 주교는 퀴피동의 가랑이 사이에 그것을 끼워 넣고 즐겼다. 일당은 그 뒤 이렇다 할 특별한 일 없이 잠자리에 들었다.

11월 30일

그날 아침에는 이 이야기에 기록할 만한 사건은 아무것도 발생하지 않았고, 식사시간도 커피시간도 지극히 평범했기 때문에 곧바로 집회실로 이야기를 옮기기로 한다. 멋지게 차려입은 뒤클로는 높은 의자에 자리 잡고 앉아서 자기에게 맡겨진 11월의 30일을 메우는 150편의 이야기 가운데 마지막 다섯 편의 이야기를 시작했다.

'주인님들은 레르노 백작의 기묘하고 위험한 방탕 행위에 대해 들으셨는지 모르겠지만, 저는 여러 번 백작을 상대했기 때문에 그의 극히 이상한 수법에 대해 잘 알고 있습니다. 그러므로 주인님들이 저에게 상세하게 이야기하도록 지시하신 음락의 하나로 레르노 백작의 욕정을 추가해도 좋을 것으로 생각합니다.

그는 가능한 한 많은 처녀와 기혼여성을 악의 길로 유인하는 것을 쾌락의 하나로 삼고 있었습니다. 그는 여자들을 유혹하기 위해 거금을 사용했는데, 그것과는 별도로 쓸 만한 여자를 사내에게 인도하기 위한 어떤 책략을 연구했습니다. 그는 여자가 동경하고 있는 특정 사내에 대한 취향을 이용해 두 사람을 결합시키거나, 애인이 없는 여자에게 상대할 사내를 찾아주었습니다. 백작은 아파트를 준비해 남녀의 밀회를 주선하고 두 사람에게 평온과 휴식을 보장하여 안심하게 한 뒤, 자신은 그 일을 위해 특별히 마련한 비밀의 방에서 서로 도전하고 있는 남녀의 모습을 엿보면서 즐겼습니다. 그러나 그는 언제까지 그런 무계획한 쾌락을 계속할 수 있을지 불안해져서, 온갖 장애를 극복하고 그러한 작은 결혼식을 거행할 수 있도록 파리의 수도원과 기혼여성의 모임에 많은 측근을 뚜쟁이로 배치하여 활약하게 했습니다. 그래서 백작의 아파트에서 두세 쌍의 밀회가 이루어지지 않는 날이 하루도 없었습니다. 그리고 백작은 밀회하는 남녀에게 전혀 의심받는 일 없이 그들의 음락 현장을 엿보면서 만족하고 있었는데, 백작은 오로지 혼자서 엿보는 구멍 앞에 진을 치고 있었기 때문에 그가 어떻게 절정에 이르는지, 절정에 이를 때의 모습은 어땠는지 아는 사람은 하나도 없었습니다. 사람들이 알고 있는 것은 백작이 엿보고 있다는 사실뿐이었습니다. 저는 이 이야기가 주인님들에게 말씀드릴 만한 가치가 있다고 믿습니다.

주인님들은 데포르트 법원장의 기묘한 행각도 마음에 들어 하실 거라고 생각합니다. 그 도락자의 집에서 어떻게 행동해야 하는지 미리 얘기를 들은 저는 아침 10시쯤 그의 집으로 갔습니다. 그는 육중한 몸으로 안락의자에 앉아 있었는데 제가 알몸으로 그에게 다가가 엉덩이를 내밀자 그는 저의 엉덩이에 키스를 했습니다. 저는 그에 대한 보답으로 그에게 방귀 냄새를 맡게 해주었습니다. 그러자 법원장이 초조한 모습으로 자리에서 일어나 옆에 있던 채찍을 들고 저에게 다가오기에 저는 재빨리 도망을 가고 말았습니다. 그는 "너는 진짜 창녀가 맞느냐? 넌 내 집에서 어떤 망측한 일이 벌어질 건지 미리 배우고 온 게 아니더냐? 그게 아니라면 지금 당장 너에게 가르쳐주마" 하면서 계속 저를 쫓아와서 저는 무서운 마음에 정신없이 달아나다가 좁은 복도로 나오고 말았습니다. 거기라면 아무도 쫓아오지 못하는 안전한 통로라고 생각해 숨었는데, 곧 그에게 발각되고 말았습니다. 저를 붙잡은 법원장은 채찍을 휘두르면서 이제부터 널 따끔하게 때려주겠다고 위협해 궁지에 몰린 저는 어찌할 바를 모르고 그 자리에 주저앉아 몸을 오그리고 생쥐보다 더 작아지고 말았습니다. 법원장은 공포와 치욕에 떨고 있는 제 모습을 뚫어지게 바라보다가 결국 기쁨의 신음소리를 내기 시작하더니 제 유방 위에 사정을 하고 말았습니다.'

공작이 물었다. "그는 채찍으로 당신을 때리지 않았나?" "네, 그는 내 몸에 채찍을 가까이 대려고도 하지 않았습니다." 법원장이 끼어들었다. "정말 참을성 있는 사내로군. 공작, 우리가 채찍이나 도구를 손에 잡으면 그대로 끝나지 않겠지?" 마르텐이 말했다. "주인님들, 조금만 더 기다려주세요. 언젠가 제가 똑같은 취향을 가진 사내에 대한 이야기를 해드릴 텐데 뒤클로 이야기의 법원장과 달리 그 사내는 그다지 참을성이 없었습니다." 뒤클로는 일당이 조용해진 것을 보자 다음 이야기를 시작했다.

'그런 일이 있은 지 얼마 뒤에 저는 생지로 후작의 집에 초대를 받았습니다. 후작은 알몸의 여자를 그네에 태워 높이 올렸다가 내리고 하면서 재미있는 짓을 즐기는 색다른 취향의 소유자였습니다. 그네가 내려와 그의 얼굴 앞을 지나가는 순간 여자는 그를 향해 방귀를 뀌거나 그가 여자의 엉덩이를 두드리는 것입니다. 저는 그의 욕정을 만족시키기 위해 최선을 다했습니다. 그에게 몇 번이나 엉덩이를 맞았는데 그 대신 그에게 마음껏 방귀를 뀌어준 거지요. 후작은 그런 따분한 짓을 한 시간이나 계속한 끝에 가까스로 절정에 이르러 그네가 멈추자 저는 겨우 숨을 돌렸습니다.

제가 푸르니에 부인 숙소의 주인이 된 뒤 3년쯤 지났을 때의 일인데 어느 손님이 찾아와 저에게 기묘한 주문을 했습니다. 그 사내는 자기 아내와 딸에게 매음을 시키고 싶은데 상대를 찾아주면 좋겠다, 자기는 어딘가에 숨어서 그 사내들이 내 아내와 딸에게 어떤 짓을 하는지 엿보고 싶다는 것이었습니다. 그는 저에게 여자들이 버는 돈은 물론 모두 당신의 것이고, 상대하는 사내들이 아내나 딸과 다른 놀이를 즐길 때마다 당신에게 금화를 두 개 더 주겠다, 그 대신 두 가지 조건이 있다, 그것은 엿보는 구멍으로 잘 볼 수 있는 곳에서 아내를 산 사내는 아내의 유방 위에 배변을 해주어야 하고, 딸을 산 사내는 딸의 페티코트를 걷어 딸의 엉덩이를 드러나게 하고 딸의 입 안에 사정을 해주어야 한다, 이 두 가지 조건만 지켜준다면 내가 제공하는 물건을 어떻게 다루건 당신과 상대의 자유라는 것이었습니다. 저는 그 손님에게 당신 아내와 딸이 내 숙소에 오는 것에 대해 불만을 말할 때는 당신이 모두 책임을 져야 한다는 약속을 받아내고, 나도 당신의 주문에 적합한 상대를 반드시 찾아주겠다고 약속했습니다.

그 이튿날 그는 말한 대로 물건을 데리고 왔습니다. 그의 아내는 서른여섯 살이며 빈말로도 예쁘다고 할 수 없는 용모였는데 체격이 크고 키는 크지만 온화하고 얌전했습니다. 딸은 열다섯 살에 금발이고 약간 뚱뚱해 보였으나 지극히 상냥하고 온화한 용모를 지니고 있더군요. 아내가 물었습니다. "여보, 정말 이곳에서 나에게 무슨 이상한 일을 시킬 생각이에요?" 사내가 대답했습니다. "나에게도 굴욕적인 일이지만 어떻게든 해야 해. 난 포기할 수가 없어.

나를 믿고, 운명으로 여기고 내가 시키는 대로 해줘. 만일 내가 당신에게 지시하는 것을 조금이라도 거부하면 내일이라도 당신과 딸아이를 어떤 곳으로 데리고 가버릴 거야. 살아서는 돌아오지 못하는 곳으로." 그 말에 여자는 눈물을 몇 방울 흘렸지만, 그녀를 상대하기로 되어 있는 숙소의 단골손님이 기다리고 있어서 저는 그 여자를 대기실로 데려갔습니다. 아무것도 모르는 소녀는 숙소의 여자들에게 맡겨 차례가 올 때까지 그곳에서 안심하고 쉬게 했습니다.

저는 한눈에 알 수 있었는데 그 여자는 잔인한 남편에게 처음으로 그런 일을 요구받은 것이 틀림없었습니다. 여자의 눈에는 눈물이 고여 있었습니다. 불행하게도 그 여자의 첫 영업은 쓰라린 것이었습니다. 제가 그녀를 맡긴 상대는 기이한 취향의 소유자일 뿐만 아니라 지극히 거만하고 무뚝뚝해 여자를 성실하게 다루는 건 생각도 해본 적이 없는 늙은 도락자였습니다. 저는 그 도락자에게 미리 모든 걸 숨김없이 밝혀두었습니다.

드디어 여자가 일을 시작하게 되자 남편이 대기실로 들어와 아내에게 말했습니다. "자, 울지 말고 가. 내가 당신이 하는 일을 보고 있다는 걸 잊지 말고. 만일 당신이, 뒤클로 부인이 당신을 맡기는 신사를 충분히 만족시키지 못하면 내가 방으로 뛰어 들어가 단단히 혼내줄 테니까." 그녀가 손님이 기다리는 방으로 들어간 뒤 저는 그 사내와 함께 엿보는 방으로 들어갔습니다. 저는 불쌍한 아내가 낯모르는 사내의 짐승 같은 욕정에 희생되는 광경을 구경하고 있는 그 악당의 그것을 비벼주었는데, 엿보는 구멍에 눈을 대고 있는 남편이 어떤 환상을 안고 있는지 상상하는 것은 도저히 불가능했습니다. 그는 아내가 상대인 도락자로부터 색다른 것을 무리하게 강요당할 때마다 흥분했는데, 도락자의 잔인한 공격을 받고 치욕을 견디고 있는 아내의 온순함과 순진함은 그에게는 말할 수 없이 감미로운 광경이었습니다. 그리고 도락자가 그녀에게 이제부터 내가 하는 말에 따라야 한다고 지시한 뒤 그녀를 난폭하게 바닥위에 내던져 나동그라진 그녀 위에 올라타 그녀의 유방 위에 배변을 하기 시작했습니다. 그때 아내의 눈에 넘치는 눈물과 혐오로 일그러진 얼굴을 본 남편은 더 이상 참지 못하고 그의 그것을 비비고 있었던 제 손 안에 사정을 하고 말았습니다. 결국 최초의 1막이 끝나고 다음 막을 시작하게 되었는데, 그는 최초의 막에서 경험한 쾌락과는 전혀 다른 종류의 쾌락을 맛보게 되었습니다.

소녀는 죽을힘을 다해 저항했지만, 저는 소녀의 아버지와 둘이서 소녀를 달래고 어르고 협박하여 가까스로 소녀의 마음을 돌려서 방으로 데리고 갔습니다. 그러나 소녀는 방에서 나온 어머니의 눈물을 보고도 누가 어머니에게 무슨 짓을 한 건지 전혀 알지 못했습니다. 제가 소녀를 맡긴 상대도 제 숙소의 단골손님이었습니다. 저는 그에게 자세하게 얘기하고 그의 행운을 축하해주었고, 그는 그 답례로 제가 말한 대로 하겠다고 약속했습니다. 그리고 사내에 의해 알몸이 된 자기 딸의 엉덩이를 바로 눈앞에서 바라보던 아버지는 "오, 정말 귀여운 엉덩이구나. 오, 하느님, 뭐라 표현할 수 없이 아름다운 엉덩이야" 하고 외쳤습니다. 제가 "정말 멋진 엉덩이군요. 당신은 정말로 딸의 엉덩이를 처음 보는 건가요?" 하고 묻자 사내가 대답했습니다. "물론이오. 일부러 지금까지 참으면서 이 광경을 고대하고 있었지. 이렇게 멋진 엉덩이는 처음 보는데 이것이 최초이자 마지막이 되지 않도록 기도하고 싶군." 제가 그의 그것을 잡고 격렬하게 비벼주자 그는 황홀경에 빠졌습니다. 그리고 사내가 그 숫처녀에게 소름끼치는 심한 짓을 억지로 강요하면서 그 소녀의 아름다운 신체에 일찍이 한 번도 받은 적이 없는 애무를 가한 뒤, 소녀를 엎드리게 해 무리하게 입을 벌리게 하고는 거대한 그것을 소녀의 입 안에 넣어 사정하는 모습을 바라보는 동안, 그는 마치 신들린 것처럼 욕설을 퍼붓기 시작했습니다. 그리고 이렇게 엄청난 쾌락을 맛보는 건 처음이라고 하면서 뒤로 벌렁 누워 제 손 안에 쾌락의 확실한 증거를 남겼습니다.

모든 일이 끝나자 가련한 아내와 딸은 울면서 돌아갔습니다. 그런데 지금까지의 광경을 보고 완전히 열중해버린 남편(아버지)은 어떻게든 똑같은 즐거움을 계속 느끼고 싶어서, 아내와 딸을 결심시키려고 상당히 좋은 꾀를 생각해낸 모양이었습니다. 왜냐하면 그 부부와 딸은 그 뒤 6년이 넘도록 내 숙소를 찾아왔기 때문입니다. 제가 그 남편(아버지)의 주문에 따라 그 불행한 모녀에게 제가 지난 한 달 동안 이야기해온 다양한 욕정을 경험하게 해주자, 결국 그 세 사람은 저의 숙소만으로는 자신들의 욕정을 채울 수 없게 되고 말았습

니다.'

법원장이 말했다. "자기 아내와 딸에게 매음을 시키는 방법도 가지가지군. 그 두 여자는 매음을 하기 위해 만들어진 것과 같지 않은가. 그녀들은 우리의 쾌락을 위해 태어난 것도 아닌데, 그때부터 어떻게든 우리의 쾌락을 만족시키지 않을 수 없게 된 것이군. 나에게는 몇 명의 아내와 서너 명의 딸이 있었지만 지금 남아 있는 건 아델라이드뿐이고 방금 공작이 그 아델라이드와 섹스를 했어. 나는 딸들에게 매음을 하도록 시켰는데 누구도 매음을 거절하기는커녕(단 하나 불평한 딸이 있었지만) 모든 종류의 매음을 기꺼이 승낙했네. 그래서 난 평생 매춘부의 뇌를 불에 태우기라도 하지 않는 한 음부에는 손을 대지 않기로 했지." 공작이 "당신의 그것이 또 커지고 있군" 하며 말하자 법원장은 부인했다. "내 것이 커지고 있다고? 그렇지 않아. 난 지금 소피에게 배변을 시키고 있는 참이네. 그녀의 기분 좋은 배변이 나를 어떻게든 해주면 고맙겠는데……" 소피의 배설물을 통째로 삼켜버린 법원장이 말했다. "확실히 뭔가 할 수 있을 것 같군. 어때, 나의 그것이 똘똘해지지 않았나? 누가 나와 함께 특별실로 가자." 그러자 한 시간이 넘도록 알린을 떼놓지 않고 있던 뒤르세가 "내가 가겠소" 하고는 그녀를 데리고 법원장과 함께 나갔다. 남은 두 사람도 오귀스틴, 파니, 콜롱브, 에베, 젤라미르, 이아생트, 퀴피동, 그리고 쥘리, 두 하녀, 마르텐과 샹비르, 그리고 안티노우스와 에르퀼을 뒤따르게 했다. 30분이 지나자 일당은 제각기 야비한 음락을 다하고 사정을 한 뒤 돌아왔다. 법원장이 뒤클로에게 말했다. "다시 시작해. 당신의 마지막 이야기를. 만일 그 이야기가 나의 그것을 다시 한번 곧추서게 해준다면 당신은 기적을 일으킨 셈이니 얼마든지 자랑해도 좋아. 사실을 말하면, 지난 1년 이상 한 번에 몇 번씩 절정에 이른 적이 없어……" 그때 주교가 말을 가로챘다. "알았소. 당신 이야기를 듣기 시작하면 뒤클로가 이제부터 우리에게 이야기해줄 정욕보다 훨씬 지독한 것이 될 거요. 강한 것에서 시작해 약한 것으로 옮겨가는 건 불공평하니 퀴르발에게는 입을 다물어 달라고 부탁하고 뒤클로의 이야기를 듣기로 합시다."

'주인님들도 기억하고 계시겠지만, 저는 지난날 페티뇽이라는 구둣방 부부를 감옥에 가두고 그 딸을 메상주 후작에게 팔아넘긴 적이 있습니다. 이제부터 그 메상주 후작에 대해 얘기하려고 하는데 후작이 마음에 들어한 사람은 뤼실이었기 때문에 뤼실의 입을 빌려 얘기하고 싶습니다.'

'난 아침 10시쯤 후작의 집으로 갔어요. 집 안에 들어가 보니 모든 방문이 굳게 닫혀 있었어요. 그때 후작이 나와 무서운 얼굴로 "이 나쁜 년, 여기서 뭐 하고 있느냐. 누구의 허락을 얻어 나를 방해하러 온 것이냐!" 하고 호통을 치더군요. 뒤클로 부인, 당신한테서 미리 아무 말도 듣지 못한 나는 후작의 격한 대응에 깜짝 놀라고 말았어요. 후작이 말했죠. "자, 발가벗어라. 이 창녀야. 너를 붙잡은 이상 이제 여기서 벗어날 수 없다. 너는 죽고 말 것이다. 이것이 너의 마지막이란 말이다." 나는 울음을 터뜨리면서 후작의 발밑에 엎드리고 말았지만 그는 전혀 마음을 움직이지 않더군요. 내가 옷 벗기를 망설이자 그는 내 옷을 힘으로 벗기고 잡아 찢어 한 장, 한 장 난롯불에 던지기 시작했고 나는 더욱더 공포에 질리고 말았어요. 후작이 말했죠. "이 반코트도, 이 드레스도, 이 속옷도, 이 스타킹도 모두 이제 너에게는 필요가 없다. 너에게 필요한 건 관뿐이다." 나를 알몸으로 만들고 나자, 그때까지 나를 별로 쳐다보지도 않던 후작은 갑자기 내 엉덩이를 뚫어지게 바라보더니 느닷없이 내 엉덩이를 잡고 저주의 말을 쏟아내고는 엉덩이를 주무르거나 누르면서 멋대로 즐기기 시작했지만 엉덩이에 입을 대지는 않았어요. "자, 이 매춘부야. 이제 마지막이다. 너는 네가 입고 있던 옷처럼 되는 거야. 이제 너를 땔감 위에 묶어둘 거야. 그래, 너를 산 채로 태워 죽이려는 것이다. 자, 이제부터 불에 탄 너의 육체에서 피어오르는 향을 듬뿍 맡으면서 즐겨주겠어." 후작은 나를 실컷 위협하자 반쯤 넋이 나간 채 난로 앞의 안락의자에 앉아 아직도 불타고 있는 내 옷에 자신의 그것을 돌려 사정을 했어요. 그 일이 끝나자 후작은 종을 울리더군요. 그러자 하인이 와서 나를 옆방으로 데리고 갔어요. 그곳에는 후작이 방금 불태워버린 옷보다 몇 배나 아름다운 옷이 한 벌 준비되어 있었어요.'

"이상이 뤼실이 나에게 이야기해준 사건입니다. 한편 문제는 제가 후작에게 팔아넘긴 구둣방 소녀의 신상인데, 후작은 그 소녀를 뤼실과 똑같이 이용했을까요, 그렇지 않으면 더 심하게 대했을까요?"

데그랑주가 대답했다. "더 심하게 대한 것이 뻔하지. 그나저나 당신이 주인님들에게 메상주 후작에 대해 먼저 얼마쯤 소개를 해주어서 고마워요. 언젠가 나도 주인님들에게 말씀드릴 기회가 있을 거예요.” 뒤클로는 데그랑주에게 “잘 부탁해요” 하고는 다른 두 이야기꾼에게도 “데그랑주는 물론이고 나머지 두 사람도 나보다 더 재미를 살려서 매력이 넘치도록 얘기해줄 거라고 생각해요. 내 차례는 이제 끝났으니 앞으로는 데그랑주, 당신 차례예요. 주인님들, 제 얘기는 모두가 비슷한 판에 박은 듯한 이야기뿐, 특별한 내용이 없어서 여러분을 지루하게 만들었을 것으로 생각합니다. 부디 용서를 빕니다.”

모든 이야기를 마친 뒤클로는 공손하게 인사를 하고 높은 좌석에서 내려와 벽감 속 소파에 앉아 있던 일당 곁으로 왔는데 일당 한 사람 한 사람한테서 칭찬과 애무를 받았다. 그리고 이제까지 여자는 한 사람도 저녁식탁에 앉는 것이 허용되지 않았지만, 그날 밤 뒤클로는 특별대우로 저녁식사에 초대되었다. 자신의 일생에 대해 참으로 재미있게 이야기를 마친 그녀는 평소의 화법도 지극히 유쾌해서, 일당은 그녀가 자신들에게 준 쾌락의 대가로서 그녀에게 다음과 같이 약속했다. 그녀를 소년소녀들의 하렘 총감독에 임명하고, 앞으로의 여정에서 소녀와 여자들이 어떤 극단적인 대우를 받게 될지 모르지만 그녀만은 최대한 배려할 것. 반드시 그녀를 무사히 파리로 데리고 돌아가 그녀가 일당의 쾌락을 위해 소모한 시간과 노고에 대해 충분히 보상할 것.[9]

그런 다음 향연으로 옮겼지만 공작과 법원장과 뒤클로, 세 사람은 저녁식사 중에 완전히 취해버렸기 때문에 도저히 향연을 계속할 수 있는 상태가 아니었다. 아무것도 할 수 없게 된 공작과 법원장은 주교와 뒤르세에게 좋을 대로 하라는 말을 남기고 샹비르, 안티노우스와 안티누스, 그리고 테레즈와 루이종을 동반하여 응접실 옆의 특별실로 사라지고 말았다. 그 두 사람이 무슨 짓을 했는지는 알 수 없지만, 남겨진 주교와 뒤르세도 우열을 가릴 수 없을 정도로 야비한 말을 마구 쏟아내면서 파렴치한 행위를 자행한 것만은 분명하다.

---

9) 일당은 인부들을 모두 돌려보내고 저택에서 바깥 세계로 통하는 다리를 파괴하고 말았기 때문에 그들이 파리로 돌아가는 것은 도저히 불가능한 것으로 생각된다. 《소돔의 120일》에는 그와 같은 모순된 문맥을 몇 곳에서 볼 수 있다.

그들은 오전 2시에 잠자리에 들었다.

여기서 11월도 지나고 이 음탕한, 그러나 흥미로운 이야기의 제1부도 끝난다. 완전히 나의 개인적인 생각에 의한 추측이지만, 만일 독자가 이 제1부를 따뜻이 맞아주었다면 이어서 제2부 이하를 발표할 생각이다.[10]

---

10) 사드는 여기서 '나의 잘못'이라는 후기(또는 자신에게 들려주기 위한 각서)를 썼다.

　'이 이야기의 시초에서 교회당 화장실 이야기를 지나치게 노골적으로 묘사해버렸는데 교회당 화장실 장면이 나온 뒤에 상세하게 기술했어야 했다. 능동적, 수동적인 항문애에 대해 처음부터 너무 많이 써버리고 말았지만 그와 같은 이야기가 나올 때까지 덮어두어야만 한다. 뒤클로에게 그녀의 언니의 죽음에 대해서 감상적인 태도를 취하게 한 것은 잘못이었다. 나중에 밝혀지게 되는 뒤클로의 성격과 합치하지 않게 되므로 변경해야 한다. 알린은 저택에 도착할 때까지 손을 대지 않았다고 썼다면 그것은 잘못이다. 주교가 이미 그녀의 옥문도 뒷문도 범하고 말았으므로 그녀는 이미 숫처녀가 아니다. 초고를 다시 읽을 수 없었기 때문에 확실히 그 밖에도 많은 오류가 틀림없이 있었을 것이다. 나중에 이 초고를 정서할 때는 첫째로 다음과 같은 배려를 할 필요가 있다. 모든 사건과 모든 등장인물을 순서대로 정확하게 기록한 노트를 준비해 그 노트를 늘 곁에 두지 않으면 안 된다. 그렇지 않으면 인물이 지나치게 많아서 나 자신이 복잡해지고 말 우려가 다분히 있다. 제1부에서는 이미 오귀스틴과 제피르는 공작의 방에서, 아도니스와 젤미르는 법원장의 방에서, 세라동과 소피는 주교의 방에서, 이아생트와 파니는 뒤르세의 주거에서 자게 되었지만 소년소녀들은 아무도 순결을 빼앗기지는 않았다는 가정 하에 이야기를 진행시키고, 제2부는 그것에 의거하여 줄거리를 책정할 것.'

　그러나 사드의 이 생각은 본문 중의 11월 4일 계획안과 합치하지 않는다. 시부자와 다쓰히코(澁澤龍彦)씨의 《사드 공작의 일생》에 의하면 사드는 바스티유 감옥 안에서 가을부터 겨울에 걸쳐 침침한 촛불에 의지해 폭 12센티의 작은 종잇조각을 꼼꼼하게 붙여서 만든 길이 12미터에 이르는 두루마리 양면에 부자유스런 눈으로 깨알처럼 작은 문자를 가득 써넣어 37일 동안 《소돔의 120일》을 완성시켰다고 하므로 당연한 일일지도 모른다.

제2부

12월의 31일 동안 여자 이야기꾼 샹빌은 150종류의 욕정에 관한 이야기를 할 것(이하는 그 계획안). 그리고 나는 저택 안에서 발생하는 일상의 파렴치한 다양한 사건을 일기체로 정확하게 덧붙일 것.

12월 1일

제1화 어느 사내는 세 살에서 일곱 살의 어린 여자아이의 순결인 옥문을 범하는 것을 취미로 삼고 있었다. 샹빌은 다섯 살 때 그에게 순결을 빼앗겼다.

제2화 어느 사내는 아홉 살이 되는 여자아이의 몸을 될 수 있는 한 작고 둥글게 묶어서 그 뒷문을 음미했다.

제3화 어느 사내는 열두 살에서 열세 살 사이의 여자아이만을 골라 범했는데, 그때는 반드시 여자아이의 가슴에 권총을 들이대는 색다른 취향을 지니고 있었다.

제4화 어느 사내는 청년의 그것을 잡아 숫처녀의 옥문 위에 대고 비볐다. 그리고 청년이 사정한 것을 포마드처럼 소녀의 옥문에 바른 뒤 청년에게 그 소녀의 몸을 지탱하게 하고 소녀의 순결을 음미했다.

제5화 어느 사내는 색다른 욕정을 안고 있어서 요람에 있는 갓난아기, 다섯 살과 일곱 살의 여자아이를 잇따라 범했다.

12월 2일

제6화 어느 사내는 세 살에서 일곱 살 사이 여자아이의 순결한 뒷문만을 원했다. 그는 거대한 그것의 소유자였기 때문에 여자 둘이서 달려들어 어린

"

아이를 꼼짝 못 하게 제압했다. 마르텐은 그 지옥남에게 순결한 뒷문을 빼앗겼다.

제7화 어느 사내는 자기 눈앞에서 하인에게 열 살에서 열두 살의 숫처녀를 범하게 하고, 그동안 자신은 하인과 소녀의 엉덩이를 주무르면서 즐긴 뒤 하인의 엉덩이 위에 사정했다.

제8화 어느 사내는 이튿날 결혼하기로 되어 있는 숫처녀의 순결을 원했다.

제9화 어느 사내는 결혼이 성립된 처녀를 찾아가 미사와 잠자리에 드는 동안을 이용해 신부의 순결을 음미했다.

제10화 어느 사내는 빈틈없고 교활한 하인에게 지시하여 어떤 소녀든 가리지 않고 결혼을 약속하게 하고 그 소녀를 자기에게 데려오게 했다. 그리고 잇따라 소녀를 범한 뒤 소녀들을 사창가에 팔아넘겼다.

12월 3일

제11화 어느 사내는 자매를 함께 범하는 것이 취미였다.

제12화 어느 사내는 한 처녀를 속여서 결혼한 뒤 그 순결을 빼앗자마자 버리고 자취를 감췄다.

제13화 어느 사내는 다른 사내의 정수로 더럽혀진 숫처녀의 옥문을 바라보며 쾌감을 느끼는 기묘한 욕정의 소유자였다. 그는 자기가 보는 앞에서 사내에게 소녀의 순결을 음미하게 하고 그 직후에 그 여자를 범했다.

제14화 어느 사내는 자기의 그것을 소녀의 옥문에 삽입하지 않고 자위기구를 이용해 그 소녀의 순결을 빼앗고, 방금 구멍을 벌린 소녀의 입구에 사정했다.

제15화 어느 공작은 거금을 지불해 신분이 높은 숫처녀만 손에 넣었는데, 그 공작의 고백에 따르면 30년 동안 1천500명이 넘는 숫처녀의 순결을 즐겼다고 한다.

12월 4일

제16화 어느 사내는 오빠와 여동생에게 미리 배변을 시키고 자기가 보는 앞에서 여동생의 순결인 옥문을 음미하게 한 다음, 그 여동생을 범하고 말았다.

제17화 어느 사내는 소녀의 순결을 빼앗은 뒤, 그 소녀의 아버지에게 딸을 범하게 했다.

제18화 어느 사내는 아홉 살인 자기 딸을 사창가로 데려가서 포주에게 거들게 해 딸의 순결을 음미했다. 그에게는 12명의 딸이 있었는데 똑같은 방법으로 한 사람 남김없이 범하고 말았다.

제19화 어느 사내는 서른 살에서 마흔 살까지의 동정녀를 범하는 것을 즐겼다.

제20화 어느 사내는 수녀의 순결만 추구해 그것을 손에 넣기 위해 거금을 투자했다.

그날 밤의 향연에서 공작은 4명의 하녀와 뒤클로의 도움을 빌려 파니의 순결한 옥문을 즐겼다. 일당이 앞으로 소년소녀들의 순결을 음미할 때는 언제나 하녀와 월당번을 마친 이야기꾼의 손을 빌리게 되었다. 공작에게 계속해서 두 차례 공격을 당한 파니는 정신을 잃고 말았지만 공작은 그런 것에는 개의치 않고 재차 도전했다. 또 옥문의 순결을 빼앗긴 파니에 대해서는 앞으로 일당 모두가 그 옥문을 즐길 권리를 공유하게 되었지만, 주교와 뒤르세는 여자의 옥문을 음미하지 않기 때문에 앞으로 공작과 법원장만이 음미하게 되었다.

12월 5일

제5주째를 축하하기 위해 일당은 이아생트와 파니의 결혼식을 거행하고 잠자리에 드는 것은 그들의 눈앞에서 이루어졌다.

제21화 어느 사내(데그랑주의 2월 20일 이야기 속의 사내)는 어머니에게 그 딸을 안게 하고 먼저 어머니부터 범한 다음, 이어서 어머니에게 안겨 있는 여자아이의 순결을 즐겼다.

제22화 어느 사내는 간통이 유일한 취미여서, 정숙하고 부부 사이가 좋은 아내들과 부정을 저질러 아내들이 남편들을 혐오하게 만드는 것을 즐겼다.

제23화 어느 사내는 자기 아내에게 매춘을 시키고 있는 사내를 발견해 그 여자를 안고 남편에게 아내와 관계를 하게 했다(이 이야기를 들은 일당은 바로 실천에 옮겼다).

제24화 어느 사내는 어머니를 침대 위에 올려놓고 그 딸을 침대 바로 위에 매달아 옥문을 그대로 드러나게 해 딸에게 소변을 보게 하면서 소녀의 옥문에 키스하고 소녀의 어머니를 범했다. 그것이 끝나자 역할을 바꾸어 이번에는 어머니의 엉덩이 구멍에 키스를 하고 어머니에게 배변을 시키면서 소녀를 범했다.

제25화 어느 사내에게 4명의 딸이 있었는데 모두 정식으로 결혼한 상태였다. 그는 자기 딸들과 관계를 맺고 있었기 때문에 네 딸은 아버지의 아이를 임신하고 말았다. 그는 딸들의 남편이 자기 아이로 믿고 있는 손녀의 순결을 음미할 날을 낙으로 삼고 기다렸다.

샹빌의 이야기에 이어서 공작은 다음과 같은 이야기를 추가했지만 150종류의 욕정 가운데 하나로 헤아릴 수는 없었다. 그것은 아무리 정욕에 내몰려도 공작의 이야기를 재현할 수는 없었기 때문이다. 공작에 따르면 그의 지인은 자기 어머니와 관계를 맺어 생긴 세 아이와 관계를 하고 그 가운데 한 딸을 자기 아내와의 사이에 태어난 아들과 결혼시켰다. 따라서 그는 그 딸과 관계를 맺음으로써 자기 딸, 자기 여동생(어머니의 아이), 그리고 며느리와 관계한 셈이 되고 말았다. 또 법원장은 근친상간을 즐기고 있던 형 부부와 여동생 부부가 제각기 자기의 아이와 관계하거나 서로 아이를 교환한 이야기를 했다. 그 때문에 아버지, 어머니와 관계하거나 형제끼리 관계하고 큰아버지, 작은아버지, 큰어머니, 작은어머니와 관계하고, 사촌형제와 사촌자매가 관계하거나 조카와 조카딸이 관계하는 등, 모든 것이 뒤죽박죽되고 말았다.

12월 6일

제26화 어느 사내는 다른 사내에게 여자 1의 클리토리스를 비비게 하면서 자기의 그것을 비비고, 그 여자가 쾌감을 느끼는 동시에 여자를 주무르고 있는 사내의 엉덩이 위에 사정을 했다.

제27화 어느 사내는 딸 B에게 자기의 엉덩이 구멍을 간질이게 하고, 딸 C에게 자기의 그것을 비비게 하면서 딸 A의 엉덩이 구멍에 키스를 했다. 그리고 세 딸에게 그런 일을 번갈이 시키면서 그동안 세 사람에게 방귀를 뀌도록 요구했다.

제28화 어느 사내는 딸 B의 입 안에 그것을 집어넣고 딸 C에게 자기의 엉덩이 구멍을 핥게 하면서 딸 A의 옥문을 핥고 그 애액을 마셨다. 그리고 세 딸에게 역할을 교대시켜 즐겼다.

제29화 어느 사내는 소녀의 배설물투성이인 엉덩이를 핥은 뒤 소녀에게 혀로 자기의 배설물투성이인 엉덩이 구멍을 핥게 하고, 자기의 그것을 비벼 소녀의 불결한 엉덩이 위에 사정했다. 그는 3명의 소녀를 준비해 교대로 똑같은 일을 강요했다.

제30화 어느 사내는 자기 눈앞에서 두 소녀에게 동성애 행위를 요구하고, 소녀들이 서로 위로하고 있는 동안 두 사람의 뒷문을 범했다.

그날 제피르와 퀴피동은 서로 상대의 그것을 비비고 있는 것을 발각당하고 말았는데, 그들은 상대의 뒷문을 사용하지는 않았다. 두 사람은 엄중한 처벌을 받았다. 또 파니는 향연에서 공작과 법원장에 의해 옥문에 심한 상처를 입었다.

12월 7일

제31화 어느 사내는 연상의 소녀를 부추겨 연하의 소녀에게 나쁜 짓을 가르치게 하는 것을 낙으로 삼고 있었다. 연상의 소녀는 연하의 소녀를 꺼안고 그녀의 옥문을 비비면서 좋지 않은 조언을 하는 동안 사내는 연하의 소녀를 범했다.

제32화 어느 사내는 5명의 여자를 불러 우선 그 가운데 한 사람에게 자위 기구로 자신의 뒷문을 후비게 하면서 두 여자의 옥문에 그것을 넣고는 잡아빼고, 이어서 다른 두 여자의 입 안에 그것을 집어넣어 즐기는 색다른 정욕을 지니고 있었다.

제33화 어느 사내는 12명의 여자를 필요로 했다. 그리고 가능하면 연상의 소녀 6명, 연하의 소녀 6명, 또는 6명의 어머니와 그 딸 6명인 12명을 원했다.

그는 자위기구를 개개인의 옥문에 넣어 배뇨를 시키고 그것이 끝나면 기구를 소녀의 입 안에 넣어 침을 뱉게 한 뒤, 마지막으로 기구를 소녀의 엉덩이 구멍에 넣어 방귀를 뀌게 했다.

제34화 어느 사내는 8명의 여자에게 제각기 다른 자세를 취하게 하고 교대로 자기의 그것을 비비게 했다(이 광경을 묘사해둘 것).

제35화 어느 사내는 세 쌍의 남녀가 제각기 다른 방법으로 관계를 맺고 있는 광경을 구경하면서 기뻐했다.

12월 8일

제36화 어느 사내는 열두 조의 그룹을 만들어(소녀 두 사람이 한 조), 소녀들에게 특수한 옷을 입혀 엉덩이 이외의 부분은 완전히 가려버리도록 하고, 스물네 개의 엉덩이를 바라보면서 자신의 그것을 계속 비볐다.

제37화 어느 사내는 12명의 소녀와 한 사람의 연상인 여자를 불러 그녀들을 사방에 거울이 붙어 있는 방 안에 넣었다. 그리고 소녀들을 2인 1조로 해서 여섯 조로 나누어 다양하게 음란한 체위를 취하여 자위하도록 시켰다. 그는 방 한가운데 진을 치고 거울에 비치는 소녀들의 모습을 바라보면서 연상인 여자에게 자기의 그것을 비비게 하거나, 소녀들의 엉덩이에 돌아가며 키스를 하면서 사정했다.

제38화 어느 사내는 자기 눈앞에서 4명의 창녀에게 포도주를 잔뜩 마시게 하고 싸움을 시켜 그것을 구경하는 것을 좋아했다. 여자들이 곤드레만드레가 되도록 취하면 여자들 가운데 나이가 가장 많고 가장 추한 여자를 붙잡아 자기 입 안에 토하게 했다.

제39화 어느 사내는 두 소녀를 상대하면서 한 소녀에게 자기 입 안에 배변을 시키고, 또 한 소녀에게는 자기의 그것과 엉덩이를 주무르게 하여 배변을 한 뒤 소녀의 손 위에 사정했다. 소녀를 교대시켜 똑같은 짓을 되풀이했다.

제40화 어느 사내는 다른 사내와 소년을 상대로 해서 즐겼다. 그는 소년에게 자기의 그것을 비비게 하면서 사내에게 자기 입 안에 배변하게 시키고 그것을 먹어버린 뒤, 다음에는 자기의 그것을 비비게 하고 소년에게 자기 입 안에 배변을 하도록 시켰다.

그날 밤의 향연에서 미세트는 4명의 하녀와 뒤클로의 도움을 받은 법원장에게 옥문의 순결을 빼앗기고 말았다. 그 결과 그녀는 일당 전원에게 옥문을 맡기게 된다.

12월 9일

제41화 어느 사내는 3명의 소녀를 모았다. 그는 소녀 B에게 소녀 A 위에 거꾸로 누워 두 정강이에 소녀 A의 얼굴을 끼우라고 지시하고, 소녀 C에게 소녀 B의 얼굴 위에 올라타 배변을 시켰다. 세 소녀에게 그런 자세를 취하게 한 뒤, 그는 소녀 A의 입 안에 배변을 하고, 그 입 안에 자신의 그것을 넣은 다음, 소녀 C가 소녀 B의 얼굴 위에 눈 배설물을 먹었다. 그것만으로 만족하지 못한 그 사내는 세 소녀에게 교대로 역할을 맡게 해 마음껏 즐겼다.

제42화 샹빌은 일흔 살인 어느 노인을 손님으로 맞았다. 그는 50년 동안 사창가에 다니면서 매일 30명의 여자를 만나 그 개개인에게 자기 입 안에 배변을 시키고 그 가운데 아름다운 여자 네댓의 배설물만 먹었다고 한다. 그 늙은 이는 일주일에 다섯 번 그와 같은 놀이를 즐겼으므로 한 해에 7천800명이나 되는 여자를 상대한 셈이다.

제43화 어느 사내는 매일 아침 12명의 여자를 맞아 전원의 배설물을 동시에 맛보았다.

제44화 어느 사내는 빈 욕조 속에 누워 30명의 여자를 잇따라 불러 욕조가 가득해질 때까지 대소변을 시키고 그 안에서 움직이면서 사정했다.

제45화 어느 사내는 4명의 여자를 앞에 세우고 그가 배변하는 것을 보도록 강요하고 그녀들의 손을 빌려 배변했다. 그리고 여자들에게도 배변을 시켜 양쪽의 배설물을 혼합하고 등분해 자기 입에 넣었다. 단, 그 사내가 원한 것은 모두 예순 살이 넘은 노파들뿐이었다.

12월 10일

제46화 어느 사내는 젊은 두 여자에게 배변을 시키고 서로 상대의 배설물을 먹도록 강요했다. 그리고 다시 한번 여자들에게 배변을 시켜 이번에는 자기가 그것을 먹었다.

제47화 어느 사내는 한 어머니와 그 세 딸을 불러들여 소녀들에게 어머니의 엉덩이 위에 배변하도록 시켜서 그것을 자기 입에 넣고, 다음에 어머니가 딸 한 사람의 엉덩이 위에 배설한 것도 자기 입 안에 넣었다.

제48화 어느 사내는 딸에게 어머니의 입 안에 배변을 하고 어머니의 유방으로 엉덩이를 닦도록 지시했다. 그 사내는 어머니의 입 안에 들어 있는 딸의 배설물을 먹고, 그것이 끝난 뒤 이번에는 반대로 시험하면서 즐겼다(이 이야기는 어머니와 아들의 조합이 좋을 것이다).

제49화 어느 사내는 아버지에게 그 아들의 배설물을 먹게 한 다음, 아들에게도 아버지의 배설물을 먹도록 지시했다.

제50화 어느 사내는 남매를 불러 오빠에게 여동생의 옥문 안에 배변을 시키고 그것을 먹은 뒤, 여동생에게 오빠의 입 안에 배변토록 해서 그것도 먹어버렸다.

12월 11일

샹빌은 이제부터 주인님들에게 신앙심 없는 사내들에 대한 이야기를 하겠다고 전제하고 다음의 몇 가지 이야기를 들려주었다.

제51화 어느 사내는 창녀[1]에게 신을 두려워하지 않는 모독적인 말을 하게 하면서 자기의 그것을 비비게 했다. 그것이 끝나자 그도 더할 나위 없이 신앙심 없는 말을 잇따라 내뱉으면서 그녀의 엉덩이에 수없이 키스를 되풀이했다. 그의 취미는 그뿐으로 그 이상은 아무 짓도 하지 않았다.

제52화 어느 사내는 저녁의 성체현시(聖體顯示) 시간을 택해 젊은 여자와 함께 교회로 가서, 가능한 한 제단 가까이 자리를 차지하고 여자에게 은밀히

---

1) 원문에서는 여성을 한 사람 몫을 하는 여자=femme 소녀=fille 창녀=putain 등으로 구분해 사용하고 있는데, femme에는 아내, 창녀의 의미도 있고 fille에는 거리의 여자, 창녀의 의미도 있어 문맥이 명확하지 않기 때문에 등장하는 여성이 제 몫을 하는 여자인지, 소녀인지, 창녀인지 뚜렷하지 않다.

자기의 그것을 비비게 하면서 여자의 엉덩이를 주물렀다.

제53화 고해신부의 그것을 발기시키는 것이 유일한 낙인 어느 사내는 고해소에서 그것을 비비면서 사제에게 그때까지 자신의 음란하고 파렴치한 온갖 행위에 대해 참회했다.

제54화 어느 사내는 딸에게 고해를 하게 했다. 딸이 참회를 마치고 고해소에서 나오는 것을 붙잡아 딸의 입 안에 자신의 그것을 집어넣었다.

제55화 어느 사내는 자기 집 교회당 안에 창녀를 끌어들여 미사에 참석하면서 여자를 범하고, 사제가 거룩한 빵을 높이 든 순간 사정했다.

그날 밤, 공작은 딸 소피의 순결한 옥문을 맛보면서 신을 모독하는 언어를 마구 지껄였다. 그날부터 일당 모두 그녀의 옥문을 음미할 수 있게 되었다.

12월 12일

제56화 어느 사내는 돈으로 고해신부의 직책을 손에 넣었다. 기숙사의 젊은 소녀 기숙생들의 참회를 들을 수 있게 된 그는, 소녀들에게 가장 야비한 조언을 하면서 죄를 용서하고 쾌감을 맛보았다.

제57화 어느 사내는 신부를 미리 매수하여 자기 딸을 고해소로 보냈다. 매수된 사제는 그 사내에게 모든 것을 볼 수 있고 들을 수 있는 장소를 가르쳐 주었다. 그리고 고해자에게 페티코트를 걷어 올리고 참회를 하도록 지시한 것이다. 그래서 사내는 자기 딸의 참회를 들으면서 멋진 엉덩이도 감상할 수 있었다.

제58화 어느 사내는 여자들을 알몸으로 만들고 고용한 사제에게 미사를 올리게 했다. 사내는 그 광경을 바라보면서 가장 젊은 여자의 엉덩이 위에 사정했다.

제59화 어느 사내는 미리 매수해둔 신부에게 아내를 고해하러 보냈다. 사제는 그 여자를, 숨어서 지켜보고 있는 그녀의 남편 눈앞에서 범했다. 그 사내는 만일 아내가 사제에게 저항하면 뛰쳐나가 사제를 도울 생각까지 하고 있었다.

그날 제6주째를 축하하는 뜻에서 세라동과 소피의 결혼식이 거행되었다.

그래서 샹빌의 정욕 이야기도 네 가지로 끝났다.

12월 13일

제60화 어느 사내는 페티코트를 걷어 올려 엉덩이를 그대로 드러낸 창녀들을 교회의 포석(鋪石) 위에 나란히 엎드리게 하고 미사가 시작되는 동시에 그녀들의 뒷문을 잇따라 범했다.

제61화 어느 사내는 젊은 여자를 발가벗겨 십자가에 매달려 있는 예수의 머리가 바로 여자의 클리토리스에 오도록 십자가에 올라타게 하고 뒤에서 여자의 옥문에 그것을 집어넣었다.

제62화 어느 사내는 성배 안에 방귀를 뀌거나 대소변을 보고, 창녀에게도 똑같이 하게 해 즐긴 뒤 성배 안에 사정했다.

제63화 어느 사내는 소년에게 성체를 두는 작은 접시 위에 배변을 시켜 그것을 입에 넣으면서 소년에게 자신의 그것을 빨게 했다.

제64화 어느 사내는 두 소녀에게 십자기 위에 배변을 하게 한 다음 자기도 십자가에 배변을 했다. 그리고 예수의 얼굴을 뒤덮은 배설물 위에 그것을 꺼내 소녀들에게 교대로 비비게 했다.

12월 14일

제65화 어느 사내는 십자가나 성모마리아상, 하느님의 상을 쳐부수고 그런 것들의 파편 위에 배변을 한 다음 모두 불태워버렸다. 또 그 사내는 여자를 데리고 설교를 들으러 가, 신의 언어를 들으면서 여자에게 자신의 그것을 비비게 했다.

제66화 어느 사내는 성체배수(拜受) 의식에 참여하고 돌아올 때 4명의 여자에게 아직 거룩한 빵이 들어있는 자신의 입에 배변을 하게 했다.

제67화 어느 사내는 여자에게 성체배수에 가게 한 뒤, 그녀가 돌아오자 그녀의 입 안에 그것을 넣어 사정했다.

제68화 어느 사내는 여자를 합석하게 하고 자기 집의 교회당에서 사제에게 미사를 집전하게 했는데 도중에 자신의 그것을 비비기 시작해 미사를 중단시

키고 성배(聖杯) 안에 사정을 했다. 그리고 그는 여자에게 사제의 그것을 비비
게 하고 사제가 성배 속에 사정하자 그 정수를 강제로 사제에게 마시게 했다.

제69화[2]

제70화 어느 사내는 여자와 함께 성체배수에 참여했는데, 사제가 거룩한
빵을 나눠주고 있는 것을 중지시키고 거룩한 빵을 손에 들고 있는 사제를 강
제로 여자와 관계를 맺게 했다.

그날 오귀스틴과 젤미르가 서로 옥문을 애무하다가 발각되어 엄벌에 처해
졌다.

12월 15일

제71화 뒤클로의 11월 24일 이야기 속의 사내는 창녀에게 성배 속에 방귀
를 뀌게 하고 이어서 자신도 그 안에 방귀를 뀌고 그녀를 범하면서 성배의 포
도주를 다 마셔버렸다.

제72화 그 똑같은 사내는 그녀에게 성배 안에 배변을 시킨 뒤에 이어서 자
기도 배변을 하고 변과 함께 성배를 화장실 안에 던져버렸다.

제73화 어느 사내는 여자의 클리토리스를 비벼 애액이 나오게 해 그 애액
을 성배 속에 받은 다음 다시 옥문 안으로 되돌리고, 이번에는 그녀를 범해
정수를 성배 안에 쏟아 넣었다.

제74화 어느 사내는 나이프로 거룩한 빵을 베어 자기의 엉덩이 구멍에 채
워 넣었다.

제75화 어느 사내는 그것을 비벼 성배에 사정했다. 그리고 감각이 평정함을
되찾자 성배에서 흘러나오는 정수를 비스킷에 발라 개에게 먹였다.

그날 밤, 주교는 빵을 성별(聖別)하고 거룩한 빵을 배수한 법원장은 에베의
순결한 옥문에 거룩한 빵을 채워 숫처녀의 순결을 깨고 정수를 거룩한 빵 위
에 쏟아냈다. 그날부터 에베는 다른 일당에게도 옥문을 제공하게 되었다. 주
교는 다른 소녀를 위해서도 빵을 성별했는데 일당에 의해 이미 순결한 옥문

---

2) 어찌 된 일인지 텍스트에는 제69화가 보이지 않는다.

을 잃어버린 소녀들은 모두 그 옥문이 거룩한 빵으로 채워지고 말았다.

12월 16일

샹빌은 지금까지 한 이야기의 중요한 부분들은 신성모독적인 욕정이었지만, 이제부터 할 이야기에서는 모독적인 욕정은 부수적인 것이고 사창가에서 흔히 약간의 의식[3]으로 알려져 있는 복잡한 욕정이 주체가 될 것이라고 예고했다. 또 샹빌은 뒤클로의 이야기는 주로 한 사내와 한 여자의 정사에 관한 것이었는데, 자기가 앞으로 할 이야기는 한 사내와 복수의 여자 사이의 정사가 주제가 될 것이니 그 차이점에 대해 유의해달라는 말을 곁들였다.

제76화 어느 사내는 자기 집 교회당에서 미사를 보다가 한 소녀의 옥문과 한 소녀의 입을 번갈아 사용해 즐기고 사제가 성체를 봉헌한 순간 사정했다.

제77화 어느 사내는 두 여자에게 번갈아 대장장이 같은 흉내를 내게 했다. 한 여자가 망치로 그 사내의 엉덩이를 가볍게 열 번 두드리면 그동안 다른 여자는 사내의 엉덩이 구멍을 후볐다.

제78화 어느 사내는 네 소녀를 모아 번갈아 자기 입 안에 방귀를 뀌게 하고 채찍으로 때리게 했다.

제79화 뒤클로의 11월 29일 이야기 속의 사내는 아내에게 채찍으로 때리게 하면서 자기 딸을 범하고 그것이 끝나면 아내와 딸의 역할을 교대시켰다.

제80화 어느 사내는 두 딸을 불러 동시에 딸 A에게는 몸의 앞쪽을, 딸 B에게는 몸의 뒤쪽을 채찍으로 때리게 했다. 그리고 흥분하게 되면 딸 B에게 채찍으로 때리게 하면서 딸 A를 범하고 그것이 끝나면 두 사람을 교대시켜 즐겼다.

12월 17일

제81화 어느 사내는 소녀 A의 채찍을 맞으면서 소년의 엉덩이 구멍에 키스를 하고 소녀 B의 입 안에 자신의 그것을 집어넣었다. 그것이 끝나자 소녀 B

---

3) 그 무렵 사창가의 놀이 가운데 하나인 것 같지만 확실하지 않다.

에게 채찍으로 맞으면서 소년의 입 안에 그것을 집어넣고 소녀 A의 엉덩이 구 멍에 키스했다. 그리고 소년에게 매질을 당하면서 소녀 A의 입 안에 그것을 집어넣고 마지막으로 소녀 B의 엉덩이 구멍에 키스했다.

제82화 어느 사내는 노인 부부와 그 딸을 이용해 노인에게 채찍으로 때리 게 하고 그 아내의 입 안에 그것을 집어넣고 딸에게는 자기 입 안에 배변을 하게 하는 등, 잇따라 세 사람의 역할을 바꾸어가면서 즐겼다.

제83화 어느 사내는 여자로부터 매질을 당하면서 스스로 그것을 비빈 뒤, 엎드린 여자 엉덩이 위에 십자가를 세우고 십자가를 향해 사정했다.

제84화 어느 사내는 창녀에게 채찍으로 때리게 하고 자기의 그것을 사용해 성배를 여자의 엉덩이 구멍에 밀어 넣었다.

제85화 어느 사내는 창녀집의 여자 전원을 검열했다. 그리고 포주에게 부 탁해 자기 입 안에 배뇨와 배변을 하게 하고 여자들로부터 매를 맞으면서 즐 겼다.

12월 18일

제86화 어느 사내는 색다른 취향을 지니고 있었다. 몇 사람의 승합마차 마 부와 굴뚝 청소하는 소년을 고용해 매일 아침 마부와 소년을 한 사람씩 불러 교대로 채찍으로 때리게 하거나, 자기 입 안에 방귀를 뀌게 하면서 즐겼다. 매 일 아침 적어도 7, 8회는 그런 짓을 되풀이했다.

제87화 어느 사내는 4명의 소녀를 모았다. 바닥에 엎드린 사내는 한 소녀를 등에 올라타게 하고 3명의 소녀에게 교대로 자기 몸을 채찍질하게 했다. 그리 고 소녀들에게 잇따라 교대로 기수 역할을 하게 했다.

제88화 어느 사내는 발가벗은 채 6명의 소녀 앞에 무릎을 꿇고 죄의 용서 를 빌었다. 그는 소녀들 개개인으로부터 죄의 대가로 벌이 언도되었는데, 그 가 벌을 거부하면 그때마다 소녀들로부터 100회의 매가 부과되었다. 소녀들 이 생각한 벌은 완전히 불쾌하고 더러운 것으로, 이를테면 어느 소녀는 그 사 내의 입 안에 배변을 하고 싶다고 했고, 한 소녀는 바닥에 침을 뱉을 테니 그 것을 핥으라고 했으며, 또 한 소녀는 월경 중인 자기의 옥문을 혀로 깨끗이 닦아달라고 했고, 다른 소녀는 발가락 사이를 혀로 핥아달라고 했으며, 또 다른 소녀는 콧물을 빨아보라고 잇따라 명령했다.

제89화 어느 사내는 15명의 젊은 여자를 모아 3인 1조로 만들어, 한 여자에게 자기 몸을 채찍으로 스물다섯 번 때리게 하고, 그동안 한 여자에게 대변을 뿌리게 하고, 또 한 여자에게는 자기의 그것을 빨게 했다. 그것이 끝나면 각자 역할을 바꿔 똑같은 일을 되풀이하면서, 5조 15명 전원을 상대로 해서 즐겼다. 그 때문에 그는 아무것도 보이지 않고 아무것도 듣지 못하게 되어 정신을 잃고 말았다. 모든 일의 진행은 포주가 도맡아했는데 그녀는 그런 놀이를 일주일에 여섯 번이나 열었다(이것은 매우 매력적인 고문이어서 나는 크게 권장하고 싶다. 3인 1조 가운데 한 여자가 사내를 채찍으로 때리면 다른 여자가 사내의 그것을 입에 물고, 한 여자는 사내에게 배설물을 뿌리며 모든 일을 활발하게 진행시켰다. 만일 당신이 여자 개개인으로부터 쉰 번의 매를 맞기를 원한다면 총계 150번의 채찍질이 되는 셈이니 결코 지나치게 많지 않은 매우 쾌적한 숫자가 되지 않을까).

제90화 어느 사내는 25명의 창녀를 이용해 자신의 엉덩이를 때리고 주무르게 했다. 그는 그것을 엉덩이의 감각이 완전히 없어질 때까지 계속하게 했다.

그날 밤, 공작은 일당에게 뒷문을 공격당하면서 젤미르의 순결한 옥문을 범했다.

12월 19일

제91화 뒤클로의 11월 25일 이야기 속의 사내는 6명의 창녀를 이용하여 제각기 역할을 정하고 모의재판을 열었다. 그는 여자들로부터 교수형이 언도되었고 여자들은 정말로 형을 집행했는데 어찌 된 일인지 도중에 줄이 끊어지고 말았다. 그러나 그는 목에 줄이 걸려 매달리는 순간 사정하고 말았다.

제92화 어느 사내는 6명의 노파와 3명의 소녀를 준비하고 노파들을 반원형으로 늘어서게 한 다음 자신은 그 한가운데에 앉았다. 그리고 노파들에게 자신을 향해 마음껏 침을 뱉으라 하고 세 소녀에게는 말빗으로 온몸을 긁게 했다.

제93화 어느 사내는 한 소녀에게 채찍 손잡이로 자기 엉덩이 구멍을 찌르게 하고 다른 소녀에게는 눈앞에서 배변을 시킨 뒤, 채찍으로 엉덩이와 자신의 그것을 치게 했다. 황홀해진 그는 그 소녀의 배설물 위에 사정했다.

제94화 두 여자가 소 힘줄로 만든 채찍으로 사내를 마구 내리쳤다. 또 한 여자는 그 사내가 보는 눈앞에서 배변을 한 뒤 사내의 그것을 잡고서 비벼대 배설물 위에 사정하게 했다.

그날 제7주째를 축하하기 위해 아도니스와 젤미르의 결혼식이 거행되어 샹빌의 이야기는 네 편뿐이었다.

12월 20일

제95화 어느 사내는 6명의 여자가 채찍을 들고 그를 뒤쫓게 했다. 그 사내는 여자들의 채찍을 피하기 위해 그녀들의 손에서 채찍을 빼앗으려 했지만 여자들의 힘이 강해 결국 그녀들에게 발가벗겨져 마구 채찍질당하고 말았다.

제96화 어느 사내는 24명의 여자에게 제각기 채찍을 들고 두 줄로 서게 했다. 그리고 여자들 사이로 온몸을 채찍으로 맞으면서 구르듯이 빠져나왔는데 결국 아홉 번째 놀이에서 사정했다.

제97화 어느 사내는 소파 위에 누워 세 여자에게 채찍으로 발바닥과 그것과 엉덩이를 호되게 맞았다. 그리고 세 여자가 번갈아 사내 위에 올라타 사내의 입 안에 배변을 했다.

제98화 어느 사내는 4명의 여자와 하인과 함께 연회를 열었다. 한 여자는 술이 달린 채찍으로, 한 여자는 소 힘줄로 만든 채찍으로, 한 여자는 회초리로 번갈아 사내를 때려눕혔다. 그리고 또 한 여자와 하인은 사내 앞에 무릎을 꿇고, 하인은 여자의 엉덩이 구멍을 간질였으며, 여자는 사내의 그것을 입 안에 넣고, 사내는 하인의 그것을 비빈 끝에 여자의 엉덩이 위에 사정했다.

제99화 어느 사내는 6명의 여자에게 둘러싸였다. 그리고 어떤 여자는 사내의 몸을 바늘로 찌르고, 어떤 여자는 핀셋으로 꼬집고, 어떤 여자는 촛불로 태우고, 어떤 여자는 이로 물어뜯고, 어떤 여자는 손톱으로 할퀴고, 어떤 여자는 채찍으로 때렸다. 그렇게 어디고 가리지 않고 상처를 입은 사내는 결국 여자들 한가운데서 사정을 하고 말았다.

그 전날 처녀성을 빼앗긴 젤미르의 옥문은 일당 전원에게 맡겨지게 되어 법원장은 곧바로 그녀의 옥문을 음미했는데, 왠지 콩스탕스와 아델라이드에 대한 증오가 더 커져서 콩스탕스를 젤미르의 하녀로 만들어버리자고 생각했다.

12월 21일

제100화 어느 사내는 소녀를 발가벗겨 높은 대 위에 올려놓고 바라보면서 하인에게 자신의 그것을 비비게 했다. 사내는 소녀와 하인에게 자신의 그것을 만지는 동안에는 무슨 일이 있어도 움직이거나 균형을 잃어서는 안 된다고 엄하게 명령했다.

제101화 어느 사내는 매춘굴 포주의 엉덩이를 더듬으면서 그녀에게 자신의 그것을 비비게 했다. 그리고 포주의 숙소에 있는 여자에게 촛불을 들게 하고 자기가 사정할 때까지 촛불을 손에서 놓아서는 절대로 안 된다고 지시를 했는데, 그래도 여자가 손에 화상을 입지 않도록 촛불이 다 타기 직전에 사정했다.

제102화 어느 사내는 기묘한 방법으로 식사를 했다. 6명의 소녀를 테이블 위에 배를 깔고 엎드리게 해 각자의 엉덩이 구멍을 촛대 삼아 거기에 불이 켜진 초를 꽂고 식사를 한 것이다.

103화 또 한 사내의 식사법도 기이했다. 바닥에 뾰족뾰족한 자갈을 깔고 소녀를 그 위에 엎드리게 한 뒤, 등 위와 유방 밑에 불이 붙여진 초를 세워두고 자기가 식사하는 동안 몸을 움직이지 않으면 사례금을 주고 조금이라도 움직이면 한 푼도 주지 않겠다고 말했다.

104화 어느 사내(마르텐 1월 7일 이야기 속의 사내)는 여자를 철망으로 만든 좁은 바구니 안에 가둬두고 나흘 동안 앉지도 눕지도 못하는 상태로 해두고 철망 사이로 식사를 넣어주면서 즐겼다.

그날 밤, 법원장은 콜롱브의 순결한 옥문을 범했다.

12월 22일

제105화 어느 사내는 소녀를 발가벗겨 고양이와 함께 커다란 바구니 속에 넣고 그녀에게 춤을 추라고 명령했다. 여자가 몸을 흔들고 뛰고 하자 놀란 고양이가 그녀를 발톱으로 할퀴고 물어뜯어서 상처투성이가 되고 말았는데, 사내는 사정할 때까지 그녀에게 춤을 중단시키지 않았다.

제106화 어느 사내가 특수한 약품에 담근 천 조각으로 여자의 몸을 비비는 통에 여자는 맹렬한 가려움 때문에 자기 몸을 피가 날 정도로 긁어댔다. 그는 그러한 여자의 몸짓을 바라보면서 자신의 그것을 격렬하게 비볐다.

제107화 어느 사내는 여자에게 월경을 멎게 하는 물약을 강제로 먹여 여자의 몸에 심한 변조(變調)를 일으키고 말았다.

제108화 어느 사내는 여자에게 말을 치료하는 데 사용하는 약을 먹여 심한 경련과 설사를 일으키게 했다. 그는 여자가 온종일 설사하는 모습을 바라보면서 기뻐했다.

제109화 어느 사내는 소녀를 발가벗겨 온몸에 꿀을 바르고 소녀를 기둥에 묶었다. 그리고 커다란 벌떼를 풀었다.

그날 밤 콜롱브는 그 옥문을 일당 모두에게 개방하게 되었다.

12월 23일

제110화 어느 사내는 소녀를 발가벗겨 회전의자에 묶고 사정할 때까지 엄청난 기세로 계속 돌렸다.

제111화 어느 사내는 소녀를 거꾸로 매달아놓고 자신의 그것을 계속 비비면서 사정할 때까지 소녀를 그대로 두었다.

제112화 어느 사내는 소녀에게 강력한 구토제를 먹인 뒤 독을 먹었다는 거짓말로 위협하고, 그녀가 몇 번이나 토하는 모습을 바라보면서 자신의 그것을 계속 비벼댔다.

제113화 어느 사내는 여자의 유방을 꽉 잡고 유방이 퍼렇게 멍이 들 때까지 계속 비볐다.

제114화 어느 사내는 9일 동안 매일 세 시간씩 여자 엉덩이를 주물러댔다.

12월 24일

제115화 어느 사내는 6미터 30센티나 되는 터무니없이 높은 사다리를 만들어 사람이 그 사다리를 다 올라갔을 때 가로대가 부러지도록 장치해두었다. 그는 지면에 매트를 깔고 그 사다리를 세운 다음, 여자를 사다리에 오르게 하고 그것을 비비기 시작했다. 그리고 계획한 대로 여자가 꼭대기에서 매트 위로 추락한 순간 사정했다. 그는 가끔 추락한 여자를 붙잡아 범한 적도 있었다.

제116화 어느 사내는 안락의자에 앉아 여자를 자기 앞에 무릎을 꿇리고 여자의 뺨을 몇 번이고 힘껏 때리면서 사정을 했다.

제117화 어느 사내의 취미는 학생에게 벌을 줄 때 사용하는 빗치개[4]로 소녀의 두 손을 때리는 것이었다.

제118화 어느 사내는 손으로 소녀의 엉덩이가 빨갛게 부풀어 오를 때까지 때리면서 좋아했다.

제119화 어느 사내는 여자의 엉덩이 구멍에 대장간의 풀무를 집어넣어 여자의 배를 부풀리면서 즐겼다.

제120화 어느 사내는 뜨거운 물로 여자에게 관장을 해 여자가 엉덩이를 비비꼬며 괴로워하는 모습을 바라보면서 여자 엉덩이 위에 사정을 했다.

그날 밤, 일당은 하녀에게 알린의 양어깨를 누르게 하고 번갈아 손으로 엉덩이가 토마토색이 될 때까지 때렸다. 그들은 오귀스틴의 엉덩이도, 알린만큼 심하지는 않았지만 마구 두들기면서 즐겼다.

12월 25일

제121화 어느 사내는 신앙심이 깊은 여자를 불러 사제에게 기묘한 미사를 올려달라고 했다. 사제는 우선 여자들을 십자가와 묵주로 때린 다음 제각기 제단 위에 성모 같은 모습으로 미사가 끝날 때까지 가만히 서 있게 했다. 그리고 사제가 성별한 거룩한 빵을 높이 쳐들면 여자들은 성배 안에 배변을 해야

---

4) 잘못한 학생의 손바닥을 때리는 데 사용한, 나무 또는 가죽 주걱.

했다.

제122화 어느 사내는 얼어붙는 듯한 겨울밤에 마당 여기저기에 줄을 쳐두고 발가벗긴 여자를 달리게 해, 여자가 덜덜 떨면서 줄에 걸려 넘어지는 모습을 바라보며 즐겼다.

제123화 어느 사내는 욕조에 펄펄 끓는 물을 넣어두고 여자를 발가벗겨 실수인 척하며 여자를 욕조 속으로 밀어 넣었다. 그리고 여자의 몸 위에 사정할 때까지 여자를 욕조에 담가두었다.

제124화 어느 사내는 얼어붙는 듯한 겨울에 마당 한복판에 기둥을 세워놓고 발가벗긴 여자를 그 기둥에 묶었다. 그리고 여자에게 주기도문과 아베마리아의 기도를 다섯 차례 바치게 하면서 사정했다.

제125화 어느 사내는 변기 밑에 화로를 두어 따뜻하게 하고, 변기구멍 둘레에 타르를 발라두었다. 그리고 소녀를 화장실로 가게 했는데, 소녀가 변기에 앉는 순간 엉덩이가 변기에 달라붙고 말았다. 놀란 소녀는 당황하여 황급히 도망을 가려다가 엉덩이가 변기 구멍의 크기만큼 벗겨지고 말았다.

그날 밤, 일당은 신앙심이 깊은 아델라이드와 소피에게 신성모독적인 언어를 마구 퍼부어댔다. 공작은 오랫동안 기다렸던 오귀스틴의 순결한 옥문을 즐길 수 있게 되어 그녀의 옥문에 세 번이나 사정을 했다. 그런데 공작은 자신의 애정표시로, 이 매서운 추위 속에 오귀스틴을 발가벗겨 안뜰을 달리게 해보지 않겠느냐고 제안했다. 그러나 다른 세 사람은 아름다운 오귀스틴이 상처를 입으면 앞으로 자신들의 쾌락 계획에 차질이 생기며, 아직 그녀의 뒷문을 음미하기도 전이라고 반대했다. 그 말에 공작은 일당의 공동기금으로 4만 프랑을 낼 테니 그녀와 단둘이 지하 감옥으로 가게 해달라고 부탁했지만 그것도 거부당하고 말았다. 공작이 그렇다면 그녀의 엉덩이를 약간만 때리자고 말해 일당은 제각기 오귀스틴의 엉덩이를 스물다섯 번씩 때렸는데, 공작은 그녀의 엉덩이를 마음껏 때리고 네 번째에 사정했다. 그날 밤 그녀와 함께 잔 공작은 또 세 번이나 그녀의 옥문을 범했다. 그날부터 오귀스틴의 옥문은 일당에게 공동으로 제공되었다.

12월 26일

제126화 어느 사내는 여자를 술에 취하게 한 다음 침대 위에 눕혔다. 그 침대는 의사의 진찰용 침대처럼 핸들을 이용하여 다리를 상하로 움직일 수 있게 되어 있어서, 사내는 여자가 자고 있는 사이에 침대를 높게 해두었다. 밤중에 오줌을 누려고 손으로 더듬어 변기를 찾으려고 몸을 수그렸지만 찾을 수가 없어서 여자는 손을 더욱 뻗다가 바닥의 매트리스 위에 쿵하고 떨어져버렸다. 그러자 대기하고 있던 사내가 여자를 눌러 범하고 말았다.

제127화 어느 사내는 여자를 발가벗겨 뜰 안을 달리게 하고 매를 손에 들고 여자를 위협하면서 뒤쫓았다. 여자가 지쳐서 비틀거리며 쓰러지자 여자에게 달려들어 범하고 말았다.

제128화 어느 사내는 검은 비단으로 만든 채찍으로 여자의 몸을 열 번 때리고 엉덩이에 키스를 퍼붓고, 또 열 번 때리고 엉덩이에 키스하면서 결국 100번이나 때렸다.

제129화 어느 사내는 브랜디 속에 담가둔 술 달린 채찍으로 여자의 몸을 피가 날 때까지 때린 뒤 여자의 엉덩이 위에 사정했다.

그날 일당은 제8주째의 축제로 나르시스와 오귀스틴(두 사람 모두 공작의 것이 되어 있었기 때문에 밤에는 공작의 방에서 잤다)의 결혼식을 올렸다. 그러나 공작은 그 축하에 앞서서 자기는 채찍으로 딸을 때릴 테니 법원장은 소년을 때려달라고 제안했다. 곧바로 채찍질이 실행에 옮겨져 소년소녀는 100대나 맞게 되었다. 오귀스틴이 공작의 욕정을 크게 자극해 활발하게 사정을 시키자 그는 더욱더 그녀를 사랑하게 되어 그 표시로 그녀를 피가 날 때까지 때려눕혔다(나르시스와 오귀스틴에 대한 100대 때리기의 고문은 어떤 식으로 이루어졌고, 채찍질이 몇 번 가해졌는지 상세히 얘기해둘 필요가 있다. 그리고 그때까지 두 사람이 저지른 과오의 목록과 그것에 대응하는 채찍질의 회수를 나열하면 좋을 것이다).

12월 27일

제130화 어느 사내는 다섯 살에서 일곱 살까지의 여자아이를 채찍으로 때리려고 했다. 그는 여자아이가 나쁜 장난을 쳤기 때문에 따끔한 맛을 보여주는 거라는 변명을 준비해두고 있었다.

제131화 어느 사제는 채찍질을 좋아했다. 여자가 고해를 하려고 찾아와서 모든 죄를 참회하면, 그는 회개 의식으로서 여자에게 200번의 채찍질을 가했다.

제132화 어느 사내는 4명의 창녀를 불러 각자에게 200번이나 매질을 했다.

제133화 어느 사내는 20명의 창녀를 불러 두 하인에게 교대로 한 여자에게 600번이나 매질을 가하게 했다. 사내는 그 광경을 바라보면서 자신의 그것을 격렬하게 비벼댔다.

제134화 어느 사내는 열네 살에서 열일곱 살의 소년들을 데려와서 각자 그것을 비벼 자기 입 안에 사정하게 했다. 그것이 끝나면 소년들을 각각 100번씩 때렸다.

그날 밤, 법원장은 오귀스틴의 옥문을 두 번이나 즐긴 뒤 그녀에게 채찍질을 했다. 매력적인 오귀스틴에게 빠져버린 공작과 법원장은 일당의 공동기금으로 8만 프랑을 제공할 테니 그녀를 두 사람의 양녀로 삼게 해달라고 제안했지만 주교와 뒤르세에게 거절당했다.

12월 28일

제135화 어느 사내는 여자를 아파트로 불렀다. 두 하녀가 여자에게 덤벼들어 발가벗기고 묶은 뒤 번갈아 여자의 엉덩이를 채찍으로 때려 피투성이로 만들었다. 그것이 끝나자 사내는 여자의 피로 물든 엉덩이 위에서 두 하인의 그것을 비벼 사정을 시키고 자신도 똑같은 방법으로 즐겼다.

제136화 어느 사내는 자기 집 방의 벽에 특별한 장치를 해두었다. 여자가 찾아오면 그는 여자를 발가벗겨 벽을 향해 서게 하고 여자의 두 손과 두 다리를 벽에 장치해둔 고리에 매어놓았다. 그 벽에는 바로 여자의 배 높이가 되는 곳에 날카로운 금속판이 직각으로 부착되어 있었다. 그가 매질을 시작하여, 여자는 매를 피하려고 몸을 앞으로 움직이면 배가 금속에 베여버리기 때문에 가능한 한 배를 오므리면서 채찍질을 감수하는 수밖에 없었다.

제137화 어느 사내는 여자를 채찍으로 때렸는데 첫날은 100번, 다음 날은

200번, 그렇게 횟수를 배로 늘려 나가면서 9일 동안이나 매질을 계속했다.

제138화 어느 사내는 여자를 엎드리게 하고 자기 얼굴이 여자 엉덩이 위에 오도록 거꾸로 올라타서 여자의 목을 두 가랑이 사이에 꼭 끼워넣었다. 그리고 술이 달린 채찍으로 여자의 엉덩이와 거꾸로 되어 있는 옥문을 세게 때리고는 끝내 옥문을 벌려 그 속까지 때렸다. 그러나 그 이상은 아무 짓도 하지 않았다.

제139화 어느 사내는 임신한 여자를 찾아내 커다란 원통 위에 눕게 한 뒤, 머리카락이 흐트러진 머리는 원통보다 약간 낮은 의자 위에 올려놓아 고정하고, 밖으로 늘어뜨린 두 다리를 최대한 벌리게 했다. 그러자 여자의 커다란 배는 위쪽으로 더욱 부풀고 옥문은 커다랗게 입을 벌렸다. 그는 여자의 몸 앞으로 돌아가 채찍으로 여자의 배와 옥문을 피가 날 정도로 때린 다음, 여자의 머리 쪽으로 돌아가 여자의 얼굴 위에 사정했다.

그 뒤, 아내인 콩스탕스를 전혀 믿을 수 없게 된 공작은 그녀와 이혼하고 하녀보다 낮은 지위로 끌어내렸다. 그래서 오귀스틴이 공작의 아내로 간주되어, 소파 위와 교회당 화장실에서 하는 일이 아내로서의 주요임무가 되었다. 그러나 일당은 콩스탕스가 임신 중인 데다 그녀의 임신을 이용해 어떤 계획을 꾸미고 있었기 때문에 거칠게 다루지는 않았다.

12월 29일

제140화 어느 사내는 멋진 엉덩이를 가진 열네 살의 소녀만 선호했다. 그러나 그 사내는 엉덩이에 대해 예리한 안목을 지니고 있었으므로 마음에 드는 소녀를 찾기가 쉽지 않았다. 그의 취미는 호랑가시나무와 쐐기풀로 만든 채찍으로 소녀의 몸을 피가 날 때까지 때리는 것이었다.

제141화 어느 사내는 소 힘줄로 만든 채찍을 사용하는 것이 취미여서 잇따라 4명의 여자 엉덩이를 상처투성이가 되어 부풀어 오를 때까지 때렸다.

제142화 어느 사내는 끝에 쇠붙이가 달려 있는 채찍을 선호하여, 피투성이가 되도록 채찍질한 여자의 몸을 바라보면서 사정했다.

제143화 어느 사내는 임신한 여자를 찾아내 그 엉덩이를 황소 꼬리로 만든 채찍으로 때렸다. 사내의 말에 의하면 그 채찍을 사용하면 임신부의 엉덩이 군살을 줄이는 효과가 있다고 한다.

그날 밤 법원장은 로제트의 순결한 옥문을 음미했다. 그리고 에르퀼과 쥘리의 바람기가 발각되고 말았다. 일당이 두 사람을 추궁해도 쥘리가 아주 태연하게 시치미를 떼자 그들은 그녀를 채찍으로 실컷 혼내주었다. 그러나 쥘리는 일당이 마음에 들어했고 에르퀼은 평소의 행실이 성실했기 때문에 두 사람을 그 정도로 용서해주고, 결국 일당은 그 두 사람과 함께 즐기게 되었다.

12월 30일

제144화 어느 사내는 색다른 짓을 즐겼다. 그는 여자가 손을 뻗기만 해서는 닿지 않는 곳에 촛대를 매달아놓고, 여자의 오른손 가운데손가락 끝에 왁스에 적신 작은 빵을 붙이고 그것에 불을 붙여 초에 불을 옮기라고 명령했다. 여자가 제자리에서 아무리 뛰어도 손가락이 좀처럼 초에 닿지 않았다. 그러자 사내는 미리 준비해둔 가늘고 긴 가죽채찍으로 여자의 등과 엉덩이를 때려 여자를 될 수 있는 한 높이 뛰어오르게 했다. 여자가 성공하면 놀이는 끝나지만 그렇지 않으면 여자는 언제까지나 채찍으로 맞아야 했다.

제145화 어느 사내는 자기 아내와 딸을 채찍에 익숙해지게 한 뒤, 두 사람을 사창가에 팔아넘겨 매음을 시키고, 손님이 그녀들을 채찍으로 때리는 광경을 바라보면서 즐겼다(뒤클로의 11월 29일 이야기 속의 사내와는 관계가 없으니 주의할 것).

제146화 어느 사내는 딸을 묶어놓고 매로 딸의 목덜미에서 장딴지에 이르기까지 피가 날 때까지 때렸다.

제147화 어느 사내는 채찍으로 여자의 유방을 때리는 취미가 있었는데, 특히 유방이 큰 여자를 요구했다. 그리고 만일 여자가 임신해 있으면 더욱 기뻐하면서 사례금을 두 배로 지불했다.

그날 밤부터 로제트는 일당 전원에게 옥문을 맡기게 되어, 법원장과 공작은 그녀의 옥문을 몇 번이나 맛보았고, 다른 두 사람은 옥문에 채찍질을 가하고 그녀를 엎드리게 해 술이 달린 채찍 손잡이를 옥문 안에 넣고 즐겼다.

12월 31일

제148화 어느 사내(데그랑주의 2월 7일 이야기 속의 사내)는 매력적인 용모의 소녀만 골라 그 얼굴 위에 몽둥이를 흔들어 떨어뜨리는 취미가 있었다.

제149화 앞의 사내보다 더 심한 어느 사내는 소녀의 얼굴이건, 옥문이건, 유방이건, 몸의 온갖 부분을 가리지 않고 몽둥이로 때려눕혔다.

제150화 어느 사내는 소 힘줄로 만든 채찍으로 열여섯 살에서 스무 살까지의 젊은이의 등과 엉덩이를 200번 때리는 것이 취미였다.

제151화 어느 사내는 방 안에 4명의 소녀를 모아놓고 별실에 한 여자를 발가벗겨서 대기시켰다. 네 소녀는 그녀를 채찍으로 마구 때려 사내가 흥분하기 시작하면, 사내에게 소 힘줄로 만든 채찍을 주어 별실로 달려가서 대기하고 있던 벌거숭이 여자의 몸을 가리지 않고 때리게 하여 그를 사정하게 했다. 사정이 너무 빠르면 별실의 여자를 채찍질하는 즐거움이 줄어들므로 네 소녀는 그의 상태에 맞춰 채찍질을 교묘하게 조절했다.

일당은 샹빌을 칭찬하며 뒤클로와 같은 명예를 부여하고, 그날 밤부터 두 사람을 그들의 식탁에 초대하기로 했다. 향연이 시작되자 아델라이드, 알린, 오귀스틴과 젤미르의 징벌이 집행되어 그녀들은 유방을 제외한 온몸을 몽둥이로 얻어맞았다. 그러나 그들은 아직 두 달 동안 그녀들을 즐길 필요가 있었기 때문에 그들 나름대로 배려한 것이다.

제3부

1월의 31일 동안 이야기를 맡은 마르텐은 범죄에 해당하는 150종류의 욕정에 대해 이야기할 것(다음은 그 계획안). 그리고 나는 매일 저택 안에서 벌어진 파렴치한 사건을 일기체로 정확하게 덧붙일 것.

1월 1일

마르텐은 엉덩이가 대단한 자랑이었기 때문에 일당은 그녀에게 엉덩이를 보여달라고 했다. 그래서 그녀는 곧바로 높은 좌석에서 자신의 엉덩이를 드러내 보여주었다.

제1화 어느 사내는 수동적인 남색 애호가였는데 그가 어디서, 어떻게 그것이 커다란 소유자를 찾아내는지 아무도 몰랐다. 그러나 그 사내의 취미는 너무나 단순한 데다 일당에게는 매우 익숙한 화제여서 마르텐은 이 욕정에 대해서는 그다지 강조하여 말하지 않았다.

제2화 뒤클로의 11월 29일 이야기와 샹빌의 12월 2일 이야기속의 사내는 세 살에서 일곱 살까지의 어린 계집애만을 탐냈다. 그 사내는 다음과 같은 방법으로 여자아이의 순결을 빼앗았다. 다섯 살이 된 마르텐이 병에 걸려 어머니가 그 사내에게 돈을 빌려달라고 애원하자 그는 냉혹하게도 돈과 맞교환으로 소녀의 순결을 요구했다. 그는 그것이 거대했는데 단순하면서도 실로 교묘하게 두 여자의 도움을 빌려 이제 겨우 다섯 살밖에 안 된 마르텐의 순결한 뒷문을 범하고 말았다. 그의 사정은 6분간에 이르렀는데 그동안 알아들을 수 없는 말을 계속 외쳐댔다. 그는 매우 부자였기 때문에 매일 두 여자애를 준비시켜 아침에는 옥문, 밤에는 뒷문을 즐기면서 그 순결을 음미했다.

제3화 어느 사내는 일곱 살 남자아이의 뒷문만 찾고 있었는데 마르텐의 어머니는 그 사내에게 갓 일곱 살이 된 자기 아들(마르텐의 오빠)의 순결한 뒷문을 팔아넘겼다.

제4화 마르텐은 열세 살이 되고 오빠는 열다섯 살이 되었다. 둘은 어느 사내의 집에 불려갔는데 그 사내(뒤클로의 11월 21일 이야기와 데그랑주의 2월 27일 이야기 속의 사내)는 오빠에게 마르텐의 옥문을 강제로 범하게 하고 서로 껴안고 있는 오누이의 뒷문에 잇따라 그것을 집어넣었다.[1]

제5화 어느 사내(데그랑주의 2월 24일 이야기 속의 사내)는 오누이의 뒷문을 음미하면서 다른 사내에게 자신의 뒷문을 공격하게 했다.

그날 밤, 공작은 4명의 하녀와 뒤클로, 샹빌의 도움을 빌려 아직 열두 살밖에 되지 않은 에베의 순결한 뒷문을 가까스로 범할 수 있었다. 그날 밤부터 에베의 뒷문은 일당 모두의 공동소유가 되어버려 다른 일당 세 사람도 그녀의 뒷문을 마음껏 즐겼다. 뒷문을 일곱 번이나 공격당한 그녀가 정신을 잃자 소녀들의 하렘으로 실려 갔다.

1월 2일

제6화 어느 사내는 5명의 창녀를 모아 한 여자의 뒷문에 그것을 넣고 네 여자에게 번갈아 자기 입에 방귀를 뀌게 했다. 그리고 전원을 차례대로 교대시켜 다른 4명의 뒷문도 남김없이 공격하고 말았다. 그런 다음 처음으로 돌아오자 첫 번째 여자의 뒷문 안에 사정했다.

제7화 어느 사내는 3명의 남자아이의 뒷문을 번갈아 공격하거나 배변을 시키면서 즐겼다.

제8화 어느 사내는 남매를 상대로 하여 오빠에게 자기 입 안에 배변을 시키고 그것을 누이동생의 입 안에 넣어서 즐긴 다음 남매의 역할을 교대시키고 두 사람의 뒷문도 음미했다.

제9화 어느 사내는 열다섯 살 소녀의 뒷문에만 관심을 가졌다. 소녀를 음미

---

1) 사드는 '마르텐의 옥문은 태어나면서부터 폐쇄되어 있는 것으로 되어 있기 때문에 이 이야기는 모순된다'고 주를 달았다.

할 때는 반드시 채찍으로 소녀를 실컷 때리고 난 뒤에 그 뒷문을 공격했다.

제10화 어느 사내는 한 시간 동안이나 여자의 엉덩이와 엉덩이 구멍을 꼬집거나 비틀어 상처를 입히고 마구 매질을 한 뒤에 그 뒷문을 범했다.

그날, 제9주째를 축하해 일당에게 옥문과 뒷문을 빼앗긴 에베와 에르퀼의 결혼식이 거행되었다. 결혼식이 끝난 뒤 공작과 법원장은 신랑과 신부의 뒷문을 번갈아 음미했다.

1월 3일

제11화 어느 사내는 미사를 올리는 중에 여자의 뒷문을 범하고 사제가 성체를 봉헌할 때 사정했다.

제12화 어느 사내는 십자가를 발로 마구 짓밟고 여자에게도 똑같은 짓을 시킨 다음 여자의 뒷문을 범했다.

제13화 뒤클로의 11월 11일 이야기 속에서 외제니와 즐긴 사내는 거대한 물건의 소유자였는데, 여자에게 배변을 시키고 자기의 그것으로 배설물투성이인 여자의 엉덩이 구멍을 닦아 배설물이 묻은 그것으로 거룩한 빵에 구멍을 뚫었다.

제14화 어느 사내는 남자아이 A의 입에 거룩한 빵을 물게 한 뒤 그 뒷문을 범하고, 남자아이 B의 입에도 거룩한 빵을 물게 하고 그 남자아이에게 자기의 뒷문을 공격하게 했다. 그리고 남자아이 A를 눕혀서 그 목덜미 위에 거룩한 빵을 올려놓고 남자아이 C에게 그 위에 배변을 시키고는 신성을 모독하는 언어를 마구 지껄이면서 사정했다.

제15화 어느 사내는 남색취향이 있는 사제를 상대로 즐겼다. 그 사내는 기도서를 읽고 있는 사제의 뒷문을 범하고 사제가 거룩한 빵을 성별한 순간 그것을 뺐다. 그리고 사제가 거룩한 빵을 엉덩이 구멍에 채워 넣는 순간 사내는 다시 사제에게 덤벼들어 뒷문을 공격했다.

그날 밤, 주교는 미사를 집전하여 거룩한 빵을 셋으로 성별한 뒤 법원장에게 주었다. 법원장은 자기의 그것으로 최초의 거룩한 빵을 매력적인 젤라미르의 뒷문 안에 채워 넣어 그 순결을 빼앗고, 안티노우스는 다음의 거룩한 빵

을 법원장의 뒷문 안에 넣은 뒤 공격하고, 법원장은 마지막의 거룩한 빵을 자
신의 혀를 이용해 꽝송의 뒷문 안에 밀어 넣고 범했다.

1월 4일

제16화 어느 사내는 늙은 여자를 채찍으로 때린 다음 그 여자의 뒷문을 범
하는 것이 취미였다.

제17화 어느 사내의 취미는 늙은이에게 매질을 한 다음 그 늙은이의 뒷문
을 공격하는 것이었다.

제18화 어느 사내는 자기 아들과 일상적으로 남색을 즐겼다.

제19화 어느 사내는 흥행장에 등장하는 도깨비나 흑인, 불구자를 상대로
그 뒷문을 즐기는 데서 쾌락을 찾았다.

제20화 어느 사내는 근친상간과 간통과 남색과 신성모독의 네 가지 죄를
동시에 저지르기 위해 결혼한 자기 딸의 입에 거룩한 빵을 물려놓고 그 뒷문
을 범했다.

그날 밤부터 젤라미르의 뒷문은 일당의 공용이 되었다.

1월 5일

제21화 어느 사내는 두 사내와 한 소년, 그리고 한 노인을 동시에 상대했다.
그는 두 사내에게 자기의 몸을 교대로 채찍으로 때리고 뒷문을 공격하게 하
고, 자신은 소년의 뒷문을 범하면서, 노인에게 자기 입에 배변을 시켜 그것을
먹었다.

제22화 어느 사내는 두 사내를 상대로 즐겼다. 두 사내는 교대로 세 시간
동안 그의 입과 뒷문을 공격하고, 그는 자기 입 안에 사정된 정수를 마셨다.

제23화 어느 사내는 만일 자기가 사정을 하면 거금을 내겠다고 약속한 뒤
10명의 사내를 고용하여 번갈아 자기 뒷문을 공격하게 했는데, 하루에 스물
네 차례나 공격을 받고도 끝까지 사정하지 않고 버텼다.

제24화 어느 사내는 자기 아내와 딸과 여동생에게 손님을 받게 해 손님들
이 그녀들의 뒷문을 공격하는 것을 바라보면서 즐겼다.

제25화 어느 사내는 8명의 사내를 고용했다. 한 사람은 그것을 그 사내의 입 안에 넣고, 한 사람은 뒷문에 넣고, 한 사람은 오른쪽 겨드랑이 밑에 넣고, 한 사람은 왼쪽 겨드랑이에 넣고, 한 사람은 가랑이 사이에 넣고, 한 사람은 사내의 얼굴 위에서 그것을 비볐는데, 그동안 그는 두 사내의 그것을 양손에 쥐고 계속 비볐다.

그날 밤, 공작은 미셰트의 뒷문을 범했으며 그로 인해 미셰트는 무시무시한 고통을 느꼈다.

1월 6일

제26화 어느 사내는 젊은이와 늙은이와 창녀와 함께 색다른 행위를 즐겼다. 그는 자기 눈앞에서 젊은이에게 늙은이의 뒷문을 공격하게 했다. 젊은이는 자신의 그것을 몇 번이나 늙은이의 뒷문에 넣었다 뺐다 한 다음 이번에는 사내의 입 안에 넣었다. 사내는 젊은이의 그것을 빨고, 다음으로 늙은이의 그것을 빤 다음 늙은이의 뒷문을 공격했다. 그러자 젊은이는 창녀에게 채찍질을 당하면서 사내의 뒷문을 공격했다.

제27화 어느 사내는 한 사내와 소녀를 고용했다. 사내는 자신의 그것을 소녀의 뒷문에 넣으면서 소녀의 목을 졸랐다(목을 조르면 엉덩이 구멍이 수축하기 때문이다). 그러는 동안 그는 고용한 사내에게 소 힘줄로 만든 채찍으로 자신의 몸을 때리게 했다.

제28화 어느 사내는 수은으로 만든 커다란 구슬을 자기 엉덩이 구멍에 넣었다. 그는 수은 구슬이 장 속을 오르내리는 동안 참을 수 없이 근질근질해져서 흥분하여 사내의 그것을 자기 입 안에 넣어 그 정수를 마시고, 여자에게 배변을 시켜 그것을 먹어버렸다. 그 때문에 그는 두 시간이나 황홀 상태에서 헤어나지 못했다.

제29화 어느 사내는 한 아버지에게 자신의 뒷문을 공격하게 한 뒤 그 아들과 딸의 뒷문을 음미했다.

그날 밤부터 미셰트의 뒷문은 일당의 공동소유가 되었다. 뒤르세는 공작과 뒤클로, 법원장과 팡숑 사이를 모방하여 마르텐을 자기 방에 재우기로 했다.

뒤르세는 공작이 뒤클로에게 끌린 것처럼 팡숑의 음란한 거동에 마음을 빼앗긴 것이다.

1월 7일

제30화 어느 사내는 한 사내와 소녀를 불러 소녀를 엎드리게 하고 그 허벅지 사이에 칠면조의 목을 끼워놓고 마치 소녀를 범하는 것 같은 기분으로 칠면조를 범하고 동시에 한 사내에게 자신의 뒷문을 공격하게 했다. 그는 흥분해서 사정을 하자 소녀에게 칠면조의 목을 베게 했다.

제31화 지극히 추악한 취미의 소유자인 어느 사내는 암산양을 범해 새끼를 낳게 하고, 그 괴물 같은 새끼까지 범했다고 한다.

제32화 어느 사내는 암산양을 범하는 것이 즐거움이었다.

제33화 어느 사내는 개에게 여자의 옥문을 핥게 해 여자가 애액을 흘리는 것을 바라보면서 즐긴 뒤, 여자의 허벅지 사이에 머리를 들이밀고 있는 그 개를 권총으로 쏴 죽였다. 그러나 여자는 전혀 다치지 않았다.

제34화 어느 사내는 자기의 그것으로 백조의 엉덩이 구멍에 거룩한 빵을 밀어 넣고 수간을 즐긴 뒤, 끝내 사정하면서 백조를 목 졸라 죽였다.

1월 8일

제35화 어느 사내는 암말 가죽으로 말 모양을 닮은 같은 크기의 바구니를 특별 제작했다. 바구니 한쪽에는 구멍이 뚫려 있었다. 사내는 엉덩이 구멍에 암말의 애액을 바른 뒤, 하얀 개를 안고 바구니 안에 들어가 엎드려서 엉덩이를 바구니 구멍에 갖다 댔다. 그러자 미리 준비해둔 수말이 그 바구니 위에 올라타 사내의 뒷문에 거대한 그것을 집어넣었다. 사내는 수말의 공격을 받으면서 개를 범했다.

제36화 위의 사내는 같은 바구니 속에 여자를 가두고 자신과 똑같은 모양새로 만들어 황소에게 여자의 옥문을 공격하게 하고 그것을 바라보면서 즐겼다.

제37화 어느 사내는 암소를 범하고, 그 뒤 암소가 낳은 괴물 같은 생물도 범했다.

제38화 어느 사내는 고양이를 거꾸로 바구니 속에 밀어넣고 잘 길들인 뱀을 자신의 엉덩이 구멍에 넣으면서 고양이를 범했다. 그는 고양이가 꼼짝하지 못하게 누르고 있어서 고양이는 전혀 반항할 수 없었다.

제39화 어느 사내는 수탕나귀에게 자신의 뒷문을 공격하게 하면서 암탕나귀를 범했다. 그러기 위해서는 어떤 장치가 필요했는데 독자 여러분도 곧 알게 될 것이다.

그날 밤, 퀴피동의 뒷문이 허락되었다.

1월 9일

제40화 어느 사내는 산양에게 자신의 음낭을 핥게 하면서 자신의 그것을 산양의 콧구멍에 집어넣었다. 그동안 그는 여자에게 부탁하여 자신의 몸을 말빗으로 문지르거나 엉덩이 구멍을 핥게 했다.

제41화 어느 사내는 개에게 엉덩이 구멍을 핥게 하면서 양을 범했다.

제42화 어느 사내는 여자에게 억지로 당나귀의 그것을 비비게 하면서 당나귀의 뒷문을 범했다.

제43화 어느 사내는 개를 범하고 사정을 하면서 그 개의 목을 베어버렸다.

제44화 어느 사내는 원숭이를 비좁은 바구니 속에 거꾸로 넣어 움직이지 못하게 한 뒤, 원숭이 머리와 등, 엉덩이를 힘껏 때리고 마구 괴롭혀 원숭이의 엉덩이 구멍을 수축시키면서 범했다.

제10주째의 축제를 위해 이미 옥문을 일당에게 주고 만 미셰트와 브리즈퀼의 결혼식이 거행되었는데 브리즈퀼은 그녀에게 말로 표현할 수 없는 고통을 주었다.

1월 10일

마르텐은 "지난달 샹빌의 이야기는 채찍질이 주제였지만 이제부터 다른 종류의 화제로 옮길까 합니다. 여기서 채찍질은 부수적으로 다뤄지게 될 겁니다"라고 예고했다.

제45화 어느 사내는 사창가 포주에게 가벼운 죄를 범한 여자를 찾아달라고 부탁하여, 포주로부터 연락이 오면 사창가로 가서 무지한 여자에게 당신은 틀림없이 체포될 거라고 위협한 뒤, 자기가 시키는 대로 하면 모든 것을 책임지겠다고 말해 여자를 안심시켰다. 그리고 여자가 승낙하면 겁에 질려 있는 여자를 피 흘릴 때까지 채찍으로 계속 때렸다.

제46화 어느 사내는 포주에게 여자의 머리카락을 조사하려고 하니 아름다운 머리카락의 소유자를 소개해달라고 부탁했다. 여자가 찾아오자 그 비열한 사내는 약속을 어기고 여자의 머리카락을 마구 자르고 말았다. 그러고 뜻하지 않은 일에 울음을 터뜨린 여자를 비웃으면서 사정을 했다.

제47화 마르텐은 어느 사내의 집에 불려가 온갖 격식을 차린 마중을 받은 뒤 캄캄한 방으로 안내되었다. 그곳에는 아무도 없었는데 어디선가 자기에 대한 이야기를 하고 있는 목소리가 들려와서 그녀는 당장이라도 살해되어버릴지 모른다는 공포에 사로잡히고 말았다. 그러다가 갑자기 누군가가 그녀의 뺨을 주먹으로 때리더니 사정에 뒤따르는 사내의 커다란 신음소리가 들려왔다. 그리고 망연자실해 있는 그녀는 그대로 집으로 돌려보내졌다.

제48화 어느 사내의 집으로 간 마르텐은 무덤 같은 지하실로 안내되었다. 그곳은 침침한 등불이 비치고 있을 뿐, 왠지 으스스한 분위기의 장소였다. 한동안 주위를 살펴보고 있는데 갑자기 주위가 캄캄해지더니 무서운 비명과 쇠사슬 소리가 들려와서 말할 수 없는 공포에 휩싸인 그녀는 정신을 잃고 쓰러졌다. 그러자 사내가 나타나 그녀의 뒷문을 범하고 말았다. 일이 끝나자 사내는 그녀를 그냥 둘 수 없게 되고 말았지만 잠시 뒤 하녀가 그녀를 구해주러 왔다. 그 집 주인은 캄캄한 무덤 같은 장소에서 기절해 쓰러져 있는 젊고 경험 없는 여자를 범하는 것이 취미였다.

제49화 그 뒤에도 마르텐은 무덤 같은 지하실 안에서 기묘한 경험을 했다. 갑자기 한 사내가 나타나 그녀를 발가벗겨 관 속에 넣고 뚜껑에 못질을 하면서 망치소리에 흥분해 사정하고 말았다.

그날 오후, 젤미르는 하녀들에 의해 지하 감옥으로 끌려갔다. 감옥에는 일당이 알몸으로 여러 가지 고무기구를 손에 들고 기다리고 있었다. 그 모습을 본 그녀는 기절하고 말았다. 그 사이에 젤미르에게 공작이 오귀스틴에 대해 품고 있던 것과 똑같은 욕정과 분노와 애정이 뒤섞인 복잡한 감정을 안고 있었던 법원장은 그녀의 뒷문을 공격하여 순결을 빼앗았다.

1월 11일

제50화 뒤클로가 한 11월 29일 이야기 속의 플로르빌 공작은 방금 살해된 소녀의 아름다운 시체를 검은 비단으로 덮은 침대 위에 눕히고 온몸을 더듬으면서 범했다.

제51화 어느 사내는 소년소녀의 시체를 준비하여 소녀의 엉덩이에 키스를 퍼붓고 엉덩이 구멍에 혀를 넣은 뒤, 소년의 뒷문을 즐겼다.

제52화 어느 사내는 다양한 방법으로 살해당한 진짜 인간을 빼닮은 시체를 납으로 만들어 작은 방에 여러개 모아두었다. 그리고 소녀를 그곳에 불러, 나는 이제부터 너를 죽일 작정인데 어떤 식으로 살해되고 싶은지 여기 시체 속에서 골라보지 않겠느냐고 말해 소녀를 공포로 떨게 하며 기뻐했다.

제53화 어느 사내는 여자를 진짜 시체 위에 엎어놓고 입과 입, 배와 배를 꼭 붙여서 함께 묶어버린 뒤 여자 몸의 뒷부분을 피가 날 때까지 채찍으로 때렸다.

그날 밤부터 젤미르의 뒷문은 일당의 공용이 되었는데, 일당은 그 전에 그녀를 재판에 넘기기로 합의했고 그녀에게 사형이 선고되었다. 그녀는 자기가 정말로 처형되는 줄 알고 있었지만, 일당은 그녀를 죽이는 대신 그녀의 뒷문을 마음껏 음미한 뒤 100대의 태형에 그쳤다. 그래도 만족하지 못한 법원장은 그녀를 자신의 방으로 데리고 가 밤새도록 그녀의 뒷문을 음미했다.

1월 12일

제54화 어느 사내는 욕정을 채우기 위해 반드시 생리 중인 여성이 필요했다. 그 사내는 은밀하게 방의 마루 밑에 너비 4미터 20센티, 깊이 1미터 60센티나 되는 큰 수조를 준비하고 얼음물을 채워두었다. 사내의 집에 찾아온 여자는 그 방으로 안내되었는데 막아둔 수조는 전혀 눈치를 채지 못했다. 여자가 사내에게 다가가자 사내는 갑자기 마루의 개폐식으로 된 뚜껑을 열고 여자를 수조 안으로 밀어넣고 말았다. 그 순간 사내는 사정을 하는 것이다. 사정을 마친 사내는 여자를 곧바로 구출해주었지만 그 뒤 여자는 이따금 격렬한 통증에 시달렸다고 한다.

제55화 어느 사내는 창녀를 발가벗겨 줄로 묶은 뒤 깊은 우물 안에 매달아 놓고 우물을 돌로 메워버리겠다고 말해 여자를 위협하면서 때때로 흙덩어리를 던져 넣어 여자를 공포 속에 빠뜨렸다. 사내는 공포에 떨고 있는 여자의 모습을 바라보면서 여자 머리 위에 사정을 했다.

제56화 어느 사내는 산달이 다 된 여자를 자기 집에 데려오게 했다. 그는 여자를 다양한 방법으로 위협하면서 더러운 욕을 퍼부어 공포에 떨게 하거나 채찍질을 하는 등, 다양한 방법으로 가혹하게 다루어, 사내의 집에서, 또는 여자가 자기 집으로 돌아간 뒤에 유산을 하게 만들려고 했다. 모진 학대를 받은 여자가 그래도 사내의 집에서 무사히 출산하면 사내는 여자에게 두 배의 보수를 지불했다.

제57화 어느 사내는 여자를 자기 집의 징계실에 가둬놓고 방 안에 수많은 쥐와 생쥐를 풀어놓은 뒤 그 속에 고양이를 집어넣었다. 그는 매일 징계실 문 앞에 찾아와 여자에게 너는 평생 그곳에 있게 될 거라고 비웃으면서 자신의 그것을 비비며 즐겼다.

제58화 어느 사내는 여자의 엉덩이 구멍에 불꽃을 집어넣고 불을 붙인 뒤 엉덩이 위에 불꽃이 튀어 엉덩이가 지글지글 타는 것을 바라보면서 즐겼다.

그날 밤, 법원장은 일당에게 젤미르를 아내로 맞이하고 싶다고 선언했으며, 주교의 주관으로 실제로 결혼식을 올렸다. 다른 일당도 확실하게 알 수 있을 만큼 아델라이드를 더욱더 혐오하게 된 뒤르세가 그녀를 비웃고 짓궂게 굴며 분노를 자아내자 그녀는 몹시 슬퍼했지만, 그녀의 아버지인 법원장은 자기 딸을 전혀 도와주지 않았다.

1월 13일

제59화 어느 사내는 자기 집 2층 방의 벽에 성 안드레아의 ×형 십자가를 높이 걸고 창문 밑에 매트를 깔아두었다. 그리고 소녀를 뒤로 돌게 해 십자가에 묶고 채찍으로 소녀의 등과 엉덩이를 힘껏 때린 다음, 소녀를 십자가에서 내려 창밖으로 내던져버렸다. 소녀는 미리 준비해둔 매트 덕에 무사했지만, 사내는 여자가 떨어지는 소리를 듣고 사정했다(그 사내가 사정한 이유를 독자들이 이해할 수 있도록 광경을 상세하게 묘사할 것).

제60화 어느 사내는 마르텐의 엉덩이에 수없이 키스를 하여 그녀에게 환각을 일으키게 한 뒤, 방 안에서 무서운 환영을 보게 되는 약을 먹였다. 그녀는 방 안으로 물이 들어와 수위가 점점 높아지는 착각에 빠져 놀라서 의자 위로 올라갔지만 물은 계속 불어날 뿐이었다. 그리고 사내가 그녀에게 "이제 물속에 뛰어들어 헤엄을 쳐야 한다. 그러지 않고는 살아날 방법이 없다"고 암시를 걸자, 정말로 의자에서 뛰어내린 그녀는 돌바닥에 떨어져 크게 다치고 말았다. 사내는 바로 그 순간에 사정을 했다.

제61화 어느 사내는 자기 집 지붕 위에 도르래를 달고 지붕 위에서 방의 창문까지 줄을 늘어뜨렸다. 그리고 여자에게 배변을 시키거나 채찍으로 때리면서 즐기다가 느닷없이 창문을 열고 줄을 잡더니 여자를 묶어 허공에 매달았다. 그는 줄을 잡은 채 자기의 그것을 비비면서 "자, 줄을 끊는다" 하고 여자를 위협한 뒤 사정했다.

제62화 어느 사내(데그랑주의 2월 15일 이야기 속의 사내)는 남다른 취미를 가지고 있었다. 그는 방바닥의 일부를 파서 화로를 만들고 숯을 벌겋게 달군 다음 널빤지로 뚜껑을 덮어두었다. 그리고 여자의 두 손과 두 발을 하나씩 가느다란 줄로 묶고 잔인한 자세를 취하게 한 다음 천장에서 화로 바로 위에 매달고 뚜껑을 열었다. 여자의 몸무게로 줄이 끊어지면 물론 여자는 화로 위에 떨어지고 만다. 그뿐만이 아니라 그 악당은 줄을 흔들어 일부러 줄을 한 가닥 끊어버렸다. 그리고 사내는 여자에게 움직이지 않고 같은 자세를 취하게 하거나 여자의 배 위에 무거운 것을 올려놓고, 세 가닥의 줄을 조절해 여자를 높이 올렸다 내렸다 하는 바람에 여자는 완전히 지쳐서 허리가 부러지고 장이 터질 지경이 되었다. 사내는 자신이 사정할 때까지 그녀에게 잔인하고 고통스러운 자세를 강요하면서 마음껏 즐겼다.

제63화 어느 사내는 여자를 둥근 모양의 나지막한 발판 위에 반듯이 누운 자세로 묶었다. 그리고 날을 잘 갈아둔 작은 칼에 머리카락 한 오라기를 묶은 뒤 그 머리카락을 잡고 칼을 여자의 머리 위 30센티 정도 되는 곳에 늘어뜨렸다. 만일 머리카락이 끊어지면 작은 칼은 여자의 두개골에 꽂히고 마는 것이다. 그녀가 너무 불안해서 얼굴과 몸을 비틀어 칼을 피하려고 몸부림치자, 사내는 희생자의 그런 모습을 재미있다는 듯이 바라보면서 자신의 그것을 비비기 시작했다. 한 시간쯤 지나자, 그는 여자를 자유롭게 풀어주고 그 작은 칼 끝으로 여자의 엉덩이를 찌르거나 상처를 입혀 엉덩이를 피투성이로 만든 뒤 엉덩이 위에 사정했다.

그날 밤, 주교는 콜롱브의 순결한 뒷문을 음미했는데 그녀에게 완전히 흥분해 사정을 참을 수 없게 된 것이 재미가 없어 콜롱브의 몸을 채찍으로 피가 날 때까지 때렸다.

1월 14일

제64화 어느 사내는 세상 물정을 전혀 모르는 숫처녀의 뒷문을 범했는데, 사정을 하는 순간 소녀의 바로 귓가에서 권총을 두 번 발사하여 소녀를 깜짝 놀라게 했다.

제65화 어느 사내는 여자를 스프링이 장치된 안락의자에 앉게 했다. 그 의자는 사람이 앉으면 그 무게로 내부의 스프링이 움직이기 시작하여 지레와 톱니가 따라 움직이면 안쪽에서 스무 개의 단검이 튀어나오도록 되어 있었다. 사내는 여자에게 "조금이라도 움직이면 네 몸에 단검이 꽂히게 된다"고 위협하면서 스스로 그것을 비벼 그녀의 몸 위에 사정했다.

제66화 어느 사내의 집으로 불려간 마르텐이 승강기에 태워져 올라간 곳은 작은 방의 입구였다. 벽에 검은 천을 붙인 그 방에는 기도대와 관이 있고, 죽은 자들의 목이 미라 상태로 나란히 놓여 있었다. 또 유령 같은 7명의 사람이 각자 곤봉과 장검, 단검, 권총, 창을 들고 곳곳에 서 있어서 당장이라도 그녀에게 덤벼들 것만 같았다. 그러한 광경을 본 그녀는 현기증이 나면서 뭐라 말할 수 없는 공포에 휩싸이고 말았다. 그때 사내가 방에 들어와 갑자기 그녀를 제압하더니 그녀의 온몸을 채찍으로 힘껏 때리고 그녀의 뒷문을 범했다. 사내는 만약 여자가 정신을 잃고 쓰러져 있으면 여자가 숨을 돌릴 때까지 채찍으로 때릴 작정이었다.

제67화 마르텐은 저택의 탑 속에 있는 어느 방으로 끌려갔다. 그 방 한가운데에는 벌겋게 타고 있는 난로가 있고 테이블 위에는 독약과 단검이 놓여 있었다. 저택 주인(뒤클로의 11월 27일 이야기와 데그랑주의 2월 6일 이야기 속의 사내)이 너는 어떤 방법으로 죽기를 원하느냐고 묻자 그녀는 누구나 그렇겠지만 독약을 선택했다. 그 독약은 실은 마약이었고 그것을 마신 그녀는 깊은 마비 상태에 빠져버렸으며, 저택 주인은 그 사이를 이용해 그녀의 뒷문을 범했다.

제68화 어느 사내(데그랑주의 2월 16일 이야기 속의 사내)는 단두대를 준비하고 소녀를 줄에 묶어 그 위에 눕힌 뒤, 목에 칼을 댄 채 소녀의 뒷문을 범했는데, 그는 그 뒤에 운을 하늘에 맡기고 모험을 시도해 사정하는 것이 기쁨이 되었다. 그는 왼손으로 단두대의 칼을 내리치는 끈을 잡아당기기 바로 직전에 소녀를 묶은 끈을 오른손으로 잡아당겨 소녀의 몸을 단두대에서 끌어내렸다.

그날 밤부터 콜롱브의 뒷문은 일당 모두의 공유가 되었는데 그들은 그녀의 목을 베는 시늉을 하면서 그녀를 위협했다.

1월 15일

제69화 어느 사내(데그랑주의 2월 15일 이야기 속의 사내)는 한 창녀와 그녀의 딸을 집으로 불렀다. 사내는 창녀를 낮은 발판 위에 세우고 그 목을 천장에 매단 줄에 건 뒤, 안락의자에 앉아 여자의 모습을 바라보면서 여자의 딸에게 자신의 그것을 비비게 했다. 그리고 사정을 하는 순간 발판의 다리에 매어둔 줄을 잡아당겼다. 그녀는 허공에 매달려 정신을 잃었고 사내는 모른 척하고 방에서 나가버렸다. 다행히 하인이 주인 모르게 줄을 끊고 그녀에게 사혈(瀉血)[2]을 시켜 살려주었는데 사내는 소녀를 별실로 데리고 가서 "네 어머니

---

[2] 비정상적으로 높아진 혈압을 낮출 때, 해독할 때 등에 일정량의 혈액을 빼내어 제거하는 의술의 일종.

는 목을 매고 죽었다” 말하고 밤새 소녀의 뒷문을 즐겼다.

제70화 어느 사내는 소녀를 발가벗긴 뒤 소녀의 두 귀를 잡고 함께 방 안을 돌아다니면서 사정을 했다.

제71화 어느 사내는 여자의 온몸(유방을 제외한)을 손톱으로 힘껏 꼬집어 새까맣게 만들고 말았다.

제72화 어느 사내는 앞의 사내와는 반대로 여자가 정신이 아득해질 때까지 유방을 마구 주무르며 괴롭혀 상처투성이로 만들어버렸다.

제73화 어느 사내는 녹슨 바늘로 여자의 유방에 문자나 숫자를 새겨 넣고 즐겼는데, 그 때문에 그녀는 유방이 곪아서 부풀어 올라 오랫동안 고통을 겪어야 했다.

제74화 어느 사내(데그랑주의 2월 9일 이야기 속의 사내)는 여자의 유방이 온통 상처투성이가 될 정도로 바늘을 찌르면서 기뻐했다.

날이 갈수록 더욱 방종해진 쥘리는 샹빌과 자위를 즐기다가 일당에게 발견되었다. 쥘리는 법원장에게 이혼당하고 헛간에서 자도록 언도되었는데, 샹빌에게 구출되어 샹빌과 함께 자게 된 것이라고 고백했다. 그러나 쥘리를 동정하는 마음을 잃지 않고 있었던 주교는 그녀가 자신의 방에 드나드는 것을 인정했다. 공작과 뒤클로, 뒤르세와 마르텐, 법원장과 팡숑의 관계와 같은 관계라고 할 수 있을 것이다.

1월 16일

제75화 어느 사내(데그랑주의 2월 27일 이야기 속의 사내)는 여자가 고슴도치처럼 될 때까지 온몸을 바늘로 찌르고, 마지막 바늘을 찌른 순간 사정했다.

제76화 어느 사내는 여자에게 배가 부를 때까지 음식을 먹이거나 물을 마시게 한 뒤 옥문과 엉덩이 구멍을 실로 꿰매버렸기 때문에 여자는 용변을 참지 못해 정신을 잃고 말았는데 다행히 배 속에 있는 것의 무게로 실이 끊어지고 말았다.

제77화 어느 사내는 3명의 동료와 함께 여자를 마치 축구공처럼 이리저리 차면서 괴롭힌 끝에 여자가 쓰러져 움직이지 않게 되자 서로 그것을 비벼대어 사정을 했다.

제78화 어느 사내는 여자를 실험용 배기펌프 속에 가둬두고 공기를 보냈다가 뺐다가 하면서 여자를 괴롭히며 즐거워했다.

그날, 제11주째의 축하로 일당에게 옥문과 뒷문까지 내주고 만 콜롱브와 안티노우스의 결혼식이 거행되었다.

그날 밤, 오귀스틴의 옥문을 마음껏 즐긴 공작은 음락의 기쁨에 취해 그녀를 혼내주고 싶어져서, 뒤클로에게 그녀를 붙들게 한 다음 그녀의 온몸을 채찍으로 300번이나 때렸다. 그래도 성이 차지 않은 공작은 오귀스틴의 부푼 엉덩이에 키스하면서 그것을 뒤클로의 뒷문에 집어넣었다. 야식이 시작되자 공작은 오귀스틴을 그토록 학대하고도 그녀를 자기 옆에 앉히고 음식을 입에서 입으로 옮겨주어(다른 일당도 그렇지만) 도락자의 이해할 수 없는 모순된 심리를 유감없이 보여주었다.

1월 17일

제79화 어느 사내는 소녀를 식탁 위에 엎드리게 하고 소녀의 엉덩이 위에 뜨거운 오믈렛을 올려놓고 날카로운 포크로 찍어먹으면서 즐겼다.

제80화 어느 사내는 여자의 머리를 숯불 화로 위에 갖다 대어 불기운에 정신을 잃고 기절한 여자의 뒷문을 범했다.

제81화 어느 사내는 유황성냥에 불을 붙여 여자의 유방과 엉덩이를 지글지글 태우면서 즐겼다.

제82화 어느 사내는 촛불을 붙여 여자의 옥문과 엉덩이 구멍 안에 집어넣어 끄거나 유방에 비버서 끄는 짓을 몇 번이나 되풀이하고 만족해했다.

제83화 어느 사내는 성냥불로 여자의 눈썹을 태워버렸다. 그 때문에 여자는 눈을 감을 수 없게 되어 밤에도 잠을 잘 수가 없었다.

그날 밤, 공작은 지통의 뒷문을 음미했는데 공작이 거대한 그것으로 귀여운 소년을 극히 난폭하게 다루었기 때문에 소년은 몸에 이상이 생기고 말았다.

1월 18일

제84화 어느 사내는 여자의 가슴에 권총을 들이대고 불타고 있는 석탄을 강제로 입 안에 넣었을 뿐만 아니라 그녀의 옥문을 알코올로 닦았다.

제85화 어느 사내는 여자를 발가벗겨 올리브 춤[3]을 추게 하면서 네 기둥 주위를 여러 번 돌게 했다. 그는 기둥 주위에 뾰족한 녹슨 쇠와 못, 유리를 깔아놓은 뒤 채찍을 든 사내를 한 사람씩 세워두고 맨발의 여자가 기둥 옆을 지나갈 때마다 그녀의 몸을 사정없이 치게 했다. 그의 그러한 기쁨을 위해 고용되는 여자들은 다양했는데 어리고 예쁜 소녀일수록 고행이 강요되었다.

제86화 어느 사내는 여자의 코를 피가 날 때까지 때리고 사정한 뒤 그 정수를 피와 섞어서 쾌감을 맛보았다.

제87화 어느 사내(데그랑주의 2월 28일 이야기 속의 사내)는 못뽑이를 빨갛게 달구어 여자의 유방이나 엉덩이, 옥문 위의 작은 언덕을 집으면서 즐겼다.

제88화 어느 사내는 여자를 발가벗기고 그 몸의 민감한 곳을 골라 화약을 올려놓고 불을 붙이는 것이 취미였다.

그날 밤부터 소년의 뒷문은 일당의 공용이 되어, 그런 심한 짓을 당한 뒤에도 다른 일당에게도 돌아가며 시달린 끝에, 소년의 뒷문은 보기에도 처참한 꼴이 되고 말았다.

1월 19일

제89화 어느 사내는 여자 엉덩이에 키스를 마구 퍼붓고는 옥문 안에 화약을 채운 원통을 삽입해 불을 붙인 뒤 불길이 치솟는 것을 바라보면서 기뻐했다.

제90화 어느 사내는 소녀의 머리끝에서 발끝까지 코냑을 뿌려 불을 붙이고, 가련한 소녀가 불덩이가 되는 것을 바라보면서 사정했다

제91화 어느 사내는 펄펄 끓는 기름으로 여자의 엉덩이 구멍을 씻었다.

제92화 어느 사내는 채찍으로 여자를 마구 때린 뒤, 벌겋게 달군 가느다란

---

3) 남프랑스에서 올리브를 수확한 뒤 추는 민속무용.

철봉을 옥문과 엉덩이 구멍에 찔러 넣었다.

제93화 어느 사내는 임신한 여자를 엎드리게 하고 채찍으로 때린 뒤 발로 마구 짓밟아 유산시키고 말았다.

그날 밤, 일당은 소피를 번갈아가며 100대씩 때린 뒤 법원장이 그녀의 순결한 뒷문을 범했다. 소피의 뒷문에 사정을 한 법원장은 "우리의 공동기금으로 1만 프랑을 낼 테니 소녀를 지하 감옥으로 데려가게 해달라"고 제의했지만 일당 셋은 거절해버렸다. 그러자 재미가 없게 된 법원장은 다시 소피의 뒷문을 범하고 사정을 한 순간 그녀의 엉덩이를 차서 나가떨어지게 만들었다. 그래도 분을 삭이지 못한 법원장은 자신의 팔이 아플 때까지 젤미르에게 매질을 했다.

1월 20일

제94화 어느 사내는 소녀에게 자신의 그것을 비비게 하면서 소녀의 몸을 애무했다. 소녀는 안심하고 사내의 말에 따르고 있었는데, 사내는 사정하는 순간 사람이 바뀐 것처럼 소녀의 머리를 움켜쥐고 벽에 처박았다. 뜻하지 않은 일을 당한 소녀는 그 자리에 쓰러져 정신을 잃었다.

제95화 4명의 도락자들이 여자를 징벌에 회부하게 되었는데 징벌 방법에 대한 의견이 일치하지 않았다. 결국 봉으로 여자를 100대 때리기로 하고 각자가 25번씩 분담했다. 한 사람은 여자의 등에서 허리까지 때리고, 한 사람은 허리에서 장딴지까지, 한 사람은 엉덩이에서 배꼽까지, 마지막 한 사람은 아랫배에서 발끝까지 때리기로 정해놓고 놀이를 즐겼다.

제96화 어느 사내는 여자의 두 눈, 두 젖꼭지, 그리고 클리토리스에 바늘을 찌르면서 즐거워했다.

제97화 어느 사내는 봉인에 사용하는 납을 녹여 여자의 엉덩이와 옥문, 유방에 떨어뜨리면서 즐겼다.

제98화 어느 사내는 여자의 팔꿈치 안쪽에서 피를 빼 그녀를 기절시키고 말았다.

그날 밤, 마르텐의 이야기에 흥미를 갖게 된 법원장은 일당에게 "임신한 여자는 울혈(鬱血)이 있으니 피를 빼는 것이 어떨까?" 하고 제안하여, 뒤르세가 콩스탕스에게 사혈을 해 결국 그녀를 기절시키고 말았다. 또 그날 밤부터 소피의 뒷문은 일당의 공용이 되었는데 공작이 "소피에게 채혈을 하자"고 제안하여 법원장이 곧바로 뒤클로에게 자기의 그것을 비비게 한 뒤 사정한 순간 소피의 팔꿈치에 사혈침을 찔러넣었다. 공작이 그런 제안을 한 것은 내일의 식사에 소피의 피로 만든 순대를 맛볼 생각이었기 때문이다. 그런 일이 있어도 소피를 마음에 들어한 주교는 알린과 이혼하고 소피를 아내로 맞았다. 그 때문에 알린은 아내들 가운데 가장 신용을 잃고 말았다.

1월 21일

제99화 어느 사내는 여자에게 배변을 하게 한 뒤, 여자를 세워둔 채 그 두 팔에서 사혈을 하여 피가 흐르는 모습을 바라보았다. 그리고 지혈을 하면서 여자에게 채찍질을 가했고 마지막으로 상처에 매질을 했다. 끝내 여자가 기절을 하고 나서야 사내는 가까스로 사정을 했다.

제100화 어느 사내는 여자의 두 팔, 두 다리와 목에 바늘을 찔러넣어 다섯 군데에서 일제히 피가 뿜어져 나오는 것을 바라보면서 자신의 그것을 비볐다.

제101화 어느 사내는 여자의 엉덩이에 상처를 입히면서 좋아했지만 여자의 유방에는 결코 손을 대지 않았다.

제102화 어느 사내는 여자의 유방(특히 젖꼭지)과 엉덩이 구멍 언저리에 상처를 입힌 뒤, 그 상처에 뜨거운 인두를 지지면서 즐겼다.

제103화 어느 사내의 도락은 상당히 치밀한 것이었다. 그는 나이 든 여자와 어린 소녀를 고용하여 어리고 몸이 통통한 여자를 알몸으로 만든 뒤 , 끈으로 두 다리를 묶어 천장에 거꾸로 매달고 목도 끈으로 묶어 바닥에 고정해 소녀를 꼼짝도 못하게 만들었다. 그런 다음 자신은 호랑이 가죽을 뒤집어쓰고 짐승 흉내를 내면서 나이 든 여자에게 손발을 묶어달라고 했다. 여자가 사내의 몸을 채찍으로 때리거나 봉으로 두들기면서 사내를 괴롭혀 그가 순식간에 흥분하자 여자는 사내의 손발을 묶은 끈을 풀어주었다. 그러자 사내는 무서워서 떨고 있는 소녀에게 배변을 시키고 그 배설물을 먹이 대신 입에 넣고 짐

승처럼 으르렁거리면서 소녀에게 덤벼들더니 어디고 가리지 않고 물어뜯었는
데, 특히 젖꼭지와 클리토리스를 몇 번이나 물고는 황홀 속에서 사정했다.

그날 밤, 주교는 나르시스의 순결한 뒷문을 음미했고 소년의 뒷문은 일당
의 공동소유가 되었다. 공작은 소년의 뒷문을 즐기기 전에 소년에게 자기 입
안에 배변을 시킨 뒤, 그것을 일당 세 사람의 정수와 함께 소년의 입 안에 돌
려주었다. 공작은 소년의 뒷문을 음미한 뒤 소년에게 채찍질을 했다.

1월 22일

제104화 어느 사내는 여자의 치아를 빼고 잇몸을 쿡쿡 찌르면서 기뻐했다.

제105화 어느 사내는 손으로 여자의 손가락을 한 개 꺾는 것이 취미였는데
때때로 두세 개 꺾어버릴 때도 있었다.

제106화 어느 사내는 망치로 여자의 다리를 힘껏 내리쳐 다리뼈를 으스러
뜨리고 말았다.

제107화 어느 사내는 여자의 한 손을 있는 힘을 다해 잡아당겨 손목을 탈
구(脫臼)시켜버렸다.

제108화 어느 사내는 여자의 입을 격렬하게 빤 다음 망치로 앞니를 때려
부러뜨렸다.

그날 밤, 공작은 로제트의 순결한 뒷문을 즐겼는데, 마르텐의 이야기를 듣
고 흥분한 법원장이 공작이 그것을 소녀의 엉덩이 구멍에 넣고 있는 중에 소
녀의 앞니에 일격을 가해 소녀에게 이중의 고통을 맛보게 했다. 그날 밤부터
로제트의 뒷문은 일당의 공동소유가 되어, 법원장은 곧바로 그녀의 뒷문을
음미하고 사정이 끝나자 그녀를 주먹으로 때려 그녀를 허공에 붕 뜨게 만들
었다.

1월 23일

제109화 어느 사내는 여자의 다리뼈를 탈구(脫臼)시키는 것이 취미였다.

제110화 어느 사내는 여자의 뒷문을 범하면서 여자의 팔뼈를 부러뜨리는
것을 즐거워했다.

제111화 어느 사내는 여자의 한쪽 다리를 봉으로 마음껏 내리쳐 다리뼈를 부러뜨린 뒤 여자의 뒷문을 범했다.

제112화 어느 사내는 여자의 두 다리를 각각 두 개의 사다리에 묶어 거꾸로 매달았다. 그리고 여자를 그 상태로 둔 채, 사다리에 맨 줄을 잡아당겨 사다리를 쓰러뜨리고, 여자의 다리뼈가 부러지는 것을 바라보면서 기뻐했다.

그날 제12주째를 축하하기 위해 일당이 그 옥문과 뒷문을 침범해버린 로제트와 방드오시엘의 결혼식이 거행되었다. 결혼식이 끝나자 일당은 알린을 에르퀼의 자유에 맡겼다. 그리고 일당이 로제트와 알린에게 사혈을 하는 바람에 두 사람은 다량의 혈액을 잃고 그대로 기절해버렸다. 일당은 두 사람의 피를 넓적다리와 그것에 뿌리고 두 사람이 정신을 잃은 모습을 바라보면서 각자 자신의 그것을 비비며 즐겼다.

1월 24일

제113화 어느 사내는 여자의 한쪽 귀를 잘라냈다.

제114화 어느 사내는 여자의 코와 입술을 세로로 찢어버렸다.

제115화 어느 사내는 여자의 입을 물고 빨고 한 뒤 뜨겁게 달군 철봉을 혀에 찔러넣었다.

제116화 어느 사내는 여자의 손톱과 발톱을 강제로 벗기는 것을 도락으로 삼고 있었다.

제117화 어느 사내는 여자의 손가락을 제2관절에서부터 잘라내고 말았다.

마르텐의 이야기가 끝나자, 일당이 사내들이 상대 여자들의 상처에 대해 어떤 처치를 했는지 물어서, 그녀는 상처를 바로 붕대로 감고 처치했으므로 별탈이 없었다고 대답했다. 그러자 마르텐의 이야기에 귀를 기울이고 있던 뒤르세는 아내인 아델라이드에게 뭔가 장난을 쳐서 음욕을 채우고 싶은 마음을 참지 못하고, 그녀의 손가락 한 개를 잘라내고 지금까지 남에게 보여준 적이 없는 강렬한 황홀감에 사로잡혀 사정했다.

그날 밤, 법원장은 공작의 소유가 될 예정이었던 오귀스틴의 순결한 뒷문을 범했는데, 그녀가 심한 고통을 호소하자 분노한 법원장은 공작에게 그녀를 감옥에 넣자고 제의했다. 두 사람 사이에 어떤 합의가 성립했는지 알 수 없지만, 두 사람은 뒤르세에게 "우리가 계획을 실행하는 것을 인정해준다면 그 대신 자네도 아델라이드를 마음대로 해도 좋다"고 제안했다. 그러나 뒤르세는 두 사람에게 "즐거움은 나중을 위해 아껴두는 게 좋지 않을까" 하고 태연하게 말했기 때문에 두 사람은 오귀스틴에게 매질을 가하는 것만으로 그쳤다.

1월 25일

제118화 어느 사내는 여자의 입 안에 벌겋게 녹인 납을 열다섯 방울에서 스무 방울 떨어뜨리고 알코올을 부어 치아와 잇몸을 태워버렸다.

제119화 어느 사내는 자신의 배설물투성이인 엉덩이 구멍을 여자의 혀로 깨끗이 핥게 한 뒤, 여자가 다 핥고 나면 그 혀끝을 베어버리고 여자의 뒷문을 범했다.

제120화 어느 사내의 취미는 기계송곳을 사용해 여자의 몸에서 기계송곳 끝과 같은 크기에 기계송곳 길이와 같은 깊이의 살점을 도려내는 것이었다. 그 기계송곳은 도중에 끄지 않으면 자동적으로 신체의 어디까지나 파고드는 것이었다.

제121화 어느 사내의 즐거움은 열 살에서 열다섯 살 사이의 남자아이들을 골라 그 고환을 절제하는(거세하는) 것이었다.

제122화 어느 사내는 젖꼭지를 못뽑이로 조이거나 빼내고 가위로 잘라냈다.

그날 밤, 오귀스틴의 뒷문은 일당 모두의 공동소유가 되었다. 법원장은 오귀스틴의 뒷문을 범하는 동안 콩스탕스의 유방에 키스하고 싶어져서, 사정을 한 뒤 콩스탕스를 붙잡아 그녀의 젖꼭지를 물어뜯고 말았는데, 일당은 곧바로 그녀의 상처에 처치를 하고 붕대를 감았기 때문에, 태아에게는 직접적인 영향이 없을 거라고 안심했다. 동료들이 "당신은 왜 콩스탕스를 싫어하여 그녀에게 몹쓸 짓을 하고 싶어 하는 거요?" 하고 묻자 법원장이 대답했다. "왜 그런지 모르지만, 이 여자는 내 기분을 언짢게 하고 나를 화나게 한다." 이번에는 공작이 어젯밤과 마찬가지로 오귀스틴의 뒷문을 음미했는데, 그녀에 대한 공작의 난폭한 감정은 더욱더 심해질 뿐이었다. 만일 아무도 보고 있지 않았다면 공작은 귀여운 나머지 그녀의 유방에 상처를 입히거나, 그녀의 목을 힘껏 조르면서 사정해버렸을지도 모른다. 공작은 동료들에게 오귀스틴을 마음대로 할 수 있게 해달라고 부탁했지만 다른 세 사람은 데그랑주의 이야기가 끝날 때까지 기다리자고 반대했다. 주교도 공작에게 "내가 알린에게 본보기를 보여줄 테니까 그때까지 참는 게 어떻겠소. 형이 하고 싶은 대로 하면 우리가 정한 절차의 조화를 망치게 돼" 하면서 달랬다. 그러나 공작이 그 아름다운 소녀에게 고문을 가하고 싶은 마음을 도저히 참지 못할 것 같아서, 일당은 그녀의 팔에 약간의 상처를 입히는 정도라면 괜찮을 거라는 의견을 모았다. 그래서 공작은 그녀의 왼쪽 팔뚝에 상처를 입히고 상처에서 피를 빨면서 사정을 했는데, 붕대로 교묘하게 처치했기 때문에 나흘 뒤에는 공작의 잇자국이 보이지 않게 되었다.

1월 26일

제123화 어느 사내는 소녀에게 수없이 격렬한 키스를 하고 수없이 입을 빤 다음 소녀의 몸을 묶어 꼼짝 못 하게 해두고 백포도주 병이 깨질 때까지 그녀의 얼굴에 던지면서 즐겼다.

제124화 어느 사내는 여자를 상대로 색다른 결투를 시도했다. 여자의 두 다리를 끈으로 묶고 여자의 왼손은 등으로 돌려 묶은 뒤, 오른손에 호신용 봉을 쥐어준 다음, 칼을 들고 여자에게 덤벼들었다. 여자의 몸은 몇 군데나 상처를 입었고, 흥분한 사내는 상처 입은 여자의 몸에 사정을 했다.

제125화 어느 사내는 성 안드레아의 ×형 십자가 위에 여자를 눕히고 여자의 팔다리뼈가 부러질 때까지 여자의 몸을 밟고 돌아다녔다.

제126화 어느 사내는 여자를 옆으로 세우고 여자의 젖꼭지를 겨냥하여 권총을 발사했다. 그는 젖꼭지를 날려보낼 생각이었던 것이다.

제127화 어느 사내는 여자를 자기 위치에서 바로 스무 걸음쯤 되는 곳에 기는 자세를 하게 한 뒤, 여자 엉덩이에 총알을 명중시키고 기뻐했다.

그날 밤, 주교는 파니의 순결한 뒷문을 범했다.

1월 27일

제128화 어느 사내(데그랑주의 2월 24일 이야기 속의 사내)는 출산이 다가온 임신부의 배를 채찍으로 때려 자기 앞에서 조산을 시키고 즐거워했다.

제129화 어느 사내는 일곱 살에서 열일곱 살 사이의 소년을 찾아내 소년의 몸에 채찍질을 하고 뒷문을 범한 뒤 거세해버렸다.

제130화 어느 사내는 숫처녀를 데려오게 해 소녀의 클리토리스를 면도칼로 잘라내고, 불에 달군 쇠 원통을 쇠망치로 옥문 안에 박아넣어 소녀의 순결을 범했다.

제131화 어느 사내는 임신 8개월의 여자를 유산시키려고 그 여자에게 특수한 낙태약을 강제로 먹여, 이윽고 출산은 했지만 태아는 이미 죽어 있었다. 또 그는 특수한 기술로 출산이 임박한 임신부의 옥문과 엉덩이 구멍을 이어 엉덩이 구멍으로 아이를 낳게 하려고 했지만 태어난 아기는 죽어버리고 여자도 하마터면 목숨을 잃을 뻔했다.

제132화 어느 사내는 여자의 한쪽 손을 잘라버리고 말았다.

그날 밤부터 파니의 뒷문은 일당 모두에게 맡겨졌다. 파니를 마음에 들어한 뒤르세는 일당에게 부탁해 그들이 파니에 대해 준비하고 있던 고문을 면제시킨 뒤, 주교의 사회로 소녀와 결혼하고 아내인 아델라이드와는 이혼하고 말았다. 그 때문에 파니에게 예정되어 있던 징벌(손가락을 한 개 자르는 일)은 아델라이드에게 돌아갔다. 뒤르세가 아델라이드의 손가락을 자르는 동안 공작은 그녀의 뒷문을 음미했다.

1월 28일

제133화 어느 사내는 여자의 두 손을 손목에서부터 잘라내고 그 상처에 달군 인두를 갖다 댔다.

제134화 어느 사내는 여자의 혀를 밑동에서부터 잘라내 그 상처를 벌겋게 달군 쇠 인두로 태웠다.

제135화 어느 사내는 여자의 뒷문을 범하면서 그 여자의 한쪽 다리를 잘라내버렸다.

제136화 어느 사내는 여자의 입 안에 그것을 집어넣어 즐기고 그것이 끝나자 여자의 치아를 남김없이 잡아 빼고 그 자리에 쇠망치로 못을 박아넣었다.

제137화 어느 사내는 여자의 한쪽 눈을 도려냈다.

그날 밤, 법원장의 아내인 쥘리를 사랑하는 주교는 그녀를 사랑한 나머지 그 뒷문을 난폭하게 범하고 말았다. 그것을 본 다른 일당은 쥘리를 채찍으로 마구 때리고 그것도 부족해 그녀의 손발톱을 모두 바늘로 찔렀다.

1월 29일

제138화 어느 사내는 봉인에 사용하는 밀랍을 여자의 눈에 넣어 여자의 두 눈이 망가지는 것을 바라보면서 즐겼다.

제139화 어느 사내는 여자의 한쪽 유방을 잘라내고 상처가 곪지 않도록 뜨겁게 달군 흙손을 댔다(여기서 데그랑주는 '나의 한쪽 유방을 잘라낸 것도 그 사내였는데, 그는 유방을 석쇠에 구워서 먹어버렸다'고 진술).

제140화 어느 사내는 여자를 채찍으로 때린 뒤, 뒷문을 범하고 엉덩이의 살을 베어버렸다. 게다가 그는 베어낸 여자의 엉덩잇살을 먹어버렸다고 한다.

제141화 어느 사내는 여자의 두 귀를 밑동에서부터 잘라내버렸다.

제142화 어느 사내는 여자 몸의 모든 말단(두 손과 두 발의 발톱, 젖꼭지, 코끝, 두 귀, 혀끝, 그리고 클리토리스)을 잘라내고 말았다.

그날 밤, 주교는 자신의 딸이자 아내인 알린의 뒷문을 이번이 마지막이란 듯이 실컷 음미했다. 그런 다음 일당은 그녀를 마구 때린 끝에 알린의 손발톱을 모조리 뽑고 말았다.

1월 30일

제143화 어느 사내(데그랑주의 2월 8일과 17일 이야기 속의 사내)는 여자의 엉덩잇살을 베어 그 고기를 구워서 여자와 함께 먹었다.

제144화 어느 사내는 소년의 손발을 잘라 몸통만 남게 만들었다. 그러나 몸통에서 상당히 떨어진 부위를 절단했고 그 소년을 소중하게 키웠기 때문에, 1년 동안 소년의 뒷문을 즐길 수 있었다.

제145화 어느 사내는 소녀를 방에 가둬두고 뒷문을 범한 다음 벽에 붙어 있는 사슬로 소녀의 한 손을 묶었다. 그리고 오랫동안 소녀에게 식사를 주지 않다가 어느 날 소녀의 한 손으로는 닿지 않는 곳에 음식을 늘어놓고 소녀에게 사슬에 묶이지 않은 손에 나이프를 쥐어주어 그녀가 음식을 어떻게 손에 넣는지 방 밖에서 그 광경을 바라보면서 즐겼다(소녀는 음식을 손에 넣기 위해서는 사슬에 묶여 있는 한 손을 잘라내지 않으면 안 되고, 그렇지 않으면 음식을 눈앞에 보면서도 굶어죽고 만다).

제146화 어느 사내는 어머니와 그 딸을 껴안게 하고 두 사람의 손발을 수갑과 차꼬로 연결했다. 그런 다음 두 사람의 손이 닿지 않는 곳에 음식을 늘어놓고 두 사람이 어떻게 머리를 써서 식사를 하는지 구경하면서 즐겼다.

그날, 제13주째를 축하하기 위해 기묘한 결혼식이 거행되었다. 공작은 에르퀼의 아내가 되는 동시에 제피르의 남편이 된 것이다. 8명 가운데 가장 멋진 엉덩이를 가진 소년은 소녀 의상으로 갈아입고 미의 여신 베누스처럼 아름다운 모습으로 나타났다. 결혼식은 주교에게 성별되어, 모두가 모인 앞에서 치러졌다. 공작은 자신의 뒷문을 에르퀼에게 내주면서 소년의 뒷문을 크게 즐겼는데, 거대한 그것을 삽입하는 것도 여간 큰일이 아니어서 소년의 뒷문은 피투성이가 되고 말았다. 그날부터 제피르의 뒷문은 일당 모두의 공동소유가 되었다.

1월 31일

제147화 어느 사내는 오랫동안 여자를 감금한 채 음식을 전혀 주지 않았다. 예정된 날이 오자 여자의 몸을 채찍으로 세게 때린 뒤 끝내 두 눈까지 도려내고 말았다. 그리고 방 한가운데에 벌겋게 달군 철판을 두고 철판 뒤쪽에 음식을 늘어놓은 뒤 여자에게 "앞에 식사를 차려놓았으니 먹지 않겠느냐?"고 말했다. 그 냉혹한 사내는 앞이 보이지 않는 굶주린 여자가 어떻게 하는지 창문으로 바라보면서 즐거워했다.

제148화 어느 사내는 천장에서 도르래로 네 개의 줄을 늘어뜨리고 소녀의 손발을 제각기 줄로 묶어 줄을 한 가닥씩 갑자기 끌어올리거나 내리기를 몇 번이나 되풀이했다. 공중에 매달린 소녀의 손발은 관절이 탈구(脫臼)하고 뼈가 부러졌다.

제149화 어느 사내는 여자의 온몸에 깊은 상처를 입히고 그 상처에 뜨거운 송진과 납을 녹여 부었다.

제150화 어느 사내는 그 사내의 아기를 출산해 아직 몸을 움직이지 못하는 여자의 손발을 묶고 갓 태어난 아기를 어머니의 손이 닿지 않는 곳에 묶어버렸다. 갓난아기는 죽어라고 울기 시작했지만 여자는 어찌할 도리가 없었다. 사내는 어머니와 아기를 그런 상태로 놔두고 울고 있는 아기를 어떻게든 달래려고 몸부림치는 가련한 여자의 옥문을 채찍 끝이 옥문 안에 닿을 정도로 힘껏 때렸다.

제151화 어느 사내는 여자에게 많은 물을 마시게 한 뒤 입과 옥문과 엉덩이 구멍을 실로 꿰매버렸다. 그리고 여자의 배가 부어올라 물이 입과 옥문, 엉덩이 구멍의 꿰맨 곳으로 새나올 때까지 방치했다(이 이야기와 유사한 이야기를 이미 한 것 같은 생각이 드는데, 잘 확인하여 어느 한쪽을 생략할 것).

그날 밤, 일당은 번갈아가면서 제피르의 뒷문을 음미했다. 또 아델라이드에게 징벌로 심한 매질을 가하고 뜨겁게 달군 철봉을 유방 밑과 겨드랑이 밑에 댄 다음 옥문에 넣어버렸다. 아델라이드가 소설 속의 주인공처럼 그런 고문을 견디면서 신의 이름을 부르자 4명의 냉혈한은 더욱더 화가 나고 말았다.

제4부

2월의 28일 동안 이야기꾼 데그랑주는 150종류의 살인 욕정에 대해 이야기할 것(이하는 그 계획안). 그리고 나는 매일 저택 안에서 생긴 다양하고도 파렴치한 사건을 일기체로 정확하게 덧붙일 것.

우선 2월부터 시작된 새로운 상황에 대해 설명하기로 하자. 일당은 제각기 아내와 이혼했다. 그녀들의 운명이 어떻게 되었는가 하면, 법원장의 아내인 쥘리는 주교의 마음에 들어서 주교는 그녀를 하녀로 곁에 두기로 했다. 뒤르세의 아내인 아델라이드와 주교의 아내인 알린은 저택 안에서 쫓겨나 일당의 식사에 제공되는 가축을 키우는, 불기가 전혀 없는 오두막에서 살게 되었다. 일당은 공작의 아내인 콩스탕스의 배 속에 들어 있는 아이가 다칠 것이 두려워 그녀만은 뒤클로의 방에 살도록 허락했다. 그러나 뒤클로는 거의 공작 곁에서 지내고 있었기 때문에 콩스탕스는 늘 혼자 있게 되었다. 오귀스틴, 젤미르, 파니와 소피는 일당의 아내들을 대신하여 아내의 역할(즉 교회당에서의 엉덩이 닦기, 식사 시중, 벽감 안 소파에서의 봉사, 밤의 침상 곁에서 잠자기 등)을 수행하게 되었다. 마장들은 별로 변함없이 교대로 일당에게 봉사했다.

밤이 되자 일당의 방에서 공작은 터키 침대에 오귀스틴, 제피르, 뒤클로, 거기에 한 명의 마장에게 둘러싸여 자고, 마리는 소파에서 잤다. 법원장은 젤미르, 아도니스, 한 명의 마장, 그리고 팡숑과 함께 터키 침대에서 잤다. 뒤르세는 파니, 이아생트, 마장 한 사람, 마르텐과 함께 터키 침대에서 잤는데 루이종은 옆에 있는 소파에서 잤다. 주교는 소피, 세라동, 그리고 한 명의 마장에 둘러싸여 터키 침대에서 자고, 하녀로 격하된 쥘리와 테레즈가 소파에서 잤다. 그러한 조합을 잘 살펴보면, 공작에게 봉사하는 오귀스틴과 제피르, 법원장에게 봉사하는 젤미르와 아도니스, 뒤르세에게 봉사하는 파니와 이아생트, 주교에게 봉사하는 소피와 세라동은 형식뿐이기는 하지만 일당 앞에서 결혼식을 올린 부부였다. 콜롱브, 에베, 로제트, 미세트, 이 네 사람은 소녀들의 하렘에 남고 샹빌이 그녀들과 함께 잤다. 젤라미르, 퀴피동, 나르시스, 지통, 이 네 사람은 소년들의 하렘에 머물며 데그랑주가 함께 자기로 했다.

아내의 역할을 수행하게 된 네 소녀는 일당의 점심식사를, 남은 네 소녀는 아침의 가벼운 식사와 야식을 맡아 식사 시중을 분담하게 되었다. 이제까지 두 소녀와 두 소년이 일당에게 제공했던 커피는 소녀 하나와 소년 하나가 제공하기로 결정되었다.

집회실에서 데그랑주의 이야기가 시작되자 알린과 아델라이드는 가축우리에서 끌려나와 제각기 이야기꾼의 좌석 양쪽에 있는 기둥에 묶여 일당을 향해 엉덩이를 드러내야 했다. 기둥 옆의 테이블 위에는 채찍이 놓여 있어 두 사람은 언제라도 채찍을 맞을 각오를 하고 있었다. 콩스탕스는 이야기꾼들의 좌석에 앉는 것이 허용되었다. 하녀들은 일당의 아내 역할을 맡게 된 네 소녀를 제외한 12명의 소년소녀를 감독하고 하녀로 격하된 쥘리는 일당의 소파 사이를 오가면서 그들의 명령을 받아 즉시 실행하는 역할이 부여되었다. 마장들에게는 변함이 없었고 그 가운데 4명은 각자 일당의 곁에 대령했다.

그리고 일당은 2월로 한정한 특별규정을 마련했다. 그 규정에 따라 그들이 싫어하는 알린과 아델라이드, 그리고 그들이 마음에 들어 하는 오귀스틴과 젤미르는 일당의 온갖 욕정에 몸을 맡기게 되었는데, 그들은 단독으로 그녀들을 희생시켜도 좋고 동료와 함께 즐겨도 좋지만 그런 경우 서로 화를 내지 않기로 약속했다. 그러나 공작과 법원장은 그러한 결정에 의해 한때 홀아비가 되어버릴 때가 있는데, 두 사람은 하렘에 남아 있는 소녀들 가운데 마음에 드는 소녀를 임시 아내로 삼을 수 있었다.

임신부인 콩스탕스는 마지막 주 축제의 제물로 예정되어 있었으며 그 상세한 내용은 언젠가 밝혀질 것이다. 또 징벌용 기둥을 장식하는 알린과 아델라이드는 언젠가 마지막 이별을 고하게 되는데, 그 뒤부터는 아무도 기둥에 묶이는 일이 없었다.

이러한 상황 속에서 데그랑주는 "나의 이야기는 살인에만 한정될 터인데, 지금까지 극히 단순한 방탕만 즐기면서 도덕의 진정한 의미도 모르고 악덕의 원칙도 몰랐던 단순한 도락자들이, 그 뒤 자신들의 실수를 바로잡아 세련된 행위를 몸에 익히고, 잔인하게 살인으로 나아가게 된 여러 가지 실례를 주인님들의 명령대로 될 수 있는 한 상세하게 이야기하려고 하는데 그동안의 관계와 맥락에 대해서는 잘 판단해주십시오" 하고 전제한 뒤 이야기를 시작했다.

2월 1일

제1화 어느 사내의 취미는 며칠 동안 아무것도 먹지 못한 여자 거지를 상대로 즐기는 것이었다. 그러한 취미에 고취된 사내는 굶주린 여자를 찾아내 집에 가두고 음식은 아무것도 주지 않은 채 여자가 굶어죽을 때까지 방치했다. 그동안 매일 그것을 비비면서 여자의 모습을 관찰하고 여자가 숨을 거둘 때 비로소 사정했다.

제2화 어느 사내는 집에 마련한 징계실에 오랫동안 여자를 가두고 여자에게 제공하는 음식을 날마다 조금씩 줄여갔다. 그리고 매일 여자에게 접시 위에 배변을 시켜 그 배설물을 맛보면서 배설물의 양이 점차 줄어드는 것을 보고 즐겼다.

제3화 여자의 입을 빨아 입 안에 괴어 있던 침을 삼키는 기묘한 취미를 가지고 있던 한 남자는, 최근에 자기 집에 징계를 위한 작은 방을 마련했다. 그는 여자에게 2주일분의 식량을 준 다음 그 안에 감금해 방치하고, 한 달이 지난 뒤부터 작은 방을 찾아가 쇠약해져 죽은 여자의 시체 위에 그것을 비비면서 쾌락을 맛보았다.

제4화 어느 사내는 매일 여자에게 물은 한 방울도 주지 않고 먹고 싶은 대로 식사를 하게 하고는 계속 소변을 강요해 마치 요리를 뭉근한 불에 끓이듯이 죽게 만들고 말았다.

제5화 어느 사내는 옛날에는 여자를 채찍으로 때리는 취미를 가지고 있다

가, 그 뒤 여자가 잠들려고 하면 힘껏 때려서 깨우는 취미로 바뀌어 여자를
채찍질과 수면부족으로 죽게 만들었다.

그날 밤 일당은 미셰트에게 저녁식사를 배불리 먹인 뒤 집회실 기둥에 거꾸
로 매달았다. 기둥 밑에는 법원장이 선 채 그것을 비비고 있다가 고통을 견디
지 못한 그녀가 먹은 것을 그의 머리 위에 다 토해내자 법원장은 기뻐하면서
그것을 입에 넣었다.

2월 2일

제6화 어느 사내는 여자에게 자기 입 안에 배변을 시켜 그 배설물을 조금
씩 먹으면서 즐거워하다가, 그 뒤 여자를 괴롭히면서 즐기는 방법을 배워 그
여자에게 빵부스러기와 포도주만 먹고 살게 했는데, 한 달 뒤 여자는 굶주린
끝에 죽고 말았다.

제7화 어느 사내는 여자의 옥문에 대해 이상한 흥미를 느껴 여자에게 성병
균을 주사하면 어떻게 될지 시험해보고 싶은 생각이 들었다. 그 세균은 지극
히 악성이었기 때문에 그녀는 얼마 안 가서 죽고 말았다.

제8화 어느 사내는 젊어서 여자가 토한 것을 자기 입 안에 받아먹으면서 즐
기다가 취미가 바뀌어, 여자에게 위험한 음료를 마시게 하고 싶은 생각에 곧
바로 실험한 결과, 여자는 고열로 죽고 말았다.

제9화 어느 사내는 일찍이 여자에게 배변을 시키면서 즐기다가 나중에는
여자에게 유해물질이 함유된 뜨거운 물로 관장하는 것을 즐기게 되었다.

제10화 채찍질을 몹시 좋아하던 한 사내는 취향을 바꾸어 여자를 회전의
자에 앉힌 뒤, 자기가 숨이 끊어질 정도로 회전의자를 힘껏 돌리자, 여자는
눈이 돌아 죽고 말았다.

그날 밤, 공작이 로제트의 뒷문을 공격한 직후, 일당은 그녀에게 뜨거운 물
로 관장했다.

2월 3일

제11화 어느 사내는 창녀의 뺨을 때려 쾌감을 맛보는 버릇이 있었는데 어

느 날 기묘한 방법을 생각해냈다. 그는 여자의 목을 최대한 등 뒤로 꺾게 하여 여자의 얼굴과 엉덩이를 보면서 여자의 얼굴을 때렸다.

제12화 어느 사내는 젊어서 수간(獸姦)을 즐겼는데, 나이가 먹음에 따라 종마를 이용하여 자신이 보는 앞에서 소녀의 옥문을 범하게 하는 것에 흥미를 갖게 되었다. 그러나 소녀들은 모두 죽고 말았다.

제13화 남색을 즐기던 한 사내는 색다른 것을 시도했다. 그는 소녀를 허리까지 구덩이에 묻고 그 소녀에게 식사를 주면서 키웠는데 결국 소녀의 하반신은 썩어버렸다.

제14화 어느 사내는 소녀의 클리토리스를 비비길 몹시 좋아해 지금도 그 버릇이 계속되고 있는데, 하인을 시켜 한 소녀의 클리토리스를 끝없이 계속해서 비벼대 결국 소녀의 옥문을 망가뜨렸다.

제15화 어느 사내는 이상할 정도로 매질을 즐겼는데 자신의 욕정을 끝까지 만족시키기 위해 여자 몸의 온갖 부분에 집요하게 채찍질을 가하여 결국 여자를 죽이고 말았다.

그 뒤, 오귀스틴의 지극히 민감한 클리토리스를 뒤클로와 샹빌에게 교대로 비비게 하자 소녀는 정신을 잃어버렸다.

2월 4일

제16화 어느 사내는 창녀의 목을 조르는 것이 취미였는데 그 뒤 여자를 목매다는 것을 즐기게 되었다. 그는 가난하고 굶주린 여자를 유인해 여자 앞에 성찬을 늘어놓고 천장에서 늘어뜨린 둥근 줄에 여자의 목을 넣어 먹으라고 권한다. 그러나 여자가 성찬에 손을 대려는 순간, 목이 죄어 숨이 막히고 마는 것이었다.

제17화 뒤클로의 언니가 행방불명되어 살해당한 것을 기억하고 있을 텐데, 그 사내의 취미는 오랫동안 여자의 몸을 몽둥이로 힘껏 때리거나 찌른 다음 엄청난 힘으로 유방이나 엉덩이를 마구 비틀어 끝내 죽여버리고 말았다.

제18화 마르텐의 1월 20일 이야기 속의 사내는 여자들로부터 채혈을 하면서 기뻐했는데, 여자가 과다출혈로 죽어버릴 때까지 몇 번이고 사혈을 되풀이했다.

제19화 여자를 발가벗겨 뜰 안을 쓰러질 때까지 달리게 하는 것을 즐겼던 한 사내는, 어느 날 취미를 바꿔 화상을 입을 정도로 뜨거운 증기탕에 넣어 여자를 질식사시키고 말았다.

제20화 뒤클로의 11월 13일 이야기 속의 여단장은 여자에게 기저귀를 채워달라고 해 어린이용 이유식 대신 여자의 배설물을 먹으면서 좋아했는데, 최근에 그는 그때까지의 처지를 바꾸어 여자를 강제로 어린이용 담요자루 속에 밀어넣고 자루의 입을 막아버려 결국 죽게 만들었다.

그날, 일당이 집회실로 가기 전에 뒤르세가 심부름하는 여자 하나를 붙잡고 그 뒷문을 즐기는 현장이 발각되었다. 뒤르세에게는 벌금이 부과되고, 그 취사당번은 일당의 향연자리에 호출되어 공작과 주교로부터 뒷문을 공격당한 뒤 각자로부터 100대의 매를 맞는 형을 받았다. 사부아 출신인 그 여자는 스물다섯 살로, 뚱뚱하지만 멋진 엉덩이를 가지고 있었다.

2월 5일

제21화 어느 사내는 전부터 수간 애호가였는데 최근에 색다른 쾌락을 발견했다. 그는 소녀를 당나귀 가죽으로 만든 자루 속에 넣고 얼굴만 밖으로 내놓게 한 뒤 자루 아가리를 꿰매버렸다. 그런 다음 소녀에게 식사를 제공하면서 키웠는데, 당나귀 생가죽이 자연히 오그라들게 되어 결국 소녀는 목이 졸려 죽고 말았다.

제22화 마르텐의 1월 15일 이야기 속 사내는 여자의 몸을 매달아 즐겼는데, 그러는 동안 여자의 두 다리를 묶어 거꾸로 매다는 것을 좋아하게 되어 여자가 머리에 피가 몰려 죽을 때까지 그대로 방치했다.

제23화 뒤클로의 11월 27일 이야기 속의 사내는 여자를 취하게 하는 것이 취미였지만, 그 뒤 취향을 바꿔 자기가 만족할 때까지 깔때기로 여자의 입 안에 물을 쏟아부어 여자의 배를 물로 넘치게 해서 죽게 만들었다.

제24화 어느 사내는 여자의 유방을 난폭하게 다루며 기뻐했는데, 그 악취미가 갈수록 더 심해져서 난로 위에 고기 삶는 냄비를 두 개 올려놓고 여자가 그 위에 몸을 구부려 두 유방을 두 냄비 안에 각각 넣게 한 뒤 유방을 삶아버렸기 때문에 여자는 고통을 이기지 못해 몸부림치면서 죽어버렸다.

제25화 어느 사내는 여자가 물속에서 헤엄치는 모습을 바라보는 것을 몹시 좋아했는데, 그것만으로 그치지 않고 헤엄을 못 치는 여자를 연못 속에 처넣고 여자가 빠져죽을 지경이 되었을 때 연못에서 건진 뒤, 두 다리를 묶어 거꾸로 매달아 물을 토하게 하고 여자가 의식을 되찾으면 또다시 연못 속에 처넣었다. 사내는 그런 몹쓸 짓을 몇 번이고 되풀이하여 결국 여자를 익사시키고 말았다.

그날도 어제와 같은 시간에 이번에는 공작이 심부름하는 여자의 뒷문을 범하다가 발각되었다. 공작은 벌금을 지불했는데 그 처녀는 향연에 불려나와 일당에게 유희의 대상이 되었고 끝내 일당으로부터 각자 200번의 매질을 당했다. 징벌이 끝나자 뒤르세는 자신의 그것을 처녀의 입 안에 넣어 즐겼고, 그녀가 숫처녀였기 때문에 법원장과 주교는 처녀의 순결한 뒷문을 음미했으며, 공작과 법원장은 처녀의 순결한 옥문을 맛보았다. 그 처녀는 열여덟 살로, 키가 크고 몸매가 탄탄하며 약간 붉은 머리에 멋진 엉덩이를 가지고 있었다. 법원장은 임신한 콩스탕스에게는 아직 사혈이 더 필요하다고 주장했다. 그는 젤미르의 엉덩이 위에 그것을 올려놓고 오귀스틴에게 비비게 한 뒤, 소년의 엉덩이 구멍에 어긋나지 않게 잘 집어넣어 사정하고, 오귀스틴에게는 사혈을 시켰다. 그것을 보고 있던 공작은 그녀의 뒷문을 범했다.

2월 6일

제26화 어느 사내는 지금까지 여자의 엉덩이를 실컷 차고는 벌겋게 타고 있는 난로 안에 던져 넣고 기뻐했는데 여자는 즉시 난로에서 뛰쳐나온 덕분에 거의 다치지 않았다. 그래서 그는 최근에는 활활 불타고 있는 모닥불 사이에 여자를 강제로 세워놓고 여자 몸의 지방이 녹아내릴 것처럼 될 때까지 앞뒤로 불을 쬐게 했다.

데그랑주는 "상대에게 거의 고통을 주지 않고 게다가 재빨리 상대를 죽일 수 있는 살인 이야기로 옮기고 싶습니다" 하고 전제한 뒤 이야기를 계속했다.

제27화 어느 사내는 여러 해 동안 두 손으로 여자의 목을 조르거나 여자의 입을 막아 여자를 질식사시키고 기뻐했는데, 그 뒤 이불을 덮어서 여자의 숨을 끊는 방법을 연구하게 되었다.

제28화 마르텐의 1월 14일 이야기 속의 사내는 이제까지 여자에게 죽는 방법을 선택하게 했지만, 언제부턴가 여자에게 그런 골치 아픈 선택을 시키지 않고 여자의 뒷문을 즐기면서 사정하는 순간, 여자의 정수리에 권총을 한 방 쏘는 것으로 정해버렸다.

제29화 샹빌의 12월 22일 이야기 속의 사내는 여자를 고양이와 함께 커다란 바구니에 넣고 여자에게 춤을 추게 하면서 기뻐했지만, 그 뒤 사내는 높은 탑 지붕에서 여자를 밀어서 여자가 자갈이 깔린 지면에 충돌하는 소리를 듣는 동시에 사정하게 되었다.

제30화 마르텐의 1월 6일 이야기 속의 사내는 소녀의 뒷문에 그것을 삽입하면서 두 손으로 소녀의 목을 조르는 버릇이 있었는데 그 뒤, 그의 취미도 점점 세련되어 검은 끈으로 소녀의 목을 조르면서 사정하게 되었다.

제14주째를 축하하기 위해 법원장은 브리즈퀼의 아내가 되고 동시에 아도니스의 남편이 되는 이색적인 결혼식을 올렸다. 또 법원장은 모두가 보는 앞에서 브리즈퀼에게 자신의 뒷문을 맡기고 아도니스의 순결한 뒷문을 음미했다.

저녁식사 때가 되자 일당은 술에 취해 공작의 아내가 된 오귀스틴과 법원장의 아내가 된 젤미르의 허리와 허벅지, 아랫배와 옥문을 채찍으로 때렸다. 또 법원장은 새롭게 아내로 맞이한 아도니스에게 아내인 젤미르의 옥문을 맛보게 한 뒤, 두 사람의 뒷문을 공격하면서 즐겼다.

2월 7일

제31화 어느 사내는 잠자고 있는 여자를 범하는 것이 취미였는데 나중에는 여자에게 다량의 아편을 먹여서 살해한 뒤 죽은 여자의 옥문을 음미했다.

제32화 여자를 익사시키는 데서 기쁨을 느끼는 한 사내는 자기의 욕정을 만족시키기 위해 때로는 여자의 목에 돌을 매달아 익사시킬 때도 있었다(제

25화 참조).

제33화 어느 사내는 여자 얼굴을 주먹으로 힘껏 때리는 걸 몹시 좋아했는데, 그것만으로 그치지 않고 자고 있는 여자의 귓속에 녹인 납을 붓기도 했다.

제34화 샹빌의 12월 30일 이야기 속의 사내는 소녀의 온몸을 회초리로 때리는 것을 즐겼는데, 그것만으로는 성에 차지 않아 망치로 소녀의 관자놀이를 때려 살해해버렸다.

제35화 어느 사내는 여자의 엉덩이 구멍에 초를 넣어 불을 붙이고는 초가 다 탈 때까지 내버려두었는데, 그 뒤 벼락이 치는 날을 기다려 여자의 몸을 전기가 잘 통하는 물체에 묶어놓고 어떻게 되는지 실험해보았다. 그 결말은 독자 여러분도 알 것이다.

제36화 채찍질 전문가였던 한 사내는 어느 날 여자를 엎드리게 해 엉덩이가 드러나게 한 뒤 그 엉덩이를 겨냥해 소형의 모형대포를 발사했다. 탄환은 정확하게 여자의 엉덩이 구멍에 명중했다.

그날, 주교는 세 번째 심부름하는 처녀의 뒷문을 범하다가 발각되어 벌금을 냈다. 그녀는 열아홉 살의 스위스 처녀로, 살결이 매우 희고 기름진 몸매에 멋진 엉덩이의 소유자였다.

일당은 주교가 범한 심부름꾼 처녀를 향연에 불러내 각자 100대씩의 채찍질을 가했고, 공작과 법원장은 아직 숫처녀였던 그녀의 뒷문과 옥문을 음미했다. 3명의 심부름하는 처녀가 뜻하지 않은 꼴을 당하자 요리하는 여자와 심부름하는 처녀 전원이 "주인님들은 처음 약속과는 달리 우리에게 심한 처사를 하셨는데, 만일 또 이런 일이 계속된다면 더 이상 일을 하지 않겠습니다" 하고 진정하여 일당은 3월까지 두 번 다시 그런 일은 없을 거라고 약속했다.

그날 밤, 일당은 로제트의 손가락을 한 개 잘라내고 상처가 곪지 않도록 처치를 했다. 그러한 수술과 치료를 하는 동안 그녀는 공작과 법원장 사이에 끼어 공작에게는 뒷문을, 법원장에게는 옥문을 당하고 말았다. 또 전날 법원장의 아내가 된 아도니스는 다른 일당에게도 뒷문을 제공하게 되어 처참한 꼴을 당했다.

2월 8일

제37화 마르텐의 1월 23일 이야기 속의 사내는 소 힘줄로 만든 채찍으로 여자의 온몸을 때린 다음, 차바퀴로 여자를 치어 팔다리를 한 개 부러뜨리는 것이 기쁨이었는데, 최근에는 차바퀴를 이용해 여자의 두 팔과 두 다리를 모조리 부러뜨리고 숨을 쉴 수 없게 된 여자를 십자가 위에 올려놓고 죽을 때까지 방치했다.

제38화 마르텐의 1월 14일 이야기 속의 사내는 단두대를 교묘하게 이용해 소녀에게 위해를 가하지 않고 쾌락을 만끽했는데, 다음에는 자신의 그것을 비비면서 정말로 소녀의 목을 베고 사정했다.

제39화 마르텐의 1월 30일 이야기 속의 사내는 소년의 손발을 잘라낸 다음 소년을 잘 키워 그 뒷문을 즐겼지만, 이제는 소년의 팔다리를 절단하고 나면 바로 그 뒷문을 범하고 시체를 지하 감옥에 버리게 되었다.

제40화 임신부의 배를 채찍으로 때리는 취미가 있었던 어느 사내는, 결국 임신부를 반듯하게 눕히고 무거운 것을 배 위에 떨어뜨려 태아와 함께 짜부라지게 만들어버렸다.

제41화 어느 사내는 소녀의 목덜미를 잡거나 가볍게 상처 입히는 것을 좋아했는데, 결국 목덜미 급소에 바늘을 찔러 소녀를 살해했다.

제42화 어느 사내의 취미는 여자의 온몸을 촛불로 천천히 지지는 것이었는데, 그 뒤에는 여자를 아궁이에 넣어 순간에 다 태워버렸다.

데그랑주의 이야기를 듣고 있던 뒤르세는 그것이 발기하여 이야기꾼 좌석 옆 기둥에 묶여 있던 아델라이드를 두 차례나 채찍으로 때리고 일당에게 "이 여자를 난로 안에 던져버리자"고 제안했다. 그녀는 일당이 뒤르세의 제안에 틀림없이 찬성할 거라고 생각해 오들오들 떨면서 기다리고 있었는데, 일당 사이에 타협안이 성립되어 그녀의 젖꼭지를 촛불로 태우는 것에 그치게 되었다. 가련한 아델라이드는 전남편인 뒤르세와 아버지인 법원장에게 젖꼭지를 태우는 고문을 당했고 두 사람은 그녀의 젖꼭지를 태우면서 사정했다.

2월 9일

제43화 어느 사내는 젊어서 여자의 온몸에 핀을 꽂는 것을 무척 좋아했는데, 나중에는 단도로 여자의 심장을 세 번 찌르는 것을 배우고 말았다.

제44화 어느 사내는 소녀의 옥문에 불꽃을 넣어 불을 붙이고 즐기다가 그것만으로는 성에 차지 않아 화포(花砲)에 그녀의 몸을 묶어 하늘을 향해 크게 쏘아 올렸다. 소녀는 불꽃과 함께 떨어지고 말았다.

제45화 위 이야기 속의 사내는 여자 몸의 구멍이란 구멍에는 모두 화약을 채워 동시에 점화했다. 여자의 몸은 산산조각이 되어 날아가 버렸다.

제46화 어느 사내는 여자 모르게 음식에 구토제를 섞어놓고 좋아했는데, 그 뒤 특수한 분말을 담배 속에 넣거나 꽃다발 위에 뿌려 폐로 빨아들이게 하여 아무것도 모르는 여자를 순식간에 뒤집어져 죽게 만들었다.

제47화 여자의 목과 유방을 채찍으로 때리는 버릇이 있었던 한 사내는 그것만으로는 성에 차지 않아 금속봉으로 여자 목구멍을 향해 힘껏 때려 그 자리에서 숨이 끊어지게 만들었다.

제48화 뒤클로의 11월 27일 이야기와 마르텐의 1월 14일 이야기 속의 사내는 갈수록 기이한 행동을 하고 있었다. 그는 자기 집에 창녀를 불러들여 자기가 보는 앞에서 배변을 시키고는, 느닷없이 호통을 치고 채찍을 휘두르면서 여자에게 달려들었다. 여자는 무서워서 달아났고 다행히 문이 열려 있었다. 그녀는 그곳에서 벗어날 수 있을 줄로만 여기고 한 걸음 문 밖으로 내딛었는데, 그대로 밑으로 떨어져 물이 펄펄 끓고 있는 수조 속에 빠져 숨 쉴 틈도 없이 죽고 말았다.

그날 밤, 공작이 법원장의 아내인 젤미르에게 배변을 해달라고 요구하자 그녀는 "아침에 법원장님께 드렸기 때문에 더 나올 것이 없습니다" 하고 거절했다. 그러자 일당은 명령을 위반한 죄로 그녀를 징벌에 회부하기로 했고, 자존심이 상한 공작은 그녀의 엉덩이 구멍 둘레를 침으로 피가 날 정도로 찔렀다. 다음에는 법원장이 공작의 아내인 제피르에게 배변을 요구하자 소년도 마찬가지로 "아침에 공작님에게 제공해서 더 이상 안 됩니다" 거절했다. 공작이 소년의 말을 믿지 않고 증인으로 뒤클로를 부르자 뒤클로는 소년의 말을 부정하고 말았다. 법원장은 앞서 공작이 자기 아내인 젤미르에게 징벌을 부과했으니 이번에는 자기에게 권리가 있다는 이유로 제피르에게 징벌을 주게 되어, 법원장은 소년의 뒷문에 호된 욕을 보이고 소년의 코를 피가 날 정도로 비틀었다. 그것을 보던 공작은 그저 웃기만 할 뿐이었다.

2월 10일

데그랑주는 "다음에 이야기하는 사람들은 살인 자체는 요컨대 어떤 부수적인 것일 뿐, 사람을 죽이는 과정을 즐긴 자들입니다. 맨 먼저 독약을 사용하는 악당들의 이야기를 하겠습니다" 전제한 뒤 다음 이야기를 시작했다.

제49화 어느 사내의 취미는 여자의 뒷문을 음미할 뿐, 그 밖에는 아무것도 요구하지 않았다. 그래서 순결한 뒷문을 가진 최고의 숫처녀를 찾아서 아내로 맞이했다. 그러나 그는 애써 찾은 아내의 뒷문에 싫증이 나면 잇따라 독살해버렸기 때문에 현재의 아내는 25번째였다.

제50화 뒤클로의 11월 26일 이야기와 마르텐의 1월 10일 이야기 속의 악당은 몇 사람의 친구를 식사에 초대하여 그때마다 독이 든 요리를 대접해서 친구들 가운데 누군가를 죽여버렸다.

제51화 어느 악당은 가난한 사람들에게 식량을 주어 돕는 척하고 그들을 독살했다.

제52화 화학에 정통한 어느 악당은 지면에 특수한 독물을 뿌려 그 위를 걷는 사람이 넘어져 괴로워하는 것을 구경하면서 흥분했다.

제53화 똑같이 화학에 정통한 어느 악당은 특수한 독약을 사용해 사람에게 2주일이나 이유를 알 수 없는 고통을 주어 죽여버렸는데 어느 의사도 그 원인을 밝혀내지 못했다. 그 악당에게 최고의 쾌락은 치료를 위해 땅속에 묻혀 고통스러워하는 사람을 위문하는 것이었다.

제54화 남녀를 불문하고 그 뒷문을 즐기는 어느 악당은 특수한 약물을 사용해 사람의 모든 감각을 잃게 하여 죽은 것이나 다름없는 가사상태에 빠뜨렸다. 그리고 그 사람이 의식을 되찾기 전에 재빨리 관에 넣어버렸기 때문에, 개중에는 관 속에서 절망한 나머지 숨이 끊어지고 만 자도 있었다. 그는 매장할 장소를 찾아내 지하에 묻은 상대의 목소리가 들리는지 확인하고, 상대의 애끊는 비명소리가 새나오는 것을 들으면서 기쁨 속에 사정했다.

그날 밤, 일당은 장난을 쳐서 즐기기로 하고, 하녀로 격하된 쥘리의 음식에 가루약을 넣어두었다. 그리고 그녀에게 "방금 네 배 속에 독약이 들어갔다"고 위협하자, 그것을 믿은 쥘리는 순식간에 심한 경련을 일으키면서 완전히 패닉 상태에 빠져버렸다. 그녀의 그런 모습을 보고 있던 공작은 흥분해 쥘리가 보는 앞에서 아내인 오귀스틴에게 자신의 그것을 비비게 했다. 기분이 좋아진 공작이 사정을 하려고 했지만, 그녀가 멍하니 그 물건의 포피를 충분히 벗기는 것을 잊어버리는 바람에(공작이 가장 싫어하는 것 가운데 하나였다) 사정할 수가 없었다. 분노한 공작은 "이런 얼간이 같으니! 그런 손가락은 잘라버려!" 하고는 오귀스틴의 손가락을 한 개 잘라내버린 뒤, 독을 먹고 죽어버릴 줄 알고 있던 쥘리에게 그것을 비비게 하여 가까스로 사정했다. 쥘리는 그날 밤에 회복했다.

2월 11일

제55화 어느 악당은 친구들이나 지인의 집에 성찬 초대를 받으면 그 집 주인이 세상에서 가장 소중하게 여기는 사람의 요리 속에 남몰래 독을 넣는 것이 취미였다. 그 악당에 의해 독을 마시게 된 상대는 이틀 동안 몹시 고통을 당한 끝에 죽고 말았다.

제56화 어느 사내는 여자의 유방에 상처를 입히는 걸 좋아했는데, 그것만으로는 만족하지 못하고 유모의 유방에 독약을 발라 아무것도 모르는 갓난아기가 그 젖꼭지를 빨고 죽는 모습을 바라보며 기뻐했다.

제57화 어느 사내는 여자에게 우유로 관장을 한 다음 여자의 엉덩이 구멍에 입을 대고 그 우유를 마시는 걸 몹시 좋아했는데 최근에는 관장수에 독약을 섞어 여자가 격렬한 복통을 일으켜 괴로워하면서 죽어가는 모습을 바라보는 걸 즐겼다.

제58화 어느 악당(데그랑주의 13일과 26일 이야기 속 사내)은 가난한 사람의 집에 불을 질러 많은 사람들(특히 아이들)이 타죽는 것을 느긋하게 구경하는 걸 좋아했다.

　제59화 어느 악당의 도락은 산기(産氣)가 있는 여자를 죽이는 것이었다. 그는 임신부를 문안 온 척하고 여자의 몸에 독약을 끼얹었는데, 그 특수한 냄새를 맡은 여자는 발작과 경련을 일으켜 죽고 말았다.

　제60화 뒤클로의 11월 28일 이야기 속의 사내는 여자의 출산을 지켜보고 아기가 태어나면 그 갓난아기를 귀여워하는 척하면서 어머니가 보는 앞에서 죽여버렸다.

　그날 밤, 일당은 가축 축사에서 알린을 불러내 각자 100번씩, 피가 흐를 때까지 그녀의 몸을 채찍으로 때리고 배변을 요구했다. 알린이 "아침에 법원장님에게 드렸습니다" 하고 대답했지만 법원장이 "거짓말하지 마" 말하자, 일당은 벌로서 촛불로 그녀의 두 유방과 두 손바닥을 태우고, 녹인 스페인 납을 엉덩이와 아랫배에 떨어뜨려 배꼽을 납으로 메우고, 옥문의 털에 코냑을 뿌려 태우고 말았다. 또 공작이 법원장의 아내인 젤미르에게 일부러 말싸움을 걸어 그녀가 정색하고 화를 내자, 법원장은 자기 아내의 양손 손가락을 2개씩 잘라버렸다. 또한 그들은 공작의 아내 오귀스틴의 옥문과 엉덩이 구멍을 채찍으로 세게 때리면서 즐거워했다.

2월 12일

　그날 아침, 일당이 의논한 결과 4명의 하녀는 더 이상 필요하지 않게 되어 4명의 이야기꾼과 하녀로 격하된 쥘리에게 그 역할을 교대하게 하고, 더욱더 쾌락을 즐기기 위해 그날 밤부터 하녀들을 잇따라 괴롭히며(단, 엉덩이는 제외하고) 제물로 삼을 것을 결정했다. 그 사실을 이야기꾼들과 쥘리에게 선고하자 그녀들은 자신들을 희생으로 삼지 않는다면 떠맡겠다고 대답했고 그들은 그녀들에게 그것을 약속해주었다.

　제61화 독자는 뒤클로가 11월 12일에 이야기한 도쿠르와 데프레라는 사내와 수도원을 기억하고 있으리라 생각하는데, 국외로 달아난 세 사람은 다시 모여서 다음과 같은 새로운 쾌락을 즐기고 있었다. 그들은 임신 8개월이나 9개월이 된 임신부를 찾아내 그 임신부의 배를 가르고 태아를 꺼내 어머니가 보는 앞에서 불태워버렸다. 그뿐만 아니라 절개한 어머니의 배 속에 유황과 수은을 섞은 것을 채워 넣어 불을 붙인 뒤 여자의 뱃가죽을 다시 꿰매 여자가 이루 말할 수 없는 고통에 몸부림치는 모습을 바라보면서 두 정부와 소년에게 자신의 그것을 비비게 했다.

제62화 숫처녀를 선호하는 어느 사내는 자신의 취미 범위를 차츰 넓혀나가 여러 명의 여자들에게 많은 아이를 낳게 하여 아이들이 대여섯 살이 되면 (남자건 여자건 상관없이) 그 순결한 옥문과 뒷문을 음미한 뒤 사정하는 순간 아이를 난로 속에 던져 넣었다.

제63화 뒤클로의 11월 27일 이야기와 마르텐의 1월 15일 이야기 속의 사내(데그랑주의 제25화 사내도 동일인물)는 하녀들의 옷장 속에 자신의 소지품을 은밀하게 숨겨두고 중요한 물건을 도둑맞았다고 소란을 피웠다. 그리고 하녀에게 죄를 뒤집어씌워 교수형에 처하게 만들고 여자가 처형되는 광경을 바라보면서 자신의 그것을 비비고 즐겼다. 만일 계획이 실패로 끝나면 여자를 방 안에 가두고 목을 졸라 죽이면서 사정했다.

제64화 뒤클로의 11월 14일 이야기 속의 배설물 애호가는 자기 집에 특별히 고안한 변기를 갖추고 있었다. 그리고 죽이고 싶은 여자를 발견하면 그 변기를 사용하도록 유인했다. 여자가 배변을 하려고 변기에 앉는 순간, 변기가 거꾸로 뒤집혀서 여자는 변기 밑의 오물이 가득 차 있는 커다란 통 안에 빠져 죽고 마는 것이다.

제65화 마르텐의 1월 23일 이야기 속의 사내는 소녀를 사다리에서 떨어뜨리는 걸 즐겼는데, 점점 세련된 즐거움을 연구하게 되었다. 그는 벽 앞에 그리 넓지 않은 깊은 도랑을 파고 벽에 사다리를 세워두었다(그 사다리는 사람이 오르면 그 무게로 가로대가 부러지게 되어 있었고, 사다리 밑에는 깊은 도랑을 파서 눈치채지 못하게 흙으로 가려두었다). 그 사내는 도랑 바로 앞에 놓여 있는 높은 발판 위에 소녀를 올려놓고 발판 밑에서 불을 때기 시작했다. 몸이 차츰 뜨거워진 소녀는 그대로 있다가는 타죽어버릴 것 같아서 위험에서 벗어나기 위해 도랑 속에 뛰어들어 빠져죽거나, 도랑을 뛰어넘어 운 좋게 사다리로 건너뛰거나 어느 한쪽을 택하지 않을 수 없었다. 그녀가 결단을 머뭇거리는 동안 불의 기세가 점점 거세져서 그녀는 운을 하늘에 맡기고 발판 위에서 도랑 건너편의 사다리를 향해 뛰었는데, 다행히 사다리는 붙잡을 수 있었지만 가로대가 부러져 사다리 밑의 함정에 빠지고 말았다. 그 사내의 위안거리가 된 소녀들은 대개 도랑에 빠져죽었지만, 운 좋게 사다리에 매달린다 해도 결국 함정에 떨어져 죽는 건 마찬가지였다. 그 악당은 스스로 그것을 비비면서 눈앞에서 전개되는 광경을 즐긴 것이다.

제66화 뒤클로의 11월 29일 이야기 속의 사내이자 마르텐이 다섯 살 때 순결한 뒷문을 범한 사내는 열일곱에서 열여덟 살쯤 된 가장 아름다운 처녀의 뒷문을 음미하는 것이 기쁨이었는데, 그 뒤 더욱 기묘한 것을 생각해냈다. 그는 날카로운 강철날 톱이 달려 있는 장치를 준비하여 톱 밑에 처녀를 엎드리게 하고, 날을 처녀의 머리 위에 댄 채 처녀의 뒷문을 범하면서 도르래를 천천히 움직여 조금씩 톱질을 했다. 사내는 사정을 하는 데 긴 시간이 걸렸기 때문에 톱질을 하는 시간도 그만큼 길어졌다.

그날 밤, 일당은 팡숑으로부터 오귀스틴과 마장 한 사람의 외도를 듣게 되었다. 그 마장은 아직 그녀를 범하지는 않았지만 그녀와 관계하기 위해 그녀에게 둘이서 저택에서 도망을 가지 않겠느냐고 제의했다. 오귀스틴은 이 저택에 있으면 위험하므로 살기 위해서는 마장의 말을 들어도 좋겠다고 생각했었음을 자백해버렸다. 놀란 일당은 아무 말 없이 마장에게 덤벼들어 그의 손발을 묶고 오귀스틴과 함께 지하 감옥으로 끌고 갔다. 그리고 그녀가 보는 앞에서 공작이 강제로 마장의 뒷문을 범하는 동안 법원장은 마장의 목을 베고 주교와 뒤르세는 빨갛게 달군 철봉으로 마장의 온몸을 태웠다. 아침식사 뒤의 커피시간을 이용해 이루어진 마장의 처형이 끝나자 다음에는 공동모의에 가담한 오귀스틴의 차례가 되었다. 일당은 그녀에게 "너도 이 사내와 마찬가지로 목을 베겠다"고 위협하고, 공작이 앞니 두 개를 뽑고 법원장은 뒷문을 침범한 뒤, 일당 넷이서 번갈아 채찍질을 했다. 두 사람의 처형이 끝나자 그들은 여느 때와 다름없이 집회실로 향했다.

데그랑주의 이야기에 뒤이어 야식이 시작되었다. 그날 아침의 결정에 따라 그날 밤 팡숑에 대한 고문이 예정되어 있었지만, 그녀는 마장과 오귀스틴의 공모를 밀고한 공적이 있으니 그녀에게 특사를 베푸는 것이 어떻겠는가 하여 일당 사이에 논의가 이루어졌다. 주교는 팡숑에게 인정을 베푸는 것에 대해 반대하며, 감사 같은 세속적인 정에 기울어지는 건 우리답지 않다, 나는 우리에게 음락을 가져다주는 것은 무엇이든 찬성하지만 즐거움을 줄이는 것에 대해서는 무조건 반대라고 주장했다. 그 결과 일당은 팡숑을 불러내어 먼저 그녀에게 충분히 배변을 시키고 각자 100번씩 채찍으로 때리고 나서, 공작이 그녀의 왼쪽 유방을 도려내고 상처에 붕대를 감은 뒤 다음 고문으로 옮겼다. 그녀가 "주인님들의 처사는 너무나도 불법이 아닙니까?" 항의하자, 공작은 태연하게 "공정한 일을 하면 우리의 그것에 힘이 나지 않아" 하고 내뱉었다.

　동료 한 사람이 지하실로 끌려가자 얼마쯤 반항적인 기운이 감돌기 시작했던 마장들은 동료의 처형을 듣자 완전히 얌전해지고 말았다. 하녀들은 팡숑이 당한 일을 알고 공포에 떨었지만 운명을 벗어날 방법은 없었다.

2월 13일

　제67화 소녀의 뒷문을 몹시 좋아한 어느 사내는 자기 취향에 맞는 소녀를 뱃놀이에 유인했다. 그 배는 배 밑에 금이 가 있었기 때문에 아무것도 모르고 배에 올라탄 소녀는 물에 빠져 죽고 말았다. 그 뒤 그 사내는 이따금 색다른 방법을 사용해 즐겼다. 소녀를 3층의 테라스가 딸려 있는 방으로 데려가, 소녀가 모르고 테라스 울짱에 기대면 여자의 몸무게로 울짱이 무너져서 추락해 죽은 것이다.

　제68화 어느 사내는 여자를 채찍으로 때리고 그 뒷문을 범하는 걸 즐겼는데, 최근에는 자기 집에 특수한 장치를 했다. 사내가 부른 여자가 방으로 들어가자, 사내는 여자를 채찍으로 때리고 그녀의 뒷문을 범해 사정한 다음, 바닥에 장치해둔 덮개를 열어 여자를 마루 밑 지하실로 밀어 넣었다. 그리고 기절해서 쓰러져 있는 여자의 유방과 옥문, 엉덩이 구멍을 작은 칼로 여자가 죽어버리지 않도록 조심하면서 신중하게 찌른 뒤 여자를 다른 지하실 안에 처넣고 입구를 커다란 돌로 막아버렸다. 그 지하실에는 그때까지 그 사내가 처치한 여자들의 시체가 가득 쌓여 있어서 어찌할 바를 모르는 여자는 실성한 채 시체 더미 안에서 숨을 거두었다. 그는 실로 냉정하게 일을 처리했다.

제69화 어느 악당은 소녀를 사나운 말에 태워 깎아지른 벼랑 위의 길을 달리게 했다. 말에서 떨어져버린 소녀는 말에 끌려가다가 골짜기 아래로 추락해 죽었다.

제70화 마르텐의 1월 18일 이야기 속의 사내는 사람이 그 위에 자면 무게로 자연히 앞으로 기울어지게 되어 있는 침대를 고안했다. 그가 침대 앞의 커다란 화로에 숯불을 피우고 여자를 침대에 눕히자 여자는 저절로 숯불 속에 미끄러지고 말았다. 놀란 여자가 당황해서 기어오르면 또 침대가 기울어져 여자도 다시 미끄러지고 말았다. 더욱 당황한 여자가 침대에 매달리자 사내는 여자의 배를 찔러 여자를 불 속으로 다시 빠뜨려버렸다.

제71화 어느 사내(데그랑주의 제58화 사내와 동일인)는 가난한 남녀에게 온정을 베푼다는 핑계로 그들을 집으로 초대했다. 그는 사내건 여자건 그 뒷문을 범하고 몽둥이로 등과 허리를 실컷 때려 탈구시킨 뒤, 끝내 작은 방에 가두고 먹을 것을 주지 않아 굶어죽게 만들었다.

제72화 마르텐의 1월 13일 이야기 속의 사내는 여자를 창문에서 아래의 거름구덩이 위에 내던지는 걸 즐겼는데, 여자를 높은 곳에서 추락시키는 취미가 갈수록 고조되었다. 그는 집에 여자를 불러 1층에 있는 방에서 쉬게 했다. 사내와 아주 가까운 사이였던 여자는 그 방이 1층에 있고 창문도 낮다는 것을 알고 있었다. 그는 여자에게 아편을 빨게 하여 여자가 깊이 잠들자 그녀를 안고 3층의 방으로 옮겨버렸다(그 방의 구조는 1층 방과 완전히 같았다). 그녀가 잠에서 깰 때쯤 그가 갑자기 방에 뛰어들어 "너를 죽여버리겠다"고 큰 소리로 위협하자, 공포에 사로잡힌 그녀는 창문을 열고 밖으로 뛰어내렸다. 그 때문에 그녀는 10미터나 되는 높이에서 날카로운 돌이 깔려 있는 지면으로 추락하여, 그 사내가 손을 쓰기도 전에 스스로 죽어버렸다.

그날 밤, 제15주째의 축제로서 주교는 여자로서 안티노우스의 아내가 되고 사내로서 세라동의 남편이 되는 기묘한 결혼식이 거행되었다. 소년은 처음으로 주교에게 뒷문을 침범당하고 그날 밤부터 소년의 뒷문은 일당의 공동소유가 되었기 때문에 공작과 법원장은 소년의 뒷문을 마음껏 즐겼다. 그런데 갑

자기 주교의 마음속에 알린에 대한 음락과 분노가 뒤섞인 감정이 끓어올라,
기둥에 묶인 알린의 몸을 도르래로 거세게 끌어올렸다가 내렸다가 하는 바람
에 그녀가 매달린 채 정신을 잃어버리자, 일당은 그것을 보고 흥분해 사정을
하고 말았다. 뒤르세가 그녀에게 사혈을 시켰기 때문에 그녀는 다시 살아나
이튿날에는 아무 일도 없었던 것처럼 보였는데, 그녀의 말에 의하면 허공에
매달린 덕분에 키가 조금 자란 것 같다는 것이었다. 모든 것이 축제의 여흥이
었던 주교는 루이종의 유방을 하나 도려냈다. 그것을 보고 있던 테레즈와 마
리는 자신들의 운명을 똑똑하게 깨달았다.

2월 14일

데그랑주는 "앞으로 주인님들에게 말씀드리는 것은 극히 잔혹하고 잔인한
살인 이야기기 될 것입니다" 전제한 뒤, 다음과 같은 여러 가지 이야기를 하기
시작했는데, 일당은 그녀에게 지금까지보다 더욱 상세하게 묘사해달라고 요구
했다.

제73화 어느 사내의 젊었을 때의 취미는 여자를 채찍으로 때리기만 하는
단순한 것이었는데, 최근에 들어 여자의 몸에서 매일 완두콩 크기만 한 살을
베어내는 것을 즐기게 되었다. 그러나 그는 상처를 전혀 치료해주지 않았기
때문에 여자는 뭉근한 불에 삶기는 것처럼 조금씩 쇠약해져서 죽고 말았다.

제74화 어느 사내는 여자의 몸에서 그 여자가 죽을 때까지 매일 반 온스씩
채혈을 계속했다.

그 이야기를 들은 일당은 데그랑주에게 커다란 갈채를 보냈다.

제75화 어느 사내의 취미는 매일 여자의 엉덩이에 많은 바늘을 찔러넣는
것이었는데, 최근에는 작은 칼로 여자 엉덩이 여기저기에 상처를 내기 시작했
다. 그러나 그 사내는 지혈은 했지만 상처의 처치를 소홀히 했기 때문에 여자
는 결국 죽고 말았다.

제75화[1] 채찍질 애호가였던 어느 사내는 그것만으로는 성에 차지 않아 결

---

1) 제75화가 중복된 이유에 대해서는 설명되어 있지 않다.

국 여자의 팔다리를 톱으로 써는 것을 배우고 말았다.

제76화 뒤클로가 신발가게 페티뇽의 딸을 메상주 후작에게 팔아넘긴 일을 기억하고 있을 텐데, 후작은 처음에는 네 시간 동안 소녀에게 채찍질당하는 것만으로도 만족했지만(그래도 사정은 하지 않았다) 다음에는 참으로 기묘한 놀이를 생각해냈다. 구름도 뚫을 것 같은 거한에게 어린 소녀를 안고 숯불 위에서 그 소녀를 머리부터 천천히 태우게 한 것이다. 그 희생자는 숫처녀가 아니면 안 되었다.

제77화 여자의 유방과 엉덩이를 성냥불로 태우는 취미가 있었던 어느 사내는 그것만으로는 부족해서 여자를 엎드리게 하고 그 온몸을 유황으로 싼 은박지로 장식하고 차례차례 불을 붙였다. 여자는 크게 화상을 입고 여섯 시간에서 여덟 시간 정도 살아 있었는데, 그는 여자가 죽는 광경을 바라보면서 즐겼다.

데그랑주의 이야기를 듣고 있던 공작은 "그건 고통스러운 죽음이야. 나도 그런 무서운 쾌락을 맛본 적이 있었는데 덕분에 몹시 흥분했지" 하고 고백했다. 그 뒤, 법원장은 세라동의 뒷문에 사정하면서 배가 부른 콩스탕스를 위해 사혈을 했다. 그래도 성에 차지 않은 법원장이 젤미르의 뒷문을 범하고 테레즈의 유방 하나를 도려내자, 공작은 법원장이 하는 것을 보면서 테레즈의 뒷문을 범했다.

2월 15일

제78화 어느 사내는 소녀의 입을 빨아 그 침을 삼키면서 기뻐했는데, 그 뒤 매일 소녀의 목구멍 속에 깔때기로 작은 납구슬을 몇 개나 녹여서 계속 흘려 넣었기 때문에 소녀는 9일 째에 죽어버렸다.

제79화 여자의 손가락을 비트는 취미를 가진 어느 사내는, 최근에 여자 팔다리의 뼈를 꺾고, 혀를 잡아 빼고, 눈을 도려내고, 게다가 여자에게 주는 식사까지 줄이면서 즐기게 되었다.

제80화 마르텐의 1월 3일 이야기 속의 신을 두려워하지 않는 사내는, 소년을 밧줄로 묶고 높이 세운 십자가에 매달아 큰 새들이 소년의 몸을 다 쪼아

먹을 때까지 방치했다.

제81화 뒤클로의 11월 5일 이야기 속의 사내는, 그 뒤 겨드랑이 밑에 줄을 걸어 여자를 천장에 매단 뒤 날마다 여자의 온몸을 바늘로 찔러 피 흘리게 하고, 그 때문에 상처에 파리가 새카맣게 모여들어 여자가 점점 약해져서 숨을 거두는 모습을 바라보며 즐겼다.

제82화 어느 사내는 소녀의 뒷문을 매우 애호했는데, 그는 자기의 취미를 더욱 우아하게 가꾸기 위해 숫처녀를 골라 일주일 동안 그 뒷문에 키스를 되풀이해 즐기고 소녀 몸의 여기저기에 상처를 입힌 뒤, 소녀에게 사흘치 음식을 주고 지하 감옥에 가두어 심한 고통 속에 죽게 만들었다.

제83화 어느 사내는 어린 소녀의 입 안이나 엉덩이 구멍에 그것을 집어넣는 것을 기쁨으로 삼고 있었는데, 그 뒤 색다른 짓을 하기 시작하여 자신의 취미를 완성시켰다. 그건 살아 있는 소녀의 심장을 도려내고 아직 따뜻한 상처에 자신의 그것을 집어넣어 사정한 뒤, 심장을 다시 원래 위치에 넣어 상처를 꿰맨 다음 아무런 치료도 하지 않고 소녀를 운명에 맡겼다. 소녀는 누구한 사람 오래 살지 못했다.

그날 밤, 콩스탕스에게 여전히 분노의 감정을 품고 있던 법원장은 팔다리가 한두 개 부러져도 아이를 못 낳지는 않을 것이라면서, 그 불행한 여자의 오른팔을 부러뜨리고 말았다. 뒤르세는 마리에게 배변을 시킨 다음, 그녀를 채찍으로 때리고 한쪽 유방을 베어냈다.

2월 16일

제84화 어느 사내는 채찍질 애호가였는데 그 뒤 동물을 해체하듯이 여자의 몸에서 뼈를 조금씩 발라내는 기술을 습득했다. 그리고 여자의 뼈에서 입으로 골수를 빨아내고 그 자리에 녹은 납을 부었다.

그때 아내인 오귀스틴의 뒷문을 열심히 공격하고 있던 공작이 큰 소리로 외쳤다. "난 오귀스틴이 사랑스러워서 이 아이에게 시련을 주기 위해 이 아이의 엉덩이를 즐기고 있는 거야. 그렇지 않으면 난 평생 누구의 엉덩이도 상대할 생각이 없어!" 그러자 가련한 그녀는 비명을 지르면서 닭똥 같은 눈물을

흘렸고 그 바람에 사정을 하지 못한 공작은 그녀의 뒷문에서 그것을 잡아 빼
더니 스스로 그것을 비비고는, 집회실이 떠나가도록 소리를 지르고 그녀를 때
리면서 사정하고 말았다.

제85화 어느 악당은 여자를 특수한 장치 위에 눕히고 여자의 몸을 잘게 썰
고 말았다. 그 장치는 중국에서 사형할 때 사용하는 것이라고 한다.

제86화 어느 사내는 처녀의 순결을 음미하는 것만으로는 부족해 뾰족한
말뚝 위에 숫처녀를 올라타게 해 말뚝 끝을 처녀의 옥문에 찔러 넣었다. 그리
고 처녀의 두 다리에 대포알을 매달았기 때문에 말뚝이 옥문을 점점 깊이 찔
러 들어가 결국 숨이 끊어지고 말았다.

제87화 어느 사내는 처녀를 채찍으로 마구 때리고, 그 피부 껍질을 세 번이
나 벗기고 말았다. 그리고 네 번째에는 껍질이 벗겨진 피부에 타는 듯한 부식
제(腐蝕劑)을 발라 무서운 고통 속에서 죽게 만들었다.

제88화 어느 사내는 여자의 손가락을 잘라내는 것이 취미였는데, 그 뒤 뜨
겁게 달군 못뽑이로 여자 몸의 모든 부위에서 살을 뜯고, 상처를 깨끗이 태운
뒤 뜯긴 살점을 가위로 잘라버렸다. 게다가 그 잔인한 작업을 며칠이나 걸려
서 천천히 진행했기 때문에 여자는 고통을 견디지 못해 죽고 말았다.

그 뒤, 소피와 세라동이 서로 즐기고 있는 것이 발각되었다. 두 사람은 주교
의 소유였기 때문에 분노한 주교는 두 사람을 채찍으로 마구 때리고 두 사람
의 손가락을 두 개씩 잘라냈다. 그래도 두 사람이 회복하자, 주교는 그 뒤에
도 두 사람을 자신의 쾌락에 이용했다. 팡송도 회복하자 일당은 곧 그녀에게
고문을 가했다. 공작이 그녀의 뒷문을 미친 듯이 공격하는 동안 다른 세 사람
은 소 힘줄로 만든 채찍으로 때리면서 두 발과 넓적다리, 두 손, 이마를 촛불
로 태우고 남아 있던 두 개의 치아를 뽑아버렸다.

2월 17일

제89화 어느 사내(마르텐의 1월 30일 이야기와 데그랑주의 제24화 속의 사내와
동일인)는 어린 소녀의 젖꼭지와 엉덩이 살을 베어내어 석쇠에 구워 자기도 먹
었을 뿐만 아니라 그 소녀에게도 억지로 먹였다. 그리고 회반죽으로 만든 고

약을 상처에 발라버리는 바람에 소녀는 고통을 이기지 못하고 죽어버렸다.

제90화 어느 악당은 어린 여자아이를 가마솥에 넣어 삶아버렸다.

제91화 어느 악당은 처녀의 뒷문을 범한 뒤에 처녀의 온몸을 꼬챙이에 꿰어 태워버렸다.

제92화 어느 사내는 어린 남자아이와 여자아이를 데리고 와 자기가 보는 앞에서 거대한 그것의 소유자에게 두 사람의 엉덩이 구멍을 꿰어 죽이고 말았는데, 특히 여자아이가 엉덩이를 비틀면서 괴로워하는 것을 바라보며 즐거워했다.

제93화 어느 악당은 여자를 바퀴에 묶어 여자가 죽을 때까지 바퀴를 돌렸다. 그러나 그 사내는 그 밖에는 아무런 장난도 하지 않았으니, 여자는 그나마 아름답게 죽은 셈이었다.

그날 밤, 주교는 이유도 없이 흥분하여 알린에 대한 분노가 절정에 달하여 그녀를 실컷 괴롭히고 싶었다. 그래서 그녀를 발가벗겨 배변을 시키고 그 뒷문을 공격했다. 그러나 사정은 하지 않고 그것을 빼버린 뒤 그녀의 엉덩이 안에 뜨거운 물을 붓고, 그녀에게 테레즈의 얼굴 위에 엉덩이를 올려놓고 코에 뜨거운 물을 끼얹으라고 명령했다. 주교의 그런 행동을 재미있게 바라보고 있던 일당 세 사람은 알린의 손가락과 발가락을 모두 잘라낸 뒤, 뻘겋게 달군 철봉으로 두 팔을 태우고 팔뼈를 부러뜨렸다. 그래도 만족하지 못한 그들은 그녀의 얼굴에 수십 번씩 따귀를 때리고 채찍으로 온몸을 때렸지만, 그러고도 주교는 그녀의 한쪽 유방을 도려내고서야 가까스로 사정했다. 다음에 일당은 테레즈를 소 힘줄로 만든 채찍으로 600번이나 때린 뒤, 촛불로 그녀의 두 손, 두 발, 콧구멍, 혀, 목구멍, 옥문을 태우고 말았다. 그 잔인한 만행을 지켜보던 공작의 아내 오귀스틴이 울음을 터뜨리자 분노한 공작은 왜 우느냐면서 그녀의 아랫배와 옥문을 피가 나도록 채찍으로 때렸다.

2월 18일

제94화 젊은 시절, 여자의 피부를 난자하는 것을 즐긴 어느 사내는 최근 들어 기묘한 일을 생각해냈다. 그는 어린나무 네 그루에 여자의 손발을 하나씩 묶고 나무를 충분히 휘게 한 다음, 갑자기 원래대로 되돌리는 바람에 여자의 팔다리가 분해되고 말았다.

제95화 어느 사내는 아래위로 오르내리는 고문도구에 소녀를 붙들어 매고 그 밑에 불을 피워놓아, 고문도구가 불에 다가갔다가 멀어지기를 수십 번 되풀이하는 동안 소녀를 결국 통구이가 되어 죽게 만들었다.

제96화 어느 사내는 촛불을 여자의 몸에 문질러 끄는 것이 취미였는데, 마지막에는 여자의 몸 전체에 유황을 발라 횃불처럼 불을 붙이며 즐겼다.

제97화 어느 악당은 남자아이와 여자아이의 배에서 장을 끄집어내어 남자아이의 장을 여자아이의 배 속에 넣고 여자아이의 장을 남자아이의 배 속에 넣어 배를 꿰매버린 뒤, 두 사람을 등을 맞대어 기둥에 묶어놓고 죽어가는 것을 구경했다.

제98화 여자의 몸에 성냥으로 불을 붙이는 걸 좋아한 어느 사내는, 그것만으로는 부족해 여자를 화형대에 올려놓고 사냥한 짐승을 굽듯이 태워 죽였다.

그날 밤, 일당은 희생자 가운데 미셰트를 고문 대상으로 선택했다. 네 사람은 제각기 그녀의 몸을 채찍으로 때리고 치아를 한 개씩 뽑은 뒤, 손가락을 하나씩 잘라내고 허벅지의 앞뒤 네 군데를 태워버렸다. 또 공작은 지통의 뒷문을 공격하면서 미셰트의 한쪽 유방을 두 손으로 힘껏 비틀어 변형시켜버렸다. 다음에 일당은 루이종을 불러내 일당의 눈앞에서 배변을 시키고 400번이나 채찍질한 뒤, 치아를 뽑고, 촛불로 혀와 엉덩이 구멍, 남아 있는 한쪽 유방, 옥문, 그리고 허벅지 여섯 군데를 태우고 말았다.

그리고 전원이 잠든 뒤에 주교는 전날 밤과 마찬가지로 알린을 고문하여 죽일 생각으로 형인 공작을 꾀어내고, 뒤클로와 데그랑주를 깨워 넷이서 알린을 지하 감옥으로 끌고 갔다. 공작과 주교는 그녀의 뒷문을 즐기면서 그녀에게 사형 선고를 내리고 두 이야기꾼의 도움을 받아 새벽까지 알린에게 지옥 같은 온갖 고문을 가한 끝에 고통 속에 그녀를 처형하고 말았다. 지하 감옥에서 올라온 공작과 주교는 이야기꾼의 솜씨를 칭찬하고, 이튿날 법원장과 뒤르세에게 앞으로 희생자를 고문을 할 때는 뒤클로와 데그랑주의 힘을 빌리면 크게 도움이 될 거라고 권했다.

2월 19일

제99화 어느 악당은 천장에서 늘어뜨린 네 가닥의 줄에 여자의 손발을 묶어 허공에 매달고 여자의 꼬리뼈를 끝에 다이아몬드가 붙어 있는 말뚝 위에 갖다 대었다. 사내는 여자가 그 지독한 고문 속에서 괴로워하는 모습을 바라보면서 웃을 뿐이었다.

제100화 어느 사내는 여자 엉덩이의 살점을 조금씩 베어내는 것을 즐겼는데, 마지막에 본업인 푸줏간 흉내를 내어 여자를 두 장의 판자 사이에 끼우고 판자와 함께 여자의 몸을 천천히 톱으로 썰어버렸다.

제101화 어느 악당은 남녀의 뒷문 애호자였는데 오빠와 여동생 남매를 찾아서 데리고 왔다. 그는 오빠에게 다양한 고문도구를 보여주면서 "앞으로 너에게 무서운 고문을 가해 죽일 생각인데 만일 네가 내 눈앞에서 동생을 범한 다음 동생의 목을 조를 수 있다면 네 목숨만은 살려주마" 하고 협박했다. 그 젊은 남자는 악당의 말을 승낙하고 자기 여동생을 범하고 말았는데 그것을 보고 있던 악당은 남매의 뒷문을 범하면서 즐겼다. 그리고 고문에 의한 죽음을 두려워한 젊은 남자가 여동생의 목을 졸라 죽이려는 순간, 악당은 바닥의 뚜껑을 열어 두 사람을 벌겋게 타고 있는 난로 위로 밀어버렸다.

제102화 어느 악당은 부녀를 감금하여 아버지에게 딸의 옥문을 범하라고 강요하고, 그것이 끝나자 아버지에게 딸을 붙잡게 하고 딸의 뒷문을 범했다. 그런 다음 아버지를 향해 "나는 아무래도 네 딸을 죽이고 싶다. 그런데 네가 스스로 딸의 목을 졸라 죽이든 내가 고문을 해서 죽이든 상관없으니, 마음에 드는 쪽을 선택하는 게 어때. 네 손으로 딸의 목을 조르면 딸은 그다지 고통스럽지 않게 죽겠지만, 내 고문은 딸에게 죽음보다 무서운 고통을 줄 것이다" 위협했다. 그 악당의 위협에 가련한 아버지는 딸이 죽음의 고문을 당하는 것을 차마 볼 수 없어서 자기 손으로 딸을 죽일 각오를 하고 딸의 목에 줄을 걸었다. 그러자 그 악당은 갑자기 아버지를 붙잡아 묶어버리고, 아버지가 보는 앞에서 딸에게 가죽을 벗기는 고문을 가한 뒤 날카로운 발톱이 많이 붙어 있는, 빨갛게 달군 철판 위에 굴린 다음 난로 속에 던져 넣었다. 이 악당은 또 아버지에게 "스스로 자기 딸의 목을 조르다니 이런 야만인을 보았나! 내가 본 때를 보여주마" 하면서 그 아버지도 목을 졸라 난로 속에 던져 넣었다.

제103화 어느 사내는 여자의 뒷문과 채찍질을 몹시 좋아했는데, 모녀를 다른 방에 감금하고 딸에게 "네 두 손을 잘라버릴 텐데 그게 싫다면 네 어미를 죽여버리겠다"고 협박했다. 어머니의 생명을 구하기 위해 딸이 눈물을 머금고 승낙하자 그는 딸의 두 손을 손목에서부터 잘라내고 말았다. 그리고 그 딸을 낮은 의자 위에 세우더니 천장의 도르래에서 내려온 두 가닥의 줄을 처녀의 목에 걸어두고(그 줄의 한 가닥은 옆방까지 뻗어 있었다), 옆방으로 가 어머니에게 줄을 잡아당기게 했다. 자신이 무슨 짓을 하고 있는지 모르는 어머니는 사내가 시키는 대로 줄을 잡아당겼다. 그러자 사내는 어머니를 데리고 옆방으로 갔다. 어머니가 기겁을 하여 비탄에 젖자, 사내는 긴 칼로 그녀의 뒷머리를 내리쳐 그 자리에 쓰러뜨리고 말았다.

그날 밤, 공작과 주교 형제가 간밤에 마음껏 쾌락을 탐닉한 것이 부러워서 견딜 수 없었던 뒤르세는 일당에게 이제 아델라이드에게 고문을 가할 차례가 아니냐고 제안했다. 그래서 일당은 그녀를 축사에서 끌어내어 그녀의 아버지인 법원장과 전 남편 뒤르세가 벌겋게 달군 못뽑이로 몸 여기저기를 뜯어내자 공작은 포마드도 바르지 않고 아델라이드의 뒷문에 그것을 박아넣고 말았다. 그리고 그녀의 혀에 벌겋게 달군 못을 찌르고 두 귀를 밑둥에서 잘라내고, 못뽑이로 치아를 네 개 뽑고, 있는 힘을 다해 채찍질했다. 그래도 그들은 만족하지 않았다. 주교는 아내인 소피의 뒷문에 그것을 삽입한 채, 그녀가 가장 사랑하는 친구인 아델라이드의 눈앞에서 그녀의 팔에 사혈을 하여 끝내 실신하고 만들었다. 법원장은 나르시스의 뒷문을 즐기면서 소년의 손가락을 하나씩 잘라냈다. 다음에 그들은 마리를 불러 벌겋게 달군 철봉을 엉덩이 구멍과 옥문에 밀어 넣고 혀와 유방, 클리토리스에 대고 태운 다음, 마지막으로 남아 있는 치아를 모두 뽑아버렸다.

2월 20일

제104화 샹빌의 12월 5일 이야기 속의 사내는 한 어머니를 부추겨 그 아들을 타락시키고 남자아이의 뒷문을 음미하는 것이 취미였다. 그 취미를 더욱더 세련되게 하기 위해 그는 모자를 함께 즐기게 되었는데, 어머니에게 "난 너를 죽일 생각인데 만일 네가 아들을 죽일 각오가 있다면 너를 살려주마. 만일 아들을 죽이는 것이 싫다면 네가 보는 앞에서 네 아들의 목을 베어주겠다"고 협박했다. 어찌할 바를 모르고 있던 어머니가 어쩔 수 없이 자기 손으로 아들을 죽이자, 사내는 어머니를 아들의 시체에 묶어 그녀가 숨을 거둘 때까지 그대로 방치했다.

제105화 어느 근친상간 애호자는 기묘한 기계를 고안했다. 커다란 철판 두 장으로 만든 그 기계는 스프링 장치에 의해 사이가 좁혀지게 되어 있었다. 사내는 자신의 두 누이를 범한 뒤, 그녀들의 손에 제각기 단도를 쥐어주고 철판에 각각 묶었다. 그러자 스프링이 작동하기 시작하여 두 철판 사이가 자연히 좁혀지면서 두 자매는 손에 든 단도로 상대의 몸을 찔러 죽고 말았다.

제106화 역시 근친상간을 애호한 어느 사내는 어머니와 네 아들을 한 방에 가두었다. 그리고 며칠이 지나도 먹을 것을 주지 않고, 굶어죽게 된 어머니가 어느 아이에게 먼저 손을 대어 먹는지 재미있게 관찰했다.

제107화 샹빌의 12월 29일 이야기 속의 사내는 둘 다 임신한 모녀를 찾아내어, 제105화의 사내가 사용한 기계와 똑같은 기계에 두 사람을 묶고 강력한 압력으로 두 사람을 눌러 배 속의 태아와 함께 죽였다.

제108화 어느 악당은 좀처럼 결합하지 못하고 있는 청년과 그 연인을 찾아내 비열한 살인을 즐겼다. 그 악당은 청년에게 "어떤 사내가 너희들의 행복을 방해하고 있다. 나는 너희들 편이니 그 사내를 제거할 방법을 강구하여 너희들을 반드시 결합시켜 주겠다"고 제의하고, 우선 자기들을 도와주는 것으로 생각하고 순순히 그 말을 믿은 청년의 뒷문과 그 연인의 옥문을 음미했다. 그런 다음 그는 청년의 애인에게 "네 애인과 함께 갈 테니 기다리고 있으라"면서 어느 방에서 쉬게 했다. 그리고 청년에게는 "사내가 있는 곳을 알았으니 안내해주마. 그 뒤에는 네 좋을 대로 해" 하면서 청년을 어둑한 방으로 데리고 갔는데 침대에 누군가가 자고 있었다. 완전히 흥분해버린 청년은 침대에서 자고 있는 인물을 단도로 찔러 죽여버렸다. 그런데 악당이 촛불을 켜자 청년이 찔러 죽인 인물은 다름 아닌 자신의 연인이었다. 절망한 청년은 스스로 목숨을 잃고 말았다.

그날 밤, 제16주째를 축하하기 위해 뒤르세는 방드오시엘의 아내가 되는 동시에 이아생트의 남편이 되었다. 그날부터 소년의 뒷문은 일당 모두의 공유가 되어, 그들은 소년을 채찍으로 심하게 때려 혼을 내준 다음 소년의 뒷문을 마음껏 음미했다. 그리고 일당은 뒤르세의 결혼을 축하하여 그의 아내인 파니를 혼내주자는 데 의견이 모여, 그들은 그녀에게 채찍질을 하고 촛불로 그녀의 두 팔과 허벅지를 여섯 군데 태운 다음, 치아를 두 개 뽑고, 그녀의 결혼 상대였던 이아생트에게(앞에서 말했듯이 일당의 음락적인 결정에 의해 이루어진 두 사람의 결혼식은 12월 5일이었다) 강제로 그녀 입에 배변을 시켜 그녀에게 먹게 했다. 또 공작은 아내인 오귀스틴의 치아를 하나 뽑자 바로 그 입 안에 자신의 그것을 넣었다. 그런 다음 그들은 팡송을 불러내어 그녀의 팔에서 채혈을 하고, 피가 흐르는 팔의 뼈를 꺾고, 발톱을 모두 뽑고, 두 손의 손가락을 모조리 잘라내버렸다.

2월 21일

데그랑주는 "다음에 말씀드리는 이야기는 살인의 대상으로 사내만 선택하는 악당들의 이야기입니다" 전제한 뒤 이야기를 시작했다.

제109화 어느 사내는 남자아이의 뒷문을 범한 뒤, 탄환을 가득 채운 소총을 그 남자아이의 엉덩이에 찔러 넣고 방아쇠를 당기는 동시에 사정했다.

제110화 어느 악당의 취미는 독특했다. 그 악당은 청년과 그 연인을 오랫동안 감금한 뒤, 청년이 보는 앞에서 연인의 팔다리를 절단하고 여자의 엉덩이와 유방의 살, 그리고 심장을 청년에게 강제로 먹였다. 오랫동안 감금된 청년은 연인의 살을 먹든지, 아니면 굶어죽든지 양자택일이 강요되었기 때문이다. 청년이 연인의 살을 선택하면 그 사내는 청년에게 몇 군데 상처를 입혀 출혈 과다로 죽음에 이르게 하고, 거부하면 청년은 굶어죽고 마는 것이다.

제111화 어느 악당은 젊은이의 음낭에서 고환을 빼내 요리에 섞어서 끓여 먹고, 그 자리에 유황과 수은을 섞어서 만든 구슬을 채워 넣었다. 그리고 극심한 고통에 신음하고 있는 젊은이의 뒷문을 범한 뒤, 젊은이를 더욱 괴롭히기 위해 유황성냥에 불을 붙여 몸 안을 불태우고 상처를 할퀴거나 태우면서 괴롭혀 결국 죽게 만들었다.

제112화 어느 악당은 희생자를 말뚝에 붙들어 맨 다음 말뚝에 긴 못을 박아 엉덩이 구멍 안까지 관통시켜서 사내가 죽을 때까지 방치했다.

제113화 어느 악당은 사내의 뒷문을 즐긴 뒤, 희생자의 머리뼈에 구멍을 뚫어 뇌수를 끄집어내고 그 자리에 녹은 납을 부어버렸다.

그날 밤에는 일당의 잔인한 고문이 기다리고 있었다. 그들은 나르시스를 불러내 가위로 소년의 두 음낭을 잘라냈다. 다음에는 축사에서 아델라이드를 끌고 와서 유방에 마구 채찍질을 가하고 머리카락과 음부의 털을 깎아버린 뒤, 벌겋게 달군 작은 인두와 부젓가락으로 허벅지 앞쪽과 클리토리스를 지지고, 아직 남아 있던 치아를 뽑고, 손가락을 자르고, 젖꼭지를 잘라내버렸다. 공작을 제외한 일당 세 사람은 그녀에게 잔인한 고문을 가하고 있는 동안 사정해버렸지만, 공작은 그것이 심하게 발기하여 일당 세 사람에게 "나 혼자서 테레즈를 괴롭히면 안 될까?" 부탁했다. 세 사람의 승낙을 얻은 공작은 작은 칼로 테레즈의 손톱을 모조리 벗겨내고 촛불로 손가락을 하나도 남김없이 태운 뒤, 한쪽 팔뼈마저 부러뜨렸지만, 그래도 사정이 되지 않아 아내인 오귀스틴의 옥문에 그것을 집어넣고서야 가까스로 사정했다. 그는 오귀스틴의 치아 한 개를 억지로 잡아뽑고 말았다.

2월 22일

제114화 어느 사내는 거열형에 사용할 수레를 준비하고 그 밑에 식탁을 차렸다. 그리고 소년을 붙잡아 엉덩이가 잘 보이도록 수레에 붙들어 매어 소년의 온몸 뼈를 분해해버리고는, 온종일 희생자의 엉덩이를 바라보면서 식사를 하며 숨이 끊어질 때까지 즐겼다.

제115화 어느 사내는 소년의 온몸 피부를 벗겨내고 전체에 벌꿀을 발라 파리에게 핥게 하고 기뻐했다.

제116화 어느 악당은 젊은 사람의 그것과 젖꼭지를 잘라내고, 두 손과 두 발을 각각 다른 기둥에 못 박아 다소 위엄을 유지하는 모습으로 죽게 했다.

제117화 뒤클로의 11월 29일 이야기 속의 사내는 동물을 이용해 인간을 당황시키는 취미가 심해져서 소년에게 방어용 몽둥이를 하나 들리고 사자 앞에 세웠다. 그러나 소년이 몽둥이를 지니고 있는 것이 도리어 사자를 흥분시켜서, 소년은 사자의 습격을 받아 잡아먹히고 말았다. 그 냉혈한 사내는 사자가 소년의 몸을 탐욕스럽게 먹고 있는 광경을 바라보면서 사정했다.

제118화 어느 사내는 소년의 몸에 암소 가죽을 완전히 입혀 성난 황소의 그것을 소년의 엉덩이 구멍에 억지로 찔러 넣게 했다. 그 사내는 소년과 황소의 격투를 재미있다는 듯이 바라보고 있었는데, 소년은 그 엉덩이에 황소의 정수를 칠한 채 죽고 말았다.

그날 밤에도 일당의 잔인한 처벌이 시작되었다. 맨 먼저 대상이 된 것은 지통이었다. 법원장과 에르퀼과 브리즈퀼이 소년의 뒷문을 공격한 다음 일당 모두가 소년을 힘껏 채찍질하고, 각자 소년의 치아를 하나씩 뽑았으며, 손가락을 한 개씩 잘라내고, 마지막으로 뒤르세가 소년의 고환을 두 손으로 으깨고 말았다. 다음은 공작의 아내인 오귀스틴의 차례였다. 그녀는 일당으로부터 마구 채찍질을 당해 아름다운 엉덩이가 피투성이가 되고 말았다. 그러자 공작은 그녀의 뒷문을 범하기 시작했고, 그동안 법원장은 그녀의 손가락을 한 개씩 잘라냈다. 다음에는 공작을 대신해 법원장이 그녀의 뒷문을 즐기고, 공작이 빨갛게 이글거리는 철봉으로 그녀의 허벅지 여섯 군데를 지지자, 법원장이 그녀의 뒷문에 사정하는 동시에 그녀의 손가락을 한 개 잘라냈다. 그 참혹한 고문을 당한 오귀스틴은 그래도 그날 밤 남편인 공작과 함께 잠자리에 들어야 했다. 다음으로 일당은 마리의 팔을 하나 부러뜨리고 손톱을 남김없이 뽑아 상처를 촛불로 태우고 말았다. 게다가 뒤르세와 법원장은 완전히 쇠약해진 아델라이드를 지하 감옥으로 데려가서 뒤클로와 데그랑주의 도움으로 가장 끔찍한 고문을 겪게 하여 결국 그녀를 죽이고 말았다(고문을 상세하게 기술해둘 것).

2월 23일

제119화 어느 사내는 청년의 팔다리를 특수한 기계에 묶고 기계를 작동시켰다. 그 때문에 청년은 팔다리가 잡아 뽑히거나 오그라들고 모든 관절이 탈구하여 실신하고 말았다. 그러자 사내는 청년을 기계에서 내려줘 숨이 돌아오게 했지만, 며칠 동안 똑같은 일을 되풀이하자 희생자는 결국 죽고 말았다.

제120화 어느 사내는 청년을 감금한 뒤, 아름다운 처녀를 시켜 유혹하여 음락에 빠지게 하는 바람에 청년은 완전히 쇠약해지고 말았다. 더구나 그 사내는 청년에게 음식을 전혀 주지 않고 방치했기 때문에 희생자는 심한 경련 발작을 일으킨 끝에 죽어버렸다.

제121화 어느 사내는 젊은 남자에게 하루에 네 번이나 수술을 해 죽게 만들었다. 그 수술이란 결석을 찾아 제거하고, 머리뼈에 구멍을 뚫고, 눈과 항문 속에 있는 종기를 제거한 것이다. 수술에 대한 충분한 지식을 가지고 있지 않았던 사내는 수술을 마친 뒤 아무 처치도 하지 않고, 희생자가 고통스럽게 죽어가는 것을 말없이 구경만 하고 있었다.

제122화 어느 사내는 젊은 남자의 그것과 음낭을 잘라내고 구멍 파는 도구로 옥문과 비슷한 구멍을 만들어 그 상처를 뜨겁게 달군 인두로 소독했다. 그리고 인공 옥문에 자신의 그것을 집어넣고 사정하면서 희생자의 목을 졸라 죽이고 말았다.

제123화 어느 사내는 희생자의 몸을 말빗으로 피가 흐를 정도로 긁고, 그 상처에 알코올을 바른 다음 불을 붙였다. 사내는 희생자가 죽을 때까지 그 일을 몇 번이나 되풀이하면서 기뻐했다.

그날 밤, 일당은 나르시스를 고문하여 촛불로 소년의 허벅지와 작은 그것을 태우고 고환을 으깨버렸다. 오귀스틴에게 집요한 애정을 품고 있던 공작의 요구로, 일당은 간밤에 이어 다시 그녀를 고문했다. 그녀의 허벅지와 겨드랑이를 태우고 벌겋게 단 부젓가락을 옥문에 찔러 넣자 그녀는 기절해버렸다. 더욱 흥분한 공작은 그것만으로는 만족하지 못해 오귀스틴의 한쪽 유방을 잘라내 흐르는 피를 마시고, 두 팔의 뼈를 부러뜨리고, 옥문의 털과 치아를 뽑고, 두 손의 손가락을 모두 잘라내고, 그 상처에 불에 달군 인두를 갖다 댔다. 그래도 공작은 죽은 사람이나 다름없는 그녀와 동침하면서, 뒤클로에 의하면 오귀스틴의 옥문과 뒷문을 즐기면서 내일은 너의 운명의 날이라고 선고했다고 한다. 또 일당은 루이종을 불러내 한쪽 팔의 뼈를 부러뜨리고 촛불로 혀와 클리토리스를 태운 뒤, 손톱을 남김없이 잡아 뽑고, 상처에 뜨겁게 달군 인두를 댔다. 그동안 법원장은 루이종의 뒷문을 계속 범하다가 공작과 마찬가지로 흥분하여 젤미르를 불러낸 뒤, 그녀의 유방을 있는 힘껏 차고 때리면서 사정했다. 그래도 만족하지 못한 법원장은 다시 그녀를 붙잡아 자기 팔이 잘못될 정도로 채찍질을 했다.

2월 24일

제124화 마르텐의 1월 1일 이야기 속의 사내는 두 아이가 보고 있는 앞에서 그 아버지의 뒷문을 범했다. 그런 다음 한 손으로는 단도를 찔러 한 아이를 죽이고, 한 손으로는 다른 아이의 목을 졸라 죽여버렸다.

제125화 어느 사내는 임신한 여자의 배를 채찍으로 때려 욕정을 채우다가 나중에는 색다른 짓을 하기 시작했다. 그는 임신 8개월의 여자 6명을 모아서 불룩한 배가 잘 보이도록 전원을 등을 맞대게 하고 밧줄로 묶었다. 그리고 여자 A의 배를 단도로 가르고 여자 B의 배에 단도를 찔러 넣고, 여자 C의 배를 발로 100번 차고, 여자 D의 배를 몽둥이로 100번 때리고, 여자 E의 배를 촛불로 지지고, 여자F의 배를 줄로 긁어댔다. 그리고 그런 고문을 당하고도 아직 숨을 쉬고 있는 여자가 있으면 그 여자를 곤봉으로 내리쳐서 죽이고 말았다.

그 이야기를 듣고 있던 법원장이 흥분하여 데그랑주의 이야기를 중단시키더니 무서운 광경을 전개하기 시작했다.

제126화 뒤클로가 전에 이야기한 적이 있는 후작은 집으로 두 여자를 유인했다. 그리고 첫 번째 여자에게 "만일 살고 싶으면 신이나 종교 같은 건 없다고 말해라" 명령했다. 그런데 그 여자는 그 사내의 하녀가 아무 말도 하지 않는 것이 좋다, 만일 주인님이 시키는 대로 대답하면 반드시 살해되고 만다, 하지만 아무 말하지 않고 가만히 있으면 걱정할 게 없다고 미리 알려주었기 때문에 대답하지 않았다. 그러자 사내는 갑자기 여자 머리에 권총을 쏘아 죽이고 "자, 신께 바칠 공물이 하나 생겼다!"고 외쳤다. 사내는 다음 여자를 불렀다. 그 여자는 첫 번째 여자하고는 반대로, 하녀한테서 살고 싶으면 주인님이 시키는 대로 대답하는 것이 좋다고 들었기 때문에, 사내의 말대로 신과 종교의 존재를 부정했다. 그러자 사내는 첫 번째 여자와 똑같이 그녀의 머리를 권총으로 관통시키고 "악마에게 바칠 공물이 하나 생겼다!"고 외친 것이다. 후작은 그런 놀이를 매주 되풀이하고 있었다.

제127화 어느 악당은 무도회를 열어 살인하는 것이 취미였다. 무도실에는 장치가 되어 있어 방이 손님으로 가득 차면 천장이 무너져서 춤을 즐기고 있는 사람들을 압사시키고 말았다. 사내는 한 도시에서 계속 살지 않고 주소를 바꾸어 그때마다 집의 무도실을 개조했기 때문에 그의 취미가 발각된 것은 50번째 무도회가 열린 뒤였다.

제128화 마르텐의 1월 27일 이야기 속의 사내는 다음과 같은 취미의 소유자였다. 그는 출산이 임박한 3명의 여자를 모아 잔인한 모습을 취하게 하여 배부른 세 여인들의 매력적인 집단을 만들고 그녀들을 인공유산시켰다. 그는 여자들이 그런 상황에서 아기를 낳는 모습을 바라보고 태어난 아기를 제각각 끈으로 여자들 목에 매단 채 여자들에게 먹을 것을 전혀 주지 않고 방치했다. 그래서 갓난아기가 죽어버리거나 여자가 굶주린 나머지 제 새끼를 먹어버리는 무서운 결과가 되고 말았다.

제128화[2] 그 사내에게는 또 하나의 취미가 있었다. 그는 자기 눈앞에서 두 여자에게 출산을 시키면서 여자들에게 눈가리개를 하여, 태어난 아기를 바꾸고 갓난아기에게 자기만 아는 표시를 한 뒤, 여자들에게 '자기 아기'를 찾아오라고 명령했다. 여자들이 갓난아기의 식별을 틀리지 않으면 갓난아기를 살려주지만, 만일 알아맞히지 못하면 긴 칼로 갓난아기를 베어죽였다.

그날 밤, 일당은 먼저 나르시스를 향연에 불렀다. 주교는 소년의 뒷문을 범하고 뒤르세는 소년의 열 손가락을 남김없이 잘라낸 뒤 뜨겁게 달군 바늘을 소년의 요도에 찔러 넣었다. 다음은 지통 차례였다. 그들은 소년의 몸을 공놀

---

2) 제128화가 중복된 이유에 대해서는 설명되어 있지 않다.

이하듯이 서로 차서 소년의 한쪽 다리뼈를 부러뜨린 다음 공작이 소년의 뒷문을 공격했다. 다음은 법원장의 아내인 젤미르의 차례가 되었다. 일당은 촛불로 그녀의 혀와 잇몸, 허벅지와 클리토리스를 태우고 두 젖꼭지와 두 손의 손가락을 모두 잘라냈다. 그리고 아내에 대한 고문을 바라보면서 기뻐하던 법원장은 그녀의 뒷문을 범했다. 그리고 그들은 팡송의 한쪽 눈을 도려내버렸다.

마침내 그들은 오귀스틴의 처형을 시작했다. 공작과 법원장은 뒤클로와 데그랑주를 데리고 오귀스틴과 함께 지하실로 내려갔다. 그들은 그때까지의 고문에서도 그녀의 엉덩이 구멍만은 상처를 입히지 않았기 때문에 그녀의 엉덩이 구멍은 매우 좋은 상태를 유지하고 있었다. 그들은 그녀를 채찍으로 때린 뒤 교대로 그녀의 뒷문을 음미했다. 그리고 수술에 의한 고문을 시작했다. 공작은 작은 칼로 그녀의 엉덩이 59군데에 상처를 입힌 다음 그 상처에 뜨거운 기름을 붓고, 전날 밤에 이어서 뻘겋게 달군 부젓가락을 그녀의 옥문과 엉덩이 구멍에 집어넣고, 자신의 그것에 고래가죽으로 만든 콘돔을 씌워 그녀의 상처 입은 옥문과 뒷문에 집어넣었다. 그것이 끝나자 그들은 그녀의 두 팔과 두 다리를 자르고, 뼈를 노출시켜 몇 군데를 톱으로 절단한 뒤, 네 군데의 관절에서 신경섬유를 찾아내어 그 끝을 회전 윈치에 연결하여, 인간의 신체구조 가운데 가장 미묘한 조직을 잡아 늘이면서 작은 칼로 자극을 주었는데, 그것은 죽음보다 괴로운 고통이었다. 그녀에게 잠시 휴식이 주어졌지만, 그것은 그녀에게 더한층 고통을 느끼게 하기 위한 것이었다. 그들은 다시 일을 시작하여 이번에는 그녀의 목에 구멍을 뚫고 혀를 아래로 잡아당겨 그 구멍으로 나오게 하고, 남아 있는 한쪽 유방을 촛불로 태웠다. 공작은 해부칼을 옥문에 넣어 질과 항문 사이에 있는 벽을 뚫고 옥문 안에 손을 넣어 장내를 휘저어서 뒷문과 이어진 옥문으로 변이 나오게 한 뒤, 다시 해부칼을 찔러넣어 위장을 절개했다. 그 일이 끝나자 두 사람은 얼굴을 수술하기 시작했다. 그들은 그녀의 두 귀를 잘라내고, 콧구멍 속을 태우고, 뜨거워진 봉랍(封蠟)을 두 눈 속에 부은 다음, 그녀의 머리카락으로 그녀의 몸을 매달고 두 다리에 무거운 돌을 묶어 그녀가 밑으로 떨어지자, 머리카락과 함께 두피가 벗겨지고 말았다. 떨

어져서 쓰러진 오귀스틴이 아직도 가늘게 숨을 쉬고 있자, 공작은 그녀의 옥
문을 범해 사정하고 더욱더 화를 내면서 그녀에게서 떠났다. 그래도 만족하
지 못한 일당은 그녀의 배를 갈라 내장에 불을 붙이고, 법원장은 해부칼로 그
녀의 심장을 몇 군데나 찔렀다. 그것이 그녀의 영혼이 육체를 떠난 순간이었
다. 자연계가 만들어낸 가장 고귀한 피조물은 15세 8개월의 생명을 마친 것이
다(그녀를 찬양할 것).[3]

2월 25일

(그날 아침부터 공작은 오귀스틴 대신 콜롱브를 아내로 삼을 것.)

제129화 뒷문을 몹시 선호하는 어느 사내는 정부(情夫)와 정부(情婦)를 감
금한 뒤, 남자가 보는 앞에서 여자의 뒷문을 범하고 여자가 보는 앞에서 남
자의 뒷문을 범했다. 그리고 정부의 몸 위에 정부의 몸을 포개고 두 사람의
두 손, 두 발에 못을 박고 방치하는 바람에 두 사람은 서로 입과 입을 맞댄
채 죽고 말았다(서로 사랑하는 세라동과 소피도 이것과 똑같은 고문을 받게 될 것
이다).

일당은 데그랑주의 이야기를 중단시키고 세라동에게 말했다. "자, 이 봉랍
을 뜨겁게 데워서 네가 무척 좋아하는 소피의 허벅지에 부어라." 소년은 그들
의 명령을 실행하려다가 도중에 정신을 잃고 말았다. 그러자 재미있어하던 주
교가 소년의 뒷문을 범했다.

제130화 처녀를 물속에 던져넣었다가 끌어올리면서 즐기던 어느 사내는 이
번에는 헤엄을 칠 줄 모르는 7, 8명의 여자를 연못 속에 던져넣어 허우적거리

---

3) 사드가 고문 내용을 구체적으로 상세하게 묘사한 것은 이 부분뿐인데, 오귀스틴은 2월 20일
에 치아 한 개, 21일에 치아 한 개 뽑고, 22일에는 손가락 두 개 잘라내고, 벌겋게 달군 철봉
을 허벅지에 대고, 23일에는 벌겋게 달군 부젓가락을 음부에 넣고, 한쪽 유방을 베어내고, 두
팔뼈를 부러뜨리고, 치아를 모두 뽑았기 때문에, 그것만으로도 살아 있었다고 생각되지 않는
데, 이날의 고문은 너무나 잔인할 뿐만 아니라 도저히 실행이 불가능하게 생각되는 행위의
연속이었다. 더구나 그녀가 온갖 수술을 견디고 끝까지 숨을 쉬고 있었다는 것도 믿어지지
않는다. 오귀스틴의 예뿐만 아니라 이 작품은 제2부, 제3부, 제4부로 나아갈수록 내용이 지리
멸렬하고 황당무계해져간다. 감옥 안에서의 망상에 의한 산물이라고 쳐도 역자로서 이해할
수 없는 일들이 너무 많다.

는 모습을 바라보다가, 빨갛게 달군 철봉을 내밀어 도움을 청하는 그녀들을 그 철봉에 매달리게 한 뒤 뿌리치면서 즐겼다.

제131화 어느 사내는 누구건 가리지 않고 은밀히 독을 마시게 해 상대가 토하는 것을 바라보며 기뻐했는데, 그런 취미를 완벽하게 완성하기 위해 은밀한 방법을 사용하여, 어느 지방에 전염병을 만연시키거나 여러 군데의 우물과 하천에 독약을 넣어서 지금까지 믿어지지 않을 정도로 많은 사람들을 살해했다.

제132화 채찍질을 선호하던 어느 사내는 아이가 있고 게다가 임신한 세 여자를 찾아내어 철제 우리 속에 가둬놓고 우리 밑에 불을 피웠다. 바닥이 뜨거워지자 여자는 아이를 안고 이리 뛰고 저리 뛰고 하다가 결국 쓰러져 죽고 말았다(이 이야기는 데그랑주 이야기의 전반에 삽입하는 것이 적절하므로 적당한 곳을 고려할 것).

제133화 어느 사내는 구둣방에서 사용하는 송곳으로 여자의 몸을 찌르면서 즐겼는데, 그러한 취미를 완성시키기 위해 안쪽에 수많은 못이 튀어나와 있는 통 속에 임신한 여자를 밀어넣고 뜰에서 통을 굴렸다.

임신부 이야기는 법원장을 매우 기쁘게 했지만, 같은 임신부인 콩스탕스에게는 뭐라 말할 수 없는 슬픔과 고통을 불러일으켰다. 그녀는 자신의 운명을 잘 알고 있었다. 콩스탕스의 운명의 날이 다가오자 일당은 그녀의 자존심에 상처를 주기 위해 이제 슬슬 그녀에 대한 최초의 고문을 시작하기로 했다. 그들은 촛불로 그녀의 허벅지 여섯 군데를 지지고 뜨거운 봉랍을 배꼽 위에 흘려 넣은 뒤 바늘로 두 젖꼭지를 찔렀다. 다음에는 지통이 불려갔다. 일당은 소년의 치아를 네 개 잡아 뽑고 빨갛게 달군 바늘로 소년의 그것과 음낭을 여기저기 찔렀다. 다음은 젤미르의 차례였다. 일당은 빨갛게 달군 부젓가락을 그녀의 옥문에 집어넣고 유방 여섯 군데와 허벅지 열두 군데에 상처를 입히고, 배꼽 속에 바늘을 찔러 넣고 한쪽 눈을 바늘로 찌르고, 치아를 네 개 뽑아버렸다. 그리고 법원장은 그녀의 뒷문을 즐긴 뒤 내일은 드디어 너를 처형하는 날이라고 선고했다. 그녀는 자신의 고통도 이제 끝이라고 오히려 기뻐했다. 다음에는 로제트가 불려나왔다. 일당은 그녀의 치아를 네 개 잡아 뽑고 벌겋게 달군 부젓가락으로 양어깨 뒤에 낙인을 찍은 뒤, 두 허벅지와 두 장딴지를 단도로 베어냈다. 그리고 번갈아 얼굴을 주먹으로 때리고 젖꼭지를 마구 주무르면서 뒷문을 범했다. 마지막으로 일당은 소 힘줄로 만든 채찍으로 테레즈의 등을 100번이나 때리고 한쪽 눈을 도려내버렸다.

2월 26일

제134화 어느 악당은 몇 명의 남자아이와 여자아이를 모아 아이들의 뒷문을 즐겼다. 그리고 하인에게 지시하여, 아이들을 탑 위로 끌고 가서 하나 하나 밀어서 떨어뜨리게 했다. 그는 탑 아래에 날카로운 쇳조각을 잔뜩 깐 곳에 자리를 잡고 아이들이 잇따라 탑에서 떨어져서 지면 위에 쓰러져 피가 튀는 광경을 황홀한 듯 바라보았다.

제135화 가난한 사람의 집에 불을 지르는 것이 취미였던 어느 악당(데그랑주의 제58화 제71화의 사내와 동일인)은 색다른 취향을 연구했다. 그는 임신한 여자를 6명 붙잡아 오두막 안에 넣고, 불에 잘 타는 것을 바닥에 늘어놓은 뒤 그 위에 여자들을 묶어놓고 불을 질렀다. 그리고 희생자들이 도망가려고 하면 오두막 입구에서 기다리고 있다가 가래로 여자들을 때려서 불 속으로 돌려보냈다. 여자들이 반쯤 타자 바닥이 무너져 여자들은 그가 미리 마루 밑에 메워둔 커다란 기름통 안에 떨어져 죽고 말았다.

제136화 어느 백작(데그랑주의 제71화 속의 사내)은 가난한 사람을 몹시 싫어했는데, 그는 굶주린 거지 가족을 모아놓고 약간의 음식을 제공하여, 많은 가족들이 앞다투어 음식에 달려드는 광경을 바라보면서 욕정을 채웠다.

제137화 어느 사내는 일찍부터 남색과 근친상간, 신성모독, 강간, 살인의 죄를 한 번에 범해보고 싶은 소망을 품고 있었다. 그래서 자기 아들에게 부탁해 엉덩이 구멍에 거룩한 빵을 넣게 한 다음, 거기에 아들의 그것을 넣게 하고, 결혼한 자기 딸을 강간한 뒤 딸의 아이를 죽이고 말았다.

제138화 뒤클로의 11월 29일 이야기와 마르텐의 1월 11일 이야기 속의 사내는 여자의 뒷문을 몹시 애호했는데, 자기 집에 어느 모녀를 데리고 와서 어머니의 뒷문을 범하고 목을 졸라 죽였다. 그런 다음 시체를 반듯하게 눕히고 이번에는 그 옥문을 범하고 사정했다. 그것이 끝나자 그는 딸을 어머니의 유방 위에 반듯이 올려놓고 단도로 처녀의 유방을 찔러 죽인 다음, 죽은 딸의 뒷문을 범했다. 그런데 죽은 줄 알았던 두 사람이 아직도 숨이 붙어 있는 것을 보고 두 사람에게 더욱 고통을 주기 위해 여자들을 불 속에 던져넣고 두 사람의 몸이 타는 것을 바라보면서 다시 사정했다.

그날 밤, 나르시스가 고문을 당하여 전날 밤의 지통과 똑같은 고통을 받았는데, 소년은 한 손이 잘리고 말았다. 다음으로 로제트와 미셰트의 차례가 되어, 일당은 촛불로 그녀들의 아랫배와 두 젖꼭지, 옥문 속을 태웠다. 그런데 자제력을 잃어버린 법원장이 일당의 암묵적인 약속을 잊어버리고 미셰트의 뒷문을 범하면서 로제트의 한쪽 젖꼭지를 도려내고 만 것이다. 그 고문이 끝나자 법원장은 공작을 찾아서 뒤클로와 데그랑주를 데리고 공작과 함께 젤미르를 끌고 지하 감옥으로 내려갔다. 그리고 지하 감옥에서 가장 세련된 고문이 그녀에게 가해졌다. 그 고문은 오귀스틴에게 가해진 고문보다 훨씬 가혹한 것으로 이튿날 아침식사 때까지 길게 이어졌다. 8명의 소녀 가운데 엉덩이가 가장 아름다웠던 젤미르는 15세 2개월의 나이에 죽은 것이다. 아내를 잃은 법원장은 이튿날 에베를 아내로 맞이했다.

2월 27일

예정에는 모든 이야기의 종료를 축하하기 위한 축제일로 되어 있었지만, 일당은 데그랑주의 이야기 진행에 맞춰 축제를 이튿날로 연기했다.

제139화 마르텐의 1월 12일 이야기 속의 사내는 여자의 엉덩이 구멍에 불꽃을 찔러 넣고 불을 붙여 즐겼는데, 이번에는 취향을 바꾸어 임신한 두 여자의 등을 맞대고 공 같은 모양으로 묶은 다음 투석포(投石砲) 안에 넣어 쏘아올렸다.

제140화 어느 사내의 취미는 여자의 살갗을 난자하는 것이었는데, 이번에는 임신한 두 여자를 감금해 발가벗기고 제각기 단도를 들고 서로 싸우게 했다(그는 밖의 안전한 곳에서 구경하고 있었다). 그는 여자들에게 총을 겨누어 너희들이 재미있게 싸우지 않으면 사정없이 쏘아버리겠다고 위협했다. 그녀들이 서로를 죽이는 것이 그가 바라는 일이었지만, 어느 한쪽이 먼저 살해되면 그는 칼을 손에 들고 방 안에 뛰어들어 남은 여자를 찔러죽였다. 그리고 먼저 살해된 여자의 배를 갈라 알코올을 끼얹고 불을 붙이거나, 벌겋게 달군 철봉을 찔러 내장을 태워버렸다.

제141화 어느 사내는 임신한 여자의 배를 채찍으로 때리는 것을 기쁨으로 삼고 있었는데, 자기의 취미를 더욱 세련되게 하기 위해 다음과 같은 것을 생각해냈다. 그는 거열형에 사용할 수레를 준비하여 산달인 임신부를 그 위에 묶고 수레 밑의 의자에 그녀의 어머니를 앉게 해 움직이지 못하도록 한 뒤, 어머니에게 위를 향해 입을 열고 있으라고 명령했다. 사내가 철봉으로 딸의 팔다리를 꺾고 마구 괴롭혀 죽여버리자, 딸의 몸에서 흘러내린 오물(딸이 때마침 출산해버리면 태아의 오물까지)이 어머니의 입 안에 방울방울 떨어졌다.

제142화 마르텐의 1월 16일 이야기 속의 사내는 여자의 몸에 바늘을 찌르는 것이 취미였는데 최근에 뾰족한 쇠못이 수없이 박혀 있는 판자로 만든 고문도구를 고안했다. 그리고 소녀를 판 위에 묶고 옥문을 범했는데 그가 그것을 움직일 때마다 소녀의 등에 쇠못이 박혔다. 그런 다음 그는 소녀의 몸을 뒤집어 뒷문을 공격했는데 그가 소녀의 엉덩이를 누를 때마다 처녀의 유방과 아랫배에 쇠못이 박혔다. 그 고문이 끝나자 그는 소녀의 등에 똑같이 장치한 판을 올려놓고 두 장의 판을 나사로 연결해 천천히 죄기 시작했다. 소녀는 끔찍한 고통 속에 온몸이 쇠못에 찔려 마지막에는 짜부라져 죽고 말았다.

제143화 어느 채찍질 애호가는 출산이 임박한 여자를 데려와 테이블 위에 반듯하게 뉘어서 묶었다. 그리고 뜨겁게 달군 못을 여자의 두 눈과 입 안, 그리고 두 유방에 박았다. 이어서 촛불로 여자의 두 젖꼭지와 클리토리스를 태웠다. 그것이 끝나자 사내는 톱으로 천천히 여자의 무릎을 반쯤 자르고, 두 다리뼈를 부러뜨린 다음, 빨갛게 달군 긴 못을 여자의 배꼽에 박아 넣어 여자와 배 속의 태아 숨통을 끊어놓고 말았다.

그날 밤, 일당은 하녀로 격하된 쥘리와 뒤클로에게 채찍질을 가했는데 그들은 두 사람을 살려둘 생각이었기 때문에 채찍질은 장난하는 정도에 그쳤다. 그래도 그들은 촛불로 쥘리의 허벅지 두 군데를 지지고 온몸의 털을 뽑아버렸다. 그리고 일당은 다음날 처형할 예정인 임신부 콩스탕스를 불러냈다. 일당은 그녀의 치아를 네 개 뽑고, 촛불로 그녀의 두 젖꼭지를 태운 뒤, 아랫배 위에 녹인 봉랍을 뿌리고 바늘로 두 눈을 찔렀다. 그런 다음 이튿날 희생될 나르시스가 불려와서 그들은 소년의 치아를 네 개 뽑고 한쪽 눈을 도려냈다. 다음으로 일당은 다음날 임신부인 콩스탕스와 함께 묘지로 가게 되어 있는 지통과 미셰트와 로제트를 불러내 세 사람의 치아를 네 개씩 뽑고 각각 한쪽 눈을 도려냈다. 그리고 로제트의 나머지 젖꼭지와 두 팔과 허벅지의 살을 여섯 군데 베어내고, 두 손의 손가락을 남김없이 잘라낸 뒤, 옥문과 엉덩이 구멍에 벌겋게 달군 부젓가락을 찔러 넣었다. 마지막으로 루이종의 차례가 되자, 그들은 소 힘줄로 만든 채찍으로 100번 때리고 한쪽 눈을 도려내 그녀에게 강제로 먹였다.

2월 28일

제144화 어느 악당은 사이가 좋은 두 소녀를 찾아내 감금하고, 두 사람의 입과 입이 꼭 달라붙도록 두 사람을 마주보게 해서 묶은 다음, 그녀들의 눈앞에 성찬을 늘어놓았다. 그 사내가 며칠이 지나도록 소녀들을 그 상태로 두자, 그녀들은 배가 고픈 나머지 서로의 입술을 물어뜯어 먹고 말았고, 그 사내는 그런 모습을 바라보면서 즐긴 것이다.

제145화 어느 사내는 임신한 여자에게 채찍질을 하며 즐기고 있었는데, 철봉을 조립하여 둥근 우리를 만들고 임신한 6명의 여자에게 팔라틴 백작 부인이 유행시킨 모피 목도리를 두르게 하고 서로 마주 보게 하여 나란히 우리 안에 가두고 말았다. 그는 여자들을 한 사람씩 끌어내 한쪽 유방과 엉덩이를 베어내고 우리 속에 도로 넣은 다음, 철봉을 한 개씩 벗겨내 우리의 테를 점차 줄여나갔기 때문에 그녀들은 몸을 움직일 수 없게 되어 결국 몸이 납작해져서 태아와 함께 죽고 말았다.

제146화 마찬가지로 임신한 여자를 채찍으로 때리는 걸 즐겼던 한 사내는 두 여자를 데려와(그 사내가 좋아하는 조합은 모녀나 자매였다), 기다란 봉 끝에 묶어 특수한 장치를 이용해 높게 매달았다. 사내가 장치를 작동시키면 봉이 전후좌우로 흔들리기 시작하여, 허공에 매달린 두 여자는 서로 심하게 부딪치거나 떨어지곤 했는데, 그러한 충돌을 수백 번 되풀이하는 사이에 결국 두 사람은 숨이 끊어졌고 사내는 그 광경을 바라보면서 사정했다.

　제147화 이 이야기에 몇 번이나 모습을 드러낸 어느 백작이 마지막으로 생각해낸 고문은 다음과 같은 것이었다. 백작은 세 여자를 각각 세 구덩이 위에 매달았다(백작의 원한 것은 임신한 여자들이나, 소녀 뤼실과 그 여동생과 그 어머니와 같은 특별한 가족관계가 있는 여자들이었다). 첫 번째 여자는 끈으로 혀를 묶어 깊은 우물 위에 매달았는데, 자신의 몸무게로 이윽고 혀가 찢어져서 우물 속에 떨어지고 말았다. 두 번째 여자는 끈으로 두 젖꼭지를 묶어서 매달았는데, 그 구덩이 밑에는 숯불이 벌겋게 타고 있었다. 그 여자도 자신의 몸무게를 이기지 못해 이윽고 젖꼭지가 떨어져나가 벌겋게 타고 있는 숯불 위에 떨어져버렸다. 세 번째 여자는 자기 머리카락으로 매달렸는데 구덩이 밑에는 날카로운 쇳조각이 가득 깔려 있었다. 그 여자도 자신의 몸무게로 이윽고 머리카락과 함께 두피가 벗겨져 구덩이 속으로 떨어지고 말았다.

　제148화(이것이 마지막 이야기가 되어 있지만 제149화와 제150화는 초고 형태로, 제148화 속에 넣을 것) 지옥남으로 불린 어느 사내(뒤클로의 11월 29일 이야기 속의 사내, 샹빌의 순결한 옥문을 빼앗고 마르텐의 순결한 뒷문을 범한 사내, 그리고 데그랑주가 조금 전에 소개한 사내와 동일인)는 마흔 살 정도에 키가 무척 크고, 길이 30센티미터, 둘레가 22센티미터나 되는 당나귀 같은 그것을 가지고 있었다. 그는 큰 부자에 대귀족으로, 기질이 냉혹하고 잔인하기 이를 데 없는 자였다. 그는 자기의 욕정을 채우기 위해 파리 교외에서 한참 더 벗어난 곳에 별장을 가지고 있었다. 그가 음락을 즐기는 방은 극히 단순하게 장식된, 대기실이 딸린 큰 홀이었는데, 안락의자와 소파·침대·쿠션 등에는 충전물이 충분히 채워져 있고 바닥에는 부드러운 매트리스가 깔려 있었다. 그 방에 하나 있는 커다란 창문은 입구를 제외하고 유일한 출구였다. 창을 열면 12미터 아래에 지하 움막이 입을 벌리고 있는데 그는 많은 시간을 그 움막에서 지내고 있었다. 움막 바닥은 탄력이 있는 매트가 깔려 있고, 그가 희생자를 창문에서 움막을 향해 던져도 무사할 수 있었다. 그 움막에 대해서는 나중에 말하기로 한다. 그는 2주마다 정기적으로 향연을 베풀었는데 그 때문에 극히 아름답고 옥문과 뒷문이 모두 순결한 열다섯 살에서 열일곱 살의 소녀 15명이 필요했다(나이에 대해서는 그 초과뿐만 아니라 그 미만도 불합격이었다). 그는 그런 소녀들을 모으기 위해 파리 사창가의 포주 6명을 이용해 온 파리를 뒤지게 하고 12명의 포주에게는 시골을 돌게 했다. 그리고 포주들이 꼭 그 나이의 가장 매력적인 소녀들을 찾아내면 즉시 별장으로 데려오게 해 포주와 소녀들을 대기실에서 기다리게 했다. 그렇게 모인 소녀들 가운데 그의 욕정을 채울 수 있는 15명이 선발되는 것이다. 향연이 시작되기 전날 밤, 그는 직접 소녀들을 음미했다. 그는 소녀들에게 사소한 결점이 있어도 거부했고 모두가 미의 본보기라고 할 수 있는 수준이 아니면 안 된다고 주장했다. 그는 대기실의 소녀들을 모두 발가벗겨 하나하나 몸에 손을 대 주무르고, 입술을 빨고, 교대로 그의 입 안에 배변을 시켰는데 그는 그 배설물을 먹지는 않았다. 그러한 최초의 검사는 이상할 정도의 열성으로 이루어졌는데, 검사가 끝나면 그는 합격한 소녀들의 어깨에 벌겋게 달군 인두로 번호를 새겼다. 그 번호는 그가 소녀들을 받아들이는 차례를 나타내는 것이었다.

그 일이 끝나자 그는 혼자 홀에 가서 한동안 시간을 보냈는데 그가 거기서 무엇을 하고 있는지는 아무도 몰랐다. 이윽고 그는 대기실 문을 두드렸다. 그러자 그 신호에 호응해 포주가 첫 번째 소녀를 홀을 향해 던지자 그는 소녀를 두 팔로 정확하게 받아 안았다. 알몸의 소녀를 받은 그는 문을 잠그고 채찍을 손에 들더니 소녀의 엉덩이를 때리기 시작했다. 그리고 나서 소녀를 엎드리게 하고 거대한 그것으로 소녀의 뒷문을 범했는데, 무슨 비결이 있었는지 아무런 도움도 필요하지 않았다. 그는 사정을 하지 않고 발기한 그대로 그것을 잡아 빼더니, 다시 채찍을 들고 소녀의 등과 허벅지를 때렸다. 다음에는 반듯하게 눕혀 옥문을 범하고 나서 또 채찍을 들고 소녀의 두 유방을 힘껏 때린 다음 두 손으로 유방을 잡고 무시무시한 힘으로 비틀어 망가뜨리고 말았다. 다음에는 송곳으로 소녀의 온몸을 찌르고 상처투성이인 유방에 일격을 가했다. 그리고 나서 소녀의 목에 색깔이 있는 리본을 매고 소녀를 홀 한가운데로 끌고 가 소녀의 몸을 창문을 향해 돌려세우더니 있는 힘을 다해 엉덩이를 차버렸다. 그러자 소녀는 유리창을 넘어 움막 안의 매트 위에 떨어지고 말았다(색깔 있는 리본은 그의 신념에 따라 소녀에게 제각각 가장 적합한 고문을 나타내는 표시였는데, 그의 그러한 감각과 지식은 참으로 놀라운 것이었다). 모든 처녀가 잇따라 그의 손에 건네져 한 사람씩 똑같은 의식이 부여되어, 그는 하루 동안 서른 번 순결한 옥문과 뒷문을 음미한 셈인데 사정은 한 방울도 하지 않았다. 그렇게 해서 15명의 소녀들이 모두 움막 안에 들어가자, 냉혹하고 잔인한 사형집행인은 거의 알몸에 가까운 모습으로 발기한 그것을 아랫배에 딱 붙이고 가면을 쓴 채, 악마의 문장(紋章)을 달고, 그때까지 사정을 참고 있었기 때문에 조급한 나머지 흉포성을 띠고 지옥의 은신처에 내려갔다. 거기에는 열다섯 가지의 무서운 고문도구가 갖춰져 있어, 리본 색깔에 맞춘 옷을 입힌 희생자들에게 제각기 걸맞은(물론 그에게 있어서) 고문을 가하는 것이다. 준비가 다 끝나자 모든 고문 도구가 동시에 작동하기 시작했다.

소녀 1은 바퀴 위에 실려 단단히 묶였다. 그 바퀴는 몇 개의 면도날이 붙어 있는 바깥바퀴 속을 스치듯이 도는 장치로 되어 있었기 때문에 그 불행한 소녀는 수레가 한 번 회전할 때마다 면도날에 온몸이 긁히거나 베이고 말았다. 그러나 소녀의 몸은 면도날로 깎일 뿐이기 때문에 그녀가 죽기까지 바퀴는 두 시간이나 계속 돌았다.

소녀 2는 벌겋게 달군 철판에서 불과 10센티미터 높이에 있는 쇠그물 위에 눕혀져서 몸이 서서히 녹아갔다.

소녀 3은 벌겋게 달군 철판 위에 실려 허리가 고정되어 팔다리가 열로 인해 점차 뒤틀려서 마침내 온몸이 분해되고 말았다.

소녀 4는 화로 위에 매달려 팔다리가 네 개의 스프링에 묶였다. 스프링이 저마다 다른 방향으로 천천히 오그라들면 소녀의 팔다리는 저마다 다른 방향으로 잡아당겨졌고, 결국 몸에서 떨어져 남은 몸통은 난로 속에 떨어졌다.

소녀 5는 보닛 대신 시뻘건 쇠로 만든 종이 머리에 씌워졌다. 그 때문에 머리가 불타고 머리뼈가 점차 녹아버렸다.

소녀 6은 사슬에 묶여 기름이 든 탱크에 넣어져서, 탱크 밑에서 서서히 때는 불길에 태워지고 말았다.

소녀 7은 작은 화살을 자동적으로 발사하는 장치 앞에 세워졌는데, 화살이 1분에 여섯 개씩 소녀의 몸에 꽂히게 되어 있었다. 그 장치는 소녀의 온몸에 화살이 다 꽂힌 뒤에야 겨우 멈췄다.

소녀 8은 밑에서 불을 때고 있는 커다란 가마솥 안에 세워졌다. 그리고 커다란 납덩이가 그녀의 머리 위로 서서히 내려와 그녀를 가마솥 안으로 밀어 넣었다.

소녀 9는 몸이 묶여 주인에게 고용된 사형집행인 앞에 세워졌다. 사형집행인은 벌겋게 달군 부젓가락으로 소녀의 온몸을 찔러 결국 죽게 만들었다.

소녀 10은 공 모양의 유리그릇 한가운데 있는 기둥에 묶였다. 유리그릇 안에 풀어 넣은 스무 마리의 굶주린 뱀들이 그녀를 산 채로 먹어버렸다.

소녀 11은 두 다리에 포탄이 묶인 채 천장에서 내려오는 줄에 한 손으로 매달리게 되었다. 만일 그녀가 줄을 놓치면 큰 가마솥 안에 떨어지고 마는 것이다.

소녀 12는 입에 낚싯바늘이 걸려 허공에 매달리게 되었는데, 그 순간 불꽃이 소녀의 머리 위에 홍수처럼 쏟아졌다.

소녀 13은 몸에서 몇 가닥의 신경섬유를 뽑히고 말았다. 사형집행인은 그것을 실에 매어 잡아 늘리면서 벌겋게 달군 부젓가락으로 신경섬유에 상처를 입혔다.

소녀 14는 벌겋게 달군 술이 달린 채찍과 쇠 손톱으로 옥문과 엉덩이 구멍을 번갈아 공격당해 상처를 입고 말았다.

소녀 15는 강제로 독약을 마시게 되었다. 그로 말미암아 내장이 타버리고 찢어져서 무서운 발작을 일으켜 비명을 지르면서 고통에 몸부림쳤다. 그러나 그녀는 좀처럼 죽지 못하다가 결국 가장 마지막에 숨을 거두었다. 그것은 가장 소름 끼치는 고문이었다.

고문이 자행되는 동안 그 악당은 움막 안을 왔다 갔다 하면서 15분씩 각 소녀들의 상태를 살펴보고, 마치 지옥에 떨어진 인간처럼 신을 모독하고 희생자를 향해 저주의 말을 퍼부었다. 고문이 끝날 때가 가까워지자 더 이상 참지 못한 그는, 오랫동안 억누르고 있던 사정이 임박한 것을 느끼고 안락의자에 몸을 묻었다. 그러자 악마 같은 모습을 한 두 사내(아마 그의 하인들일 것이다)가 다가와 그에게 엉덩이를 내밀면서 그의 그것을 비비기 시작했다. 그러자 그는 15명의 희생자가 내는 신음소리를 압도하는 외침과 함께 많은 양을 사정하고 말았다. 그리고 그는 일어나서 움막에서 나가버렸다. 뒤에 남은 두 사내는 아직 숨이 끊어지지 않은 희생자들에게 마지막 숨통을 끊는 일격을 가하고 모두 매장해버렸다.

그날 아침부터 일당은 마지막 축제를 위해 다양하게 연구한 무서운 준비를 시작했다. 콩스탕스를 몹시 혐오하고 있던 법원장은 아침 일찍 그녀의 옥문을 범하고 그 절정에 그녀의 운명을 언도했다.

5명의 희생자, 즉 콩스탕스, 나르시스와 지통, 미셰트와 로제트가 커피를 내왔는데 응접실 안에는 공포 분위기가 감돌고 있었다.

데그랑주의 이야기가 끝을 고했기 때문에 일당은 그녀에게 찬사를 보내고 그녀를 위해 축하연을 마련했다.

그것이 끝나자 그들은 맨 먼저 뒤르세의 아내인 파니를 불러 남아 있던 손가락과 발가락을 모두 잘라내고 법원장, 공작, 4명의 마장 순으로 그녀의 뒷문을 범했다. 이어서 주교의 아내인 소피가 불려나오자, 일당은 소피의 애인인 세라동을 시켜 촛불로 그녀의 옥문을 지지고, 팔다리에서 사혈을 하고, 양손의 손가락을 남김없이 잘라내고, 오른쪽 귀를 베어내고, 왼쪽 눈을 도려냈다. 그 일을 강제로 떠맡은 세라동이 조금이라도 얼굴을 찡그리거나 푸념하면, 그들은 소년을 끝이 뾰족한 철제 술이 달린 채찍으로 있는 힘을 다해 때렸다.

식사시간이 되자 그들은 지극히 사치스러운 요리를 먹고 발포성 포도주와 리퀴르만 마셨다. 이어지는 고문은 향연시간에 이루어지게 되어, 일당이 후식 자리에 앉자 모든 준비가 갖추어졌다는 보고가 전해졌다.

일당이 지하 감옥으로 내려가자 감옥은 멋지게 장식되어 있고 고문도구는 깔끔하게 정돈되어 있었다. 콩스탕스는 묘석 위에 눕고 4명의 소년소녀들이 그 네 귀퉁이에 꽃을 장식하고 있었다. 선발된 다섯 희생자들의 뒷문은 아직 좋은 상태였기 때문에 일당은 그들을 괴롭히면서 마음껏 즐길 수 있었다. 그리고 마침내 고문이 시작되었다. 법원장은 지통의 엉덩이를 범하면서 콩스탕스의 배를 갈라 태아를 끄집어냈는데, 충분히 자란 명백한 남자아이였다. 이어서 그들은 희생자들에게 오랫동안 고문을 가했으며 그것은 다양한 종류의 잔인하기 그지없는 고문의 연속이었다.

3월 1일

눈은 아직 녹지 않고 있었다. 일당은 남아 있는 자들의 처리에 대해 치밀하게 결정하기로 했다. 각자의 방에서 함께 살게 될 마음에 드는 상대를 새롭게 생각하고, 파리에 함께 데리고 돌아갈 예정인 자들에게는 푸른 리본을 달도록 했다(단, 논의에서 빠진 나머지 인원에 대한 고문을 거드는 것이 조건이었다). 주방에서 일하는 6명의 여자에 대해서는 아무 생각도 하지 않고 있었는데, 몸이 튼튼한 3명의 심부름꾼 여자들은 고문을 해볼만 하다는 데 의견이 모아지고, 3명의 요리사는 솜씨를 감안해 살려주기로 했다. 그 결과 이미 처형된 다음의 10명을 제외하고, 각자에게 할당된 16명의 목록이 작성되었다.

아내들 : 알린, 아델라이드, 콩스탕스 ······································· 3
소녀들 : 오귀스틴, 미셰트, 로제트, 젤미르 ····························· 4
소년들 : 지통, 나르시스··· 2
마장 : 하위 마장 중 한 사람 ·· 1
합계 ·· 10

각자의 방의 새로운 동거인(그들은 일당과 함께 파리로 돌아갈 예정이었다)은 다음과 같았다.

공작과 뒤클로, 에르퀼, 요리사 ·· 4
법원장과 샹빌, 브리즈퀼, 요리사 ·· 4
뒤르세와 마르텐, 방드오시엘, 요리사 ····································· 4
주교와 데그랑주, 안티노우스, 쥘리 ·· 4
합계 ··16

　그리고 일당은 4명의 이야기꾼과 마장의 도움을 받아(그들은 3명의 요리사에
게 도움을 청할 생각은 없었다) 가장 음험한 방법으로 나머지 사람들을 붙잡아
감금하기로 결정했다(세 명의 심부름꾼 여자들은 어쩌면 필요할지도 모르기 때문
에 마지막 날에 처리하기로 했다). 그래서 그들은 저택의 맨 위층에 네 개의 감
옥을 마련해 가장 튼튼한 첫 번째 감옥에 3명의 마장을 쇠사슬에 묶어 감금
하고, 두 번째 감옥에 파니, 콜롱브, 소피, 에베를 가두고 세 번째 감옥에 세
라동, 젤라미르, 퀴피동, 제피르, 아도니스, 이아생트를 가두고, 네 번째 감옥
에 4명의 하녀를 처넣었다. 그리고 매일 한 사람씩 저택 밖으로 내보내기로 되
어 있어서, 마지막 날에 3명의 심부름꾼 여자를 비어 있는 곳에 넣기로 했다.
그 절차가 끝나자 일당은 4명의 이야기꾼을 각 감옥의 간수로 임명했다. 그날
부터 일당은 각자 취향에 따라 감옥 안이나 집회실, 또는 각자의 방에서 희생
자들에게 가혹한 고문을 가하면서 즐기기 시작했다.

　매일 저택에서 해방되는 자들의 순서는 다음과 같았다(물론 말할 것도 없이
어디까지나 예정이었다). 1일 팡숑, 2일 루이종, 3일 테레즈, 4일 마리, 5일 파니, 6
일 서로 사랑하고 있는 소피와 세라동, 8일 마장 한 사람, 9일 에베, 10일 마장
한 사람, 11일 콜롱브, 12일 마장 한 사람, 13일 젤라미르, 14 퀴피동, 15일 제피
르, 16일 아도니스, 17일 이아생트, 18일, 19일, 20일, 3명의 여자 심부름꾼.

　합계 ·· 20

　11월 1일에 저택 생활이 시작되었을 때에는 모두 46명의 모습이 보였는데,
이미 10명은 일당에 의해 목숨을 잃었고, 저택에서 돌아가게 될 예정인 20명
은 헛된 희망만 품었을 뿐, 결국 일당으로부터 한 사람씩 잔인한 고문을 받고
살해되고 말아, 파리로 돌아간 사람은 4명의 도락자와 함께 남아 있었던 12명
뿐이었다.

　3월 1일부터 잇따라 살해된 20명이 받은 수많은 고문과 일당이 출발하는
날까지의 생활상에 대해서는 독자의 상상에 맡기겠다.

각서

이 원안은 모든 점에서 수없이, 더구나 가능한 한 정확하게 다듬은 것이므로 이 원안에서 결코 일탈하지 말 것.

시작을 상세하게 기술할 것. 전체를 통해서, 특히 저녁식사 때의 도덕적 토론을 삽입할 것.

정서하기 전에 노트를 작성해 주요인물(다양한 정욕의 소유자로, 자주 등장하는 인물)의 이름을 기록하고, 그런 인물의 이름이 있는 곳에는 충분한 여백을 남겨 그 인물과 관련된 사항을 빠짐없이 기록해둘 것. 이 노트는 필요불가결한 것으로, 창작을 더욱 명확하게 하고 중복을 피하기 위한 유일한 방법이다.

제1부는 기세가 지나치게 강하므로 좀더 부드럽게 할 것. 그러나 얼버무리거나, 역부족이거나 무리하게 억제해서는 안 된다. 이야기를 빠르게 전개시킬 것. 특히 네 주인공의 행동에 대해서는 순서에 따라 기술할 것. 전후의 맥락이 결여된 행동을 시켜서는 안 된다. 그러나 이 점에 대한 배려가 부족했던 것 같다.

제1부에서 아버지에게 매음을 당한 소녀에게 구음(口淫)을 한 사내(뒤클로의 11월 28일 이야기 속의 사내)는 시궁창에 떠다니는 쓰레기보다 더러운 물건으로 뒤클로의 숙소의 소녀에게 구음을 시킨 사내(뒤클로의 11월 5일 이야기 속의 사내)와 동일인물이다.

12월의 원안 가운데 적당한 대목에 저녁식사 시중을 드는 소녀들이 일당의 잔에 엉덩이에서 액체를 쏟아넣는 광경을 삽입하는 것을 잊지 말 것. 이것은 이미 독자에게 예고했는데도 원안 속에서 언급하는 것을 잊어버리고 말았다.

각서(추가)

공작과 법원장 두 사람은 극히 충동적이고 흥분하기 쉬운 악당으로 묘사할 것. 원안 전체와 제1부 속에서 두 사람을 그러한 성격의 소유자로서 그렸을 것이다. 주교는 흔들리지 않는, 이성적이고 지극히 냉혹한 인물로 묘사할 것. 뒤르세는 사람을 야유하는 버릇이 있고, 거짓말쟁이이며, 비열하고, 신용할 수 없는 인물로 그려낼 것. 따라서 네 사람에게 제각기 성격에 합치하는 행동을 하게 할 것.

이야기꾼이 얘기하는 모든 인물의 이름과 성격을 요약해 기록해둘 것. 이는 중복을 피하기 위해서이다.

노트의 한 페이지에 저택과 각 방의 조감도를 그려둘 것. 그 여백에 각 방 안에서 벌어지는 온갖 종류의 행위를 상세하게 기록해둘 것.

고문의 추가

관을 이용하여 소녀의 옥문에 생쥐를 넣고 옥문을 꿰매어버린다. 생쥐는 빠져나오지 못하고 소녀의 내장을 먹어치우게 된다.

똑같이 관을 이용해 소녀에게 뱀을 삼키게 한다. 뱀 역시 소녀의 내장을 뜯어먹고 만다.

사드의 소돔을 찾아서

도나시앵 알퐁스 프랑수아, 마르키 드 사드(Donatien-Alphonse-François, Marquis de Sade)를 낳은 프랑스에서도 사드의 사상은 라루스 대백과사전(전10권)에도 극히 간단하게 소개되어 있을 뿐이다. 또 가톨릭교회는 일반신도의 신앙을 보호하기 위해 이제까지 오랫동안 사드의 저작을 '금서목록'에 넣어 세상 사람들의 눈에 띄지 않게 하려 했다(1957년까지). 따라서 일신교와 무관한 사람이 사제, 신, 종교, 신앙이란 언어가 빈번하게 나오는 사드의 반(反)그리스도교 저작을 읽어도, 그 묘사에만 시선이 가게 되는 건 어쩔 수 없는 일일지도 모른다.

사드는 《소돔의 120일》 속에서 블랑지스 공작에게 다음과 같이 말하게 했는데 이것이 사드 도덕이론의 정수인 것 같다. 물론 사드 자신이 스스로 실천한 것은 아니지만, 관념적으로는 이해할 수 있어도 실감적으로는 좀처럼 이해할 수가 없다.

"나는 악덕이야말로 인간에게 정신적으로 육체적으로 떨림을 느끼게 하는 유일한 것, 가장 감미로운 쾌락의 원천이라 확신하고 그 악덕에 몸을 맡기고 있는 거라네. 또한 어릴 때부터 종교 같은 망상에 대해서는 한 번도 생각한 적이 없으므로 창조주의 존재에 대해서는 어린아이도 믿지 않는 터무니없는 이야기로 여기고 있지. 그렇기 때문에 나는 창조주의 비위를 맞추기 위해 나의 기질을 억제할 필요가 없다네. 나의 기질은 자연계로부터 받은 것이므로 만일 그것을 거슬렀다간 도리어 자연계를 분노하게 할지도 모르지 않나. 자연계가 세상에서 말하는 나쁜 기질을 나에게 부여한 건 그 나쁜 기질도 자연계의 목적에 필요하기 때문이 아닐까. 자연계의 손안에 있는 나는 제멋대로 움

조반니 로렌초 베르니니 〈축복받은 루도비카 알베르토니〉　로마, 산 프란체스코 아 리파 성당.

직이는 하나의 기계에 지나지 않아. 그러므로 내가 저지르는 죄악은 어느 것
이나 자연계에 도움이 되고 있을 거라네. 그뿐만 아니라 자연계가 나에게 죄
악을 권하는 건 자연계가 죄악을 상당히 필요로 하기 때문이 아니겠나?”

　소돔은 구약성서(《창세기》)에 다음과 같은 기묘한 사건이 기술되어 있는 전
설적인 도시의 이름이다. 소돔과 고모라에는 남색 행위가 만연하고 있었다.
어느 날 신이 아브라함에게 나타나 말했다. “소돔과 고모라의 죄가 너무나 무
겁기 때문에 그들을 멸망시키려고 한다. 그러나 만일 도시에 의로운 자가 있
는 것을 보면 그자들을 용서해줄 것이다.” 그리고 신은 아브라함의 조카인 롯
을 불쌍히 여겨 롯과 그의 아내와 두 딸을 소돔에서 탈출시켰다. 아내는 도시
에 남긴 무언가에 미련이 있었는지 ‘뒤돌아보지 말라’는 천사의 경고를 어기고
뒤돌아보았기 때문에 사해(死海)의 소금에 온몸이 뒤덮여 소금기둥이 되고
말았다. 롯이 도시 밖으로 벗어나자 신은 소돔과 고모라 위에 유황과 불의 비
를 쏟아 불태워버렸다. 롯은 두 딸과 함께 동굴 속에 정착했는데 두 딸은 (늙
은 아버지에게 자손을 남겨주고 싶은 소망에 사로잡힌 탓인지), 아버지에게 포도
주를 마시게 해 취하게 한 다음, 번갈아 아버지와 관계를 맺어 아버지의 아들

루이스 부뉴엘 감독의 영화 〈메꽃〉(1966) 한 장면
"그는 그 여자를 의자 위에다 무릎 꿇리더니, 그녀의 두 팔을 걸고 커다란 끈으로 묶어서 천장에 매달아놓았다." (《새로운 쥐스틴》에서)

을 임신했다. 소돔에서 유래한 소도미(Sodomy)는 원래 남색행위, 수간(獸姦)을 의미했는데 나중에 일반적으로 배덕과 범죄를 뜻하게 되었다.

독일의 정신의학자 크라프트 에빙(Richard von Kraft-Ebing, 1842~1902)은 《성적 정신병(Psychopathia Sexualis)》에서 이상성욕을 페티시즘(fetishism), 동성애(homosexuality), 사디즘(sadism), 마조히즘(masochism)의 네 가지로 분류했다. 그 가운데 사디즘은 상대에 대해 정신적·신체적 굴욕과 고통을 줌으로써 성적 만족을 얻는 이상성욕인데, 크라프트 에빙은 가학적인 다양한 성적 이상행동을 묘사한 프랑스의 작가 사드 후작에 연관시켜 그 이름을 붙인 것이다.

크라프트 에빙은 예증을 들어 사디즘을 몇 가지로 분류했다.

· (1) 음락을 채우기 위한 살인. 예를 들면 x(22세)는 숲의 오솔길에서 열네 살 소녀의 목을 졸라 의식을 잃게 하고 난폭하게 폭행한 뒤 살해했다. 소녀의 시체는 온몸이 손상되어 입 안에는 흙이 채워지고 내장과 성기가 절제되어 시체 옆에 가지런히 놓여 있었다.

(2) 시체애호. 예를 들면 x(연령미상)는 세 살부터 예순 살까지 수많은 여자의 무덤을 파헤쳐 시체를 꺼낸 뒤, 유방과 성기에 키스하고 자위를 되풀이했다. 그는 시간(屍姦)은 예외적으로만 했다. 그리고 가끔 시체에서 머리를 베어

내 집으로 가지고 돌아가 은밀한 음락에 빠졌다.

(3) 자상(刺傷), 채찍질 등의 기학행위(嗜虐行爲). 크라프트에빙은 여기서 사드의 로즈 켈러 사건을 하나의 증례로 삼았다. 이를테면 x(30세)는 지나가는 여자의 아랫배를 칼로 찌르고 쾌감을 느끼고 있었다. x(연령미상)는 사창가에서 두 사람의 창녀를 구해 자신도 상대도 알몸이 되어, 창녀에게 번갈아 채찍질을 가하고, 유방을 바늘로 찔러 피가 흐르는 광경을 보고 즐기는 습관이 있었다.

(4) 여자를 욕보이는 행위. 예를 들면 x(29세)는 거리에서 흰 옷을 입은 여자를 보면 성적으로 흥분하여 여자의 옷을 잉크로 더럽히지 않으면 흥분이 가라앉지 않았다. 마찬가지로 어느 때는 여자의 옷을 칼로 베어버리거나 정액으로 더럽힐 때도 있었다.

(5) 어린이에 대한 기학행위.

<로르 드 노브>(개인소장)　작자 미상

"어젯밤 세상 사람들이 즐겁게 지내는 동안에 내가 꿨던 라우라의 꿈 이야기를 해줄게. 한밤중에 나는 라우라의 책을 손에 든 채 잠들어 버렸어. 그런데 갑자기 라우라가 눈앞에 나타난 거야…… 그녀의 모습을 내 눈으로 똑똑히 봤다고! 어두운 묘지에서 빠져나왔을 텐데도 그 눈부시게 빛나는 매력은 조금도 변치 않았더군. (중략) '왜 당신은 지상에서 괴로워하고 있나요?' 그 여자가 나에게 물었어. '제가 있는 곳으로 오세요. 제가 사는 무한한 공간에는 불행도 슬픔도 불안도 없답니다. 용기를 내어 저를 따라오세요.' 그 말을 듣자마자 나는 그녀의 발밑에 엎드려 '오오, 어머니!' 하고 외쳤는데, 오열이 터지는 바람에 목이 메어버렸어." (사드 후작의 편지, 1779년 2월 17일, 뱅센에서)

예를 들면 x(35세)는 학생이 잘못을 저지르면 학생의 옷을 벗기고 온몸을 더듬고 심한 체벌을 가하지 않고는 배길 수가 없었다.

(6) 동물에 대한 잔학행위. 예를 들면 x(42세)는 아내와의 성교에는 마음이

망가진 부채   18세기 방탕한 소설에서는 생략·무언·동작의 중단을 통해서 우아함이 표현되었다. 사드의 특이한 점은 이런 우아함과 고상함의 법칙에서 벗어나려 했다는 것이 아니라, 기를 쓰고 모든 것을 적나라하게 표현하려 했다는 것이다.

당기지 않아서 도살자가 돼지를 죽이는 광경을 바라보면서 즐겼고, 직접 가축을 도살해 피가 흐르는 것을 보고 흥분했다.

(7) 제3자가 학대받는 것을 보고 쾌감을 얻는 기학행위. 예를 들면 x(40세)는 이웃 여자가 어린 딸의 뺨을 때리는 것을 보면 순식간에 발기하여 사정하고 말았다.

(8) 상징적인 사디즘. 예를 들면 x(연령미상)는 한 달에 한 번 정부를 찾아가서 가위로 그녀의 머리카락을 자르는 것이 유일한 쾌락이었다. 그는 여자에게 더 이상 아무것도 요구하지 않았다.

사드 후작은 1740년, 명문귀족인 백작 아버지와 부르봉 왕가로 이어지는 궁정귀족의 딸인 어머니 사이에서 태어났다. 스물세 살, 조세재판소 소장의 딸 르네 펠라지 드 몽트뢰이와 결혼하여 2남 1녀를 두었다. 결혼하고 5개월 뒤, 창녀와의 도를 넘은 방탕 혐의로(구체적인 이유는 아직 모른다) 뱅센 감옥에 수감된다. 그 뒤 여배우 코레트, 라 보부아쟁 등과 친해진다. 스물여덟 살, 로즈 켈러 사건을 일으킨다. 파리의 빅투아르 광장에서 구걸하던 여자 거지 로즈를 자기 집에 감금하고 매질을 가했는데, 그녀가 탈출하여 사드를 고소하고 배상금을 손에 넣으면서 사건은 마무리된다. 그런데도 사드는 소뮈르 성과 앙시즈 성에 연이어 감금되는데, 장모인 몽트뢰이 부인의 구명운동으로 손에 넣은 국왕의 사면장 덕분에 고등법

원은 그에게 벌금형을 부과한
다. 서른두 살, 칸타리스(최음
제)가 든 봉봉(사탕) 사건과 남
색 사건을 일으킨다.

마르세유에서 하인인 라투
르와 함께 4명의 창녀와 연회
를 열어 창녀에게 채찍질을 하
거나 자신에게 채찍질을 하게
하고, 남색을 강요하고, 최음제
가 든 사탕을 먹게 하고, 하인
과 남색을 한다. 그러다가 한
창녀에게 사탕을 먹게 하는데
여자는 독을 넣은 것으로 오인
하고 고소한다. 놀란 사드는 사
랑하는 사이인 처제를 데리고
이탈리아로 달아난다. 고등법원
은 결석재판에서 독살미수 및
남색죄로 사드를 사형에(두 사

프랑수아 부셰의 포르노 그림
"알다시피 베누스는 시테섬에 또 다른 신전을 가지고
있습니다……."(《쥘리에트 이야기》에서)

람 모두 행방불명이기 때문에 형을 집행하지 못하고, 법원은 그 무렵의 관례에 따라
두 사람의 인형을 화형에) 처한다.

그 한 달 뒤, 사드는 장모의 의뢰를 받은 사르데냐 왕의 경찰대에 체포되어
투옥된다. 이듬해 도주에 성공해 3년 동안 프로방스 지방을 전전하다가(그동
안 라코스트성에 일하러 와 있던 3명의 소녀를 상대로 방탕에 빠지고 하녀에게 아이
를 낳게 했다고 한다), 다시 체포되어 뱅센 감옥과 엑스 감옥에 수용된다. 사드
의 재심청구가 인정되고 고등법원의 판결이 파기되어 자유의 몸이 되는데, 장
모 몽트뢰이 부인이 신청한 국왕 구인장의 효력으로 재차 투옥된다(당시 국왕
의 권능과 법원의 권능은 다른 계통이었던 것 같다). 다시 도주했지만 결국 체포
되어 서른일곱 살 때 뱅센 감옥에 갇히고, 그 뒤 바스티유 감옥, 샤랑통 수도

원 부속 정신병원에 이송되어 쉰 살 때 혁명정부에 의해 석방된다.

자유의 몸이 된 사드는 아내와 별거하고 재판소 소장의 부인인 프릴뤼, 아이가 있는 여배우 케네 등과 함께 생활하면서 저작과 연극에 몰두하고 혁명정부의 지구위원으로서 직무를 수행한다. 쉰세 살에 온건주의자(사드는 공포소설을 쓰는 한편 사형폐지론자라는 모순된 측면을 지니고 있었다)라는 혐의로 구금되었다가 이윽고 석방된다. 예순한 살이 된 사드는 집정관 정부에 의해 《새로운 쥐스틴》을 집필한 혐의로 체포되어 베라지 감옥, 비세트르 감옥, 샤랑통 수도원 부속 정신병원을 전전하다가 일흔네 살에 27년의 유폐생활에 마침표를 찍는다.

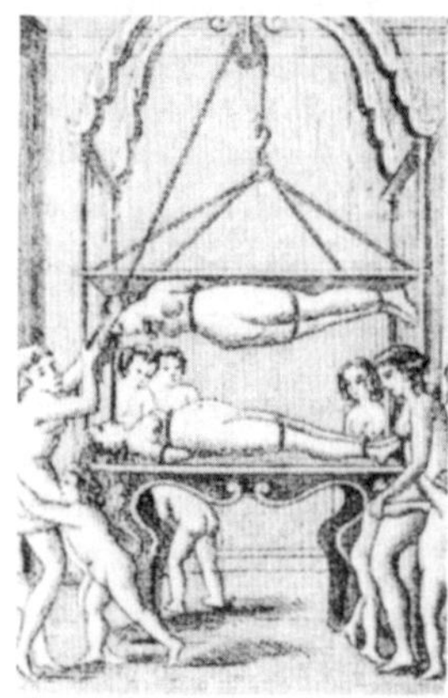

《쥘리에트 이야기》 삽화

사실 사드가 많은 여성들과 성관계를 가진 것은 분명하지만 그와 같은 일은 그 무렵의 귀족에게는 그리 드문 행위가 아니었고, 또 여자 거지를 감금해 채찍질을 하거나 창녀, 하인과 함께 난교(亂交) 연회를 열었다고 해서 사형판결이 선고될 정도의 죄상으로 생각되지는 않는다. 그러나 이것은 오늘날 현대인의 사고방식에 의거한 추측이며, 그 무렵 그리스도교 사회의 윤리와 도덕의 엄격함은 우리의 상상을 초월하는 것임에 틀림없다. 아무튼 사드는 옥중에서 장편소설, 단편소설, 희곡 등 수많은 작품을 저술했다.

마흔네 살인 1784년, 바스티유 감옥에 수감된 사드는 그 이듬해 감옥의 한 방에서 눈병을 앓으면서 이상할 정도로 정열을 불태우며 상상력을 발휘하여, 촛불에 의지해 전장 12미터에 이르는 두루마리에 37일 동안 이 책을 써냈다.

프로이트는 이상성욕을 크게 양적 이상과 질적 이상으로 나누었다.

질적 이상은 성 대상의 이상과 성 수단의 이상으로 분류된다. 성 대상의 이상에는 ① 자기애 ② 동성애 ③ 소아애 ④ 노인애 ⑤ 근친상간 ⑥ 수간 ⑦ 시체애 ⑧ 복장 도착 ⑨ 성전환 등이 있다. 또 성 수단의 이상에는 ① 노출증 ② 관음증 ③ 사디즘 ④ 마조히즘 등이 있다. 한편 성 대상의 이상과 성 수단의 이상이 겹치는 것으로 페티시즘이 있다. 사드는 사디즘의 원조가 되고 말았는데 이 책은 사디즘의 집대성은 아니다.

아무튼 네 주인공의 행동과 의견을 통해 추측할 수 있는 사드의 이상한 성행동(사드가 마음속으로 상상하고 있었던 이상한 행동)을 분석해보자.

이 책에는 4명의 주인공 외에 중요한 역할을 하는 4명의 여자 이야기꾼, 그 밖에 다양한 인물들이 등장하는데, 이 책을 읽는 한 주인공들의 행동이 가장 현실적이고 박력을 띠고 있어,

《규방 철학》(런던, 1795) **삽화**
파리, 국립도서관 소장.

여자 이야기꾼인 뒤클로를 제외한 인물들의 언동은 4명에 비하면 사드의 꼭 두각시처럼 완전히 퇴색해버렸다. 따라서 4명의 주인공들이야말로 사드의 분 신이라고 할 수 있다.

4명의 주인공 가운데 공작은 모든 남녀를 온갖 수단으로 무차별하게 상대 하는 양적·질적 이상자이고, 주교는 오로지 남자 역할과 여자 역할을 하는 질적 이상자(항문애호자)이며, 법원장은 공작과 마찬가지로 모든 남녀를 상대 하지만 특히 추악한 남녀에게 흥미를 갖는 치매증적인 양적·질적 이상자이고, 뒤르세는 오로지 동성애에서 여자 역할을 하고, 또 구음을 선호하는 질적 이 상자이다. 주인공들이 사드의 분신이라고 한다면 사드의 마음속에는 그와 같 은 이상성이 잠재하고 있는 셈이다.

위의 분류에 따라 사드가 이야기 속에서 전개한 주인공들의 다양하고 이 상한 성행동의 일람표를 만들어보겠다. 사드의 이상행동(일상적인 것이든 관념

피에르 파올로 파졸리니 감독의 영화 〈살로, 소돔의 120일〉(1975)의 한 장면
파졸리니는 다음과 같이 말했다. "나는 인간을 한낱 물체로 바꿔버리는 권력을, 파시스트 권력 을, 그리고 이 영화에서는 살로 공화국의 권력을 상징으로 다루었습니다. 물론 중요한 것은 상징 이었어요. 이런 고전적인 권력을 써서 그것을 표현하기란 쉬운 일이었죠. 사실 나는 온갖 영화에 서 갖은 권력의 상징으로 간주되고, 무수한 형식으로 상상될 수 있는 모든 고전적 권력을 펼쳐 보이기에 충분한 공백을 남겨두었습니다."

적인 것이든) 일부를 엿볼 수 있을 것이다.

성 대상의 이상 : ① 자기만을 상대로 해서 성적으로 흥분하고, 이성 또는 동성을 성 대상으로 하지 않는 행위는 자기애로 불리는데, 주인공들은 전제자로 행동하고 있으므로 넓은 뜻의 자기애자가 된다. ② 남성 간의 동성애를 곳곳에서 볼 수 있지만(능동적인 항문성교, 수동적인 항문성교, 구강성교), 여성 간의 동성애

호색소설 《펠리시아》에 곁들여진 18세기 삽화
"그런데 참 신기하기도 하죠. 자기가 행복하다고 믿는 사람은 실제로 행복하단 말이에요."《쥘리에트 이야기》에서

에 대해서는 전혀 흥미를 보이지 않는다. ③ 소아애에도 관심이 없고 전편에서 볼 수 있는 것은 소년소녀애(거의 항문애)이다. ④ 주인공들은 노인만을 특별히 선택하여 성애의 대상으로 삼는 일은 없다. ⑤ 주인공들이 근친상간자인 것처럼 근친상간은 곳곳마다 나타난다. ⑥ 주인공들을 포함한 등장인물은 수간에 거의 관심을 보이지 않는다(제3부, 제4부에 수간이 등장하지만 모두 황당무계한 공상적 행위이고 현실감이 없다). ⑦ 시체애도 여기저기 보이는데 한두 가지 예외를 제외하고는 특별히 흥미를 보이지않고 있다. ⑧ 이성의 옷차림을 하고 즐기는 복장 도착은, 상대에게 이성의 옷을 입히고 즐기는 일은 있어도 자신들이 시도하지는 않는다. ⑨ 주인공들은 여성을 혐오하고 있기 때문에 성전환에 대해서는 생각조차 하지 않는다.

성 수단의 이상 : ① 주인공들은 자기의 성기 내지 성행위를 타인에게 보여주지 않으면 만족하지 않는다(노출증). ② 주인공들은 타인의 배설행위를 엿보면서 즐기고, 한편 누군가 자신을 엿보는 것을 기뻐한다(관음증). ③ 상대에 대해 정신적·신체적 굴욕과 고통을 주어 쾌락을 얻는 사디즘은 전편에 일관하는 주제로, 사람을 타인 앞에서 발가벗겨 부끄러운 자세를 취하게 하고, 자위

〈루이 16세의 왕비 마리 앙투아네트, 색정광〉(말 훈련장 또는 파리의 매음굴에서, 1791년) 파리, 국립도서관 소장.

사드는 자신의 공상을 탐구하는 악한 장면에서, 이런 풍자 팸플릿에 묘사되어 있는 음란하고 잔인한 '오스트리아 여자'를 자주 등장시켰다. 그리고 사드는 이 왕비가 한 말을 (동병상련의 마음을 담아) 수첩에다 적어놓기도 했다. "내 주변에 있는 사나운 짐승들은 날이면 날마다 새로운 모욕을 날조하여, 내 운명을 더더욱 끔찍하게 만들고 있습니다……."

를 돕게 하고, 구강성교를 강요해 정액을 마시게 하고, 절식 또는 과식을 강요하고, 용변을 강요하거나 금지하고, 관장을 강요하고, 배설물을 먹게 하고, 남이 보는 앞에서 성행위를 시키고, 다양한 책략으로 사람을 놀라게 하고, 신체의 온갖 부분(성기·유방·항문을 포함하여)을 만지고 때리고 차는 폭행을 가하거나, 채찍과 몽둥이 등의 기구를 사용해 고문을 가하면서 즐긴다(제2부, 제3부, 제4부로 갈수록 생각할 수 있는 온갖 수단에 의한 가학과 고문, 음락을 위한 다양한 살인이 전개되는데, 거의 상상력의 산물로 구체성이 결여되고 현실성이 부족하다). ④ 상대로부터 정신적·육체적 굴욕과 고통을 받음으로써 성욕을 만족시키는 마조히즘은 사디즘과 공존 또는 그 반전으로 알려져 있는데, 이 책에서는 그 예를 볼 수 없다. 그러나 주인공들은 절대적인 권력을 휘두르는 반면 열등감의 소유자임은 확실하다. 알몸으로 발가벗기고, 네 발로 기고, 채찍으로 맞고, 배설물이나 정액을 강제로 먹어야 하는 많은 피학자가 등장하지만 그와 같은 고통을 받는 사람들에 대한 심리묘사는 전혀 볼 수 없다.

페티시즘 : 전편을 통해 다양한 것들이 숭배 대상이 되고 있는데 특히 신, 남녀의 엉덩이, 항문, 성기, 분변(糞便), 오줌, 방귀, 침, 겨드랑이 냄새와 입 냄

새, 신체의 특수한 기형, 흉
터 등이다.

사드는 이 책에서 생각할
수 있는 모든 이상성욕을 묘
사하려고 글을 쓰기 시작하
여 3년 남짓한 세월을 보냈
는데, 왜 그렇게까지 해서 이
책을 저술해야만 했을까? 사
드는 권력과 세상의 상식에
대해 견딜 수 없는 혐오감을
느껴 온 두뇌를 총동원해 관
념적으로 맞섰는지도 모른다.
그러나 꼭 그렇게 단정할 수
는 없다.

이상성욕의 원인에 대해서
는 여러 가지 견해가 있다. 하
나는 다양한 질환에 따른 것

〈출판의 자유〉 18세기 판화.

이고, 하나는 사회의 문화에 따른 것이며, 하나는 어릴 때부터의 부모·형제·
동거인 등의 성에 대한 태도, 대인관계의 장애에 따른 것이다. 많은 정신분석
학자 또는 많은 사상가가 다양한 측면에서 사드의 이상행위를 해석해왔다.
그를 바탕으로, 200여 년 전에 특수한 사회 속에 살고 있었던 인물의 마음속
을 추론해 보면 다음과 같다.

꿈이 개인의 과거 경험의 재현이고 무의식적인 소망의 발현인 것처럼, 사드
는 네 주인공들의 행동을 통해 자신의 과거 경험과 무의식적인 소망을 이야
기하고 있는 것으로 생각되는데, 전기나 편지에서 볼 수 있는 사드의 성행동
과 이야기 속 주인공들의 성행동은 반드시 합치하지는 않는다.

사드에게서 뚜렷하게 볼 수 있는 것은 사디즘이다. 사드는 왜 사디즘 경향
을 가지게 되었을까. 《알린과 발쿠르》라는 자전적 소설 속에서 사드는 "나는

18세기 픽푸스 수도원 1794년 3월 27일, 사드는 픽푸스로 이송됐다. 이 호화로운 요양원은 공포 정치 시대에 임시 구치소로 사용되고 있었는데, 처음 이곳에 왔을 때 사드는 마치 천국에 온 기분 이었다. 그러나 6월이 되자 그 옆에 기요틴 처형장이 설치되고 밤마다 정원에 시체가 쌓였다. "국 가는 눈앞에 기요틴이 설치돼 있는 곳에 나를 감금했습니다. 이것은 상상할 수 있는 온갖 바스티 유보다도 백배는 더 심한 고통을 주었습니다." (사드가 고프리디에게 보낸 편지, 1795년 1월 21일)

신분이 높은 부모에게서 태어나 응석받이로 자랐으며 철이 들 무렵부터는 자연과 행운이 나에게 다양한 혜택을 준다고 믿었다. 어리석은 일이지만, 그 때문에 나는 오만하고 독단적이며 성급한 인간이 되고 말았다"고 기술했는데, 그와 같은 성격이 사드를 기학지향(嗜虐志向)으로 내몰았을지도 모른다.

그 뒤에 수도원으로 들어가는 사드의 아내는 극히 정숙한 그리스도교도로, 사드의 방탕을 비호하거나 이상성욕의 상대가 되고, 옥중으로부터 적나라한 성 묘사로 장식된 사드의 편지를 읽는 치욕을 당했다. 사드의 아내에 대한 가학은 처음에는 장난기가 반이었을지도 모르지만, 무슨 일을 당하든 참고 견디는 것을 거듭하는 아내의 모습을 보는 동안 진정으로 분노를 느껴, 무력한 자에게 수치, 고통, 혐오를 주고 기뻐하게 되었는지도 모른다.

또 하나의 경향은 항문애인데 왜 사드는 항문애자가 되었을까? 프로이트

는 성적충동이 항문기에 고착
한 자는 인색, 억지, 정중, 수집
벽을 지닌 성격이 된다고 했다.
확실히 사드의 성격은 그랬던
것 같다. 이 책의 꼼꼼한 기술
과 장황함이 그것을 증명하고
있다. 그러나 그렇다고 해서 그
와 같은 신경질적인 성격의 소
유자가 모두 항문애로 기울어
지는 건 아닐 것이다.

사드의 오랜 감옥생활의 발
단은 하인과 창녀와의 남색사
건이며, 옥중의 사드는 아내에
게 지시해 원통형의 용기를 만
들게 해서 그것을 항문 자위에
사용했고(사드의 계산에 의하면
하루 평균 8회), 아내에게 "당신
의 부모는 번식의 단지(여성기)
밖에 사용하지 않는데, 당신은
살집이 좋은, 좁은 배리(背理 ;
항문)와 뜨거운 도리(道理 ; 직

〈유랑 극단 배우들〉 니콜라 토네(1755~1830). 랭스, 랭
스 미술관 소장.
"희극에서 몽환극에 이르기까지 모든 연극은 그 시대에
꿈을 자아내는 위대하고도 거의 유일한 존재였다. 고로
연극은 당연히 상상의 나라에 관한 온갖 표현에 영향
을 미쳤다. 그 영향력은 영화가 오늘날 우리의 공상 세
계에 미치고 있는 영향력과 비견할 만하다."(앙드레 말로
《고야론(論) : 토성》에서)

장)의 소유자다. 그렇기 때문에 나와 당신은 훌륭하게 일치한다"고 써 보냈다.

그리고 친구에게 보낸 편지에 의하면, 사드의 어머니는 지나치게 종교적·도
덕적인 격식에 치우친 여성으로, 타인에게나 자기 아들에게 다정한 면을 전
혀 보인 적이 없었고, 사드를 종교적·도덕적으로 완벽한 아이로 키우려고 하
여, 어쩌다가 친구들과 어울리거나 남몰래 사탕을 먹기만 해도 심하게 질책했
다고 한다. 그와 같은 어머니의 의욕이 사드를 신경질적인 성격으로 키웠을지
도 모른다. 또 장모인 몽트뢰이 부인은 허영심이 강하고 경박하며 말이 많은

여성으로, 한 가문의 명예를 위해 마지막까지 사드의 적으로 행동하기를 그치지 않았다.

사드는 부인에 대해 강한 피해의식을 계속 품고 "내가 온갖 여성기를 혐오하게 된 것은 어머니와 장모에 대한 증오 때문"이라고 말했는데 그쪽에 항문애의 비밀이 있었는지도 모른다. 사드는 주인공 블랑지스 공작에게 자신의 어머니, 여동생, 세 아내를 살해한 것을 자랑스럽게 이야기하게 했다.

또 하나 볼 수 있는 것은 노출증과 관음증으로, 왜 사드는 그처럼 많은 사람들이 참여하는 성애를 즐긴 것일까? 보는 자와 보이는 자를 대비시키면서 가능한 한 객관적으로 바라보려는 어떤 과학적 정신이 사드에게 있었던 것은 아닐까.

그리고 극악무도한 이야기를 질리지도 않고 계속해서 쓸 수 있었던 것은 무엇 때문일까. 사드는 바스티유 감옥에서 아내에게 "나는 그리스도교 신화 가운데 루시페르(하늘에서 떨어진 오만한 대천사로 사탄과 동일시된다)의 존재에 대해 가장 관심을 가지고 있다, 왜냐하면 루시페르가 있으므로 해서 천사들이 빛나고 있기 때문이다"라고 쓴 편지를 보냈는데, 사소한 사건(사드 자신은 그렇게 생각하고 있었던 것이 틀림없다)으로 20여 년을 감옥에 가둔 교회와 세상과 주위 사람에게 반항하기 위해, 사람들이 혐오하는 것을 질리지도 않고 계속 쓴 측면도 있을 것이다.

이 책의 철학은 역설적이지만 단순하다.

'신은 미덕으로 향하는 인간과 악덕으로 향하는 인간, 두 가지 인간 유형을 만들었는데, 선과 악 양쪽에 의해 세계의 균형을 취하려는 기도가 있었기 때문일 것이다. 그렇다면 그리스도교가 정한 미덕의 권고를 위선적으로 지키는 것도 하나의 삶의 방식이겠지만 악덕으로 일관하는 것도 세상에서 말하는 신의 영광을 나타내기 위한 하나의 삶의 방식일 것이다. 똑같은 신에게 봉사할 바엔 관념 가운데 철저하게 악인이 되어주자.' 사드는 그렇게 생각한 것이 아닐까. 다양하게 음란하고 비천한 행위를 묘사함으로써 자신의 무의식 속에서 고개를 쳐들려고 하는, 어쩔 도리가 없는 성적 리비도를 언어화함으로써 해소하려고 했을 가능성도 있다. 성애에 한정하지 않는 넓은 뜻의 나르시시즘, 그것도 극히 강한 자기애의 소유자였던 사드는 생애의 대부분을 수감생활로 보냈는데, 설사 육체는 구속되어 있을망정 그 정신과 상상력은 구속당하지 않겠다고 생각했으리라. '공상의 세계는 자유이다, 현실 세계는 나를 완전히 정복할 수 없을 것이다'라고 하는, 학대받는 영웅 같은 은밀한 마조히즘의 마음을 품고 있었는지도 모른다.

사드는 잘생기고 교양 있는 고상한 신사로, 예술 전반에 걸친 그 감상은 아마추어의 영역을 벗어나 있었고, 고전과 현대문예에 대해 놀라운 지식을 지니고 있었다. 그러한 인간이 머릿속에서 이 책에 전개되어 있는 구역질 나는 기괴한 환상을 되풀이한 것이다. 프랑스문학을 교양과목으로 배운 언론인으로서 아폴리네르가 '일찍이 존재한 가장 자유로운 정신'이라고 찬양한 이래 '권력구조에 대한 역설'이라느니, '잃어버린 인간의 전체성을 회복하려는 금세기의 정신적 영위와 공명하는 20세기의 고전'이라느니 하는, 수많은 찬사가 사드에게 쏟아졌다.

사드는 친구에게 보낸 편지 속에서 "나는 이러한 종류의 일에서 생각할 수 있는 것은 모두 생각했다. 그러나 생각한 것을 모두 실행한 것도 아니고, 앞으로도 물론 실행하지 않을 것이다. 나는 범죄자도 아니고 살인자도 아니며, 일개 자유사상가(계몽적인 무신론자)에 지나지 않는다" 말했는데, 사드는 권력으로부터 죽을힘을 다해 벗어나려고 한, 방탕한, 그러나 성실하고 겁 많은 영혼을 지닌 자유사상가이었음이 틀림없다. 아마 인간적으로 매력이 있는 인물일 것이고, 많은 여성과의 일화가 그것을 증명하고 있다. 그러한 점에 대해 슈테판 츠바이크는 《마리 앙투아네트》 속에서 사드의 모습을 참으로 생생하게 묘사했다.

프로이트는 크라프트 에빙을 통해 사디즘이라는 술어를 사용했는데, 만일 프로이트가 사드의 작품에 친숙했다면 프로이트는 사드를 어떻게 이해했을지 궁금하다. 최근 문학계는 사디즘 소설로 일컬어지는 것들이 수용 번역되어 거의 모든 서점에 진열되어 있다. 그러나 거기에는 여자를 달래고 어르고 협박하여 즐기는 사내와, 마지막에는 자신의 본능 발동에 패배하고 마는 여자를 둘러싼 에로티시즘은 넘쳐나고 있지만 사드에게서 볼 수 있는 철학은 완전히 결여되어 있다. 절대자에 대한 두려움과 반항과 복종은 전혀 주제가 되어 있지 않다. 동서의 문화 차이 때문일까. 정신구조의 차이 탓일까.

사드는 분명 우리에게 인간 마음의 심연을 확대해 보여주고 있다. 독자가 저마다 다른 처지에서 이 책을 읽고 인간의 마음(또는 자신의 마음)의 일부가 《소돔의 120일》이라는 거울 속에 비치고 있음을 발견할 수 있다면 그것으로 충분하다.

사드 연보

1733년	11월 13일, 프랑스의 소만과 라코스트의 영주이자 마장의 공동 영주인 장 바티스트 조세프 프랑수아 드 사드 백작이 마리 엘레오노르 마이예 드 카르망과 결혼함. 사드 백작부인은 사촌인 콩데 왕비의 시녀였음.
1737년	맏딸 카롤린 로르(도나시앵의 누나) 태어남.
1739년	11월 24일, 할아버지인 가스팔 프랑수아 드 사드 죽음. 그는 교황 클레멘스 11세의 교황령 콩타 주재사절로 아비뇽의 국왕대리인이었음. 카롤린 로르 죽음.
1740년	6월 2일, 프랑스 파리에서 도나시앵 알퐁스 프랑수아 드 사드가 태어나, 콩데 왕가의 저택에서 어린 시절을 보냄. 왕자 루이 조세프 드 부르봉의 놀이 친구였음.
1741년(1세)	사드 백작이 외교관으로서 쾰른 선제후 클레멘스 아우구스트 폰 비테르스바흐 대사교에게로 파견됨.
1744년(4세)	도나시앵, 아비뇽에 사는 할머니에게 맡겨졌다가, 그 뒤 문인 기질을 지닌 쾌락주의자로, 생레제 뒤브레유의 시트회 대수도원 주교 총대리인 숙부 폴 알퐁스 드 사드에게 맡겨짐. 부르보네 지방과 프로방스 지방(소만성)을 왔다 갔다 하며 살았음.
1745년(5세)	2월, 사드 백작이 진치히에서 오스트리아군에 체포됨. 앙트베르펜과 루뱅으로 이송된 뒤 11월에 풀려남. 이 시점에서 외교관 직을 그만둠.
1746년(6세)	8월 13일, 마리 프랑수아(도나시앵의 여동생) 태어남. 그러나 며칠 뒤 죽음.

1750년(10세)　도나시앵, 파리로 돌아와 예수회 학교인 루이 르 그랑에 입학함.
　　　　　　　가정교사 앙브레를 만남. 앙브레와는 평생 친교를 이어감.

1753년(13세)　여름, 처음으로 사랑에 빠짐.

1754년(14세)　사회에 나옴. 군대생활 시작. 베르사유의 근위기병대 연대부속
　　　　　　　사관학교에 입학, 20개월의 훈련기간을 거친 뒤 소위가 됨.

1755년(15세)　사드 백작은 자신을 닮아 게으르고 씀씀이가 헤프며 제멋대로
　　　　　　　행동하는 아들의 앞날을 걱정함.

1756년(16세)　6월 27~28일, 7년전쟁에 종군함. 같은 날 마혼 항구 점령함.

1757년(17세)　1월 14일, 프로방스 백작의 기병연대 기수로 임명됨.

1758년(18세)　6월, 베스트팔렌 지방의 크레펠트 전투에 종군함.
　　　　　　　10월, 롱그빌성에서 한 달 동안 전원생활을 함.

1759년(19세)　봄, 생디지에에 주둔함. 그 무렵 그의 군대 동료가 백작에게 보
　　　　　　　낸 편지에는 다음과 같이 쓰여 있음. "아드님은 매우 건강합니
　　　　　　　다. 다정하고 솔직하고 유쾌한 친구입니다. (중략) 파리에서의 방
　　　　　　　탕한 놀이로 나빠졌던 건강과 얼굴색도 행군한 뒤로 회복되었
　　　　　　　습니다."

1760년(20세)　사드 백작부인, 앙페르 거리에 있는 카르멜회수도원에 숨어
　　　　　　　지냄.

1763년(23세)　7년전쟁이 끝나며 사드의 군대생활도 끝남.
　　　　　　　5월 17일, 르네 펠라지 드 몽트뢰유와 결혼함. 프로방스 지방의
　　　　　　　어느 여자 성주와 사랑에 빠져 애끓는 슬픔을 맛봄. 창녀들을
　　　　　　　자주 찾아다니며, 무프타르 거리에 '작은 집'을 빌림.
　　　　　　　10월 29일, 불신앙 행위와 도를 넘은 방탕함 때문에 뱅센 감옥
　　　　　　　에 투옥됨.
　　　　　　　11월 13일, 풀려나, 노르망디에 있는 몽트뢰유 집안 소유의 에쇼
　　　　　　　푸르성에서 근신함. 동료들과 극단을 만들어 연극에 열중함.

1764년(24세)　사드, 디종 고등법원에서 국왕대리인 취임사를 연설함. 사드 부
　　　　　　　인이 임신하지만 아이는 태어난 뒤 이내 죽음.

사드 신부, 《페트라르카의 생애를 위한 비망록》 전3권(1764~67
년) 펴냄.

사드, 여배우에게 탕진함.

1765년(25세)　보부아쟁과 프로방스를 여행함. 파리로 돌아와서는 아내를 내
버려두고 고급 창부와 함께 삶. 몽트뢰유 장관부인(장모)의 분노
가 커짐.

1766년(26세)　11월 4일, 아르쾨유의 작은 집에서 삶. 경찰 증언에 따르면, 사드
는 그곳에서 "큰 소동을 일으키며, 밤낮 가리지 않고 남녀를 데
려와 그들과 음탕한 관계를 가졌다."

1767년(27세)　1월 24일, 사드 백작부인 죽음. 유산을 조금 남김. 사드가 라코
스트의 새 영주가 됨.

8월 27일, 맏아들 루이 마리 태어남.

10월 16일, "머지않아 사드 후작의 역겨운 행위에 대한 소문이
또다시 들려오겠지요."(마레 경찰)

1768년(28세)　4월 3일, 부활절 아침, 사드는 빅투아르 광장에서 로즈 켈러라
는 여성에게 말을 겲. 그녀를 아르쾨유로 데려와 옷을 벗기고
채찍질하여 방에 가두지만, 그녀는 탈출하여 경찰에 신고함.
"대중은 사드에 대해 말할 수 없는 증오를 품고 있다. (중략) 사
람들은 그가 그리스도의 수난을 우롱하고, 도리에 어긋난 채찍
질을 했다고 믿고 싶은 것이다." 사드의 한 여자친구는 말했음.
사드는 리용 근처의 피에르앙시즈 요새에 투옥됨.

11월 16일, 풀려나 영지에서 근신처분을 받음.

1769년(29세)　5월, '완전한 자유의 몸'이 되어 파리로 다시 돌아옴.

6월 27일, 둘째아들 도나시앵 클로드 아르망 태어남.

9월 25일~10월 23일, 네덜란드를 여행함. 《서간체로 쓰인 네덜
란드 기행》을 집필함.

1771년(31세)　4월 27일, 맏딸 마들렌 로르가 태어남.

9월, 채무불이행으로 포르레베크 감옥에 들어감. 라코스트에서

가족과 지냄.

1772년(32세) 6월, 사드 후작, 난잡한 행위를 할 준비를 함. 마르세유에서 네 창부(마리안, 마리에트, 마리앙네트, 로즈)와 하인 라투르와 함께 최음제가 든 사탕을 먹고 채찍질과 비역 등 성도착행위를 함. 같은 날 밤, 마르그리트 코스트를 상대로 똑같은 행위를 되풀이함. 사드는 영지로 돌아와 다시 연극을 상연함. 마르세유의 여자들로부터 독살미수 혐의로 고소당함.

7월, 처제인 안 프로스페르 드 로네를 데리고 이탈리아로 달아남. 장모 몽트뢰유 부인의 분노가 절정에 달함.

9월, 엑상프로방스에서 비역 혐의로 사드와 하인의 처형이 집행되어, 두 사람을 본뜬 인형이 불에 탐. 피고들은 베네치아에 머물고 있었고, 사드는 가을에 샹베리로 잠복함.

12월, 사드, 몽트뢰유 장관부인의 요청을 받은 사르데냐 왕국 관헌에 체포되어 미올랑 요새에 유폐됨.

1773년(33세) 4월, 사드, 라레 남작과 함께 화장실 창문을 통해 탈옥함. 옥중에서 기르던 개를 라코스트로 보내라고 요구함.

1774년(34세) 1월, 라코스트 성에서 가택수색이 이루어짐.

3월, 사드 후작은 수도사로 변장하여 라코스트를 떠남. 이탈리아에 잠깐 머묾.

9월, 사드 부부, 리용에서 하인 7명을 고용함. 비서 앙드레와 하녀 나농, 그리고 5명의 젊은 처녀.

겨울, 라코스트에서 난교를 벌임.

1775년(35세) 앙드레와 나농의 부모가 재판소에 고소함. 사드는 다시 이탈리아로 여행을 떠나 1년 동안 머묾.

1776년(36세) 여름에 라코스트로 돌아옴. 《이탈리아 기행》 집필을 구상함.

9월, 로마에서 사드의 친구인 이탈리아 학자 이베르티가 사드의 부탁으로 모으던 저속한 설화 때문에 종교재판소에 체포됨.

1777년(37세) 1월 14일, 어머니 사드 백작부인 죽음.

2월 13일, 파리로 돌아와 신중하지 못하게 행동한 탓에 아내와 묵고 있던 호텔에서 체포되어 뱅센 감옥에 갇힘.

12월 31일, 사드 신부 죽음.

1778년(38세)　6월, 엑상프로방스에서 재판. "적어도 2백 명이 넘는 구경꾼이 사드 후작의 얼굴을 보기 위해 몰려들었다. 그러나 장막으로 가려져 있어 대중은 기대한 바를 이루지 못했다. 후작은 이 첫 번째 재판에서 크게 동요한 것처럼 보이지는 않았다."(마레 경찰) 사드, 실질적으로 무죄 판결을 받고 자유의 몸이 되리라고 바랐지만, 2월 13일자 체포영장이 유효하여 다시 감옥으로 끌려감. 연행 도중에 발랑스 시내로 달아나 라코스트로 몸을 숨겼지만 8월 26일 다시 체포됨.

9월 7일, 뱅센 감옥 독방 6호실에 갇힘.

1779년(39세)　사드는 《이탈리아 기행》을 〈청춘〉과 함께 하인 카르트론에게 정서하라고 시킴.

1780년(40세)　사드, 섬으로 유폐되지 않을까 하는 불안에 떪. "만약 그렇게 된다면 배에 올라타느니 차라리 해안에서 갈가리 찢기는 쪽이 낫겠다."

6월, 같은 죄수였던 미라보와 격렬한 말싸움을 벌임.

10월, 하녀 고튼 죽음(사드는 르세 양에게 보낸 편지에서 고튼에 대해 이렇게 말함. "그녀는 스위스 산속에서 손에 넣은, 백년에 한 번 날 법한 더없이 아름다운 엉덩이였다.")

1781년(41세)　사드 후작, 몽텔리마르 감옥으로의 이송을 거절함.

5월 13일, 처제인 안 프로스페르 드 로네 죽음.

사드 부인, 생토르 수녀원으로 들어감.

1783년(43세)　격렬한 눈의 통증으로 괴로워함.

자서전 기획. "나는 《내 인생의 자서전》을 쓸 생각이다. 분명히 말해 두지만 오로지 나 자신을 위해 쓸 생각이다."(1783년 9월 15일, 아내에게 보낸 편지에서)

루소의 《고백록》을 신청하지만 거절당함.

1784년(44세)　1월 25일, 성실한 여자친구였던 마리 도로테 드 르세 죽음.
죄인 사드는 몽트뢰유 부인의 성에 유폐되지 않을까 걱정한다.
"……그 여자는 나를 토굴 속에 가두고 내가 죽었다는 소문을
퍼뜨리고 다니겠지."
2월 29일, 바스티유로 이송됨. 그곳에서 5년에 걸쳐 여러 편의
초고를 집필하면서 주요 작품을 구상했음.

1785년(45세)　《소돔 120일》 탈고. 《이탈리아 기행》을 계속해서 집필함. 개를
기르게 해달라고 요구함.

1786년(46세)　"……나는 나에게 허락된 몇 가지 사치품만 가지고, 꽃들을 소
중히 키우고 있다. 꽃들은 지금의 내 비참한 상황에서는 유일
한 기쁨이다."(6월 30일자 사드 후작의 편지)

1787년(47세)　사드, 바스티유에서 쓴 수많은 작품 가운데 하나인 비극 《잔 레
네》를 낭독함.
6월 23일~7월 8일, 철학적 단편형식으로 된 《미덕의 불행》을 씀.

1788년(48세)　《외제니 드 프랑발》 탈고함. 사드, 자신이 쓴 책의 해제를 단 저
작 목록을 작성함. 3년의 세월을 들여 《알린과 발쿠르》 탈고함.
바스티유 탑에 벼락이 떨어짐.

1789년(49세)　7월 4일, 샤랑통으로 이송됨. 7월 14일, 바스티유 습격 사건.

1790년(50세)　4월 2일, 사드, 영장 무효화로 자유의 몸이 됨. 몽트뢰유 부인은
사위인 사드를 배제할 법적 수단을 찾음.
6월 9일, 사드 부인과 이혼함. 재정상태가 나빠짐.
사촌누이인 델핀 드 클레르몽 토네르와 교류하며 다시 사교계
에 흥미를 느낌. 자기 작품이 상연되도록 도모함.
7월 1일, 피크 지구의 '능동시민' 신분을 얻음.
8월 25일, 마리 콩스탕스 케네와 만남. 이듬해 1월에는 루 데 마
튀랭 거리에서 그녀와 그녀의 아들과 함께 살기 시작함.

1791년(51세)　《쥐스틴, 또는 미덕의 불행》을 익명으로 펴냄.

국왕 일가가 달아남. 사드는 파리로 다시 끌려온 국왕 일가가
탄 베를린 마차가 지나갈 때 〈프랑스 국왕에게 보내는 파리의
한 시민의 건의〉를 마차 안으로 던져 넣었다고 주장함.
《옥스티에른 백작 또는 방탕의 대가》가 몰리에르 극장에서 상
연됨.

1792년(52세)　사드, 피크 지구의 서기로 임명됨. 부슈뒤론의 망명귀족명단에
기록됨. 라코스트가 약탈당함.
10월, 파리 시내 병원에 대해 보고함.
11월, 정치적 소책자 《법률 인가방법에 대한 의견》을 낭독함.
두 아들이 망명함.

1793년(53세)　4월 8일, 고발심사위원으로 승진함. 몽트뢰유 일가를 구함. "내
가 한마디만 했어도 그들은 끔찍한 꼴을 당했을 것이다. 나는
침묵했다. 내 복수는 이런 것이다."
10월 9일, 〈마라와 르페르티에의 영혼에 바치는 연설〉을 낭
독함.
12월 8일, 체포됨. '프랑수아 드 사드, 53세, 파리 태생, 문학자',
마드로네트 감옥으로 연행됨. 열악한 환경에서 6주를 보냄.

1794년(54세)　1월 12일, 공포정치 아래에서 투옥생활을 함. 레카름 수도원, 생
라자르 감옥, 그리고 픽푸스에 투옥됨.
7월 26일, 사형 선고 받음.
7월 27일, 콩스탕스의 헌신적인 도움으로, 공포정치 시대의 마
지막 사형수 호송차에 타는 것을 겨우 피함.
10월 15일 사드 풀려남.

1795년(55세)　《규방철학》과 《알린과 발쿠르 또는 철학적 이야기》를 익명
출판.

1796년(56세)　라코스트 매각함. 생투앙에 집을 삼.

1797년(57세)　《새로운 쥐스틴 또는 미덕의 불행 및 악덕의 번영》을 익명 출판.

1799년(59세)　사드, 베르사유 시료원에 들어감. 베르사유 극장에 프롬프터로

고용됨.

1800년(60세)　사드, 콩스탕스와 함께 다시 생투앙으로 돌아옴. 《옥스티에른 또는 방탕의 대가》와 《사랑의 죄》를 펴냄. 후자에는 《알린과 발쿠르》의 저자 D.A.F. 사드의 〈소설론〉이라는 서문이 달려 있음.

1801년(61세)　3월, 자신의 저작 발행처의 밀고로, 그곳에서 체포됨. 《새로운 쥐스틴》 1권과 《악덕의 번영》 마지막권이 압수됨. 사드 후작은 생펠라지 감옥으로 호송되어, 2년 동안 투옥됨. 나중에 비세트르 감옥으로 이송됨.

1803년(63세)　4월 27일, 사드 가족의 탄원으로 샤랑통 정신병원으로 이송됨. 그 병원에서 더 먼 감옥으로 보내지진 않을까 하고 죽을 때까지 끊임없이 걱정함.

　　　　　　　콩스탕스는 사드 부인이 이루지 못했던 꿈을 이루어, 옥중에서 그와 하나가 됨.

　　　　　　　경찰 감시가 강화됨. 사드가 쓰던 일기의 주요 부분이 많은 자필 원고와 함께 몰수, 폐기됨.

1805년(65세)　병원 원장 쿨미에의 호의로 사드는 샤랑통에서 극단을 지도함 (1813년까지).

　　　　　　　맏아들 루이 마리가 《프랑스 국민사》 제1권을 펴냄.

1806년(66세)　사드는 집필노트에 이렇게 썼음. "1806년 3월 5일, 정서를 시작했다. 수첩 16권을 정서하는 데에 꼬박 1년 걸렸다."《플로르벨의 나날》

1807년(67세)　"말하기 힘든 일련의 외설스럽고 모독적이며 악랄한" 표현이 있는 《플로르벨의 나날 또는 베일을 벗은 자연》의 메모가 압수됨. 그 원고는 둘째아들의 요청으로 사드가 죽은 뒤 불태움.

1808년(68세)　9월 15일, 둘째아들 도나시앵 클로드 아르망이 사촌인 루이스 가브리엘 로르 드 사드 데기엘과 결혼함.

1809년(69세)　6월 9일, 그가 사랑했던 맏아들 루이 마리 죽음. 그는 남이탈리아의 오트란토 근교에서 나폴리 폭도들에 의해 살해당했음.

1810년(70세)　7월 7일, 사드 후작부인 죽음.

1812년(72세)　《아델라이드 드 브랑스위크》를 집필함.

1813년(73세)　《이자보 드 바비에르 비사(秘史)》 완성함.

역사소설 《강주 후작부인》을 익명으로 펴냄.

1814년(74세)　12월 2일, 파리 근처 샤랑통에서 도나시앵 알퐁스 프랑수아 드 사드 죽음.

1909년　시인 기욤 아폴리네르가 《사드 후작 작품집》 펴냄.

1926년　모리스 엔이 《일화, 콩트, 우화》 펴냄. 모리스 엔이 파리에서 《신부와 임종을 앞둔 남자와의 대화》 펴냄.

1930년　모리스 엔이 《미덕의 불행》 펴냄.

1931~35년　모리스 엔이 《소돔 120일, 또는 음탕한 학교》를 교정, 펴냄.

1947년　장 자크 포베르가 《사드 전집》 간행 시작함.

모리스 나도가 《사드 선집》 펴냄.

1952년　질베르 렐리가 《사드 후작의 생애》 제1권 펴냄.

1953년　질베르 렐리가 《프랑스 왕비 이자보 드 바비에르 비사(秘史)》와 《사기(私記)》(1803~04년)를 펴냄(Paris, Gallimard).

1957년　《규방철학》, 《새로운 쥐스틴》, 《악덕의 번영》, 《소돔 120일》을 펴낸 일로 포베르가 유죄판결을 받음.

질베르 렐리가 《사드 후작의 생애》 제2권 펴냄.

1952~64년　총 15권으로 된 《사드 전집》이 출판됨.

김문운

도쿄 니혼대학 문과 졸업. 불문학 영문학 부전공. 대구고보 불어과 영어과 강사 역임. 매일신문 편집국장 역임. 지은책 종군기 《조국의 날개》 옮긴책 마르키 드 사드 《악덕의 번영》 하이스미스 《태양은 가득히》 요꼬미조 세이지 《혼징살인사건》 란포 《음울한 짐승》 등이 있다.

Marquis de Sade

LES 120 JOURNÉES DE SODOME OU L'ÉCOLE DU LIBERTINAGE

소돔의 120일

마르키 드 사드/김문운 옮김

1판 1쇄 발행/1977. 10. 10 회수
2판 1쇄 발행/2012. 8. 15
2판 9쇄 발행/2025. 8. 1
발행인 고윤주
발행처 동서문화사
창업 1956. 12. 12. 등록 16-3799
서울 중구 마른내로 144 동서빌딩 3층
☎ 546-0331~2 Fax. 545-0331
www.dongsuhbook.com
잘못된 책은 구입하신 곳에서 바꾸어드립니다.
*

사업자등록번호 211-87-75330
ISBN 978-89-497-0762-4 04080
ISBN 978-89-497-0382-4 (세트)